历史全书

④

两晋南北朝史

中

吕思勉 ◎ 著

阳知行 ◎ 主编

中国华侨出版社

·北京·

目录

第十一章　元魏盛衰

第一节　冯后专朝

元魏之国情，实至孝文迁洛而一大变。孝文之为人，盖全出文明太后所卵育，其能令行于下，亦太后专政时威令夙行，有以致之；故后实北魏一朝极有关系之人物也。欲知后之得政，又必先知其前此两朝继嗣时之争乱。

《魏书》：太武皇帝十一男：贺皇后生景穆皇帝。越椒房生晋王伏罗。舒椒房生东平王翰。初封秦王。弗椒房生临淮王谭。初封燕王。伏椒房生楚王建间。后改封广阳王。《北史》但名建。左昭仪生南安王余。其小儿、猫儿、虎头、《北史》作彪头，避唐讳。龙头，并阙母氏，皆早薨，无传。《殿本考证》云："凡十人，而云十一男者，盖其一不特阙母氏，并未有名，故未可得纪也。"案，《北史》猫儿下多一"真"，则足十一之数矣。景穆帝为其子高宗文成帝濬即位后追谥。庙号恭宗。名晃。以太武帝延和元年（432），宋文帝元嘉九年。立为太子。时年五岁。真君五年（444），元嘉二十一年。监国。正平元年（451），元嘉二十八年。死。《魏书·阉官传》云：宗爱，不知其所由来，以罪为阉人。历碎职，至中常侍。正平元年，正月，世祖大会于江上，班赏群臣，以爱为秦郡公。恭宗之监国也，每事精察，爱天性险暴，行多非法，恭宗每衔之。给事中仇尼道盛，《北史》作侯道盛。案，此等系或从本姓或据后所改之姓追书。侍郎任平城等，任事东宫，微为权势，世祖颇闻之。二人与爱并不睦。爱惧道盛等案其事，遂构告其罪。诏斩道盛等于都街。世祖震怒，恭宗遂以忧薨。是后世祖追悼恭宗，爱惧诛，遂谋逆。二年，元嘉二十五年。春，世祖暴崩，二月甲寅。爱所为也。尚书左仆射兰延，侍中和疋、薛提等秘不发丧。延、疋议以高宗冲幼，时年十三。欲立长君。征秦王翰，置之秘室。提以高宗有世嫡之重，不可废所宜立，而更求君。延等犹豫未决。爱知其谋。始爱负罪于东宫，而与吴王余素协。乃密迎余，自中宫便门入。矫皇后令皇后赫连氏，屈丐女。征延等。延等以爱素贱，弗之疑，皆随之入。爱先使阉竖三十人持仗于宫内，以次收缚，斩于殿堂。执秦王翰，杀之于永巷。而立余。余以爱为大司马、大将军、太师、都督中外诸军事，领中秘书，封冯翊王。爱既立余，位居元辅，录三省，兼总戎禁。坐召公卿，权恣日甚。内外惮之。群情咸以爱必有赵高、阎乐之祸。余疑之，遂谋夺其权。爱愤怒，使小黄门贾周等夜杀余。事在十月丙午朔。高宗立，诛爱、周等，皆具五刑，夷三族。《余传》云：余自以非次而立，厚赏群下，取悦于众。为长夜之饮，声乐不绝。旬月之间，帑藏空罄。尤好弋猎，出入无度。边方告难，余不恤之。百姓愤惋，而余宴如也。宗爱权恣日甚，内外惮之，余疑爱将谋变，夺其权，爱怒，因余祭庙，夜杀余。

《刘尼传》云：拜羽林中郎。宗爱既杀南安王余于东庙，秘之，惟尼知状。尼劝爱立高宗。爱自以负罪于景穆，闻而惊曰："君大痴人。皇孙若立，岂忘正平时事乎？"尼曰："若尔，今欲立谁？"爱曰："待还宫，择诸皇子贤者而立之。"尼惧其有变，密以状告殿中尚书源贺。秃发傉檀子。本名破羌，太武赐姓，后又赐名。贺时与尼俱典兵宿卫。仍共南部尚书陆丽谋。于是贺与尚书长孙渴侯严兵守卫，尼与丽迎高宗于苑中。丽抱高宗于马上，入京城。尼驰还东庙，大呼曰："宗爱杀南安王，大逆不道。皇孙已登大位。有诏：宿卫之士，皆可还宫。"众咸唱万岁。贺及渴侯登执宗爱、贾周等。勒兵而入，奉高宗于宫门外入登永安殿。

《宋书·索虏传》云：初焘有六子：长子晃，字天真，为太子。次曰晋王。焘所住屠苏为疾雷击，屠苏倒，见厌殆死，左右皆号泣，晋王不悲，焘怒，赐死。《魏书》：晋王死于真君八年（447），即宋元嘉二十四年。次曰秦王乌奕干。与晃对掌国事。晃疾之，诉其贪暴。焘鞭之二百，遣镇枹罕。见第五章第一节。次曰燕王。次曰吴王，名可博真。次曰楚王，名树洛真。焘至汝南、瓜步，晃私取诸营卤获甚众。焘归闻知，大加搜检。晃惧，谋杀焘。焘乃诈死，使其近习召晃迎丧，于道执之。及国，罩以铁笼。寻杀之。《通鉴考异》引《宋略》云：焘既南侵，晃淫于内，谋欲杀焘。焘知之。归而诈死，召晃迎丧。晃至，执之。罩以铁笼，捶之三百，曳于丛棘以杀焉。以乌奕干有武用，以为太子。会焘死，使嬖人宗爱立博真为后。宗爱、博真恐为奕干所危，矫杀之而自立。博真懦弱，不为国人所附。晃子濬，字乌雷直勤，素为焘所爱。燕王谓人曰："博真非正，不宜立，真勤嫡孙应立耳。"乃杀博真及宗爱，而立濬为主。《魏书》之非实录不俟辩，自当以《宋书》为据。《魏书·高允传》云：恭宗季年，颇亲近左右，营立田园，以取其利。允谏不纳，则恭宗颇好贿，私取卤获，说自不诬。仇尼道盛、任平城，盖即其左右之见亲者。秦王既为太子，则本所当立，薛提非持正之论，反为干纪之人，故兰延、和疋疑不敢应；高宗即位，乃以其有谋立之诚，特诏其弟浮子袭兄爵也。宗爱虽为郡公，究属阉宦，安能为所欲为？观《宋书》之说，则知南安之立，本由太武乱命，故虽据非其所，仍能绵历八阅月也。《魏书·本纪》：文成即位之后，以元寿乐为太宰，都督中外诸军，录尚书事。寿乐，章帝之后。《传》云：有援立功。长孙渴侯为尚书令，加仪同三司。十一月，二人争权，并赐死。是月，临淮王谭薨。平南将军宋子侯周忸进爵乐陵王。陆丽为平原王。十二月，以周忸为太尉，陆丽为司徒，杜元宝为司空。遣子。遗，密皇后兄超之从弟。建业公陆俟进爵东平王。俟，丽之父。《丽传》云：封平原王。频让再三。诏不听。丽又启曰："臣父历奉先朝，忠勤著称，今年至西夕，未登王爵，愿裁过恩，听遂所讲。"高宗曰："朕为天下主，岂不能得二王封卿父子也？"乃以其父俟为乐平王。广平公杜遗进爵为王。周忸有罪，赐死。濮阳公闾若文进爵为王。明年，正月，杜元宝进爵京兆王。是月，杜遗薨。尚书仆射东安公刘尼进爵为王。封建宁王崇子丽为济南王。崇，明元帝子。尚书西平公源贺进爵为王。二月，杜元宝谋反，伏诛。建宁王崇，崇子济南王丽为元宝所引，各赐死。三月，安丰公闾虎皮进爵为河间王。七月，闾若文、永昌王仁谋反，仁，明元子永昌庄王健之子。赐仁死于长安，若文伏诛。又古弼与张黎，恭宗摄政时俱为辅弼。吴王立，弼为司徒，黎为太尉。高宗立，二人俱以议不合旨免。弼有怨谤之言，家人告其巫蛊，伏法。黎亦同诛。凡此，皆当与当时争位之事有关，其详则不可考矣。

文成帝在位十三年，以宋明帝泰始元年（465）五月死。太子弘立，是为显祖献文皇帝。时年十一。车骑大将军乙浑矫诏杀尚书杨保年、平阳公贾爱仁、南阳公张天度于禁中。侍中司徒陆丽自汤泉入朝，浑又杀之。此汤泉在代郡，见《丽传》。以浑为太尉，录尚书事。七月，为丞相，位居诸王上。事无大小，皆决于浑。《顺阳公郁传》云：郁，桓帝后。高宗时，位殿中尚书。高宗崩，乙浑专权，隔绝内外，百官震恐，计无所出。郁率殿中卫士数百人，从顺德门入，欲诛浑。浑惧，逆出问郁曰："君入何意？"郁曰："不见天子，群臣忧惧，求见主上。"浑窘怖，谓郁曰："今大行在殡，天子谅阴，故未接百官，诸君何疑？"遂奉显祖临朝。后浑心规为乱，朝臣侧目。郁复谋杀浑，为浑所诛。《宜都王目辰传》云：为侍中尚书左仆射。与兄郁议欲杀浑，事泄，郁被诛，目辰逃隐得免。观此，则浑在当日，殆有废立之谋而未克遂也。至明年，正月，乃为文明皇后所杀。

《文成文明皇后传》云：冯氏，长乐信都人也。父朗，秦、雍二州刺史。母乐浪王氏。信都，见第四章第二节。乐浪，汉武定朝鲜所置四郡之一，治今平壤，此时已没于高句丽矣。后生于长安。朗坐事诛，后遂入宫。世祖左昭仪，后之姑也。雅有母德，抚养教训。年十四，高宗践极，以选为贵人。后立为皇后。高宗崩，故事，国有大丧，三日之后，御服、器物，一以烧焚。百官及中宫，皆号泣而临之，后悲叫，自投火中，左右救之，良久乃苏。案，此事极可异，其时殆有欲杀后者，其即乙浑邪？抑非也？《传》又云：显祖即位，尊为皇太后。丞相乙浑谋逆，显祖年十三，居于谅暗，太后密定大策，诛浑，遂临朝听政。《烈帝玄孙丕传》云：显祖即位，累迁侍中。丞相乙浑谋反，丕以奏闻，诏丕帅元贺、牛益得收浑诛之。乙浑事之可考者，如是而已。浑妻庶姓，而求公主之号，为贾秀所拒，见《秀传》，其事无甚关系。魏史之阙略，诚令人如堕五里雾中也。

　　献文帝在位五年，以天安六年（471），即孝文帝延兴元年，宋明帝泰始七年，传位于子宏，是为高祖孝文皇帝。又五年而死。孝文帝承明元年（476），宋后废帝元徽四年。《文明后传》云：高祖生，太后躬亲抚养，是后罢令不听政事。太后行不正，内宠李奕，显祖因事诛之，太后不得意。显祖暴崩，时言太后为之也。此十一字，《北史》作“遂害帝”三字。《通鉴考异》引元行冲《后魏国典》云：“太后伏壮士于禁中，太上入谒，遂崩。”李奕者，顺之子。其见诛在皇兴四年（470），即宋明帝泰始六年，献文传位之前一年也。奕兄敷、式，敷次子仲良，敷从弟显德，妹夫宋叔珍，同时俱死。敷长子伯和，走窜岁余，为人执送，杀之。惟奕别生弟同，逃避得免；伯和庶子孝祖，年小藏免。实当时一大狱也。敷之获罪，由李诉列其罪恶二十余条，太和初，太后追念奕兄弟，乃诛诉而存问式子宪等焉。敷之诛，《帝纪》与慕容白曜连书。《白曜传》云：高宗崩，与乙浑共秉朝政。初乙浑专权，白曜颇所依附，缘此追以为责。及将诛也，云谋反叛，时论冤之。白曜之诛，非以依附乙浑，无待于言，或正以其与李奕等交关耳。白曜陷青、冀有功，在当时应有威望，然则奕之见诛，恐尚不仅以其为太后所宠也。案，高祖之生，在皇兴元年八月，宋泰始三年。其时显祖年仅十三，能否生子，实有可疑。后来后专朝政，高祖拱手不得有为，且几遭废黜，《高祖纪》云：文明太后以帝聪圣，后或不利于冯氏，将谋废帝。乃于寒月单衣闭室，绝食三朝。召咸阳王禧，将立之。元丕、穆泰、李冲固谏，乃止。帝初不有憾，惟深德丕等。《天象志》云：太后将危少主者数矣，帝春秋方富，而承事孝敬，故竟得无咎。然迄无怨言。比其死也，方修谅阴之仪，致史家讥其昧于《春秋》之义。《天象志》云：献文暴崩，实有酖毒之祸焉。其后文明皇太后崩，孝文皇帝方修谅暗之仪，笃孺子之慕，竟未能述宣《春秋》之义，而惩奸人之党。是以胡氏循之，卒倾魏室。岂不哀哉？又高祖之母思皇后李氏，绝无事迹可见。《文明后传》言：“迄后之崩，高祖不知所生。"夫后之于高祖，绝非如宋章献后之于仁宗，何以为此讳匿？思皇后为李惠女，惠家遭文明后屠戮，后死后绝无平反。且高祖于冯氏甚厚，李氏甚薄，至世宗时犹然。李惠者，盖之子，盖即尚沮渠牧犍之妻武威公主者也。《外戚传》云：惠素为文明太后所忌。诬惠将南叛，诛之。惠二弟初、乐，与惠诸子同戮。后妻梁氏，亦死青州。尽没其家财。惠本无衅，天下冤惜焉。此事在太和元年（477），即宋顺帝之昇明二年也。惠时为青州刺史。《传》又云：惠从弟凤，为定州刺史安乐王长乐主簿。后长乐以罪赐死，时卜筮者河间邢赞辞引凤，云长乐不轨，凤为谋主，伏诛。惟凤弟道念与凤子及兄弟之子皆逃免。后遇赦乃出。案，凤之死在太和三年，即齐高帝建元元年也。长乐，文成帝子。《传》又云：太和十二年，高祖将爵舅氏，诏访存者，而惠诸从以再罹孥戮，难于应命。惟道念敢先诣阙。乃申后妹及凤兄弟子女之存者。于是赐凤子屯爵柏人侯，安祖浮阳侯，兴祖安喜侯，道念真定侯，从弟寄生高邑子，皆加将军。十五年，安祖昆弟四人以外戚蒙见。诏谓之曰："卿之先世，内外有犯，得罪于时。然官必用才，以亲非兴邦之选。外氏之宠，超于末叶。从今已后，自非奇才，不得复以外戚，谬班抽举。既无殊能，今且可还。"后例降爵，安祖等改侯为伯，并去军号。高祖奉冯氏过厚，于李氏过薄，舅家了无叙用，朝野人士，所以窃议。太常高闾，显言于禁中。及世宗宠隆外家，并居显位，乃惟高祖舅氏，存己不霑恩泽。其事皆不可解。然则高祖果思后子邪？抑非思后子也？窃谓文明后为好专权势之人，岂有因生孙而罢政？且亦何必因此而罢政？岂高祖实后私生之子，后因免乳，乃不得不罢朝欤？此事固无证据可举，然以事理推之，实不得不作如是想。此等事，固永无证据可得也。冯朗为北燕末主弘之子。冯跋，史虽云其家于昌黎，遂同夷俗，然观其政事，即知其大与胡虏不同。乐浪王氏，亦久为衣冠之族。《齐书·魏虏传》亦云：冯氏，黄龙人。又载一异说云："冯氏本江都人，江都，汉县，今江苏江都县。佛狸元嘉二十七年（450）南侵，略得冯氏，潛以为妾。"其说恐不足信。即谓可信，其为以文明人入野蛮部族，亦与燕、魏之为婚媾同也。高祖之教育，盖全受诸文明后，与佛狸母虽汉人，教育则全受诸鲜卑者大异，此其所以能去腥膻之乡，践礼教之域，毅然独断，大革胡俗欤？《北史·薛聪传》云：帝曾与朝臣论海内姓地人物，戏谓聪曰："世人谓卿诸薛是蜀人，定是蜀人不？"聪对曰："臣远祖广德，世仕汉朝，时人呼为汉人。九世祖永，随刘备入蜀，时人呼为蜀臣。今事陛下，是虏非蜀也。"帝抚掌笑曰："卿幸可自明非蜀，何乃遂复苦朕？"彼其胸中，盖无复丝豪以虏自居之意矣。谓非实有以吕易嬴之事，而彼且自知之，得乎？

孝文受禅时，年五岁。史言献文本欲传位于京兆王子推，景穆子。以任城王云亦景穆子。及元丕、源贺、陆馛、侯子。高允、赵黑固谏，乃止。此自为表面文字。献文死，文明后为太皇太后，临朝称制。至太和十四年（490）齐武帝永明八年。乃死。称制凡十五年。自乙浑诛至此，则二十五年矣。《后传》云：自太后临朝专政，高祖雅性孝谨，不欲参决，事无巨细，一禀于太后。太后多智略，猜忍，能行大事。生杀赏罚，决之俄顷，多有不关高祖者。是以威福兼作，震动内外。杞道德、即抱嶷，见《阉官传》。王遇、张祐、苻承祖等，拔自寒阉，岁中而至王公。太后所宠阉人，尚有赵黑。尝为选部尚书。出为定州刺史。又为尚书左仆射。李䜣之死，黑有力焉。又有剧鹏、李丰、王质、李坚、孟鸾等，皆见《阉官传》。王叡出入卧内，数年便为宰辅。赏赐财帛，以千万亿计。金书铁券，许以不死之诏。《叡传》云：出入帷幄，太后密赐珍玩、缯采，人莫能知。率常以夜，帷车载往，阉官防致。前后巨万，不可胜数。加以田园、奴婢、牛马、杂畜，并尽良美。大臣及左右，因是以受赉锡，外示不私，所费又以万计。至其子椿，《传》犹称其僮仆千余，园宅华广，声伎自适，无乏于时。叡弟谌之孙超，史亦称其每食必穷水陆之味焉。《阉官传》云：李丰之徒数人，皆被眷宠，积资巨万，第宅华壮。文明太后崩后，乃渐衰矣。又云：张祐岁月赏赐，家累巨万。王遇与抱嶷，前后赐奴婢数百人，马、牛、羊他物称是。二人俱号富室。王叡疾病，高祖、太后，每亲视疾。侍官省问，相望于道。将葬于城东，高祖登城楼以望之。诏为叡立祀，于都南二十里大道右起庙，以时祭荐。并立碑铭，置守冢五家。京都士女，谄称叡美，造新声而弦歌之，名曰中山王乐，诏班乐府，合乐奏之。初叡女妻李冲兄子延宾，次女又适赵国李恢子华，女之将行也，先入宫中，其礼略如公主、王女之仪。太后亲御太华殿，寝其女于别帐。叡与张祐侍坐。叡所亲及两李家丈夫、妇人，列于东西廊下。及车引，太后送过中路。时人窃谓天子、太后嫁女。张祐，太后为造甲宅，宅成，高祖、太后，亲率文武往燕会焉。抱嶷，幼时陇东人张乾王反叛，家染其逆，及乾王败，父睹生逃避得免，嶷独与母没入京师，遂为宦人。太后既宠之，乃征睹生，拜太中大夫，赏赐衣马。睹生将退，见于皇信堂，高祖执手谓之曰："老人归途，几日可达？好慎行路。"其上下渎乱如此，宜乎《天象志》谓太后专朝且多外壁，虽天子犹依附之也。李冲虽以器能受任，亦由见宠帷幄。密加锡赉，不可胜数。《冲传》云：冲为文明太后所幸，恩宠日盛，赏赐月至数十万。密致珍宝御物，以充其第，外人莫得而知焉。冲家素清贫，至是始为富室。后性严明，假有宠待，亦无所纵。左右纤芥之愆，动加捶楚，多至百余，少亦数十。然性不宿憾，寻亦待之如初；或因此更加富贵。是以人人怀于利欲，至死而不思退。外礼民望元丕、游明根等，颁赐金帛、舆马。每至褒美王叡等，皆引丕等参之，以示无私。又自以过失，惧人议己，小有疑忌，便见诛戮。如李䜣、李惠之徒，猜嫌覆灭者十余家，死者数百人，率多枉槛，天下冤之。案，后奢侈之事见于史者，不可枚举。即以营建论：高祖尝为后经始灵塔；罢鹰师曹，以其地为报德佛寺。后与高祖游于方山，在今山西大同县北。顾瞻川阜，有终焉之志。高祖乃诏有司营建寿陵于方山，又起永固石室，将终为清庙焉。太和五年起作，齐建元三年。八年而成。刊石立碑，颂太后功德。太后又立宣王庙于长安；太后父。燕思佛图于龙城；皆刊石立碑。后之侈，未知视胡灵后何如，杀戮则过之矣，而没身无患，至于孝文，犹称魏之盛世，岂不以距开创未久，兵力尚强，而代北之地，风气质朴，莫敢称兵以叛邪？至于南迁，而情势又异矣。

第二节　孝文迁洛

魏初风俗至陋。《齐书·魏虏传》述其情形云：什翼珪始都平城，犹逐水草，无城郭。木末明元帝。始土著居处。佛狸破凉州、黄龙，徙其居民，大筑城邑。《魏书·天象志》：天赐三年（406），六月，发八部人自五百里内缮修都城。魏于是始有邑居之制度。天赐三年，晋安帝之义熙二年也。截平城西为宫城。四角起楼女墙，门不施屋。城又无堑。南门外立二土门，内立庙。开四门，各随方色。凡五庙，一世一间瓦屋。其西立大社。佛狸所居云母等三殿，又立重屋，居其上。饮食厨名阿真。厨在西，皇后可孙恒出此厨求食。殿西铠仗库，屋四十余间。殿北丝、绵、布、绢库，土屋一十余间。伪太子宫在城东，亦开四门，瓦屋，四角起楼。妃妾住皆土屋。婢使千余人，织绫锦，贩卖，酤酒，养猪、羊，牧牛、马，种菜逐利。大官八十余窖，窖四千斛，半谷半米。又有悬食瓦屋数十间。置尚方，作铁及木。其袍衣，使宫内婢为之。伪太子别有仓库。其郭城绕宫城南，悉筑为坊。坊开巷。坊大者容四五百家，小者六七十家。城西南去白登山七里。山边别立祖父庙。城西有祠天坛，立四十九木人，长丈许，白帻、练裙、马尾被立坛上。常以四月四日，杀牛马祭祀，盛陈卤簿，边坛奔驰，奏伎为乐。城西三里，刻石写《五经》及其国记，于邺取石虎文石屋基六十枚，皆长丈余以充用。国中呼内左右为直真，外左右为乌矮真，曹局文书吏为比德真，檐衣人为朴太真，带仗人为胡洛真，通事人为乞万真，守门人为可薄真，伪台乘驿贱人为拂竹真，诸州乘驿人为咸真，杀人者为契害真，为主出受辞人为折溃真，贵人作食人为附真，三公贵人通谓之羊真。佛狸置三公、太宰、尚书令、仆射、侍中，与太子共决国事。殿中尚书知殿内兵马、仓库。乐部尚书知伎乐及角史、伍伯。驾部尚书知牛、马、驴、骡。南部尚书知南边州郡，北部尚书知北边州郡。又有俟勤地何，比尚书。莫堤，比刺史。郁若，比二千石。受别官，比诸侯。诸曹府有仓库，悉置比官。皆使通虏、汉语，以为传译。兰台置中丞、御史，知城内事。又置九豆和官，宫城三里内民户籍不属诸军戍者悉属之。其车服：有大小辇，皆五层，下施四轮，三二百人牵之，四施绹索备倾倒。辂车建龙旗，尚黑。妃后则施杂采襕，无幢络。太后出，则妇女着铠骑马，近辇左右。虏主及后妃常行乘银镂羊车，不施帷幔，皆偏坐，垂脚辕中。在殿上亦跂据。正殿施流苏帐、金博山、龙凤朱漆画屏风、织成幌。坐施氍毹。褥前施金香炉、琉璃钵、金碗、盛杂食器。设客长盘一尺，御馔圆盘广一丈。为四轮车，元会日六七十人牵上殿。蜡日逐除；岁尽，城门磔雄鸡；苇索、桃梗如汉仪。自佛狸至万民，献文帝。世增雕饰。正殿西筑土台，谓之白楼。万民禅位后，常游观其上。台南又有伺星楼。正殿西又有祠屋，琉璃为瓦。宫门稍覆以屋，犹不知为重楼。并设削泥采，画金刚力士。又规画黑龙相盘绕，以为厌胜。其文化，盖兼受诸中国及西域，然究不脱北狄本色，《魏虏传》云："佛狸已来，稍僭华典，胡风、国俗，杂相揉乱。"此胡风指西域言，国俗则鲜卑之本俗也。欲革之于旦夕之间，固非迁徙不为功矣。

孝文知北人之不乐徙也，乃借南伐为名以胁众。齐武帝永明十一年（493），虏太和十七年也。八月，孝文发代都，声言南伐。九月，至洛阳。自发代都，霖雨不霁，孝文仍诏发轸。群臣稽颡马前。孝文乃言："今者兴动不小，动而无成，何以示后？若不南行，即当移都于此。"众惮南征，无敢言者。遂定迁都洛阳之计。其事详见《魏书·李冲传》。孝文此举，必有参与密谋者，今不可考，以意度之，必为汉臣，李冲当即其一也。当南伐时，即起宫殿于邺西，十一月，移居焉。而委李冲以新都营构之任。明年，齐明帝建武元年（494）。二月，北还。诏谕其下以迁都意。闰月，至平城。三月，临太极殿，谕在代群臣以迁移之略。其事详见《魏书·东阳公丕传》。《传》谓孝文诏群下各言其意，然无敢强谏者，盖逆知其不可回矣。当时赞孝文南迁，并为开谕众人，镇抚旧京者，有任城王澄、南安王桢、广陵王羽及李韶等，亦不过从顺其意而已，非真乐迁也。《于烈传》云：人情恋本，多有异议。高祖问烈："卿意云何？"烈曰："陛下圣略渊深，非愚管所测。若隐心而言，乐迁之与恋旧，惟中半耳。"似直言，实亦巽辞也。明帝建武二年，太和十九年。六月，诏迁洛之民，死葬河南，不得还北。《文成五王传》：广川王略子谐，太和十九年薨，有司奏王妃薨于代京，未审以新尊从于卑旧，为宜卑旧来就新尊？诏曰：迁洛之人，自兹厥后，悉可归骸邙岭，皆不得就茔恒、代。其有夫先葬在北，妇今丧在南，妇人从夫，宜还代葬。若欲移父就母，亦得任之。其有妻坟于恒、代，夫死于洛，不得以尊就卑。欲移母就父，宜亦从之。若异葬，亦从之。若不在葬限，身在代表，葬之彼此，皆得任之。其户属恒、燕，身官京洛，去留之宜，亦从所择。其属诸州者，各得任意。其年九月，遂尽迁于洛阳。

孝文之南迁，旧人多非所欲也，遂致激成反叛。《魏书·高祖纪》：太和二十年（496），齐建武三年。十有二月，废皇太子恂为庶人。恒州刺史穆泰等在州谋反，道武都平城，于其地置司州，迁洛后改为恒州。遣任城王澄案治之。澄，景穆子任城王云之子。乐陵王思誉坐知泰阴谋不告，削爵为庶人。景穆子。乐陵王胡儿无子，显祖诏胡儿兄汝阴王天赐之第二子永全后之，袭封。后改名思誉。《恂传》云：恂不好书学，体貌肥大，深忌河、洛暑热，意每追乐北方。中庶子高道悦数苦言致谏，恂甚衔之。高祖幸嵩岳，太和二十年八月。恂留守金墉，见第三章第二节。于西掖门内与左右谋，欲召牧马，轻骑奔代。手刃道悦于禁中。领军元俨，勒门防遏，夜得宁静。厥明，尚书陆琇驰启高祖于南。高祖闻之骇惋。外寝其事，仍至汴口而还。引见群臣于清徽堂。高祖曰："古人有言，大义灭亲。今恂欲违父背尊，跨据恒、朔，今日不灭，乃是国家之大祸。"乃废为庶人。置之河阳。汉县，晋省，魏复置，在今河南孟县西。以兵守之。服食所供，粗免饥寒而已。恂在困踬，颇知咎悔。恒读佛经，礼拜，归心于善。高祖幸代，遂如长安。太和二十一年四月，齐建武四年。中尉李彪承间密表，告恂复与左右谋逆。高祖在长安，使中书侍郎邢峦与咸阳王禧献文子。奉诏赍椒酒诣河阳赐恂死。二十二年，齐明帝永泰元年。冬，御史台令史龙文观坐法当死，告廷尉，称恂前被摄之日，有手书自理不知状，而中尉李彪、侍御史贾尚，寝不为间。尚坐系廷尉。时彪免归，高祖在邺，尚书表收彪赴洛，会赦，遂不穷其本末。贾尚出系，暴病，数日死。案，恂死时年十五，废时年仅十四，安知跨据恒、朔？则其事必别有主谋可知。穆泰之叛也，史云：泰时为定州刺史，魏于中山置定州。自陈病久，乞为恒州，遂转陆叡为定州，以泰代焉。泰不愿迁都，叡未发而泰已至，遂潜相扇诱，与叡及安陆侯元隆、抚冥镇将鲁郡侯元业、骁骑将军元超、隆、业、超皆丕子。阳平侯贺头、射声校尉元乐平、前彭城镇将元拔、代郡太守元珍、镇北将军乐陵王思誉等谋，推朔州刺史阳平王颐为主。朔州，魏置，今山西朔县。颐，景穆子阳平幽王新成之子。颐伪许以安之，而密表其事。高祖乃遣任城王澄发并、肆兵以讨之。并州治晋阳，今山西阳曲县。肆州治九原，在今山西忻县西。澄先遣治书侍御史李焕单车入代，出其不意。泰等惊骇，计无所出。焕晓谕逆徒，示以祸福。于是凶党离心，莫为之用。泰自度必败，乃率麾下数百人攻焕郭门，冀以一捷。不克，单马走出城西，为人擒送。《澄传》：高祖遣澄，谓曰："如其弱也，直往擒翦。若其势强，可承制发并、肆兵殄之。"澄行达雁门，太守夜告："泰已握众，西就阳平城下聚结。"澄闻便速进。右丞孟斌曰:"事不可量。须依敕召并、肆兵,然后徐动。"澄不听,而倍道兼行。又遣李焕先赴,至即擒泰。澄亦寻到,穷治党与。《澄传》云:狱禁者凡百余人。高祖幸代,《纪》:太和二十一年正月北巡,二月至平城。亲见罪人,问其反状。泰等伏诛。陆叡赐死于狱。《新兴公丕传》:自高祖南伐以来,迄当留守之任。后又迁太傅,录尚书。冯熙薨于代都,熙,文明后兄。丕表求銮驾亲临。诏曰:"今洛邑肇构,跂望成劳。开辟迄今,岂有以天子之重,亲赴舅国之丧?朕纵欲为孝,其如大孝何?纵欲为义,其如大义何?天下至重,君臣道悬,岂宜苟相诱引,陷君不德?令、仆已下,可付法官贬之。"《陆叡传》:叡表请车驾还代,亲临冯熙之丧,坐削夺都督恒、肆、朔三州诸军事。又诏以丕为都督,领并州刺史。丕前妻子隆,同产数人,皆与别居,后得宫人,所生同宅共产,父子情因此偏。丕父子大意不乐迁洛。高祖之发平城,太子恂留于旧京。及将还洛,丕前妻子隆,与弟超等,密谋留恂,因举兵断关,规据陉北。见第二章第二节。时丕以老居并州,虽不与其始计,而隆、超咸以告丕。丕外虑不成,口虽致难,心颇然之。及高祖幸平城,推穆泰等首谋,隆兄弟并是党。隆、超与元业等兄弟,并以谋逆伏诛。有司奏处挈戮。诏以丕应连坐,但以先许不死之身,躬非染逆之党,听免死,仍为太原百姓。其后妻二子听随。隆、超母弟及余庶兄弟,皆徙敦煌。见第二章第二节。案,冯熙死于太和十九年三月。是岁,六月,诏恂赴平城宫。九月,六宫及文武尽迁洛阳。《恂传》云:二十年,改字宣道。迁洛,诏恂诣代都。及恂入辞,高祖曰:"今汝不应向代,但太师薨于恒壤,朕既居皇极之重,不容轻赴舅氏之丧,欲使汝展哀舅氏。"云云。此与十九年六月之诏,当即一事,叙于二十年改字之后,盖《传》之误。《丕传》所谓高祖发平城,太子留于旧京者,当即此时。高祖若至代都,称兵要胁之事,其势必不可免,代都为旧人聚集之地,势必难于收拾,故高祖拒而不往;又虑群情之滋忿也,乃使恂北行以慰抚之;自谓措置得宜矣,然魏以太子监国,由来旧矣;禅代,献文又特创其例矣。泰等是时,盖犹未欲显叛高祖,特欲挟太子据旧都,胁高祖授以监国之任?禅代盖尚非其意计所及。高祖本使恂往,意在消弭衅端,不意恂亦为叛党所惑,还洛之后,犹欲轻骑奔代也。然此必非恂所能为,洛京中人,必又有与叛党通声气者矣,亦可见其牵连之广也。恂既废,叛党与高祖调停之望遂绝,乃又谋推阳平,亦所谓相激使然者邪?穆泰者,崇之玄孙。以功臣子孙尚章武长公主。文明太后欲废高祖,泰切谏,乃止。高祖德之,锡以山河,宠待隆至。陆叡,俟之孙。沉雅好学,折节下士。年未二十,时人便以宰辅许之。又数征柔然有功。实肺腑之亲,心膂之任,乔木世臣,民之望也,而皆躬为叛首。《于烈传》言:代乡旧族,同恶者多,惟烈一宗,无所染预而已。当时情势,亦危矣哉？

南迁之计，于虏为损乎？为益乎？《齐书·王融传》：永明中，虏遣使求书，朝议欲不与，融上疏曰："今经典远被，诗史北流，冯、李之徒，必欲遵尚，直勒等类，居致乖阻。何则？匈奴以毡骑为帷床，驰射为糇粮。冠方帽则犯沙陵雪，服左衽则风骧鸟逝。若衣以朱裳，戴之玄冕，节其揖让，教以翔趋，必同艰桎梏，等惧冰渊，婆娑蹀躞，困而不能前已。及夫春水草生，阻散马之适；秋风木落，绝驱禽之欢。息沸唇于桑墟，别跟乳于冀俗；听韶雅如聋聩，临方丈若爰居。冯、李之徒，固得志矣，虏之凶族，其如病何？于是风土之思深，慺戾之情动；拂衣者连裾，抽锋者比镞。部落争于下，酋渠危于上；我一举而兼吞，卞庄之势必也。"其于魏末丧乱，若烛照之矣。《魏书·孙绍传》：绍于正光后表言："往者代都，武质而治安，中京以来，文华而政乱。故臣昔于太和，极陈得失；延昌、正光，奏疏频上。"今其所陈不可悉考，然谓武质而安，文华而乱，固已曲尽事情。离乎夷狄而未即乎中国，固不免有此祸。然遂终自安于夷狄可乎？子曰："朝闻道，夕死可矣。"一人如是，一族亦然。鸟飞准绳，岂计一时之曲直？是则以一时言，南迁于虏若为害，以永久言，于虏实为利也。孝文亦人杰矣哉！

《昭成子孙传》云：高祖迁洛，在位旧贵，皆难于移徙，时欲和合众情，遂许冬则居南，夏便居北。世宗颇惑左右之言，外人遂有还北之问。至乃榜卖田宅，不安其居。昭成玄孙晖，乃请间言："先皇移都，为百姓恋土，故发冬夏二居之诏，权宁物耳。乃是当时之言，实非先皇深意。且北来迁人，安居岁久，公私计立，无复还情。陛下当终高祖定鼎之业，勿信邪臣不然之说。"世宗从之。《肃宗纪》：熙平二年（517），梁武帝天监十六年。十月，诏曰："北京根旧，帝业所基。南迁二纪，犹有留住。怀本乐业，未能自遣。若未迁者，悉可听其仍停。"此可见孝文虽雷厉风行，实未能使代都旧贵一时俱徙，且于既徙者亦仍听其往还也。然以大体言之，南迁之计，固可谓为有成矣。

迁都之后，于革易旧俗，亦可谓雷厉风行。太和十八年（494），齐建武元年。十二月，革衣服之制。明年，六月，诏不得以北俗之语，言于朝廷。若有违者，免所居官。又明年，正月，诏改姓元氏。又为其六弟各聘汉人之女，前所纳者，可为妾媵，事见《咸阳王禧传》。《传》又载：孝文引见群臣，诏之曰："今欲断诸北语，一从正音。年三十以上，习性已久，容或不可卒革，三十以下，见在朝廷之人，语音不听仍旧。若有故为，当降爵、黜官。所宜深戒。"又曰："朕尝与李冲论此，冲言四方之语，竟知谁是？帝者言之，即为正矣，何必改旧从新？冲之此言，应合死罪。"乃谓冲曰："卿实负社稷，合令御史牵下。"又引见王公卿士，责留京之官曰："昨望见妇女之服，仍为夹领小袖。我徂东山，虽不三年，既离寒暑，卿等何为，而违前诏？"案，民族根柢，莫如语言，语言消灭，未有不同化于他族者，不则一切取之于人，仍必岿然独立为一民族。就国史观之，往昔入居中原诸族，及久隶我为郡县之朝鲜、安南，即其明证。人无不有恋旧之心，有恋旧之心，即无不自爱其语言者。孝文以仰慕中国文化之故，至欲自举其语言而消灭之，其改革之心，可谓勇矣。其于制度，亦多所厘定，如立三长之制，及正官制，修刑法是也，别于他章述之。史称孝文"雅好读书，手不释卷。《五经》之义，览之便讲。学不师授，探其精奥。史传、百家，无不该涉。善谈庄、老，尤精释义。才藻富赡，好为文章。诗赋铭颂，任兴而作。有大文笔，马上口授，及其成也，不改一字。自太和十年已后，诏册皆帝之文也"。此自不免过誉，然其于文学，非一无所知审矣。亦虏中豪杰之士也。

拓跋氏之任用汉人，始于桓、穆二帝。其时之卫操、姬澹、卫雄、莫含等，虽皆乃心华夏，非欲依虏以立功名，然于虏俗开通，所裨必大，则可想见。六修之难，晋人多随刘琨任子南奔，虏之所失，必甚巨也。事见第四章第二节。《卫操传》云：始操所与宗室、乡亲入国者：卫勤、卫崇、卫清、卫沈、段业、王发、范班、贾庆、贾循、李壹、郭乳。六修之难，存者多随刘琨任子遵南奔。昭成愚憨，观其见获后对苻坚之语可知，见第六章第三节。其能用汉人，盖尚不逮桓、穆。其时汉人见用，著于魏史者，惟许谦、燕凤而已。据《魏书·传》：凤为昭成代王左长史，谦为郎中令，兼掌书记。道武性质，更为野蛮。破燕以后，不得不任用汉人，然仍或见诛夷，或遭废黜，实不能谓为能用汉人也。《道武本纪》谓参合陂之捷，始于俘虏之中，擢其才识，与参谋议。及并州平，初建台省，置百官，尚书郎已下，悉用文人。又云：帝初拓中原，留心慰纳。诸士大夫诣军门者，无少长，皆引入赐见，存问周悉，人得自尽。苟有微能，咸蒙叙用。此不过用为掾史之属而已，无与大计也。道武所用汉人，较有关系者，为许谦、燕凤、张衮、崔宏、邓渊、崔逞。谦、凤皆昭成旧人，其才盖非后起诸臣之敌。宏事略见第八章第六节。渊以从父弟晖与和跋厚善见杀。逞使妻与四子归慕容德，独与小子留平城，道武嫌之，遂借答晋襄阳戍将书不合杀之。张衮以先称美逞及卢溥，亦见黜废。《逞传》言：司马休之等数十人，为桓玄所逐，皆将来奔，至陈留南，分为二辈：一奔长安，一归广固。太祖初闻休之等降，大悦。后怪其不至，诏兖州寻访。获其从者，皆曰："闻崔逞被杀，故奔二处。"太祖深悔之。自是士人有过者，多见优容。此亦不过一时之悔而已，以道武之猜忍好杀，又安知惩前毖后邪？然既荐居中国之地，政务稍殷，终非鲜卑所能了，故汉人之见任者，亦稍多焉。崔浩见信于明元、太武二世，浩以谋覆虏诛，而太武仍任李孝伯；孝伯为顺从弟。《传》云：自崔浩诛后，军国之谋，咸出孝伯，世祖宠眷亚于浩。高允与立文成，初不见赏，《允传》云：高宗即位，允颇有谋焉，司徒陆丽等皆受重赏，允既不蒙褒异，又终身不言。文明后诛乙浑，乃引允与高闾入禁中，共参朝政；即可见此中消息。然允等之见任，实不过职司文笔而已，《允传》云：自高宗迄于显祖，军国书檄，多允文也。末年乃荐高闾以自代。《闾传》云：文明太后甚重闾，诏令书檄，碑铭赞颂皆其文也。《齐书·王融传》融上疏曰："虏前后奉使不专汉人，必介以匈奴，备诸觇觎。且设官分职，弥见其情。抑退旧苗，扶任种戚。师保则后族冯晋国，总录则邦姓直勒渴侯，台鼎则丘颓、苟仁端，执政则目凌钳耳。至于东都羽仪，四京簪带，崔孝伯、程虔虬久在著作，李元和、郭季祐止于中书，李思冲饰虏清官，游明根泛居显职。"虏之遇汉人如何，当时固人知其情也。《允传》言：允谏诤，高宗常从容听之。或有触迕，帝所不忍闻者，命左右扶出。事有不便，允辄求见。高宗知允意，逆屏左右以待之。礼敬甚重。晨入暮出，或积日居中，朝臣莫知所论。或有上事陈得失者，高宗省而谓群臣曰："君父一也。父有是非，子何为不作书于人中谏之，使人知恶，而于家内隐处也？岂不以父亲，恐恶彰于外也？今国家善恶，不能面陈，而上表显谏，此岂不彰君之短，明己之美？至如高允者，真忠臣矣。朕有是非，常正言面论。至朕所不乐闻者，皆侃侃言说，无所避就。朕闻其过，而天下不知其谏，岂不忠乎？汝等在左右，曾不闻一正言，但伺朕喜时，求官乞职。汝等把弓刀侍朕左右，徒立劳耳，皆至公王，此人把笔匡我国家，不过著作郎，汝等不自愧乎？"于是拜允中书令，著作如故。夫以言不忍闻，遂令左右扶出，所谓礼遇甚重者安在？高宗之爱允，不过以不彰其过而已，此实好谀恶直，岂曰能容谏臣？允之谏诤，史所举者，营建宫室及婚娶丧葬不依古式，此并非听者所不乐闻；又以不显谏自媚；而其见宠，尚不逮把持弓刀之人，虏之视汉人何等哉？然史又言："魏初法严，朝士多见杖罚，允历事五帝，出入三省，五十余年，初无谴咎"，盖允虽貌若寒直，实不肯触虏之忌，其不欲尽忠于虏，犹崔宏之志也。《传》又言：高宗既拜允中书令，司徒陆丽曰："高允虽蒙宠待，而家贫，布衣，妻子不立。"高宗怒曰："何不先言？今见朕用之，方言其贫。"是日，幸允第。惟草屋数间，布被缊袍，厨中盐菜而已。初与允同征游雅等，多至通官，封侯，及允部下吏百数十人，亦至刺史、二千石，而允为郎二十七年不徙官。时百官无禄，允常使诸子樵采自给。又云：是时贵臣之门，皆罗列显官，而允子弟皆无官爵。盖允之仕虏，特不得已，求免死而已。虽不逮崔浩之能密图义举，视屈节以求富贵者，其犹贤乎？允之见征，在太武神䴥四年（431），宋文帝元嘉八年也。史云至者数百人，皆差次叙用，盖太武之世征用汉人最盛者也。事见《魏书·本纪》。即李冲见宠衽席之上，实亦佞幸之流，高祖特以太后私昵，虚加尊礼，非真与谋军国大计也。此外李彪、宋弁、郭祚、崔亮之徒，或佐铨衡，或助会计，碌碌者更不足道。虏之桢干，仍在其种戚之手。此辈一骄奢疲奭，而其本实先拨矣。此则非迁都所能求益，抑且助长其骄淫，所谓离乎夷狄，而未即乎中国也。

第三节　齐魏兵争

南北之兵争，至宋末而形势一变。宋初，中国尚全有河南，魏太武之南伐，中国虽创巨痛深，然虏亦仅事剽掠，得地而不能守也。及明帝篡立，四境叛乱，淮北沦陷，魏人始有占据河南之心；至孝文南迁，而虏立国之性质亦一变；于是所争者西在宛、邓，中在义阳，东在淮上矣。

淮北沦没之后，宋、魏之使命仍通。后废帝元徽元年（473），魏孝文帝延兴三年也。《魏书·本纪》云：十月，太上皇帝亲将南讨，诏州郡之民，十丁取一，以充行户，然其后南巡，仅至怀州而还。怀州，后魏置，治野王，今河南沁阳县。明年，九月，《纪》又云：以刘昱内相攻战，诏将军元兰等五将三万骑，及假东阳王丕为后继伐蜀汉，而《列传》及《宋书》，皆不载其事，《通鉴》因此未书其事，见《考异》。盖兵实未出也。及齐高帝建元元年（479），乃命元嘉出淮阴，太武子广阳王建间之子，时为假梁王。《齐书·垣崇祖传》作伪梁王郁豆眷。元琛出广陵，薛虎子出寿春。代人。《北史》避唐讳作彪子。初，高帝策虏，必以送刘昶为名出兵，所攻必在寿春，徙垣崇祖为豫州刺史以防之。明年，二月，元嘉、刘昶马步号二十万攻寿春，《通鉴》：魏将薛道标趋寿阳，上使齐郡太守刘怀慰作将军，薛渊书以招之。魏人闻之，召道标还，使梁郡王嘉代之。为崇祖所破。攻钟离，见第八章第四节。又为徐州刺史崔文仲所败。虏又遣兵向司州。分兵出兖、青界，围朐山。见第九章第二节。戍主玄元度固守。青、冀二州刺史卢绍之遣子奂往援。潮水至，虏淹溺，元度出兵奋击，大破之。虏乃遣冯熙迎嘉等还。是岁，七月，角城戍主降魏。角城晋县，在今江苏淮阴县南。魏诏徐州刺史元嘉赴接。十月，又命冯熙为西道都督，与桓诞出义阳。诞者，大阳蛮酋，大阳，戍名，在今湖北蕲春县西北。自云桓玄之子，以宋明帝末降魏者也。时李安民行淮、泗诸戍。三年，魏太和五年。正月，破虏军于淮阳。见第九章第五节。冯熙向司州，冯熙，《齐书·魏虏传》作冯莎。荒人桓天生说熙云：诸蛮皆响应。熙至，蛮竟不动。熙大怒，于淮边猎而去。高帝未遑外略，既克，乃遣后军参军车僧朗北使。先是宋使殷灵诞、荀昭先在虏。闻高帝登极，灵诞谓虏典客曰："宋、魏通好，忧患是同，宋今灭亡，魏不相救，何用和亲？"及虏寇豫州，灵诞因请为刘昶司马，不获。僧朗至北，虏置之灵诞下，僧朗立席言曰："灵诞昔是宋使，今成齐民，实希魏主，以礼见处。"灵诞交言，遂相忿詈。刘昶赂客贾奉君，于会刺杀僧朗。虏即收奉君诛之。殡敛僧朗，送丧随灵诞等南归，厚加赠赗。世祖践阼，昭先具以启闻。灵诞下狱死。灵诞既欲尽忠于宋，即宜终殁虏廷，乃复顾恋家园，随丧南返，足见外托尽忠一姓之名，而忘夷夏之大界者，必无端人正士也。永明元年（483），魏太和七年。魏使李彪来，齐使刘缵报聘，使命复通。五年，魏太和十一年。桓天生与雍、司蛮虏相扇动，据南阳故城，攻舞阴。见《齐书·陈显达传》。舞阴，汉县，后魏置郡，在今河南泌阳县西北。虏遣骑万余人助之。至比阳，亦作沘阳，汉县，在今河南泌阳县西。为戴僧静等所破。天生亦为舞阴戍主殷公愍所破。明年，天生复引虏出据隔城，在今河南桐柏县西北。遣曹虎讨拔之。十一年，魏太和十七年。二月，雍州刺史王奂辄杀宁蛮长史刘兴祖。上怒，遣中书舍人吕文显、直阁将军曹道刚领斋仗五百人收奂，镇西司马曹虎从江陵步道会襄阳。奂第三子彪，闭门拒守。司马黄瑶起，宁蛮长史裴叔业于城内起兵攻奂，斩之。彪及弟爽、弼，女婿殷叡皆伏诛。长子融，融弟琛，于都弃市。琛弟肃、秉并奔魏。奂，景文兄子，蕴之兄也，武帝本疑之，以王晏言得解，及是诛灭焉。是岁，七月，魏孝文借南伐为名，定迁都之计，事已见前。《齐书·魏虏传》云：北地人支酉，北地，见第二章第二节。聚数千人，于长安城北西山起义。使告梁州刺史阴智伯。秦州人王广，起义应酉，攻获伪刺史刘藻。《魏书·藻传》：藻为秦州刺史。孝文南伐，以为东道都督。秦人纷扰。诏藻还州，人情乃定。不知宋人传闻不实邪？抑魏人自讳其丧败也。秦、雍间七州民皆响震，众至十万，各自保壁望救。宏遣弟伪河南王干、尚书卢阳乌击秦、雍义军，大败。时虏使赵郡王干督关右诸军事，卢渊为副。干，献文子。酉进至咸阳北浊谷，咸阳，见第六章第四节。围伪司空长洛王缪老生，《魏书》穆亮。大破之，老生走还长安。阴智伯遣数千人应接。酉等进向长安，所至皆靡。会世祖崩，宏闻关中危急，乃称闻丧退师。遣杨大眼等数万人攻酉。酉、广等皆见杀。案，孝文此次南伐，虽云意在迁都，然其人初非无意于猾夏者，盖既欲迁都京洛，则宛、邓、义阳，皆迫圻甸，其形势，迥非立国平城时比矣。故《魏书·王肃传》谓肃降魏，劝以大举，而其图南之志转锐也。明年，为明帝建武元年（494），魏太和十八年。齐使雍州刺史曹虎诈降，以刺魏情。魏遂使薛真度出襄阳，刘昶出义阳，元衍出钟离，刘藻出南郑。孝文亦自将南伐，至悬瓠。又明年，建武二年，魏太和十九年。齐使王广之督司，萧坦之督徐，沈文季督豫以拒之。又使青、冀二州刺史张冲出兵，分其军势。魏孝文自渡淮攻钟离，为徐州刺史萧惠休所破。乃借冯诞死为名，诞，熙子，时为司徒。遣使临江，数明帝杀主自立之罪而还。刘昶与王肃围义阳，司州刺史萧诞固守。王广之遣萧衍等间道先进，内外合击，破之。元英围南郑，英，景穆子南安惠王桢之子。刺史萧懿固守，自春至夏六十余日。懿又使氐人杨元秀还仇池，说氐起兵，断房运道。英乃退入斜谷。参看下节。斜谷，在今陕西郿县西南。四年，魏太和二十一年。魏孝文又大举入寇。过赭阳、南阳，留兵攻之，而自南至新野。赭阳，后魏县，在今河南叶县西南。南阳，见第三章第四节。新野，见第三章第三节。十月，四面进攻，不克，乃筑长围守之。曹虎与南阳太守房伯玉不协，顿兵樊城不进。樊城，见第五章第二节。齐遣萧衍、张稷救雍州。十二月，又遣崔慧景总督众军。明年，为永泰元年（498），魏太和二十二年。正月，新野太守刘思忌，煮土为粥，而救兵不至。城陷。虏缚思忌问之曰："今欲降未？"思忌曰："宁为南鬼，不为北臣。"乃杀之。于是湖阳、赭阳、舞阴、顺阳诸戍并弃城走。湖阳，汉县，在今泌阳县南。顺阳，见第三章第九节。舞阴城主，即黄瑶起也。虏军追获之。王肃募人脔食其肉，亦可谓行如野番矣。二月，房伯玉降虏。初薛真度南侵，为伯玉所破。《齐书·魏虏传》言：魏孝文因此怒，以南阳小郡，誓取灭之，故自率军向雍州。案，孝文是役，似因先不得志于淮上而然，谓其甘心于南阳一城，似未必确，然其至南阳，使数伯玉三罪，而败薛真度居其一，则其未能忘情于丧败可知也。伯玉虽力屈而降，然虏以为龙骧将军，不肯受。高宗知其志，月给其子希哲钱五千，米二十斛。后伯玉就虏求南边一郡，为冯翊太守，此冯翊郡当在今河南境，未详所治。生子，幼便教其骑马，常欲南归。永元末，希哲入虏，伯玉大怒曰："我力屈至此，不能死节，犹望汝在本朝，以报国恩。我若从心，亦欲间关求返。汝何为失计？"遂卒虏中，亦可哀矣。齐又遣陈显达救雍州。崔慧景至襄阳，五郡已没，胡三省曰：五郡，谓南阳、新野、南乡、北襄城，并西汝南、北义阳二郡太守也。案，南乡即顺阳郡治。北襄城治堵阳。西汝南，在今泌阳县西北。北义阳，在今河南信阳县南。乃分军助戍樊城。三月，慧景与萧衍等五千余人进行邓城。汉邓县，晋分置邓城县，在今湖北襄阳县北。虏以大军乘之。慧景败绩。孝文帝自追之。至樊城，曹虎固守。虏耀兵襄阳而还。先是明帝令徐州刺史裴叔业援雍州。叔业启：北人不乐远行，惟乐侵伐虏界，则雍、司之贼，自然分张。上从之。徙叔业为豫州刺史。叔业围涡阳，后魏县，今安徽蒙城县，时为其南兖州治。分兵攻龙亢戍。在今安徽怀远县西北，虏马头郡治此。虏徐州刺史广陵王率二万人、骑五千匹至龙亢，叔业大败之。时王肃方攻义阳，孝文帝闻之，使解围赴涡阳。叔业见兵盛，委军遁走。明日，官军奔溃。虏追之，伤杀不可胜数。叔业还保涡口。是岁，七月，明帝崩。九月，孝文称礼不伐丧，自悬瓠还。明年，为东昏侯永元元年（499），魏太和二十三年。陈显达督崔慧景等军四万围南乡界马圈城。在今河南邓县东北。四十日，取之。遣兵进取南乡。三月，孝文复南伐，至马圈。显达走均口。均水入汉之口。《梁书》《南史》皆作沔均口，沔当作沟，均乃后人旁注，误入正文。台军缘道奔退，死者三万人。孝文帝旋死，子宣武帝立。明年，裴叔业降魏。魏使奚康生、杨大眼入据，又以彭城王勰领扬州刺史，与王肃勒步骑十万赴之。齐以萧懿为豫州刺史。懿屯兵小岘，见第九章第二节。使胡松、李居仕据死虎，见第九章第四节。为肃所破。交州刺史李叔献屯合肥，见第三章第九节。亦为魏兵所擒。陈伯之又以水军败于肥口。寿春遂入于魏，魏置兵四万以戍之。案，齐自高帝至明帝三世，皆颇有意于恢复。高帝尝敕垣崇祖曰："卿视吾，是守江东而已邪？所少者食。卿但努力营田，自然平殄残丑。"淮北义民桓磊块，于抱犊固与虏战，大破之。抱犊山，在今山东峄县北。徐州刺史崔文仲驰启。上敕曰："北间起义者众，深恐良会不再至，卿善奖沛中人，若能一时攘袂，当遣一佳将直入也。"事在建元三年，见《齐书·崔祖思传》。淮阳之捷，徐州人桓摽之、兖州人徐猛子等合义众数万，寨险求援。诏李安民赴救。安民留迟，虏急攻摽之等，皆没，上甚责之。周山图为兖州刺史，淮北四州起义，谓宋明帝时所失青、冀、徐、兖之地。上使自淮入清，倍道应赴。敕曰："若不借此平四州，非丈夫也。"义众已为虏所没，山图仅拔三百家还淮阴。又以彭、沛义民起，遣曹虎领六千人入涡，王广之出淮上。广之家在彭、沛，启求招诱乡里、部曲，北取彭城。上许之，以为徐州刺史。广之引军过淮，无所克获，坐免官。武帝尝于石头造灵车三千乘，欲自步道取彭城。见《魏虏传》。又使毛惠秀画《汉武北伐图》，置琅邪城射堂壁上，游幸辄观览焉。见《王融传》。南琅邪，见第九章第三节。孔稚珪表劝明帝遣使与虏言和，帝不纳。永明中，祖冲之造《安边论》，欲开屯田，广农殖。建武中，明帝使冲之巡行四方，兴造大业可以利百姓者。会连有军事，事竟不行。四年（497），徐孝嗣又以缘淮诸镇皆取给京师，费引既殷，漕运艰涩，聚粮待敌，每若不周，表立屯田。事御见纳。时帝已寝疾，又兵事未已，亦竟不施行。盖三主御宇，仅二十年，又非闲暇之时，故虽有志而未逮也。至东昏失寿春，而形势愈恶矣。《魏书·高闾传》：孝文攻钟离，未克，将于淮南修故城而置镇戍，以抚新附之民，赐闾玺书，具论其状。闾表曰："昔世祖以回山倒海之威，步骑数十万，南临瓜步，诸郡尽降，而斑师之日，兵不戍一郡，土不辟一廛。夫岂无民？以大镇未平，不可守小故也。堰水先塞其原，伐木必拔其本。寿阳、盱眙、淮阴，淮南之原本也。三者不克其一，而留兵守郡，不可自全明矣。既逼敌之大镇，隔深淮之险，少置兵不足自固，多留众粮运难充。又欲附渠通漕，路必由于泗口；溯淮而上，须经角城；淮阴大镇，舟船素蓄，敌因先积之资，以拒始行之路，若元戎旋旆，兵士挫怯，夏雨水长，救援实难。"孝文乃止。及还，告闾，谓以彼诸将，并列州镇，至无所获。盖时淮北虽亡，而淮南之形势，尚称完固如此。魏孝文之渡淮，兵力不为不厚，而迄未能得志，乃裴叔业一叛，举寿春拱手而授诸人，内乱之招致外侮，诚可惧也。

第四节　梁初与魏战争

齐末荆、雍之衅既启，魏人颇有欲乘机进取者。元嵩时为荆州刺史，嵩，任城康王云之子。云见第一节。魏荆州，初置于上洛，今陕西商县。太和中改为洛州，移荆州于鲁阳，今河南鲁山县。后又移治穰城，今河南邓县。表言："流闻萧懿于建业阻兵，与宝卷相持，荆、郢二州刺史，并是宝卷之弟，必有图衍之志。臣若遗书相闻，迎其本谋，冀获同心，并力除衍。一衍之后，彼必还师赴救丹阳，当不能复经营疆陲，全固襄、沔，则沔南之地，可一举而收。缘汉曜兵，示以威德。思归有道者，则引而纳之；受疑告危者，则援而接之。总兵仉锐，观衅伺隙。若其零落之形已彰，息懈之势已著，便可顺流摧锋，长驱席卷。"诏曰："所陈嘉谋，深是良计。如当机可进，任将军裁之。"已而无所举动，盖以荆、郢已一故也。及梁武帝起兵，元英时在洛阳，又请躬指沔阴，据襄阳，进拔江陵；又命扬、徐俱举。英时行扬州事。事寝不报。英又奏欲取义阳。尚书左仆射源怀亦以为请。以梁武已克，遂停。此于魏为失机，若当时乘机进取，则齐、梁相持颇久，魏纵不能大有所获，中国亦必不能一无所失矣。内乱之招致外患，诚可惧也。

魏宣武帝即位时，年尚幼，诸王又颇有觊觎之心，国家未宁，实不能更图南牧。故其用兵，绝无方略。齐、梁相毙，既失乘衅之机，逮梁事已定，乃又信降人而轻动干戈焉。梁武帝天监二年（503），魏宣武帝景明四年。四月，时萧宝夤在魏，宝寅，《魏书》及《北史》皆作宝夤。伏诉阙下，请兵南伐，陈伯之亦请兵立效；魏乃以宝夤为扬州刺史，配兵一万，令且据东城，宋县，当在今江苏境。待秋冬大举；而以伯之为江州刺史，戍扬石。亦作羊石，城名，在今安徽霍丘县南。以任城王澄总督二镇，授之节度。澄，云子。澄表言："萧衍频断东关，在今安徽巢县。欲令巢湖泛溢。若贼计得成，则淮南诸戍，必同晋阳之事。寿阳去江，五百余里，众庶惶惶，并惧水害。事贵应机，经略须早。纵混一不可必，江西自是无虞。"于是发冀、定、瀛、相、并、济六州二万人，马一千五百匹，令中秋之中，毕会淮南，魏冀州，治信都，见第四章第二节。定州，见第二节。瀛州，治乐成，今河北河间县。相州，见第八章第二节。并州，见第二节。济州，治碻磝，见第六章第五节。并寿阳先兵三万，委澄经略。三年，魏正始元年。三月，宝夤行达汝阴，见第四章第二节。东城已陷，遂停寿春。澄遣统军傅竖眼等进攻大岘、东关、九山、淮陵等地。大岘，见第七章第四节。九山在盱眙。淮陵侨县，在今安徽凤阳县境。澄总勒大军，络绎相接。既而遇雨，淮水暴长，澄引归寿春。《魏书·澄传》云：失兵四千余人，然有司奏夺其开府，又降三阶，恐所失必不止此矣。

元英以天监二年（503）八月进攻义阳。明年，围之。时城中众不满五千，食裁支半岁。魏军攻之，昼夜不息。刺史蔡道恭随方抗御，皆应手摧却。相持百余日，前后斩获，不可胜计。虏甚惮之，将退。会道恭疾笃，乃呼兄子僧勰，从弟灵恩，及诸将帅，谓曰："吾受国厚恩，不能破灭寇贼，今所苦转笃，势不支久，汝等当以死固节，无令没有遗恨。"又令取所持节。谓僧勰曰："禀命出疆，凭此而已。即不能奉以还朝，方欲携之同逝，可与棺柩相随。"众皆流涕。五月，卒。虏知道恭死，攻之转急。先是朝廷遣郢州刺史曹景宗，及后将军王僧昞步骑三万救义阳。僧昞二万据凿岘，当在合肥与大小岘之间。景宗一万继后。僧昞军为元英所破。景宗亦不得前。马仙琕继之，尽锐决战，一日三交，皆不克。据《魏书·元英传》。八月，义阳粮尽，城陷。三关之戍闻之，亦弃城走。三关：东曰武阳；西曰平靖；中曰黄岘，亦作广岘；在今河南信阳县南。于是魏封英为中山王，而梁以南义阳置义州。南义阳，在今湖北安乡县西南。先一月，角城戍主柴广宗亦以城降魏。角城，见上节。淮水上下游，同时告警矣，而梁州之变又起。

时有夏侯道迁者，谯国人。见第三章第三节。仕宋明帝。随裴叔业至寿春，为南谯太守。南谯，见第十章第十节。两家虽为姻好，而亲情不协，遂单骑奔魏。又随王肃至寿春。肃死，魏景明二年（501），齐和帝中兴元年。道迁弃戍南叛。梁武帝以庄丘黑为梁、秦二州刺史，镇南郑。黑请道迁为长史，带汉中郡。黑死，武帝以王珍国为刺史。未至，道迁阴图归魏。初杨头之戍葭芦也，宋复以杨保宗子元和为征虏将军。孝武帝孝建二年（455）。元和继杨氏正统，群氏欲相宗推，而年少才弱，不能绥御。头母妻子弟，并为索虏所执，而头至诚奉顺，无所顾怀。雍州刺史王谟请授头西秦州，假节，孝武帝不许。后立元和为武都王，治白水。《魏书·氏传》云：既为白水太守。白水，齐县，在今四川剑阁县东南。不能自立，复走奔索虏。元和从弟僧嗣自立，还戍葭芦。《魏书》云：僧嗣为元和从叔。案，僧嗣为文度兄，文度与文德、文弘，当系昆弟，则作从叔为是。宋以为仇池太守。后又以为北秦州刺史、武都王。明帝泰始二年（466）。卒，弟文度自立。泰豫元年（472），以为略阳太守，封武都王。文度贰于魏，魏献文帝授以武兴镇将。武兴，城名，在今陕西略阳县。既而复叛魏。后废帝元徽四年（476），以为北秦州刺史。文度遣弟文弘伐仇池。文弘，《魏书》避献文讳，书其小名曰杨鼠。顺帝昇明元年（477），以文弘为略阳太守。魏使皮欢喜等攻葭芦，破之，皮欢喜，豹子子。《魏书·本传》但名喜。斩文度首。难当族弟广香，先奔虏，及是，虏以为阴平王、葭芦镇主。文弘退治武兴。宋以为北秦州刺史，袭封武都王。文弘亦使谢罪于魏。魏以为南秦州刺史、武都王。齐高帝建元元年（479），广香反正，以为沙州刺史。范柏年诛，李乌奴奔叛，见第九章第一节。文弘纳之。帝以文弘背叛，进广香为西秦州刺史，子炅为武都太守。以难当正胤后起为北秦州刺史、武都王，后起为文弘从兄子，则系难当之孙。镇武兴。三年，文弘归降，复以为北秦州刺史。魏孝文帝亦以文弘爵授后起，而以文弘子集始为白水太守。广香病死，氐众半奔文弘，半诣梁州刺史崔慧景。文弘遣后起进据白水。四年，后起卒，诏以集始为北秦州刺史、武都王，后起弟后明为白水太守。魏亦以集始为武都王。集始朝于魏，魏又以为南秦州刺史、武兴王。武帝永明十年（492），集始反，率氐、蜀、杂虏寇汉川。刺史阴智伯遣兵击败之。集始入武兴，以城降虏。氐人符幼孙起义攻之。明帝建武二年（495），氐、虏寇汉中。梁州刺史萧懿，遣后起弟子元秀收合义兵。氐众响应，断虏运道。虏亦遣伪南梁州刺史仇池公杨灵珍据泥山，未详。以相拒格。参看上节。元秀病死，符幼孙领其众。杨馥之聚义众屯沮水。出今陕西中部县，东流入洛。集始遣弟集朗迎拒州军，大败。集始走下辩。见第五章第一节。馥之据武兴。虏军寻退。馥之留弟昌之守武兴，自引兵据仇池。以为北秦州刺史、仇池公。四年，杨灵珍据城归附。攻集始于武兴，杀其二弟集同、集众。集始穷急，请降。以灵珍为北梁州刺史、仇池公、武都王。东昏侯永元二年（500），复以集始为北秦州刺史。梁武帝天监初，亦以为北秦州刺史、武都王。死，子绍先袭。魏亦以为南秦州刺史、武兴王。初，齐武帝以杨炅为沙州刺史、阴平王。《齐书·氐传》。下文又云：隆昌元年（494），以炅为沙州刺史，未知孰是。明帝建武三年，死，子崇祖袭。崇祖死，子孟孙立。及是，以孟孙为沙州刺史、阴平王。二年，以灵珍为北梁州刺史、仇池王。《南史·氐传》。《魏书·夏侯道迁传》云：以为征虏将军，假武都王，或在此授之后邪？灵珍助戍汉中，有部曲六百余人，道迁惮之。时绍先年幼，委事二叔集起、集义。武兴私署侍郎郑洛生至汉中，道迁使报绍先并集起等，请其遣军以为腹背。集起、集义贪保边蓄，不欲救之，而集朗还至武兴，使与道迁密议。据道迁叛后上魏主表。表又言："中于寿阳，横为韦缵所谤，理之曲直，并是杨集朗、王秉所悉。"则集朗与道迁同在寿阳。又案，《魏书·道迁传》云：年十七，父母为结婚韦氏。道迁云：欲怀四方之志，不欲取妇。家人咸谓戏言。及至婚日，求觅不知所在。于后访问，乃云逃入益州。道迁之与武兴相勾结，当在此时。当狡焉思启之时，实不应令此等人在于疆场也。梁使吴公之等至南郑，知其谋，与府司马严思、臧恭，典签吴宗肃、王胜等共杨灵珍父子谋诛之。道迁乃伪会使者，请灵珍父子。灵珍疑而不赴。道迁乃杀五人，驰击灵珍，斩其父子，并送五首于魏。即遣驰告集朗求援。白马戍主尹天宝围南郑。阳平关，在今陕西沔县西北，南北朝时谓之白马戍。武兴军蹑其后。天宝之众宵溃。依山还白马。集朗擒斩之。道迁遂据城归魏。时天监四年（505）正月也。魏正始元年（504）闰十二月。魏授道迁豫州刺史，时魏豫州治悬瓠。而以尚书邢峦督梁、汉诸军事。

邢峦至汉中，遣兵陷关城。此关城亦曰阳平关，在今陕西宁羌县西北。又遣统军李义珍攻晋寿。晋寿太守王景胤宵遁。时梁益州刺史邓元起，以母老乞归供养，诏许焉，以西昌侯渊藻代之。长沙嗣王业之弟。《梁书·元起传》云：元起以乡人庾黔娄为录事参军，又得荆州刺史萧遥欣故客蒋光济，并厚待之，任以州事。黔娄甚清洁，光济多计谋，并劝为善政。元起之克刘季连也，城内财宝无所私；勤恤民事，口不论财色；性本能饮酒，至一斛不乱，及是绝之；蜀土翕然称之。元起舅子梁矜孙，性轻脱，与黔娄志行不同，乃言于元起曰："城中称有三刺史，节下何以堪之？"元起由此疏黔娄、光济，而治迹稍损。夏侯道迁叛，尹天宝驰使报蜀，东西晋寿，并遣告急。此处于《梁书》元文有删节。元文云："夏侯道迁以南郑叛，引魏人。白马戍主尹天宝驰使报蜀。魏将王景胤、孔陵寇东西晋寿，并遣告急。"《南史》则云："道迁以南郑叛，引魏将王景胤、孔陵攻东西晋寿，并遣告急。"据《魏书·邢峦传》，则王景胤为梁晋寿太守，孔陵亦梁将，为王足所破者。疑《梁书》元文，当作魏将某某寇东西晋寿，太守王景胤，某官孔陵并遣告急，文有夺佚，传写者以意连属之，以致误缪，《南史》误据之，而又有删节也。东晋寿在今四川广元县，西晋寿在今四川昭化县境。众劝元起急救之。元起曰："朝廷万里，军不卒至。若寇贼浸淫，方须扑讨，董督之任，非我而谁？何事匆匆便救？"黔娄等苦谏，皆不从。高祖亦假元起都督征讨诸军，将救汉中。比是，魏已攻陷两晋寿。渊藻将至，元起颇营还装，粮储器械，略无遗者。以上《南史》同。渊藻入城，甚怨望。因表其逗留不忧军事，收付州狱。于狱自缢。《南史》则云：萧藻入城，《南史》避唐讳，单称渊藻为藻。求其良马。元起曰："年少郎子，何以马为？"藻恚，醉而杀之。元起麾下围城哭，且问其故。藻惧，曰："天子有诏。"众乃散。遂诬以反。帝疑焉。故吏广汉罗研诣阙讼之。帝曰："果如我所量也。"使让藻曰："元起为汝报仇，胡三省曰：谓协力诛东昏，报其父仇。汝为仇报仇，忠孝之道如何？"观史传之文，谓元起逗留不救汉中，必系渊藻之诬蔑。观下引邢峦及罗研所言蜀中空尽之状，盖因军资不足，欲遄征而未果也。于是魏以邢峦为梁、秦二州刺史。巴西人严玄思附魏，攻破其郡，杀太守庞景民。巴西，见第三章第六节。魏统军王足，频破梁军，遂入剑阁，围涪城。见第三章第六节。峦表曰："扬州、成都，相去万里。陆途既绝，惟资水路。萧衍兄子渊藻，去年四月十三日发扬州，今岁四月四日至蜀。水军西上，非周年不达。外无军援，一可图也。益州顷经刘季连反叛，邓元起攻围，资储散尽，仓库空竭，今犹未复。兼民人丧胆，无复固守之意。二可图也。萧渊藻是裙屐少年，未洽治务。今之所任，并非宿将重名，皆是左右少年而已。三可图也。蜀之所恃，惟在剑阁。既克南安，宋郡，今四川剑阁县。已夺其险。从南安向涪，方轨任意。前军累破，后众丧魂。四可图也。渊藻是萧衍兄子，逃亡当无死理。脱军克涪城，复何宜城中坐而受困？若其出斗，庸、蜀之卒，惟便刀稍，弓箭至少，假有遥射，弗至伤人。五可图也。今若不取，后图便难。辄率愚管，庶几珍克。如其无功，分受宪坐。且益州殷实，户余十万，寿春、义阳，三倍非匹。可乘、可利，实在于兹。"诏曰："若贼敢窥窬，观机翦扑；如其无也，则安民保境，以悦边心；子蜀之举，更听后敕。"峦又表曰："昔邓艾、钟会，率十八万众，倾中国资给，裁得平蜀，所以然者，斗实力故也。况臣才绝古人，智勇又阙，复何宜请二万之众，而希平蜀？所以敢者，正以据得要险，士民慕义；此往则易，彼来则难；任力而行，理有可克。今王足前进，已逼涪城。脱得涪城，益州便是成拭擒之物，但得之有早晚耳。且梓潼已附，梓潼，见第三章第六节。民户数万，朝廷岂得不守之也？若守也，直保境之兵，则已一万，臣今请二万五千，所增无几。且臣之意算，正欲先图涪城，以渐而进。若克涪城，便是中分益州之地，断水陆之冲。彼外无援军，孤城自守，复何能持久？臣今欲使军军相次，声势连接，先作万全之计，然后图彼。得之则大克，不得则自全。又巴西、南郑，相离一千四百，去州迢递，恒多生动。昔在南之日，以其统绾势难，故增立巴州，镇静夷獠。梁州借利，因而表罢。彼土民望，严、蒲、何、杨，非唯三五。族落虽在山居，而多有豪右。文学笺启，往往可观。冠带风流，亦不为少。但以去州既远，不能仕进。至于州纲，无由厕迹。巴境民豪，便是无梁州之分。是以郁快，多生动静。比建义之始，严玄思自号巴州刺史，克城已来，仍使行事。巴州广袤一千，户余四万。若彼立州，镇摄华、獠，则大帖民情，从垫江已还，不复劳征，自为国有。"垫江，见第三章第六节。世宗不从。又王足于涪城辄还。足事《魏书》附见《崔延伯传》。云隶邢峦伐蜀，所在克捷，诏行益州刺史。遂围涪城，蜀人大震。世宗复以羊祉为益州，足闻而引退，后遂奔萧衍。遂不能定蜀。峦遣军主李仲迁守巴西。仲迁得梁将张法养女，有美色，甚惑之。散费兵储，专心酒色。公事谘承，无能见者。峦忿之切齿。仲迁惧，谋叛。城人斩其首，降梁将谯希远。遂复巴西。杨集义恐武兴不得久存，扇动诸氏，推绍先僭号。集起、集义并称王，引梁为援。邢峦遣傅竖眼攻武兴，克之，执绍先，送于魏都。遂灭其国，以为武兴镇。复改镇为东益州。《北史·氐传》云：前后镇将唐法乐，刺史杜纂、邢豹，以威惠失衷，氐豪相率反叛，朝廷以西南为忧。正光中，魏子建为刺史，以恩信招抚，风化大行，远近款附，如内地焉。后唐永代子建为州，氐人悉反，永弃城东走，自此复为氐地。魏末，天下乱，绍先奔还武兴，复自立为王。周文定秦、陇，绍先称藩，送妻子为质。死，子辟邪立。大统十一年（545），于武兴置东益州，以辟邪为刺史。废帝二年（553），讨平之。先是氐酋杨法深据阴平称王，亦盛之苗裔也。从尉迟迥定蜀。军回，法深与其宗人崇集、陈俀各拥众相攻，乃分其部落，更置州郡以处之。案，西魏大统十一年，为梁武帝大同十一年，废帝二年，元帝承圣二年也。《南史·武兴传》：杨孟孙死，子定袭封爵。绍先死，子智慧立。大同元年（535），克复汉中，智慧上表，求率户四千内附，诏许焉，即以为东益州。杨氏传世始末，大略如此。案，恢复之略，必宜规取秦川，规取秦川，蜀、汉实其根本，第八章第七节已言之；而其地又据荆、郢上流，方舟而下，实有建瓴之势，从来立国江东者，不得巴、蜀，未有能久存者也。魏孝文时，元英攻梁州，召雍、泾、岐三州兵六千人，魏雍州治长安。泾州治今陕西泾县。岐州治雍，今陕西凤翔县。拟戍南郑，克城则遣。李冲表谏，言："敌攻不可卒援，食尽不可运粮，南郑于国，实为马腹。"乃止。盖南山之未易逾如此。乃道迁一叛，举梁州拱手而授诸人，而益州且几至不保，内奸之为祸，亦云烈矣。然亦非徒一二内奸，遂能为祸也。《南史·罗研传》：附《邓元起传》后。齐苟儿之役，临汝侯嘲之曰："卿蜀人乐祸贪乱，一至于此。"临汝侯渊猷，渊藻弟。齐苟儿，当时叛者，尝以十万众攻州城。对曰："蜀中积弊，实非一朝。百家为村，不过数家有食。穷迫之人，十有八九；束缚之使，旬有二三。贪乱乐祸，无足多怪。若令家畜五母之鸡，一母之豕，床上有百钱布被，甑中有数升麦饭，虽苏、张巧说于前，韩、白按剑于后，将不能使一夫为盗，况贪乱乎？"其时蜀中民生之困如此。据《魏书·本纪》所载，王足入蜀，所向摧陷，梁诸将败亡相系，奏报之辞，固难尽信，然蜀中兵力之不竞，则百喙莫能解矣。如此局势，犹使裙屐少年处之，梁武帝可谓知兵，可谓能用人乎？而未已也，犹子方失地于西，介弟又舁尸于东。

天监四年（505），魏正始二年。十月，武帝诏大举北伐。以临川王宏为都督。明年，魏正始三年。三月，陈伯之自寿阳率众来降。五月，张惠绍克宿豫。见第七章第四节。此时为魏南徐州治。昌义之克梁城。东晋时侨立之梁郡，在今安徽凤阳县西南。韦叡克合肥。六月，迁豫州于此。裴邃克羊石。又克霍丘。戍名。隋时置县，即今安徽霍丘县也。六月，桓和克朐山。见第九章第五节。

七月，又取孤山、固城。孤山，未详。固城，或云即抱犊崮城。魏以中山王英督扬、徐二道诸军，又以邢峦督东讨诸军事。峦复陷宿豫及淮阳。临川王宏次洛口，在凤阳西南，梁城之东。所领皆器械精新，军容甚盛。北人以为百数十年所未之有。而宏部分乖方，多违朝制。诸将欲乘胜深入，宏闻魏援近，畏懦不敢进。召诸将，议欲还师。诸将多不同。宏不敢便违群议，停军不前。吕僧珍欲遣裴邃分军取寿阳，大众停洛口。宏固执不听。乃令军中曰："人马有前行者斩。"自是军政不和，人怀愤怒。九月，洛口军溃。宏弃众走。其夜，暴风雨，军惊，宏与数骑逃亡。诸将求宏不得，众散而归。弃甲投戈，填满水陆。捐弃病者，强壮仅得脱身。张惠绍次下邳，见第三章第三节。闻洛口败，亦退。案，是时梁人之兵力，必非不能敌魏，然以如是不和之众而与敌遇，则必无幸矣，亦无怪宏之不敢战也。然诸将所以不和，实因元帅不得其人之故，梁武此举，几于视国事如儿戏矣。

洛口之师既败，魏人遂乘机进取。十一月，围钟离。见第八章第四节。众号百万，连城四十余。钟离城北阻淮水，魏人于邵阳州两岸作浮桥，跨淮通道。邵阳州，在今安徽凤阳县北。元英据东岸，杨大眼据西岸以攻城。时城中众裁三千。昌义之督率之，随方抗御。魏军乃以车载土填堑，使其众负土随之，严骑自后蹙焉。人有未及回者，因以土迮之。俄而堑满。英与大眼，躬自督战，昼夜苦攻。分番相代，坠而复升，莫有退者。又设飞楼及冲车以撞之。然不能克，魏诏邢峦帅师会之。峦言钟离不可取，弗听。峦又表言："征南军士，元英时为征南将军。从戎二时，疲敝死病，量可知已。彼牢城自守，不与人战；城堑水深，非可填塞；空坐到春，则士自疲苦。若信臣言也，愿赐臣停；若谓臣难行，求回所领兵统，悉付中山，任其处分。"又不许。峦累表求退，乃许之。更命萧宝夤往。《魏书·范绍传》云：任城王澄请征钟离，敕绍诣寿春，共量进止。澄曰："须兵十万，往还百日。"绍曰："十万之众，往还百日，须粮百日。顷秋已向末，方欲征召，兵仗可集，恐粮难至。有兵无粮，何以克敌？"澄沉思良久，曰："实如卿言。"盖欲克钟离，必于春水生前，故自秋末以百日计也。时又诏绍诣钟离，与元英论攻取形势。英固言必克。绍观其城隍形势，劝令班师。英不从。魏朝诏英有云："师行已久，士马疲瘵，贼城险固，卒难攻屠。"盖动于绍与邢峦之说也，而英自诡四月必克，亦可谓贪功矣。梁武帝诏曹景宗往援，又诏韦叡会焉。进顿邵阳州。六年（507），魏正始四年。三月，春水生，淮水暴长六七尺。武帝先诏景宗等逆装高舰，使与魏桥等为火攻计。及是，令景宗与叡各攻一桥。景宗攻其南，叡攻其北。斗舰竞发，皆临敌垒。以小船载草，灌之以膏，从而焚其桥。敢死之士，拔栅斫桥。倏忽间，桥尽坏。军人奋勇，呼声动天地。魏人大溃，悉弃其器甲，争投水死，淮水为之不流。

昌义之出逐元英，至于洛口。英以匹马入梁城。缘淮百余里，尸骸枕藉。生擒五万余。收其军粮、器械，积如山岳，牛、马、驴、骡，不可胜计。此为南北交战以来南朝所未有之一大捷，洵足寒鲜卑之胆已。元英、萧宝夤皆坐除名；任城王澄夺开府，降三阶；杨大眼徙营州为兵；魏营州，治和龙。亦可见其丧败之烈矣。

司州之陷也，魏人以为郢州，以司马楚之之孙悦为刺史。后以为豫州，而以娄悦行郢州事。天监七年（508），魏宣武帝永平元年。九月，魏郢州司马彭增，治中督荣祖潜引梁军。三关之戍并降。娄悦婴城自守。十月，魏阳关主许敬增以城内附。阳关，未详。诏大举北伐。使始兴王憺入清，王茂向宿豫。悬瓠镇主白皂生《魏书》作早生。杀司马悦，《梁书·马仙琕传》作司马庆增。按《魏书·列传》，悦字庆宗。推乡人胡逊为刺史，以城内附。诏司州刺史马仙琕赴之。又遣直阁将军武会超、马广为援。仙琕进顿楚王城。在今河南新蔡县境。遣别将齐苟儿，《南北史》同。《魏书》作苟仁。以兵三千，助守悬瓠。广、会超等守三关。魏中山王英以步骑三万赴之。与邢峦共攻悬瓠。十二月，陷之。斩皂生，执苟儿。宁朔将军张道凝屯楚王城，弃城南走。英追击，斩之。八年，魏永平二年。正月，进攻武阳关，擒马广。遂攻黄岘、西关，武会超等亦退散。魏人遂复据三关。是月，魏镇东参军成景隽斩宿豫戍主严仲宝，以城内属。魏使杨椿以四万人攻之，不克。二月，其楚王城主李国兴亦复内附。白皂生之叛也，魏使其中书舍人董绍慰劳。至上蔡，见第九章第五节。被执，囚送江东。武帝放还，令通好，许以宿豫还魏，而要魏以汉中见归。魏人不许。

天监十年（511），魏永平四年。梁复有朐山之捷。是岁，三月，琅邪民王万寿据《魏书·本纪》。杀琅邪、东莞太守刘晰，《梁书·马仙琕传》《魏书·本纪》同。《梁书·本纪》作邓晰。以朐山降魏，魏徐州刺史刘昶使琅邪戍主傅文骥入据。梁使马仙琕攻之。魏使其荥阳太守赵遐及萧宝夤等先后往赴，皆无功。十一月，文骥以城降。昶退。诸军相寻奔遁。遇大寒雪，军人冻死及落手足者，三分之二。自朐山至于郯城，汉县，今山东郯城县。二百里间，僵尸相属。论者谓自魏经营江左，以钟离之败及是役失利为最甚焉。《萧宝夤传》云：惟宝夤全师而归。《魏书》于是役颇归咎于刘昶。然《游肇传》：肇，明根子。肇言："梁于朐山，必致死而争之。假令必得，亦终难全守。知贼将屡以宿豫求易朐山，臣谓此言可许。"世宗将从之，寻而昶败。则亦不能全为昶咎，盖以地利论，朐山固非魏所能争也。初郁州接近边陲，即郁州，见第七章第二节。民俗多与魏人交市，及朐山叛，或与魏通，不自安；而张稷为青、冀二州刺史，宽弛无备，僚吏又颇侵渔。天监十二年，魏宣武帝延昌二年。二月，州人徐文角从《梁书·康绚传》。《魏书·本纪》作徐玄明。《游肇传》云系军主。夜袭州城，害稷，以郁州降魏。魏使前兖州刺史樊鲁率众赴之。游肇复谏："以间远之兵，攻逼近之众，其势不敌。"世宗不纳。梁北兖州刺史康绚，遣司马茅荣伯讨平之。北兖州，在今江苏淮安县东南。

时魏以李崇为扬州刺史，守寿春。崇，文成元皇后兄诞之子。是岁，天监十二年（513）。五月，寿春大水。裴叔业长兄之子绚为扬州治中，与别驾郑祖起等谋反正。诏假以豫州刺史。遣马仙琕赴之，不及。绚投水死。祖起等皆遇害。十三年，魏延昌三年。魏降人王足陈计，求堰淮水，以灌寿阳。高祖以为然。使水官陈承伯、材官将军祖暅视地形。咸谓淮内沙土，漂轻不坚实，其功不可就。高祖弗纳。发徐、扬人，率二十户取五丁以筑之。假太子石卫率康绚节，都督淮上诸军事，并护堰作。役人及战士，有众二十万。于钟离南起浮山，北抵巉石，在今盱眙县西。《昌义之传》称为荆山堰。案，王足引北方童谣曰："荆山为上格，浮山为下格。"依岸以筑土，合脊于中流。十四年，魏延昌四年。堰将合，淮水漂疾，辄复决溃。众患之。或谓"江、淮多有蛟，能乘风雨，决坏崖岸，其性恶铁。"因是引东西二冶铁器数千万斤，沉于堰所。犹不能合。乃伐树为井干，填以巨石，加土其上。缘淮百里内，冈陵木石，无巨细必尽。负担者肩上皆穿。夏日疾疫，死者相枕，蝇虫昼夜声相合。是冬，又寒甚，淮、泗尽冻。十一月，魏遣杨大眼扬声决堰。绚命诸军撤营，露次以待之。遣其子悦挑战，斩魏咸阳王府司马徐方兴，魏军小却。先是九月。梁将赵祖悦袭据西硖石。今安徽凤台县北夹淮水之山曰硖石。西硖石在淮北岸。又遣昌义之、王神念水军溯淮而上，以逼寿春。李崇请援，表至十余。魏使崔亮救硖石，萧宝夤于堰上流决淮东注。十二月，亮围硖石，不克。又与李崇乖贰。十五年，魏明帝熙平元年。正月，魏以李平为行台，节度诸军。与崔亮及李崇所遣水军李神合攻硖石。别将崔延伯、伊瓮生挟淮为营，舟舸不通，梁兵不能赴救。祖悦力屈降，被杀。李平部分诸军，将水陆并进以攻堰，而崔亮以疾请还，随表而发，魏师乃还。《梁书·康绚传》：十四年（515），十二月，魏遣其尚书仆射李昙定督众军来战，绚与徐州刺史刘思祖等距之。高祖又遣昌义之、鱼弘文、曹世宗、徐元和相次距守。昙定，李平字。《通鉴考异》曰："《魏纪》：十五年正月，乃遣李平节度诸军，《绚传》误也。"十五年，四月，堰成。其长九里，下阔一百四十丈，上广四十五丈，高二十丈，深十五丈九尺。夹之以堤，并树杞柳。军人安堵，列居其上。其水清洁，俯视居人坟墓，了然皆在其下。或谓绚曰："四渎天之所以节宣其气，不可久塞。若凿渫东注，则游波宽缓，堰得不坏。"绚然之。开渫东注。又纵反间曰："梁人所惧开渫，不畏野战。"魏人信之，果凿山深五丈，开渫北注。水日夜分流，渫犹不减。《魏书·萧宝夤传》云：《宝夤于堰上流更凿新渠，引注淮泽，水乃小减。"案，魏人是时，既不能坏梁所作之堰，则惟有自凿渠以泄水，亦未必中梁反间之计也。其月，魏军竟溃而归。水之所及，夹淮方数百里。魏寿阳城戍，稍徙顿于八公山。见第六章第四节。《魏书·李崇传》云：崇于八公山之东南，更起一城，以备大水，州人号曰魏昌城。北南居人，散就冈垄。初堰起于徐州界，刺史张豹子，宣言于境，谓己必尸其事，既而绚以他官来监，豹子甚惭。俄而敕豹子受绚节度，每事辄先咨焉。由是遂谮绚与魏交通。高祖虽不纳，犹以事毕征绚。绚还后，豹子不修堰。至其秋八月，淮水暴长，堰悉决坏，奔流于海。魏以任城王澄为大都督，勒众十万，将出彭、宋，会堰自坏，遂不行。案，淮堰大逆自然之势，即能勤修，恐亦无久而不坏之理。况四月成而八月即坏，又安能归咎于失修邪？用兵当取远势，不当斤斤于一地之得失。自寿阳而北，梁、楚之郊，所谓车骑之地，若能挫魏于此，则寿阳反在军后，其势自不可守。此正与佛狸南略江、淮，而洛阳、虎牢、滑台遂不可固同。与其疲民力以筑堰，曷不以其暇日，大简车徒，以奇兵出襄、邓，拟许、洛，而正兵出于陈、宋之郊，与虏一决胜负之为得邪？

　　魏宣武帝之用兵，可谓绝无方略。既违邢峦之计，舍蜀不取，及其末年，乃复听降人淳于诞、李苗之说，而兴伐蜀之师焉。天监十三年（514），十一月，以高肇为大将军、平蜀大都督。步骑十五万，分四路出师。傅竖眼出巴北，羊祉出涪城，奚康生出绵竹，甄琛出剑阁。即以诞、苗为向导。明年，正月，宣武帝死，兵罢。先是王足之寇蜀也，高祖使张齐往救，未至而足退。齐进戍南安。天监七年，魏永平元年。秋，使齐置大剑、寒𪱷二戍。大剑戍，当在大剑山上。寒𪱷戍，未详。迁巴西太守。初南郑没于魏，乃于益州西置南梁州。未详治所。《隋志》云：梁于巴西郡置南梁州，不得云益西。《梁书·齐传》：齐以天监十四年，迁巴西、梓潼二郡太守。十七年，迁持节都督南梁州诸军事、南梁州刺史。南梁州当以是时迁于巴西也。州镇草创，皆仰益州取足。齐上夷獠义租，得米二十万斛；又立台传，兴冶铸，以应赡南梁。十二年，魏延昌二年。魏将傅竖眼寇南安，齐率众距之，竖眼退走。及是，高祖遣宁州刺史任大洪，从阴平入益州北境，欲扰动氐、蜀，以绝魏运路。此阴平为晋时所侨置，在今四川梓潼县西北。梁时曰北阴平郡，仍置阴平县，为郡治。魏军既还，大洪率氐、蜀数千，围逼关城，胡三省云：即白水关城。为魏益州刺史傅竖眼遣军所破。魏益州，时治晋寿。孝明既立，竖眼屡请解州，乃以元法僧代之。法僧既至，大失民和。葭萌人任令宗，葭萌，见第三章第六节。因众之患魏也，杀魏晋寿太守，以城归款。益州刺史鄱阳王恢，遣齐帅众三万迎令宗。克葭萌、小剑诸戍。进围州城。明年，魏孝明帝熙平元年（516）。五月，魏驿征傅竖眼于淮南，仍以为益州刺史。七月，齐兵少，不利，引还。葭萌复没于魏。小剑、大剑诸戍，亦捐城走。鄱阳王与张齐，较诸前人，差能经略，然蜀事败坏已久，亦非一时所能振起也。李苗之劝魏取蜀也，曰："巴、蜀孤悬，去建业辽远，偏兵独戍，溯流十千。牧守无良，专行劫剥。官由财进，狱以货成。士民思化，十室而九。若命一偏将，可传檄而定。"其说略与邢峦同。然魏至宣武、孝明之时，亦实已衰敝，蜀纵可取，魏亦未必能取之矣。宣武非有志于拓土者，末年之伐蜀，颇疑高肇欲借此以立功名也，参看下章首节。

第十二章　元魏乱亡

第一节　魏政荒乱（上）

魏孝文帝既废太子恂，太和二十一年（497），齐明帝建武四年。立子恪为皇太子，即世宗宣武皇帝也。母曰昭皇后，高氏，肇之妹。案，废太子恂之母为贞皇后，林氏。《魏书·皇后传》云：后平原人。平原，见第二章第三节。叔父金闾，起自阉官，有宠于常太后。高宗乳母，即位尊为保太后，后尊为皇太后。官至尚书、平凉公。金闾兄胜，为平凉太守。平凉，见第六章第三节。金闾，显祖初为定州刺史。定州，见第十一章第二节。未几，为乙浑所诛。兄弟皆死。胜无子，有二女，入掖庭。后容色美丽，得幸于高祖，生皇子恂。以恂将为储贰，太和七年，齐武帝永明元年。后依旧制薨谥曰贞皇后。及恂以罪赐死，有司奏追废后为庶人。案，恂之立，在太和十七年齐永明十一年。六月，其死以二十一年，传云年十五，则即生于太和七年。使其甫生即有建为储贰之意，何以迟至十七年始立？若云建储之计，决于十七年前后，何以甫生即杀其母？其事殊为可疑。案，孝文之立皇后，事在太和十七年四月，是为废皇后冯氏，太师熙之女。二十年齐建武三年。七月废。明年，七月，立昭仪冯氏为皇后，是为幽皇后。亦熙女。《皇后传》云：母曰常氏。本微贱，得幸于熙。文明太皇太后欲家世贵宠，乃简熙二女，俱入掖庭，时年十四。其一早卒。后有姿媚，偏见爱幸。未几，疾病。文明太后乃遣还家为尼。高祖犹留意焉。几余而太后崩。高祖服终，颇存访之。又闻后素疹痊除，遣阉官玺书劳问。遂迎赴洛阳。及至，宠爱过初。专寝当夕，宫人希复进见。拜为左昭仪。后立为皇后。废后之废，《传》云由后谮构也。又《昭后传》云：冯昭仪宠盛，密有母养世宗之意。后自代如洛阳，暴薨于汲郡之共县。汉县，今河南辉县。或云：昭仪遣人贼后也。世宗之为皇太子，三日一朝幽后。后拊念，慈爱有加。高祖出征，世宗入朝，必久留后宫，亲视栉沐。母道隆备。魏初固无适嫡之别，即长幼之别，亦不甚严。宣武死时年三十三，溯其生年，亦在太和七年，与废太子长幼之别实微，而宣武母贵矣，何以当时即有立恂为储贰之意而杀其母邪？废太子有无叛逆之意不可知，然在河阳，则必无能为，高祖非好杀者，其废恂既待自归，杀恂何如是之果？然则恂之死，殆亦由于幽后之谮构邪？《齐书·魏虏传》云：初伪太后冯氏兄昌黎王冯莎二女：大冯美而有疾，为尼；小冯为宏皇后，生伪太子询。后大冯疾差，宏纳为昭仪。宏初徙都，询意不乐，思归桑干。宏制衣冠与之，询窃毁裂，解发为编，服左衽。大冯有宠，日夜谮询。宏出邺城马射，询因是欲叛北归，密选宫中御马三千匹置河阴渚。皇后闻之，召执询，驰使告宏。宏徙询无鼻城，在河桥北二里。寻杀之，以庶人礼葬。立大冯为皇后。便立伪太子恪。是岁，伪太和二十年也。依此说，则实无所谓贞皇后其人者，不知信否。然魏世皇后略无事迹者，其有无实皆有可疑，正不独贞后一人也。

废后虽废，幽后亦不久即败。《魏书·皇后传》云：后始遣归，颇有失德之闻。高祖频岁南征，后遂与中宫高菩萨私乱。及高祖在汝南，不豫，后便公然丑恣。中常侍双蒙等为其心腹。是时，彭城公主，高祖妹。宋王刘昶子妇也，年少嫠居。北平公冯凤，后之同母弟也，后求婚于高祖。高祖许之，公主志不愿，后欲强之。婚有日矣，公主密与侍婢及家僮十余人，乘轻车、冒霖雨赴悬瓠，案，高祖以太和二十二年（498）三月至悬瓠，九月自悬瓠返，十一月至邺，明年五月还洛。奉谒高祖。自陈本意，因言后与菩萨乱状。高祖闻而骇愕，未之全信，而秘匿之。惟彭城王侍疾左右，具知其事。彭城王勰，高祖弟，见下。此后，后渐忧惧，与母常氏，求托女巫，祷厌无所不至。愿高祖疾不起，一旦得如文明太后辅少主称命者，赏报不赀。又取三牲宫中妖祠，假言祈福，专为左道。母常，或自诣宫中，或遣侍婢与相报答。高祖自豫州北幸邺，后虑还见治检，弥怀危怖。骤令阉人托参起居。皆赐之衣裳，殷勤托寄，勿使漏泄。亦令双蒙充行，省其信不。惟小黄门苏兴寿，密陈委曲。《阉官刘腾传》云：高祖之在悬瓠，腾使诣行所。高祖问其中事，腾具言幽后私隐，与陈留公主所告符协。高祖问其本末，戒以勿泄。至洛，执问菩萨等六人，迭相证举，具得情状。高祖以疾卧含温室，夜引后，并列菩萨等于户外。后临入，令阉人搜衣中，稍有寸刃便斩。后顿首泣谢。乃赐坐东楹，去御筵二丈余。高祖令菩萨等陈状。又让后曰："汝母有妖术，可具言之。"后乞屏左右，有所密启。高祖敕中侍悉出，惟令长秋卿白整在侧，取卫直刀拄之。后犹不言。高祖乃以绵坚塞整耳，自小语呼整，再三，无所应，乃令后言。事隐，人莫知之。高祖乃唤彭城、北海二王，亦高祖弟，见下。令入坐，言："昔是汝嫂，今乃他人，但入勿避。"二王固辞不获命。及入,高祖云:"此老妪乃欲白刃插我肋上,可穷问本末,勿有所难。"高祖深自引过,致愧二王。又曰:"冯家女不能复相废逐,且使在宫中空坐,有心乃能自死,汝等勿谓吾犹有情也。"高祖素至孝,犹以文明太后故,未便行废。良久,二王出,乃赐后辞,死诀,再拜稽首,涕泣歔欷,令入东房。及入宫后,帝命阉人有所问于后。后骂曰:"天子妇亲面对,岂令汝传也?"高祖怒,敕召后母常入,示与后状。后挝之百余,乃止。高祖寻南伐,后留京师,虽以罪失宠,而夫人嫔妾,奉之如法,惟令世宗在东宫无朝谒之事。案,高祖引问幽后之后,召彭城、北海王入,二王犹固辞,何以彭城公主言后淫乱时,彭城王独不屏退?《高祖本纪》言其少而善射,有膂力。年十余岁,能以指弹碎羊髀骨。及射禽兽,莫不随所志毙之。说虽非实,不合全虚。观其东征西讨,不遑宁处,确非茌弱之人,虽曰病卧,既已搜幽后之身,无复寸刃矣,何必令白整以刀拄之乎?观高祖谓二王之言,所深憾者,似在常之厌魅,何以后又召其入宫?云以文明太后故,冯家女不能相废逐,又何以废废后如扫落叶邪?其可疑岂直一端而已。

高祖弟六人:曰咸阳王禧,曰赵郡灵王干,曰广陵惠王羽,曰高阳文穆王雍,曰彭城武宣王勰,曰北海平王详。干与高祖同年殁。羽,世宗景明二年(501),齐和帝中兴元年。以淫员外郎冯俊兴妻,为俊兴所击死。高祖时,勰最见信任,《勰传》言:高祖草创,勰以侍中长值禁内,参决军国大政,万机之事,无不豫焉。而任城王澄亦次之。澄,云子,见第十一章第四节。据《本纪》:太和二十三年(499),齐东昏侯永元元年。二月,陈显达陷马圈。三月,庚辰,车驾南伐。丙戌,不豫。勰侍疾禁中,且摄百揆。丁酉,车驾至马圈。戊戌,与显达等战,破之。庚子,帝疾甚,北次谷塘原。当在今邓县、南阳间。甲辰,诏赐皇后冯氏死。诏司徒勰征太子,于鲁阳见第四章第二节。践阼。以北海王详为司空公,王肃为尚书令,广阳王嘉为尚书左仆射,嘉,建闾子。建闾,见第十一章第一节。尚书宋弁为吏部尚书,与侍中太尉公禧、尚书右仆射任城王澄等六人辅政。四月,丙午朔,帝崩于谷塘原之行宫。至丁巳而世宗即位于鲁阳,史称其居谅暗,委政宰辅焉。《勰传》言:高祖前在悬瓠不豫,勰内侍医药,外总军国之务。密为坛于汝水之滨,依周公故事,乞以身代。为此矫诬,意欲何为,殊不可测。《任城王澄传》云:陈显达入寇汉阳,是时高祖不豫,引澄入见清徽堂,诏曰:"显达侵乱,沔阳不安,朕不亲行,莫攘此贼。朕疾患淹年,气力惙敝,如有非常,委任城大事。是段任城必须从朕。"夫气力惙敝,犹必亲行,元魏当时情形,何至危急如此?《勰传》言:行次淯阳,淯水,今白河。高祖谓勰曰:"吾患转恶,汝其努力。"车驾至马圈,去贼数里,显达等出战,诸将大破之。孝文疾患如此,而勰等犹敢以之冒进,至去敌仅数里，有如此大胆之臣子乎？杀后之事，据《后传》曰：高祖疾甚，谓勰曰："后宫久乖阴德，自绝于天，若不早为之所，恐成汉末故事。吾死之后，可赐自尽别宫，葬以后礼，庶掩冯门之大过。"高祖崩，梓宫达鲁阳，乃行遗诏。北海王详奉宣遗旨。长秋卿白整入授后药。后走呼，不肯引决，曰："官岂有此也？是诸王辈杀我耳。"整等执持强之，乃含椒而尽。殡以后礼。梓宫次洛南，咸阳王禧知审死，相视曰："若无遗诏，我兄弟亦当作计去之，岂可令失行妇人，宰制天下，杀我辈也？"夫此时之受遗旨及奉宣遗旨者，即前此彭城公主陈后淫乱时独得在侧与闻，及高祖引问后后，唤令入坐之人；其授药者，亦即引后时敕中侍悉出，惟令在侧以刀拄后者也。然则与后罪状相终始者，惟此三人耳。生则六宫奉以后礼，死犹以后礼殡之，终莫能言其罪状，然则史所载后之罪状，其可信乎？而其载后临命及咸阳王之辞，则可谓婉而彰矣。《任城王澄传》：弟嵩。高祖疾甚，将赐后死，曰："使人不易可得。"顾谓澄曰："任城必不负我，嵩亦当不负任城，可使嵩也。"于是引嵩入内，亲诏遣之。《通鉴考异》曰："按《冯后传》，梓宫至鲁阳，乃行遗诏赐后死，安有高祖遣嵩之事？"

《勰传》言：勰受顾命时，泣言震主之声必见忌。高祖久之曰："吾寻思汝言，理实难夺。"乃手诏世宗曰："吾百年之后，其听勰辞蝉舍冕，遂其冲挹之性。"世宗即位，勰跪授高祖遗敕数纸。咸阳王禧疑勰为变，停在鲁阳郡外，久之乃入，谓勰曰："汝非但辛勤，亦危险至极。"东宫官属，多疑勰有异志，窃怀防惧。既葬，世宗固以勰为宰辅。勰频口陈遗旨，请遂素怀。世宗对勰悲恸，每不许之。勰频烦表闻，辞义恳切。世宗难违遗敕，犹逼以外任，乃以勰为定州刺史。定州，见第十一章第二节。所谓遗敕，盖即出勰时所造也。勰既内侍医药，外总军国之务，岂有反不与于顾命之理？然则与于顾命之人，其遗诏又可信乎？而赐幽后死之诏视此矣。然究极言之，即高祖之死，尚有可疑，而遗诏更不足论矣。

彭城既出，任城旋亦被排。《澄传》云：世宗初，有降人严叔懋者，告王肃潜通宝卷，澄信之，乃表肃将叛，辄下禁止。咸阳、北海二王奏澄擅禁宰辅，免官归第。《肃传》言：肃与禧等参图谋谟。自鲁阳至于京洛，行途丧纪，委肃参量。禧兄弟并敬而昵之。惟澄以其起自羁远，一旦在己之上，以为憾焉。然则当时禧与详为一党，肃亦附和之，而澄孤立也。在孝文时，最有权力者为勰，次则澄，至此则局面一变矣。

孝文死之明年，为宣武之景明元年（500），齐东昏侯永元二年也。裴叔业以寿阳叛，勰与王肃同赴之。是年，十月，复以勰为司徒，录尚书事。明年，宣武帝景明二年，齐和帝中兴元年。正月，宣武始亲政，听勰以王归第，而以详为大将军，录尚书事。《勰传》云：时咸阳王禧，渐以骄矜，颇有不法，北海王详阴言于世宗，世宗深忌之。又言勰大得人情，不宜久在宰辅，劝世宗遵高祖遗敕。禧等又出领军于烈为恒州，非烈情愿，固强之，烈深以为忿。烈子忠，尝在左右，密令忠言于世宗云："诸王等意不可测，宜废之，早自览政。"时将祔祭，王公并斋于庙东坊，世宗遣于烈将宿卫壮士六十余人召禧、勰、详等。卫送至于帝前。诸公各稽首归政。而烈复为领军，自是长值禁中，机密大事，皆所参焉。五月，禧与妃兄兼给事中黄门侍郎李伯尚谋反，事泄遁逃，诏烈遣直阁叔孙侯将虎贲三百人追执之，赐死私第。越三年，为正始元年（504），梁武帝天监三年也。五月，详见杀。《详传》言详贪冒无厌，多所取纳。公私营贩，侵剥远近。嬖狎群小，所在请托。珍丽充盈，声色侈纵。建节第宇，开起山池，所费巨万矣。又于东掖门外大路之南，驱逼细人，规占第宅。至有丧枢在堂，请延至葬而不见许，乃令舆櫬巷次。行路哀嗟。详母高太妃，颇亦助为威虐，亲命殴击，怨响嗷嗷。妃，宋王刘昶女，不见答礼。宠姿范氏，爱等伉俪。及其死也，痛不自胜。乃至葬讫犹毁隧视之。又烝于安定王燮妃高氏。燮，景穆子安定靖王休之子。高氏即茹皓妻姊。详既素附于皓，又缘淫好，往来稠密。详虽贪侈聚敛，朝野所闻，而世宗礼敬尚隆，冯寄无替。军国大事，总而裁决。每所敷奏，事皆协允。详常别住华林园之西隅，华林园，见第三章第一节。与都亭宫馆，密迩相接。亦通后门。世宗每潜幸其所，肆饮终日。与高太妃相见，呼为阿母。伏而上酒，礼若家人。临出，高每拜送，举觞祝言："愿官家千万岁寿，岁岁一至妾母子舍也。"初世宗之亲政也，详与咸阳王禧、彭城王勰并被召入，共乘犊车，防卫严固，高时惶迫，以为详必死，亦乘车傍路，哭而送至金墉。见第三章第二节。及详得免，高云："自今而后，不愿富贵，但令母子相保，共汝扫市作活也。"至此，贵宠崇盛，不复言有祸败之理。后为高肇所谮，云详与皓等谋为逆乱。于时详在南第，世宗召中尉崔亮入禁，敕纠详贪淫，及茹皓、刘胄、常季贤、陈扫静等专恣之状。夜即收禁皓等南台。又虎贲百人，围守详第。至明，皓等皆赐死。详单车防守，还华林之馆。十余日，徙就太府寺。诏免为庶人。别营坊馆，如法禁卫，限以终身。遂别营馆于洛阳县东北隅，二旬而成。将徙详居之。会其家奴数人，阴结党辈，欲劫出详。密抄名字，潜托侍婢通于详。详始得执省，而门防主司遥见突入，就详手中揽得陈奏。至夜，守者以闻；详哭数声而暴死。详贪淫之迹，固非必由于虚构，然世宗宠寄甚隆，则知其诛之初不以此。亲政之际，咸阳、彭城，皆遭黜斥，而详反膺宠寄，则知二王之黜，实由详之谗构。当此之际，岂特无被祸之虞？高太妃顾哭而送之，非未知其事之真，则史传之失实也。《咸阳王禧传》云：禧性骄奢，贪淫财色。姬妾数十，意尚不已。衣被绣绮，车乘鲜丽。远有简娉，以恣其情。由是诛求货贿。奴婢千数。田业盐铁，遍于远近。臣吏僮隶，相继经营。世宗颇恶之。然其诛之则亦并不以此也，亦可见其纲纪之废弛矣。

茹皓等事，并见《魏书·恩幸传》。皓为直阁，率常居内，留宿不还。传可门下奏事。领华林诸作，多所兴立。为山于天渊池西。天渊池，见第八章第一节。采掘北邙及南山佳石；北邙，见第七章第七节。南山，谓洛阳南方之山。徙竹汝、颍；罗峙其间。经构楼馆，列于上下。树草栽木，颇有野致。世宗心悦之，以时临幸。皓资产盈积。起宅宫西，朝贵弗之及也。皓旧吴人，既宦达，自云本出雁门。见第二章第二节。雁门人谄附者，因荐皓于司徒，请为肆州大中正。肆州，见第十一章第二节。府、省以闻，诏特依许。娶仆射高肇从妹，于世宗为从母。又为弟娉安丰王延明妹。延明，文成子安丰匡王猛之子。延明耻非旧流，不许。详劝解之，云："欲觅官职，如何不与茹皓婚姻也？"延明乃从焉。初赵修及皓之宠，详皆附纳之，又直阁将军刘胄，本为详所荐，常感详恩，密相承望，并共来往。高肇乃构之世宗，云皓等将有异谋。世宗乃召崔亮，令奏皓、胄、常季贤、陈扫静四人擅势纳贿及私乱诸事。季贤起于主马。世宗初好骑乘，用是获宠。与茹皓通知庶事，势望渐隆。引其兄为朝请、直寝，娶武昌王鉴妹；季贤又将娶洛州刺史元拔女；洛州，见第十一章第四节。并结托帝戚，以为荣援云。扫静为世宗典栉疏；又有徐义恭，善执衣服；并以巧便，旦夕居中，爱幸相伴。二人皆承奉茹皓，皓亦并加接眷，而扫静偏为亲密，与皓常在左右，略不归休。义恭小心谨慎，谦退少语。皓等死后，弥见幸信。长侍左右，典掌秘密。世宗不豫，义恭昼夜扶侍，崩于怀中。此外，世宗朝佞幸见于《传》者，尚有王仲兴、寇猛、赵邕，而赵修最横。修本给事东宫，为白衣左右，颇有膂力。世宗践阼，仍充禁侍，爱遇日隆。亲政旬月之间，频有转授。每受除设宴，世宗亲幸其宅，诸王公卿士百寮悉从。世宗亲见其母。修之葬父也，百寮自王公以下，无不吊祭。酒犊祭奠之具，填塞门街。于京师为制碑铭，石兽、石柱，皆发民车牛，传致本县，财用之费，悉自公家。凶吉车乘将百两，道路供给，亦皆出官。时将马射，世宗留修过之。帝如射宫，修又骖乘。修恐不逮葬日，驿赴窆期。左右求从及特遣者数十人。修道路嬉戏，殆无戚容。或与宾客奸掠妇女裸观。从者噂嗒喧哗，诟詈无节。莫不畏而恶之。是年，又为修广增宅舍，多所并兼。洞门高堂，房庑周博，崇丽拟于诸王。其四面邻居，赂入其地者，侯天盛兄弟，越次出补长史大郡。修起自贱伍，暴致富贵，奢敖无礼，物情所疾。因其在外，左右或讽纠其罪。自其葬父还也，旧宠少薄。初王显只附于修，后因忿阋，密伺其过，列修葬父时路中淫乱不轨，又云与长安人赵僧摑谋匿玉印。高肇、甄琛等构成其罪，乃密以闻。诏鞭之一百，徙敦煌为兵。敦煌，见第二章第二节。琛与显监决其罚，遂杀之。仲兴与修，并见宠任。世宗游幸，仲兴常侍从，不离左右。外事得径以闻。百寮亦耸体而承望焉。仲兴世居赵郡，见第二章第三节。自以寒微，云旧出京兆霸城，见第五章第六节。故为雍州大中正。雍州，见第十一章第四节。寇猛以膂力为千牛备身，历转遂至武卫将军。出入禁中，无所拘忌。自以上谷寇氏，上谷，见第三章第八节。得补燕州大中正。魏燕州，治今河北昌平县。家渐富侈。宅宇高华，姜隶充溢。赵邕以赵出南阳，见第三章第四节。徙属荆州，见第十一章第四节。为南阳中正，父为荆州大中正，邕后亦为荆州大中正。世宗崩后，出为幽州刺史。魏幽州治蓟，见第四章第二节。在州贪纵，与范阳卢氏为婚，范阳，魏郡，晋废，后魏复为郡，治今河北涿县。女父早亡，其叔许之，而母不从。母北平阳氏，北平，见第二章第二节。携女至家，藏避规免，邕乃考掠阳叔，遂至于死。案，宣武之溺于群小，纲纪荡然，实自文明太后之世，相沿而来，不得独为宣武咎，然其驾驭之才，不如文明太后，则群小之纵恣弥甚矣。白龙豫且，困于鱼服，诸人既皆托于帝戚，又安知其不有觊觎之心哉？高肇之发其谋，恐不得云莫须有也。

永平元年（508），梁武帝天监七年。宣武弟京兆王愉反，彭城王亦因之见杀。愉，太和二十一年（497）齐明帝建武四年。为徐州刺史。世宗初，为护军将军，迁中书监。《愉传》云：世宗为纳顺皇后妹为妃，顺皇后，世宗后，于烈弟劲之女。而不见礼答。在徐州，纳妾李氏。本姓杨，东郡人，夜闻其歌，悦之，遂被宠嬖。罢州还京，欲进贵之，托右中郎将赵郡李恃显为之养父，就之礼逆。东郡，见第三章第三节。顺皇后召李入宫，毁击之，强令为尼于内，以子付妃养之。李产子宝月。岁余，后父于劲，以后久无所诞，乃上表劝广嫔侍，因令后归李于愉。旧爱更甚。愉好文章，时引才人宋世景等，共申燕喜；招四方儒学宾客严怀真等数十人，馆而礼之；所得谷帛，率多散施；又崇信佛道；用度常至不接。与弟广平王怀，颇相夸尚，竞慕奢丽，贪纵不法。于是世宗摄愉禁中推案，杖愉五十，出为冀州刺史。愉既势劣二弟，广平王及清河王怿。潜怀愧恨；又以幸妾屡被顿辱；在州谋逆。遂杀长史羊灵引及司马李遵。《北史·羊祉传》：弟灵引，甚为高肇所昵。京兆王愉，与肇深相嫌忌。及愉出镇冀州，肇以灵引为愉长史，以相间伺。灵引恃肇势，每折愉。及愉作逆，先斩灵引于门。时论云：非直愉自不臣，抑亦由肇及灵引所致。此亦私曲之论。愉乃妄人，其为州，自不得不有人以监之，灵引之折愉，或系裁抑其非法也。称得清河王密疏，云高肇谋杀害主上。遂为坛于信都之南，信都，冀州治，见第四章第二节。柴燎告天，即皇帝位。立李氏为皇后。世宗诏尚书李平讨愉。愉出拒，频败，遂婴城自守。愉知事穷，携妾及四子数十骑出门，诸军追之，见执。诏征赴京师，申以家人之训。愉每止宿亭传，必携李手，尽其私情。虽锁絷之中，饮食自若，略无愧惧之色。至野王，见第五章第一节。愉语人曰：

"虽主上慈深，不忍杀我，吾亦何面目见于至尊？"于是歔欷流涕，绝气而死。或云：高肇令人杀之。《飀传》云：言于朝廷，以其舅潘僧固为冀州乐陵太守。乐陵，见第三章第四节。京兆王愉构逆，僧固见逼从之。尚书令高肇，性既凶愎，贼害贤俊；又肇之兄女，入为夫人，顺皇后崩，世宗欲以为后，飀固执以为不可；肇于是屡潜飀于世宗。世宗不纳。因僧固之同逆，诬飀北与愉通，南招蛮贼。飀国郎中令魏偃，前防阁高祖珍，希肇提携，构成其事。肇初令侍中元晖昭成六世孙。以奏世宗，晖不从。令左卫元珍言之。珍，平文第四子。高，凉王孤六世孙。世宗访之于晖。晖明飀无此。世宗更以问肇。肇以偃、祖珍为证，世宗乃信之。召飀及高阳王雍、广阳王嘉、清河王怿、广平王怀及肇等入，宴于禁中。至夜，皆醉，各就别所消息。俄而元珍将武士赍毒酒杀之。愉、怿皆反状明白，史皆以为高肇诬构，其非实录明矣。

《魏书·世宗纪》言其雅性俭素。又云：雅爱经史，尤长释氏之义，每至讲论，连夜忘疲。案，《邢峦传》称峦当世宗初，奏曰："粟帛安国，育民之方；金玉虚华，损德之物。故先王深观古今，去诸奢侈。服御尚质，不贵雕镂。所珍在素，不务奇绮。至乃以纸绢为帐扆，铜铁为辔勒。轻贱珠玑，示其无设。府藏之金，裁给而已，更不买积，以费国资。逮景明之初，承升平之业，四疆清宴，远迩来同，于是蕃贡继路，商贾交入，诸所献贸，倍多于常。虽加以节约，犹岁损万计。珍货常有余，国用恒不足。若不裁其分限，便恐无以支岁。"无政事则财用不足，虽躬行俭素何益？况其嬖溺近幸如此，所谓俭素者，又安在邪？溺情释氏，则亦只足以废事而已矣。

第二节　魏政荒乱（下）

世宗怠荒已甚，当其时，在朝诸臣，几无一乃心君国者，然有一独立不倚之人焉，曰高肇。肇者，世宗母文昭皇后之兄也。世宗初立皇后于氏，景明三年（502），梁武帝天监元年。太尉烈弟劲之女也，是为顺皇后。生子昌。后以正始元年（504）梁天监三年。十月死。永平元年（508），梁天监七年。三月，昌亦死。七月，立夫人高氏为皇后。文昭皇后弟偃之女也。《肇传》云：景明初，世宗追思舅氏，征肇兄弟等录尚书事。未几，为尚书左仆射，领吏部，冀州大中正。冀州，见第十一章第四节。尚世宗姑高平公主。迁尚书令。肇出自夷土，肇自云本渤海蓚人。五世祖顾，晋永嘉中避乱入高丽。父飏，孝文初入魏。飏，汉县，《汉书·地理志》作脩，《景帝纪》《周亚夫传》作条，在今河北景县境。时望轻之。及在位居要，留心百揆，孜孜无倦，世咸谓之为能。世宗初，六辅专政，后以咸阳王禧无事构逆，由是遂委信肇。肇既无亲族，颇结朋党。附之者旬月超升，背之者陷以大罪。以北海王详位居其上，构杀之。又说世宗防卫诸王，殆同囚禁。时顺皇后暴崩，世议言肇为之。皇子昌蚤，佥谓王显失于医疗，承肇意旨。及京兆王愉出为冀州刺史，畏肇恣擅，遂至不轨。肇又潜杀彭城王勰。由是朝野侧目，咸畏恶之。因此专权，与夺任己。又尝与清河王怿，于云龙门外庑下忽忿诤，大致纷纭。太尉高阳王雍和止之。高后既立，愈见宠信。肇既当衡轴，每事任己。本无学识，动违礼度。好改先朝旧制，出情妄作；减削封秩，抑黜勋人；由是怨声盈路矣。延昌初，梁天监十一年（512）。迁司徒。虽贵登台鼎，犹以去要，怏怏形乎辞色。众咸嗤笑之。案，北海、京兆、彭城三王之事，已见上节，其死是否肇之所致？其叛是否由肇激成无俟深辩。愉之叛，以其妾被顿辱。顿辱其妾者，顺皇后也。顺皇后者，于忠之从妹，忠则害肇之人也。《勰传》言肇欲构勰而元晖不从。《晖传》言：晖为侍中，领右卫将军，深被亲宠。凡在禁中要密之事，晖别奉旨藏之于柜，惟晖入乃开，其余侍中、黄门，莫有知者。侍中卢昶，亦蒙恩眄，故时人号曰饿虎将军、饥鹰侍中。迁吏部尚书，纳货用官，皆有定价，出为冀州刺史。下州之日，连车载物，发信都至汤阴间，首尾相继，道路不断。其车少脂角，即于道上所逢之牛，截去角以充其用。其为人何如邪？又晖尝欲害其从弟寿兴，事见《昭成子孙传》，而独厚于勰乎？信都，冀州治，见第四章第二节。汤阴，即荡阴，见第三章第一节。《勰传》言：世宗诏宿卫队主率羽林虎责幽守诸王，乃由京兆、广平暴虐不法，如京兆、广平之所为，欲无防禁，得乎？《怿传》云：肇谋去良宗，屡潜怿及愉等，愉不胜忿怒，遂举逆冀州；因愉之逆，又构杀勰；怿恐不免。肇又录囚徒，以立私惠。怿因侍宴酒酣，乃谓肇曰："天子兄弟，讵有几人，而炎炎不息？"又言于世宗曰："臣闻唯名与器，不可以假人，减膳录囚，人君之事，今乃司徒行之，讵是人臣之义？"所谓忿争，盖亦此类。世宗耽于游宴，故肇为之录囚，此亦未必憯逆，此自怿之褊衷。史云肇屡潜怿，怿究何尝见害乎？可见诸王之不终，与肇无涉，至以顺皇后母子之死归罪于肇，则更所谓莫须有者矣。附之者超升，背之者陷罪，以及予夺任己等辞，则居尚书中者，固易加以此等罪状也。减削封秩，抑黜勋人，正见其能综核名实，予夺不苟耳。《张彝传》云：陈留公主寡居，彝意愿尚主，主亦许之，高肇亦望尚主，主意不可，肇怒，谮彝于世宗，称彝擅立刑法，劳役百姓，此亦近乎诬罔。彝之为人，本近严酷也。

延昌四年（515），梁天监十四年。正月，宣武帝死。其第二子诩，母曰胡充华。生于永平三年（510），梁天监九年。延昌元年，梁天监十一年。立为太子。领军将军于忠，与侍中崔光，迎诩即位，是为肃宗孝明皇帝。时高肇为大都督，伐蜀。忠与门下省议：引高阳王雍入居西柏堂，省决庶政；任城王澄为尚书令，总摄百揆。奏中宫，请即敕授。御史中尉王显，与中常侍、给事中孙伏连等寝门下之奏，欲以高肇录尚书事。忠于殿中收显杀之。入蜀兵罢，肇还，雍与忠潜备壮士十余人于舍人省，肇入省，壮士扼而拉杀之。忠既居门下，又总禁卫，遂秉朝政，权倾一时。尚书左仆射郭祚，尚书裴植，叔业兄子，见第十章第五节。劝雍出忠，忠并矫诏杀之。又欲杀雍，崔光固执，乃免雍太尉，以王还第。自此之后，诏命生杀，皆出于忠。先是尊皇后高氏为皇太后，胡充华为皇太妃。及高肇死，皇太后出俗为尼。神龟元年（518），死于瑶光寺，梁天监十七年也。至是，遂尊皇太妃为皇太后，居崇训宫。忠又领崇训卫尉。为尚书令。太后旋临朝称制。解忠侍中及崇训卫尉。未几，出忠为冀州刺史。冀州，见第十一章第四节。史云：世宗崩后，高太后将害灵太后。胡后谥。中常侍刘腾以告侯刚。刚以告忠，忠请计于崔光。光曰："宜置胡嫔于别所，严加守卫，理必万全。"忠等从之，具以此意启灵太后，故太后深德腾等。熙平二年（517），梁天监十六年。四月，复以为尚书右仆射。神龟元年，三月，复仪同三司。旋死。案，高后之为人，未必能杀胡后，此说恐亦不足信也。后聪明多才艺，能亲览万机，手笔断决。道武玄孙叉，京兆王黎之曾孙。后妹夫也，为侍中、领军将军，深为后所信委。太傅清河王怿参决机事，以叉恃宠骄盈，裁之以法，叉遂令通直郎宋维告司染都尉韩文殊欲谋逆立怿。怿坐禁止。后穷治无实，得免，犹以兵卫守于宫西别馆。此据《叉传》。《维传》云：告文殊父子欲谋逆立怿，怿坐被录禁中。文殊父子惧而逃遁。鞫无反状，以文殊亡走，悬处大辟。置怿于宫西别馆，禁兵守之。维应反坐。叉言于太后，欲开将来告者之路，乃黜为燕州昌平郡守。及叉杀怿，征为散骑侍郎。太后反政，以叉党除名。寻追其诬告清河王事，赐死。《怿传》则云：叉党人宗准爱，希叉旨告怿谋反，禁怿门下，讯问左右及朝贵，贵人分明，乃得雪释。昌平，汉县，后魏初省，后复置郡。今河北昌平县。久之，叉恐怿终为己害，乃与侍中刘腾密谋。《腾传》云：吏部尝望腾意，奏其弟为郡，带戍，人资乖越，怿抑而不与，腾以为恨，遂与叉害怿。后在嘉福，未御前殿，腾诬怿欲害帝。肃宗闻而信之。案，肃宗时年十一耳，怿之诬非自为政可知。然《怿传》及他篇，多以怿为正人，而《灵后传》云后逼幸怿，恐得其实，则觊觎之意，亦不敢保其必无也。乃御显阳殿。腾闭永巷门，灵太后不得出。怿入，叉使人防守之。腾称诏召集公卿，议以大逆论。咸畏惮叉，无敢异者。夜中杀怿。于是假为灵太后辞逊之诏，幽之北宫。时正光元年（520），七月，梁普通元年也。腾自执管钥，肃宗亦不得见，裁听传食而已，太后不免饥寒。叉遂与高阳王雍等辅政。以腾为司空公。叉为外御，腾为内防。迭直禁闼，共裁刑赏。相州刺史中山王熙起兵讨叉、腾，相州，见第八章第二节。熙，英子。为其长史柳元章等所执。叉遣尚书左丞卢同杀之，传首京师。太后从子都统僧敬，此据《后传》。《外戚传》：名虔，字僧敬。与备身左右张车渠等谋杀叉，复奉太后临朝，不克。僧敬坐徙边，车渠等死，胡氏多废黜。初奚康生领右卫将军，与叉同谋废后。子难，娶左卫将军侯刚女，刚长子，即叉妹夫也。叉以其通姻，深相委托。三人多俱宿禁内，时或迭出。叉以难为千牛备身。康生性粗武，叉稍惮之，见于颜色。明年，正光二年，梁普通二年。肃宗朝后于西林园。文武侍坐，酒酣迭舞。康生顾视太后，为杀缚之势。太后解其意而不敢言。日暮，太后欲携肃宗宿宣光殿。侯刚曰："至尊已朝讫，嫔御在南，何劳留宿？"康生曰："至尊陛下儿，随陛下将东西，更复访问谁？"群臣莫敢应。后自起，援肃宗臂，下堂而去。肃宗引前入阁，左右竞相排，阁不得闭，康生夺难千牛刀斫直后元思辅，乃得定。肃宗既上殿，康生时有酒势，将出处分，遂为叉所执，锁于门下。处斩刑。难以侯刚子婿，恕死徙安州。魏置，在今河北密云县东。后尚书卢同为行台，又令杀之。时灵太后、肃宗同升于宣光殿。左右侍臣，俱立西阶下。康生既被囚执，内侍贾粲绐太后曰："侍臣怀恐不安，陛下宜亲安慰。"太后信之。适下殿，粲便扶肃宗，于东序前御显阳，还闭太后于宣光殿。武卫将军于景，忠弟。亦以谋废叉，黜为怀荒镇将。怀荒，六镇之一，见下节。初叉之专政，矫情自饰。劳谦待士。时事得失，颇以关怀。而才术空浅，终无远致。得志之后，便骄愎。耽酒好色，与夺任情。政事怠惰，纲纪不举。刘腾尤骄恣。八坐九卿，旦造其宅，参其颜色，方赴省府。亦有历日不能见者。公私属请，惟在财货。舟车之利，水陆无遗。山泽之饶，所在固护。剥削六镇，见下节。交通互市，岁入利息，以巨万计。逼夺邻居，广开宅宇。天下咸患苦之。正光四年，梁普通四年。三月，腾死，防卫微缓。叉亦颇自宽，时宿于外。每日出游，留连他邑。灵太后微察知之。五年，梁普通五年。秋，后对肃宗谓群臣曰："隔绝我母子，不听我往来儿间，复何用我为？放我出家，我当永绝人间。"欲自下发。肃宗与群臣大惧，叩头泣涕，殷勤苦请，后意殊不回。肃宗乃宿于嘉福殿。积数日，遂与后密图叉。后瞋忿之言，欲得往来显阳，皆以告叉。叉殊不为疑，乃劝肃宗从太后意。于是太后数御显阳，二宫无复禁碍。丞相高阳王雍，虽位重于叉，而甚畏惮，欲进言于肃宗而事无因。会太后与肃宗南巡洛水，雍邀请车驾，遂幸雍第。日晏，肃宗及太后至雍内室，从者莫得入，遂定图叉之计。解叉领军。后叉出宿，又解其侍中。孝昌元年（525），梁普通六年。四月，太后复临朝。刘腾追夺爵位；发其冢，散露骸骨；没入财产。叉除名为民。未几，有人告叉及其弟爪谋反，并赐死于家。出贾粲为济州刺史，济州，见第十一章第四节。未几，遣使驰驿杀之。叉之解领军也，灵太后以其腹心尚多，恐难卒制，权以侯刚代之，寻出为冀州刺史，在道又加削黜焉。

灵后再临朝后，朝政疏缓，威刑不立，牧守所在贪婪。郑俨污乱宫掖，与徐纥并为中书舍人，共相表里，势动内外。俨本太后父胡国珍司徒参军，得幸于后。纥，世宗时即为舍人，谄附赵修。修诛，坐党徙枹罕。后复见用。又事元乂，得其欢心。至此，复曲事郑俨，因得总摄中书门下之事。枹罕，见第五章第一节。李神轨崇子。亦领中书舍人，时云见幸帷幄，与俨为双，莫能明也。高阳王雍以太师录尚书事，后又进位丞相；东平王略，中山王英子，熙之弟。城阳王徽，景穆子城阳王长寿之孙。先后为尚书令；亦惟谄附俨、纥而已。后性奢侈，又信佛法。自其初听政时，即锐于缮兴，在京师起永宁等佛寺，外州各造五级浮图。又数为一切斋会，施物动至万计。兼曲赉左右，日有数千。《任城王澄传》。正光后，四方多事，加以水旱，国用不足。预折天下六年租调而征之。《食货志》。孝昌二年（526），梁普通七年。十一月，税京师田租亩五升，借赁公田者亩一斗。闰月，税市人出入者各一钱。店舍为五等。三年，梁大通元年。二月，诏凡输粟瀛、定、岐、雍四州者，瀛、岐、雍州，皆见第十一章第四节。定州，见第十一章第二节。官斗二百斛赏一阶；入二华州者，华州，钱大昕云：盖初治李闰堡，世宗时移治古冯翊。案，李闰堡，见第六章第八节。冯翊，见第二章第二节。北华州，治杏城，见第三章第八节。五百石赏一阶。不限多少，粟毕授官。盖其财政，已至山穷水尽之境矣。案，肃宗在位十二年，而胡灵后之见幽者凡六年，以魏事败坏，悉蔽其罪于后，实非平情之论。魏之败坏，乃其政权始终在亲贵及代北旧人手中所致，自文明太后以来，非一朝一夕之故矣。观元魏之乱亡，而知《春秋》之讥世卿，为有由也。

第三节　北方丧乱

自道武至太武之世，人民之叛魏者甚多，已见第八章第五节。此等叛乱，至孝文、宣武之朝，迄仍不绝。孝文太和五年（481），即齐高帝建元三年，沙门法秀谋反，伏诛。十三年，即齐武帝永明七年，兖州人王伯恭聚众劳山，自称齐王，东莱镇将孔伯孙讨斩之。十四年，即齐永明八年，沙门司马御惠自言圣王，谋破平原郡，擒获伏诛。二十一年，即齐明帝建武四年，先是定州人王金钩讹言，自称应王，州郡捕斩之。二十三年，即齐东昏侯永元元年，幽州人王惠定聚众反，自称明法皇帝，刺史李肃捕斩之。宣武景明元年（500），即齐永元二年，齐州人柳世明聚众反，齐、兖二州讨平之。正始二年（505），即梁武帝天监五年，秦州人王智等聚众，自号王公，寻推秦州主簿吕苟儿为主。二月，诏右卫将军元丽等讨，七月，降之，秦、泾二州平。案，时反于泾州者为屠谷陈瞻，苟儿则羌也，见《杨椿传》。正始四年，即梁天监六年，夏州长史曹明谋反，伏诛。永平二年（509），即梁天监八年，泾州沙门刘慧汪聚众反，诏华州刺史奚康生讨之。三年，即梁天监九年，秦州沙门刘光秀谋反，州郡捕斩之。秦州陇西羌杀镇将赵俊反，州军讨平之。四年，即梁天监十年，汾州刘龙驹聚众反，诏谏议大夫薛和讨之。延昌三年（514），即梁天监十三年，幽州沙门刘僧绍聚众反，自号净居国明法王，州郡捕斩之。四年，即梁天监十四年，沙门法庆聚众反于冀州，杀阜城令，自称大乘，元遥破斩之。明帝熙平二年（517），即梁天监十六年，余贼复相聚攻瀛州，刺史宇文福讨平之。神龟元年（518），即梁天监十七年，秦州羌、东益州南秦州氐皆反。河州人却铁忽聚众反，自称水池王。后诣行台源子恭降。正光二年（521），即梁普通二年，东益、南秦州氐反，河间王琛讨之，失利。至五年，即梁普通五年，而破六汗拔陵反，时局不可收拾矣。魏兖州，初治滑台，见第六章第五节。后移瑕丘，见第九章第五节。是称东兖，而滑台称为西兖。太和中，又于涡阳置兖州，是为南兖。涡阳，见第十一章第三节。劳山，在今山东即墨县东南。东莱镇，后改为光州，今山东掖县。平原郡，后魏治聊城，在今山东平原县南。定州，见第十一章第二节。幽州，见第十二章第一节。齐州，治历城，今山东历城县。秦州，见第十一章第三节。泾州，见第十一章第四节。夏州，治岩绿，在今陕西横山县西。华州，见第二节。陇西，见第二章第二节。汾州，治蒲子，在今山西隰县东北。冀州，见第十一章第四节。阜城，汉县，在今河北阜城县东。瀛州、东益州，皆见第十一章第四节。南秦州，治骆谷，在今甘肃成县西南。河州，今甘肃导河县。《魏书·良吏传》云："魏初，拥节分符，多出丰、沛，政术治风，未能咸允。虽动诒大戮，而贪虐未悛。亦由网漏吞舟，时挂一目。高祖肃明纲纪，赏罚必信，肇革旧轨。时多奉法。世宗优游而治，宽政遂往。太和之风，颇以陵替。肃宗驭运，天下浩然。其于移风革俗之美，浮虎还珠之政，九州百郡，无所闻焉。"然则魏之吏治，实以孝文之时为最整敕，然据《本纪》所载：则太和十二年（488），齐永明六年。梁州刺史临淮王提魏梁州，初治仇池，夏侯道迁降魏，乃移治南郑。提，太武子临淮王谭之子。坐贪纵配北镇。见第八章第三节。十三年，齐永明七年。夏州刺史章武王彬又以贪财削封。彬，景穆子章武王大洛之子。汝阴王天赐、南安王桢，并坐臧贿，免为庶人。天赐、桢，皆景穆子。十五年，齐永明九年。济阴王郁以贪残赐死。郁，景穆子济阴王小新成之子。此等皆系亲贵，获罪较难，而终不免于获罪，可见其贪残之甚；抑此等皆系亲贵，故其获罪得以备书于史，俾后人有所考见，此外地位较微，为史所不载者，盖不知凡几矣，又可见其贪残者之多也。太和七年，齐永明元年。二月，诏曰："朕每思知百姓疾苦，以增修宽政，故具问守宰苛虐之状于州郡使者。今秀、孝、计掾，对多不实，甚乖朕虚求之意。宜案以大辟，明罔上必诛。然情犹未忍，可恕罪听归。申下天下，使知复犯无恕。"以死罪胁秀、孝、计掾，举发州郡罪状，可谓闻所未闻。明年，齐永明二年（484）。正月，诏陇西公琛、尚书陆叡为东西二道大使，褒善罚恶。是岁，始颁官禄。禄行之后，赃满一匹者死。虏何爱于中国人？观其用法之严，而知其吏治之恶矣。

州郡如此，镇将尤甚。魏旧制，缘边皆置镇，都大将统兵备御。《官氏志》。其后则内地亦置之。肃宗正光五年（524）改镇为州，诏曰："太祖道武皇帝，应期拨乱，大造区夏；世祖太武皇帝，纂戎丕绪，光阐王业；躬率六师，扫清逋秽。诸州镇城人，本充牙爪，服勤征旅。契阔行间，备尝劳剧。逮显祖献文皇帝，自北被南，淮、海思义。便差割强族，分卫方镇。高祖孝文皇帝，远遵盘庚，将迁嵩、洛。规遏北疆，荡辟南境。选良家酋帅，增戍朔垂。戎捍所寄，实惟斯等。"此魏置镇之大略也。《魏书·袁翻传》：翻于正始、熙平之间，议选边戍事曰："自比缘边州郡，官至便登；疆场统戍，阶当即用。或值秽德凡人，或遇贪家恶子。不识字民温恤之方，惟知重役残忍之法。广开戍逻，多置帅领，或用其左右姻亲，或受人财货请属，皆无防寇御贼之心，惟有通商聚敛之意。其勇力之兵，驱令钞掠，若值强敌，即为奴虏；如有执获，夺为己富。其羸弱老小之辈，微解金铁之工，小闲草木之作，无不搜营穷垒，苦役百端。自余或伐木深山，或耘草平陆；贩贸往还，相望道路。此等禄既不多，资亦有限，皆收其实绢，给其虚粟；穷其力，薄其衣；用其工，节其食；绵冬历夏，加之疾苦，死于沟渎者，常十七八焉。是以吴、楚间伺，审此虚实，皆云粮匮兵疲，易可乘扰，故驱率犬羊，屡犯疆场。频年以来，甲胄生虮，十万在郊，千金日费。为弊之探，一至于此。皆由边任，不得其人，故延若斯之患。贾生所以痛哭，良有以也。"此南边诸镇之情形也。北边则尤有甚焉。《世宗纪》：景明四年（503），梁天监二年。十一月，诏尚书左仆射源怀抚劳代都、北镇，随方拯恤。《怀传》载怀表曰："景明已来，北蕃连年灾旱。案，观下文所言，当时北蕃饥荒，恐不尽系天灾，而实由于人事。延昌二年（513），梁天监十一年也，二月，以六镇大饥，开仓振赡，可见其饥荒久而未抒矣。六镇，见下。高原陆野，不任营殖。惟有水田，少可菑亩。主将参寮，专擅腴美。瘠土荒畴，以给百姓。因此困敝，日月滋甚。诸镇水田，请依《地令》，分给细民。先贫后富。若分付不平，令一人怨讼者，镇将已下，联署之官，各夺一时之禄；四人已上，夺禄一周。北镇边蕃，事异诸夏，往日置官，全不差别。沃野一镇，沃野，汉县，魏置镇，在今绥远临河县境黄河西岸。自将已下，八百余人，黎庶怨嗟，金曰烦猥。边隅事鲜，实少畿服。请主帅吏佐，五分减二。"《传》云：时细民为豪强陵压，积年枉滞，一朝见申者，日有百数。所上事宜，便于北边者，凡四十余条。可见其积弊之深，民生之困矣。而身为将士者，亦未尝不抑郁思乱。《北齐书·魏兰根传》曰：正光末，李崇为都督，讨茹茹，以兰根为长史。因说崇白："缘边诸镇，控摄长远。昔时初置，地广人稀。或征发中原，强宗子弟；或国之肺腑，寄以爪牙。中年已来，有司乖实，号曰府户，役同厮养。官婚班齿，致失清流。而本宗旧类，各各荣显。顾瞻彼此，理当愤怨。更张琴瑟，今也其时。静境宁边，事之大者。宜改镇立州，分置郡县。凡是府户，悉免为民。入仕次叙，一准其旧。文武兼用，维恩并施。此计若行，国家庶无北顾之虑矣。"崇以奏闻，事寝不报。逮破六汗拔陵既叛，崔暹败于白道，见下。广阳王渊又上书曰：渊，嘉之子，嘉见第一节。渊，《北史》避唐讳作深，《魏书·本纪》作渊，《死传》亦作深，盖后人所改。《通鉴》亦依《北史》作深。"昔皇始以移防为重。盛简亲贤，拥麾作镇。配以高门子弟，以死防遏。不但不废仕宦，至乃偏得复除。当时人物，忻慕为之。及太和在历，仆射李冲，当官任事。凉州土人，悉免厮役；丰、沛旧门，仍防边戍。自非得罪当世，莫肯与之为伍。征镇驱使，但为虞候、白直。一生推迁，不过军主。然其往世房分留京者，得上品通官，在镇者便为清途所隔。或投彼有北，以御魑魅。多复逃胡乡。乃峻边兵之格，镇人浮游在外，皆听流兵捉之。于是少年不得从师，长者不得游宦，独为匪人，言者流涕。自定鼎伊、洛，边任益轻。惟底滞凡才，出为镇将。转相模习，专事聚敛。或有诸方奸吏，犯罪配边，为之指踪，过弄官府。政以贿立，莫能自改。及阿那瑰背恩，纵掠窃奔，命师追之，十五万众度沙漠，不日而还。边人见此援师，便自意轻中国。尚书令臣崇，时即申闻，求改镇为州。将允其愿，抑亦先觉。朝廷未许。今日所虑，非止西北，将恐诸镇，寻亦如此。天下之事，何易可量？"《渊传》云：时不纳其策。东西敕勒之叛，朝议更思渊言，遣兼黄门侍郎郦道元为大使，欲复镇为州，以顺人望。会六镇尽叛，不得施行。六镇，在代郡北塞，东至濡源。其自西徂东之次，曰怀朔，曰武川，曰抚冥，曰柔玄，曰怀荒，曰御夷。怀朔，在今绥远固阳县境。武川，已见第一章。抚冥，镇城所在未详。柔玄，在今察哈尔兴和县境。怀荒、御夷二镇，后改为蔚州，蔚州，即今察哈尔蔚县也。六镇自西徂东之次，依胡三省说，见《通鉴》齐明帝建武元年（494）注。案，崔暹之败，事在正光五年七月。其年八月，《纪》载诏诸州军贯，元非犯配者，悉免为民。镇改为州，依旧立称。《郦道元传》云：肃宗以沃野、怀朔、薄骨律、在今宁夏灵武县西南。武川、抚冥、柔玄、怀荒、御夷诸镇，并改为州。其郡县戍名，令准古城邑。诏道元持节兼黄门侍郎，与都督李崇，筹宜置立。裁减去留，储兵积粟，以为边备。而《李崇传》言：临淮王彧、李叔仁败，亦见下。诏引丞相、令、仆、尚书、侍中、黄门于显阳殿，使陈良策。吏部尚书元修义景穆子汝阴王天赐之子。谓宜得重贵，镇压恒、朔。皆见第十一章第二节。诏欲遣崇。然仍责其改镇为州之表，开诸镇非异之心，致有今日之事。则魏朝当日，始终不甚以此策为然；加以六镇尽叛，政令格不能行，诏旨自成虚语矣。然此时即能行之，恐于势亦已无及也。

魏明帝正光五年（524），梁武帝之普通五年也。三月，沃野镇人破洛韩拔陵反，杀镇将。诏临淮王彧讨之。彧，提之孙。五月，败于五原。朔州治，见第十一章第二节。安北将军李叔仁寻败于白道。在今绥远归绥县北。武川陷。诏尚书令李崇为大都督。崔暹出东道，广阳王渊出北道，皆受崇节度。崇至五原。七月，崔暹大败于白道之北。贼遂并力攻崇。崇与渊力战相持，至冬，乃引还平城。渊表崇长史祖莹诈增功级，盗没军资，崇坐免官爵，征还，以后事付渊。崇之将班师也，留别将费穆守朔州。穆招离聚散，颇得人心。时北境州镇，悉皆沦没，惟穆独据一城，四面抗拒。久之，援军不至；兼行路阻塞，粮仗俱尽；亦弃城南走。明年，魏孝昌元年（525），梁普通六年。三月，拔陵别帅王也不卢等攻陷怀朔。至六月，乃为柔然主阿那瑰所破，南移渡河。而恒州卒于又明年七月失陷，孝昌二年，梁普通七年。恒州，见第十一章第二节。行台元纂南走。代北遂不可收拾矣。而杜洛周、鲜于修礼复起。

初李叔仁为破六韩拔陵所逼，求援。广阳王渊赴之。前后降附二十万人。渊与元纂，表求于恒州北别立郡县，安置降户，随宜振赡，息其乱心。不从。而遣黄门侍郎杨昱，分散之于冀、定、瀛三州就食。渊谓纂曰："此辈复为乞活矣。"孝昌元年（525），八月，柔玄镇人杜洛周反于上谷。此依《魏书·本纪》。《梁书·侯景传》作吐斤六周，云柔玄镇兵。上谷，见第三章第八节。攻没郡县。南围燕州。见第十二章第一节。九月，诏幽州刺史常景为行台，征虏将军元谭为都督讨之。谭，献文子赵郡灵王干之子。二年，正月，谭次军都，燕州治。为洛周所败。以别将李琚代谭。四月，又败没于蓟城之北。蓟，幽州治。五月，燕州刺史崔秉南走中山。定州治。七月，洛周遣其别帅曹纥真寇掠幽州。常景遣都督于荣邀于栗园，胡三省曰：当在固安县界。大破之，斩纥真。九月，景又破洛周，斩其武川王贺拔文兴、别帅侯莫陈升。然至十一月，幽州卒陷，景被执。

鲜于修礼，本怀朔镇兵，据《梁书·侯景传》。为五原降户。以孝昌二年（526）正月，反于定州。诏长孙稚为大都督，稚，字承业，史或书其字。《北史》作名幼。与河间王琛讨之。齐郡顺王简子，继河间孝王若。简、若，皆文成子。琛与稚有隙，前到呼沱，稚未欲战，而琛不从。稚至五鹿，在河北濮阳县南。为修礼所邀，琛不赴。贼总至，遂大败。稚与琛并除名。修礼及杜洛周之叛也，其余降户，犹在恒州，欲推广阳王渊为主，渊上书乞还京师，令左卫将军杨津代为都督。及是，五月。复以渊为大都督，章武王融为左都督，融，彬子。裴衍为右都督，衍，植之弟。北讨。初朔州毛普贤为渊统军，后与修礼同反。见《甄琛传》。修礼常与葛荣谋，《梁书·侯景传》云：荣，怀朔镇将。后稍信普贤，荣常衔之。渊使人喻普贤，普贤乃有降意。又使录事参军元晏说贼程杀鬼，果相猜贰。葛荣遂杀普贤、修礼而自立。此据《渊传》。《本纪》云：八月，贼帅元洪业斩鲜于修礼请降，为贼党葛荣所杀。荣以新得大众，上下未安，遂北度瀛洲。渊便率众北转。荣东攻。章武王融战败于白牛逻，《纪》云在博野。博野，今河北蠡县。殁于陈。渊退走，趋定州。闻刺史杨津疑其有异志，止于州南佛寺。召都督毛谥等六七人，臂肩为约，危难之际，期相拯恤。谥疑渊意异，乃密告津，云渊谋不轨。津遣谥讨渊。渊走。逢贼游骑，引诣葛荣。为荣所杀。三年，梁大通元年。荣陷殷州。在今河北隆平县东。东围冀州。先是以安乐王鉴为相州刺史、北讨大都督，鉴，文成子安乐王长乐之孙。相州，见第八章第二节。与裴衍共救信都。冀州治。鉴谋反，降荣。八月，都督源子邕怀子。此据《本纪》。《列传》作子雍。与衍合围鉴，斩首传洛。十一月，信都陷。时除子邕冀州刺史。子邕上书曰："贼中甚饥，专仰野掠。今朝廷足食，兵卒饱暖。高壁深垒，勿与争锋。彼求战不得，野掠无所获。不盈数旬，可坐制凶丑。"时裴衍复表求行。诏子邕与衍速进。子邕重表固请，不听。遂与衍俱进。至阳平郡东北漳曲，阳平，见第二章第二节。荣率贼十万，来逼官军。子邕、衍并战殁。明年，武泰元年（528），梁大通二年。正月，杜洛周陷定州，瀛州亦降。二月，为荣所并。三月，荣陷沧州。在今河北南皮县东南。遂独雄于河北矣。

破洛韩拔陵之叛也，高平酋长胡琛亦起兵攻镇以应之。正光五年（524），四月。高平镇，后为原州，今甘肃固原县。别将卢祖迁击破之，琛北遁。时秦州刺史李彦，刑政过猛，为下所怨。六月，城民薛珍、刘庆、杜超等擒彦，推其党莫折大提为帅。据《彦传》。《萧宝夤传》杜超作杜迁。诏雍州刺史元志讨之。南秦州城人孙掩、张长命、韩祖香据城，杀刺史崔游，以应大提。大提遣城人卜朝《通鉴》作卜胡。袭克高平。大提寻死，子念生代立。据《萧宝夤传》，念生为大提第四子。僭称天子。七月，诏元修义为西道行台，率诸将西讨。李苗上书，以为"食少兵精，利于速战；粮多卒众，事宜持久。今陇贼猖狂，非有素蓄；虽据两城，本无德义；其势在于疾攻，日有降纳，迟则人情离沮，坐受崩溃。今宜且勒大将，深沟高垒，坚守勿战；别命偏师，精卒数千，出麦积崖，在今甘肃天水县东南。以袭其后；则汧、岐之下，群妖自散"。于是诏苗为统军，与别将淳于诞出梁、益，隶行台魏子建。东益州刺史，见第十一章第四节。念生遣其兄天生下陇东寇。据《本纪》。《宝夤传》及《梁书·羊侃传》：皆云天生为念生子。八月，元志大败于陇东，退守岐州。见第十一章第四节。元修义性好酒，遂遇风病，神明昏丧，虽至长安，竟无部分之益。九月，更以萧宝夤为西道行台、大都督，率崔延伯、北海王颢西讨。颢，详子。十一月，天生攻陷岐州，执元志。遂寇雍州，屯于黑水。在今陕西城固县北，南流入汉。十二月，魏子建招降南秦氐、民，复六郡、十三戍，斩韩祖香。张长命畏逼，乃告降于萧宝夤。先是凉州幢帅于菩提、呼延雄执刺史宋颖，据州反。七月。吐谷浑主伏连筹讨之。于菩提弃城走，追斩之。城民赵天安复推宋颖为刺史。是月，莫折念生遣兵攻凉州，天安复执颖以应之。魏凉州，治姑臧，见第二章第二节。孝昌元年（525），梁普通六年。正月，萧宝夤、崔延伯击天生，破之黑水。天生退走入陇西。泾、岐及陇东悉平。先是高平人攻杀卜朝，共迎胡琛。正光五年十一月。琛遣其将万俟丑奴、宿勤明达寇泾州。延伯、宝夤会于安定。见第二章第二节，甲卒十二万，铁马八千，军威甚盛。四月，延伯为丑奴所败，战殁。延伯与奚康生、杨大眼并称名将，其死也，朝野叹惧焉。十月，吐谷浑复讨赵天安，降之。天水吕伯度兄弟，天水，见第二章第二节。始与莫折念生同逆。后保于显亲，后汉侯国，后为县，在今甘肃天水县西北。聚众讨念生。战败，降于胡琛。琛资其士马，还征秦州。大败念生将杜粲于成纪。见第三章第八节。又破其金城王莫折普贤于水洛城。在今甘肃庄浪县南。遂至显亲。念生身自拒战，又大奔败。伯度乃背胡琛，袭琛将刘拔，破走之。遣其兄子忻和率骑东引魏军。念生事迫，乃诈降于萧宝夤。魏朝嘉伯度之功，授以泾州刺史。而元修义停军陇口，久不西进。念生复反。伯度终为万俟丑奴所杀。贼势更盛，萧宝夤不能制。胡琛与念生交通，事破六韩拔陵寖慢。拔陵遣其臣费律至高平，诱琛斩之。其众尽并于万俟丑奴。孝昌三年，梁大通元年。正月，宝夤大败于泾州。北海王颢寻亦败走。岐、豳、东秦、北华州俱陷。豳州，今陕西邠县。东秦州，秦州陷后，置于汧城。汧，汉县，后魏曰汧阴，在今陕西陇县南。北华州，见上节。宝夤还雍州。莫折天生乘胜寇雍州。宝夤部将羊侃隐身埤中射之，毙，其众乃溃。有司奏处宝夤死罪，诏恕为民。四月，复以为雍州刺史、西讨大都督。自关以西，皆受节度。九月，念生为其常山王杜粲所杀，合门皆尽。粲据州，请降于宝夤。十二月，粲又为骆超所杀，亦遣使归魏。南秦州城民辛琛，亦自行州事，遣使归罪。十月，魏朝复宝夤旧封。而宝夤自以出军累年，糜费尤广，一旦覆败，内不自安。魏朝颇亦疑阻。乃遣御史中尉郦道元为关中大使。宝夤谓密欲取己，弥以忧惧。长安轻薄之徒，因相说动。道元行达阴槃驿，阴槃，汉县，在今陕西长武县西北。宝夤密遣其将郭子恢等攻杀之。遂叛魏，自号为齐。遣子恢东攻潼关，见第三章第三节。张始荣围华州。见上节。魏诏尚书仆射行台长孙稚讨之。初宝夤之败，北地功曹毛洪宾据郡引寇，钞掠渭北。北地，见第二章第二节。时杨椿为雍州刺史，其兄子侃为录事参军，请讨之。洪宾通书送质，乞自效。及是，与其兄遁，纠率乡义，将攻宝夤。宝夤遣其将卢祖迁击遁，为遁所杀。又遣其将侯终德攻遁。时薛凤贤反于正平，后魏郡，在今山西新绛县西南。薛修义屯聚河东，见第二章第二节。分据盐池，攻围蒲坂，见第三章第四节。东西连结，以应宝夤。杨侃为稚行台左丞。稚军次弘农，见第二章第二节。侃劝其"北取蒲坂，飞棹西岸。置兵死地，人有斗心。华州之围，可不战而解；潼关之贼，必望风溃散。诸处既平，长安自克"。稚从之。令其子子彦等领骑于弘农北渡。围城之寇，各自散归，修义亦即逃遁。子恢为官军所败。稚又遣子彦破始荣于华州。终德因此势挫，还图宝夤。宝夤战败，奔万俟丑奴。时武泰元年（528）梁大通二年。正月也。

以上皆孝明之世叛乱之较大者。其较小者：在清河则有崔畜。在广川则有傅堆。清河，见第五章第三节。广川，见第九章第五节。孝昌元年（525），三月，畜杀太守董遵，堆执太守刘莽反。青州刺史安乐王鉴讨平之。在朔州则有鲜于阿胡、库狄丰乐。朔州，见第十一章第二节。孝昌二年四月据城反。在平原则有刘树、刘苍生。孝昌二年十一月反。州军破走之。刘树奔梁。在徐州则有任道棱。孝昌三年，正月，袭据萧城。州军讨平之。萧，今江苏萧县。在东郡则有赵显德。东郡，魏治滑台，见第六章第五节。显德，孝昌三年二月反。诏都督李叔仁讨之。四月，别将元斌之斩显德。在齐州则有刘钧、房须。孝昌三年三月，钧执清河太守邵怀，须屯据昌国城。六月，诏李叔仁讨钧，平之。须，《彭城王勰传》作顷。昌国，汉县，在今山东淄川县东北。在陈郡则有刘获、郑辩。孝昌三年，七月，反于西华。州军讨平之。西华，汉县，在今河南西华县南。在营州则有刘安定、就德兴。营州，见第十一章第四节。安定、德兴，正光五年（524），据城反。城人王恶儿斩安定以降。德兴东走，自号燕王。孝昌二年，九月，攻陷平州。至孝庄帝永安元年（528），十一月，乃遣使来降。平州，治肥如，今河北卢龙县北。在巩县一带，又有李洪。《本纪》：武泰元年（528），二月，群盗烧劫巩县以西，关口以东，公路涧以南。诏李神轨为都督，讨平之，《神轨传》云：蛮帅李洪，扇动诸落。伊阙以东，至于巩县，多被烧劫。巩县，见第五章第一节。关盖谓函谷关。公路涧，未详。伊阙，见第六章第五节。虽为患不广，然是处蜂起，势成燎原矣。

叛乱之兴，固非仅恃兵力所能戡定，然即以兵力论，其不足恃亦已甚。神龟二年（519），梁天监十八年。征西将军张彝第二子仲瑀上封事，求铨别选格，排抑武人，不使预在清品。羽林虎贲千余人焚彝第，殴伤彝，烧杀其长子始均。彝亦旋死。官为收掩羽林凶强者八人斩之，不能穷诛群竖，即为大赦，以安众心。史云："有识者知国纪之将坠矣。"论当时兵事者：路思令曰："窃以比年以来，将帅多是宠贵子孙；军幢统领，亦皆故义托附。贵戚子弟，未经戎役。衔杯跃马，志逸气浮。轩眉攘腕，便以攻战自许。及临大敌，怖惧交怀。雄图锐气，一朝顿尽。乃令羸弱在前以当锐，强壮居后以安身。兼复器械不精，进止不集。任羊质之将，驱不练之兵，当负险之众，敌数战之虏。是以兵知必败，始集而先逃；将又怖敌，迁延而不进。国家便谓官号未满，重爵屡加；复疑赏赉之轻，金帛日赐。帑藏空虚，民财殚尽。致使贼徒更增，胆气益盛；生民损耗，荼毒无聊。"辛雄曰："秦、陇逆节，将历数年；蛮左乱常，稍已多战；凡在戎役，数十万人。三方师众，败多胜少。迹其所由，不明赏罚故也。兵将之勋，历稔不决；亡军之卒，宴然在家；致令节士无所劝慕，庸人无所畏慑。进而击贼，死交而赏赊，退而逃散，身全而无罪。赏罚陛下之所易，尚不能全而行之，攻敌士之所难，欲其必死，宁可得也？"高谦之曰："自正光已来，边城屡扰，命将出师，相继于路，军费戎资，委输不绝。至于弓格赏募，咸有出身；槊刺斩首，又蒙阶级；故四方壮士，愿征者多。若使军帅必得其人，赏勋不失其实，何贼不平？何征不捷？而诸守帅，或非其才。多遣亲者，妄称入募，虚受征官，身不赴阵，惟遣奴客充数而已，对寇临敌，曾不弯弓。则是王爵虚加，征夫多阙。贼虏何可殄除？忠贞何以劝诚也？"以此政令，用此将士，无怪契胡一入，莫之能御矣。

第四节　尔朱荣入洛

两晋之世，五胡作害中州，不久皆力尽而毙，而元魏崛起北方，独获享祚几百五十年者，自道武登国元年（386），即晋孝武帝太元十一年，至明帝武泰元年（528），即梁武帝大通二年，凡百四十三年。以是时中原之地，丧乱方剡，代北僻处一隅，与于战争之事较少，民力较完，抑且风气较质朴，便于战斗故也。元魏南迁以来，此等情形，迄未尝变，故及其衰敝，而尔朱、高、宇文诸氏，又起自代北，纷纷南下焉，而六镇则其先驱也。魏之所以兴，正其所以亡也。

尔朱荣，北秀容人。秀容，见第六章第八节。其先居尔朱川，未详。因为氏。常领部落，世为酋帅。高祖羽健，登国初为领民酋长。率契胡武士千七百人，从平晋阳，定中山。胡三省曰：“尔朱氏，契胡种也。”又曰：“契胡，尔朱之种人也。”见《通鉴》梁武帝中大通二年（530）《注》：案，昔人于中国言姓氏，于夷狄言种姓。契胡，盖其氏族或部落之名也。以居秀容川，诏割方三百里封之，长为世业。曾祖郁德，祖代勤，父新兴，继为酋长。家世豪强。财货丰赢。牛羊驼马，色别为群，谷量而已。魏朝每有征讨，辄献私马，兼备资粮，助裨军用。正光中，四方兵起，荣遂散畜牧，招合义勇，给其衣马。秀容内附胡民乞伏莫干破郡，杀太守，魏秀容郡，治秀容，在今山西忻县北。南秀容牧子万于乞真反叛，杀太仆卿陆延；事在正光五年（524）八月，见《纪》。并州牧子素和婆仑岭作逆；并州，见第十一章第二节。荣前后讨平之。内附叛胡乞步落，坚胡刘阿如等作乱瓜、肆；魏瓜州，治敦煌，见第二章第二节。肆州，见第十一章第二节。敕勒北列步若反于沃阳；汉县，后汉省，后魏复置，在今察哈尔凉城县西。荣并灭之。敕勒斛律洛阳作逆桑干，事在孝昌二年（526）三月，见《纪》。桑干，见第四章第二节。西与费也头牧子迭相犄角，荣率骑破洛阳于深井，未详。逐牧子于河西。孝昌二年，梁普通七年。八月，荣率众至肆州。刺史尉庆宾畏恶之，闭城不纳。荣怒，攻拔之。乃署其从叔羽生为刺史，执庆宾于秀容。自是荣兵威渐盛，朝廷亦不能罪责也。鲜于修礼之叛也，荣表东讨。杜洛周陷中山，明帝声将北讨，以荣为左军，不行。及葛荣吞洛周，荣表求遣骑三千，东援相州，见第八章第二节。不许。荣遣兵固守滏口。太行陉名，在今河南武安、河北磁县之间。复上书，求慰喻阿那瑰，直趋下口，胡三省曰：“盖指飞狐口。”案，飞狐口，在今河北涞源、察哈尔蔚县间。以蹑其背；北海王颢之兵，镇抚相部，以当其前；而自诡自井陉以北，井陉，见第六章第八节。滏口以西，分防险要，攻其肘腋。并严勒部曲，广召义勇，北捍马邑，见第三章第八节。东塞井陉。荣之意，是时惟在中原，所苦者，未能得间而入耳。

胡灵后与明帝，母子之间，嫌隙屡起。帝所亲幸者，太后多以事害焉。武泰元年（528），梁大通二年。正月，潘充华生女。郑俨与太后计，诈以为男，大赦改元。二月，明帝死。事出仓卒，时论咸言郑俨、徐纥之计。太后乃奉潘嫔女即位。经数日，见人心已安，始言潘嫔本实生女，今宜更择嗣君。遂立故临洮王宝晖世子钊。宝晖，高祖孙，年始三岁。初李崇北讨，高凉王孤六世孙天穆，孤，平文帝第四子。奉使慰劳诸军。路出秀容，尔朱荣见其法令齐整，深相结托。天穆遂为荣腹心。及是，荣与天穆等密议，乃抗表请赴阙，问侍臣帝崩之由；以徐、郑之徒，付之司败；然后更召宗亲，推立年德。太后甚惧，以李神轨为大都督，将于太行杜防。荣抗表之始，遣从子天光、亲信奚毅，及仓头王相入洛，与从弟世隆，密议废立。天光乃见长乐王子攸，彭城王勰第三子。具论荣心。子攸许之。天光等还北，荣发晋阳，见第三章第四节。犹疑所立，乃以铜铸高祖及咸阳王禧等六王子孙像，此据《魏书·荣传》。《北史》六王作五王。惟子攸独就。师次河内，重遣王相，密迎子攸。子攸与兄彭城王劭、弟始平王子正潜渡赴之。时四月九日也。十一日，荣奉子攸为主，是为敬宗孝庄皇帝。废帝朗中兴二年（532），谥为武怀皇帝。孝武帝太昌元年（532），改谥孝庄，庙号敬宗。以荣为使持节、都督中外诸军事、大将军、开府、尚书、领军将军、领左右、谓领左右千牛备身。太原王。是日，荣济河。太后乃下发入道。内外百官，皆向河桥迎驾。河桥，见第三章第三节。荣惑武卫将军费穆之言，谓天下乘机可取，《魏书·穆传》：穆弃朔州南走，投荣于秀容。既而诣阙请罪。诏原之。荣向洛，灵太后征穆，令屯小平。及荣推奉孝庄帝，河梁不守，穆遂弃众先降。穆素为荣所知，见之甚悦。穆潜说荣曰："公士马不出万人。今以京师之众，百官之盛，一知公之虚实，必有轻侮之心。若不大行诛罚，更树亲党，公还北之日，恐不得度太行而内难作矣。"荣心然之。及元颢入洛，穆降，颢以河阴酷滥，事起于穆，引入诘让，出而杀之。一似荣之滥杀，由穆指踪，更无疑义者。然《北齐书·慕容绍宗传》言：荣称兵入洛，私告绍宗曰："洛中人士繁盛，骄侈成俗，若不加除翦，恐难制驭。吾欲因百官出悉诛之，尔谓可不？"则其翦戮朝士之计，早定于入洛之先矣。又《魏书·荣传》云：荣性好猎。元天穆从容谓荣曰："大王勋济天下，四方无事，惟宜调政养民，顺时蒐狩。"荣便攘肘谓天穆曰："太后女主，不能自正，推奉天子者，此是人臣常节。葛荣之徒，本是奴才，乘时作乱，妄自署假，譬如奴走，擒获便休。顷来受国大宠，未能开拓境土，混一海内，何宜今日，便言勋也？如闻朝士，犹自宽纵。今秋欲共兄戒勒士马，校猎高原，令贪污朝贵，入围搏虎。仍出鲁阳，历三荆，悉拥生蛮，北填六镇。回军之际，因平汾胡。明年，简练精骑，分出江、淮。萧衍若降，乞万户侯；如其不降，径度数千骑，便往搏取。待六合宁一，八表无尘，然后共兄奉天子巡四方，观风俗，布政教，如此乃可称勋耳。今若止猎，兵士懈怠，安可复用也？"此段言辞，多出附会，然欲令朝贵入围搏虎之语则真。荣本不知中国情形，意谓但借杀戮立威，即可以胁众戴己，此其本怀。费穆多亦不过附和之，不能匡正而已。谓其谋本出于穆，恐未必然也。元颢之杀穆，或以其不为己用，或则当时有构之者耳，不能以此证实穆之罪状也。小平津，见第五章第六节。晋阳，见第五章第二节。荆州，见第十一章第四节。延兴初，于安昌置南荆州，在今河南信阳县西北，与沘阳之东荆，谓之三荆。乃谲朝士，共相盟誓。将向河阴西北三里。至南北长堤，悉令下马西渡。即遣胡骑四面围之。妄言丞相高阳王欲反。杀百官、王公、卿士二千余人，皆敛手就戮。此据《北史》。《魏书·荣传》云：十三日，荣引迎驾百官于行宫西北，云欲祭天。列骑围绕。责天下丧乱，明帝卒崩之由，云皆缘此等贪虐，不相匡弼所致。因纵兵乱害。王公卿士，皆敛手就戮。死者千三百余人。皇弟、皇兄，亦并见害。又命二三十人拔刀走行宫。庄帝及彭城王、霸城王俱出帐。此处亦采《北史》。庄帝兄劭，本封彭城王，弟子正为霸城公。庄帝即位后，以劭为无上王，子正为始平王。上文采《魏书》，于渡河之际，已书子正为始平王，与《北史》此处称子正为霸城王，皆非也。荣先遣并州人郭罗察，《通鉴》察作刹。共西部高车叱列杀鬼，在帝左右，相与为应。及见事起，假言防卫，抱帝入帐。余人即害彭城、霸城二王。乃令四五十人迁帝于河桥。沉灵太后及少主于河。时又有朝士百余人后至，仍于堤东被围。遂临以白刃，唱云："能为禅文者出，当原其命。"御史赵元则出作禅文。荣令人诫军士，言"元氏既灭，尔朱氏兴"。其众咸称万岁。荣遂铸金为己像，数四不成。时荣所信幽州人刘灵助善卜占，言今时人事未可。荣乃曰："若我作不去，当迎天穆立之。"灵助曰："天穆亦不吉，惟长乐王有王兆耳。"荣亦精神恍惚，不自支持。遂便愧悔。至四更中，乃迎庄帝。《魏书·荣传》云：外兵参军司马子如等切谏，陈不可之理。荣曰："愆误若是，惟当以死谢朝廷。今日安危之机，计将安出？"献武王等曰："未若还奉长乐，以安天下。"于是还奉庄帝。十四日，舆驾入宫。《北齐书·神武纪》云：神武恐谏不听，请铸像卜之，乃止。《周书·贺拔岳传》云：荣既杀害朝士，时齐神武为荣军都督，劝荣称帝。左右多同之。岳进言，荣寻亦自悟，乃尊立孝庄。岳又劝荣诛齐神武，以谢天下。左右咸言："高欢虽言不思难，今四方尚梗，事借武臣，请舍之，收其后效。"荣乃止。史家文饰之辞，敌国诽谤之语，皆不足信。神武是时，位卑言轻，未必能与于是议；即或有言，亦不过随众附和；断无诛之可以谢天下之理也。望马首叩头请死。其士马三千余骑。既滥杀朝士，乃不敢入京，即欲向北，为移都之计。持疑经日，始奉驾向洛阳宫。及上北芒见第七章第七节。视宫阙，复怀畏惧，不肯更前。武卫将军泛礼苦执，不听。复前入城，不朝戍。北来之人，皆乘马入殿。诸贵死散，无复次序。庄帝左右，惟有故旧数人。荣犹执移都之议，上亦无以拒焉。又在明光殿重谢河桥之事，誓言无复二心。庄帝自起止之。因复为荣誓，言无疑心。荣喜。因求酒。及醉，熟寐。帝欲诛之，左右苦谏，乃止。即以床舆向中常侍省。荣夜半方寤，遂达旦不眠。自此不复禁中宿矣。荣女先为明帝嫔，欲上立为后。帝疑未决。给事黄门侍郎祖莹曰："昔文公在秦，怀嬴入侍，事有反经合义，陛下独何疑焉？"上遂从之。荣意甚悦。于时人间犹或云荣欲迁都晋阳，或云欲肆兵大掠，迭相惊恐，人情骇震。京邑士子，十不一存。率皆逃窜，无敢出者。直卫空虚，官守旷废。荣闻之，上书谢愆。请追尊无上王帝号。复追尊为孝宣皇帝。诸王、百官及白身，皆有追赠。

又启帝，遣使巡城劳问。于是人情遂安。朝士逃亡者，亦稍来归阙。五月，荣还晋阳，乃令元天穆向京，为侍中、太尉公，录尚书事、京畿大都督，兼领军将军，封上党王。树置腹心在列职。举止所为，皆由其意。七月，诏加荣柱国大将军。是时之庄帝，盖不但仅亦守府而已。荣之将入洛也，郑俨走归乡里。俨，荥阳人也，荥阳，见第三章第二节。其从兄仲明，先为荥阳太守。俨与仲明欲据郡起众，寻为其部下所杀。徐纥走兖州，投泰山太守羊侃，泰山，见第三章第四节。说令举兵。魏攻侃，纥说侃乞师于梁，遂奔梁。参看第六节。

尔朱荣乃粗才，必不能定中原，成大业，然其用兵则颇饶智勇，以其出自代北，习于战斗也。此可见代北劲悍之风，尚未全替，周、齐继元魏之后，复能割据中原数十年，为有由矣。时中原叛者尚多，孝庄帝永安元年（528），即明帝武泰元年也。五月，齐州人贾结聚众反，夜袭州城，会明退走。七月，光州人刘举聚众数千，反于濮阳，八月，讨平之。二年，梁武帝中大通元年，二月，燕州人王庆祖聚众上党，尔朱荣讨擒之。齐州、光州，皆见第三节。濮阳，见第三章第四节。燕州，见第一节。上党，见第二章第二节。而西方之万俟丑奴、东方之葛荣，及新起之邢杲，声势最大。永安元年六月，葛荣使其仆射任褒，率车三万余乘，南寇沁水。见第四章第二节。魏以元天穆为大都督讨之。八月，荣围相州，刺史李仁轨闭门自守。贼锋过汲郡。见第三章第三节。所在村坞，悉被残略。尔朱荣启求讨之。九月，乃率精骑七千，马皆有副，倍道兼行，东出滏口。葛荣自邺以北，列陈数十里，箕张而进。荣潜军山谷为奇兵，身自陷陈，出于贼后，表里合击，大破之。于阵擒葛荣。余众悉降。荣以贼徒既众，若即分割，恐其疑惧，或更结聚。乃普告勒："各从所乐，亲属相随，任所居止。"于是群情喜悦，登即四散。数十万众，一朝散尽。待出百里之外，乃始分道押领，随便安置，咸得其宜。擢其渠帅，量才授用。新附者咸安。时人服其处分机速。于是冀、定、沧、瀛、殷五州悉平。冀州、瀛州，皆见第十一章第四节。定州，见第十一章第二节。沧州、殷州，皆见第三节。十月，槛送葛荣于洛阳，斩于都市。邢杲者，河间人。河间，汉县，后魏为郡，在今河北河间县西南。魏兰根之甥。见《北齐书·兰根传》。为幽州平北府主簿。杜洛周、鲜于修礼为寇，瀛、冀诸州人多避乱南向。杲拥率部曲，屯据鄚城，鄚，汉县，在今河北任邱县北。以拒洛周、葛荣，垂将三载。广阳王渊等败后，杲南度，居青州北海界。北海，见第九章第五节。灵太后命流人所在，皆置郡县，选豪右为守令以抚镇之。时青州刺史元世俊表置新安郡，以杲为太守，未报，会台以杲从子子瑶资荫居前，乃授河间太守，杲深耻恨。永安元年，六月，反。所在流人，先为土人陵忽，率来从之。旬朔之间，众逾十万。东掠光州，尽海而还。遣李叔仁讨之。十月，失利于潍水。时泰山太守羊侃反正，行台于晖攻之，十二月，诏晖回师讨杲，次于历下。是岁，葛荣余党韩楼复据幽州反。幽州，见第一节。明年，永安二年，梁中大通元年。正月，晖所部都督彭乐率二千余骑，北走于楼，乃班师。三月，诏元天穆与高欢讨杲。破之济南，见第七章第四节。杲降。送洛阳，斩于都市。于是大敌之未平者，惟一万俟丑奴，而南方之师，乘虚至矣。

第五节　梁武政治废弛

孟子曰："国家闲暇，及是时，明其政刑，虽大国，必畏之矣；及是时，般乐怠敖，是自求祸也。"斯言也，观于梁世而益信。南北朝时，南北兵争，论者皆谓北强南弱，其实不然。当时兵事，南方惟宋元嘉二十七年（450）一役，受创最巨，然魏亦无所得。此后宋明帝之失淮北，齐东昏之失寿春，皆内乱为之，非魏之力征经营也。梁武得国，魏政日衰，继以内乱。自此至东西分裂，凡三十三年；至高欢死，侯景叛魏，则四十六年。此数十年，实为南方极好之机会。生聚教训，整军经武；恢复国土，攘除奸凶；在此时矣。乃不徒不能发愤为雄，并政刑亦甚废弛，致有可乘之机会而不能乘，而反以招祸，此则可为痛哭流涕者也。

梁武帝之为人也，性甚恭俭，亦能勤政恤民，《梁书·本纪》云：帝"勤于政务，孜孜无怠。每至冬月，四更竟，即敕把烛看事。执笔触寒，手为皴裂。日止一食。膳无鲜腴，惟豆羹、粝食而已。身衣布衣。木绵皂帐。一冠三载，一被二年。后宫衣不曳地，旁无锦绮。不饮酒。不听音声。非宗庙祭祀、大会飨宴及诸法事，未尝作乐。历观古昔，人君恭俭庄敬，艺能博学，罕或有焉"。此非虚语。下引《循吏传序》，可以参观。又其敕责贺琛自述之辞，虽或过实，亦必不能全虚也。然实非政事之才，故绝不能整饬纲纪。其时散骑常侍贺琛，尝启陈事条，读之最可见当时政俗之弊，今节录其辞如下；其一事曰："户口减落，诚当今之急务。虽是处凋流，而关外弥甚。郡不堪州之控总，县不堪郡之裒削，更相呼扰，莫得治其政术，惟以应赴征敛为事。百姓不能堪命，各事流移。或依于大姓，或聚于屯封。盖不获已而窜亡，非乐之也。国家于关外，赋税盖微？乃致年常租课，动致逋积，而民失安居，宁非牧守之过？东境户口空虚，皆由使命繁数。大邦大县，舟舸衔命者，非惟十数。穷幽之乡，极远之邑，亦皆必至。每有一使，属所搔扰。驽困邑宰，则拱手听其渔猎；桀黠长吏，又因之而为贪残。纵有廉平，郡犹掣肘。故邑宰怀印，类无考绩。细民弃业，流冗者多。虽年降复业之诏，屡下蠲赋之恩，而终不得反其居也。"案，流移之弊，当时实为极甚。天监十七年（518），正月朔，诏曰："夫乐所自生，含识之常性；厚下安宅，驭世之通规。朕矜此庶氓，无忘待旦。亟弘生聚之略，每布宽恤之恩。而编户未滋，迁徙尚有。轻去故乡，岂其本志？资业殆阙，自返莫由。巢南之心，亦何能弥。今开元发岁，品物惟新，思俾黔黎，各安旧所。将使郡无旷土，邑靡游民；鸡犬相闻，桑柘交畛。凡天下之民，有流移他境，在天监十七年正月一日以前，可开恩半岁，悉听还本。蠲课三年。其流寓过远者，量加程日。若有不乐还者，即使著土籍为民，准旧课输。若流移之后，本乡无复居宅者，村司、三老及余亲属，即为诣县占请村内官地、官宅，令相容受，使恋本者还有所托。凡坐为市、埭诸职，割盗、衰灭，应被封籍者，其田宅、车牛，是民生之具，不得悉以没入，皆优量分留，使得自止。其商贾富室，亦不得顿相兼并。逋叛之身，罪无轻重，并许首出，还复民伍。若有拘限，自还本役。并为条格，咸使知闻。"其后中大通元年（527），大同元年（535）、十年，中大同元年（546），太清元年（547），皆有逋叛流移，听复宅业，蠲课役五年之诏。而大同七年诏曰："凡是田桑、废宅没入者，公创之外，悉以分给贫民，皆使量其所能，以受田分。如闻顷者，豪家富室，多占取公田，贵价僦税，以与贫民。伤时害政，为蠹已甚。自今公田悉不能假与豪家。"又诏："州牧多非良才，守宰虎而傅翼。至于民间，诛求万端。或供厨帐，或供厩库，或遣使命，或待宾客，皆无自费，取给于民。又复多遣游军，称为遏防。奸盗不止，暴掠繁多。或求供设，或责脚步，又行劫纵，更相枉逼。良人命尽，富室财殚。此为怨酷，非止一事。亦频禁断，犹自未已。外司明加听采，随事举奏。又复公私传屯、邸冶，爰至僧尼，当其地界，止应依限守视。乃至广加封固，越界分断，水陆采捕，及以樵苏。遂至细民，措手无所。凡自今，有越界禁断者，禁断之身，皆以军法从事。若是公家创内，止不得辄自立屯，与公竞作，以收私利。至百姓樵采，以供烟爨者，悉不得禁；及以采捕，亦勿诃问。若不遵承，皆以死罪结正。"先是天监七年（508），已有"薮泽山林，毓材是出，斧斤之用，比屋所资，而顷世相承，普加封固，岂所谓与民同利，惠兹黔首？凡公家诸屯戍见封炀者，可悉开常禁"之诏。及大同十二年，又诏："四方所立屯传、邸冶、市埭、桁渡、津税、田园，新旧守宰，游军戍逻，有不便于民者，尚书州郡，各速条上，当随言除省，以舒民患。"其求民瘼，未尝不勤。然《南史·郭祖深传》载祖深舆榇诣阙上封事，言："朝廷擢用勋旧，为三陆州郡。不顾御人之道，惟以贪残为务。迫胁良善，害甚豺狼。江、湘之人，尤受其弊。自三关以外，是处遭毒。而此勋人，授化之始，但有一身。及被任用，皆募部曲。而扬、徐之人，逼以众役，多投其募。利其货财，皆虚名上簿。止送出三津，名在远役，身归乡里。又惧本属检问，于是逃亡他境。侨户之兴，良由此故。"则所以致民流移者，实即当时之官吏也。空言无施，虽切何补？况又有害之者乎？三关、三津，皆未详。其二事曰："今天下宰守，所以皆尚贪残，罕有廉白者，良由风俗侈靡，使之然也。淫奢之弊，其事多端。粗举二条，言其尤者。今之燕喜，相竞夸豪。积果如山岳，列肴同绮绣。露台之产，不周一燕之资。而宾主之间，裁取满腹，未及下堂，已同臭腐。又歌姬舞女，本有品制。今虽庶贱，皆盛姬、姜。务在贪污，争饰罗绮。故为吏牧民者，竞为剥削。虽致资巨亿，罢归之日，不支数年，便已消散。乃更追恨向所取之少，今所费之多。如复傅翼，增其搏噬。一何悖哉？其余淫侈，著之凡百。习以成俗，日见滋甚。欲使人守廉隅，吏尚清白，安可得邪？"其三事曰："斗筲之人，藻棁之子，既得伏奏帷扆，便欲诡竞求进。不说国之大体。不知当一官，处一职，贵使理其紊乱，匡其不及；心在明恕，事乃平章。但务吹毛求疵，擘肌分理。运挈瓶之智，徼分外之求。以深刻为能，以绳逐为务。迹虽似于奉公，事更成其威福。犯罪者多，巧避滋甚。旷官废职，长弊增奸，实由于此。"其四事曰："自征伐北境，帑藏空虚。今天下无事，而犹日不暇给者，良有以也。夫国弊则省其事而息其费。事省则养民，费息则财聚。止五年无事，必能使国丰民阜；若积以岁月，斯乃范蠡灭吴之行，管仲霸齐之由。今应内省职掌，各检所部。凡京师冶署、邸肆应所为，或十条宜损其五，或三条宜除其一。及国容戎备，在昔宜多，在今宜少；虽于后应多，即事未须；皆悉减省。应四方屯传、邸冶，或旧有，或无益，或妨民，有所宜除除之，有所宜减减之。凡厥兴造，凡厥费财，有非急者，有役民者；又凡厥讨召，凡厥征求，虽关国计；权其事宜，皆息费休民。不息费则无以聚财，不休民则无以聚力。故蓄其财者，所以大用之也；息其民者，所以大役之也。若言小事不足害财，则终年不息矣；以小役不足妨民，则终年不止矣。扰其民而欲求生聚殷阜，不可得矣。耗其财而务赋敛繁兴，则奸诈盗窃弥生。是弊不息，而其民不可使也，则难可以语富强而图远大矣。自普通已来，二十余年，刑役荐起，民力凋流。今魏氏和亲，疆场无警，若不及于此时，大息四民，使之生聚；减省国费，令府库蓄积；一旦异境有虞，关、河可扫，则国弊民疲，安能振其远略？事至方图，知不及矣。"观其言，当时政俗之弊，略可见矣。《梁书·良吏传》曰："齐末昏乱，政移群小。赋调云起，徭役无度。守宰多倚附权门，互长贪虐，掊克聚敛，侵愁细民。天下摇动，无所措其手足。高祖在田，知民疾苦。及梁台建，仍下宽大之书，昏时杂调，咸悉除省。于是四海之内，始得息肩。逮践皇极，躬览庶事。日昃听政，求民之瘼。乃命轺轩，以省方俗。《本纪》：帝即位之后，即分遣内侍，周省四方。天监三年（504），六月，又诏可分将命，巡行州部。其有深冤巨害，抑郁无归，听诣使者，依源自列。置肺石以达穷民。《本纪》：天监元年，诏可于公车府谤木、肺石旁，各置一函。若肉食莫言，山阿欲有横议，投谤木函。若从我江、汉，功在可策；次身才高妙，摈压莫通；大政侵小，豪门陵贱；若欲自申，并可投肺石函。六年，诏四方士民，若有欲陈言刑政，可各诠条，布怀于刺史、二千石。有可申采，大小以闻。大同二年，诏画可外牒，或致纰缪。凡政事不便于民者，州、郡、县即时皆言，勿得欺隐。如使怨讼，当境任失。而今而后，以为永准。务加隐恤，舒其急病。元年，始去人赁，计丁为布。身服浣濯之衣。御府无文饰。宫掖不过绫采，无珠玑锦绣。大官撤牢馔，每日膳菜蔬。饮酒不过三盏。以俭先海内。每选长吏，务简廉平。皆召见御前，亲勖治道。"又著令："小县有能，迁为大县；大县有能，迁为二千石。"剖符为吏者，往往承风焉。帝之志在恤民，盖无疑义。然徒法不能自行。当时后军参军郭祖深，又尝诣阙上封事，言："愚辈各竞奢侈，贪秽遂生，颇由陛下，宠勋太过，驭下太宽，故廉洁者自进无途，贪苟者取人多径。直弦者沦溺沟壑，曲钩者升进重沓。饰口利辞，竞相推荐；讷直守信，坐见埋没。劳深勋厚，禄赏未均；无功侧入，反加宠擢。昔宋人卖酒，犬恶致酸，陛下之犬，其甚矣哉！"则帝于督责之术，实有所未尽也。《魏书·岛夷传》曰："衍所部刺史、郡守，初至官者，皆责其上礼。献物多者，便云称职；所贡微少，言为弱惰。故其牧守在官，皆竞事聚敛，劫剥细民，以自封殖。多妓妾、梁肉、金绮。百姓怨苦，咸不聊生。又发召兵士，皆须锁械，不尔便即逃散。其王侯贵人，奢淫无度。弟兄子侄，侍妾或及千数，至乃回相赠遗。其风俗颓丧，纲维不举若此。"虽敌国诽谤之辞，亦不能谓其全属子虚也。帝所任者，周舍、徐勉。舍豫机要二十余年，性极俭素，身后更蒙褒奖。勉当王师北伐时，候驿填委，参掌军书，勋劳凤夜，动经数旬，乃一还宅；而亦不营产业，家无蓄积。可谓股肱心膂之臣。然终不能有裨于时者，盖其所为，亦不免贺琛所谓以深刻为能，绳逐为务，即能尽其用，已不克大有所为，况帝又宽纵于上乎？周舍卒后，朱异代掌机密，《南史·朱异传》云：自徐勉、周舍卒后，外朝则何敬容，内省则异。敬容质悫无文，以纲维为己任。异文华敏洽，曲营世誉。二人行异，而俱见幸。《敬容传》云：自晋、宋以来，宰相皆文义自逸，敬容独勤庶务。简文频于玄圃，自讲老、庄，学士吴孜，每日入听，敬容谓孜曰："昔晋氏丧乱，颇由祖尚虚玄，胡贼遂覆中夏，今东宫复袭此，殆非人事，其将为戎乎？"免职出宅，无余财货。其为人，亦可谓庸中佼佼者，然亦不过能应簿书期会而已。周舍卒于普通五年（524），徐勉卒于大同元年。居权要二十余年，徒以善窥人主意旨，曲能阿谀闻，而又贪冒财贿，《南史》本传言其产与羊侃相埒。《恩幸传》云：陆验、徐驎，并吴人。验，朱异故尝有德，言于武帝拔之，与驎递为少府丞、太市令，并以苛刻为务，百贾畏之。异尤与之昵。世人谓之三蠹。观下引鱼弘之事，可谓文臣武将，取之各有其道矣。遂酿太清之祸。盖帝至晚岁，实已耄荒，而又不免于自满，国内、国外，情形如何，实非所深悉也。贺琛书奏，帝大怒，召主书于前，口授敕责琛。其辞多自辩白，实则饰非拒谏而已。訑訑之声音颜色，拒人于千里之外。尚安能自闻其过哉？郭祖深言：当时"执事，皆同而不和，答问唯唯而已。入对则言圣旨神衷，出论则云谁敢逆耳"。好谀恶直者，固势必至此也。《魏书·岛夷传》曰："衍好人佞己，末年尤甚。或有云国家强盛者，即便忿怒；有云朝廷衰弱者，因致喜悦。朝臣左右，承其风旨，莫敢正言。"此其所以招侯景之祸也。

当时将帅，亦极骄横。羊侃可谓乃心华夏者，侃归国，事见下节。侯景作乱，台城被围时，守御惟侃是杖，亦可谓有将帅之才。然史言其豪侈，乃殊出意计之外。《南史·侃传》云：性豪侈。善音律。姬妾列侍，穷极奢靡。初赴衡州，于两艛舫起三间通梁水斋，饰以珠玉，加之锦绣。盛设帷屏，列女乐。乘潮解缆，临波置酒。缘塘傍水，观者填咽。大同中，魏使阳斐，与侃在北尝同学，有诏命侃延斐。同宴宾客，三百余人，食器皆金玉杂宝。奏三部女乐。至夕，侍婢百余人，俱执金花烛。侃不饮酒，而好宾游，终日献酬，同其醉醒。以贺琛之言衡之，其所费为何如邪？衡州，梁置，治含洭，在今广东英德县西。夫侃，晚而归国；其归国也，乃在败逋之后；势不能多有所携，而其富厚如此，何所取之，实不能令人无惑。观于鱼弘之贪暴，《南史·弘传》：尝谓人曰："我为郡有四尽：水中鱼鳖尽，山中獐鹿尽，田中米谷尽，村里人庶尽。"而知当时武将之剥民，或更甚于文吏矣。此等人，尚安能驱之使立功业哉？

帝于诸王，宽纵尤甚，遂为异日之祸根。帝八子：长昭明太子统，以天监元年（502）立，中大通三年（531）卒。有五子：曰华容公欢，曰枝江公誉，曰曲江公詧，曰警，曰鉴。次子豫章王综，实齐东昏侯子也，其事别见下节。三子晋安王纲，昭明太子母弟也。昭明太子之薨，帝犹豫，自四月上旬至五月二十一日，乃决立纲为太子。而封欢为豫章郡王，誉为河东郡王，詧为岳阳郡王，警为武昌郡王，譽为义阳郡王，以慰其心。昭明太子母曰丁贵嫔，以普通七年（526）卒。《南史·太子传》曰：太子遣人求得善墓地，将斩草，有卖地者，因阉人俞三副求市。若得三百万，许以百万与之。三副密启帝，言太子所得地，不如今所得地于帝吉。帝末年多忌，便命市之。葬毕，有道士，善图墓，云："地不利长子，若厌伏，或可申延。"乃为蜡鹅及诸物，埋墓侧长子位。宫监鲍邈之、魏雅，初并为太子所爱，邈之晚见疏于雅，密启帝云：雅为太子厌祷。帝密遣检掘，果得鹅等物，大惊，将穷其事。徐勉固谏，得止。于是惟诛道士。由是太子迄终，以此惭慨。故其嗣不立。后邵陵王临丹阳郡，因邀之与乡人争婢，议以为诱略之罪，牒宫。简文追感太子冤，挥泪诛之。案，此事为《梁书》所无。不足以消弭争端，而复授以争夺之资，同室操戈之机，伏于此矣。第四子曰南康简王绩，第五子曰庐江威王续，并先帝卒。绩卒于大通三年（531），续卒于中大同二年（547）。第六子曰邵陵携王纶。第七子曰湘东王绎，即元帝也。第八子曰武陵王纪。史惟于绩无贬辞。于续即言其贪财，而纶悖戾尤甚。《南史·纶传》：普通五年，摄南徐州事。在州轻险躁虐，喜怒不恒。车服僭拟，肆行非法。遨游市里，杂于厮隶。尝问卖鳝者曰："刺史何如？"对者言其躁虐。纶怒，令吞鳝以死。自是百姓惶骇，道路以目。尝逢丧车，夺孝子服而着之，匍匐号叫。签帅惧罪，密以闻。帝始严责。纶不能改，于是遣代。纶悖慢愈甚。乃取一老公短瘦类帝者，加以衮冕，置之高坐，朝以为君，自陈无罪。使就坐，剥裸，棰之于庭。忽作新棺木，贮司马崔会意，以辒车挽歌，为送葬之法，使姬乘车悲号。会意不堪，轻骑还都以闻。帝恐其奔逸，以禁兵取之。将于狱赐尽。昭明太子流涕固谏，得免。免官，削爵土，还第。大通元年，复封爵。中大通四年，为扬州刺史。纶素骄纵，欲盛器服，遣人就市赊买锦采丝布数百匹，拟与左右职局防阁为绛衫，内人帐幔。百姓并关闭邸店不出。台续使少府市采，经时不能得。敕责，府丞何智通具以闻。因被责还第。恒遣心腹马容、戴子高、戴瓜、李撤、赵智英等于路寻何智通。于白马巷逢之，以稍刺之，刃出于背。智通以血书壁作邵陵字乃绝。帝悬钱百万购贼。西州游军将宋鹊子条姓名以启。敕遣舍人诸昙粲领斋仗五百人围纶第。于内人槛中擒瓜、撤、智英。子高骁勇，逾墙突围，遂免。纶锁在第。昙粲并主帅领仗身守视，免为庶人。经三旬，乃脱锁。顷之，复封爵。后预饯衡州刺史元庆和，于坐赋诗十二韵。末云："方同广川国，寂寞久无声。"大为武帝所赏，曰："汝人才如此，何虑无声？"旬日间，拜郢州刺史。初昭明之薨，简文入居监抚，纶不谓德举，而云时无豫章，故以次立。及庐陵之没，纶觖望滋甚。于是伏兵于莽，用伺车驾。而台舍人张僧胤知之，其谋颇泄。又纶献曲阿酒百器，上以赐寺人，饮之而毙。上乃不自安，颇加卫士，以警宫内。而纶亦不惧。帝竟不能有所废黜。西州，见第十章第二节。曲阿，见第四章第三节。案，《南史》言诸王之恶，多为旧史所无；其中邵陵王纶当侯景难作后，差能尽忠君父，而史乃言其再谋弑逆；故颇有疑其不实者。然其辞必不能尽诬。而帝之宽纵，又不但己子，于昆弟，于昆弟之子，无不如是者。史所载者：如临川静惠王宏，《南史·本传》云：宏自洛口之败，常怀愧愤。都下每有窃发，辄以宏为名。屡为有司所奏。帝每贳之。十七年，帝将幸光宅寺，有士伏于骠骑航，待帝夜出。帝将行，心动，乃于朱雀航过。事发，称为宏所使。帝泣谓宏曰："我人才胜汝百倍，当此犹恐颠坠，汝何为者？我非不能为周公、汉文，念汝愚故。"宏顿首曰："无是无是。"于是以罪免。而纵恣不悛。奢侈过度，修第拟于帝宫。后庭数百千人，皆极天下之选。所幸江无畏，服玩拟于齐东昏潘妃，宝屦直千万。好食鲭鱼头，常日进三百。其他珍膳，盈溢后房，食之不尽，弃诸道路。宏未几复为司徒。普通元年，迁太尉、扬州刺史，侍中如故。七年，薨。宏恣意聚敛。库室垂有百间，在内堂之后，关钥甚严。有疑是铠仗者，密以闻。宏爱妾江氏，寝膳不能暂离。上他日送盛馔与江，曰："当来就汝欢宴。"惟携布衣之旧射声校尉丘佗卿往，与宏及江大饮。半醉后，谓曰："我今欲履行汝后房。"便呼后阁舆，径往屋所。宏恐上见其贿货，颜色怖惧。上意弥言是仗。屋屋检视。宏性爱钱，百万一聚，黄榜标之；千万一库，悬一紫标。如此三十余间。帝与佗卿屈指计，见钱三亿余万。余屋贮布、绢、丝、绵、漆、蜜、纻、蜡、朱砂、黄屑、杂货，但见满库，不知多少。帝始知非仗，大悦，曰："阿六，汝生活大可。"方更剧饮，至夜，举烛而还。宏都下有数十邸，出悬钱立券。每以田宅、邸店，悬上文券，期讫便驱券主，夺其宅。都下、东土百姓，失业非一。帝后知，制悬券不得复驱夺，自此后，贫庶不复失居业。宏又与帝女永兴主私通。因是遂谋弑逆。许事捷以为皇后。帝尝为三百斋，诸主并豫。永兴乃使二僮，衣以婢服。僮逾阈失屦，阁帅疑之，密言于丁贵嫔。欲上言，惧或不信，乃使宫帅图之。帅令内舆人八人，缠以纯绵，立于幕下。斋坐散，主果请间。帝许之。主升阶，而僮先趋帝后，八人抱而擒之。帝惊，坠于床。搜僮得刀，辞为宏所使。帝秘之。杀二僮于内，以漆车载主出。主恚死，帝竟不临之。宏性好内乐酒，沉湎声色。侍女千人，皆极绮丽。如南平元襄王伟，《南史·本传》云：齐世青溪宫，改为芳林苑。天监初，赐伟为第。又加穿筑。果木珍奇，穷极雕靡，有侔造化。立游客省，寒暑得宜，冬有笼炉，夏设饮扇，每与宾客游其中。命从事中郎萧子范为之记。梁蕃邸之盛无过焉。如临贺王正德，临川靖惠王子。《南史·本传》云：少而凶慝。招聚亡命，破冢屠牛。兼好弋猎。齐建武中，武帝胤嗣未立，养以为子。及平建康，生昭明太子，正德还本。自谓应居储嫡，心常怏怏。普通三年（522），奔魏。魏不礼之。又逃归。武帝泣而诲之，特复本封。正德志行无悛。常公行剥掠。东府有正德及乐山侯正则，潮沟有董当门子暹，南岸有夏侯夔世子洪，为百姓巨蠹。多聚亡命。黄昏杀人于道，谓之打稽。时勋豪子弟多纵恣，以淫盗屠杀为业，父祖不能制，尉逻莫能御。后正则为劫杀沙门徙岭南死。洪为其父奏系东冶，死于徙。暹坐与永阳王妃王氏乱诛。三人既除，百姓少安，正德淫虐不革。六年，为轻车将军，随豫章王北伐，辄弃军走，为有司所奏，下狱，免官削爵土，徙临海郡。未至，道追赦之。八年，复封爵。中大通四年，特封临贺郡王。后为丹阳尹，坐所部多劫盗，复为有司所奏，去职。出为南兖州，在任奇刻，人不堪命。广陵沃壤，遂为之荒，至人相食啖。既累试无能，从是黜废，转增愤恨，乃阴养死士，常思国衅。其后与侯景通之事，见第十三章第二节。正则，正德弟也。恒于第内私械百姓令养马。又盗铸钱。大通二年，坐匿劫盗，削爵，徙郁林。与西江督护荆山顾通室。招诱亡命，将袭番禺。未及期而事发，遂鸣鼓会将攻州城。刺史元景仲命长史元孝深讨之。正德败逃于厕。村人缚送之。诏斩于南海。东府，见第三章第九节。临海，见第四章第三节。番禺，南海都治，亦广州治，见第七章第五节。郁林，见第三章第九节。其罪恶无不骇人听闻。有一于此，纲纪已不可问，况其多乎？帝之不诛齐室子孙，颇为史家所称道，事见《南史·齐高帝诸子传》。《廿二史札记》曰："宋之于晋，齐之于宋，每当革易，辄取前代子孙尽殄之。梁武父顺之，在齐时，以缢杀鱼复侯子响事，为孝武所恶，不得志而死，故梁武赞齐明帝除孝武子孙以复私仇，然亦本明帝意，非梁武能主之也。后其兄懿又为明帝子东昏侯所杀，故革易时亦尽诛明帝子以复之，所谓自雪门耻也。至于齐高子孙，犹有存者，则皆保全而录用之。"又云："高、武子孙，已为明帝杀尽，惟豫章王一支尚留。"案，齐明帝十一男：长巴陵隐王宝义，次东昏侯，三江夏王宝玄，五庐陵主宝源，六鄱阳王宝寅，八和帝，九邵陵王宝攸，十晋熙王宝嵩，十一桂阳王宝贞。史云余皆早夭，谓第四、第七二皇子也。东昏侯、和帝外，宝玄为东昏侯所杀。宝攸、宝嵩、宝贞，皆以中兴二年（502）见杀。宝玄亦死于是年，史书薨，然恐实非良死也。宝寅奔虏。宝义封巴陵郡王，奉齐后，天监七年薨，盖以幼有废疾，故独得全也。宝攸，《南史》本传作宝修，《本纪》亦作宝攸。然其纵恣亲贵，诒害于民如此，以一家哭何如一路哭之义衡之，觉列朝之诛戮功臣、亲贵者，其流毒，反不若是之巨矣。

帝之诒讥后世者，为信佛法。其实信佛法而无害于政事，初未足以召乱，帝之所以召乱者，亦以其纲纪之废弛耳。郭祖深言："都下佛寺，五百余所，穷极侈丽。僧尼十余万，资产丰沃。所在郡县，不可胜言。道人又有白徒，尼则皆畜养女，皆不贯人籍。天下户口，几亡其半。而僧尼多非法。养女皆服罗纨。蠹俗伤法，抑由于此。请精加检括。若无道行，四十已下，皆使还俗附农。罢白徒养女，听畜奴婢。婢惟着青布衣。僧尼皆令蔬食。如此，则法兴俗盛，国富人殷。不然，恐方来处处成寺，家家剃落，尺土一人，非复国有。"僧尼之害治如此，崇信之者，复何以为国哉？帝之学问，在历代帝王中，自当首屈一指。当其在位时，修饰国学，增广生员；立五经馆，置五经博士；又撰吉、凶、军、宾、嘉五礼一千余卷。史称"自江左以来，年逾二百，文物之盛，独美于兹"，《南史·本纪》赞。良亦有由，然粉饰升平之为，终非所以语于郅诒之实也。

第六节　梁纳元颢

魏至明帝之朝，政事紊乱，干戈四起，势已不能与梁竞。为梁人计者，实宜厚集其力，为一举廓清之计，而不宜轻用其锋。以北朝是时之衰乱，梁苟能出全力以乘之，河北、河东，纵难全复；河南、关中，必可全而有也。梁若有力以出关中，必非萧宝寅、万俟丑奴等所能御。河南、关中既下，秣马厉兵，再接再厉，而六合之澄清有望矣。然梁武本非能用兵之人，亦未尝实有恢复之志。疆场无事，偷安岁久，兵力之不振，实更甚于其有国之初。故北方虽有机可乘，而梁人用兵，仍不越乎淮上。若言大举，则始终思借降人之力。独不思降人若本无能为，辅之安能有济？若有雄略，又安肯为我不侵不叛之臣？辅而立之，岂非自树一敌邪？

梁武帝普通五年（524），魏孝明帝正光五年也。武帝复谋北伐。使裴邃率骑三千，先袭寿春。邃时为豫州刺史，镇合肥。入其郛。以后军失道不至，拔还。时诸将北征，多所克获。魏遣河间王琛援寿春，安乐王鉴援淮阳。见第九章第五节。初魏徐州刺史元法僧，据镇自立。法僧，道武子阳平王熙之曾孙。《梁书》本传云：普通五年，魏室大乱，法僧遂据镇称帝。诛锄异己。立诸子为王，部署将帅，欲议匡复。既而魏乱稍定，将讨法僧。法僧惧，乃遣使归款，请为附庸。欲议匡复，乃其归梁后之饰说。法僧乃一妄人，刺益州时，杀戮自任，威怒无恒，致合境皆叛，招引外寇，具见《北史》本传。且归梁时年已七十有二矣，复何能为？梁乃赐之甲第、女乐金帛，前后不可胜数，谓方事招携，欲以抚悦初附，何不回此资财，以饷战士邪？法僧之叛，《魏书·本纪》谓其自称宋王，其本传及《北史》皆云称尊号，与《梁书》合。《通鉴考异》云：法僧立诸子为王，则必称帝。其说是也。时又有元略者，中山王英之第四子也。其兄熙起兵而败，略奔梁。梁封为中山王。法僧降，以为大都督，令诣彭城诱接初附。寻与法僧同征还。后豫章王综入魏，长史江革及将士五千人，悉见擒虏，魏明帝悉遣还以征略。梁乃备礼而遣之。魏人将讨之，法僧惧，六年，魏孝昌元年。正月，遣使归款，请为附庸。魏安乐王鉴攻之，不克。魏又使临淮王彧、见第三节。安丰王延明、见第一节。尚书李宪讨之。法僧请还朝。高祖遣朱异迎之，而使豫章王综顿彭城，总督诸军。五月，裴邃卒于军。诏中护军夏侯亶代焉。与魏河间王琛、临淮王彧等相拒，频战克捷。时方修宿豫堰，宿豫，见第七章第四节。又修曹公堰于济阴，宋郡，在今安徽盱眙县西。有密敕：

班师合肥，以休士马，须堰成复进。而豫章王之变起。初综母吴淑媛，本在齐东昏侯宫，后得幸于武帝，七月而生综。综自信为东昏侯子。《南史》本传云：在西州，于别室岁时设席，祠齐氏七庙。又累微行至曲阿，拜齐明帝陵。闻俗说：以生者血沥死者骨，渗即为父子，综乃私发齐东昏墓，出其骨沥血试之。既有征矣，在西州生次男，月余日，潜杀之，既瘗，夜遣人发取其骨，又试之。每武帝有敕疏至，辄忿恚形于颜色。徐州所有练树，并令斩杀，以帝小名练故。西州，见第十章第二节。曲阿，见第四章第三节。降意下士，以伺风云之会。又为入北之备。《南史》本传又云：轻财好士，分施不辍。常于内斋，布沙于地，终日跣行，足下生胝。日能行三百里。于徐州还，频载表陈便宜，求经略边境。累致意尚书仆射徐勉，求出镇襄阳。为南兖，颇勤于事，而不见宾客，其辞讼则隔帘理之；方辐出行，垂帷于舆；每云恶人识其面也。诸侯王、妃、主及外人，并知此怀，惟武帝不疑。帝性严，群臣不敢轻言得失，综所行，帝亦弗之知也。尝使人入北，与萧宝寅相知，呼为叔父，许举镇归之。及是，敕综退军，综惧南归则无因复与宝寅相见，乃与数骑夜奔延明。此据《梁书》。《南史》本传云：武帝晓别玄象，知当更有败军失将，恐综为北所擒，手敕综令拔军，每使居前，勿在人后，综恐帝觉其意，遂奔。又云：综至魏，改名缵，追服齐东昏斩衰。八月，有司奏削爵土，绝其属籍。改子直姓悖氏。未及旬日，有诏复属籍。封直永新侯。久之乃策免。吴淑媛俄遇鸩而卒，有诏复其品秩，谥曰敬，使直主其丧。及萧宝寅据长安反，综复去洛阳欲奔之。魏法：渡河桥不得乘马。综乘马而行，桥吏执之，送洛阳。陈庆之之至洛也，送综启求还。时吴淑媛尚在，敕使以综小时衣寄之。信未达而庆之败。未几，终于魏。后梁人盗其枢来奔，武帝犹以子礼，祔葬陵次。案，陈庆之至洛时，吴淑媛尚在，不得云俄遇鸩，此亦古人博采兼存，不加注释之一证。或谓俄遇鸩之俄字，乃承上久之二字而言，则于语气不合也。于是众军皆溃。魏人遂复据彭城。时魏扬州刺史长孙稚，拥强兵而久不决战，议者疑其有异图。魏之遣河间、临淮二王及李宪，外声助稚，实防之也。七年，魏孝昌二年。鲜于修礼反，遂调稚北讨。初魏咸阳王禧之死也，其长子通亦见杀。通窃入河内，太守陆琇，初与通情，闻禧败，乃杀之。河内，见第二章第二节。通弟翼，会赦，诣阙上书，求葬其父；又频年泣请；世宗不许。翼乃与弟昌、晔来奔。翼弟显和，昌弟树，后亦来奔。武帝封翼为咸阳王，以为青、冀二州刺史。翼谋举州归魏，为武帝所移。树，武帝封为魏郡王，后改封邺王，数为将。是夏，淮堰水盛，寿阳将没，帝乃使树北道军稍进。夏侯亶通清流涧，在今安徽滁县西北。韦放自北道会焉。放，叡子。两军既合，所向皆下，凡克城五十二。十一月，魏扬州刺史李宪降。于是久为敌据之寿春克复。诏依前代，于寿阳置豫州，以合肥为南豫州。以夏侯夔为二州刺史。大通三年（529），卒于镇。明年，为大通元年，魏孝昌三年。正月，司州刺史夏侯夔出义阳道，夔，亶弟。攻平静、穆陵、阴山三关，克之。平静，即平靖，见第十一章第四节。穆陵，亦作木陵，在今湖北麻城县北。阴山，在麻城县东北。时谯州刺史湛僧智围魏东豫州刺史元庆和于广陵，今河南息县。夔自武阳会焉。武阳，义阳三关之一，见第十一章第四节。九月，庆和降。诏以僧智领东豫州，镇广陵。又遣领军曹仲宗攻涡阳。见第十一章第三节。涡阳城主王伟降。诏以涡阳置西徐州。二年，魏明帝武泰、孝庄帝永安元年。二月，魏孝明帝死，国大乱。四月，其郢州刺史元愿达以义阳降。愿达，明元孙，《南史》作显达。诏改为北司州，以夏侯夔为刺史。四月，魏北海王颢、见第三节。临淮王彧、汝南王悦孝文子。并来奔。时魏以颢为相州刺史，御葛荣。颢至汲郡，属尔朱荣入洛，推奉庄帝，遂盘桓顾望，图自安之策。先是颢启其舅范遵为殷州刺史，遵以葛荣见逼，未得行，颢令遵权停于邺。颢既怀异谋，乃遣遵行相州事，代前刺史李神，为己表里之援。相州行台甄密，先受朝旨，委其守邺。知颢异图，恐遵为变，遂相率废遵，还推李神，摄理州事。然后遣军候颢逆顺之势。颢遂与子冠受来奔。或时为东道行台，以尔朱荣杀害元氏，故来奔。旋北还。悦则清狂不惠。故三人中惟颢为梁所资焉。六月，魏北青州刺史元世俊，南荆州刺史李志皆以城降。胡三省曰："魏北青州治东阳，去梁境甚远。《五代志》：东海郡，梁置南北二青州，郡领怀仁县。又《注》云：梁置南北二青州，意元世俊以怀仁之地来降也。"案，怀仁，东魏县，在今江苏赣榆县西。南荆州，见第四节。泰山太守羊侃，后魏泰山郡，治巨平，在今山东泰安县西南。祖规，为宋徐州从事，以薛安都降北陷魏。父祉，每有南归之志。常谓诸子曰："人生安可久淹异域？汝等可归奉本朝。"侃至是，将举河、济，以成先志。兖州刺史羊敦，魏兖州，初治滑台，后移瑕丘。亦称东兖，而称滑台为西兖。太和中，于涡阳置兖州，正光中移于谯城，谓之南兖。西兖，孝昌三年（527）尝移于定陶，后复。滑台，见第六章第五节。瑕丘，见第九章第五节。涡阳，见第十一章第三节。谯城，见第三章第三节。定陶，秦县，在今山东定陶县西北。侃从兄也，密知之，据州拒侃。侃率精兵三万袭之，弗克。仍筑十余城守之。魏主闻之，使授侃骠骑大将军、司徒、泰山郡公，长为兖州刺史。侃斩其使以徇。魏人大骇。十月，以于晖为行台，与徐、兖行台崔孝芬，大都督刁宣等攻之。南军不进。侃乃溃围南奔。是月，魏豫州刺史邓献以地降。治悬瓠。此时梁用兵颇致克捷，惟曹义宗围魏荆州，见第十一章第四节。为费穆所破，义宗被擒。益州刺史萧渊猷，长沙宣武王子。遣樊文炽、萧世澄围小剑戍，见第十一章第四节。魏益州刺史邢虬，遣子子达，行台魏子建，遣别将淳于诞拒破之。擒世澄等十一人，文炽为元帅，先走获免。

事在普通六年。魏遂分安康置东梁州，以诞为刺史。事在大通元年。安康，汉安阳县，晋改曰安康，在今陕西汉阴县西。则梁仍为失利。此魏孝明之世南北构兵之大略也。

大通二年（528），北方既大乱，梁武帝乃立元颢为魏主，遣东宫直阁将军陈庆之卫送北归。颢于涣水即魏帝号。涣水，出陈留，入宿县，至灵璧县入淮。今上流已湮，下流即永城以东之浍河也。授庆之前军大都督。发自铚县。秦县，在今安徽宿县西南。进拔荥城。胡三省曰："《春秋》沙随之地，杜预《注》以为即梁国宁陵县北之沙阳亭，俗谓之堂城。荥，堂字相近，意即此地而字讹也。"案，宁陵，汉县，在今河南宁陵县南。遂至睢阳。秦县，在今河南商丘县南。魏将邱大千，有众七万，分筑九城以距。庆之攻之。自旦至申，陷其三垒。大千乃降。济阴王元晖业景穆子济阴王小新城之曾孙。率二万人来救梁、宋，进屯考城。汉县，在今河南考城县东南。庆之攻陷其城，生擒晖业。仍趋大梁，今河南开封县。望旗归款。时中大通元年（529）魏永安二年。五月朔也。魏乃以杨昱椿子。为东南道大都督，镇荥阳；见第三章第三节。尚书仆射尔朱世隆见第四节。镇虎牢；见第四章第二节。尔朱世承荣从弟。镇嵎阪。《本传》云：守辕辕。见第三章第四节。初元颢之北也，魏元天穆方总众以讨邢杲。颢据鄢城，见第四章第二节。天穆集文武议所先。议者咸以杲众甚盛，宜先经略。行台尚书薛琡，以为邢杲聚众无名，虽强犹贼；元颢皇室昵亲，来称义举，此恐难测；宜先讨颢。天穆以群情不欲，遂先讨杲。此据《北齐书·琡传》。《魏书·尔朱荣传》云：朝廷以颢孤弱，不以为虑，诏穆先平齐地，然后回师征颢。及是，庆之率众而西，攻荥阳，未能拔，而天穆大军将至，士众皆恐。庆之乃解鞍秣马，宣喻众曰："吾至此以来，屠城略地，实为不少；君等杀人父兄，略人子女，又为无算；天穆之众，并是仇雠。我等裁有七千，虏众三十余万。今日之事，义不图存。虏骑不可争力平原，及未尽至，须平其城。"一鼓悉使登城，克之。执杨昱。时五月二十二日。俄而魏陈外合，庆之率骑三千，背城逆战，大破之。天穆单骑获免。进赴虎牢，尔朱世隆弃城走。不暇追报世承，寻为元颢所擒，杀之。于是孝庄帝出奔。五月二十三日。二十四日至河内。其临淮王彧、安丰王延明率百僚迎颢入洛阳。二十五日。元天穆率众四万，攻陷大梁；分遣王老生、费穆兵二万据虎牢，刁宣、刁双入梁、宋。庆之随方掩袭，并皆降款。天穆与十余骑北渡河。《周书·杨宽传》：邢杲反，宽以都督从元天穆讨平之。属元颢入洛，天穆惧，计无所出，集诸将谋之。宽曰："吴人轻佻，非王之敌；况悬军深入，师老兵疲，强弩之末，何能为也？愿径取成皋，合兵伊、洛，戮带定襄，于是乎在。此事易同摧朽，王何疑焉？"天穆然之，乃引军趣成皋。寻以众议不同，乃回赴石济。盖魏是时军气不振，故天穆未能悉力与庆之决战也。石济，见第八章第七节。自发铚县，至于洛阳，十四旬，平三十二城，四十七战，所向无前，其兵锋可谓锐矣。然魏之兵力，未大损也。初元颢之逼虎牢也，或劝魏孝庄帝赴关西。孝庄以问其中书舍人高道穆。道穆对曰："关西残荒，何由可往？元颢兵众不多，乘虚深入，由将帅征提，不得其人耳。陛下若亲率宿卫，高募重赏，背城一战，破颢孤军，必不疑矣。如恐成败难测，便宜车驾北渡，循河东下，征天穆合于荥阳，向虎牢；别征尔朱荣军，令赴河内，以犄角之。旬月之间，何往不克？"帝曰："高舍人议是。"尔朱荣闻庄帝渡河，即时驰传，与之会于长子。见第三章第四节。于是魏人重来之计决，而元颢之势危矣。《梁书·陈庆之传》云：初元子攸止单骑奔走，宫卫嫔侍，无改于常。颢既得志，荒于酒色，乃日夜宴乐，不复视事。《魏书·颢传》云：颢以数千之众，转战辄克，据有都邑，号令自己，天下人情，想其风政。而自谓天之所授，颇怀骄怠。宿昔宾客近习之徒，咸见宠待，干扰政事。又日夜纵酒，不恤军国。所统南兵，陵窃市里。朝野莫不失望。时又酷敛，公私不安。案，颢固非能有为之人，然其猜忌陈庆之，则亦势所必至，无足为怪。当日情势，遣兵大少，非不足定颢，则颢位既定之后，必反为所戕，其事至显，而梁当日，一遣庆之，遂无后继，此其举措，所以为荒缪绝伦也。又《杨昱传》谓昱之败，陈庆之等三百余人伏颢帐前请曰："陛下渡江，三千里无遗镞之费，昨日一朝杀伤五百余人，求乞杨昱以快意。"颢不可，而曰："自此之外，惟卿等所请。"于是斩昱下统帅三十七人，皆令蜀兵刳腹取心食之。则南兵骄横残暴，亦自实情。实非吊民伐罪之师。遣此等兵，虽善战，亦不能定国也。与安丰、临淮，共立奸计，将背朝恩。庆之心知之，乃说颢曰："今远来至此，未伏尚多。若知人虚实，方更连兵。宜启天子，更请精兵。并勒诸州：有南人没此者，悉须部送。"颢欲从之。元延明说颢曰："陈庆之兵不出数千，已自难制，今增其众，宁复肯为用乎？"颢乃表高祖曰："河北河南，一时已定，惟尔朱荣尚敢跋扈，臣与庆之，自能擒讨。今州郡新服，政须绥抚，不宜更复加兵，摇动百姓。"高祖遂诏众军，皆停界首。颢前以庆之为徐州刺史，因固求之镇。颢曰："主上以洛阳之地，全相任委。忽闻舍此朝寄，欲往彭城，谓君遽取富贵，不为国计。手敕频仍，恐成仆责。"庆之不敢复言，惟有坐待丧败矣。《王规传》言：庆之克复洛阳，百僚称贺，规退曰："孤军无援，深入寇境；威势不接，馈运难继。将是役也，为祸阶矣。"此固人人之所知，而梁武漫不加省，举朝亦莫以为言，怠荒至此，何以为国？况求克敌乎？

元颢入洛后二日，魏行台崔孝芬、大都督刀宣即破颢后军都督侯暄于梁国，见第二章第三节。斩之。及尔朱荣与孝庄帝会，即日反旆。旬日之间，兵马大集。资粮器仗，继踵而至。于是魏军声势骤盛。颢都督宗正珍孙、河内太守元袭固守不降。荣攻克之，斩以徇。孝庄如河内。荣与颢相持于河上。颢令延明缘河据守。荣无舟船。有夏州人为颢守河中渚，求破桥立效。荣率军赴之。及桥破，应接不果，皆为颢所屠。荣怅然，将图还计。黄门侍郎杨侃及高道穆。并固执不可。以为大军若还，失天下之望。并教以缚筏造船，处处遣渡。属马渚诸杨，云有小船，求为向导。《周书·杨㩗传》：元颢入洛，孝庄欲往晋阳就尔朱荣，诏㩗率其宗人，收船马渚。㩗未至，帝已北度太行，㩗遂匿所收船，不以资敌。及尔朱荣奉帝南讨，至马渚，㩗乃具船以济王师。马渚，在硖石东。硖石，见第四章第二节。七月，荣乃令尔朱兆等率精骑夜渡。兆，荣从子。颢子冠受，率马步五千拒战，兆大破擒之。延明闻冠受见擒，遂自逃散。颢率麾下数百骑及南兵勇健者，自辕辕而出。至临汝，宋县，治所未详。部骑分散，为临颍县卒所斩。临颍，汉县，在今河南临颍县西北。颍弟瑱潜窜，为人执送，斩于都市。延明南奔，后死于江南。陈庆之马步数千，结陈东反。荣亲自来追。值嵩高山水洪溢，军人死散。庆之乃落发为沙门，间行至豫州。豫州程道雍等潜送出汝阴，见第四章第二节。乃得归。

第七节　孝庄帝杀尔朱荣

元颢败后，尔朱荣复继平内乱。其年，九月，侯渊讨韩楼于蓟，破斩之。幽州平。《周书·宝炽传》：葛荣别帅韩楼、郝长众数万人据蓟城不下。以炽为都督，从骠骑将军侯深讨之，炽手斩娄。深即渊，避唐讳改字。明年，梁中大通三年（530），魏庄帝永安三年，长广王晔建明元年，前废帝即节闵帝普泰元年，后废帝中兴元年。正月，东徐州城民吕文欣、王赦等杀刺史元大宾，据城反。魏东徐州，治下邳，见第三章第三节。以樊子鹄为行台讨之。二月，克之。东徐平。事亦见《魏书·鹿念传》。万俟丑奴以去年夏僭号。从《尔朱天光传》。《本纪》在七月，盖魏朝至此始闻之。九月，陷东秦州。见第三节。是岁，除尔朱天光雍州刺史，率贺拔岳、侯莫陈悦等讨之。天光初行，惟配军士千人。诏发京城已西路次民马给之。时东雍赤水蜀贼断路，胡三省曰：东雍州时治郑县。赤水，《水经注》：在郑县北。郑县，见第三章第三节。诏侍中杨侃先行晓喻。蜀持疑不下。天光遂入关击破之。简取壮健，以充军士。悉收其马。至雍，见第三章第五节。又税民马，合得万匹。以军人寡少，停留未进。荣遣责之，杖天光一百。而复遣二千人往赴。天光令贺拔岳率千骑先驱。至岐州界长城，岐州，见第十一章第四节。与丑奴行台尉迟菩萨遇，破擒之。丑奴弃岐州，走还安定。置栅于平亭。泾州，治安定，见第十一章第四节。平亭，在泾州北。天光至岐，与岳合势。于汧、渭之间，停军牧马。宣言待至秋凉，别量进止。丑奴谓为实，分遣诸军，散营农稼。天光袭破之。丑奴弃平亭，欲趋高平。见第三节。天光遣岳轻骑急追，擒之。天光逼高平，城内执送萧宝寅。因送魏都。斩丑奴，赐宝寅死。泾、豳、二夏，北至灵州，并来归降。豳州、夏州、灵州，皆见第三节。二夏，谓夏州及东夏州。东夏州，在今陕西北境，治所未详。其党万俟道洛、费连少浑犹据原州。见第三节。天光使造高平李贤，令图道洛。贤绐道洛出城。天光至，遂克之。遣都督长孙邪利率二百人行原州事。道洛袭杀邪利。天光与岳、悦驰赴之。道洛还走入山，西依牵屯。见第六章第六节。荣责天光失邪利，不获道洛，复使杖之一百。天光与岳、悦等复赴牵屯。道洛入陇，投略阳贼帅白马龙涸胡王庆云。略阳，见第二章第二节。龙涸，亦作龙鹄，今四川松潘县。道洛骁果绝伦，庆云得之甚喜。乃自称皇帝，以道洛为将军。《纪》在六月。天光率诸军入陇。至庆云所居水洛城，见第三节。擒庆云、道洛。悉坑其众，死者万七千人。分其家口。于是三秦、河、渭、瓜、凉、鄯善，咸来归顺。据《魏书·天光传》。《周书》鄯善作鄯州。三秦，秦州，见第十一章第三节。东秦、南秦、河、凉州，皆见本章第三节。瓜州，见第四节。渭州，后魏置于陇西郡。陇西，见第二章第二节。鄯州，治西都，今青海乐都县。贼帅宿勤明达，降天光于平凉，见第六章第三节。复北走，收聚部类，攻降人叱干麒麟。麒麟请救。天光遣岳讨之。未至，明达走于东夏。岳闻尔朱荣死，不追之，还泾州以待天光。天光亦下陇，与岳图入洛之策。迨前废帝立，乃复出夏州，遣将讨擒之焉。

尔朱荣破葛洪后，为大丞相，进位太师。及平元颢，又造立名目，称为天柱大将军。荣寻还晋阳，遥制朝廷。亲戚腹心，皆补要职、百寮，朝廷动静，莫不以申。至于除授，皆须荣许，然后得用。庄帝虽受制权臣，而勤于政事。朝夕省纳，孜孜不已。以选司多滥，与吏部尚书李神俊议正纲纪。荣乃大相嫌责。曾关补定州曲阳县令，曲阳，见第六章第八节。神俊以阶悬不奏，别更拟人，荣大怒，即遣其所补者，往夺其任。荣使入京，虽复微蔑，朝贵见之，莫不倾靡。及至阙下，未得通奏，恃荣威势，至乃忿怒。神俊遂上表逊位。荣欲用其从弟世隆摄选，世隆时为尚书左仆射。上亦不违。荣曾启北人为河内诸州，欲为犄角势。上不即从。元天穆入见论事，上犹未许。天穆曰："天柱有大功，为国宰相。若请普代天下官属，恐陛下亦不得违。如何启数人为州，便停不用？"帝正色曰："天柱若不为人臣，朕亦须代；如犹存臣节，无代天下百官理。"荣闻，大怒，曰："天子由谁得立？今乃不用我语。"皇后复嫌内妃嫔，甚有妒恨之事。帝遣世隆语以大理。后曰："天子由我家置立，今便如此。我父本即自作，今亦复决。"世隆曰："兄止自不为。若本自作，臣今亦得封王。"

荣见帝年长明晤，为众所归，欲移自近，皆使由己。每因醉云："人将天子拜谒金陵，后还复恒、朔。"而侍中朱元龙，辄从尚书索太和中迁京故事。于是复有移都消息。荣乃暂来向京，言看皇后娩难。帝惩河阴之事，终恐难保，乃与城阳王徽，见第二节。侍中杨侃、李彧，尚书右仆射元罗谋。皆劝帝刺杀之。惟胶东侯李侃晞、济阴王晖业言：荣若来，必有备，恐不可图。李彧，庄帝舅延寔之子，尚帝姊丰亭公主。任侠交游。尔朱荣之死，武毅之士，皆彧所进。孝静初被杀。延寔为青州刺史，尔朱兆入洛，亦见害。侃晞，凤之孙，与鲁安等同杀荣。后奔梁。皆见《魏书·外戚传》。又欲杀其党与，发兵拒之。帝疑未定。而京师人怀忧惧。中书侍郎邢子才之徒，已避之东出。荣乃遍与朝士书，相任留。中书舍人温子昇以书呈帝。帝恒望其不来，及见书，以荣必来，色甚不悦。武卫将军奚毅，建义初，建义，亦孝庄年号，后乃改永安。往来通命，帝每期之甚重，然以为荣通亲，不敢与之言。毅曰："若必有变，臣宁死陛下难，不能事契胡。"帝曰："朕保天柱无异心，亦不忘卿忠款。"是年，八月，荣将四五千骑向京。时人皆言其反，复道天子必应图之。九月初，荣至京。有人告云："帝欲图之。"荣即具奏。帝曰："外人亦言王欲害我，岂可信之？"于是荣不自疑，每入谒帝，从人不过数十，皆不持兵仗。帝欲止。城阳王曰："纵不反，亦何可耐，况何可保邪？"北人语讹尔朱为人主，上又闻其在北言我姓人主。先是长星出中台，扫大角。恒州人高荣祖，颇明天文，荣问之曰："是何祥也？"答曰："除旧布新象也。"荣闻之悦。又荣下行台郎中李显和曾曰："天柱至那无九锡？安须王自索也？亦是天子不见机。"都督郭罗察曰："今年真可作禅文，何但九锡？"参军褚光曰："人言并州城上有紫气，何虑天柱不应？"荣下人皆陵侮帝左右，无所忌惮，事皆上闻。奚毅又见求闻。帝即下明光殿与语。帝又疑其为荣，不告以情。及知毅赤诚，乃召城阳王及杨侃、李彧，告以毅语。荣小女嫁与帝兄子陈留王，小字伽邪，荣尝指之曰："我终当得此女婿力。"徽又云："荣虑陛下终为此患，脱有东宫，必贪立孩幼；若皇后不生太子，则立陈留，以安天下。"并言荣指陈留语状。十五日，天穆到京。《魏书·荣传》云：帝既图荣，荣至入见，即欲害之，以天穆在并，恐为后患，故隐忍未发。驾迎之。荣与天穆并从入西林园宴射。荣乃奏曰："近来侍官皆不习武，陛下宜将五百骑出猎，因省辞讼。"先是奚毅言："荣因猎挟天子移都。"至是，其言相符。十八日，召温子昇，告以杀荣状，并问以杀董卓事。子昇具道本末。上曰："王允若即赦凉州人，必不应至此。"良久，语子昇曰："朕之情理，卿所具知。死犹须为，况不必死？宁与高贵乡公同日死，不与常道乡公同日生。"上谓杀荣、天穆，即赦其党，便应不动。应诏王道习曰："尔朱世隆、司马子如、自云晋南阳王模之后，时为金紫光禄大夫。朱元龙，比来偏被委付，具知天下虚实，谓不宜留。"城阳王及杨侃曰："若世隆不全，仲远、天光，岂有来理？"仲远，荣从弟，见下。帝亦谓然，无复杀意。城阳曰："荣数征伐，要间有刀，或能狠戾伤人，临事愿陛下出。"乃伏侃等十余人于明光殿东。其日，荣与天穆并入。坐食未讫，起出。侃等从东阶上殿，见荣、天穆已至中庭，事不果。十九日是帝忌日。二十日荣忌日。二十一日，暂入，即向陈留王家。饮酒极醉。遂言病动，频日不入。上谋颇泄。世隆等以告荣。荣轻帝，不谓能反。《魏书·荣传》云：荣启将入朝，世隆与荣书，劝其不来。荣妻北乡郡长公主亦劝不行。荣并不从。《世隆传》云：庄帝将图荣，或榜世隆门，以陈其状。世隆封以呈荣，劝其不入。荣自恃威强，不以为意。遂手毁密书，唾地曰："世隆无胆，谁敢生心？"《北史》则云：庄帝之将图荣，每屏人言。世隆惧变，乃为匿名书，自榜其门，曰："天子与侍中杨侃，黄门马道穆等为计，欲杀天柱。"以此书与北乡郡公主。并以呈荣，劝其不入。又劝其速发。皆不见从。案，当时恐无肯泄密谋于尔朱氏者，且谁能榜世隆之门？《北史》所言盖是，此可见荣之难于告语矣。北乡郡，《魏书·帝纪》作乡郡，当从之。《五代志》：上党郡乡县，石勒置武乡郡，后魏去武字为乡郡。魏收《志》无北乡郡。二十五日旦，荣、天穆同入。其日大欲革易。上在明光殿东序中，西面坐。荣与天穆，并御床西北小床上南向坐。城阳入，始一拜，荣见光禄卿鲁安等持刀从东户入，即驰向御坐。帝拔千牛刀手斩之。《魏书·荣传》云：帝先横刀膝下，遂手刃之。安等乱斫，荣与天穆、菩提，同时并死。时年三十八。得其手板，上有数牒启，皆左右去留人名。非其腹心，悉在出限。帝曰："竖子若过今日，便不可制。"天穆与荣子菩提亦就戮。于是内外喜叫，声满京城。既而大赦。以上叙荣事，以《北史·本传》为主。案，荣本粗才，无可成大业之理。《北史·荣传》云：性甚严暴。弓箭刀稍不离于手。每有瞋嫌，即行忍害。左右恒有死忧。曾欲出猎，有人诉之，披陈不已，荣怒，即射杀之。又云：荣好射猎，不舍寒暑。法禁严重，若一鹿出，乃有数人殒命。曾有一人，见猛兽便走，谓曰："欲求活邪？"即斩之。自此猎如登战场。曾见一猛兽在穷谷中，乃令余人重衣空手搏之，不令伤损。于是数人被杀，遂擒得之。列围而进，虽险阻不得回避。其为人，盖与魏道武相类。然道武行之代北可也，荣行之中原，则不可一日居矣。然北魏本出窃据，非如后汉之足以维系人心；况尔朱氏安知名分？徒恃大赦，欲安反侧，安可得邪？

尔朱氏之族：天光较有才略，然时方督师下陇，与洛邑声势不相接；仲远刺徐州，去洛邑亦较远，且其人本无能为；惟兆刺汾州，见第三节。去晋阳、洛邑皆近，兆又凤从荣征伐，故荣一死，而兆之师即至焉。庄帝之杀荣，遣奚毅、崔渊镇北中。北中郎府城，在河桥北岸。今河南孟县南。是夜，尔朱世隆奉乡郡长公主，率荣部曲，焚西阳门出走。便欲还北。司马子如曰："事贵应机，兵不厌诈。天下汹汹，惟强是视。于此际会，不可以弱示人。若必走北，即恐变故随起。不如分兵守河桥，回军向京。出其不意，或可离溃。假不如心，犹足示有余力，使天下观听，惧我威强。"世隆从之。还攻河桥，擒奚毅等害之。据北中城，南逼京邑。庄帝以杨津为并州刺史、北道大行台，经略并、肆。肆州，见第十一章第二节。李叔仁为大都督，讨世隆。魏兰根为河北行台，节度定、相、殷三州。后代以薛昙尚。定州，见第十一章第二节。相州，见第八章第二节。殷州，见本章第三节。帝临大夏门，集群臣博议。百寮恇惧，计无所出。李苗请断河桥。城阳王及高道穆赞成其计。苗乃募人，以火船焚河桥。官军不至，苗战殁。然世隆因此退走。至建州，后魏置，今山西晋城县东北。刺史陆希质拒守。城陷，世隆尽屠之，以泄其忿。停高都，后魏郡，在晋城东北。尔朱兆自晋阳来会。共推太原太守行并州刺史长广王晔为主。景穆子南安王桢之孙。尔朱仲远亦率众向京师。庄帝使源子恭镇太行丹谷。在晋城东南。郑先护为大都督，与贺拔胜等拒仲远。胜与仲远战于滑台东，滑台，见第六章第五节。失利，遂降之。先护部众逃散。尔朱兆攻丹谷，都督崔伯凤战殁，羊文义、史仵龙降，源子恭奔退。兆轻兵倍道，与尔朱度律荣从父弟。自富平津上富平津，即孟津，见第二章第二节。率骑涉渡。《北史·景穆十二王传》：任城王云之孙世俊，尔朱兆寇京师，为都督，守河桥。兆至河，世俊便隔岸遥拜。遂将船五艘迎兆军，兆因得入。京都破残，皆世俊之罪，时论疾之。《魏书》无"遂将船"以下二十一字。案，世俊虽无守意，然兆之得济，必不能恃其所将之五船也。十一月三日，大风鼓怒，黄尘涨天。骑叩宫门，宿卫乃觉。弯弓欲射，袍拨弦，矢不得发。一时散走。庄帝步出云龙门，为兆骑所系。兆先令卫送晋阳。留洛旬余，扑杀皇子，污辱妃嫔，纵兵虏掠，乃归晋阳。十三日，害帝于五级寺。时年二十四。并害陈留王览。即伽邪。城阳王徽走山南。至故吏寇弥宅。弥怖徽云："官捕将至。"令避他所，使人于路邀害之，送尸于兆。史言尔朱荣死后，徽总统内外，算略无出，忧怖而已。性多嫉妒，不欲人居其前。每入参谋议，独与帝决。朝臣有上军国筹策者，并劝帝不纳。乃云："小贼何虑不除？"又吝惜财物。有所赏赐，咸出薄少。或多而中减，与而复追。徒有糜费，恩不感物。案，徽诚非匡济之才，然时事势实艰难，亦不能为徽咎也。庄帝先以高道穆为南道大行台，外托征蛮，阴为不利则南行之计，未及发，为尔朱世隆所害。

长广王之立也，以世隆为尚书令，先赴京师。世隆与兆会于河阳。见第十一章第二节。兆让世隆曰："叔父在朝多时，耳目应广，如何不知不闻，令天柱受祸？"按剑瞋目，声色甚厉。世隆逊辞拜谢，然后得已。深恨之。时尔朱度律留镇洛阳，仲远亦自滑台入京，世隆乃与兄弟密谋，别行拥立。广陵王恭，献文子广陵惠王羽之子。以元又专权，托称喑病，绝言垂一纪。居于龙华佛寺，无所交通。世隆欲立之。而度律意在南阳王宝炬。孝文子京兆王愉之子。乃曰："广陵不言，何以主天下？"世隆兄彦伯，密相敦喻。又与度律同往龙华佛寺，知其能言。三月，晔至邙南，世隆等遂废之而立恭。是为《魏书》所谓前废帝。《北史》从西魏追谥，称为节闵帝。兆以己不与谋，大患，欲攻世隆。诏令华山王鸷兼尚书仆射、北道大使慰喻之，兆犹不释。鸷，平文子高凉王孤之六世孙。《魏书》以为尔朱氏党，云：兆为乱，庄帝欲率诸军亲讨，鸷与兆阴通，乃劝帝曰："黄河万仞，宁可卒渡？"帝遂自安。及兆入殿，鸷又约止卫兵。帝见逼，京邑破，皆由鸷之谋。案，时魏朝兵力，自不足用，庄帝即亲讨，亦何能为？逮兆既入殿，又岂卫兵所能格邪？此等传说，自近虚诬。然观此时特令鸷喻止兆，则其为尔朱氏之党不疑也。世隆复遣彦伯自往喻之，兆乃止。《北史·世隆传》曰：世隆与兄弟密谋。虑元晔母干豫朝政，伺其母卫氏出行，遣数十骑如劫贼，于京巷杀之。寻又以晔疏远，欲推立节闵帝。夫当时元魏之君，奚翅仅亦守府？况于其母？既视置君如弈棋矣，亲疏又何择焉？《天光传》言：兆入京后，天光曾轻骑向都见世隆等，乃还雍，世隆等议废立，遣告天光，天光亦与定策。然则当时之废立，盖专以媚兆，即无神武之兵，尔朱氏之内难亦必作。然其毒痛四境，使人人有时日曷丧之怀，则并其内难之作而亦有所不能待矣。

时天光控关右，仲远居大梁，仲远时仍为徐州刺史，不之镇而居大梁，后又移屯东郡。大梁，见上节。东郡，见第三节。兆据并州，世隆处京邑，各自专恣。除天光史言其"差不酷暴"，彦伯史言其"差无过患"外，均极贪虐，而仲远尤甚。于大家富族，诬之以反，没其家口；簿籍财物，皆以入己；丈夫死者，投之河流；如此者不可胜数。诸将妇有美色者，莫不被其淫乱。东南牧守，下至民俗，比之豺狼。世隆既总朝政，生杀自由，公行淫佚。信任近小，随其与夺。度律亦所至为百姓患毒。世隆之入洛也，主者欲追李苗赠封，世隆曰："吾尔时群议：更一二日，便欲大纵兵士，焚烧都邑，任其采掠，赖苗京师获全，天下之善士也，不宜追之。"尔朱兆既纵掠京邑，先令卫送庄帝于晋阳，乃白于河梁监阅财货。贪暴如此，虽与之天下，岂能一朝居？况乎怨仇者之日伺其侧邪？

第八节 齐神武起兵

尔朱世隆等既立节闵帝，是月，镇远将军崔祖螭即聚青州七郡之众围东阳。青州治，见第六节。刘灵助时为幽州刺史，亦起兵于蓟。幽州治。渤海蓨人高翼，魏渤海郡，因宋侨置之旧，治灵济城，在今山东高苑县西北。蓨，见第二节。为山东豪右，葛荣乱作，魏朝即家拜为渤海太守。至郡未几，贼徒愈盛，翼部率合境，徙于河、济之间。魏因置东冀州，以翼为刺史。尔朱荣弑庄帝，翼保境自守，谓诸子图之。事未辑而卒。翼三子：乾、昂、季式，皆轻侠。孝庄居藩，乾潜相托附。及立，遥除龙骧将军、通直散骑常侍。乾兄弟皆受葛荣官爵。庄帝寻遣右仆射元罗巡抚三齐，乾兄弟相率出降。孝庄以乾为给事黄门侍郎。尔朱荣以乾前罪，不应复居近要，庄帝乃听乾解官归乡里。乾与昂俱在乡里，阴养壮士。尔朱荣闻而恶之，密令刺史元仲宗此据《北齐书·昂传》。《魏书》《北史·本纪》皆作巏。案，巏为昭成孙常山王遵之玄孙，字子仲，见《魏书·昭成子孙传》。《北史》同。诱执昂，送于晋阳。庄帝末，荣入洛，以昂自随，禁于驼牛署。荣死，庄帝即引见劳勉之。乾闻荣死，驰赴洛阳。庄帝以为河北大使，令招集乡间，为表里形援。昂亦请还乡里，招集部曲。尔朱兆入洛，遣其监军孙白鹞至冀州，托言普征民马，欲待乾兄弟送马，因收之。乾乃潜勒壮士，袭据州城。杀白鹞，执元仲宗，推封隆之行州事。隆之亦蓨人。为河内太守。尔朱兆入洛，隆之持节东归。与乾等定计，袭克州城。受刘灵助节度。灵助本以方技见信尔朱荣。其举兵也，《魏书》言其驯养大鸟，称为己瑞；又妄说图谶；作诡道厌祝之法。然又言幽、瀛、沧、冀之民悉从之；瀛州，见第十一章第四节。沧州，见本章第三节。《北齐书·叱列延庆传》亦云：诸州豪右咸相结附；如李元忠宗人愍及安州刺史卢曹等皆是，见《北齐书·元忠传》。安州，见第二节。卢曹，《北史》作卢昺。则其声势亦颇盛。灵助本幽州大侠，非徒恃邪术惑民者也。灵助至博陵之安国城，今河北安国县。与魏侯渊及定州刺史叱列延庆、定州，见第十一章第二节。延庆，尔朱世隆姊婿，时为山东行台。殷州刺史尔朱羽生等战，败死。四月，尔朱仲远使其都督魏僧勖等攻崔祖螭，斩之。《通鉴考异》曰：《北齐·李浑传》：普泰中，崔社客反于海、岱，攻围青州，以浑为征东将军都官尚书行台赴援。而社客宿将多谋，诸城各自保固，坚壁清野。诸将议有异同。浑曰："社客贼之根本。若简练骁勇，衔枚夜袭，径趋营下，出其不意，咄嗟之间，便可擒殄。如社客就擒，则诸郡可传檄而定。"诸将迟疑。浑乃速行，未明达城下。贼徒惊骇。擒社客，斩首送洛阳。按，其年时事迹，与祖蟎略同，未知社客即祖蟎？为别一人也？然齐神武之兵旋起矣。

北齐高祖神武皇帝高欢，亦渤海蓨人。祖谧，魏侍御史，坐法徙居怀朔镇。见第三节。神武累世北边，习其俗，遂同鲜卑。神武深沉有大度。轻财重士，为豪侠所宗。初给镇为队主。转为函使。后从杜洛周。与尉景、善无人，神武姊夫。善无，见第三章第八节。段荣、武威人。祖信，仕沮渠氏。入魏，以豪族徙北边。家于五原。武威，见第二章第二节。五原，见第三章第八节。蔡俊广宁石门人。父普，北方扰乱，奔走五原，守战有功。俊豪爽有胆气，高祖微时，深相亲附。广宁，后魏郡，石门，后魏县，在今山西寿阳县境。图之，不果。奔葛荣。又亡归尔朱荣于秀容。从荣徙并州，荣以为亲信都督，又以为晋州刺史。晋州，东雍州改，今山西临汾县。尔朱兆将赴洛，召神武。神武使长史孙腾，辞以绛蜀、汾胡欲反，不可委去。兆恨焉。及兆入洛，执庄帝以北，神武闻之，大惊。《魏书·兆传》：腾还具报。王曰："兆等猖狂，举兵犯上，吾今不同，猜忌成矣。今也南行，天子列兵河上，兆进不能度，退不得还，吾乘山东下，出其不意，此徒可以一举而擒。"俄而兆克京师，孝庄幽絷，都督尉景从兆南行，以书报王，王得书，大惊。又使孙腾伪贺兆，因密觇孝庄所在，将劫以举义，不果。《魏书·兆传》：王得书大惊，召腾示之，曰："卿可驰驿诣兆，示以谒贺。密观天子，今在何处？为随兆军府？为别送晋阳？脱其送并，卿宜驰报，吾当于路邀迎。"腾晨夜驱驰，已遇帝于中路。王时率骑东转，闻帝已渡，于是西还。案，神武此时，兵力实未足与兆敌，史所传恐未必可信也。神武之所以兴者，实缘得六镇之众，而其所以得此众者，则史之所传又互异。《北齐书·本纪》云：费也头纥豆陵步藩入秀容，逼晋阳。兆征神武。神武将往。贺拔焉过儿请缓行以弊之。神武乃往，逗留，辞以河无桥，不得渡。步藩军盛，兆败走。初孝庄之诛尔朱荣，知其党必有逆谋，乃密敕步藩，令袭其后。步藩既败兆等，兵势日盛。兆又请救于神武。神武内图兆，复虑步藩之难除，乃与兆悉力破之，藩死。兆深德神武，誓为兄弟。葛荣众流入并、肆者二十余万，为契胡陵暴，皆不聊生。大小二十六反，诛夷者半，犹草窃不止。兆患之，问计于神武。神武曰："六镇反残，不可尽杀。宜选王素腹心者，私使统焉。若有犯者，直罪其帅，则所罪者寡。"兆曰："善。谁可行也？"贺拔允时在坐，请神武。神武拳殴之，折其一齿，曰："生平天柱时奴辈伏处分如鹰犬，今日天下，安置在王，而阿鞠泥敢诬下罔上，请杀之。"兆以神武为诚，遂以委焉。神武以兆醉，恐醒后或致疑贰，遂出。宣言"受委统州镇兵，可集汾东受令"。乃建牙阳曲川，陈部分。阳曲，见第二章第二节。兵士素恶兆而乐神武，莫不皆至。居无何，又使刘贵请兆：以"并、肆频岁霜旱，降户掘黄鼠而食之，皆面无谷色，徒污人国土。请令就食山东，待温饱而处分之"。兆从其议。其长史慕容绍宗谏曰："今四方扰扰，人怀异望，高公雄略，又握大兵，将不可为。"兆曰："香火重誓，何所虑也？"绍宗曰："亲兄弟尚尔难信，何论香火？"时兆左右已受神武金，因谮绍宗与神武旧有隙。兆乃禁绍宗而催神武发。神武乃自晋阳出滏口。见第四节。路逢尔朱荣妻北乡长公主自洛阳来，马三百匹，尽夺易之。兆闻，乃释绍宗而问焉。绍宗曰："犹掌握中物也。"于是自追神武。至襄垣，汉县，后魏置郡，在今山西襄垣县北。会漳水暴涨，桥坏。神武隔水拜曰："所以借公主马，非有他故，备山东盗耳。王受公主言，自来赐追。今渡河而死不辞，此众便叛。"兆自陈无此意。因轻马渡，与神武坐幕下。陈谢。遂授刀引头，使神武斫己。神武大哭曰："自天柱薨背，贺六浑更何所仰？愿大家千万岁，以申力用。今旁人构间至此，大家何忍复出此言？"兆投刀于地，遂刑白马而盟，誓为兄弟。留宿夜饮。尉景伏壮士欲执之。神武啮臂止之，曰："今杀之，其党必奔归聚结，兵饥马瘦，不可相支。若英雄崛起，则为害滋甚。不如且置之。兆虽劲捷，而凶狡无谋，不足图也。"旦日，兆归营，又召神武。神武将上马诣之。孙腾牵衣，乃止。兆隔水肆詈，驰还晋阳。兆心腹念贤，领降户家累别为营。神武伪与之善，观其佩刀，因取之以杀其从者，从者尽散。于是士众咸悦，倍愿附从。神武遂前行，屯邺。《魏书·尔朱兆传》云：初荣既死，庄帝诏河西人纥豆陵步蕃等，令袭秀容。兆入洛后，步蕃兵势甚盛，南逼晋阳。兆所以不暇留洛，回师御之。兆虽骁果，本无策略，频为步蕃所败。于是部勒士马，谋出山东。令人频征献武王于晋州。乃分三州、六镇之人，令王统领。既分兵别营，乃引兵南出，以避步蕃之锐。步蕃至于乐平郡，治沾城，在今山西昔阳县西南。王与兆还讨破之，斩步蕃于秀容之石鼓山。其众退走。兆将数十骑诣王，通夜宴饮。后还营招王。王知兆难信，未能显示，将欲诣之。临上马，长史孙腾牵衣而止。兆乃隔水责骂腾等。于是各去。王还自襄垣东出，兆归晋阳。谓欢受兆命统众，在破步蕃之前，亦无请就食山东之事，与《齐书·本纪》异。《齐书·慕容绍宗传》云：纥豆陵步蕃逼晋阳，尔朱兆击之，累为所破，欲以晋州征高祖，共图步蕃。绍宗谏曰："今天下扰扰，人怀觊觎，高晋州才雄气猛，英略盖世，譬诸蛟龙，安可借以云雨？"兆怒曰："我与晋州，推诚相待，何忽辄相猜阻，横生此言？"便禁止绍宗，数日方释。遂割鲜卑隶高祖。其谓分众在平步蕃之前与《魏书》同，而又谓所分者为鲜卑。今案，费也头为河西强部。《北史·尔朱荣传》曰：庄帝恒不虑外寇，惟恐荣为逆。常时诸方未定，欲使与之相持，及告捷之日，乃不甚喜。《魏书·尔朱天光传》言：前废帝立后，天光复出夏州，遣将讨宿勤明达，擒之送洛，时费也头帅纥豆陵伊利、万俟受洛干等据有河西，未有所附，天光以齐献武王起兵，内怀忧恐，不复北事伊利等，但微遣备之而已。费也头盖北方诸部中仅存而未服于尔朱氏者，故庄帝因而用之也。庄帝诛尔朱荣后，所遣经略防守之兵甚多，无一能奏效者，牵制之师，盖以此为最尽力矣。然谓其能南逼晋阳，亦似大过。《魏书·孝庄纪》：永安三年（530），十二月，河西人纥豆陵步蕃、破落韩常大败尔朱兆于秀容，此即兆入洛而步蕃犄其后之事，其战事固犹在代北也。当时抗尔朱氏者，刘灵助、高乾兄弟，皆在山东，尔朱兆部勒士马欲东出，盖以此故？步蕃盖以此时踕其后而逼晋阳？晋阳为尔朱氏根本之地，兆自不得不回师御之。其所统者，盖即《魏书·兆传》所云六镇之兵，亦即《齐书·慕容绍宗传》所谓鲜卑？三州，盖谓并、肆及兆所刺之汾州？其兵盖多出六镇？固非必鲜卑种人，然亦必所谓累世北边，习其俗，遂同鲜卑者。其中葛荣降众必多，皆有家累，故《齐书·神武纪》侈言其数为二十余万也。其分属神武，自当在破步蕃之前。兆回攻步蕃所以屡败者，盖正以所将者为此曹，心怀怨恨之故。故一分诸神武而即克。然则兆之分兵，实迫于势不得已，非因醉而然也。《齐书·神武纪》叙此于既破步蕃之后，实为大误。然其建牙而东，则必在求就食山东得请之后，《魏书》叙神武得众之时虽不误，而漏去请就食山东一节，一似神武既平步蕃，径行东出者，当时情事，亦不可见矣。神武在尔朱荣时已为晋州，而《齐书·慕容绍宗传》谓兆欲以晋州征高祖，一似以此为共图步蕃之报者，盖兆征神武入洛而神武不从，嫌隙已构，兆于是时，盖有欲夺神武晋州之意，至此，乃又以许仍旧贯为并力之报也。绍宗谏兆，未知究在何时，然必非因其征神武而发。何则？征神武，则神武且为兆用，而又何猜焉？兆所分诸神武者，未知究有若干人，然必不能甚众。观韩陵战时，神武众尚不满三万可知。然此众虽寡弱，而于尔朱氏蓄怨甚深，故神武得因之而起也。

节闵帝普泰元年（531），梁武帝中大通三年也。二月，神武军次信都。冀州治。高乾、封隆之开门以待，遂据冀州。尔朱度律白节闵帝，封神武为渤海王，征使入觐。神武辞。神武自向山东，养士缮甲，禁侵掠，百姓归心。乃诈为书，言尔朱兆将以六镇人配契胡为部曲。众皆愁怨。又为并州符，征兵讨步落稽。发万人，将遣之。孙腾、尉景为请留五日。如此者再。神武亲送之郊，雪涕执别。人皆号恸，哭声动地。神武乃喻之曰："与尔俱失乡客，义同一家。不意在上，乃尔征召？直向西，已当死；后军期，又当死；配国人，又当死；奈何？"众曰："惟有反耳。"神武曰："反是急计，须推一人为主。"众愿奉神武。神武曰："尔乡里难制。不见葛荣乎？虽百万众，无刑法，终自灰灭。今以吾为主，当与前异。不得欺汉儿，不得犯军令，生死任吾则可；不尔，不能为，取笑天下。"众皆顿颡，"死生惟命。"明日，椎牛飨士，喻以讨尔朱之意。六月，庚子，遂建义于信都。尚未显背尔朱氏。赵郡柏人李元忠，赵郡，见第二章第三节。柏人，见第五章第三节。善方技，见有疾者，不问贵贱，皆为救疗。家素富实。其家人在乡，多有举贷求利，元忠每焚契免责。乡人甚敬重之。永安初，就拜南赵郡太守。南赵郡，太和时分赵郡置，在今河北隆平县东。值洛阳倾覆，元忠弃官还家，潜图义举。会神武率众东出，便自往奉迎。时高乾亦将十数骑迎谒。神武密遣元忠举兵逼殷州，令乾伪往救之。乾入见尔朱羽生，羽生与乾俱出，因擒之。遂平殷州。斩羽生首来谒。神武抚膺曰："今日反决矣。"乃以元忠为殷州刺史。《本纪》云：镇广阿。案，广阿，汉侯邑，后废，后魏置县，在今河北隆平县东。八月，尔朱兆率步骑二万出井陉。见第六章第八节。元忠弃城还信都。孙腾以为朝廷隔绝，不权立天子，则众望无所系。十月，举章武王融子渤海太守朗为帝。《魏书》称曰后废帝，《北史》但曰废帝。于时度律、仲远之军，皆与兆会。屯于广阿，众号十万。神武乃广纵反间，或云世隆兄弟谋欲害兆，复言兆与神武同图仲远等。于是两不相信，各致猜疑，徘徊不进。仲远等频使斛斯椿、贺拔胜喻兆。兆轻骑三百，来就仲远。同坐幕下。兆性粗犷，意色不平。手舞马鞭，长啸凝望。深疑仲远等有变，遂趋出驰还。仲远遣椿、胜等追而晓譬，兆遂拘迫将还，经日放遣。仲远等于是奔退。神武乃进击兆军，兆大败。十一月，神武攻邺。明年，梁中大通四年（532），魏孝武帝永熙元年。正月，拔之。二月，后废帝如邺。

尔朱氏中，世隆、天光，较有智计。齐神武之起兵也，仲远、度律等，皆不以为虑，惟世隆独深忧恐。广阿战后，兆与仲远、度律，遂相疑阻，久而不和。世隆请前废帝纳兆女为后，兆乃大喜。世隆厚礼喻兆赴洛，深示卑下。随其所为，无敢违者。又累使征天光，天光不从。《周书·贺拔岳传》：天光将率众距齐神武，遣问计于岳。岳报曰："王家跨据三方，士马殷盛，高欢乌合之众，岂能为敌？然师克在和，但愿同心戮力耳。若骨肉离隔，自相猜贰，则图存不暇，安能制人？如下官所见：莫若且镇关中，以固根本，分遣锐师，与众军合势，进可以克敌，退可以克全。"此说不知岳当日果有是言，抑系后来附会？然使当日，天光不尽众东出，则必可以后亡，当时事势，神武欲进取关中，固不易也。后令斛斯椿苦要之，曰："非王无以克定，岂可坐视宗家之灭也？"天光不得已，东下。《北史·椿传》：椿谓贺拔胜曰："天下皆怨毒尔朱，吾等附之，亡无日矣。不如图之。"胜曰："天光与兆，各据一方，俱擒为难。"椿曰："易致耳。"乃说世隆追天光等赴洛讨齐神武。此非实录。在尔朱、高二氏之间，椿与胜皆忠于尔朱氏者也。于是兆与天光、度律，更自信约。闰三月，天光自长安，兆自并州，度律自洛阳，仲远自东郡，同会于邺。众号二十万。神武马不满二千，步兵不至三万，乃于韩陵为圆陈，连牛驴以塞归道，四面赴击，大败之。韩陵，山名，在今河南安阳县东北。《北齐书·高昂传》云：韩陵之战，高祖不利，军小却，兆等方乘之，高岳、韩匈奴等以五百骑冲其前，斛律敦收散卒蹑其后。昂与蔡俊以千骑自栗园出，横击兆军，兆众由是大败。是日无昂等，高祖几殆。《北史·贺拔胜传》云：韩陵之役，尔朱兆率铁骑陷阵，出齐神武后，将乘其背而击之。度律恶兆之骁悍，惧其陵己，勒兵不进。胜以其携贰，遂以麾下降齐神武。度律军以此免退，遂大败。案，此役胜负，固在几微之间，然尔朱氏积失人心，而又自相乖离，欲求幸胜，实不易也。于是兆趋并州，仲远奔东郡。天光、度律，将赴洛阳，斛斯椿与都督贾显智倍道先还。四月朔，椿等据河桥。世隆请出收兵，前废帝不许。此据《魏书》。《北史》则云：彦伯欲领兵屯河桥，世隆不从。世隆令其外兵参军阳叔渊单骑驰赴北中，见上节。简阅败众，以次纳之。斛斯椿诡说叔渊曰："天光部下，皆是西人，闻其欲掠京邑，迁都长安，宜先内我，以为其备。"叔渊信而纳之。椿既至桥，尽杀世隆党附。度律欲攻之，会大雨，士马疲顿，弓矢不能施用，遂西走。于湿波津为人擒执。湿波津，在河桥西。天光亦被执。囚送于齐神武。神武攻尔朱兆时，致之洛阳，斩之。斛斯椿令行台长孙稚诣阙奏状，别使贾显智、张劝率骑掩执世隆与其兄彦伯，俱斩之。叱列延庆时为定州刺史，亦在军中，与仲远走渡石济。见第七节。仲远奔梁。延庆北降齐神武。后为孝武帝中军大都督。神武入洛，杀之。青州刺史尔朱弼，亦欲奔梁，为其部下所杀。神武至河阳，见第十一章第二节。使魏兰根观察前废帝。兰根，庄帝末为定州，为侯渊所败，走依高乾。乾以兰根宿望，深礼遇之。太仆卿綦俊主仍前废帝，而兰根与高乾及黄门侍郎崔㥄固主废之。时梁武帝复遣兵送汝南王悦，置之境上，乃遣使迎之。既至，清狂如故，乃舍之，是岁十二月，悦被杀。而立平阳王修。修，广平文穆王怀子，孝文帝孙也。是为孝武帝，《魏书》谓之出帝。神武还邺。七月，神武入自滏口，大都督库狄干入自井陉，讨尔朱兆。兆大掠晋阳，北走秀容。并州平。神武以晋阳四塞，乃建大丞相府而定居焉。兆既至秀容，分兵守险，出入寇抄。神武扬声讨之，师出而止者数四。兆意怠。神武揣其岁首当宴会，遣窦泰以精骑驰之，一日一夜行三百里，而自以大军继之。明年，孝武帝永熙二年（533），梁中大通五年。正月，泰奄至兆庭。军人因宴休堕，忽见泰军，惊走。追破之于赤洪岭。胡三省曰：杜佑曰：石州离石县有赤洪水，即离石水，赤洪其别名也，高欢破尔朱兆于赤洪岭，盖近此。案，离石，今山西离石县。兆自缢。兆弟智虎，前废帝以为肆州刺史，与兆俱走。神武擒之于岢岚南山。岢岚，后魏县，在今山西岚县北。赦之。后死于晋阳。尔朱荣子菩提，与荣俱死。又罗、文殊皆早卒。文畅，姊为魏孝庄帝后，神武纳之，待其家甚厚。文畅及弟文略皆素侈。文畅与丞相司马任胄，主簿李世林，都督郑仲礼、房子远等相狎，谋害神武，事捷共奉文畅。谋泄，以姊宠，止坐文畅一房。

任胄，延敬子。延敬初从葛荣，荣败，降。随神武起兵。后为魏尚书左仆射，斛斯椿衅发，弃家北走。胄少在神武左右。兴和末，神武攻玉壁，还，以晋州西南重要，留西河公岳为行台镇守，以胄隶之。胄饮酒游纵，不勤防守。神武责之。胄惧，遂潜遣使送款于周。为人纠列。穷治未得其实。神武特免之。谓胄曰："我推诚于物，谓卿必无此理。且黑獭降人，首尾相继，卿之虚实，于后何患不知。"胄内不自安，乃谋害神武。事发，及子弟并诛。时武定三年（545）也。文畅时年十八。静帝使人往晋阳，欲拉杀文略，神武特奏免之。遗令恕文略十死。恃此益横。后为齐文宣所杀。尔朱氏自荣入中国，至兆之死，凡六年。席有为之资，值可为之时，而其运祚短促至此，诚蛮夷不知中国情形，徒肆暴戾者之殷鉴也。

第九节　魏分东西

高欢虽灭尔朱氏，然时北方诸族，不为欢下者尚多，如斛斯椿，如贺拔氏兄弟，皆其佼佼者也。而宇文氏遭遇时会，遂获创立基业，与欢对峙。

后周之先，为匈奴之裔君临鲜卑部落者，已见第三章第八节。侯豆归子陵，仕燕。魏道武攻中山，陵从慕容宝御之，宝败，归魏。天兴中，随例迁武川。陵生系。系生韬。韬生肱。破六汗拔陵作乱，其伪署王卫可孤，徒党最盛。肱纠合乡里，斩可孤，其众乃散。后避地中山，陷于鲜于修礼。为定州军所破，没于陈。四子：长颢，与卫可孤战殁。次连，与肱俱死。次洛生，葛荣破鲜于修礼，以为渔阳王，领肱余众。尔朱荣擒葛荣，定河北，随例迁晋阳。次泰，字黑獭，即周太祖文皇帝也。荣诛洛生，复欲害泰。泰自理家冤，辞旨慷慨，荣感而免之。泰与贺拔岳有旧，岳讨元颢，以别将从。孝武帝图高欢，以斛斯椿及岳兄弟为心腹。岳长兄允为侍中，胜为荆州刺史。荆州，见第十一章第四节。初尔朱天光入洛，使岳行雍州，见第十一章第四节。侯莫陈悦行华州事。华州，见第二节。普泰中，梁中大通三年（531）。以岳为雍州，悦为岐州刺史。岐州，见第十一章第四节。天光率众赴洛，岳与悦下陇赴雍，擒其弟显寿，以应高欢。《周书·文帝纪》：天光东拒齐神武，留弟显寿镇长安。秦州刺史侯莫陈悦，为天光所召，将军众东下。岳知天光必败，欲留悦共图显寿，而计无所出。太祖谓岳曰："今天光尚迩，悦未有二心，若以此事告之，恐其惊惧。然悦虽为主将，不能制物。若先说其众，必人有留心。进失尔朱之期，退恐人情变动，乘此说悦，事无不遂。"岳大喜。即令太祖入悦军说之。悦遂不行，乃相率袭长安。令太祖轻骑为前锋。太祖策显寿怯懦，闻诸军将至，必当东走，恐其远遁，乃倍道兼行。显寿果已东走。追至华山，擒之。此说恐出文饰。观悦后附齐神武，此时恐已有叛尔朱氏之心，不待太祖之计也。华山，后魏郡，今陕西大荔县。孝武即位，加岳关中大行台。《北史·薛孝通传》曰：齐神武起兵河朔，尔朱天光自关中讨之，孝通以关中险固，秦、汉旧都，须预谋镇遏，以为后计。纵河北失利，犹足据之。节闵深以为然。问谁可任者？孝通与贺拔岳同事天光，又与周文帝有旧，二人并先在关右，因并推荐之。乃超授岳关西大行台、雍州牧，周文帝为左丞，孝通为右丞，赍诏书驰驿入关授岳等，同镇长安。后天光败于韩陵，节闵遂不得入关，为齐神武幽废。观此，知以关中为退据之资，当时事势实尔，东西魏之分立，非偶然矣。

永熙二年（533），梁中大通五年。孝武密令岳图欢。岳自诣北境，安置边防。率众趣平凉西界。平凉，见第六章第三节。先是费也头万俟受洛干，铁勒斛拔弥俄突、纥豆陵伊利等，并拥众自守，至是皆款附。秦、南秦、河、渭四州刺史，又会平凉，受岳节度。惟灵州刺史曹泥不应召，而通使于欢。秦州，见第十一章第三节。南秦州、河州、灵州，即薄骨律镇，皆见本章第三节。渭州，见第七节。《周书·文帝纪》：太祖谓岳曰："今费也头控弦之骑，不下一万；夏州刺史斛拔弥俄突，胜兵之士，三千余人；及灵州刺史曹泥；并恃其僻远，常怀异望。河西流民纥豆陵伊利等，户口富实，未奉朝风。今若移军近陇，扼其要害，示之以威，服之以德，即可收其士马，以实吾军。西辑氐、羌，北抚沙塞，还军长安，匡辅魏室，此桓、文举也。"此言不知果出周文以否，然实当时西方之形势也。夏州，见第三节。欢乃遣左丞翟嵩使至关中，间岳及悦。三年，梁中大通六年。岳召悦会于高平。原州治，见第三节。将讨曹泥，令悦为前驱。悦诱岳入营，令其婿元洪景斩岳于幕中。岳左右奔散。悦遣人安慰，云："我别禀意旨，止在一人，诸君勿怖。"众皆畏服，无敢拒遣。悦心犹豫，不即抚纳。乃还入陇，止水洛城。见第三节。其士众散还平凉。诸将以都督寇洛年最长，推总兵事。洛素无雄略，威令不行。岳之为关西大行台，以泰为左丞，领府司马。及次平凉，表为夏州刺史。于是大都督赵贵言于众，共推泰。《周书·赫连达传》：少从贺拔岳征讨，有功，拜都将。及岳为侯莫陈悦所害，军中大扰。赵贵建议迎太祖。诸将犹豫未决。达曰："宇文夏州昔为左丞，明略过人，一时之杰。今日之事，非此公不济。赵将军议是也。达请轻骑告哀，仍迎之。"诸将或欲南追贺拔胜，或云东告朝廷。达又曰："此皆远水，不救近火，何足道哉？"贵于是谋遂定，令达驰往。泰乃率帐下轻骑，驰赴平凉。贺拔胜使其大都督独孤信入关，抚岳余众，泰已统岳兵矣。孝武帝闻岳被害，遣武卫将军元毗宣旨慰劳，追岳军还洛阳。亦敕追侯莫陈悦。悦不应召。泰表言："军士多是关西之人，不愿东下。乞少停缓，徐事诱导。"孝武诏泰即统岳众。

且曰："今亦征侯莫陈悦。若其不来，朕当亲自致罚。宜体此意，不过淹留。"泰奉此诏后，表有"臣以大宥既颁，忍抑私憾"之语，则时孝武已赦悦罪。泰又表乞少停缓。而与悦书，约同东下，不则"枕戈坐甲，指日相见"。悦诈为诏书，与秦州刺史万俟普拨，《北齐书》本传：名拨，字普拨。令与悦为党援。普拨疑之，封诏呈泰。泰表言："今若召悦，授以内官，臣亦列旆东辕，匪伊朝夕。若以悦堪为边捍。乞处以瓜、凉一藩。瓜州，见第四节。凉州，见第三节。不然，则终致猜虞，于事无益。"初原州刺史史归，为岳所亲任。河曲之变，反为悦守。悦遣其党王伯和、成次安将兵二千人助归镇原州。泰遣都督侯莫陈崇率轻骑一千袭归，擒之。并获次安、伯和等。表崇行原州事。万俟普拨又遣骑二千来从军。三月，泰进军。四月，出陇。留兄子导镇原州。导，颢之子。军出木峡关，在今甘肃固原县西南。大雨雪，平地二尺。泰知悦怯而多猜，乃倍道兼行，出其不意。悦果疑其左右有异志者。左右亦不安。众遂离贰。闻大军且至，退保略阳。留一万余人，据守水洛。泰至，围之，城降。即率轻骑数百趋略阳。悦召其部将议之。皆曰："此锋不可当。"劝悦退保上邽。见第三章第三节。悦弃城，南据山水之险，设陈候战。悦先召南秦州刺史李弼，从《周书》。《魏书》作李景和。景和，弼字也。弼妻，悦之姊也，特为悦所信委。弼遣人诣泰，密许翻降。至暮，乃勒所部，使上驴驼。复绐悦帐下云："仪同欲还秦州，汝等何不装办？"众谓为实，以次相惊。皆散走，趋秦州。弼先驰据城门，以慰辑之。遂拥众以归泰。悦由此败。案，悦之败，似由众皆欲走秦州，而悦逆之，故然。弼果有意叛悦？抑众已溃散，乃不得已而率之投泰，乃以摇惑军心为功；尚未可知也。悦之失，首在不能抚纳岳众；次则不敢与泰决战，而欲避入险僻之区，致逆众心；其失在于无勇。若能奋力迎战，泰之兵力，实亦有限，非不可敌也。与子弟及麾下数十骑遁走。泰曰："悦本与曹泥应接，不过走向灵州。"乃令导要其前，都督贺拔颖等追其后。至牵屯山，见第六章第六节。追及悦，斩之。《魏书·悦传》云：悦部众离散，猜畏旁人。不听左右近己。与其二弟并儿及谋杀岳者八九人，弃军逃走。数日之中，盘回往来，不知所趋。左右劝向灵州，而悦不决。言下陇之后，恐有人所见。乃于中山令从者悉步，自乘一骡，欲向灵州。中路，追骑将及，望见之，遂缢死野中。弟、息、部下，悉见擒杀。惟先谋杀岳者悦中兵参军豆卢光走至灵州，后奔晋阳。案，《周书·李贤传》，太祖令导追悦，以贤为前驱，转战四百余里。至牵屯山，及之。悦自刭于陈。贤亦被重创，马中流矢。则《魏书》之言，似失其实。泰入上邽。令李弼镇原州，夏州刺史跋也恶蚝镇南秦州，渭州刺史可朱浑元还镇渭州，《元传》在《北齐书》，云：悦走，元收其众，入据秦州，为周攻围，苦战，结盟而罢。后仍奔高欢。赵贵行秦州事。征豳、泾、东秦、岐四州粟以给军。幽州，见第三节。泾州，见第十一章第四节。《周书·刘亮传》：悦之党幽州刺史孙定儿据州不下，泾、秦、灵等州，悉与相应，太祖令亮袭斩之，于是诸州皆即归款。自关以西，大致平定。是岁，正月，高欢西伐费也头，虏纥豆陵伊利，迁其部于河东。欢所得于西方者，如是而已。是时孝武帝志欲与欢决战，其欲并召泰及侯莫陈悦东下盖以此？使泰从命而东，不过行间之一将，且其势未必能与欢敌，在关西则有负嵎之势，且可自擅于远，泰固筹之熟矣。然当时欲与欢抗，自以持重为善，泰之计固未为失也。

秦州既捷，孝武征二千骑镇东雍州，见第七节。仍令泰稍引军而东。泰乃遣大都督梁御，率步骑五千，镇河、渭合口，为图河东之计。泰之讨侯莫陈悦也，悦使请援于高欢。欢使其都督韩轨将兵一万据蒲坂。雍州刺史贾显度送船与轨，请轨兵入关。泰因梁御之东，乃逼召显度赴军。御遂入雍州。孝武进泰关西大都督。于是以寇洛为泾州刺史，李弼为秦州刺史，前略阳守张献为南岐州刺史。南岐州，《魏书·地形志》不言治所。钱大昕曰：以《隋志》考之，当治固道郡之梁泉县。按，梁泉，后魏县，今陕西凤县。南岐州刺史卢待伯拒代，遣轻骑袭擒之。待伯自杀。时斛斯椿为侍中，密劝孝武帝置阁内都督、部曲。又增武直人数百；直阁已下，员别数百；皆选天下轻剽以充之。又说帝数出游幸，号令部曲。别为行阵，椿自约勒，指挥其间。军谋、朝政，一决于椿。尔朱荣之败，汝南王悦在梁，椿归之；后又归尔朱兆；兆败，与贾显智等覆尔朱氏；及是又图高欢；一似其人反覆无常者。史于椿尤多贬辞。然原其心而论之，椿实忠于魏朝，亦未尝不睒睒于尔朱氏，观其力谋和解兆与世隆、度律等可知。尔朱氏既不可辅，爱其身以有为，而不忍轻于一掷，此亦厚自期许者宜然，不能以硁硁小节责之也。贺拔胜始降尔朱仲远，又降高欢，又与武帝图欢，迹亦与椿相似，亦当以此观之。尔朱荣之死，胜与田怡等奔赴荣第。时宫殿之门，未加严防，怡等议即攻门。胜止之曰："天子既行大事，必当更有奇谋，吾众旅不多，何轻尔？"怡乃止。乃世隆夜走，胜随至河桥，以为臣无仇君之义，遂勒所部还都。于轻重之际，尤有权衡，非徒激于意气者比。要之椿与胜，以古义衡之，俱可谓有君子之风也。初后废帝之立也，以高乾为侍中，又拜司空。时乾遭丧，未得终制。及孝武立，乃表请解职，行三年之礼。诏听解侍中。既去内侍，朝廷罕所关知，居常怏怏。帝望乾为己用。华林园宴罢，独留乾。谓曰："司空奕世忠良，今日复建殊效。相与虽则君臣，实亦义同兄弟。宜立盟约，以敦情契。"殷勤逼之。乾不谓帝便有异图，遂不固辞，亦不启高欢。及帝置部曲，乾乃启欢。欢召乾诣并州，面论时事。启乾复为侍中。屡启，诏书竟不施行。乾知变难将起，求为徐州。将发，帝知乾漏泄前事，乃诏欢云："曾与乾邕乾字。私有盟约，今复反覆两端。"欢便取乾前后启论时事者，遣使封送帝。帝遂赐乾死。乾弟慎、昂皆奔欢。封隆之、孙腾为侍中，皆逃归乡里。欢召隆之至晋阳。腾亦奔晋阳。娄昭，欢妻弟也，亦辞疾归晋阳。于是孝武与欢之相图，如箭在弦上矣。帝以斛斯椿兼领军。分置督将及河南关西诸刺史。华山王鸷在徐州，欢使邸珍夺其管籥。建州刺史韩贤，建州，见第七节。济州刺史蔡俊济州，治碻磝，见第六章第五节。皆欢党，帝省建州以去贤，而以贾显智为济州。俊拒之。五月，帝下诏云将南伐，发河南诸州兵，增宿卫守河桥。六月，帝密诏欢：言"宇文黑獭，事资经略，故假称南伐"。欢谋迁帝于邺。遣骑三千镇建兴，益河东及济州兵。于白沟虏船，不听向洛。白沟，在今河南阳武、封丘二县间。诸州和籴粟，运入邺城。于是孝武下诏罪状欢，欢亦宣告诛斛斯椿，而兵事作。欢以高昂为前锋。武帝征兵关右，召贺拔胜赴行在所，遣大行台长孙稚、大都督颍川王斌之安乐王鉴弟。共镇虎牢。汝阳王暹镇石济。见第八章第七节。行台长孙子彦稚子。帅前弘农太守元洪略镇陕。见第六章第一节。贾显智率豫州刺史斛斯元寿椿弟。伐蔡俊。欢使窦泰与莫多娄贷文逆显智，韩贤逆暹。元寿军降。泰、贷文与显智遇于长寿津。在今河南滑县东北。显智阴约降，引军退。军司元玄覔觉之，驰还请益师。孝武遣大都督侯几绍赴之。战于滑台东，显智以军降，绍死之。七月，孝武躬率大众屯河桥。欢至河北十余里，再遣口申诚款。孝武不报。欢乃引军渡河。孝武问计于群臣。或云南依贺拔胜，或云西就关中，或云守洛口死战。帝未决，而元斌之与斛斯椿争权，弃椿径还，绐帝曰："欢兵至矣。"乃决西行。《周书·王思政传》曰：齐神武潜有异图，帝以思政可任大事，拜中军大将军大都督，总宿卫兵。思政乃言于帝曰："高欢之心，行路所共知矣。洛阳四面受敌，非用武之地。关中有崤、函之固，一人可御万夫。且士马精强，粮储委积。进可以讨除逆命，退可以保据关、河。宇文夏州，纠合同盟，愿立功效。若闻车驾西幸，必当奔走奉迎。借天府之资，因已成之业；一二年间，习战陈，劝耕桑，修旧京；何虑不克？"帝深然之。《北史·裴侠传》：孝庄授侠东郡太守。及孝武与齐神武有隙，征兵，侠率所部赴洛阳。王思政谓曰："当今权臣擅命，王室日卑，若何？"侠曰："宇文泰为三军所推，居百二之地，所谓己操戈矛，宁肯授人以柄？虽欲抚之，恐是据于蒺藜也。"思政曰："奈何？"侠曰："图欢有立至之忧，西巡有将来之虑，且至关右，日慎一日，徐思其宜耳。"思政然之。《周书·柳庆传》云：魏孝武将西迁，除庆散骑侍郎，驰传入关。庆至高平，见太祖，共论时事。太祖即请奉迎舆驾，仍命庆先还复命。时贺拔胜在荆州。帝屏左右谓庆曰："高欢已屯河北，关中兵既未至，朕欲往荆州，卿意何如？"庆对曰："荆州地非要害，众又寡弱，外迫梁境，内拒欢党，危亡是惧，宁足以固鸿基？"帝深纳之。合此三者观之，具见当日西行实非良图，然舍此又无他策。《北史·斛斯椿传》

云：帝以椿为前驱大都督。椿因奏请率精骑二千，夜渡河掩其劳弊。帝始然之。黄门侍郎杨宽曰："高欢以臣伐君，何所不至？今假兵于人，恐生他变。今渡河，万一有功，是灭一高欢，生一高欢矣。"帝遂敕椿停行。椿叹曰："顷荧惑入南斗。今上信左右间构，不用吾计，岂天道乎？"此非实录。孝武与椿相信有素，何至临时更生疑忌？椿即掩击克捷，亦岂能遽为高欢？《周书·文帝纪》云：齐神武稍逼京邑，魏帝亲总六军，屯于河桥，令左卫元斌之、领军斛斯椿镇武牢，遣使告太祖。太祖谓左右曰："高欢数日行八九百里，晓兵者所忌，正须乘便击之，而主上以万乘之重，不能决战，方缘津据守。且长河万里，捍御为难，若一处得度，大事去矣。"此乃附会之谈。决战须视兵力，岂能借万乘之空名徼幸？荡阴之役，晋惠帝独非万乘乎？战而不捷，则并关西亦不可得至矣。孝武当日，前驱之师，无不迎降、奔北者，人心士气，亦既可知，岂能徼幸于一捷？决战尚不可恃，况以二千骑掩袭？即获小胜，又何裨于大局邪？《北史·魏宗室传》：常山王遵之曾孙毗，武帝少亲之。及即位，出必陪乘，入于卧内。帝与齐神武有隙，议者各有异同，惟毗数人，以关中帝王桑梓，殷勤叩头请西入。策功论赏，与领军斛斯椿等十三人为首。然则劝入关者，椿固十三之一也。事势所限，虽有善者，亦如之何哉？以为由于元斌之之一言，则愈疏矣。

　　孝武帝之征兵于西也，宇文泰令前秦州刺史骆超率精骑一千赴洛，而传檄方镇，罪状高欢。七月，泰发自高平。前军至于弘农，见第二章第二节。欢稍逼京邑，泰又以赵贵为别道行台，自蒲坂济，趋并州；遣大都督李贤将轻骑一千赴洛。是月，孝武帝自洛阳率轻骑入关。高欢入洛阳，以清河王亶为大司马，居尚书下舍，承制决事。亶，孝文子清河文献王怿之子。欢归至弘农。初北地三原人毛鸿宾北地，见第二章第二节。三原，见第五章第六节。世为豪右。与兄遐共起兵以拒萧宝夤。明帝改北地郡为北雍州，以鸿宾为刺史；改三原县为建中郡；以旌其兄弟。孝武与高欢隙，令鸿宾镇潼关，为西道之寄。九月，欢攻潼关，克之，执鸿宾。至并州，以忧恚辛。命长史薛瑜守之。此从《北齐书》。《周书·太祖纪》作薛瑾，《北史》同。大都督库狄温守封陵。见第八章第七节。于蒲津西岸筑城，以守华州，以薛绍宗为刺史。使高昂行豫州事。还至洛阳，立清河世子善见，亶之世子。是为孝静帝。时年十一。魏于是分为东西。欢以孝武既西，恐逼崤、陕；洛阳复在河外，接连梁境；北向晋阳，形势不能相接；乃议迁邺。诏下三日便发。四十万户，狼狈就道。欢留洛阳部分毕，乃还晋阳。自是军国政务，皆归相府已。孝武帝至关中，闰十二月，见弑，立南阳王宝炬，见第七节。是为西魏文帝。

　　贺拔胜至广州，治鲁阳，今河南鲁山县。犹豫未进，武帝已入关。胜还军南阳，令长史元颖行州事，自率所部，将赴关中。进至淅阳，今河南淅川县。闻高欢已平潼关，乃还荆州。州人邓诞执元颖，引欢军。时欢已遣行台侯景、大都督高昂赴之。胜战败，奔梁。在南三年，乃还长安。其兄允，为欢所杀。樊子鹄据兖州不服欢。南青州刺史大野拔率众就之。南青州，今山东沂水县。欢遣娄昭等攻之。大野拔斩子鹄以降。侯渊之平韩楼，为平州刺史，镇范阳。见第一节。尔朱荣死，太守卢文伟，诱渊出猎。闭门拒之。渊帅部曲，屯于郡南，为荣举哀，勒兵南向。庄帝使东莱王贵平为大使，慰劳燕、蓟，渊乃诈降，执贵平自随。元晔立，授渊定州刺史。后随尔朱兆拒高欢于广阿。兆败，渊从欢，破尔朱氏于韩陵。永熙初，除齐州刺史。齐州，见第三节。孝武末，渊与樊子鹄及青州刺史东莱王贵平相连结，又遣使通诚于高欢。及孝武入关，复还顾望。清河王亶承制，以汝阳王暹为青州刺史。渊不时迎纳。城人刘桃符等，潜引暹入据西城。渊争门不克，率骑出奔。会承制以渊行青州事，渊乃复还。贵平自以斛斯椿党，不受代。渊率轻骑夜趣青州。城人执贵平出降。渊自惟反覆，虑不获安，遂斩贵平，传首于邺，明不同于斛斯椿。及樊子鹄平，诏以封延之为青州刺史。渊既不获州任，情又恐惧，遂劫光州库兵反。光州，见第三节。其部下督帅叛拒之。渊奔梁。达南青州境，为卖浆者所杀，传首于邺。

第十节　东西魏争战

东西魏分立后，高欢、宇文泰剧战凡十余年，各不遑志，于是东西分立之局定；而高欢死后，侯景背叛，祸转中于梁矣。

高欢还军之后，宇文泰进攻薛瑜，虏其卒七千。梁武帝大同元年（535），西魏文帝大统元年，东魏孝静帝天平二年也。正月，西魏渭州刺史可朱浑道元率所部降于东魏。东魏将司马子如攻潼关。宇文泰军于霸上。见第五章第六节。子如回军，自蒲津攻华州。刺史王罴击走之。二年，西魏大统二年，东魏天平三年。正月，高欢袭夏州，擒其刺史斛拔弥俄突，留将张琼、许和守之，迁其部落五千户以归。灵州刺史曹泥，与其女夫凉州刺史刘丰请内属于东魏。宇文泰遣兵围之，水灌其城，不没者四尺。高欢命阿至罗虏绕出西魏军后，西魏军乃还。欢迎泥、丰，拔其户五千以归。二月，欢又令阿至罗逼秦州，自以众应之。三月，其刺史万俟普拨亦归于东魏。宇文泰勒轻骑追之，不及。此时关中形势已颇完固，非挑诱一二叛人所能倾覆矣。

是岁，十二月，高欢自晋阳西伐，次于蒲津。使高昂趋上洛，见第三章第五节。窦泰入潼关。三年（537），西魏大统三年，东魏天平四年。宇文泰军于广阳，县名，在今陕西大荔县境。召诸将曰："贼今犄吾三面，又造桥于河，示欲必渡，是欲缀吾军，使窦泰得西入耳。欢起兵以来，泰每为先驱，其下多锐卒，屡胜而骄。今出其不意袭之，必克。克泰，则欢不战而自走矣。"诸将咸曰："贼在近，舍而远袭，事若蹉跌，悔无及也。"泰曰："欢前再袭潼关，吾军不过霸上；今者大来，亦未出郊，贼顾谓但自守耳。又狃于得志，有轻我之心。乘此击之，何往不克？贼虽造桥，不能径渡。此五日中，吾取窦泰必矣。"《周书·达奚武》《苏绰传》均谓泰此策惟武及绰同之。《宇文深传》又谓太祖将袭泰，诸将咸难之，太祖乃隐其事，阳若未有谋者，而独问策于深，深劝其袭泰。恐未必可信。于是率骑六千还长安，声言欲保陇右，而潜出军。窦泰卒闻军至，惶惧，依山而陈。未及成列，泰纵兵击破之。尽俘其众万余人。斩泰，传首长安。《北齐书》云：泰自杀。高昂陷洛州，执刺史泉企。闻泰殁，弃城走。高欢亦撤桥而退。企子元礼归复洛州。是为东魏西征一小挫。

是岁，六月，宇文泰遣于谨取杨氏壁。胡三省曰：盖华阴诸杨遇乱筑壁以自守者。华阴，见第三章第三节。七月，征兵会咸阳。今陕西咸阳县。八月，率李弼等十二将东伐。取弘农。高欢率众十万出壶口，山名，在今山西临汾县西南。趋蒲坂。又遣高昂以三万人出河南。是岁，关中饥。泰既平弘农，因馆谷五十余日。时战士不满万人。闻欢将渡，乃引军入关。欢遂渡河，逼华州。刺史王罴严守。乃涉洛，军于许原西。许原，在洛南。泰据渭南，征诸州兵皆未会。乃召诸将谓之曰："高欢越山渡河，远来至此，吾欲击之，何如？"诸将咸以众寡不敌，请待欢更西，以观其势。泰曰："欢若得至咸阳，人情转扰。今及其新至，便可击之。"即造浮桥于渭。令军人赍三日粮，轻骑渡渭。辎重自渭南夹渭而西。十月，至沙苑。在今陕西大荔县南。距欢军六十余里。欢闻泰至，引军来会。李弼曰："彼众我寡，不可平地置陈。此东十里有渭曲，可先据以待之。"遂进军。至渭曲，背水东西为阵。命将士皆偃戈于葭芦中，闻鼓声而起。欢军至，大破之。欢夜遁。追至河上，复大克获。虏其卒七万。留其甲士二万，余悉纵归。收其辎重、兵甲。《北齐书·神武纪》云：弃器甲十有八万。还军渭南，所征诸州兵始至。乃于战所准当时兵士，人种树一株，以旌武功。案，此役东魏之兵力，远优于西魏；且已得渡河；当时西魏形势，实极危迫，纵不至举陇以东而弃之，然长安不守，则意中事。何者？东魏兵数既多，无论屯聚或分道而进，其势皆不易遏止也。长安若陷，所征之兵能集与否？集而能整与否？俱不可知。即曰能之，东魏遂不能久据关中，复收众而返，而西魏之受创已深矣。故曰：此役为西魏一大危机也。然东魏遂一蹶不振者，实失之恃众而寡虑。《北齐书·斛律羌举传》曰：从高祖西讨。大军济河，集诸将议进趣之计。

羌举曰："黑獭聚凶，强弱可知。若欲固守，无粮援可恃。今揣其情，已同困兽。若不与战，径趣咸阳，咸阳虚空，可不战而克，拔其根本，彼无所归，则黑獭之首，悬于军门矣。"诸将议有异同，遂战于渭曲，大军败绩。又《薛琡传》云：高祖大举西伐，将度蒲津，琡谏曰："西贼连年饥馑，无食可啖，故冒死来入陕州，欲取仓粟。今高司徒已围陕城，粟不得出。但置兵诸道，勿与野战，比及来年麦秋，人民尽应饿死。宝炬、黑獭，自然归降。愿王无渡河也。"侯景亦曰："今者之举，兵众极大，万一不捷，卒难收敛。不如分为二军，相继而进。前军若胜，后军合力；前军若败，后军乘之。"高祖皆不纳，遂有沙苑之败。夫如薛琡之说，则失之轻进；如羌举之说，则失之轻战；如侯景之说，则又失之于临战之时；一人三失，其败宜矣。自经此挫，东魏遂不复能渡河、入关矣。

然西魏欲图进取，力亦不足，此东西所以遂成相持之局也。宇文泰既捷于沙苑，遣左仆射冯翊王元季海为行台，与开府独孤信率步骑二万向洛阳。洛州刺史李显趋荆州。贺拔胜、李弼渡河围蒲坂。牙门将高子信开门纳胜军，事亦见《周书·薛善传》。东魏将薛崇礼弃城走，胜等追获之。泰遂进军蒲坂，略定汾、绛。于是许和杀张琼，以夏州降。初泰自弘农入关，高昂围弘农，闻军败，退守洛阳。独孤信至新安，见第二章第三节。昂复走渡河，信遂入洛阳。东魏颍州长史贺若统，颍州，治长社，见第七章第六节。贺若统，从《周书·本纪》。《北齐书·尧雄传》作贺若徵。《周书·宇文贵传》亦作统，而云刺史。与密县人张俭密县，见第三章第五节。《北史·本纪》云：俭，荥阳人。执刺史田迅，举城降。西魏都督梁回入据之。荥阳郑荣业、郑伟等攻梁州，见第十二章第三节。擒其刺史鹿永吉；清河崔彦穆、檀深攻荥阳，擒其郡守苏定；皆附西魏。东魏将尧雄、赵育、是云宝《北齐书·尧雄传》作是育宝。《北史》作是宝。《梁书·陈庆之传》作元云宝，一本作是元宝。《周书·文帝纪》作是云宝。《通鉴》同。案，《魏书·官氏志》有是云氏，后改是氏。出颍川，治颍阴，今河南许昌县。欲复降地。泰遣宇文贵、梁迁等逆击，大破之。赵育降。东魏复遣将任祥率河南兵与尧雄合。西魏将怡峰复与贵、迁等击破之。又遣韦孝宽取豫州。《北齐书·尧雄传》：雄都督郭丞伯、程多宝等举豫州降敌，执刺史冯邕。是云宝杀其阳州刺史邢椿，以州降。阳州，治宜阳，见第三章第三节。四年（538），西魏大统四年，东魏元象元年。东魏贺拔仁攻南汾州，今山西吉县。拔之。任祥、尧雄与侯景、高昂、万俟受洛取颍州，梁回等遁走。二月，尧雄又取阳州。七月，侯景、高昂围独孤信于金墉。西魏文帝与宇文泰来救。东魏使库狄干率诸将先驱，高欢总众继进。八月，宇文泰至谷城，汉谷成县，后汉曰谷城，晋省，在洛阳西北。莫多娄贷文、可朱浑元来逆。临阵斩贷文。元单骑遁免，悉虏其众，送弘农。遂进军瀍东。是夕，景等解围夜去。及旦，泰率轻骑追之，至于河桥。景等北据河桥，南属邙山为阵。战，东魏将高昂、李猛、宋显等皆死，而西魏右军独孤信、李远，左军赵贵、怡峰并不利，皆弃其卒先归。后军李虎、念贤遇信等，亦与俱还。由是班师。洛阳亦失守。留长孙子彦守金墉，高欢渡河，亦弃城。西魏军至弘农，守将皆已西走，所虏降卒在弘农者，因相与闭门拒守。进攻，拔之，诛其魁首数百人。关中留守兵少，而前后所虏东魏士卒皆散在民间，乃谋为乱。李虎等至长安，计无所出，乃与公卿辅魏太子钦出次渭北。沙苑所俘军人赵青雀、雍州民于伏德等遂反。青雀据长安子城。伏德保咸阳，与太守慕容思庆各收降卒，以拒还师。长安大城民皆相率拒青雀，每日接战。华州刺史宇文导袭咸阳，斩思庆，擒伏德。南渡渭，与泰会。攻青雀，破之。关中乃定。此数年中，西魏经营东方，不为不力；兵锋亦甚锐利；然终至挫衄，关中且几致大乱者，失之力小而任重也。观于此，而知西魏之只足自保，不能进取矣。

是岁，十一月，侯景攻陷广州。见第九节。十二月，是云宝袭洛阳，东魏将王元轨弃城走。赵刚袭广州，拔之。自襄、广以西城、镇，复为西魏。襄州，今河南叶县。六年（540），西魏大统六年，东魏兴和二年。侯景出三鸦，在今河南南召县北，接鲁山县界。将侵荆州。宇文泰遣李弼、独孤信各率骑五千出武关，景乃退还。盖东魏兵力重于河北，故在河南，尚不能与西魏争也。初河桥战后，王思政镇弘农，以玉壁险要，请筑城移镇之。在今山西稷山县西南。八年，西魏大统八年，东魏兴和四年。十月，高欢出兵围之，不能克。大寒，士卒多死，乃还。是为东魏出河北又一挫衄。九年，西魏大统九年，东魏武定元年。二月，东魏北豫州刺史高慎，与吏部郎中崔暹有隙，暹时被高欢子澄委任，慎恐其构己，每不自安。东魏又遣镇城奚寿兴典兵事，慎但知民务而已。遂执寿兴，以虎牢归西魏。据《周书·李棠传》。宇文泰以慎所据辽远，难为应接。诸将亦皆惮行。惟李远曰："北豫远在贼境，高欢又屯兵河阳，见第十一章第二节。常理实难救援。但兵务神速，事贵合机，古人有言：不入虎穴，安得虎子？若以奇兵出其不意，事或可济。脱有利钝，故是兵家之常。如其顾望不行，便无克定之日。"泰喜曰："李万岁所言，万岁，远字。差强人意。"乃授远行台尚书，前驱东出。泰率大兵继进。远乃潜师而往，拔慎以归。泰围斛律金于河阳。三月，高欢至河北，泰还军瀍上。欢渡河，据邙山为阵。泰夜登山，未明击之。中军、右军皆捷，而左军赵贵不利，遂败退。欢追至陕，西魏使达奚武御之。《北齐书·封子绘传》曰：高祖总命群僚，议其进止。子绘言曰："贼帅才非人雄，偷窃名号。遂敢驱率亡叛，送死伊、瀍，天道祸淫，一朝瓦解。虽仅以身免，而魂胆俱丧。混一车书，正在今日。天与不取，反得其咎。伏愿大王不以为疑。"高祖深然之，但以时既盛暑，方为后图，遂命班师。《陈元康传》曰：大会诸将，议进退之策。咸以为野无青草，人马疲瘦，不可远追。元康曰："两雄交战，岁月已久。今得大捷，便是天授。时不可失，必须乘胜追之。"高祖曰："若遇伏兵，孤何以济？"元康曰："王前涉沙苑还军，彼尚无伏，今奔败若此，何能远谋？"高祖竟不从。及疾笃，谓世宗曰："邙山之战，不用元康之言，方诒汝患，以此为恨，死不瞑目。"此非实录。沙苑尚致丧败，况此时尚未入关，人马疲瘦，又迫盛暑邪？然西魏东略之不易得志，则观于是役而弥可见矣。欢使刘丰生追奔，拓地至弘农而还。北豫、洛皆复入东魏。

中大同元年（546），西魏大统十二年，东魏武定四年。春，西魏凉州刺史宇文仲和反。瓜州民张保害刺史成庆，以州应仲和。凉州，见第三节。瓜州，见第四节。宇文泰遣独孤信讨之。五月，擒仲和。迁其民六千余家于长安。瓜州都督令孤延起兵，擒张保，瓜州亦平。此为西魏之小衅，东魏自不能乘机也。邙山之败，宇文泰命王思政镇弘农，命举代己者。思政进所部都督韦孝宽。是岁，九月，高欢自邺西伐，围玉壁。孝宽拒守六旬，不能下。会欢有疾，烧营而退。明年，正月朔，欢死，其后嗣不复能为吞并之计，西魏力亦不足，东西战争之势杀矣。

第十三章　梁陈兴亡

第一节　侯景乱梁（上）

侯景，朔方人，或云雁门人。朔方，见第八章第五节。雁门，见第二章第二节。此据《梁书·景传》。《南史》云：景、怀朔镇人。怀朔，见第十二章第三节。少而不羁，见惮乡里。及长，骁勇，有膂力，善骑射。《南史》云：景右足短，弓马非其长。案，景右足短之说，他无所见，恐非其实。以选为北镇戍兵，北镇，见第八章第三节。《南史》云：为镇功曹史。稍立功效。尔朱荣自晋阳入，景始以私众见荣。荣甚奇景，即委以军事。会葛贼南逼，荣自讨，命景先驱。以功擢为定州刺史、大行台。定州，见第十一章第二节。自是威名遂著。齐神武入洛，景复以众降之。仍为神武所用。《南史》云：高欢微时，与景甚相友好。及欢诛尔朱氏，景以众降，仍为欢用，稍至吏部尚书。景性残忍酷虐。驭军严整，然破掠所得财宝，皆班赐将士，故咸为之用，所向多捷。总揽兵权，与神武相亚。魏以为司徒、南道行台，案，事在大同八年（542），即东魏兴和四年。拥众十万，专制河南。《南史》云：欢使拥兵十万，专制河南，杖任若己之半体。又云：时欢部将高昂、彭乐，皆雄勇冠时。景常轻之，言似豕突尔，势何所至？案，欢所用，战将多而有谋略者少；又欢居晋阳，去河南较远，势不能不专有所任；此景之所以有大权也。神武疾笃，谓子澄曰："侯景狡猾多计，反覆难知，我死后，必不为汝用。"乃为书召景。景知之，虑及于祸，《南史》云：将镇河南，请于欢曰："今握兵在远，奸人易生诈伪，大王若赐以书，请异于他者。"许之。每与景书，别加微点，虽子弟弗之知。及欢疾笃，其世子澄矫书召之。景知，惧祸，因用王伟计求降。《北齐书·神武纪》亦云：世子为神武书召景。景先与神武约，得书书背微点乃来。书至无点，景不至。又闻神武疾，遂拥兵自固。案，神武猜忌性成，从未闻以将帅为腹心，而自疏其子弟；况文襄在神武世，与政已久，神武与景有约，文襄安得不知？说殆不足信也。太清元年（547），西魏大统十三年，东魏武定五年。乃遣其行台郎中丁和来，上表请降。《本纪》事在二月。云：景求以豫章、广、颍、洛阳、西扬、东荆、北荆、襄、东豫、南兖、西兖、齐等十三州内属。《景传》载景降表，则云与豫州刺史高成、广州刺史郎椿、襄州刺史李密、兖州刺史邢子才、南兖州刺史石长宣、齐州刺史许季良、东豫州刺史丘元征、洛州刺史朱浑愿、扬州刺史乐恂、北荆州刺史梅季昌、北扬州刺史无神和等。《廿二史考异》云："豫章之章字衍。洛阳之阳当作扬。广州刺史下，夺'暴显颍州刺史司马世云荆州刺史'十四字，当据《通鉴考异》补。朱浑愿，当依《考异》作尔朱浑愿。《纪》有西扬，《传》作北扬；《纪》有东荆，《传》但云荆；未审谁是。"案，豫州，见第十二章第六节。广州，见第十二章第九节。后移襄城，今河南方城县。颍州，见第十二章第十节。洛州，见第十一章第四节。扬州，见第十二章第十节。西扬，未详。东荆，见第十二章第四节。北荆，魏收《志》不言治所。或云治其首郡伊阳，在今河南嵩县东北。襄州，见第十二章第十节。东豫州，见第十二章第六节。南兖州，正光中移治谯城，见第三章第三节。西兖州，治定陶，在今山东定陶县西北。后移左城，在今定陶县西南。齐州，见第十二章第三节。北扬州，治项城，见第三章第三节。荆州，见第十一章第四节。景之叛也，颍州刺史司马世云应之。景入据颍城，诱执豫、襄、广诸州刺史。高澄遣韩轨等讨之。景以梁援未至，又请降于西魏。三月，宇文泰遣李弼援之。《魏书》作李景和，弼字。轨等退去。《周书·文帝纪》云：景请留收辑河南，遂徙镇豫州。于是遣王思政据颍川，见第十二章第十节。弼引军还。七月，景密图附梁。太祖知其谋，追还前后所配景将士。景惧，遂叛。案，景之降梁，在降西魏之先，事甚明白，安得云此时始有是谋？盖至此乃与西魏绝耳。《周书·王悦传》云：侯景据河南来附，太祖先遣韦法保、贺兰愿德等率众助之。悦言于太祖，太祖纳之，乃遣追法保等。而景寻叛。《裴宽传》言：宽从法保向颍川。景密图南叛，军中颇有知者，以其事计未成，外示无贰。景往来诸军间，侍从寡少。军中名将，必躬自造。至于法保，尤被亲附。宽谓法保曰："侯景狡猾，必不肯入关。虽托款于公，恐未可信。若杖兵以斩之，亦一时之计也。如曰不然，便须深加严警。不得信其诳诱，自诒后悔。"法保纳之。然不能图景，但自固而已。盖时西魏欲召景入关，而景不肯，遂至彼此相图。西魏兵力，未足取景，然其将帅严警有备，景亦不能图之，故弃颍川而走豫州也。景非不侵不叛之臣，此自西魏所知。为之出师，原不过相机行事。而当时事机，并不甚顺。必欲乘衅进取，势非更出大兵不可。然此时西魏，亦甚疲敝；兼之景既不易驾驭，又须抗拒东魏及梁；利害纷纭，应付非易，故西魏始终以谨慎出之。此自不失为度德量力。而梁之贪利冒进者，乃自诒伊戚矣。

　　梁武帝既纳元颢而无成，其年，中大通元年（529），魏孝庄帝永安二年。十一月，魏巴州刺史严始欣以城降。见第十一章第四节。遣萧玩等援之。明年，中大通二年，魏永安三年。正月，始欣为魏所破斩。玩亦被杀。是岁，六月，又遣元悦还北。高欢欲迎立之而未果，事已见前。其明年，中大通三年，魏节闵帝普泰元年。魏诏有司不得复称伪梁，罢细作之条；无禁邻国还往；盖颇有意于与南言和矣。是年，南兖州城民王买德，逼前刺史刘世明以州降。十一月，梁使元树入据。四年，魏孝武帝永熙元年。二月，复以元法僧为东魏王。盖欲并建法僧与树。魏以樊子鹄为东南道行台，率徐州刺史杜德讨元树。树城守不下。七月，子鹄使说之。树请委城南还。子鹄许之。树恃誓约，不为战备。杜德袭擒之。送魏都，赐死。时梁以羊侃为兖州刺史，随法僧还北。行次官竹，《水经注》：睢水自睢阳东南流，历竹圃，世人谓之梁王竹园。官收其利，因曰官竹。睢阳，见第十二章第六节。闻树丧师，军亦罢。十二月，魏尔朱仲远来奔。以为定洛将军，封河南王，北侵。随所克土，使自封建。亦无所成。五年，魏永熙二年。四月，青州人耿翔，袭据胶州，《魏志》云：治东武陵。陵字当系城字之讹。东武，汉县，今山东诸城县。杀刺史裴粲，来降。六月，魏以樊子鹄为青、胶大使，督济州刺史蔡俊讨之。师达青州，翔拔城走。是月，魏建义城主兰保，杀东徐州刺史崔祥，以下邳降。《魏书·纪》云：东徐州城民王早、简实等杀刺史崔庠，据州入萧衍。六年，魏永熙三年。十月，以元庆和为镇北将军，封魏王，率众北侵。闰十二月，据濑乡。胡三省曰：即陈国苦县之赖乡。案，其地在今河南鹿邑县东。是岁，魏始分为东西。明年，为大同元年（535），西魏文帝大统元年，东魏孝静帝天平二年。东魏东南道行台元宴击元庆和，破走之。六月，庆和又攻南顿，见第八章第六节。为东魏豫州刺史尧雄所破。北梁州刺史兰钦攻汉中，西魏梁州刺史元罗降。《北史》在七月，《梁书》在十一月。二年，西魏大统二年，东魏天平三年。九月，魏以侯景节度诸军入寇。十月，梁亦下诏北伐。侯景攻楚州，治楚城，在今河南息县西。刺史桓和陷没。景仍进兵淮上，陈庆之击破之。十一月，诏北伐众军班师。十二月，与东魏通和。自此岁通使聘，直至侯景来降，而兵衅始启。《北史·本纪》：东魏孝静帝武定二年（544），二月，徐州人刘乌黑聚众反，遣行台慕容绍宗讨平之。《北齐书·慕容绍宗传》云：梁刘乌黑入寇徐方。《北史》作梁人刘乌黑。此特人民之叛魏，非两国有战事。

　　侯景之来降也，高祖诏群臣廷议。尚书仆射谢举及百辟等议，皆云纳景非宜。高祖不从。《梁书·景传》。下文又云：初大同中，高祖尝夜梦中原牧守，皆以地来降。旦见朱异，说所梦。异曰："此岂宇内方一，天道前见其征乎？"及景归附，高祖欣然自悦，谓与神通，乃议纳之。而意犹未决。曾夜出视事，至武德阁，独言："我国家犹若金瓯，无一伤缺。今便受地，讵是事宜？脱致纷纭，非可悔也。"异接声而对曰："侯景据河南十余州，分魏土之半，输诚送款，远归圣朝，若拒而不容，恐绝后来之望。此诚易见，愿陛下无疑。"高祖深纳异言，又信前梦，乃定议纳景。《异传》略同。此乃归罪于异之辞，不足为信，观前文叙廷议事，并无异欲纳景之说可知。高祖是时，于北方降者无所不纳，何独至于景而疑之？《南史·谢举传》云：侯景来降，帝询诸群臣，举及朝士，皆请拒之。帝从朱异言纳之，以为景能立功赵、魏。举等不敢复言。《南史》后出，但主博采，亦不足信也。乃下诏：封景为河南王、大将军、使持节、董督河南北诸军事、大行台，承制辄行，如邓禹故事。遣北司州刺史羊鸦仁，督土州刺史桓和之，土州，治龙巢，在今湖北随县东北。仁州刺史湛海珍，仁州，治己吾，在今河南宁陵县南。精兵三万，趋悬瓠应接。七月，鸦仁入悬瓠。诏以悬瓠为豫州，寿春为南豫州。改合肥为合州，北广陵为淮州，项城为殷州，合州为南合州。以西阳太守羊思建为殷州刺史。高澄以书喻侯景云："若能卷甲来朝，当授豫州刺史，即使终君之世；所部文武，更不追摄；宠妻爱子，亦送相还。"景报书曰："为君计者，莫若割地两和，三分鼎峙。燕、卫、晋、赵，足相奉禄；齐、曹、宋、鲁，悉归大梁。"观此，知景之意，亦仅在于河南，无意进取河北也。六月，以鄱阳王范总督汉北征讨诸军事。范，鄱阳忠烈王恢之子。八月，命群帅大举北伐。以南豫州刺史渊明为大都督。渊明，长沙宣武王懿之子。《南史·范传》云：为雍州刺史。范作牧莅人，甚得时誉；抚循将士，尽获欢心。于是养士马，修城郭，聚军粮于私邸。时庐陵王续。为荆州，既是都督府，又素不相能，乃启称范谋乱。范亦驰启自理。武帝恕焉。时论者犹谓范欲为贼。又童谣云："莫匆匆，且宽公。谁当作人主？草覆车边己。"时武帝年高，诸王莫肯相服。简文虽居储贰，亦不自安。而与司空邵陵王纶，特相疑阻。纶时为丹阳尹，威震都下，简文乃选精兵，以卫宫内。兄弟相贰，声闻四方。范以名应谣言，而求为公。未几，加开府仪同三司。范心密喜，以为谣验。武帝若崩，诸王必乱，范既得众，又有重名，谓可因机，以定天下。乃更收士众，希望非常。太清元年（547），大举北侵，初谋元帅，帝欲用范。时朱异取急外还，闻之，遽入曰："嗣王雄豪盖世，得人死力，然所至残暴非常，非吊人之材。昔陛下登北顾亭以望，谓江右有反气，骨肉为戎首。今日之事，尤宜详择。"帝默然曰："会理何如？"南康简王续子。对曰："陛下得之，臣无恨矣。"会理懦而无谋。所乘襻舆施版屋，冠以牛皮。帝闻，不悦。行至宿豫，见第七章第四节。贞阳侯明《南史》避唐讳，渊明但称明。请行，又以代之，而以范为征北大将军，总督汉北征讨诸军事。内相乖离如此，安冀克捷？况范与会理、渊明等，无一为将帅之才，而必用为元帅，安得不召舆尸之祸邪？《明传》云：代为都督，趋彭城。《敕》曰："侯景志清邺、洛，以雪仇耻，其先率大军，随机抚定。汝等众军，可止于寒山，在今江苏铜山县东南。筑堰引清水，以灌彭城。大水一沉，孤城自殄，慎勿妄动。"观此，知武帝欲以扫荡北方之责，全委诸侯景，即使克捷，景又安可制邪？《传》又云：明师次吕梁，见第九章第五节。作寒山堰，以灌彭城。水及于堞，不没者三版。魏遣将慕容绍宗赴援。时魏以绍宗为东南道行台，与高欢从父弟清河王岳及潘乐共御渊明。明谋略不出，号令莫行。诸将每谘事，辄怒曰："吾自临机制变，勿多言。"众乃各掠居人。明亦不能制，惟禁其一军，无所侵略。绍宗至，决堰水，明命诸将救之，莫肯出。魏军转逼，人情大骇。胡贵孙谓赵伯超曰："不战何待？"伯超惧不能对。贵孙乃入陈苦战。伯超拥众弗敢救。乃使具良马，载爱妾自随。贵孙遂没。伯超子威方将赴战，伯超使人召之，遂相与南还。明醉不能兴，众军大败。明见俘执。十一月。北人怀其不侵略，谓之义王。《羊侃传》云：大举北侵，以侃为冠军将军，监作寒山堰。堰立，侃劝明乘水攻彭城，不见纳。既而魏援大至。侃频言乘其远来可击；旦日，又劝出战；并不从。侃乃率所领顿堰上。及众军败，侃结阵徐还。观此，知当日梁兵，真同儿戏，他时台城被围，援军四集而不能救，而徒以扰民，其机已兆于此矣。渊明既败，慕容绍宗进围潼州。治夏丘，今安徽泗县。刺史郭凤弃城走。十二月，景围谯城，不下。攻城父，见第五章第三节。拔之。遣其行台左丞王伟、左民郎中王则诣阙献策：求诸元子弟，立为魏主，辅以北伐。诏遣元贞为咸阳王，贞，树子。须渡江，许即伪位。乘舆副御，以资给之。齐遣慕容绍宗追景。景退入涡阳。见第十一章第三节。相持于涡北。景军食尽。士卒并北人，不乐南渡。其将暴显等，各率所部，降于绍宗。景军溃。与腹心数骑，自硖石济淮。硖石，见第六章第四节。稍收散卒，得马步八百人，奔寿春。羊鸦仁、羊思建并弃城，魏进据之。恢复河南，遂成画饼矣。

　　侯景之去颍川也，王思政分布诸军，据其七州、十二镇。景既败，东魏使高岳、慕容绍宗、刘丰生攻之。宇文泰遣赵贵帅军至穰，魏荆州治，见第十一章第四节。并督东西诸州兵，以救思政。东魏起堰，引洧水以灌城。自颍川以北，皆为陂泽，兵不得至。贵还。太清三年（549），西魏大统十五年，东魏武定七年。四月，绍宗、丰生共乘楼船，以望城内。大风暴起，船飘至城下。城上人以长钩牵船，弓弩乱发。绍宗穷急，赴水死。丰生浮向土山，复中矢而毙。陈元康劝高澄自以为功。澄从之，自将而往。六月，陷之。思政见俘。《周书·崔猷传》言：思政初赴景，太祖与书曰："崔宣猷智略明赡，有应变之才。若有所疑，宜与量其可否。"思政初顿兵襄城，后欲于颍川为行台治所，遣使人魏仲奉启陈之，并致书于猷。猷复书曰："襄城控带京、洛，实当今之要地。如有动静，易相应接。颍川既邻寇境，又无山川之固，贼若充斥，径至城下。莫若顿兵襄城，为行台治所；颍川置州，遣郭贤镇守；则表里胶固，人心易安。纵有不虞，岂能为患？"仲见太祖，具以启闻。太祖即遣仲还，令依猷之策。思政重启，求与朝廷立约："贼若水攻，乞一周为断；陆攻，请三岁为期；限内有事，不烦赴援。过此以往，惟朝廷所裁。"太祖以思政既亲其事，兼复固请，遂许之。及颍川没，太祖深追悔焉。案，颍川之败，实败于无援。小敌之坚，大敌之擒，若终无援师，即据襄城何益？自侯景之败，思政即势成孤悬，不拔之还，即宜豫筹救援之策。赵贵之兵，纵云沮于水不得至，岂出他道牵掣之师，亦不能筹画邪？而当时绝不闻有是，是弃之也。岂思政为孝武腹心，宇文泰终不免于猜忌欤？亦可异矣。

第二节　侯景乱梁（中）

侯景之济淮也，莫适所归。时鄱阳王范为南豫州刺史，未至，马头戍主刘神茂马头，见第八章第七节。为监州韦黯所不容，驰谓景曰："寿阳去此不远，城池险固。王次近郊，黯必郊迎，因而执之，可以集事。得城之后，徐以启闻，朝廷喜王南归，必不责也。"景执其手曰："天教也。"及至，而黯授甲登陴。景谓神茂曰："事不谐矣。"对曰："黯懦而寡知，可说下也。"乃遣豫州司马徐思玉夜入说之。黯乃开门纳景。据《南史·景传》。《梁书·景传》云：监州韦黯纳之。其辞较略。《萧介传》云：高祖敕防主韦黯纳之。则恐非其实也。景遣于子悦驰以败闻，自求贬削，优诏不许。复求资给，即授南豫州刺史。光禄大夫萧介表谏，言"景必非岁暮之臣。今既亡师失地，直是境上一匹夫。陛下爱匹夫而弃与国之好，臣窃不取也"。不听。而以鄱阳王范为合州刺史，镇合肥。其措置，实不免于姑息矣。

《梁书·傅岐传》云：太清二年（548），渊明遣使还，述魏人欲更通和好。敕有司及近臣定议。朱异言："且得静寇息民，于事为便。"议者并然之。岐独曰："高澄既新得志，其势非弱，何事须和？此必是设间，故令贞阳遣使，令侯景自疑：当以贞阳易景。景意不安，必图祸乱。今若许澄通好，正是堕其计中。且彭城去岁丧师，涡阳新复败退，今便就和，益示国家之弱。"朱异等固执，高祖遂从异议。《南史·侯景传》云：魏人更求和亲，帝召公卿谋之，张绾、朱异咸请许。景闻，未之信，乃伪作邺人书，求以贞阳侯换景。帝将许之。舍人傅岐曰："侯景以穷归义，弃之不祥。且百战之余，宁肯束手受絷?"谢举、朱异曰："景奔败之将，一使之力耳。"帝从之。复书曰："贞阳朝至，侯景夕返。"景谓左右曰："我知吴儿老公薄心肠。"案，邺人之书，似不易伪为；即能伪之，武帝复书，亦未必轻率至是；此说殆不足信。不则景妄为此言，以激怒其众也。然即不以渊明易景，当时与北言和，亦非所宜。傅岐之议，可谓洞烛事机。史言岐在禁省十余年，机事密勿，亚于朱异，而武帝于此，独不用其议，盖偷安苟且之念，入之深矣。是岁，六月，遣使通好于北。侯景累启绝和，及请追使。又致书朱异，辞意甚切。异但述敕旨以报之。案，和议合宜与否，别是一事。国家和战之计，要非降人所得与。若如景之所为，是国家当守小谅，为匹夫报仇也，其悖亦甚矣。既决意言和，而景有此请，便宜乘机，加以诛责，乃又优容不断，又曷怪景之生心乎?鄱阳王及羊鸦仁累启称景有异志，朱异并抑不奏闻。异盖以常理度之，谓景必不能叛。然事有出于意计之外者，而其变化，遂非恒情所能测度矣。故曰"日中必彗，操刀必割"也。

是岁八月，侯景举兵反。《南史·景传》：景上言曰："高澄狡猾，宁可全信?陛下纳其诡语，求与通和，臣亦所窃笑也。臣行年四十有六，未闻江左有佞邪之臣，一旦入朝，乃致嚣謗。宁堪粉骨，投命仇门?请乞江西一境，受臣控督。如其不许，即领甲临江，上向闽越。非惟朝廷自耻，亦是三公旰食。"帝使朱异宣语答景使曰："譬如贫家，畜十客五客，尚能得意，朕惟有一客，致有忿言，亦是朕之失也。"景又知临贺王正德怨望朝廷，密令要结，正德许为内应，景遂发兵反，以诛朱异等为辞。攻马头木栅，执太守刘神茂、戍主曹璆等。武帝闻之，笑曰："是何能为?吾以折棰答之。"于是诏鄱阳王范为南道都督，封山侯正表临川靖惠王子，正德之弟。时为北徐州刺史，治钟离，见第八章第四节。为北道都督，柳仲礼为西道都督，裴之高邃兄子。为东道都督。又令邵陵王纶董督众军。景闻之，谋于王伟。伟曰："莫若直掩扬都，临贺反其内，大王攻其外，天下不足定也。兵闻拙速，不闻工迟，即今便须进路。不然，邵陵及人。"案，景乃羁旅之臣，众又寡弱，即极剽悍，安敢遽犯京师?纵使幸胜，亦将何以善其后乎?景上武帝书，虽绝悖慢，然其"表疏跋扈，言辞不逊"，亦《南史·景传》语。为朝廷所优容久矣，实未可指为反迹，故武帝不以为意，及其既叛，尚以谈笑处之也。然则无正德之许，景必不敢遽叛。《正德传》云：正德阴养死士，常思国衅。侯景反，知其有奸心，徐思玉在北，经与正德相知，至是，景遣思玉至建业，具以事告。又与正德书曰："今天子年尊，奸臣乱国，以景观之，计日必败。大王属当储贰，中被废辱，天下义士，窃所愤慨，岂得顾此私情，弃兹亿兆?景虽不武，实思自奋。"正德得书大喜，曰："侯景之意，暗与人同，天赞我也。"遂许之。谓景之要结正德，在其举兵之后，必不然矣。九月，景发寿春，声云游猎，伪向合肥，遂袭谯州。南谯州，今安徽滁县。助防董绍先开城降之。高祖闻之，遣太子家令王质率兵三千巡江遏防。景进攻历阳，见第三章第九节。太守庄铁又降。帝问羊侃以讨景之策。侃求以二千人急据采石，见第三章第九节。令邵陵王袭取寿春，使景进不得前，退失巢窟，乌合之众，自然瓦解。议者谓景未敢便逼都城，遂寝其策。陈庆之子昕为临川太守，临川，见第七章第一节。敕召之还。昕启云："采石急须重镇，王质水军轻弱，恐虏必济。"乃版昕为云骑将军，代质，而追质为丹阳尹。时正德都督京师诸军，屯丹阳郡，先遣大船数十艘，伪称载荻，实拟济景。景至江将渡，虑王质为梗，俄而质退，而陈昕尚未下渚，景遂自采石济。马数百匹，兵八千人。京师不之觉。景分袭姑孰，见第四章第一节。遂至慈湖。见第七章第一节。皇太子见事急，入启帝曰："请以事垂付，愿不劳圣心。"帝曰："此是汝事，何更问为？"太子仍停中书省指授。于是以宣城王大器都督城内诸军事，大器，简文帝长子，即哀太子也。羊侃为军师将军副焉。十二月，侃卒。朱异以明年正月卒。正德守朱雀航。景至，正德率所部与之合。石头、白下皆弃守。景百道攻城，不克。伤损甚多。乃筑长围，以绝内外。十一月，景立正德为帝。攻陷东府城。于城东西各起土山，以临城内。城内亦作两山以应之。材官将军宋嶷降贼，又为贼立计，引玄武湖水以灌城。阙前御街，尽为洪波矣。十二月，景造诸攻具，百道攻城，又不克。时梁兴四十七年，在位及闾里士大夫，莫见兵甲；宿将已尽，后进少年，并出在外，城中惟羊侃、柳津、韦黯，津老疾，黯懦而无谋，军旅指，一决于侃，《南史·羊侃传》。而侃又卒；平荡之事，自不得不期望援军。援军最先至者，为南徐州刺史邵陵王纶。直指钟山，见第四章第三节。为贼所败，退奔京口。已而鄱阳世子嗣、范子、西豫州刺史裴之高、司州刺史柳仲礼、前衡州刺史韦粲、宣猛将军李孝钦、南陵太守陈文彻等皆至，共推仲礼为大都督。仲礼者，津子。《南史·仲礼传》云：简文帝为雍州，津为长史。及入居储宫，津从，仲礼留在襄阳，马仗、军人悉付之。稍迁司州刺史。侯景潜图反噬，仲礼先知之，屡启求以精兵三万讨景，朝廷不许；及景济江，朝野便望其至，兼畜雍、司精卒，见推总督；景素闻其名，甚惮之。《梁书·韦粲传》云：粲建议推仲礼为大都督，报下流众军。裴之高自以年位，耻居其下，累日不决。粲乃抗言于众曰："今者同赴国难，志在除贼。所以推柳司州者，政以久捍边疆，先为侯景所惮；且士马精锐，无出其前。若论位次，柳在粲下；语其年齿，亦少于粲；直以社稷之计，不得复论。今日形势，贵在将和。若人心不同，大事去矣。裴公朝之旧齿，年德已隆，岂应复挟私情，以沮大计？粲请为诸君解释之。"乃单舸至之高营，切让之。于是诸将定议。仲礼方得进军。军次新亭。贼列陈于中兴寺。相持至晚，各解归。是夜，仲礼入粲营部分，令粲顿青塘。青塘当石头中路，粲虑栅垒未立，贼必争之，颇以为惮。仲礼使直阁将军刘叔胤助粲。直昏雾，军人迷失道，比及青塘，夜已过半，垒栅至晓未合。景登禅灵寺门阁望粲营未立，便率锐卒来攻。军副主王长茂劝据栅待之，粲不从。令军主郑逸逆击之，刘叔胤以水军截其后。叔胤畏懦不敢进，逸遂败。贼乘胜入营。左右牵粲避贼，粲不动，犹叱子弟力战。兵死略尽，遂见害。子尼，及三弟助、警、构，从弟昂皆战死，亲戚死者数百人。《南史·仲礼传》曰：韦粲见攻，仲礼方食，投箸，被练驰之。骑能属者七十。比至，粲已败。仲礼因与景战于青塘，大败之。景与仲礼交战，各不相知。仲礼稍将及景，贼将支伯仁自后砍仲礼，中肩，马陷于淖。贼聚稍刺之。骑将郭山石救之以免。自此壮气外衰，不复言战。神情懊恨，凌蔑将帅。邵陵王纶亦鞭策军门，每日必至，累刻移时，仲礼亦弗见也。纶既忿叹，怨隙遂成。而仲礼常置酒高会，日作优倡。毒掠百姓，污辱妃主。父津，登城谓曰："汝君父在难，不能尽心竭力，百代之后，谓汝为何？"仲礼闻之，言笑自若。晚又与临城公大连不协。大连，亦简文子，时为东扬州刺史，以兵至，见下。东扬州，治会稽。景尝登朱雀楼与之语，遗以金环。是后开营不战。众军日固请，皆悉拒焉。案，谓仲礼一战而伤，遂气索不敢复战，殊不近情；谓其与侯景通，亦近溢恶：《南、北史》主博采，鲜别择，所言固不尽可信也。当日者，诸军独力皆不足破景，欲解台城之围，非齐力决战不可。然将骄卒惰，久成痼疾，不有严令，孰肯向前？而一时诸将，无一材望足资统率者。不得已，就兵之最强者求之，柳仲礼遂以小器出承其乏。得之既不以其道，自为众情所不服，虽膺都督之任，依然号令不行，欲决战，仍非独力前进不可，此自非仲礼所乐为；诸军亦无不如是；如其向前，亦徒为韦粲耳，然并此亦无第二人也。遂成相杖不战之局矣。此正与寒山之役，齐师决堰，诸军莫肯出战同。故曰：观于寒山，而知台城之围之不可解也。时邵陵王之兵，与临城公大连再至南岸，亦无功。荆州刺史湘东王绎，遣世子方等、司马吴晔、天门太守樊文皎下援。与鄱阳世子，及永安侯确，邵陵王纶子。前高州刺史李迁仕、前司州刺史羊鸦仁共破东府前栅，营青溪东。旋为景将宋子仙所破，文皎死之。《南史·景传》云：是时邵陵王与柳仲礼，甚于仇敌；临城公与永安侯，逾于水火。诸军之情形，固如出一辙也。

时城中疾疫，死者大半。景军亦饥，不能复战。东城东府城。有积粟，其路为援军所断；且闻湘东王下荆州兵；彭城刘邈，乃说景乞和，全师而返。景与王伟计，遣任约至城北，拜表伪降，以河南自效。帝曰："吾有死而已，宁有是议？且贼凶逆多诈，此言云何可信？"既而城中日蹙，简文乃请帝许和，更思后计。帝大怒曰："和不如死。"迟回久之，曰："尔自图之，无令取笑千载。"乃听焉。景请割江右四州之地，谓南豫州、西豫州、合州、光州。南豫州、合州皆见第一节。西豫州，今安徽怀宁县。光州，今河南潢川县。并求宣城王大器出送，然后解围济江。仍许遣其仪同于子悦、左丞王伟入城为质。傅岐议：以宣城王嫡嗣之重，不容许之，乃请石城公大款出送。大款，大器弟。诏许焉。遂于西华门外设坛为盟誓。遣尚书仆射王克，兼侍中上甲乡侯韶，散骑常侍萧瑳，与于子悦、王伟等登坛共盟。武卫将军柳津出西华门下，景出其栅门，与津遥相对，刑牲歃血。韶，长沙宣武王懿孙。时太清三年（549）二月也。景之渡江也，武帝召封山侯正表入援。正表率众次广陵，闻正德为景所推，遂托舫粮未集，盘桓不进。景以正表为南兖州刺史，封南郡王。正表既受景署，遂于欧阳立栅，欧阳，在今江苏仪征县境。以断援军。又欲进攻广陵。南兖州刺史南康王会理遣军击破之。正德走还钟离，遂降魏。会理与前青、冀二州刺史湘潭侯退，鄱阳忠烈王恢子。西昌侯世子或西昌侯渊藻，长沙宣武王懿子，时为南徐州刺史。率众三万，至于马邛州。在台城北。景虑其自白下而上，断其江路，请悉勒聚南岸；又启称永安侯、赵威方频隔栅诟臣，乞召入城；敕并从之。《南史·本传》云：确知此盟多贰，欲先遣赵威方人，确因南奔。纶闻之，逼确使入。后与景猎钟山，引弓将射景，弦断不得发，贼觉，杀之。景运东城米于石头，食遂足。湘东王绎师于武城，在湖北黄陂县南。湘州刺史河东王誉次巴陵，见第三章第九节。前信州刺史桂阳王慥顿江津，慥，桂阳简王融之子。江津，见第七章第三节。未进，亦有敕班师。景知援军号令不一，终无勤王之效。又闻城中死疾转多，谓必有应者。王伟又说景曰："王以人臣，举兵背叛，围守宫阙，已盈十旬，逼辱妃主，陵秽宗庙，今日持此，何处容身？愿且观其变。"景然之，乃抗表陈帝十失，请诛君侧之恶臣，清国朝之秕政，然后还守藩翰。三月朔旦，城内以景违盟，举烽鼓噪。景决石阙前水，胡三省曰：景前决玄武湖水积于此。百道攻城，昼夜不息，城遂陷。景矫诏遣石城公大款解外援军，于是诸军并散。《南史·柳仲礼传》：仲礼及弟敬礼、羊鸦仁、王僧辩、赵伯超，并开营降贼。僧辩者，湘东王使督舟师援台者也，才至而宫城陷。景留敬礼、鸦仁，而遣仲礼、僧辩西上，各复本位。饯于后渚。敬礼谓仲礼曰："景今来会，敬礼抱之，兄便可杀，虽死无恨。"仲礼壮其言，许之。及酒数行，敬礼目仲礼，仲礼见备卫严，不敢动，遂不果。后景征晋熙，敬礼与南康王会理谋袭其城，刻期将发，建安侯萧贲告之，遂遇害。贲者，正德弟正立之子。正德为侯景所立，贲出投之。专监造攻具，以攻台城。常为贼耳目。后贼恶其反覆，杀之。羊鸦仁出奔江西，将赴江陵，于路为人所害。惟赵伯超为贼用。景降萧正德为大司为。撤二宫侍卫，而使其党防守。武帝忧愤感疾。五月，崩。年八十六。景密不发丧。二十余日，乃迎皇太子即位，是为太宗简文皇帝。正德知为贼所卖，密书与鄱阳王，期以兵入，贼遮得，矫诏杀之，时六月也。

先是景以武帝手敕召南康王会理，而使其党董绍先据南兖州。会理僚佐咸劝距之。会理用其典签范子鸾计，谓处江北功业难成，不若身赴京师，图之肘腋，遂以城输绍先。至都，景以为司空，兼尚书令。祖皓起义，期以会理为内应，景矫诏免会理官。后景往晋熙，都下虚弱，会理与柳敬礼谋取王伟，事觉，与弟通理皆遇害。祖皓起义，见下。又使萧邕代西昌侯渊藻据南徐州。以任约为南道行台，镇姑孰。使李贤降宣城。见第三章第九节。于子悦、张大黑入吴。太守袁君正迎降。子悦、大黑肆行毒虐，吴人各立城栅拒守。景又遣侯子鉴入吴。收子悦、大黑还京诛之。戴僧遏据钱唐，东扬州刺史临城公大连据州，吴兴太守张嵊据郡，吴兴，见第三章第九节。景使宋子仙、赵伯超、侯子鉴、刘神茂等攻破之。文成侯宁于吴西乡起兵，亦为景党孟振、侯子荣所破杀。景又以郭元建为北道行台，总江北诸军，镇新秦。宋郡，今江苏六合县。前江都令祖皓起兵，袭杀董绍先，亦为景所破，更以侯子鉴监南兖州。鄱阳王范弃合肥，出东关，见第十一章第四节。请兵于魏，遣二子为质。魏人据合肥，竟不出师助范。范屯于栅口，今安徽裕溪口，在芜湖东北。待援兵总集，欲俱进。江州刺史寻阳王大心闻之，遣要范西上，以湓城处之。大心，简文子。湓城，即湓口城，见第三章第九节。景出顿姑孰。范将裴之悌、夏侯威生以众降。景以之悌为合州刺史，威生为南豫州刺史。范至湓城，以晋熙为晋州，晋熙，晋郡，治怀宁，今安徽潜山县。遣子嗣为刺史。江州郡县，辄更改易。寻阳政令所行，惟存一郡。初庄铁降景，又奉其母奔大心。大心以铁旧将，厚为其礼。军旅之事，悉以委之。仍以为豫章内史。铁据豫章反，大心令中兵参军韦约等击之。铁败绩，又乞降。嗣先与铁游处，请援之。范从之。乃遣将侯瑱，率精甲五千救铁，夜袭破韦约等营。于是二藩衅起，人心离贰。范居湓城，商旅不通，音使距绝。范数万之众，皆无复食，人多饿死。范恚，发背薨。嗣犹据晋熙。城中食尽，士乏绝。简文帝大宝元年（550），七月，任约、卢晖略攻晋熙。嗣中流矢，殁于陈。约进袭江州。大心遣司马韦质拒战，败绩。时帐下犹有勇士千余人，咸说大心轻骑往建州，以图后举。此建州置于苞信县，在今河南商城县西。劝往此者，盖以便于入齐也。而大心母陈淑容不肯行。大心乃止，遂与约和。于是景之兵锋，直逼荆、郢矣。

第三节　侯景乱梁（下）

先是上流之地，湘东王绎刺荆州，岳阳王詧刺雍州，武帝内弟张缵刺湘州。缵，弘策子，出后伯父弘籍。太清二年（548），征缵为领军，俄改雍州刺史，而以河东王誉刺湘州。缵素轻少王，州府迎候及资待甚薄。誉深衔之。至州，遂托疾不见缵，仍检校州、府庶事，留缵不遣。侯景寇京师，湘东王绎军于武城，见上节。誉饬装当下援，缵密报绎曰："河东起兵，岳阳聚米，将来袭江陵。"绎惧，沈米、断缆而归。因遣谘议周弘直至誉所，督其粮、众。三反，誉不从。绎大怒。七月，遣世子方等讨誉。方等，绎长子也。母曰徐妃，以嫉妒失宠。而绎第二子方诸母王氏，以冶容幸嬖。王氏死，绎归咎徐妃。方等意不自安。绎闻之，又恶方等。方等益惧。时武帝年高，欲见诸王长子，绎遣方等，方等欣然登舟。遇侯景乱，绎召之。方等启曰："昔申生不爱其死，方等岂顾其生?"绎省书，知无还意，乃配步骑一万，使援台城。贼每来攻，方等必身当矢石。及是，求征誉。临行，谓所亲曰："吾此段出征，必死无二。死而获所，吾岂爱生?"及至麻溪，在今湖南长沙县北。军败溺死。绎遣鲍泉继之。初绎命所督诸州并发兵下，岳阳王誉遣司马刘方贵为前军，出汉口。及将发，绎又使喻誉自行。誉辞颇不顺。绎怒。而方贵先与誉不协，潜与绎相知，刻期袭誉。未及发，会誉以他事召方贵。方贵疑谋泄，遂据樊城拒命。樊城，见第五章第二节。誉遣军攻之。时张缵弃所部，单舸赴江陵。绎乃厚资遣缵，若将述职，而密援方贵。缵次大堤，胡三省曰：《沈约志》：华山郡，治大堤。《五代志》：襄阳郡汉南县，宋置华山郡。唐并汉南入宜城。曾巩曰：宋武帝筑宜城之大堤为城。案，宜城，今湖北宜城县。樊城已陷。誉擒方贵兄弟及党与，并斩之。缵因进至州。誉迁延不受代，而密图之。缵惧，请绎召之。绎乃征缵于誉。誉留不遣。州助防杜岸兄弟绐缵曰："岳阳殿下，势不仰容。不如且往西山，以避此祸。使君既得物情，远近必当归集。以此义举，事无不济。"缵深以为然。因与岸等结盟誓，又要雍州人席引等于西山聚众。缵服妇人衣，乘青布舆，与亲信十余人出奔。引等与杜岸驰告誉。誉令中兵参军尹正与岸等追讨，并擒之。缵惧不免，因请为沙门。誉以誉危急，率众三万、骑千匹伐江陵以救之。大雨暴至，众颇离心。绎与岸弟崱有旧，密要之。崱乃与兄岸，弟幼安及杨混各率其众降。誉夜遁。初誉囚张缵于军，至是，先杀缵而后退焉。杜岸之降也，请以五百骑袭襄阳。誉至，岸奔其兄崱于广平。晋渡江，侨置广平郡于襄阳，宋以汉南阳郡之朝阳为实土。案，朝阳，在今河南邓县东南。誉遣尹正、薛晖等攻之，获崱、岸等。并其母、妻、子女杀之。尽诛诸杜宗族、亲旧，其幼稚疏属下蚕室。又发掘其坟墓，烧其骸骨，灰而扬之。其酷虐如此。鲍泉围湘州，久未能拔，绎命王僧辩代之。大宝元年（550），四月，克湘州，斩誉。誉自称梁王，称蕃于魏。魏遣兵助戍襄阳。台城之陷也，邵陵王纶奔禹穴，在今浙江绍兴县。东土皆附。南郡王大连惧，图之。纶觉，去至寻阳。寻阳王大心欲以州让之，纶不受。至郢州，刺史南平王恪以州让之，恪，南平元襄王伟之子。纶又不受。河东王誉请救，纶欲往救之，以军粮不继而止。与绎书劝止之。绎不听。纶大修器甲，将讨侯景。绎闻其盛，八月，遣王僧辩帅舟师一万逼之，纶走。于是侯景之兵锋，绎实当之矣。

江州之陷，绎遣徐文盛率众军下武昌。文盛，宁州刺史，闻国难，召募得数百人来赴。是岁，九月，侯景率舟师上皖口。皖水入江之口，在今安徽怀宁县西。十二月，绎又遣尹悦、王珣、杜幼安助文盛。任约以西台益兵，告急于景。二年（551），闰三月，景自率众二万，西上援约。至西阳，见第四章第三节。徐文盛不敢战。文盛妻石氏，先在建业，至是，景载以还之。文盛深德景，遂密通信使，都无战心。众咸愤怨。初郢州之平，绎以子方诸为刺史，鲍泉为长史，行府、州事。方诸与泉，不恤军政，惟蒲酒自乐。景访知其无备，兵少，四月，遣宋子仙袭陷之，执方诸及泉，尽获武昌军人家口。文盛等大溃，奔归江陵。王珣、尹悦、杜幼安并降于贼。景遂乘胜西上。绎先遣王僧辩东下代文盛，军次巴陵，会景至，僧辩因坚壁拒之。景设长围，筑土山，昼夜攻击，不克。军中疾疫，死伤大半。绎遣胡僧祐、陆法和援巴陵。景遣任约以精卒数千逆击，六月，僧祐等击破之，擒约。王僧辩督众军追景，而陈霸先之兵亦来会。

陈霸先，吴兴长城人。长城，见第三章第九节。为广州刺史萧映僚佐。映，始兴忠武王憺子也。讨破交州叛贼李贲。映卒，以霸先为交州司马，与刺史杨瞟讨贲，平之。除西江督护、高要太守。高要，汉县，梁置郡，今广东高要县。时太清元年（547）也。二年，冬，侯景寇京师，霸先将率兵赴援。广州刺史元景仲，法僧子也，欲图霸先。《北史·道武七王传》云：侯景遣诱召之，诈奉为主，景仲将应之。霸先知其计，与成州刺史王怀明、成州，今广西苍梧县。行台选郎殷外臣等密议戒严。三年，七月，集义兵于南海，驰檄以讨景仲。景仲穷蹙，自缢死。霸先迎定州刺史萧勃镇广州。定州，治郁林，见第三章第九节。勃，武帝从弟吴平侯昺之子。初衡州刺史韦粲，自解还都征侯景，以临贺内史欧阳颎监衡州。衡州，治曲江，今广东曲江县。临贺，见第三章第九节。京城陷后，岭南互相吞并。高州刺史兰裕，攻始兴内史萧绍基，夺其郡。高州，治高凉，在今广东阳江县西。始兴，见第三章第八节。裕以兄钦与颎有旧，遣招之。颎不从，裕攻之。颎请援于勃，勃令霸先救之，悉擒裕等。仍监始兴郡。十一月，霸先遣杜僧明、胡颖将二千人顿于岭上。僧明，广陵临泽人。梁大同中，卢安兴为广州南江督护，僧明与兄天合及周文育，并为所启，与俱行。安兴死，僧明复副其子子雄。及李贲反，逐交州刺史萧谘，谘奔广州。台遣子雄与高州刺史孙固讨贲。时春草已生，瘴疬方起，子雄请待秋。广州刺史萧映不听。谘又促之。子雄不得已，遂行。至合浦，死者十六七。众并惮役溃散，禁之不可，乃引其余兵退还。萧谘启子雄及冏与贼交通，逗留不进。梁武帝敕于广州赐死。子雄弟子略、子烈，并雄豪任侠，家属在南江，天合乃与周文育等率众结盟，奉子略为主，以攻萧映。霸先时在高要，闻事起，率众来讨，大破之，杀天合。擒僧明及文育等，并释之，引为主帅。案，陈武生平，用降将最多，详见《廿二史札记》，其气度必有大过人者，僧明、文育，特其一耳。颖，吴兴东迁人，为广州西江督护。霸先与其同郡，待之甚厚。萧谘，鄱阳王范之子。临津，宋县，在今江苏高邮县东北。合浦，汉郡，治徐闻，今广东海康县。后汉治合浦，今广东合浦县。梁、陈间复治徐闻。东迁，晋县，今为镇，属浙江吴兴县。并结始兴豪杰，同谋义举。郡人侯安都、张偲等率千余人来附。萧勃闻之，遣说停霸先。霸先不听。使间道驰往江陵，秉承军期节度。时蔡路养南康土豪。起兵据南康，见第七章第五节。勃遣腹心谭世远为曲江令，与路养相结，同遏义军。大宝元年（550），霸先发自始兴，次大庾岭。在今江西大庾县、广东南雄县之间。路养出军顿南野，秦县，在今江西南康县西南。依山水立四城以拒。霸先与战，大破之。路养脱身窜走。霸先进顿南康。六月，修崎头古城，在大庾县东。徙居焉。高州刺史李迁仕据大皋，在江西吉安县南。遣主帅杜平虏等率千人入赣石、鱼梁。赣石，指赣江十八滩，在今江西赣县至万安县间。鱼梁，在万安县南。迁仕之兵，盖以援台至此。霸先命周文育击走之。迁仕奔宁都。吴阳都县，晋更名，今江西宁都县。宁都人刘蔼等资迁仕舟舰、兵仗，将袭南康。霸先遣杜僧明等率二万人据白口，《通鉴考异》引《太清纪》云：于雩都县连营相拒。则其地当在雩都。雩都，汉县，今江西雩都县东北。筑城以拒之。迁仕亦立城以相对。二年，三月，僧明等攻拔其城，生擒迁仕送南康。霸先斩之。湘东王绎命霸先进兵定江州，仍授江州刺史。九月，又以王僧辩刺江州，而以霸先为东扬州刺史。

　　侯景之东还也，以丁和为郢州刺史，留宋子仙、时灵护等助和守御。以支化仁、阎洪庆等守鲁山城。见第七章第三节。王僧辩率巴陵诸军，沿流讨景。攻鲁山，化仁降。攻郢，擒灵护。子仙行战行走。至白杨浦，胡三省曰：盖去郢城未远。大破之，生擒子仙送江陵。鄱阳王范及其子嗣之死也，侯瑱领其众，依于庄铁。铁疑之。瑱惧，诈引铁谋事，因而刃之，据有豫章。侯景将于庆南略，至豫章，瑱穷蹙，降于庆。庆送瑱于景。景以瑱与己同姓，托为宗族，待之甚厚。留其妻子及弟为质，遣瑱随庆平定蠡南诸郡。蠡南，谓彭蠡湖以南。及是，瑱起兵袭之，庆败走。景尽诛瑱妻、子及弟。湘东王绎授瑱南兖州刺史。七月，僧辩军次溢城，贼行江州事范希荣弃城走。八月，晋熙人王僧振、郑宠起兵袭城，伪刺史夏侯威生、仪同任延遁。绎命僧辩且顿江州，须众军齐集。顷之，命江州众军，悉同大举。于是发江州。命侯瑱率锐卒轻舸，袭南陵、鹊头等戍，至即克之。南陵，见第七章第五节。鹊头，见第九章第二节。三年（552），元帝承圣元年。二月，霸先与僧辩会于白茅洲，在江西德化县北，与安徽宿松县接界。登坛盟誓。

侯景之东还也，二年（551），八月，废太宗为晋安王，幽于永福省。害皇太子大器、寻阳王大心、西阳王大钧、武宁王大威、建平王大球、义安王大昕、绥建王大挚，皆简文子。及寻阳王诸子二十人。矫为太宗诏，禅位于豫章嗣王栋。欢子。遣使害南海王大临于吴郡，南郡王大连于姑孰，安陆王大春于会稽，新兴王大壮于京口。亦皆简文子。大壮，《南史》作大庄。初景既平京邑，便有篡夺之心，以四方须定，且未自立。既巴陵失律，江、郢丧师，猛将外歼，雄心内沮，便欲伪僭大号，遂其奸心。其谋臣王伟云："自古移鼎，必须废立。"故景从之。其太尉郭元建闻之，目秦郡驰还，谏景曰："四方之师，所以不至者，政为二宫万福。若遂行弑逆，结怨海内，事几一去，虽悔无及。"王伟固执不从。此据《梁书·景传》。《南史》则云元建谏废简文，景意遂回，欲复帝位，以栋为太孙，王伟固执不可。又《南史·简文纪》云：景纳帝女溧阳公主。公主有美色，景惑之，妨于政事。王伟每以为言。景以告主，主出恶言。伟知之，惧见谮，乃谋废帝而后间主，苦劝行弑，以绝众心。此亦不根之谈。伟小人，安知远虑。知远虑，不事景矣。十月，景弑太宗。十一月，遂废栋而自立。先是张彪起义于会稽若邪山，事在大宝元年，《纪》在十一月，《景传》在十二月。彪，南郡王前中兵参军。若邪山，在今浙江绍兴县南。攻破浙东诸县。景遣田迁、赵伯超、谢答仁等东伐彪。是年，正月，彪遣别将寇钱唐、富春。钱唐，见第四章第三节。富春，即富阳，晋避太后讳改，见第十章第四节。田迁进军与战，破之。十月，景司空东道行台刘神茂，仪同尹思合、刘归义、王晔，云麾将军桑干王元�等据东阳归顺。东阳，见第五章第六节。仍遣元颊及别将李占、赵惠朗下据建德江口。建德，秦县，今浙江建德县。尹思合收景新安太守元义，夺其兵。新安，见第四章第二节。张彪攻永嘉，见第七章第二节。永嘉太守秦远降。十一月，景以赵伯超为东道行台，镇钱唐。遣田迁、谢答仁等东征神茂。十二月，答仁等至建德，攻元颊、李占栅，大破之。执颊、占送景。明年，大宝三年，即元帝承圣元年。谢答仁攻刘神茂。刘归义、尹思合等弃城走。神茂孤危，复降。初海宁程灵洗，吴海阳县，晋曰海宁，在今安徽休宁县东。据黟、歙以拒景。汉黝县，宋曰黟，在今安徽黟县东。歙县，见第九章第六节。景军据有新安，新安太守西乡侯隐奔依灵洗，灵洗奉以主盟。刘神茂建义，灵洗攻下新安，与之相应。及是，景偏帅吕子荣进攻新安，灵洗复退保黟、歙。景败，子荣走，灵洗复据新安，进军建德。二月，王僧辩军至芜湖。见第三章第九节。芜湖城主宵通。景遣史安和、宋长贵等率兵二千，助侯子鉴守姑孰。见第四章第一节。追田迁还京师。三月，景往姑孰，巡视垒栅。诚子鉴曰："西人善水战，不可与争锋。若得马步一交，必当可破。汝但坚壁，以观其变。"子鉴乃舍舟登岸，闭营不出。僧辩等遂停军十余日。贼党大喜，告景曰："西师惧吾之强，必欲遁走。不击，将失之。"景复命子鉴为水战之备。子鉴乃率万余人渡洲，并引水军俱进。僧辩逆击，大破之。子鉴仅以身免。僧辩进军次张公洲。即蔡洲，见第四章第三节。景以卢晖略守石头，纥奚斤等守捍国城。在今江苏江宁县南。悉逼百姓及军士家累入台城。僧辩焚景水栅，入淮。至禅灵寺渚。景大惊，乃缘淮立栅。自石头迄青溪十余里，楼雉相接。僧辩遣杜崱问计于陈霸先。霸先曰："前柳仲礼数十万，隔水而坐；韦粲之在青溪，竟不渡岸，贼乃登高望之，表里俱尽。今围石头，须渡北岸。诸将若不能当锋，请先往立栅。"霸先即于石头城西横陇筑栅。众军次连八城，直出西北。贼恐西州路断，西州，见第十章第二节。亦于东北果林筑五城，以遏大路。景自率侯子鉴、于庆、史安和、主僧贵等拒守。使王伟、索超世、吕季略守台城。景列陈挑战，僧辩率众军奋击，大破之。侯子鉴、王僧贵各弃栅走，卢晖略、纥奚斤并以城降。景既退败，不入宫，敛其散兵，屯于阙下。遂将逃窜。王伟揽辔谏曰："自古岂有叛天子？今宫中卫士，尚足一战，宁可便走？弃此欲何所之？"景曰："我在北，打贺拔胜，败葛荣，扬名河朔，与高王一种人。今来南，渡大江，取台城如反掌，打邵陵王于北山，破柳仲礼于南岸，皆乃所亲见。今日之事，恐是天亡。乃好守城，我当复一决耳。"仰观石阙，逡巡叹息。久之，乃以皮囊盛二子《通鉴》云：江东所生。挂马鞍，与其仪同田迁、范希荣等百余骑东奔。王伟委台城窜逸。侯子鉴等奔广陵。王僧辩命众将入据台城，侯瑱、裴之横率精甲五千，东入讨景。景至晋陵，见第四章第三节。劫太守徐永，东奔吴郡。进次嘉兴。见第三章第四节。赵伯超据钱唐拒之。景退还吴郡。达松江，而侯瑱军奄至。景众未陈，皆举幡乞降。景不能制，乃与腹心数十人单舸走。推堕二子于水，自沪渎入海。沪渎，见第七章第二节。羊侃第三子鹍，随侃台内，城陷，窜于阳平，宋县，未详今地。景呼还，待之甚厚。及景败，鹍密图之，乃随其东走。景于松江战败，惟余三舸下海，欲向蒙山。在今山东蒙阴县。会景倦，昼寝，鹍语海师："此中何处有蒙山？汝但听我处分。"遂直向京口。至胡豆洲，此据《羊侃传》。《景传》作壶豆洲。在今江苏镇江县北。景觉，大惊。问岸上人，云郭元建犹在广陵。景大喜，将依之。鹍拔刀叱海师，使向京口。景欲投水，鹍抽刀斫之。景乃走入船中，以小刀抉船底。鹍以矟入，刺杀之。送尸于王僧辩，传首西台。僧辩收贼党王伟等二十余人，送于江陵。赵伯超降于侯瑱，亦送江陵。陈霸先出广陵，郭元建奔齐。

　　侯景之为人也，可谓酷虐无伦。其犯建康，初至便望克定，号令甚明，不犯百姓。既攻城不下，人心离沮；又恐援军总集，众必溃散；乃纵兵杀掠，交尸塞路。富室豪家，恣意哀剥；子女玉帛，悉入军营。及筑土山，不限贵贱。昼夜不息，乱加殴棰。疲羸者因杀之以填山。号哭之声，响动天地。时百姓不敢藏隐，并出从之，旬日之间，众盈数万。东府之陷，景使卢晖略率数千人持长刀夹城门，悉驱城内文武，裸身而出，贼交兵杀之，死者二千余人。台城之陷，悉卤掠乘舆服玩、后宫嫔妾。初城中积尸，不暇瘗埋；又有已死而未敛，或将死而未绝者；景悉聚而烧之，臭气闻十余里。性残忍，好杀戮，恒以手刃为戏。方食，斩人于前，言笑自若，口不辍飧。或先断手足，割舌，劓鼻，经日乃杀之。于石头立大春碓，有犯法者捣杀之。又禁人偶语，不许大酺，有犯则刑及外族。东阳人李瞻起兵，为贼所执，送诣建业，景先出之市中，断其手足，剖析心腹，破出肝肠。祖皓之败，射之，箭遍体，然后车裂以徇。城中无少长皆斩之。此据《梁书·景传》。《南史》作埋而射之。元颢、李占被执送京口，景截其手足，徇之，经日乃死。刘神茂降，送建康，景为大剉碓，先进其脚，寸寸斩之，至头方止，使众观之以示威。每出师，戒诸将曰："若破城邑，净杀却，使天下知吾威名。"故诸将以杀人为戏笑。百姓虽死，亦不从之。然景之南奔也，高澄悉命先剥景妻子面皮，以大铁镬盛油煎杀之。女以入宫为婢。男三岁者并下蚕室。后齐文宣梦猕猴坐御床，乃并煮景子于镬。其子之在北者歼焉。则初非景一人如是，盖代北之风气然也。魏道武等，亦特此风气中之一人耳。简文帝时，景尝矫诏自加宇宙大将军，都督六合诸军事。及僭位，王伟请立七庙，并请七世讳，敕太常具祭祀之礼。景曰："前世吾不复忆，惟阿爷名标；且在朔州；伊那得来啖是？"床上常设胡床及筌蹄，着靴垂脚坐。或跂户限。或走马敖游，弹射鸦鸟。自为天子，王伟不许轻出，郁快更成失志，曰："吾不事为帝，与受摈不殊。"岂特沐猴而冠而已。

是时王师杀掠之酷，亦几不减于景。台城之被围也，援兵至北岸，百姓扶老携幼以候之，才得过淮，便竞剥掠。贼党有欲自拔者，闻之咸止。景之走，王克开台城引装之横入宫，纵兵蹂掠。时都下户口，百遗一二，大航南岸，极目无烟，老小相扶竞出，才渡淮，王琳、杜龛军人掠之，甚于寇贼，号叫彻于石头。王僧辩谓为有变，登城问故，亦不禁也。是役也，可谓江南一浩劫。台城初被围，男女十余万，贯甲者三万，及景违盟，疾疫且尽，守埤者止二三千人，并悉羸懦。景攻台时，食石头常平仓，既尽，便掠居人。尔后米一升七八万钱，人相食，有食其子者。此据《南史·景传》。《梁书》云：米斛数十万，人相食者十五六。《魏书·岛夷传》云：城内大饥，人相食。米一斗八十万。皆以人肉杂牛、马肉而卖之。军人共于德阳堂前立市，屠一牛得绢三千匹，卖一狗得钱二十万。皆熏鼠、捕雀而食之。至是，雀、鼠皆尽，死者相枕。大宝元年（550），时江南大饥，江、扬弥甚。旱、蝗相系，年谷不登。百姓流亡，死者涂地。父子携手，共入江、湖；或弟兄相要，俱缘山岳；芰实荇花，所在皆罄；草根木叶，为之凋残；虽假命须臾，亦终死山泽。其绝粒久者，鸟面鹄形，俯伏床帏，不出户牖，莫不衣罗绮，怀金玉，交相枕藉，待命听终。于是千里绝烟，人迹罕见，白骨成聚，如丘垄焉。代北残暴之风，江南淫靡之俗，合而成此大灾，只可谓人类所造之恶业，人类还自受之而已矣。

第四节　江陵之变

简文帝之崩也，四方劝进于湘东者相属。湘东以巨寇未平，未欲即位。然简文之立，湘东谓其制于贼臣，始终仍用太清年号，则其怀自立之心久矣。《南史·豫章王栋传》云：栋既废，及二弟桥、樛，并锁于密室。景败走，兄弟相扶出。初王僧辩之为都督，将发，谘元帝曰："平贼之后，嗣君万福，未审有何仪注？"帝曰："六门之内，自极兵威。"僧辩曰："平贼之谋，臣为己任，成济之事，请别举人。"由是帝别敕宣猛将军朱买臣，使行忍酷。会简文已被害，栋等与买臣遇见，呼往船共饮，未竟，并沉于水。案，王僧辩乃一热中之士，惟思乘时以立功名，《梁书·僧辩传》：赵伯超降于侯瑱，送至，既出，僧辩顾坐客曰："朝廷昔惟知有赵伯超耳，岂识王僧辩？社稷既倾，为我所复，人之兴废，亦复何常？"器小易盈，情见乎辞矣。于逆顺之际，初无所择。故一战而败，即不惜屈膝于异族，以奉渊明。而何爱于简文及豫章？况元帝为人，猜忍至极，僧辩征陆纳时，以欲待部下之集，见疑规避，几遭诛戮，陆纳事见下。《僧辩传》曰：世祖斫之，中其左髀，流血至地。僧辩闷绝，久之方苏。即送付廷尉。并收其子侄，并皆系之。会岳阳王军袭江陵，人情骚扰，未知其备。世祖遣左右往狱，问计于僧辩。僧辩具陈方略。乃赦为城内都督。此时又安敢批其逆鳞邪？故谓湘东授意僧辩，使贼嗣君，而僧辩不肯从者，必失实之辞也。然朱买臣之贼豫章，即非承湘东之旨，亦必窥其意而为之，则无疑矣。大宝三年（552），十一月，湘东即位于江陵，是为世祖孝元皇帝。

柳仲礼之入援也，竟陵郡守孙暠，以郡降西魏。竟陵，见第三章第九节。宇文泰使符贵往镇之。及台城陷，仲礼降景，景遣西上，湘东王以为雍州刺史，使袭襄阳。仲礼方观成败，未发。及南阳围急，杜岸请救，仲礼乃以别将夏侯强为司州刺史，守义阳，自帅众如安陆。见第三章第九节。使司马康昭讨孙暠，暠执符贵以降。仲礼命其将王叔孙为竟陵太守，军副马岫为安陆太守，置孥于安陆，而以轻兵师于漴头，在湖北安陆县西北。将侵襄阳。岳阳王詧告急于魏，遣妃王氏及世子嶚为质。宇文泰遣杨忠、长孙俭救之。陷随郡。见第四章第三节。进围安陆。大宝元年（550），西魏大统十六年。正月，仲礼来援，忠逆击，破擒之。马岫以城降。王叔孙亦斩孙昙降。元帝遣子方略为质，并送载书，请魏以石城为限，石城，竟陵郡治，见第三章第九节。梁以安陆为界。忠乃旋师。据《周书·杨忠传》。《南史·梁本纪》：是年，正月，使少子方略质于魏。魏不受质，而约为兄弟。《元帝诸子传》云：方略年数几。至长安，即得还。魏命詧发丧嗣位，策命为梁王。邵陵王纶之败也，与子确等十余人轻舟走武昌。时纶长史韦质、司马姜律，先在于外，闻纶败，驰往迎之。于是复收散卒，屯于齐昌。齐郡，在今湖北蕲春县西北。将引魏军共攻南阳。任约闻之，使铁骑二百袭纶。纶无备，又败。走定州。治蒙笼城，在今湖北麻城县西。定州刺史田龙祖迎纶。纶以龙祖荆镇所任，惧为所执，复归齐昌。行至汝南，《隋志》：安陆郡吉阳，梁立汝南郡，在今湖北应山县北。西魏所署汝南城主李素，纶之故吏，闻纶败，开城纳之。纶乃修浚城池，收集士卒，将攻竟陵。西魏安州刺史马岫闻之，报于西魏。安州，安陆。西魏遣杨忠、侯几通率众赴焉。二年，西魏大统十七年。二月，忠等至于汝南。纶婴城自守。会天寒大雪。忠等攻之，不能克，死者甚众。后李素中流矢卒，城乃陷。忠等执纶，纶不为之屈，遂害之。《周书·杨忠传》云：纶与前西陵郡守羊思达，要随、陆土豪段珍宝、夏侯珍洽合谋，送质于齐，欲来寇掠。汝南城主李素，纶故吏也，开门纳焉。梁元帝密报太祖，太祖乃遣忠督众讨之。诘旦陵城，日昃而克。擒纶，数其罪而杀之。忠间岁再举，尽定汉东之地。于是汉东之地，入于西魏矣。初大同元年（535），魏梁州民皇甫圆、姜宴反正，《周书·杨乾运传》。北梁州刺史兰钦因攻汉中，魏梁州刺史元罗降，梁遂复梁州。是岁，十月，宇文泰遣王雄出子午，见第五章第四节。伐上津、在今湖北郧西县北，路通陕西之山阳县。魏兴；见第三章第六节。达奚武出散关，伐南郑。明年，大宝三年（552），即元帝承圣元年。西魏废帝元年，不立年号。春，王雄陷上津、魏兴，以其地置东梁州。达奚武围南郑，梁梁州刺史宜丰侯循鄱阳忠烈王恢子。《南、北史》皆作修。力屈降。八月，东梁州民叛魏，围州城。泰复遣王雄攻之。明年，承圣二年（553），魏废帝二年。春，平之。迁其豪帅于雍州。事见《周书·泉企传》。于是汉中之地，亦入于西魏矣。其东方之地，则东魏于太清二年（548），东魏武定六年。以辛术为东徐州刺史、淮南经略使。术本为东南道行台，与高岳等同破侯景及渊明。明年，太清三年，武定七年。萧正表以北徐州降魏。侯景使王显贵守寿阳，亦降魏青、冀二州刺史明少遐，东徐州刺史湛海珍，北青州刺史王奉伯，各举州附于魏。《隋志》：东海郡怀仁县，梁置南、北二青州。下邳郡，梁置东徐州。案，怀仁，东魏县，在今江苏赣榆县西。下邳，见第三章第四节。初北兖州刺史定襄侯祇，南平元襄王伟子。与湘潭侯退，及前潼州刺史郭凤，同起兵，将赴援，至是，凤谋以淮阴应景，淮阴，见第四章第二节。祇等力不能制，并奔魏。景以萧弄璋为北兖州刺史。州民发兵拒之。景遣厢公丘子英、直阁将军羊海赴援。海斩子英，率其众降于魏。魏人遂据淮阴。鄱阳王范出东关，魏又据合肥。事见上节。柳仲礼使夏侯强守司州，魏又使潘乐取之。城镇先后附魏者二十余州。辛术遂移镇广陵。大宝元年，齐文宣帝天保元年。齐篡东魏。明年，大宝二年，齐天保二年。五月，齐合州刺史斛斯显攻历阳，见第三章第九节。陷之。江北之地尽矣。《南史·元帝纪》云："自侯景之难，州郡大半入魏。自巴陵以下至建康，以江为限。荆州界北尽武宁，东晋郡，今湖北荆门县北。西拒峡口。自岭以南，复为萧勃所据。文轨所同，千里而近。人户著籍，不盈三万。中兴之盛，尽于是矣。"其形势实至蹙也。

武陵王纪，以大同三年（537）为益州刺史，至是已十六年矣。纪在蜀，南开宁州、越巂，宁州，见第三章第六节。越巂，汉郡，治邛都，在今四川西昌县东南。晋徒治会无，今四川会理县。宋还治邛都。齐没于獠。西通资陵、吐谷浑；内修耕桑、盐铁之功；外通商贾远方之利；故能殖其财用，器甲殷积。大宝元年（550），六月，纪遣世子圆照领兵三万东下，受元帝节度，元帝命且顿白帝。见第七章第三节。七月，元帝遣报武帝崩问。十一月，纪总戎将发，元帝又书止之曰："蜀中斗绝，易动难安，弟可镇之，吾自灭贼。"又别纸云："地拟孙、刘，各安境界，情深鲁、卫，书信恒通。"三年，四月，纪称帝。元帝遣万州刺史宋簉袭圆照于白帝。万州，治石城，今四川达县。纪第二子圆正，时为西阳太守，西阳，见第四章第三节。召至，锁于省内。承圣二年（553）五月，纪东下，次西陵。见第七章第三节。元帝命陆法和立二城于峡口，名七胜城，锁江以断峡。湘州刺史王琳，本兵家，元帝居藩，琳姊妹并入后庭见幸，琳由此未弱冠得在左右。少好武，遂为将帅。琳果劲绝人，又能倾身下士。麾下万人，多是江、淮群盗。平景之功，与杜崱俱为第一。恃宠纵暴于建业。王僧辩禁之不可，惧将为乱，启请诛之。琳亦疑祸，令长史陆纳率部曲前赴湘州，身径上江陵。将行，谓纳等曰："吾若不返，子将安之？"咸曰："请死相报。"泣而别。及至，帝以下吏，而以子方略为湘州刺史。时承圣元年十月也。于是陆纳及其将潘乌累等反。袭陷湘州。十一月，纳遣潘乌累等攻破衡州。此衡州治衡阳，今湖南衡阳县。十二月，分兵袭巴陵，为湘州刺史萧循所破。循降魏后，宇文泰使还江陵。营州刺史李洪雅，营州，治营阳，今湖南道县。自零陵率众出空灵滩，零陵，汉郡，治零陵，在今广西全县北。后汉徒治泉陵，在今湖南零陵县北。空灵滩，据《王僧辩传》，《本纪》作空云，在今湖南湘潭县北。称助讨纳。朝廷未达其心，深以为虑。乃征王僧辩兵上，就徇南征。二年，二月，李洪雅降贼。贼将吴藏等据车轮，洲名，在湖南湘阴县北。夹岸为城，前断水势。士卒骁猛，皆百战之余。僧辩乃不战以骄之。五月，因其无备，陷其二城。贼归保长沙。时武陵拥众上流，内外骇惧，元帝乃遣王琳以和解之。六月，湘州平。僧辩旋于江陵，因被诏会众军西讨，而武陵之难已平矣。初兴势杨乾运兴势，晋县，今陕西洋县。为方隅豪族，魏除安康郡守。安康，见第十二章第六节。汉中之复，乾运亦来归。求为梁州刺史，不得，而以为潼州刺史。此从《南史·纪传》。《周书·乾运传》云：纪称尊号，以乾运威服巴、渝，拜梁州刺史，镇潼州。潼州，今四川绵阳县。乾运兄子略，说乾运送款关中。乾运深然之，乃令略将二千人镇剑阁。又遣其婿乐广镇安州。今四川剑阁县。会宇文泰遣乾运孙法洛及使人牛伯友等至，略即夜送乾运，乾运乃使入关送款。氐酋杨法琛，求为黎州刺史，不得，以为沙州刺史，亦遣使通西魏。大同元年汉中之复，法琛为北益州刺史阴平王，见《梁书·本纪》。《通鉴》：大宝元年，黎州民攻刺史张贲，贲弃城走，州民引法琛据黎州，命王、贾二姓诣纪，请法琛为刺史。纪深责之，因其质子，使杨乾运攻之。法琛使降魏，而据剑阁以拒乾运。明年，乾运破之，焚平兴。平兴，法琛治所也。胡三省曰：魏以武兴为东益州，梁盖以为北益州。平兴，宋县，在今四川昭化县西北。黎州，今四川广元县。沙州，胡三省曰：盖即以平兴为之。时元帝以纪东下，请救于魏，又请伐蜀。据《周书·尉迟迥传》。宇文泰与群公会议。诸将多有异同。惟尉迟迥以为"纪既尽锐东下，蜀必空虚，王师临之，必有征无战。"乃令迥督甲士一万二千、骑万匹伐蜀。承圣二年，春，前军临剑阁。乐广降。杨乾运又降。六月，迥至潼州，大飨将士，引之而西。纪之次西陵也，军容甚盛。时陆纳未平，蜀军复逼，元帝甚忧。陆法和告急，旬日相继。帝乃拔任约于狱，以为晋安王司马，撤禁兵以配之，并遣宣猛将军刘棻共约西赴。六月，纪筑连城，攻绝铁锁。元帝复于狱拔谢答仁为步兵校尉，配众一旅上赴。纪顿兵日久，频战不利，师老粮尽，智力俱殚；又魏人入剑阁，成都虚弱；忧懑不知所为。先是元帝已平侯景，执所俘馘，频遣报纪。圆照镇巴东，留执不遣。启纪云："侯景未平，宜急征讨。已闻荆镇，为景所灭，疾下大军。"纪谓为实然，故仍率众沿江急进。于路方知侯景已平，便有悔色，召圆照责之。圆照曰："侯景虽诛，江陵未服，宜速平荡。"纪亦以既居尊位，宣言于众："敢谏者死。"蜀中将卒，日夜思归。所署江州刺史王开业进曰："宜还救根本，更为后图。"江州，治犍为，今四川彭山县。诸将金以为然。圆正、刘孝胜独言不可，孝胜，纪长史，纪僭号，以为尚书仆射。纪乃止。闻王琳将至，潜遣将军侯叡，傍险出陆法和后，临水筑垒，以御琳及法和。元帝书遗纪，遣使喻意，许其还蜀，专制岷方。纪不从。既而侯瑱为任约、谢答仁所破；又陆纳平，诸军并西赴；纪频败，知不振，遣往江陵，论和缉之计。元帝知纪必破，遂拒而不许。于是两岸十余城俱降。七月，陆法和揣纪师老卒惰，令将樊猛率骁勇三千轻舸百余乘流直上，出不意薄之。纪众惊骇，不及整列，皆弃舰登岸，赴水死者以千数。获纪及其第三子圆满，俱杀之于峡口。法和收圆照兄弟三人。圆照及纪第四子圆普，第五子圆肃。《南史·圆照传》云：次弟圆正，先见锁在江陵，元帝使谓曰："西军已败，汝父不知存亡。"意欲使其自裁，频看知不能死，又付廷尉狱，并命绝食，于狱啮臂啖之，十三日死。并命绝食，当兼指圆正及圆照兄弟三人言之也。纪之东下，留永丰侯㧑为益州刺史，㧑，武帝弟安成康王秀之子。见兵不满万人。仓库空竭，军无所资。尉迟迥至，乃为城守之计。迥进军围之。纪至巴郡，见第三章第六节。闻迥来侵，遣谯淹回援，为迥分兵所破。㧑前后战数十合，皆不克，乃降。时八月也。案，纪果有觊觎天位之心，则当台城被围时，宜倾蜀中之众东下，以图一决，其时元帝未必能阻，乃裴回不进，至景已将平，忽又称帝，岂不进退失据？史言其东下时，黄金一斤为饼，百饼为簉，至有百簉；银五倍之；其他锦罽缯采称是。每战，则悬金帛以示将士，终不赏赐。宁州刺史陈知祖请散金银募勇士，不听，恸哭而去。自是人有离心，莫肯为用。岂非妄庸人哉？然唇亡齿寒，蜀既亡，江陵亦益危矣。

时东方寇氛亦甚炽烈。郭元建之奔齐也，陈霸先纳其部曲三千人而还。王僧辩启霸先镇京口。承圣元年（552），齐天保三年。三月，齐以其清河王岳为南道大都督，潘乐为东南道大都督，及行台辛术，率众南伐。五月，术围严超达于秦郡。见上节。霸先命徐度领兵，助其固守。齐众七万，填堑，起土山，穿地道，攻之甚急。霸先自率万人解其围，纵兵四面击之。齐平秦王中流矢死，斩首数百级。齐人乃收兵而退。七月，广陵侨民朱盛、张象潜结兵袭齐刺史温仲邕，遣使来告。霸先率众济江以应之。会齐人来聘，求割广陵之地，王僧辩许焉，仍报霸先，霸先乃引还。元帝承制，授霸先南徐州刺史。及王僧辩征陆纳，又命霸先代镇扬州。二年，齐天保四年。九月，齐遣郭元建率众二万，大列舟舰于合肥，谋袭建业，又遣其大将邢景远、步大汗萨、东方老等继之。霸先驰报江陵。元帝诏王僧辩次于姑孰，即留镇焉。十一月，僧辩遣侯瑱帅精甲三千人筑垒于东关，见第十一章第四节。征吴郡太守张彪、吴兴太守裴之横继之。十二月，宿豫土民东方光宿豫，见第七章第四节。东方光，《齐书》作东方白额。据城归化。江西州郡，皆起兵应之。三年，齐天保五年。正月，霸先攻广陵。秦州刺史严超达围泾州。治石梁戍，在今安徽天长县西北。侯瑱出石梁，为其声援。霸先遣杜僧明助东方光。三月，齐将王球攻宿豫，僧明逆击，大破之。六月，齐遣步大汗萨救泾州。又征其冀州刺史段韶攻宿豫。韶留兵围守，自将步骑数千人，倍道赴泾州，破严超达。回赴广陵，霸先亦引还。韶遣辩士喻东方光。光请盟。盟讫，韶执而杀之。图江北之事，更无所成，而精兵良将，已萃于下游矣。武陵王之败也，元帝授王琳衡州刺史，又改广州。琳友人主书李膺，帝所任遇，琳告之曰：“琳蒙拔擢，常欲毕命以报国恩。今天下未平，迁琳岭外，如有不虞，安得琳力？何不以琳为雍州刺史，使镇武宁？琳自放兵作田，为国御捍也。”膺然其言，而不敢启。王琳虽无足取，自不失为一战将，琳去，上游弥空虚矣。

承圣三年（554），西魏废帝三年。九月，魏遣于谨、宇文护、杨忠、韦孝宽等步骑五万入寇。其启衅之因：《周书·于谨传》云：帝密与齐氏通使，将谋侵轶。《文帝纪》则云：梁元帝遣使请据旧图，以定疆界；又连结于齐，言辞悖慢。此皆所谓强为之辞。《长孙俭传》：俭除荆州刺史，密陈攻取之谋，于是征俭入朝，问其经略。俭对曰：“湘东即位，已涉三年，观其形势，不欲东下。国家既有蜀土，若更平江、汉，抚而安之，收其贡赋，以供军国，天下不足定也。”此当是启衅之实情。江陵陷后，以俭元谋，赏奴婢三百口，遂令镇江陵。而《于谨传》言岳阳王詧“仍请王师”，或亦足以促其生心耳。十月，丙寅，虏兵至襄阳。萧詧帅众会之。元帝征王僧辩及王琳，仓卒皆不得至，惟徐世谱、任约以军次马头岸。见第七章第三节。世谱，鱼复人。善水战。从陆法和讨任约，随王僧辩攻郢州，皆有功。仍随僧辩东下，恒为军锋。时为衡州刺史。江陵陷后，世谱、约皆退巴陵，约后降于齐。鱼复，汉县，以鱼复浦名，在今四川奉节县东，后移治白帝。于是树木栅于外城，广轮六十里。以领军胡僧祐都督城东、城北诸军事，左仆射王褒都督城西、城南诸军事。虏以十一月丙申至，悉众围城。戊申，胡僧祐、朱买臣等出战，买臣败绩。辛亥，魏军大攻。帝出枇杷门，亲临陈督战。胡僧祐中流矢薨，军败。反者斩西门守卒，以纳魏军。帝见执。如萧詧营，甚见诘辱。他日，见长孙俭，谲俭云：“埋金千斤于城内，欲以相赠。”俭乃将帝入城。此可见魏人之贪。帝因述詧相辱状。谓俭曰：“向聊相谲，欲言耳，岂有天子自埋金乎？”俭乃留帝于主衣库。十二月，辛未，魏人戕帝。据《南史·本纪》。其下文云：梁王詧遣尚书傅准监行刑，帝谓之曰：“卿幸为我宣行。”准捧诗流泪不能禁，进土囊而殒之。詧使以布帊缠尸，敛以蒲席，束以白茅，以车一乘，葬于津阳门外。盖魏欲戕帝，而使詧行之也。詧诚可谓枭獍矣。愍怀太子元良帝弟四子方矩更名。及始安王方略等皆见害。简文子临川王大款、桂阳王大成亦遇害。惟汝南王大封，《南史·传》云魏克江陵遇害，则误。《北史·萧大圜传》云元帝令大封充使，大圜副焉，其实质也。周保定二年（562），大封为晋陵县公。《南史·元帝纪》亦云大封为停归长安，与《传》异。大圜，亦简文子。于谨收府库珍宝，及宋浑天仪、梁日晷、铜表、魏相风乌、铜蟠螭跌、大玉径四尺、围七尺，及诸瑴法物以归。虏百官及士民十余万人，没为奴婢，其免者二百余家而已。兼据《周书·文帝纪》及《于谨传》。《梁书·本纪》云："乃选百姓男女数万口，分为奴婢，驱入长安，小弱者皆杀之。"数字上疑夺十字。

元帝之亡，论者多咎其不肯迁都建业，其实亦不尽然。当时江陵、建业，皆隔江是敌，形势之浅露正同，而江陵，元帝居之有年矣，其完富，亦非建业新遭兵燹者比，江陵不可守，岂建业独可守乎？敬帝即位之后，齐氏大举入犯，其兵力，曷尝薄于西魏之师，若如元帝之所为，建业亦安有不亡者哉？《南史·元帝纪》云：武陵之平，议者欲因其舟舰，迁都建业。宗懔、黄罗汉皆楚人，不愿移。帝及胡僧祐，亦俱未欲动。仆射王褒、左户尚书周弘正，骤言即楚非便。宗懔及御史大夫刘瓛，以为建业王气已尽，且诸宫洲已满百，于是乃留。及魏军逼，朱买臣按剑进曰："惟有斩宗懔、黄罗汉，可以谢天下。"帝曰："曩实吾意，宗、黄何罪？"诸宫洲已满百者，下文云：江陵先有九十九洲，古老相承，云洲满百当出天子。桓玄之为荆州，内怀篡逆，乃遣凿破一洲，以应百数，随而崩散，竟无所成。宋文帝在藩，一洲自立，俄而篡统。后遇元凶之祸，此洲还没。太清末，枝江杨之阁浦复生一洲，群公上疏称庆，明年而帝即位。承圣末，其洲与大岸相通，惟九十九云。此本不足信之说，不欲迁者，不过姑借以为言，元帝亦未必真信此也。《周书·王褒传》云：元帝以建业凋残，方须修复，江陵殷盛，便欲安之。又其故府臣寮，皆楚人也，并愿即都荆、郢。尝召群臣议之。领军将军胡僧祐、吏部尚书宗懔、太府卿黄罗汉、御史中丞刘谷等曰："建业虽是旧都，王气已尽。且与北寇邻接，止隔一江，若有不虞，悔无及矣。臣等又尝闻之：荆南之地，有天子气，今陛下龙飞缵业，其应斯乎？天时人事，征祥如此，臣等所见，迁徙非宜。"元帝深以为然。时褒及尚书周弘正咸侍坐，乃顾谓褒等曰："卿意以为何如？"褒性谨慎，知元帝多猜忌，弗敢公言其非，当时唯唯而已。后因清间密谏，言辞甚切。元帝颇纳之。然其意好荆楚，已从僧祐等策。明日，乃于众中谓褒曰："卿昨日劝还建业，不为无理。"褒以宣室之言，岂宜显之于众，知其计之不用也，于是止不复言。谓建业凋残，方须修复，又与寇止隔一江，皆系实情，当时梁与齐干戈日接，与西魏则固和好也。然则主不迁者，实未必专为乡里之私。迁之利究何在，求之于史，并无切实之说。则以不迁为失计者，特事后追咎之辞，或竟出于欲迁者之附会，亦未可知也。枝江，见第七章第三节。帝之失，首在信敌国过深。夫狃焉思启封疆者，何国蔑有？况在巴蜀已亡，襄阳作伥，武宁而外，即为敌境之时乎？而帝信魏人之和好，将精兵良将，尽行遣往下流，剩一王琳，又迁诸岭外，于是江陵宿将，惟一胡僧祐，精兵盖无一人焉，此而可恃以为安乎？元帝敕王僧辩曰："国家猛将，多在下流，荆、陕之众，悉非劲勇。"此是实情。御武陵时，即须拔任约、谢答仁而用之，可见其将才之乏也。然江陵兵力虽薄，谓当时即有必亡之势，则又未必然，此又误于帝之不能坚守。《周书·于谨传》云：谨率众出讨，太祖饯于青泥谷，见第五章第六节。长孙俭问谨曰："为萧绎之计将如何？"谨曰："耀兵汉、沔，席卷渡江，直据丹阳，今湖北枝江县境。是其上策。移郭内居民，退保子城，峻其陴堞，以待援至，是其中策。若难于移动，据守罗郭，是其下策。"俭曰："揣绎定出何策？"谨曰："必用下策。"俭曰："何也？"对曰："萧氏保据江南，绵历数纪，属中原多故，未遑外略；又以我有齐氏之患，必谓力不能分；且绎懦而无谋，多疑少断，愚民难与虑始，皆恋邑居，既恶迁移，当保罗郭；所以用下策也。"夫弃城而逆走，安能必所走者之必可守？攻者不足，守者有余，南北朝时，以重兵攻一小城而不能下者多矣。然则谨所谓上策，特史家文饰，侈其兵威之辞，所谓中策，乃上策也。《梁书·王僧辩传》曰：世祖遣李膺征僧辩，僧辩命侯瑱等为前军，杜僧明等为后军。处分既毕，乃谓膺云："秦兵骁猛，难与争锐，众军若集，吾便直指汉江，截其后路。千里馈粮，尚有饥色，况贼越数千里者乎？此孙膑克庞涓时也。"此亦良谋。魏师至凡二十八日而城败，《南史·本纪》。从来下流应援，本无如是之速，即僧辩亦未料及江陵之遂破也。或咎下流应援之过迟，又非其实矣。江陵之守，若更能绵亘旬月，于谨即不为庞涓，亦必敛兵而退。谨谓梁人以我有齐患，谓力不能分，此乃当时实在情势。观长孙俭观其形势，不欲东下之语，则魏人本意，原冀元帝迁都建业，乃乘虚而取江陵，其不能用甚厚之兵力可知，一大创之，则此后不敢复至，而江陵安如泰山矣。故曰：元帝之失策，不在不迁建业，而在不能坚守江陵也。《南史·本纪》曰：魏人烧栅，朱买臣、谢答仁劝帝乘暗溃围，出就任约。帝素不便驰马，曰："事必无成，徒增辱耳。"答仁又求自将。帝以问王褒。褒曰："答仁、侯景之党，岂是可信？成彼之勋，不如降也。"答仁又请守子城，收兵可得五千人。帝然之，即授城内大都督，以帝鼓吹给之，配以公主。既而又召王褒谋之，答仁请入不得，欧血而去。遂使皇太子、王褒出质请降。论者或又以是为帝之失计，此又不然。《周书·王褒传》云：褒本以文雅见知，一旦总戎，深自勉励，尽忠勤之节。被围之后，上下猜惧，元帝惟于褒深相委信，此必非偶然。又言褒从元帝入子城，犹欲固守，然则谓元帝听其言，致误溃围、守城之计，非传者之诬，则必任约、谢答仁，有其灼然不可信者在也。元帝猜忌，自难为辩，然传述之辞，亦多过其实。帝多杀戮，自系实录，然当时如此者实非帝一人，如萧詧其忍虐，岂不更甚于帝乎？杀机既动矣，亲戚相屠，既已成习矣，徒为徐偃、宋襄，岂遂有裨于大局？《南史·本纪》云：帝性好矫饰，多猜忌。于名无所假人，微有胜己者，必加毁害。帝姑义兴昭长公主子王铨，兄弟八九人，有盛名，帝妒害其美，遂改宠姬王氏兄王珩名琳，以同其父名。忌刘之遴学，使人鸩之。如此者甚众。改宠姬兄名同人父名，何以能败其名？有学问者多矣，杀一刘之遴何益？此等皆传者之过也。《侯景传》云：王伟及吕季略、周石珍、严亹俱送江陵。伟尚望见全，于狱为诗赠元帝下要人，又上五百字诗于帝。帝爱其才，将舍之。朝士多忌，乃请曰："前日伟作檄文，有异辞句。"元帝求而视之。《檄》云："项羽重瞳，尚有乌江之败；湘东一目，宁为四海所归？"帝大怒，使以钉钉其舌于柱，剚其肠，仇家脔其肉至骨，方刑之。石珍及亹，并夷三族。其杀之之法诚酷矣，杀之之由，是否如史之所云，亦难遽断。且当时用此等酷刑者，亦非帝一人也。观其于任约、谢答仁，尚能释而用之，临难时又能擢王褒于文臣之中，则亦非全不能用人者，惟究非豁达大度之流，故其下可任之才甚少，如陈武帝，帝即用之，未尽其才也。洒落君臣契，飞腾战伐名，杜陵所以慨想于孙吴之世欤？

江陵既亡，宇文泰命萧詧主梁嗣，居江陵东城，资以江陵一州之地。其襄阳所统，尽入于魏。詧乃称皇帝于其国。惟上疏则称臣，奉正朔。仍置江陵防主，统兵居于西城，名曰助防，外示助詧备御，内实兼防詧也。江陵陷时，宿将尹德毅谓詧曰："人主之行，与匹夫不同。魏虏贪婪，肆其残忍，多所诛夷；俘囚士庶，并充军实；此等戚属，咸在江东，痛心疾首，何日能忘？悠悠之人，不可户说，涂炭至此，咸谓殿下为之。殿下既杀人父兄，孤人子弟，人尽仇也，谁与为国？魏之精锐，尽萃于此。若殿下为设享会，固请于谨等为欢，彼无我虞，当相率而至。豫伏武士，因而毙之。分命果毅，掩其营垒，斩馘逋丑，俾无遗噍。江陵百姓，抚而安之。文武官僚，随即铨授。魏人慑息，未敢送死。僧辩之徒，折简可致。然后朝服济江，入践皇极，缵尧复禹，万世一时。晷刻之间，大功可立。愿殿下恢弘远略，勿怀匹夫之行。"詧不从。既而阖城长幼，被虏入关，又失襄阳之地，詧乃追悔曰："恨不用尹德毅之言。"居常怏怏，遂以忧愤，发背而死。乌乎！哀莫大于心死，梁武当攻郢不下，进退惟谷之际，尚不肯求援于异族，虽裴叔业欲入虏，亦劝止之，而詧托庇于非类，以主其祀，春秋缨祭，祝史将何辞以告？而詧亦何颜以入其父祖之庙乎？

第五节　陈武帝却齐师

江陵既陷，建业复危，斯时之中国，几于不国矣。梁任公曰："旷观我国之历史，每至群阴交构，蜩螗沸羹之际，则非常之才出焉。"则陈武帝其人也。

　　梁元帝第九子晋安王方智，为江州刺史。江陵既陷，王僧辩与陈霸先奉为梁王，太宰、承制，奉迎还建康。江陵陷之明年，敬帝绍泰元年（555），齐天保六年。二月，即位，是为敬帝。时年十三。而齐即以是月，遣其上党王涣，神武第七子。纳贞阳侯渊明为梁主。齐文宣与王僧辩书，属其迎接。渊明亦频与僧辩书。僧辩不纳。三月，涣陷谯郡。见第十章第十节。至东关。见第十一章第四节。裴之横拒之。营垒未周，齐军大至，兵尽矢穷，没于陈。案，是时下流兵力，未为甚乏，僧辩何以遣之横孤军迎敌，不筹应援，甚可疑也。之横既死，僧辩遂谋纳渊明，具启定君臣之礼。渊明复书，许齐师不渡江。僧辩又报书，许遣其第七子显，显所生刘，并弟子世珍为质。仍遣左民尚书周弘正至历阳奉迎，历阳，见第三章第九节。因求以敬帝为太子。渊明许之，又许众军不渡。僧辩遂使送质于邺。渊明求渡卫士三千，僧辩止受散卒千人。七月，渊明自采石济，采石，见第三章第九节。入京师，即伪位，以敬帝为皇太子。此时齐人若果有吞并江南之心，其师必不临江而返。齐人当日，盖亦如梁之纳元颢，以偏师要幸而已。其兵锋，尚不及陈庆之之锐也。有何不可拒，而必迎立之哉？僧辩在梁世，功名不为不高，而其晚节不终如此，小人岂知自爱哉？渊明既即伪位，大赦，惟宇文黑獭、贼詧等不在赦例，是时之中国，则纯乎一齐而已矣。

　　时陈霸先为南徐州刺史，镇京口。九月，江、淮人报云：齐兵大举至寿春。王僧辩谓齐军必出江表，遣记室参军江旰报霸先，仍使整舟舰器械。霸先因与薛安都谋袭之。使安都率水军，自京口趋石头，自率马、步，从江乘罗落会之。江乘，见第三章第九节。自江乘至罗落桥，为自京口趋建康之大路。安都至石头北，弃舟登岸。僧辩弗之觉也。石头城北接冈阜，雉堞不甚危峻，安都被甲、带长刀，军人捧之，投于女垣内。众随而入，进逼僧辩卧室。霸先大军亦至。僧辩正视事，与其子颁走出阁，据南门楼，乞命拜请。霸先命纵火焚之，方共颁下就执。尔夜斩之。《南史·僧辩传》云：陈武宿有图僧辩志，及闻命，留江旰城中，衔枚而进，知谋者惟侯安都、周文育而已。外人但谓旰征兵捍北。时寿春竟无齐军，又非陈武之谲，殆天授也。然陈武亦可谓善于乘机矣。《传》又云：僧辩平建业，遣陈武守京口，推以赤心，结廉、蔺之分；且为第三子颁许娶陈武章后所生女，未婚而僧辩母亡，然情好甚密，可见陈武此举，纯出公义。抑《梁书·僧辩传》言：僧辩既就执，陈武谓之曰："我有何辜，公欲与齐师致讨？"此语最堪注意。陈武既不能屈膝于异族，僧辩倒行逆施，何所不至？寿春虽无齐师，安知不忽焉而有？陈武果听其调遣而出江西，安知不为裴之横之续邪？要之陈武之于中国，有存亡绝续之功，则不可诬矣。僧辩既伏诛，陈武乃黜渊明，复立敬帝。封渊明为建安郡王，后复以为大传。《齐书·渊明传》云：霸先奉表朝廷，云僧辩阴谋篡逆，故诛之。方智请称臣，永为蕃国。齐遣行台司马恭及梁人盟于历阳。明年，诏征明，霸先犹称藩将，遣使送明，会疽发背死。明以疽发背死，不知信否，则方智请称臣为蕃国，其说之信否，亦不可知矣。即谓为信，是时之臣齐，亦文而非实，而膺惩之师，且旋起矣。

吴兴太守杜龛，崱兄岑之子，王僧辩婿也。吴兴，见第三章第九节。僧辩以吴兴为震州，以龛为刺史。霸先诛僧辩，密使兄子蒨还长城立栅以备之。蒨，陈武帝兄始兴昭烈王道谈子。长城，见第三章第九节。十月，龛与义兴太守韦载同举兵反。据《陈书·本纪》。《载传》云：高祖诛王僧辩，乃遣周文育轻兵袭载。未至而载先觉，乃婴城自守。案，陈武生平，用降将最多，其豁达大度，实古今罕匹。载降后陈武重用之，载亦为陈武尽力。载虽久随僧辩，似不至遣兵袭之也。义兴，见第五章第六节。时蒨收兵才数百人，战备又少。龛遣其将杜泰领精兵五千，乘虚掩至，日夜苦攻。蒨激厉将士，身当矢石。相持数旬，泰乃退走。周文育攻韦载。载所属县卒，并霸先旧兵，多善用弩。载收得数十人，系以长锁，命所亲监之。约曰："十发不两中则死。"每发辄中，所中皆毙。文育军稍却。因于城外据水立栅相持。霸先闻文育军不利，自将征之，克其水栅，而齐寇至。

时徐嗣徽为秦州刺史，秦州，即秦郡，见第三节。其从弟嗣先，王僧辩之甥也，与嗣徽弟嗣宗、嗣产，俱逃就嗣徽。嗣徽据其城以入齐。又要南豫州刺史任约，共举兵应杜龛、韦载。南豫州时治宣城。齐人资其兵食。嗣徽等以京师空虚，率精兵五千，掩至阙下。时侯安都宿卫宫省，闭门偃旗帜，示之以弱。夜令士卒，密营御敌之具。将旦，贼骑又至。安都率甲士三百人，开东西掖门与战，大败之。贼乃退还石头。霸先遣韦载族弟翙，赍书喻载以诛王僧辩之意，并奉梁敬帝敕，敕载解兵。载得书，乃以众降。霸先厚加抚慰。即以翙监义兴郡。所部将帅，并随才任使。引载恒置左右，与之谋议。而卷甲还都，命周文育进讨杜龛。十一月，己卯，齐遣兵五千，渡据姑孰。见第四章第一节。霸先命徐度于冶城寺立栅，南抵淮渚。冶城，在今江苏江宁县西。齐又遣其安州刺史翟子崇、楚州刺史刘仕荣、淮州刺史柳达摩安州，治定远，在今安徽定远县东。楚州，治钟离，见第八章第四节。淮州，治淮阴，见第四章第二节。领兵万人，于胡墅渡。胡墅，在今江苏江浦县南。米粟三万，马千匹。入于石头。时萧轨为大都督，至江而还。霸先问计于韦载。载曰："齐军若分兵先据三吴之路，略地东境，则时事去矣。今可急于淮南即侯景故垒筑城，以通东道转输。别令轻兵绝其粮道，使进无所虏，退无所资，则齐将之首，旬日可致。"霸先从其计。癸未，霸先遣侯安都领水军夜袭胡墅，烧齐船千余艘。周铁虎率舟师断齐运输。仍遣韦载于大航筑城，使杜棱据守。齐人又于仓门、水南立二栅，以拒官军。仓门，石头仓城门。水南，秦淮河之南。甲辰，嗣徽等攻冶城栅。霸先领铁骑精甲，出自西明门袭击之。贼众大溃。嗣徽留柳达摩等守城，自率亲属、腹心往采石迎齐援。十二月，癸丑，霸先遣侯安都领舟师袭嗣徽家口于秦州，俘获数百人。官军连舰塞淮口，断贼水路。丙辰，霸先尽命众军，分部甲卒，对冶城立航渡兵，攻其水南二栅。柳达摩等渡淮置陈。霸先督兵疾战。纵火烧栅，烟尘涨天。贼溃，争舟相排挤，死者以千数。时百姓夹淮观战，呼声震天地。军士乘胜，无不一当百，尽收其船舰，贼军慑气。是日，嗣徽、约等领齐水步万余人还据石头。霸先遣兵往江宁，见第九章第一节。据要险以断贼路。贼水步不敢进，顿江宁浦口。霸先遣侯安都领水军袭破之。嗣徽等乘单舸脱走。尽收其军资器械。丁巳，拔石头南岸栅，移渡北岸，起栅以绝其汲路。又埋塞东门故城中诸井。齐所据城中无水，水一合贸米一升，米一升贸绢一匹。己未，官军四面攻城。自辰讫酉，得其东北小城。及夜，兵不解。庚申，柳达摩使侯子钦、刘仕荣等诣霸先请和。霸先许之。乃于城门外刑牲盟约。其将士部曲，一无所问，恣其南北。辛酉，霸先出石头南门，陈兵数万，送齐人归北者。

是月，杜龛以城降。明年，敬帝太平元年（556），齐天保七年。正月，癸未，诛龛于吴兴。据《陈书·本纪》。《梁书·龛传》云：龛闻齐兵还，乃降。案，齐兵之还在辛酉，而《陈书·本纪》纪龛之诛在癸未，相距二十一日，明是龛降后得朝命乃诛之。乃《南史·龛传》云：龛好饮酒，终日恒醉。勇而无略。部将杜泰私通于文帝，说龛降，龛然之。其妻王氏曰："霸先仇隙如此，何可求和？"因出私财赏募，复大败文帝军。后杜泰降文帝，龛尚醉不觉，文帝遣人负出项王寺前斩之。其言野矣。《梁书·龛传》云：龛遣军副杜泰攻陈蒨于长城，反为蒨所败，与《陈书·文帝纪》合。又云：霸先遣将周文育讨龛，龛令从弟北叟出距，又为文育所破，走义兴，亦与《陈书·武帝纪》合。乃《南史·龛传》谓其频败陈文帝军，又谓其妻出私财赏募，又大败文帝军，是又不根之辞也。《梁书》云：龛以霸先既非贵素，兵又猥杂，在军府日，都不以霸先经心；及为本郡，每以法绳其宗门，无所纵舍；霸先衔之切齿。《南史》略同。然则陈武帝之诛龛，乃所以报私怨者邪？抑龛岂能用法之人乎？是皆所谓自比于逆乱，设淫辞而助之攻者也。初僧辩之诛，弟僧智举兵据吴郡。霸先遣黄他攻之，不能克。又使裴忌讨之。忌勒部下精兵，轻行倍道，自钱唐直趋吴郡。夜至城下，鼓噪薄之。僧智疑大军至，轻舟奔杜龛。后奔齐。僧愔，亦僧辩弟，亦奔齐。《梁书·侯瑱传》：瑱为江州刺史，王僧辩使僧愔率兵与瑱共讨萧勃。及高祖诛僧辩，僧愔阴欲图瑱而夺其军。瑱知之，尽收僧愔徒党。僧愔奔齐。《南史·瑱传》同。其《僧辩传》则云：僧愔为谯州刺史，征萧勃。及闻兄死，引军还。吴州刺史羊亮，隶僧愔下，与僧愔不平，密召侯瑱，见擒。

僧愔以名义责填，填乃委罪于将羊鲲，杀之。僧愔复得奔齐。未知孰是。谯州，即谯郡，见上。吴州，治鄱阳，见第四章第三节。初张彪攻侯子鉴，不克，仍走向剡。汉县，今浙江嵊县。及侯景平，王僧辩遇之甚厚引为爪牙，与杜龛相似，世谓之张、杜。渊明篡立，以为东扬州刺史。东扬州，见第二节。是时亦起兵围临海，太守王怀振遣使求救。临海，见第四章第三节。此从《陈书·世祖纪》。《南史·彪传》云：剡令王怀之不从，彪自征之。陈蒨与周文育轻兵往会稽掩彪。彪将沈泰等与长史谢岐迎蒨。彪因其未定，逾城入。蒨走出。文育时顿城北香岩寺，蒨夜往赴之。因共立栅。彪来攻，不能克。还入若邪山。见第三节。蒨遣章昭达以千兵往，重购之。若邪村民斩彪，传其首。于是僧辩余孽，在肘腋间者略尽矣，而齐师又至。

太平元年（556），二月，陈霸先遣侯安都、周铁虎率舸舰备江州，仍顿梁山起栅。梁山，见第九章第一节。是月，齐人来聘。使侍中王廓报聘。三月，戊戌，齐遣水军仪同萧轨、库狄伏连、尧难宗、东方老，侍中裴英起，东广州刺史独孤辟恶，洛州刺史李希光，并任约、徐嗣徽等，据《陈书·本纪》。《南史》徐嗣徽下又有王僧愔。《梁书·敬帝纪》则但书齐大将萧轨。《北齐书·高乾传》云：命仪同萧轨，率李希光、东方老、裴英起、王敬宝。又云：五将名位相伴。英起以侍中为军师。萧轨与希光并为都督。军中抗礼，不相服御。竞说谋略，动必乖张。故致败亡。东广州，见第一节。洛州，见第十一章第四节。率众十万出栅口。见第二节。向梁山。帐内荡主黄丛逆击败之，烧其前军船舰。齐顿军保芜湖。见第三章第九节。霸先遣沈泰、裴忌就侯安都，其据梁山以御之。四月，丁巳，霸先诣梁山军巡抚。五月，甲申，齐兵发自芜湖。丙申，至秣陵故治。今江宁县南之秣陵关。霸先遣周文育顿方山，在江宁东南。徐度顿马牧，胡三省曰：牧马之地。杜棱顿大航南。己亥，霸先率宗室、王侯，及朝臣、将帅，于大司马门外白虎阙下刑牲告天，以齐人背约，发言慷慨，涕泗交流，同盟皆莫能仰视，士卒观者益奋。辛丑，齐军于秣陵故县跨淮立桥栅，引渡兵马。其夜，至方山。侯安都、周文育、徐度等各引还京师。癸卯，齐兵自方山进及儿塘，在方山西北。游骑至台。周文育、侯安都顿白土冈。在方山北。旗鼓相望，都邑震骇。霸先潜撤精卒三千配沈泰，渡江袭齐行台赵彦深于瓜步，见第八章第七节。获舟舰百余艘，陈粟万斛。即日，天子总羽林禁兵顿于长乐寺。六月，甲辰，齐兵潜至钟山龙尾。钟山，见第四章第三节。龙尾，在钟山东北。丁未，进至幕府山。在今首都北，长江南岸。霸先遣钱明领水军出江乘，见第三章第九节。要击齐人粮运，获其船米。齐军大馁，杀马驴而食之。庚戌，齐军逾钟山。霸先众军分顿乐游苑东及覆舟山北，断其冲要。覆舟山，见第七章第三节。乐游苑，在覆舟山南。壬子，齐军至玄武湖西北，幕府山南，将据北郊坛。玄武湖，见第九章第八节。众军自覆舟东移，顿郊坛北，与齐人相对。其夜，大雷震电，暴风拔木，平地水深丈余。齐军昼夜坐立泥中，悬釜以爨。而台中及潮沟北，水退路燥，官军每得番休。引玄武湖水，南径台城，入秦淮支流，曰潮沟。是时食尽，调市人馈军，皆是麦屑为饭，以荷叶裹而分给，间以麦饼，兵士皆困。会陈蒨遣送米三千石，鸭千头。霸先即炊米煮饭，誓申一战。士及防身，计粮数裔，人人裹饭，混以鸭肉。据《南史·本纪》。《陈书·孔奂传》云：齐军至后湖，都邑骚扰；又四方壅隔，粮运不继，三军取给，惟在京师；乃除奂建康令。时累岁兵荒，户口流散，勍敌忽至，征求无所，高祖刻日决战，乃令奂多营麦饭，以荷叶裹之。一宿之间，得数万裹。军人旦食讫，弃其余，因而决战，遂大破贼。案，时建康荒残已甚，虽战于我境，故军反饱，我众反饥，齐师初至时，韦载重护东路，陈武运筹，每重断敌粮道以此。此亦可见梁元不欲迁都为有由也。甲寅，少霁，霸先命众军秣马蓐食，通明攻之。乙卯，自率帐内麾下出幕府山南，吴明彻、沈泰等众军，首尾齐举，纵兵大战。侯安都自白下引兵横出其后。白下，见第九章第三节。齐师大溃。斩获数千人。相蹂藉而死者，不可胜计。生执徐嗣徽及其弟嗣宗，斩之以徇。追奔至于临沂。晋县，在今首都东北。江乘、摄山、钟山诸军，相次克捷。摄山，今江宁栖霞山。虏萧轨、东方老、裴英起等将帅凡四十六人。据《陈书·本纪》。《南史》此处多一王僧智。其《僧辩传》云：僧辩既亡，僧智得就任约，约败走，僧智肥不能行，又遇害。其军士得窜至江者，缚荻筏以济，中江而溺，流尸至京口，翳水弥岸。《北齐书·高乾传》云：是役将帅俱死；士卒得还者十二三；所没器械军资，不可胜纪。《南史》云：惟任约、王僧愔得免。《僧辩传》同。先是童谣云："虏万夫，入五湖，城南酒家使虏奴。"自晋、宋以后，经纬在魏境，江、淮以北，南人皆谓为虏。是时以赏俘贸酒者，一人裁得一醉。亦可见其荒残之甚已。处如此困境，而能克敌卫国，陈武帝诚可谓天锡智勇，观于此，而知人定胜天，而笑王僧辩等之徒自怯也。裴之横一战而败，遽迎渊明，僧辩何至怯弱如此？故其先已通敌与否，终有可疑，惟无明确证据耳。丁巳，众军出南州，烧贼船舰。己未，斩刘归义、徐嗣产、傅野猪于建康市。《南史·王僧辩传》：徐嗣徽与任约、王晔、席皋渡江。及战败，嗣徽堕马，嗣宗援兄见害，嗣产为陈武军所擒死，任约、王晔得北归。是日，解严。庚申，萧轨、东方老、王敬宝、李希光、裴英起皆伏诛。初齐师之去石头，求霸先子侄为质。霸先遣弟子昙朗往。霸先母弟南康忠壮王休先之子。《陈书·昙朗传》云：时四方州郡，并多未宾；京都虚弱，粮运不继；在朝文武，咸愿与齐和亲。高祖难之，而重违众议。乃言于朝曰："今在位诸贤，且欲息肩偃武，若违众议，必谓孤惜子侄。今决遣昙朗，弃之寇庭。且齐人无信，窥窬不已，谓我浸弱，必当背盟。

齐寇若来，诸君须为孤力斗也。"高祖虑昙朗惮行，或奔窜东道，乃自率步骑往京口迎之，以昙朗还京师。仍使为质于齐。齐果背约，复遣萧轨等随嗣徽渡江。高祖与战，大破之，虏萧轨、东方老等。齐人请割地，并入马牛以赎之。高祖不许。及轨等诛，齐人亦害昙朗于晋阳。案，萧轨等以乙卯见获，庚申伏诛，相距仅五日，齐朝且不及闻败报，安能遣使？割地求赎之请，其出于军中败将可知。二月使节犹通，三月大军遽至，齐朝信誓如此，况于败将？匹夫不可狙，况国乎？无怪陈武之不许也。陈武明知昙朗之不返，而决遣之，此时又不以私爱害公义，其公忠体国为何如？以视梁武帝惜一渊明，遽欲与北言和者，其度量之相越，岂可以道里计哉？明年，二月，遣徐度入东关。度至合肥，烧齐船三千艘。是月，南豫州刺史沈泰奔齐，齐亦不能更为之援矣。

　　太平二年（557），即陈武帝永定元年。十月，陈霸先受梁禅，是为陈高祖武皇帝。从来人君得国，无如陈武帝之正者。《记》曰："礼，时为大。尧授舜，舜授禹；汤放桀，武王伐纣；时也。"人君之责，在于内安外攘而已。当强敌侵陵，干戈遍地之际，岂可以十余龄之稚子主之哉？陈武帝与宋武帝，并有外攘之功，陈武之所成就，似不如宋武之大，然此乃时势为之，论其功绩，则陈武实在宋武之上。且宋武自私之意多，陈武则公忠体国。宋武乃一武夫，陈武则能幸庄严寺讲经，可见其于学问非无所知；而又非如梁武帝之仅长于学问，而不宜于政事。宋武于并时侪辈，无不诛夷，陈武则多能收用降将，其度量之宽广，盖又有大过人者。陈武诚文武兼资，不世出之伟人哉！敬帝逊位后，旋死。《南史·刘师知传》云：陈武帝入辅，以师知为中书舍人，掌诏诰。梁敬帝在内殿，师知常侍左右。及将加害，师知诈令帝出。帝觉，绕床走曰："师知卖我，陈霸先反。我本不须作天子，何意见杀？"师知执帝衣，行事者加刃焉。既而报陈武帝曰："事已了。"武帝曰："卿乃忠于我，后莫复尔。"一武夫岂不足了敬帝，而待师知执衣；观"乃忠于我，后莫复尔"之言，又似武帝初不之知者；有是理乎？师知后为宣帝所诛，此言盖宣帝之党造作以诬之也。敬帝之见杀，自不能谓非陈武之意，然此乃革易之际，事势不得不然。萧庄尚有居为奇货者，况敬帝乎？是时情势，杌陧已甚，使有借其名而起者，又必九州云扰，且至牵引外寇矣。周余黎民，靡有孑遗，黄台之瓜，岂堪三摘？又安能顾一人而诒忧大局乎？

第六节　陈平内乱（上）

　　国门之外，强敌虽除，然梁室遗孽，尚思蠢动；又是处武夫专横，土豪割据，陈氏开创之艰难，实十倍于宋、齐、梁三朝而未有已也。

陈武帝之迎萧勃为广州刺史也，梁元帝力不能制，遂从之。江表定，以王琳代为广州。琳至小桂岭，当在曲江县北。遣其将孙玚监州。勃率部下至始兴，见第三章第九节。以避琳兵锋。《陈书·欧阳颁传》。孙玚闻江陵陷，弃州还。勃复据广州。太平二年（557），二月，勃举兵自广州度岭，顿南康。见第七章第五节。初梁元帝承制，以始兴为东衡州，以欧阳颁为刺史。勃至始兴，颁别据一城，不往谒，闭门高垒，亦不拒战。勃怒，遣兵袭颁，尽收其资财马仗。寻赦之，还复其所，复与结盟。荆州陷，颁委质于勃。及是，勃以颁为前军都督，顿豫章之苦竹滩。在今江西丰城县西北。使傅泰据墌口城。在今江西南昌县西南。新吴洞主余孝顷，据《陈书·周文育传》。《纪》作南江州刺史，盖即新吴置南江州耳。新吴，汉县，在今江西奉新县西。举兵应勃。遣其弟孝劢守郡城，自出豫章，据于石头。豫章，见第三章第九节。《水经注》：赣水经豫章郡北，水之西岸有石盘，谓之石头。勃使其子孜将兵与孝顷会。使周文育讨之。于豫章立栅。官军食尽，并欲退还。文育不许。周迪者，临川南城人也。临川，见第七章第一节。南城，汉县，今江西南城县。少居山谷，有膂力，能挽强弩，以弋猎为事。侯景之乱，迪宗人周续起兵于临川，梁始兴王萧毅以郡让续，迪召募乡人从之。续所部渠帅，皆郡中豪族，稍骄横，续颇禁之，渠帅等并怨望，乃相率杀续，推迪为主。迪乃据有临川之地，筑城于工塘。在今江西临川县东南。太平元年，除临川内史。文育讨勃，迪按甲保境，以观成败。文育使长史陆山才说迪。迪乃大出粮饷，以资文育。文育烧所立栅伪退。孝顷望之，大喜，因不设备。文育由间道兼行，信宿达芊韶。在今江西新建县南。芊韶上流则欧阳颁、萧勃，下流则傅泰、余孝顷，文育据其中间，筑城缮士。贼徒大骇。欧阳颁乃退入泥溪，在今江西新淦县南。作城自守。文育遣周铁虎与陆山才袭擒之。三月，前军丁法洪生俘傅泰。萧孜、余孝顷退走。萧勃在南康闻之，众皆股栗，莫能自固。其将谭世远斩勃欲降。四月，勃故主帅兰敳袭杀世远，敳仍为夏侯明彻所杀。《梁·本纪》云：亡命夏侯明彻。《陈书·周文育传》云：明彻，世远军主。明彻持勃首以降。萧孜、余孝顷犹据石头。高祖遣侯安都助文育攻之。孝顷弃军走，孜请降。豫章平。五月，孝顷亦遣使诣丞相府乞降。文育送欧阳颁于高祖，高祖释之。萧勃死后，岭南扰乱，乃授颁衡州刺史。未至岭南，颁子纥，已克定始兴。及颁至，岭南皆慑伏。乃进广州，尽有越地。改授广州刺史。

萧勃乃一妄人，附从之者，亦皆土豪之流，出其境则无能为，未足惮也，而王琳则异是。西魏之寇江陵也，梁元帝请援于齐。齐使其清河王岳为西南道大行台，统潘乐等救江陵。明年，敬帝绍泰元年（555），齐天保六年。正月，次义阳，荆州已陷。因略地，南至郢州，获刺史陆法和。齐朝知江陵陷，诏岳旋师。岳留慕容俨据郢。梁使侯瑱都督众军攻之。俨食尽请和。瑱还镇豫章。据《陈书·瑱传》。此实录也。《北齐书·俨传》侈陈瑱攻击之烈，俨守御之坚，无一语在情理之中，真可发一大噱。俨，庞后。《梁书·侯瑱传》作恃德，乃其字也。及敬帝立，齐文宣以城在江表，据守非便，诏还之。于是上流之齐师亦退矣，而王琳窃发。初梁元帝征琳赴援，除琳湘州刺史。琳师入长沙，知魏已陷江陵，立萧詧，乃为元帝举哀，遣别将侯平率舟师攻梁。琳屯兵长沙，传檄诸方，为进趋之计。时长沙蕃王萧韶见第二节。及上游诸将，推琳主盟。侯平虽不能渡江，频破梁军；又以琳兵威不接；翻更不受指麾。琳遣将讨之，不克。又师老兵疲，不能进。乃遣使奉表诣齐，并献驯象。又使献款于魏，《周书·权景宣传》：梁将王琳在湘州，景宣遗之书，谕以祸福，琳遂遣长史席瑴，因景宣请举州款附。求其妻子。亦称臣于梁。陈武帝立敬帝，以侍中、司空征之，琳不从命。乃大营楼舰。太平二年（557），八月，遣周文育、侯安都率众讨之。时两将俱行，不相统摄，因部下交争，稍不平。十月，战于沌口，见第三章第九节。败绩，安都、文育并为琳所擒。后自琳所逃归。琳乃移湘州军府就郢城，又遣樊猛袭据江州。梁元帝孙永嘉王庄，方等子。江陵陷时，年七岁，逃匿民家。后琳迎还湘中，卫送东下。及敬帝立，出质于齐。琳乃请纳庄为梁主。齐文宣遣兵援送，仍册拜琳为梁丞相、都督中外诸军、录尚书事。琳乃遣兄子叔宝率所部十州刺史赴郢，奉庄篡梁祚于郢州。据《北齐书·琳传》。《文宣纪》：天保九年（558），十一月，王琳遣使请立萧庄为梁主，仍以江州内属，令庄居之。《通鉴考异》云：琳时在湓城，盖始居江州，后迁郢州耳。时永定二年（558）齐天保九年。三月也。先是侯瑱据中流，兵甚强盛；又以本事王僧辩；虽外示臣节，未有入朝意。余孝顷初为豫章太守，及瑱镇豫章，乃于新吴县别立城栅，与瑱相拒。瑱留军人妻子于豫章，令从弟�知后事，悉众以攻孝顷。自夏及冬，弗能克。乃长围守之，尽收其禾稼。瀌与其部下侯平不协，平率所部攻瀌，虏掠瑱军府姬妾、金玉，归于高祖。瑱既失根本，兵众皆溃，轻归豫章，豫章人拒之，乃趋湓城，投其将焦僧度。僧度劝瑱投齐。瑱以高祖有大量，必能容己，乃诣阙请罪。高祖复其爵位。太平元年七月。及是，诏瑱与徐度率舟师为前军以讨琳。七月，又遣吏部尚书谢哲谕琳。诏临川王蒨西讨，以舟师五万发京师。谢哲反命，琳请还镇湘川，诏追众军，缓其伐。盖时内忧外患孔多，故高祖不欲竟其诛也。扶风郿人鲁悉达，侯景之乱，纠合乡人保新蔡，新蔡，秦县，晋置郡，今河南新蔡县。梁侨置，在今安徽霍邱县东。力田蓄谷。时兵荒饥馑，京都及上川，饿死者十八九，有存者，皆携老幼以归之，悉达分给粮廪，所济活者甚众。仍于新蔡置顿以居之。招集晋熙等五郡，尽有其地。晋熙，见第二节。使其弟广达领兵随王僧辩讨侯景。景平，梁元帝授悉达北江州刺史。梁北江州，在今湖北黄冈县。抚绥五郡，其得民和。士卒皆乐为之用。王琳授悉达镇北将军，高祖亦授以江州刺史，陈北江州，治南陵，见第九章第四节。各送鼓吹女乐。悉达两受之，迁延顾望，皆不就。高祖使沈泰潜师袭之，不能克。琳欲图东下，以悉达制其中流，恐为己患，频遣使招诱。悉达终不从。琳不得下，乃连结于齐，共为表里。齐遣其清河王岳助之。相持岁余，悉达裨将梅天养惧罪，引齐军入城。悉达勒麾下数千人，济江而归高祖。永定三年，六月，遣临川王蒨往皖口皖水入江之口，在今安徽怀宁县西。置城栅，使钱道戢守焉。是月，高祖崩。帝第六子昌，帝为长城侯时，尝立为世子。帝一至五子皆无考。逮平侯景，镇京口，梁元帝征帝子侄入侍，与兄子顼俱西。顼，始兴昭烈王第二子。荆州陷，又与顼俱迁关右。武帝即位，频遣使请诸周，周人许之，而未即遣，及武帝崩，乃遣之，而王琳梗于中流，未得还。皇后章氏，与中书舍人蔡景历等定议迎立蒨，是为世祖文皇帝。详见第八节。时王琳辅萧庄，次于濡须口。即栅口，见第二节。齐遣扬州道行台慕容俨率众临江，为其声援。十一月，琳寇大雷，见第四章第三节。遣侯瑱、侯安都、徐度御之。瑱为都督。又遣吴明彻袭溢城，为琳将任忠所败。瑱与琳相持百余日，未决。天嘉元年（560），周武成二年，齐天保十年。二月，东关春水稍长，舟舰得通。琳引合肥、巢湖之众，舳舻相次而下，其势甚盛。瑱率军进虎槛洲。见第九章第四节。战，琳军稍退，却保西岸。是时西魏遣大将史宁蹑其上流，瑱闻之，知琳不能持久，收军却据湖浦，《北齐书·琳传》云：引军入芜湖。以待其敝。及史宁至，围郢州，琳恐众溃，乃率船舰来下，去芜湖十里而泊。明日，齐人遣兵数万助琳。琳引众向梁山，欲越大军，以屯险要。梁山，见第九章第一节。齐行台刘伯球，率兵万余人助琳水战；慕容俨子子会，领铁骑二千，在芜湖西岸博望山南，为其声势。瑱令军中晨炊蓐食，顿芜湖洲尾以待之。将战，有微风至自东南，众军施拍纵火。章昭达乘平虏大舰，中江而进，发拍中于贼舰。其余冒突、青龙，各相当直。又以牛皮冒蒙冲小船，以触贼舰，并镕铁洒之。琳军大败。其步兵在西岸者，自相蹂践。马骑并淖于芦荻中，弃马脱走以免者十二三。尽获其舟舰、器械。并擒刘伯球、慕容子会。自余俘馘以万计。琳与其党潘纯陁等乘单舴艋冒阵走。《北齐书·琳传》云：时西南风忽至，琳谓得天道，将直取扬州。侯瑱等徐出芜湖蹑其后。比及兵交，西南风翻为瑱用。琳兵放火燧以掷船者，皆反烧其船。琳船舰溃乱，兵士投水死者十二三，其余皆弃船上岸，为陈军所杀殆尽。至溢城，犹欲收合离散，众无附者，乃与妻妾、左右十余人入齐。初琳命左长史袁泌、御史中丞刘仲威同典兵侍卫萧庄。及兵败，泌降，仲威以庄投历阳，琳寻与庄同降邺都。先是萧詧遣其大将王操，略取琳之长沙、武陵、南平等郡。永定二年。琳亦遣其将雷文柔袭陷监利。永定三年。武陵，汉郡，治义陵，在今湖南溆浦县南。后汉移治临沅，在今湖南常德县西。南平，吴南郡，晋改曰南平。南齐治孱陵，在今湖北公安县南。陈后移治作唐，在今湖南安乡县北。监利，吴县，后梁是时为郡，今湖北监利县。及琳与陈相持，称藩乞师于齐，齐许之，师未出而琳败。从来论琳者，或以为忠于梁室而恕之，且有称之者。曾亦思渊明之入，中国既不国矣！拯中国于被发左衽者谁乎？即以忠于一姓论：陈武自立之后，琳亦立萧庄，犹可说也，当其立敬帝时，何名拒之？萧詧者，亲结虏以剚刃于琳之君之腹者也，琳顾称臣焉；且以妻子之故而献款于虏焉；忠臣顾如是乎？国士顾如是乎？阳托效忠一姓之名，阴行割据自私之实，惟利是视，琳之谓矣，又何取焉？

王琳之入寇也，以孙场为郢州刺史，总留府之任。史宁奄至，助防张世贵举外城以应之。场兵不满千人，乘城拒守，周人苦攻不能克。及闻大军败王琳，乘胜而进，周兵乃解。场于是尽有中流之地，遣使奉表诣阙。先是齐军守鲁山，见第七章第三节。至是，亦弃城走。诏南豫州刺史程灵洗守之。分荆、郢置武州，治武陵，以吴明彻为刺史，而以场为湘州刺史。场怀不自安，固请入朝。不忠于一姓，而忠于民族、国家；且举可以自擅之地而奉诸朝廷；可谓君子矣。时三月也。

江陵陷后，巴、湘之地，并属于周，周遣梁人守之。至是，陈人围逼湘州，遏绝粮援。《周书·贺若敦传》云：陈将侯瑱、侯安都等围逼湘州，遏绝粮援，考诸《陈书·纪传》，实敦等先犯巴、湘，乃遣侯瑱等出讨，其初围逼湘州之师，非瑱等自行也。周使贺若敦率步骑六千，渡江赴救。八月，敦率马、步一万，奄至武陵。吴明彻不能拒，引军还巴陵。九月，周将独孤盛领水军，将趣巴、湘，与敦水陆俱进。侯瑱自寻阳往御。遣徐度率众会瑱于巴丘。在今湖南岳阳县西南。十月，瑱袭破独孤盛于杨叶洲，在湘江口。尽获其船舰。盛收兵登岸，筑城以保之。十二月，周巴陵城主尉迟宪降，遣巴州刺史侯安都守之。巴州，治巴陵。独孤盛收余众遁。明年，天嘉二年（561），周保定元年。正月，周湘州城主殷亮降，湘州平。二月，以侯瑱为湘州刺史。三月，瑱薨，以徐度为之。四月，分荆州置南荆州，镇河东，晋侨郡，今湖北松滋县。以吴明彻为刺史。七月，贺若敦自拔遁归，人畜死者十七八。据《陈·本纪》。此实录也。《周书·敦传》侈陈敦守御之功，与《北齐书·慕容俨传》同一可笑。其尤甚者，乃云：相持岁余，瑱等不能制，求借船送敦渡江。敦虑其或诈，拒而弗许。瑱复遣使谓敦曰："骠骑在此既久，今欲给船相送，何为不去？"敦报云："湘州是我国家之地，为尔侵逼，敦来之日，欲相平殄，既未得一决，所以不去。"瑱后日复遣使来，敦谓使者云："必须我还，可舍我百里，当为汝去。"瑱等留船于江，将兵去津路百里。敦觇知非诈，徐理舟楫，勒众而还。夫瑱死在三月，而敦之遁在七月，乃絮絮述其使命往复如此，敦岂共鬼语邪？武陵、天门、见第三章第九节。南平、义阳、东晋分南平郡置，在今湖南安乡县西南。河东、宜都郡悉平。宜都，见第三章第六节。陈始获以江为界矣，然东南之地，仍多未定。

第七节　陈平内乱（中）

王琳之叛，不徒招引齐寇，扰乱缘江也，于今闽、浙之地，牵引亦广。时周迪欲自据南川，胡三省曰：自南康至豫章之地，谓之南川。乃总召所部八郡守宰结盟，声言入赴。朝廷恐其为变，因厚抚慰之。琳至溢城，余孝顷举兵应琳，琳以为南川诸郡可传檄而定，乃遣其将李孝钦、樊猛等南征粮饷。猛等与余孝顷合，众且二万，来趋工塘，连八城以逼迪。临川周敷，为郡豪族。性豪侠，轻财重士，乡党少年任气者咸归之。周迪之代周续也，以素无簿阀，恐失众心，倚敷族望，深求交结。敷未能自固，事迪甚恭。迪大凭杖之。渐有兵众。迪据临川之工塘，敷镇临川故郡。黄法氍者，巴山新建人。巴山，梁郡，在今江西崇仁县西南。新建，吴县，亦在崇仁西南境。侯景之乱，于乡里合徒众。太守贺诩下江州，法氍监知郡事。高祖将逾岭入援，李迁仕作梗中途，侯景又遣于庆至豫章，法氍助周文育破之。梁元帝以为新淦县令。新淦，汉县，在今江西清江县北。敬帝太平元年（556），割江州四郡置高州，以法氍为刺史，镇于巴山。萧勃遣欧阳颌攻法氍，法氍与战，破之。及是，率兵援迪。迪使周敷顿临川故郡，截断江口。出战，屠八城，生擒李孝钦、樊猛、余孝顷，送于京师。收其军实器械山积，并虏其人马，迪并自纳之。时永定二年（558）七月也。孝顷子公飏，弟孝劢，犹据旧栅，扇动南土。十月，高祖复遣周文育及迪、法氍讨之。熊昙朗者，豫章南昌人。南昌，汉县，在今江西南昌县东。世为郡著姓。侯景之乱，稍聚少年，据丰城县为栅，吴富城县，晋改曰丰城，在今江西丰城县西南。桀黠劫盗多附之。梁元帝以为巴山太守。荆州陷，昙朗兵力稍强，劫掠邻县，缚卖居民，山谷之中，最为巨患。侯瑱据豫章，昙朗外示服从，阴欲图瑱。侯平之反瑱，昙朗为之谋主。瑱败，昙朗获瑱马仗、子女甚多。及萧勃逾岭，欧阳颌为前军，昙朗绐颌共往巴山袭黄法氍。又报法氍，期共破颌。约曰："事捷，与我马仗。"及出军，与颌犄角而进，又绐颌曰："余孝顷欲相掩袭，须分留奇兵，甲仗既少，恐不能济。"颌乃送甲三百领助之。及至城下，将战，昙朗伪北，法氍乘之，颌失援，狼狈退归，昙朗取其马仗。时巴山陈定，亦拥兵立寨，昙朗伪以女妻定子。又谓定曰："周迪、余孝顷，并不愿此婚，必颂以强兵来迎。"定乃遣精甲三百，并土豪二十人往迎。既至，昙朗执之，收其马仗，并论价折赎。盖土豪中最反复桀黠者也。太平元年，以桂州刺史资领丰城县令。及是，亦率军来会。众且万人。文育遣吴明彻为水军，配周迪运粮。自率众军入象牙江，城于金口。在今江西新建县西南。金口，金溪口，奉新县小溪。公飏领五百人伪降，谋执文育。事觉，文育囚之，送于京师。以其部曲分隶众军。乃舍舟为步军，进据三陂。在金口西南。王琳遣将曹庆，率兵二千人，以救孝劢。庆分遣主帅常众爱与文育相拒，自率所领径攻周迪、吴明彻军。迪等败绩，文育退据金口。昙朗因其失利，害之。时永定三年（559）五月也。

时令侯安都继攻孝劢及曹庆、常众爱等。安都自宫亭湖出松门，蹑众爱后。宫亭湖，鄱阳湖婴子口以南。松门，山名，在新建县北。文育见害，安都回取大舰，值琳将周炅、周协南归，与战，破之。生擒炅、协。孝劢弟孝猷，率部下四千家欲就王琳，遇炅、协败，乃诣安都降。安都进军禽奇洲，破曹庆、常众爱等。焚其船舰。《本纪》：侯安都败众爱等于左里，禽奇洲当距左里不远。左里，见第七章第五节。众爱奔庐山，为村人所杀。余众悉平。熊昙朗既杀周文育，据豫章。将兵万余人袭周敷，径至城下。敷与战，大败之。昙朗尽执文育所部诸将，据新淦县，带江为城。王琳东下，世祖征南川兵，周迪、黄法氍欲沿流应赴，昙朗乃据城列舰断遏。迪等与法氍因率南川兵筑城围之，绝其与琳信使。及王琳败走，昙朗党援离心，迪等攻陷其城，虏其男女万余口。昙朗走入村中，村民斩之，传首京师。于是尽收其党族，无少长皆弃市，时天嘉元年（560）三月也。

留异，东阳长山人。长山，后汉县，今浙江金华县。世为郡著姓。异为乡里雄豪，多聚恶少，陵侮贫贱，守宰皆患之。梁代为蟹浦戍主，蟹浦，见第十章第五节。历晋安、安固二县令。吴东安县，晋改曰晋安，今福建南安县。汉安阳县，晋改曰安固，今浙江瑞安县。侯景之乱，还乡里召募士卒。东阳郡丞与异有隙，异引兵诛之，及其妻子。太守沈巡援台，让郡于异。异使兄子超监知郡事，率兵随巡出都。及京城陷，异随临城公萧大连。大连板为司马，委以军事。景将宋子仙济浙江，异奔还乡里。寻以其众降于子仙。大连趣东阳之信安岭，后汉新安县，晋改曰信安，今浙江衢县境。欲之鄱阳，见第四章第三节。异乃为子仙向导，令执大连。侯景署异为东阳太守，收其妻子为质。刘神茂拒景，异外同神茂，而密契于景。及神茂败绩，为景所诛，异独获免。侯景平后，王僧辩使异慰劳东阳。仍纠合乡间，保据岩阻。其徒甚盛，州郡惮焉。元帝以为信安令。荆州陷，王僧辩以异为东阳太守。世祖平定会稽，异虽转输粮馈，而拥擅一郡，威福在己。太平元年（556），除缙州刺史，领东阳太守。又以世祖长女丰安公主配异第三子贞臣。永定二年（558），征异为南徐州刺史。异迁延不就。世祖即位，改授缙州刺史，领东阳太守。异频遣其长史王澌为使入朝，澌每言朝廷虚弱，异信之，虽外示臣节，恒怀两端，与王琳潜通信使。琳又遣使往东阳署守宰。及琳败，世祖遣沈恪代异为郡，实以兵袭之。异出下淮抗御。当在今兰溪县。恪与战，败绩，退还钱唐。异乃表启逊谢。是时众军方事湘、郢，乃降诏书慰喻，且羁縻之。异知朝廷终讨于己，乃使兵戍下淮及建德，以备江路。建德，见第三节。湘州平，世祖乃下诏命侯安都讨之。天嘉二年（561）十二月。异本谓官军自钱唐江而上，安都乃由会稽、诸暨步道袭之。诸暨，见第十章第四节。异闻兵至，大恐，弃郡奔桃支岭，在今浙江缙云县境。立栅自固。明年，春，《纪》在三月。安都大破其栅。异与第二子忠臣奔陈宝应。异党向文政据有新安，见第四章第三节。程灵洗子文季为新安太守，随安都讨异，降之。文政，新安人，见《陆缮传》。

熊昙朗之亡，周迪尽有其众。王琳败后，世祖征迪出镇湓城，又征其子入朝。迪趑趄顾望，并不至。豫章太守周敷，本属于迪，至是，与黄法氍率其所属诣阙，世祖录其破昙朗之功，并加官赏。迪闻之，甚不平，乃阴与留异相结。及王师讨异，迪疑惧不自安，乃使其弟方兴袭周敷。敷与战，破之。又别使兵袭华皎于湓城。皎时为寻阳太守，监江州事。事觉，尽为皎所擒。天嘉三年（562），三月，以吴明彻为江州刺史，都督众军，与黄法氍、周敷讨之。明彻至临川，攻迪，不能克，乃遣安成王顼总督讨之。此据《迪传》。《本纪》：九月，迪请降，诏安成王顼督众军以招纳之。迪众溃，妻子悉擒，脱身逾岭依陈宝应。《纪》：四年，正月，临川平。东昌县人修行师应迪，东昌，吴县，在今江西泰和县西。攻庐陵太守陆子隆。庐陵，见第三章第九节。子隆击败之。行师乞降。送于京师。以黄法氍为江州刺史，周敷为临川太守。六年，征法氍为中卫将军。

陈宝应，晋安侯官人也。晋安，晋郡，在今福建闽侯县东北。侯官，汉治县，后汉改曰侯官，亦在今闽侯县境。世为闽中四姓。父羽，有材干，为郡雄豪。梁代晋安数反，累杀郡将，羽初并扇惑，合成其事，后复为官军向导破之，由是一郡兵权，皆自己出。侯景之乱，晋安太守宾纪侯萧云以郡让羽。羽年老，但治郡事，令宝应典兵。是时东境饥馑，会稽尤甚，死者十七八，平民男女，并皆自卖，而晋安独丰沃。宝应自海道寇临安、永嘉及会稽、余姚、诸暨；后汉临水县，晋改曰临安，在今浙江杭县北。永嘉，见第七章第二节。又数载米粟，与之贸易，多致玉帛子女；其有能致舟乘者，亦并奔归之；由是大致资产，士众强盛。侯景平，元帝因以羽为晋安太守。高祖辅政，羽请归老，求传郡于宝应。高祖许之。时东西岭道，寇贼拥隔，宝应自会稽趋于海道贡献。高祖受禅，授闽州刺史，领会稽太守。世祖嗣位，命宗正录其本系，编为宗室。并遣使条其子女，无大小，并加封爵。其宠可谓盛矣。而宝应取留异女为妻，侯安都之讨异也，宝应遣助之。又以兵资周迪。留异又遣第二子忠臣随之。天嘉四年（563），秋，迪复越东兴岭。东兴、南城、永城县民，皆迪故人，复共应之。东兴，吴县，在今江西黎川县东北。永城，吴县，在今黎川县北。世祖遣章昭达征迪。迪又散于山谷。《纪》在十一月。诏昭达由建安南道度岭，建安，见第八章第一节。又命益州刺史领信义太守余孝顷都督会稽、东阳、临海、永嘉诸军，自东道会之。《纪》在十二月。时益州地已入周，陈盖命孝顷遥领。信义，梁县，在今江苏昆山县东，时盖以为郡。昭达逾东兴岭，顿于建安。宝应据建安之湖际，此据《宝应传》。《昭达传》云：据建安、晋安二郡之界。水陆为栅。昭达与战，不利。因据其上流，命兵士伐木带枝叶为筏，施拍于其上。缀以大索，相次列营，夹于两岸。宝应数挑战，昭达按甲不动。俄而暴雨，江水大长，昭达放筏冲突宝应水栅，水栅尽破。又出兵攻其步军。方大合战，余孝顷出自海道适至，因并力乘之。宝应大溃。奔山草间，窘而就执。并其子弟二十人及留异送都，斩于建康市。异子侁及同党无少长皆伏诛，惟贞臣以尚主获免。《纪》天嘉五年十一月。

侯景之乱，百姓皆弃本业，群聚为盗，惟周迪所部，独不侵扰。并分给田畴，督其工作。民下肆业，各有赢储。政教严明，征敛必至。余部乏绝者，皆仰以取给。迪性质朴，不事威仪。轻财好施，凡所周赡，豪厘必均。讷于语言，而襟怀信实。临川人皆德之，并共藏匿，虽加诛戮，无肯言者。章昭达度岭，与陈宝应相抗，迪复收合出东兴。时宣城太守钱肃镇东兴，以城降迪。以吴州刺史陈详为都督，讨迪。吴州，治鄱阳。至南城，与贼相遇，战败，死之。迪众复振。时周敷又从军，至定川县，未详。与迪相对，迪绐敷共盟，敷许之，为迪所害。世祖遣都督程灵洗击破之。迪又与十余人窜于山谷。日月转久，相随者亦稍苦之。复遣人潜出临川郡市鱼鲑。足痛，舍于邑子。邑子告临川太守骆牙。《南史》作骆文牙。牙执之，令取迪自效。因使心腹勇士，随入山中。诱迪出猎，伏兵于道旁斩之，传首京师。《纪》在天嘉六年（565）七月。

淳于量当梁元帝时，出为桂州刺史。桂州，今广西桂林县。荆州陷，量保据桂州。王琳拥割湘、郢，累遣召量，量外虽与琳往来，而别遣使从间道归于高祖。琳平后，频请入朝。天嘉五年（564），征为中抚大将军。量所部将士，多恋本土，并欲逃入山谷。世祖使湘州刺史华皎征衡州界黄洞，且以兵迎量。天康元年（566），至都。至此，武人及豪右之割据者略尽矣，而以宣帝之篡，复召湘、广之变。

第八节 陈平内乱（下）

继嗣之争，乃南北朝之世召祸之最烈者也，而陈氏亦以此致变。陈文帝之立，实已非正，然时武帝之子未归，君位不可久旷；且文帝究有功于天下，为众所服；故未至大变，至宣帝则异是矣。

文帝之被征也，侯安都随之还朝。《安都传》云：时世祖谦让弗敢当；太后又以衡阳王故，未肯下令；群臣犹豫不能决。安都曰："今四方未定，何暇及远？临川王有功天下，须共立之。今日之事，后应者斩。"便按剑上殿，白太后出玺，又手解世祖发，推就丧次。其情形，实与迫胁无异。昌之还也，居于安陆。见第三章第九节。明年，王琳平，二月，乃由鲁山济江。鲁山，见第七章第三节。百僚表以为湘州牧，封衡阳王。诏可。三月，入境。诏令主书舍人，缘道迎接。济江，中流船坏，以溺薨。《安都传》云：昌之将入也，致书于世祖，辞甚不逊。世祖不怿，乃召安都从容言曰："太子将至，须别求一蕃，吾将老焉。"安都对曰："自古岂有被代天子？臣愚不敢奉诏。"因自请迎昌。昌济汉而薨。武帝有再造华夏之功，安都事帝亦久，而以逢迎时主之故，绝其胤嗣，亦酷矣。《蔡景历传》云：高祖崩时，外有强寇，世祖镇于南皖，朝无重臣，宣后呼景历及江大权、杜棱定议，《棱传》云：侯瑱、侯安都、徐度等并在军中，朝廷宿将，惟棱在都，独典禁兵。乃秘不发丧，疾召世祖。景历躬共宦者及内人，密营敛服。时既暑热，须治梓宫，恐斤斧之声或闻于外，仍以蜡为秘器。文书诏诰，依旧宣行。荀朗者，颍川颍阴人。颍阴，汉县，今河南许昌县。侯景之乱，招率徒旅，据巢湖间，无所属。台城陷后，简文帝密诏授朗豫州刺史，令与外蕃讨景。景使宋子仙、任约等频往征之。朗据山立寨自守，子仙不能克。时京师大饥，百姓皆于江外就食。朗更招致部曲，解衣推食，以相振赡。众至数万人。侯景败于巴陵，朗出自濡须，见第六节。截景，破其后军。王僧辩东讨，朗遣其将范宝胜及弟晓领兵二千助之。承圣二年（553），率部曲万余家济江，入宣城郡界立顿。齐寇据石头城，朗自宣城来赴，与侯安都等大破齐军。时亦随世祖拒王琳于南皖。宣太后与景历秘不发丧，晓在都微知之，乃谋率其家兵袭台。事觉，景历杀晓，仍系其兄弟。世祖即位，并释之。因厚抚慰朗，令与侯安都等共拒王琳。荀晓是时，权位尚微，衡阳未归，袭台纵克，将何所奉？观世祖既还，太后犹以衡阳故不肯下诏，则晓之谋袭台，究系自有异志？抑承太后之旨而为之？亦殊难言之矣。朗亦鲁悉达之伦，当时缘江尚未平定，其未致召变者亦幸也。景历之有功于世祖，盖不让安都，然以其为文人，故不为世祖所忌，而安都卒不终。《安都传》云：自王琳平后，安都勋庸转大，又自以功安社稷，渐用骄矜。数招聚文武之士，或射御驰骋，或命以诗赋，第其高下，以差次赏赐之。斋内动至千人。部下将帅，多不遵法度。检问收摄，则奔归安都。世祖性严察，深衔之。安都弗之改，日益骄横。每有表启，封讫，有事未尽，乃开封自书之，云又启某事。及侍燕酒酣，或箕踞倾倚。尝陪乐游禊饮，乃白帝曰："何如作临川王时？"帝不应。安都再三言之。帝曰："此虽天命，抑亦明公之力。"燕讫，又启便借供帐水饰，将载妻妾，于御堂欢会。世祖虽许其请，甚不怿。明日，安都坐于御坐，宾客居群臣位，称觞上寿。初重灵殿灾，安都率将士带甲入殿，帝甚恶之，自是阴为之备。又周迪之反，朝望当使安都讨之，帝乃使吴明彻讨迪。又频遣台使，案问安都部下，检括亡叛。安都内不自安。天嘉三年（562），冬，遣其别驾周弘实，自托于舍人蔡景历，并问省中事。景历录其状具奏之，希旨称安都谋反。世祖虑其不受制，明年，春，乃除安都江州刺史。自京口还都，部伍入于石头。世祖引安都燕于嘉德殿。又集其部下将帅，会于尚书朝堂。于坐收安都，因于嘉德西省。又收其将帅，尽夺马仗而释之。因出景历表以示于朝。明日，于西省赐死。安都固非纯臣，然史所载之罪状，其辞多诬，则至易见矣。文帝之诛安都，可谓谋之至深，稍或不慎，其召变亦易耳。

文帝长子曰伯宗，立为太子。帝弟安成王顼，与衡阳献王同迁关右，事已见前。永定元年（557），遥袭封始兴郡王。世祖嗣位，以本宗乏飨，徙封安成郡王，而自封其第二子伯茂为始兴王，以奉昭烈王祀，荥阳毛喜与顼俱往江陵，俱迁关右。世祖即位，喜自周还，进和好之策。朝廷乃遣周弘正等通聘。事在天嘉元年（560），周明帝武成二年。周命杜杲来使。世祖遣使报聘，并赂以黔中数州之地，仍请画界分疆。周使杲再来。陈以鲁山归周。周拜顼柱国大将军，使杲送之还国。喜于郢州奉迎。顼之入关，妻柳氏，子叔宝、叔陵并留于穰。魏荆州治，见第十一章第四节。又遣喜入关，以家属为请，仍迎之还。时天嘉三年也。顼既还，授侍中、中书监。寻授扬州刺史。天康元年（566），授尚书令。是岁，四月，文帝崩。太子立，是为废帝。顼与仆射到仲举，中书舍人刘师知、阴不佞等并受遗诏辅政。师知与仲举恒居禁中，参决众事。顼为扬州刺史，与左右三百人入居尚书省。师知、仲兴、不佞与尚书右丞王暹谋，矫敕顼还东府。众人犹豫，未敢先发。不佞素以名节自立，又受委东宫，世祖以为东宫通事舍人。乃驰诣相府，面宣敕令。毛喜时为顼骠骑府谘议参军，领中记室，止之曰："今若出外，便受制于人，譬如曹爽，愿作富家翁不可得也。"顼使与吴明彻筹焉。明彻时为丹阳尹。明彻曰："殿下亲实周、召，德冠伊、霍，社稷至重，愿留中深计，慎勿致疑。"顼乃称疾。召师知，留之与语，使喜先入，言之于后。世祖沈皇后。后曰："此非我意。"喜又言于废帝。帝曰："此自师知等所为。"喜出报顼，顼因囚师知，自入见后及帝，草敕请画，以师知付廷尉。其夜，于狱中赐死。遄、不佞并付治。顼素重不佞，特赦之，免其官而已。乃以仲举为贞毅将军、金紫光禄大夫。仲举子郁，尚文帝女信义长公主。宫至中书侍郎。出为宣城太守，文帝配以士马。是年，迁为南康内史。以国哀未之任。仲举既废，居私宅，与郁皆不自安。右卫将军韩子高，少为文帝亲侍。及长，稍习骑射，颇有胆决，愿为将帅，帝配以士卒。子高亦轻财礼士，归之者甚众。将士依附之者，子高尽力论进，文帝皆任使焉。郁每乘小舆，蒙妇人衣，与子高谋。前上虞令陆昉及子高军主告言其事。顼收子高、仲举及郁，并付廷尉，于狱赐死。《子高传》言其求出为衡、广诸镇。《毛喜传》云：子高始与仲举通谋，其事未发，喜请高宗曰："宜简选人马，配与子高；并赐铁炭，使修器甲。"高宗惊。喜曰："子高甚轻狷，脱其稽诛，或愆王度，宜推心安诱，使不自疑，图之一壮士力耳。"高宗深然之，卒行其计。盖时四方平定未久，故深虑外州之有变也。然外变卒不可免。光大元年（567），三月，《纪》书南豫州刺史余孝顷谋反伏诛。其后高祖章后废废帝之诏曰："韩子高小竖轻佻，推心委杖，阴谋祸乱，决起萧墙。元相虽持，但除君侧。又以余孝顷密迩京师，便相征召。殃慝之咎，凶徒自擒。宗社之灵，祆氛自灭。"则孝顷之变，实继子高而作，《子高传》谓其死在光大元年八月者，误也。《华皎传》云：子高诛后，皎不自安，乃有反谋，《纪》亦书其反于光大元年五月，疑子高之死，实在天康元年八月，《纪》误后一年。子高谋之于内而败，孝顷谋之于近畿而亦败，而上流之变作矣。

华皎，晋陵暨阳人。暨阳，见第八章第七节。世为小吏。皎，梁代为尚书比部令史。侯景之乱，事景党王伟。高祖南下，文帝为景所囚，皎遇之甚厚。景平，文帝为吴兴太守，以皎为都录事，军府谷帛，多以委之。及平杜龛，仍配以人马甲仗，犹为都录事。稍擢为暨阳、山阴令。山阴，见第二章第二节。王琳东下，皎随侯瑱拒之。琳平，镇湓城，知江州事。时南州守宰，多乡里酋豪，不遵朝宪，文帝令皎以法驭之。王琳奔散，将卒多附于皎。后随吴明彻征周迪，授湘州刺史。皎起自下吏，善营产业。湘川地多所出，所得并入朝廷。又征伐川洞，多致铜鼓，并送于京师。韩子高诛后，皎内不自安，密启求广州，以观时主意。顼伪许之，而诏书未出。皎亦遣使句引周兵，又崇奉萧岿为主，士马甚盛。诏乃以吴明彻为湘州刺史，实欲以轻兵袭之。时光大元年（567）五月也。是时虑皎先发，乃前遣明彻率众三万，乘金翅直趋郢州。又遣淳于量帅众五万，乘大舰以继之。又令徐度与杨文通别从安城步道出茶陵，汉安成县，晋改曰安复，今江西安福县西。茶陵，汉县，今湖南茶陵县东。巴山太守黄法慧别从宜阳出澧陵，汉宜春县，晋避太后讳，改曰宜阳，今江西宜春县。澧陵，汉侯国，后汉为县，今湖南醴陵县。与郢州程灵洗参谋讨贼。先是萧詧以天嘉三年（562）死，伪谥宣皇帝，庙号中宗。子岿嗣。伪谥孝明皇帝，庙号世宗。及是，皎与巴州刺史戴僧朔巴州，见第六节。并附于岿。皎遣子玄响为质，仍请兵伐陈。岿上其状于周。周武帝命其弟卫公直督荆州总管权景宣、大将军元定等赴之，因而南伐。岿亦遣其柱国王操率水军二万，会皎于巴陵。直屯鲁山，定攻围郢州。皎于巴州之白螺列舟舰与王师相持。白螺，见第九章第九节。未决，闻徐度趋湘州，乃率兵自巴、郢因便风下战。淳于量、吴明彻等大败之。权景宣统水军，与皎俱下，一时奔北，船舰器仗，略无孑遗。皎与戴僧朔单舸走。至巴陵，不敢登岸，径奔江陵。时九月也。元定等无复船渡，步趋巴陵。巴陵城邑为官军所据，乃向湘州。至水口，不得济，食且尽，诣军请降。俘获万余人，马四千余匹，送于京师。程灵洗出军蹑定，因进攻周沔州，克之，擒其刺史裴宽。周沔州，在今湖北汉川县东南。陆子隆督武州诸军事，武州，见第六节。皎以子隆居其心腹，频遣使招诱，子隆不从，皎因遣兵攻之，不能克。及皎败，子隆出兵以袭其后，因与王师相会。寻迁荆州刺史。是时荆州新置，治于公安，蜀汉县，在今湖北公安县东北。城池未固，子隆修建城郭，绥集夷夏，甚得民和焉。宇文直既败，归罪于萧岿柱国殷亮，岿不敢违命，遂诛之。吴明彻乘胜攻克岿之河东郡。见第六节。明年，光大二年，周天和三年。明彻进攻江陵，引江水灌城。岿出顿纪南，以避其锐。纪南，见第七章第三节。周江陵副总管高琳，与岿尚书仆射王操拒守。岿马军主马武、吉彻等击明彻，明彻退保公安，岿乃还江陵。宣后废废帝诏曰："密诏华皎，称兵上流，国祚忧惶，几移丑类。乃至要招远近，协力巴、湘；支党纵横，寇扰黔、歙。见第九章第六节、第十三章第三节。又别敕欧阳纥等攻逼衡州，岭表纷纭，殊淹弦望。"当时牵动之广，声势之盛可知，此举败而顼之篡势成矣。

宣后废废帝诏又曰："张安国蕞尔凶狡，穷为小盗，仍遣使人蒋裕，钩出上京，即置行台，分选凶党。贼皎妻吕，春徒为戮，纳自奚官，藏诸永巷，使其结引亲旧，规图戕祸。荡主侯法喜等，太傅麾下，恒游府朝，啖以深利，谋兴肘腋。适又荡主孙泰等，潜相连结，大有交通，兵力殊强，指期挺乱。皇家有庆，历数遐长，天诱其衷，同然开发。"《世祖沈皇后传》云：后忧闷，计无所出，乃密赂宦者蒋裕，令诱建安人张安国，建安，见第八章第一节。使据郡反，冀因此以图高宗。安国事觉，并为高宗所诛。时后左右近侍颇知其事，后恐连逮党与，并杀之。案，建安距京邑太远，势不相及，故《通鉴》疑其事而不取，见《考异》。窃疑当时欲使安国据以建义者，实非建安郡，《后传》之文，非史氏言之不审，则传写或有佚夺也。使据郡反一语，"使据"之下，容有夺文。此次外钩盗党,内结武夫,实为废帝亲党最后之一举,其计亦败,事乃无可为矣。光大二年(568),十一月,以太皇太后令,废帝为临海郡王。太建二年(570)四月薨,时年十九。顼立,是为高宗孝宣皇帝。刘师知等之矫诏出高宗也,始兴王伯茂劝成之。师知等诛后,高宗恐伯茂扇动朝廷,令入居禁中,专与废帝游处。蒋裕与韩子高等谋反,伯茂并阴预其事。案,既入居禁中,复何能为?此语亦必诬也。既废帝为临海王,其日,又下令降伯茂为温麻侯。时六门之外有别馆,以为诸王冠婚之所,名曰婚第,至是,命伯茂出居之,于路遇盗,殒于军中。世祖第三子鄱阳王伯山,本为南徐州刺史,高宗不欲令处边,光大元年,徙为东扬州。废帝后父王固,为侍中、金紫光禄大夫,妳媪往来禁中,颇宣密旨。事泄。比将伏诛,高宗以固本无兵权,且居处清洁,止免所居官,禁锢。《废帝纪》曰:帝仁弱,无人君之器,世祖忧虑不堪继业,既居冢嫡,废立事重,是以依违积载。及疾将大渐,召高宗谓曰:"吾欲遵泰伯之事。"高宗初未达旨,后寤,乃拜伏涕泣固辞。其后宣太后依诏废帝焉。《孔奂传》:奂为五兵尚书,世祖不豫,台阁众事,并令到仲举共奂决之。及世祖疾笃,奂与高宗及仲举,并吏部舍人袁枢,中书舍人刘师知等,入侍医药。世祖尝谓奂等曰:"今三方鼎峙,生民未义,四海事重,宜须长君。朕欲近则晋成,远隆殷法,卿等须遵此意。"奂流涕歔欷而对曰:"皇太子春秋鼎盛,圣德日跻,安成王介弟之尊,足为周旦,若有废立之心,臣等愚诚,不敢闻诏。"世祖曰:"古之遗直,复见于卿。"天康元年(566),乃用奂为太子詹事。此等则皆高宗之党所造作之言语也。

欧阳颁之至广州也,王琳据有中流,颁自海道及东岭奉使不绝。时颁弟盛为交州刺史,次弟邃为衡州刺史,合门显贵,名振南土。又南致铜鼓、生口,献奉珍异,前后委积,颇有助于军国焉。天嘉四年(563)薨,子纥嗣。太建元年(569),征纥为左卫将军。其部下多劝之反,遂举兵攻衡州,始兴之衡州。刺史钱道戢告变。遣章昭达讨纥。《纪》在十月。昭达倍道兼行,达于始兴。纥出顿洭口。洭水、溱水合口,在今广东英德县西南。多聚沙石,盛以竹笼,置于水栅之外,用遏舟舰。昭达败之,擒纥,送于京师。《纪》太建二年二月。以沈恪为广州刺史。四年,征还。萧引者,思话曾孙,侯景之乱,与弟彤及宗亲百余人奔岭表。时欧阳颁为衡州刺史,引往依焉。章昭达平番禺,始北还。太建十二年,时广州刺史马靖甚得岭表人心,而兵甲精练,每年深入俚洞,又数有战功,朝野颇生异议。高宗以引悉岭外物情,且遣引观靖,审其举措,讽令送质。既至番禺,靖即悟旨,尽遣儿、弟下都为质。然至后主至德二年(584),卒以临池县侯方庆为广州刺史,方庆,南康愍王昙朗之子。袭靖诛之。章昭达子大宝,为丰州刺史,胡三省曰:陈丰州治闽县。案,闽,隋县,今福建闽侯县。在州贪纵。三年，后主以太仆卿李晕代之。大宝袭杀晕，举兵反。《纪》在三月，《传》云四月。遣将杨通寇建安。建安内史吴慧觉据郡城距之。通累攻不克。官军稍近，人情离异，大宝计穷，乃与通俱逃。台军主陈景祥追擒之。于路死。传首，夷三族。

第十四章　周齐兴亡

第一节　齐篡东魏

北齐基业，虽创自神武，而其能整顿内治，则颇由于文襄。文襄者，神武长子，名澄，文宣篡魏后，追谥为文襄皇帝，庙号世宗。武明皇后娄氏所生也。后为神武微时妃。《齐书·本传》云：少明悟。强族多聘之，并不肯行。及见神武于城上执役，惊曰："此真吾夫也。"乃使婢通意。又数致私财，使以聘己。父母不得已而许焉。盖实奸通，非聘娶也。《传》又云：神武既有澄清之志，倾产以结英豪，密谋秘策，后恒参与，此乃妄说。《传》又云：神武逼于茹茹，欲取其女而未决，后曰："国家大计，愿不疑也。"及茹茹公主至，后避正室处之。《北史·彭城太妃尔朱氏传》云：荣之女，魏孝庄后也。神武纳为别室，敬重逾于娄妃。《冯翊太妃郑氏传》云：名大车。初为魏广平王妃，迁邺后，神武纳之。宠冠后庭。神武之征刘蠡升，文襄蒸于大车。神武还，一婢告之，二婢为证。神武杖文襄一百而幽之。武明后亦见隔绝。时彭城尔朱太妃有宠，生王子浟，神武将有废立意。文襄求救于司马子如。子如来朝，伪为不知者，请武明后。神武告其故。子如曰："消难亦奸子如妾，如此事正可覆盖。妃是王结发妇，常以父母家财奉王；王在怀朔被杖，背无完皮，妃昼夜供给看创；后避葛贼，同走并州，贫困，然马矢，自作靴；恩义何可忘？夫妇相宜；女配至尊，男承大业；又娄领军勋；何宜摇动？一女子如草芥，况婢言不必信？"神武因使子如鞫之。子如见文襄，尤之曰："男儿何意畏威自诬？"因告二婢反辞，胁告者自缢。乃启神武曰："果虚言。"神武大悦，召后及文襄。武明后遥见神武，一步一叩头，文襄且拜且进，父子夫妻相泣，乃如初。观此数事，神武于父子夫妻之际薄矣。北夷本不严嫡庶之别，所重特在贵族，娄后之家世，自远不逮尔朱氏等，然神武不替文襄者，创业之际，长子未可轻动；抑文襄颇有吏才，政事实赖之；又娄后女配至尊，其弟昭，即子如所谓娄领军者，亦有勋绩；此正如汉高不替吕后、惠帝，为有种种牵制故也。《后传》又云：文宣将受魏禅，后固执不许，帝所以中止。此又妄说。文宣欲受禅，岂其谋及于后？且后亦曷尝能终止文宣之篡乎？其后孝昭、武成之篡，后若成之，则其地位使然，且亦二王势力已成，非真后之能有所作为也。读史者或以后为能通知政事，能豫政，其说实误，故一辨之。北夷入中国，多以不知政理败，如尔朱荣即是，齐神武虽有才，政事尚不能不借文襄为助，况于娄后邪？早豫军国筹策。天平三年（536），梁武帝大同二年。入辅朝政。时年十六。元象元年（538），梁大同四年。摄吏部尚书。《北齐书·本纪》云：魏自崔亮以后，选人常以年劳为制，文襄乃厘改前式，铨擢惟在得人。又沙汰尚书郎，妙选人地以充之。至于才名之士，咸被荐擢。假有本居显位者，皆致之门下，以为宾客。盖颇能于武人、勋贵之外，有所任用矣。《纪》又云：兴和二年（540），梁大同六年。加大将军，领中书监，仍摄吏部尚书。自正光以后，天下多事，在任群官，廉洁者寡。文襄乃奏吏部郎崔暹为御史中尉，纠劾权豪，无所纵舍。于是风俗更始，私枉路绝。案，《孙腾传》云：腾早依附高祖，契阔艰危，勤力恭谨，深见信待。及高祖置之魏朝，寄以心腹，遂志气骄盈，与夺由己。求纳财贿，不知纪极。生官死赠，非货不行。府藏银器，盗为家物。亲狎小人，专为聚敛。在邺，与高岳、高隆之、司马子如号为四贵。非法专恣，腾为甚焉。腾、隆之、子如皆为尚书令、仆，岳为京畿大都督。《论》曰："高祖以晋阳戎马之地，霸图攸属，治兵训旅，遥制朝权，京台机务，委寄深远。孙腾等俱不能清贞守道，以治乱为怀。厚敛货财，填彼溪壑。赖世宗入辅，责以骄纵，厚遇崔暹，奋其霜简。不然，则君子属厌，岂易间焉？"《循吏传》曰："高祖以战功诸将出牧外藩。不识治体，无闻政术。非惟暗于前言往行，乃至始学依判、付曹。聚敛无厌，淫虐不已。虽或直绳，终无悛革。此朝廷之大失。"可见当时内外皆残民以逞之徒矣。《高隆之传》云：入为尚书右仆射。时初给民田，贵势皆占良美，贫弱咸受瘠薄。隆之启高祖，悉更反易，乃得均平。魏自孝昌已后，天下多难，刺史、太守，皆为当部都督。虽无兵事，皆立佐僚，所在颇为烦扰。隆之表请：自非实在边要，见有兵马者，悉皆断之。自军国多事，冒名窃官者，不可胜数。隆之奏请检括，获五万余人。而群小喧器，隆之惧而止。夫隆之等虽贪暴，然遇有益于公，无损于私者，则亦未尝无整顿之心，此实自古暴君污吏皆然。委寄深远，宜若可行其志，然犹以群情弗顺，有所慑惮而止，可见整顿之不易矣。文襄作辅，于崔暹之外，又任宋游道、卢斐、毕义云等，加以直绳。三人皆见《北齐书·酷吏传》。游道初为殿中侍御史，以风节著。孝庄即位，除左兵郎中，与尚书令临淮王彧相失，上书告之，解职。后除司州中从事。神武自太原来朝，见之曰："此人宋游道邪？常闻其名，今日始识其面。"迁游道别驾。后日，神武之司州繶朝士，举觞属游道曰："饮高欢手中酒者大丈夫，卿之为人，合饮此酒。"及还晋阳，百官辞于紫陌，神武执游道手曰："甚知朝贵中有憎忌卿者，但用心；莫怀畏虑，当使卿位与之相似。"于是启以游道为中尉。文襄执请，乃以崔暹为御史中尉，以游道为尚书左丞。文襄谓暹、游道曰："卿一人处南台，一人处北省，当使天下肃然。"游道入省，劾太师咸阳王坦、太保孙腾、司徒高隆之、司空侯景、录尚书元弼、尚书令司马子如官贷金银，催征酬价，虽非指事赃贿，终是不避权豪。又奏驳尚书违失数百条。省中豪吏王儒之徒，并鞭斥之。始依故事，于尚书省立门名，以记出入早晚。令、仆已下皆侧目。为高隆之所诬，处其死罪，朝皆分为游道不济，而文襄闻其与隆之相抗之言，谓杨遵彦曰："此真是鲠直，大刚恶人。"遵彦曰："譬之畜狗，本取其吠，今以数吠杀之，恐将来无复吠狗。"诏付廷尉，游道坐除名。文襄使元景康谓曰："卿早逐我向并州，不尔，他经略杀卿。"游道后至晋阳，以为大行台吏部。卢斐，文襄引为相府刑狱参军。毕义云为尚书都官郎中。文襄令普句伪官，专以车辐考掠，所获甚多，然大起怨谤。会为司州吏所讼，文襄以其推伪众人怨望，并无所问，乃拘吏数人斩之，因此锐情讯鞫，威名日盛。紫陌，在邺城西北五里。遵彦，愔字。神武虽间以旧恩有所纵舍，如尉景、司马子如是也。《景传》云：景以勋戚，每有军事，与库狄干常被委重，而不能忘怀财利，神武每嫌责之。转冀州刺史，又大纳贿。发夫猎，死者三百人。库狄干在神武坐，请作御史中尉。神武曰："何意下求卑官？"干曰："欲捉尉景。"神武大笑。令优者石董桶戏之。董桶剥景衣，曰："公剥百姓，董桶何为不剥公？"神武诫景曰："可以无贪也？"景曰："与尔计，生活孰多？我止人上取，尔割天子调。"神武笑不答。历位太保、太傅。坐匿亡人见禁止。使崔暹谓文襄曰："语阿惠：儿富贵，欲杀我邪？"神武闻之，泣诣阙曰："臣非尉景，无以至今日。"三请，帝乃许之。于是黜为骠骑大将军、开府、仪同三司。神武造之。景恚，卧不动，叫曰："杀我时趣邪？"常山君谓神武曰："老人去死近，何忍煎迫至此？"又曰："我为尔汲水胝生。"因出其掌。神武抚景，为之屈膝。先是景有果下马，文襄求之，景不与，曰："土相扶为墙，人相扶为王，一马亦不得畜而索也？"神武对景及常山君责文襄而杖之。常山君泣救之。景曰："小儿惯去，放使作心腹，何须干啼湿哭，不听打邪？"常山君，景妻，神武姊也。《北史·司马子如传》曰：文襄辅政，以贿为崔暹劾在狱，一宿而发尽白。辞曰："司马子如本从夏州策一杖投相王，王给露车一乘，犗特牛犊。犊在道死，惟犗角存，此外皆人上取得。"神武书敕文襄曰："马令是吾故旧，汝宜宽之。"文襄驻马行街，以出子如，脱其锁。子如惧曰："非作事邪？"于是除削官爵。神武后见之，哀其憔悴，以膝承其首，亲为择虱。赐酒百瓶，羊五百口，粳米五百石。然文襄能行其意者盖多。《宋游道传》曰：兖州刺史李子贞，在州贪暴，游道案之。文襄以贞豫建义勋，意将含忍。游道疑陈元康为其内助，密启云："子贞、元康交游，恐其别有请属。"文襄怒，于尚书都堂集百僚扑杀子贞。则虽豫建义之勋者，亦不必尽蒙宽宥；而亲要如元康，亦时有不能庇右者矣。《崔暹传》言：暹前后表弹尚书令司马子如，及尚书元羡、雍州刺史慕容献。又弹太师咸阳王坦，禧子。并州刺史可朱浑道元罪状极笔。并免官。其余死黜者甚众。高祖书与邺下诸贵曰："咸阳王、司马令，并是吾对门布衣之旧。尊贵亲昵，无过二人，同时获罪，吾不能救，诸君其慎之。"高祖如京师，群官迎于紫陌，高祖握暹手而劳之曰："往前朝廷岂无法官？而天下贪婪，莫肯纠劾。中尉尽心为国，不避豪强，遂使远迩肃清，群公奉法。冲锋陷阵，大有其人，当官正色，今始见之。今荣华富贵，直是中尉自取。高欢父子，无以相报。"赐暹良马，使骑之以从，且行且语。暹下拜，马惊走，高祖亲为拥之而授辔。魏帝宴于华林园，此邺下之华林园。谓高祖曰："自顷朝贵，牧、守、令长，所在百司，多有贪暴，侵削下人。朝廷之中，有用心公平，直言弹劾，不避亲戚者，王可劝酒。"高祖降阶跪而言曰："惟御史中丞崔暹一人。谨奉明旨，敢以酒劝。并臣所射赐物千匹，乞回赐之。"其所以风厉之者至矣。自是之后，诸勋贵亦颇知敛迹，如尉景获罪后，授青州刺史，史言其操行颇改。司马子如起行冀州事，亦能自厉改。不可谓非整顿之效也。从来恶直丑正之论，无如《北齐书·杜弼传》之甚者，不可不辞而辟之。《传》曰：弼以文武在位，罕有廉洁，言之于高祖。高祖曰："弼来，我语尔。天下浊乱，习俗已久。今督将家属，多在关西，黑獭常相招诱，人情去留未定。江东复有一吴儿老翁萧衍者，专事衣冠礼乐，中原士大夫望之，以为正朔所在。我若急作法网，不相饶借，恐督将尽投黑獭，士子悉奔萧衍，则人物流散，何以为国？尔宜少待，吾不忘之。"及将有沙苑之役，弼又请先除内贼，却讨外寇。高祖问内贼是谁？弼曰："诸勋贵掠夺万民者皆是。"高祖不答，因令军人皆张弓挟矢，举刀按稍以夹道。使弼冒出其间，曰："必无伤也。"弼战栗汗流。高祖然后喻之曰："箭虽注不射，刀虽举不击，稍虽按不刺，尔犹顿丧魂胆，诸勋人身触锋刃，百死一生，纵其贪鄙，所取处大，不可同之，循常例也。"弼于时大恐，因顿颡谢曰："愚痴无智，不识至理，今蒙开晓，始见圣达之心。"夫兵之所以可畏者，以其将杀伤人也，若明知其注而不射，举而不击，按而不刺，则人孰未尝见兵？弼即畏懦，何至战栗汗流？高欢乃一犷悍之夫，安知衣冠礼乐为何事？且果如所言，其任高澄以裁勋贵，又何为乎？稍深思之，即知此传所云，并非实录，而为不快于督责之治者所造作矣。《北史·文襄纪》云：少壮气猛，严峻刑法。

高慎西叛，侯景南翻，非直本怀狼戾，兼亦有惧威略，亦此等人所造作也。其《论》曰："文襄志在峻法，急于御下，于前王之德，有所未同。盖天意人心，好生恶杀，虽吉凶报应，未皆影响，总而论之，积善多庆。然文襄之祸生所忽，盖有由焉。"此论亦必有本，可谓怨毒之情，形于辞表矣。果如此曹之意，则欲求辅弼者，必纵其虐民而后可乎？此真所谓盗憎主人者也。又案，《陈元康传》云：高仲密之叛，高祖知其由崔暹故也，将杀暹，世宗匿而为之谏请，高祖曰："我为舍其命，须与苦手。"世宗乃出暹而谓元康曰："卿若使崔暹得杖，无相见也。"暹在廷，解衣将受罚，元康趋入，历陛而升，且言曰："王方以天下付大将军，有一崔暹，不能容忍邪？"高祖从而宥焉。又云：侯景反，世宗逼于诸将，欲杀崔暹以谢之。密语元康。元康谏曰："今四海未清，纲纪已定。若以数将在外，苟悦其心，枉杀无辜，亏废刑典，岂直上负天神，何以下安黎庶？晁错前事，愿公慎之。"世宗乃止。《暹传》云：显祖初嗣霸业，司马子如挟旧怨，言暹罪重，谓宜罚之。高隆之亦言：宜宽政网，去苛察法官，黜崔暹，则得远近人意。显祖从之。及践阼，谮毁之者犹不息。帝乃令都督陈山提等搜暹家。甚贫匮，惟得高祖、世宗与暹书千余纸，多论军国大事。帝嗟赏之。仍不免众口，乃流暹于马城。昼则负土供役，夜则置地牢。岁余，奴告暹谋反，锁赴晋阳。无实，释而劳之。寻迁太常卿。帝谓群臣曰："崔太常清正，天下无双，卿等不及。"《崔季舒传》云：时勋贵多不法，文襄无所纵舍，外议以季舒及崔暹等所为，甚被怨疾。及文襄遇难，文宣将赴晋阳，黄门郎阳休之劝季舒从行，曰："一日不朝，其间容刀。"季舒性爱声色，心在闲放，遂不请行，欲恣其行乐。司马子如缘宿憾，及尚食典御陈山提等共列其过状，由是季舒及暹，各鞭二百，徙北边。天保初，文宣知其无罪，追为将作大匠。再迁侍中。俄兼尚书左仆射，仪同三司。大被恩遇。夫文宣犹知季舒、暹之无罪，况于神武及文襄？然当武夫构变之时，暹即几罹不测；至文宣，则竟为所胁，而暹、季舒并不免流徙、鞭责之祸，可见当时恶直丑正之徒，其势甚可畏也。《元康传》又云：世宗入辅京室，崔暹、崔季舒、崔昂等并被任使，张亮、张徽纂并高祖所待遇，然委任皆出元康之下，时人语曰："三崔二张，不如一康。"又云：元康溺于财利，受纳金帛，不可胜纪，放债交易，遍于州郡，为清论所讥。然则当时暹等虽云锋利，而真被宠任之徒，仍有为霜简所不及者矣。刬除贪暴，其难如此，而岂得如《弼传》所云，复故纵舍之哉？马城，汉县，晋废，在今察哈尔怀安县北。

文襄之为中书监也，移门下机事，总归中书。《北齐书·崔季舒传》。以其中兵参军崔季舒为中书侍郎，令监察魏主动静。武定五年（547），梁武帝太清元年。正月，神武死，文襄秘丧，至六月乃发。七月，魏主诏以文襄为使持节、大丞相、都督中外诸军、录尚书、大行台、渤海王，而以其母弟洋为尚书令、中书监、京畿大都督。八月，文襄朝于邺，固辞丞相。魏主诏复前大将军，余如故。《魏书·孝静帝纪》曰：文襄尝侍饮，大举觞曰："臣澄劝陛下酒。"帝不悦曰："自古无不亡之国，朕亦何用此活？"文襄怒曰："朕朕，狗脚朕。"文襄使季舒殴帝三拳，奋衣而出。明日，使季舒劳帝，帝亦谢焉。赐绢。季舒未敢受，以启文襄。文襄使取一段。帝束百匹以与之，曰："亦一段耳。"帝不堪忧辱，咏谢灵运诗曰："韩亡子房奋，秦帝鲁连耻。本自江海人，忠义动君子。"常侍侍讲荀济知帝意，乃与华山王大器、鸷子。鸷，高凉王孤六世孙。元瑾密谋，于宫内为山，而作地道向北城。至千秋门，门者觉地下响动，以告文襄。文襄勒兵入宫，曰："陛下何意反邪！臣父子功存社稷，何负陛下邪？"将杀诸妃。帝正色曰："王自欲反，何关于我？我尚不惜身，何况妃嫔？"文襄下床叩头，大啼谢罪。于是酣饮，夜久乃出。居三日，幽帝于含章堂。大器、瑾等皆见烹于市。《荀济传》云：燔杀之。见《北史·文苑传》。盖时侯景尚未平，故文襄未能遽篡也。六年，梁太清二年。正月，侯景败；七年，梁太清三年。六月，颍川亦平；于是篡谋转急。七月，文襄如邺。八月，为盗所杀。时年二十九。《北齐书·文襄纪》云：初梁将兰钦子京为东魏所虏，王命以配厨。钦请赎之，王不许。京再诉，王使监厨苍头薛丰洛杖之，曰："更诉当杀尔。"京与其党六人谋作乱。将欲受禅，与陈元康、崔季舒等屏斥左右署拟百官。京将进食，王却之，谓诸人曰："昨夜梦此奴斫我，宜杀却。"京闻之，置刀于盘，冒言进食。王怒曰："我未索食，尔何遽来？"京挥刀曰："来将杀汝。"王自投伤足，入于床下。贼党去床，因而见杀。《北史》略同。案，此卷《齐书》实亡，盖后人取《北史》补之。《陈元康传》云：世宗将受魏禅，元康与杨愔、崔季舒并在世宗坐，将大迁除朝士，共品藻之。世宗家苍头奴兰固成《北史·元康传》云：固成，一名京。先掌厨膳，甚被宠昵。先是世宗杖之数十。其人性躁，又恃旧恩，遂大忿恚。与其同事阿改《北史》云弟阿改。谋害世宗。阿改时事显祖，常执刀随从。云若闻东斋叫声，即加刃于显祖。是日，东魏帝初建东宫，《魏书·本纪》：八月，辛卯，诏立皇子长仁为皇太子。案，时齐将篡而为魏立太子者，盖欲先行废立，后乃禅代也。群官拜表，事罢，显祖出东止车门，别有所之，未还而难作。固成因进食，置刀于盘下，而杀世宗。元康以身捍蔽，被刺伤重，至夜而终。杨愔狼狈走出。季舒逃匿于厕。盖魏人阴谋，欲并澄与洋而歼之也。而洋以邂逅得脱，乃入诛京等。旋归晋阳。明年，梁简文帝大宝元年（550），魏武定八年，齐文宣天保元年。五月，如邺，遂废魏主而自立。明年，十二月，遇鸩死。是为北齐显祖文宣皇帝。文宣之篡，高德政与杨愔实成之。时德政从文宣于晋阳，愔居邺。史言娄太后及勋贵多弗顺，然时篡势已成，必无人能阻之者，德政与愔，亦乘已成之势而成之耳，非能有所作为也。事见《北史·文宣纪》及

《齐书·德政传》，以其无甚关系，今略之。

第二节　文宣淫暴

自元魏分裂以来，东、西、南三方，遂成鼎峙之势，地广兵强，实推东国，然其后齐反灭于周者，则以北齐诸主，染鲜卑之习大深，以致政散民流，不能自立也。北齐乱君，实以文宣为首。

《北史·文宣纪》云：帝沉敏有远量，外若不远，内鉴甚明。文襄年长英秀，神武特所爱重，百僚承风，莫不震惧，而帝善自晦迹，言不出口，恒自贬退，言咸顺从，故深见轻，虽家人亦以为不及。文襄嗣业，帝以次长见猜嫌。帝后李氏，色美，每预宴会，容貌远过靖德皇后，文襄弥不平焉。帝每为后私营服玩，小佳，文襄即令逼取。后恚，有时未与，帝笑曰："此物犹应可求，兄须何容吝？"文襄或愧而不取，便恭受，亦无饰让。每退朝还第，辄闭阁静坐，虽对妻子，能竟日不言。或袒跣奔跃，后问其故，对曰："为尔慢戏，"此盖习劳而不肯言也。及登极之后，神明转茂。外柔内刚，果于断割，人莫能窥。又特明吏事，留心政术。简靖宽和，坦于任使。故杨愔等得尽匡赞，朝政粲然。兼以法驭下，不避权贵。或有违犯，不容勋戚。内外莫不肃然。至于军国机策，独决怀抱，规谋宏远，有人君大略。又以三方鼎峙，缮甲练兵。左右宿卫，置百保军士。每临行阵，亲当矢石。锋刃交接，惟恐前敌不多。屡犯艰厄，常致克捷。既征伐四克，威振戎夏，六七年后，以功业自矜，遂留情耽湎，肆行淫暴。或躬自鼓舞，歌讴不息，从旦通宵，以夜继昼。或袒露形体，涂傅粉黛，散发胡服，杂衣锦彩，拔刀张弓，游行市肆。勋戚之第，朝夕临幸。时乘鹿车，白象、骆驼、牛、驴，并不施鞍勒。或盛暑炎赫，日中暴身；隆冬酷寒，去衣驰走；从者不堪，帝居之自若。街坐巷宿，处处游行。多使刘桃枝、崔季舒负之而行。或担胡鼓而拍之。亲戚贵臣，左右近习，侍从错杂，无复差等。征集淫妪，悉去衣裳，分付从官，朝夕临视。或聚棘为马，纽草为索，逼遣乘骑，牵引来去，流血洒地，以为娱乐。凡诸杀害，多令支解，或焚之于火，或投之于河。沉酗既久，弥以狂惑。每至将醉，辄拔剑挂手，或张弓傅矢，或执持牟槊，游行市廛。问妇人曰："天子何如？"答曰："颠颠痴痴，何成天子？"帝乃杀之。或驰骋衢路，散掷钱物，恣人拾取，争竞喧哗，方以为喜。三台构木，高二十七丈，两栋相距二百余尺，工匠危怯，皆系绳自防，帝登脊疾走，都无怖畏；时复雅舞，折旋中节；旁人见者，莫不寒心。又召死囚，以席为翅，从台飞下，免其罪戮。果敢不虑者，尽皆获全；危怯犹豫者或致损跌。沉酗既久，转亏本性。怒大司农穆子容，使之脱衣而伏，亲射之，不中，以橛贯其下窍，入肠。虽以杨愔为宰辅，使进厕筹。以其体肥，呼为杨大肚。马鞭鞭其背，流血浃袍。以刀子劙其腹。崔季舒托俳言曰："老小公子恶戏。"因掣刀子而去之。又置愔于棺中，载以辒车，几下钉者数四。曾至彭城王浟宅，谓其母尔朱曰："忆汝辱我母婿时，何由可耐？"手自刃杀。又至故仆射崔暹第，谓暹妻李曰："颇忆暹否？"李曰："结发义深，实怀追忆。"帝曰："若忆时，自往看也。"亲自斩之，弃头墙外。尝在晋阳，以稍戏刺都督尉子耀，应手而死。在三台太光殿上，锯杀都督穆嵩。又幸开府暴显家，有都督韩哲无罪，忽众中召斩之数段。魏安乐王元昂，后之姊婿，其妻有色，帝数幸之，欲纳为昭仪，召昂令伏，以鸣镝射一百余下，凝血垂将一石，竟至于死。后帝自往吊，哭于丧次，逼拥其妻。仍令从官脱衣助缮，兼钱彩，号为信物，一日所得，将逾巨万。后啼不食，乞让位于姊，太后又为言，帝意乃释。所幸薛嫔，甚被宠爱，忽意其轻与高岳私通，无故斩首，藏之于怀。于东山宴，劝酬始合，忽探出头投于桉上。支解其尸，弄其髀为琵琶。一坐惊怖，莫不丧胆。帝方收取，对之流泪，云"佳人难再得，甚可惜也"。载尸以出，被发步哭而随之。至有闾巷庸猥人无识知者，忽令召斩。邺下系徒，罪至大辟，简取随驾，号为供御囚，手自刃杀，持以为戏。兼以外筑长城，内营宫殿，赏赍过度，天下骚然。内外懔懔，各怀怨毒。而素严断临下，加之默识强记，百僚战栗，不敢为非。案，文宣本性，或尚较文襄为深沉，其吏才亦不让文襄。《文襄纪》言其情欲奢淫，动乖制度。尝于宫西造宅，墙院高广，听事宏壮，亚太极殿，神武入朝责之乃止，使其获登大位，亦未必愈于文宣也。文宣淫暴之事，多在天保六七年（555、556）后，非徒本性，实亦疾病使然，观其冒犯寒暑，临履危险，多为人所不堪可知，《本纪》又云：至于末年，每言见诸鬼物，亦云闻异音声，亦其有疾之一证。即其耽于曲糵，亦未必非病状也。特有狂易之疾者，发为何种行动，仍系习染使然，文宣虽云有疾，非染于鲜卑之俗，其淫暴，亦当不至如是其甚耳。

《北齐书·本纪》述文宣淫虐之事云：诸元宗室，咸加屠剿。永安、上党，并致冤酷。高隆之、高德政、杜弼、王元景、李蒨之等，皆以非罪见害。案，诸元被戮，见于史者，有咸阳王禧之子坦，高阳王雍之子斌，济阴王小新成之曾孙晖业，临淮王彧之弟孝友，昭成五世孙景皓，无上王之子彭城王韶。坦之死，以其子酒醉诽谤，妄说图谶，坦因此配北营州，和龙。死于配所。斌，天保二年（551）从讨契丹，还至白狼河，今大凌河。以罪赐死，未知罪状为何。晖业亦死于是年，以骂元韶："不及一老妪，背负玺与人，何不打碎之"。晖业在魏宗室中，颇有学问、气节。其在晋阳，无所交通，而撰魏藩王家世，为《辨宗录》三十卷，盖不胜其宗国之痛焉。孝友与之俱死。孝友，史亦称其明于政理，盖皆忌之也。景皓，天保时诸元帝室亲近者多被诛戮，疏宗如景安之徒，议欲请姓高氏，景皓不肯，曰："岂得弃本宗，逐他姓？大丈夫宁可玉碎，不能瓦全。"景安以此言白文宣，遂被诛，家属徙彭城。元韶，齐神武以孝武帝后配之。《传》云：韶性行温裕。以高氏婿，颇膺时宠。能自谦退。临人有惠政。好儒学，礼致才彦。爱林泉，修第宅，华而不侈。可谓曲意求全矣，然亦卒不免。《传》又云：文宣剃韶须髯，加以粉黛，衣妇人服以自随，曰："我以彭城为嫔御。"讥元氏微弱，比之妇女。十年，天保十年。太史奏云："今年当除旧布新。"文宣谓韶曰："汉光武何故中兴？"韶曰："为诛诸刘不尽。"乃诛诸元以厌之。遂以五月诛元世哲、景武等二十五家。余十九家，并禁止之。韶幽于京畿地牢，绝食，啖衣袖而死。及七月，大诛元氏。自昭成已下，并无遗焉。或父祖为王，或身尝贵显，或兄弟强壮，皆斩东市。其婴儿，投于空中，承之以稍。前后死者，凡七百二十一人。悉投尸漳水。剖鱼多得爪甲，都下为之久不食鱼。《北史》同。又云：世哲从弟黄头，使与诸囚自金凤台各乘纸鸱以飞。黄头独能飞至紫陌。见上节。仍付御史狱，毕义云饿杀之。《本纪》纪五月诛二十五家、禁止十九家，并同《韶传》，而无七月大屠剿之事。《北史》则诛二十五家、禁止十九家之下又云："寻并诛之，男子无少长皆斩，所杀三千人，并投漳水。"与《韶传》所云七百二十一人者，多寡悬殊。《纪》又书八月癸卯，诏诸军民："或有父祖改姓，冒入元氏，或假托携认，妄称姓元者，不问世数远近，悉听改复本姓。"《北史》亦同，岂《传》之所云，特就二十五家、十九家言之，《纪》则并当时滥及者数之，故其数不同邪？弃本宗，逐他姓，而卒遭骈戮之惨，亦可哀矣。然虽如是，元氏之获漏网者，仍非无之。景安以改姓获免。赐姓高氏。景安叔父种之子豫，景安告景皓时，漫言引之，云相应和。豫占云："尔时以衣袖掩景皓口，云兄莫妄言。"及问景皓，所列符同，亦获免。元文遥者，昭成六世孙，文襄时为大将军府功曹，齐受禅时为中书舍人。后被幽执，不知所由。积年，文宣自幸禁狱释之。遂见任用，历武成、后主之世焉。元蛮者，江阳王继之子，孝昭元皇后之父，十年大诛元氏，孝昭为之苦请，因是追原之，赐姓步六孤氏，见《北齐书·外戚传》。昭成之后，又有名士将者，武成时位将作大匠，见《北史·魏诸宗室传》。即元坦家属徙彭城，亦未闻其更行追戮也。《十七史商榷》云："《新唐书·宰相世系表》序元魏之后，闻于唐世者甚多，然所列者，皆是后周韩国公谦及隋兵部尚书平昌公岩之后，则知元氏惟西魏尚有存者，而东魏已绝。"其说实为非是。惟屠戮多而所存尠耳。王氏又云："《洛阳伽蓝记》第四卷云：河阴之役，诸元歼尽，王侯第宅，多题为寺，未及三十年，而元氏子孙三千人，又被高洋尽杀之；且前代之蕞灭，不过阴行鸩害，此则骈斩于市。"云云，则诚蛮夷猾夏者百世之龟鉴矣。

永安简平王浚，神武第三子；上党刚肃王涣，神武第七子；其被祸俱在天保九年（558）。陈永定二年。史言浚小时本与文宣有隙，后又以直谏被祸；涣之被祸，则以术士言亡高者黑衣，文宣问左右："何物最黑？"对曰："莫过漆。"帝以涣第七为当之；此皆非其真。史又言浚豪爽有气力，善骑射；涣材武绝伦，尝率众送萧渊，破东关，斩裴之横，威名甚盛；则或其见杀之由耳。先一年，文宣在晋阳，浚时为青州刺史，见第十二章第六节。涣录尚书事。文宣征浚，浚谢疾不至。文宣怒，驰驿收之。又使库直都督破六韩伯昇之邺征涣。涣至紫陌桥，见第一节。杀伯昇以逃，冯河而渡，土人执以送帝。既至，盛以铁笼，俱置北城地牢下。饮食溲秽，共在一所。是年，帝亲将左右，临穴歌讴，令浚等和之。浚等皇怖且悲，不觉声战。帝为怅然，因泣，将赦之。长广王湛，神武第九子，即武成帝。先与浚不睦，进曰："猛虎安可出穴？"帝默然。浚等闻之，呼长广小字曰："步落稽，皇天见汝。"左右闻者，莫不悲伤。浚与涣皆有雄略，为诸王所倾服，帝恐为害，乃自刺涣，又使壮士刘桃枝就笼乱刺。稍每下，浚、涣辄以手拉折之，号哭呼天。于是薪火乱投，烧杀之，填以石土。后出，皮发皆尽，尸色如灰。帝以浚妃陆氏配仪同刘郁捷，涣妃李氏配冯文洛，皆帝家旧奴，令杀浚、涣，故以配焉。又神武第十二子博陵文简王济，尝从文宣巡幸，在路忽忆太后，遂逃归，帝怒，临以白刃，因此惊恍。又清河王岳，为高归彦所构，归彦，神武族弟。属文宣召邺下妇人薛氏入宫，即《纪》所云薛嫔。而岳先尝唤之至宅，由其姊也，帝悬薛氏姊而锯杀之，让岳，以为奸民女。岳曰："臣本欲取之，嫌其轻薄不用，非奸也。"帝益怒。天保六年（555），梁敬帝绍泰元年。十一月，使归彦就宅切责之。岳忧悸不知所为，数日而死。时论纷然，以为遇鸩焉。案，观长广王"猛虎不可出穴"之语，则知高氏弟兄相忌，初非独文宣一人，此当时风气使然，无足为怪，至其杀之之惨酷，则自由文宣有狂易之疾故也。

高隆之：齐受禅，进爵为王，寻以本官录尚书事。天保五年（554），梁元帝承圣三年。见杀。《传》云：初世宗委任崔暹、崔季舒等，及世宗崩，隆之启显祖，并欲害之，不许。显祖以隆之旧齿，委以政事，季舒等仍以前隙，乃谮云："隆之每见诉讼者，辄加哀矜之意，以示非己能裁。"显祖以其委过要名，非大臣义，禁止尚书省。隆之曾与元昶宴饮，酒酣，语昶曰："与王交游，当生死不相背。"人有密言之者。又帝未登庸之日，隆之意常侮帝，帝将受魏禅，大臣咸言未可，隆之又在其中，帝深衔之，因此遂大发怒，令壮士筑百余下放出。渴将饮水，人止之，隆之曰："今日何在？"遂饮之。因从驾死于路。帝末年追忿隆之，诛其子德枢等十余人，并投漳水。又发隆之冢，出其尸，斩截骸骨，投之漳流。高德政：受禅之日，除为侍中。天保七年，迁尚书右仆射，仍兼侍中。其《传》云：德政与尚书令杨愔纲纪政事，多有弘益。显祖末年纵酒酗醉，所为不法，德政屡进忠言，帝不悦。谓左右云："高德政恒以精神凌逼人。"德政甚惧，乃称疾，屏居佛寺，兼学坐禅，为退身之计。帝谓杨愔曰："我大忧德政，其病何似？"愔以禅代之际，因德政言情切至，方召致诚款，常内忌之，由是答云："陛下若用作冀州刺史，病即自差。"帝从之。德政见除书而起。帝大怒，召德政谓之曰："闻尔病，我为尔针。"亲以刀子刺之，血流沾地。又使曳下斩去其趾。刘桃枝捉刀不敢下。帝起临阶砌，切责桃枝曰："尔头即堕地。"因索大刀自带，欲下阶。桃枝乃斩足之三指。帝怒不解，禁德政于门下。其夜，开城门，以毡舆送还家。旦日，德政妻出宝物满四床，欲以寄人。帝奄至其宅，见而怒曰："我府藏犹无此物。"诘其所从得，皆诸元赂之也。遂曳出斩之。时妻出拜，又斩之。并其子祭酒伯坚。德政死后，显祖谓群臣曰："高德政常言宜用汉人，除鲜卑，此即合死。又教我诛诸元，我今杀之，为诸元报仇也。"案，德政之死，在天保十年八月，正大诛诸元之后，德政乘机胁取其赂，而仍不能为之救解；如文宣言，则且从而下石焉；亦可谓险巇矣，足见伪朝之无正士也。杜弼亦以是年夏见杀。弼时为胶州刺史。见第十三章第一节。其《传》云：弼性质直。前在霸朝，多所匡正。及显祖作相，致位僚首。初闻揖让之议，犹有谏言。显祖尝问弼云："治国当用何人？"对曰："鲜卑车马客，会须用中国人。"显祖以为讥我。高德政在要，不能下之，德政深以为恨，数言其短。又令主书杜永珍密启弼：在长史日，受人请属，大营婚嫁。显祖内衔之。弼恃旧，仍有公事陈请。上因饮酒，遂遣就州斩之。既而悔之，驿追不及。王元景，名昕，猛六世孙。为秘书监。《传》云：显祖以昕疏诞，骂之曰："好门户，恶人身。"又有谮之者曰："王元景每嗟水运不应遂绝。"帝愈怒，乃下诏徙幽州。后征还，判祠部尚书事。帝怒临漳令嵇晔，临漳，见第三章第三节。及舍人李文师，以晔赐薛丰洛，文师赐崔士顺为奴。郑子默私诱昕曰："自古无朝士作奴。"昕曰："箕子为之奴，何言无也？"子默遂以昕言启显祖，仍曰："王元景比陛下于殷纣。"帝后与朝臣酣饮，昕称病不至，帝遣骑执之，见其方摇膝吟咏，遂斩于御前，投尸漳水。亦天保十年也。李蒨之事，其详无所见。案，高隆之、高德政位高权重，皆有取死之道焉，史所言致死之由，不必实也。其杀王昕、杜弼，自为淫刑，然观高德政、杜弼，皆以讥鲜卑获罪，文宣种族之见，亦可谓深矣，安得尽委之于狂易哉？

文宣之营三台，《本纪》书其事于天保九年（558）八月，云：先是发丁匠三十余万，营三台于邺下，因其旧基而高博之。大起宫室及游豫园。至是，三台成，改铜雀曰金凤，金兽曰圣应，冰井曰崇光云。此为文宣侈靡之一端，至其起长城，则意在守御北方，虽曰劳民，不能尽目为暴政也。

文宣亦薄有武略。惟其时关西无隙可乘；南方陈武帝崛兴，力亦足以攘外，始纳渊明，继辅萧庄，皆致失利；故其力，仅用之于北边焉。魏世北边大敌，本为柔然。宣武帝时，柔然衰乱，其主阿那瓌奔魏，魏人辅之还北，一时颇见驯伏。六镇乱作，魏人始畏柔然。逮东西既分，乃竞与结好。西魏文帝，以元昱之女，称为化政公主，昱，孝武时舍人。妻阿那瓌兄弟塔寒。又自纳阿那瓌女为后。加以金帛诱之。阿那瓌遂留东魏使元整，不报信命。又掠范阳、见第四章第二节。秀容，见第六章第八节。杀元整，转谋侵害。孝静帝元象元年（538），梁武帝大同四年。神武志在绥抚。会阿那瓌女妻文帝者遇疾死，因遣相府功曹参军张徽纂使阿那瓌，间说之云：“文帝及周文，既害孝武；又杀阿那瓌之女；妄以疏属假公主之号，嫁彼为亲。又阿那瓌渡河西讨时，周文烧草，使其马饥，不得南进。”又论：“东魏正统所在。言其往者破亡归命，魏朝保护，得存其国。若深念旧恩，以存和睦，当以懿亲公主结成姻媾；为遣兵将，伐彼叛臣。”阿那瓌乃归诚于东魏。东魏以常山王鸷妹乐安公主妻之，改封为兰陵郡长公主。兴和三年（541），梁大同七年。阿那瓌以其孙女号邻和公主，妻神武第九子长广王湛。兴和四年，梁大同八年。又以其爱女，号为公主妻神武。武定四年（546），梁中大同元年。自此东魏边塞无事。至武定末，贡献相寻。齐受禅，亦岁时来往不绝。天保三年（552），梁元帝承圣元年。阿那瓌为突厥土门所破。突厥，自其初起时，即亲附西魏，西魏尝以长乐公主妻之。大统十七年（551），梁简文帝大宝二年，即文宣天保二年也。案，西魏文帝后本乙弗氏，以纳蠕蠕主故，废而杀之。《北史·后传》云：年十六，帝纳为妃。及帝即位，以大统元年，册为皇后。生男女十二人。多早夭，惟太子及武都王戊存焉。帝更纳悼后，命后逊居别宫，出家为尼。悼后犹怀猜忌，复徙后居秦州，依子刺史武都王。帝虽限大计，恩好不忘。后密令养发，有追还之意。然事秘禁，外无知者。六年，春，蠕蠕举国渡河，颇有言虏为悼后之故兴此役。帝曰：“岂有百万之众，为一女子举也？虽然，致此物论，朕亦何颜以见将帅邪？”乃遣中常侍曹宠赍手敕，令后自尽。年三十一。及文帝山陵毕，手书云：万岁后欲令后配飨。公卿乃议追谥曰文皇后，祔于太庙。案，后之废，在大统四年，年二十九。自其十六归帝，至此仅十有四年，而生男女十二人，足见其情好之笃。而帝竟不能庇其命，亦可哀矣。《蠕蠕传》云：阿那瓌率众渡河，以废后为言，文帝不得已，遂敕废后自杀，与《后妃传》岐异。观下述阿那瓌以蠕蠕公主妻神武，而敕秃突佳留住，待见外孙乃归，恐以《蠕蠕传》之言为信；抑非蠕蠕有是言，当时魏朝，亦未必有欲害文后者也。然以惮于御敌之故，而使文后死于非命，魏之军人，亦可耻矣。兰陵公主之适蠕蠕也，自晋阳北迈，资用器物，神武亲自经纪，咸出丰渥。蠕蠕公主之来也，阿那瑰女妻神武者，号曰蠕蠕公主。武明皇后亦避正室以处之。阿那瑰使其弟秃突佳来送女，仍戒曰："待见外孙，然后返国。"神武尝有病，不得往公主所，秃突佳怨恚，神武即自射堂舆疾就之。观此诸事，可见当时宇文、高氏畏北狄之甚。齐既与柔然睦，而柔然为突厥所破，突厥又夙睦于西魏，固无怪文宣之欲经略之也。又宇文氏为慕容氏所破，别种窜于松漠之间者为奚、契丹，至南北朝末，亦渐强盛，能犯塞。此等虽未必大敌，然必边塞安，乃能尽力于西、南二方，文宣乘闲暇之时，出兵经略，固不能谓为非计也。

　　文宣之用兵于北垂，事起天保三年（552）。梁承圣元年。《北齐书·本纪》：是岁，三月，讨库莫奚于代郡，大破之。获杂畜十余万，分赉将士各有差。以奚口付山东为民。二月，阿那瑰为突厥所破，自杀。其太子庵罗辰，及瑰从弟登注俟利发，注子库提，并拥众来奔。茹茹余众，立注次子铁伐为主。九月，帝自并州幸离石。见第三章第四节。十月，至黄栌岭。在今山西汾阳县西北，接离石县界。仍起长城，北至社干戍，胡三省云：此长城盖起于唐石州，北抵武州之境。案，唐石州，今山西离石县。武州，今山西五寨县。社干戍，《通鉴》作社平戍，胡《注》云：《齐纪》作社干。四百余里。立三十六戍。四年，梁承圣二年。二月，送铁伐、登注、库提还北。铁伐寻为契丹所杀。国人立登注为主，仍为其大人阿富提等所杀。国人复立库提。九月，契丹犯塞。帝北讨。十月，至平州。见第十二章第三节。从西道趋长堑。胡三省曰：曹操征乌丸，出卢龙塞，堑山堙谷，五百余里，后人因谓之长堑。案，卢龙塞，在今河北迁安县北。诏司徒潘相乐率精骑五千，自东道趋青山。未详。复诏安德王韩轨率精骑四千，东趋断契丹走路。帝至阳师水，胡三省曰：《唐志》：贞观三年（629），以契丹、室韦部落置师州及阳师县于营州之废阳师镇，即此。倍道兼行，掩袭，大破之。虏获十余万口，杂畜数十万头。乐又于青山大破契丹别部。所虏生口，皆分置诸州。十二月，突厥复攻茹茹。茹茹举国南奔。帝自晋阳北讨突厥，迎纳茹茹。乃废库提，立庵罗辰，置之马邑。见第三章第八节。亲追突厥于朔州。见第十一章第二节。突厥请降，许之而还。五年，梁承圣三年。三月，庵罗辰叛。帝亲讨，大破之。辰父子北遁。四月，茹茹寇肆州。见第十一章第二节。帝自晋阳讨之。至恒州见第十一章第二节。黄瓜堆，在今山西山阴县北。虏骑散走。五月，北讨茹茹，大破之。六月，茹茹率部众东徙，将南侵。帝率轻骑于金山下邀击之。金山，未详。茹茹闻而远遁。十二月，北巡。至达速岭，在今山西平鲁县西北。览山川险要，将起长城。六年，梁绍泰元年。六月，亲讨茹茹。七月，顿白道，见第十二章第三节。留辎重，亲率轻骑五千追茹茹，及于怀朔镇。见第十二章第三节。帝躬当矢石，频大破之。遂至沃野。见第十二章第三节。获口二万余，牛、羊数十万头。是年，发夫一百八十万人筑长城，自幽州北夏口胡三省云：盖即居庸下口。案，居庸关，在今河北昌平县、察哈尔延庆县之间。至恒州，九百余里。据《赵郡王琛传》，筑城时在六月。十二月，先是自西河总秦戍未详。筑长城，东至于海。前后所筑，东西凡三千余里，率十里一戍，其要害置州镇，凡二十五所。八年，陈永定元年。于长城内筑重城，自库洛拔而东，至于坞纥戍，库洛拔，《通鉴》作库洛枝。坞纥戍，《通鉴》作坞纥戍。未详为今何地。凡四百余里。八年筑城之役，亦见《赵郡王叡传》。经略北边之事，盖至此而粗毕，故自是不复北出，亦无复大举矣。史所称帝之雄武，大抵皆指此诸役言之。《纪》于天保四年（553）伐契丹之役云："帝亲逾山岭，为士卒先，指麾奋击。"又云："是行也，帝露头袒膊，昼夜不息，行千余里，惟食肉饮水，壮气弥厉。"五年四月之役云："大军已还，帝率麾下千余骑，遇茹茹别部数万，四面围逼。帝神色自若，指画形势，虏众披靡，遂纵兵溃围而出。虏走，追击之。伏尸二十里。获庵罗辰妻子及生口三万余人。"前所引《北史·本纪》，谓帝每临行阵，亲当矢石云云，即檃栝是诸役而为言也。当时北边安静，远国来朝贡者颇多，此数年中，奚、契丹、突厥外，尚有肃慎、地豆干亦来朝，皆见《本纪》。其功绩似不无足称，然亦不过使北边暂告安静而已。当时之茹茹、突厥及奚、契丹，兵力皆不甚强；史于文宣武功，又不免铺张扬厉；实亦无甚足称也。柔然、突厥、奚、契丹之事，参看第十六章。

第三节　孝昭武成篡夺

北齐之事，始坏于文宣，而大坏于武成。文宣嗣子幼弱，致启孝昭、武成二世之争夺，自此宗室之中，猜忌觊觎，互相屠戮，奸臣因之窃柄。孝昭在兄弟中，似较修饬，然享年不永；武成荒淫，实更甚于文宣；诒谋不臧，至后主而益昏荡。政治内紊，强敌外陵，于是太宁之后，不及二十年，而齐祚迄矣。

文宣母弟四人：常山王演、神武第六子。襄城王淯、神武第八子。长广王湛、见上节。博陵王济神武第十二子。是也。襄城为人，盖无能为；博陵年幼；故惟常山、长广二王为亲逼。常山：天保五年（554），梁元帝承圣三年。除并省尚书令。七年，梁敬帝太平元年。从文宣还邺。文宣以尚书奏事多有异同，令与朝臣先论定得失，然后敷奏。八年，陈武帝永定元年。转司空，录尚书事。九年，陈永定二年。除大司马，仍录尚书。《孝昭纪》云：文宣溺于游宴，帝密撰事条将谏，其友王晞以为不可，帝不从，因间极言，遂逢大怒。帝性颇严，尚书郎中剖断有失，辄加捶楚；令史奸蠹，并即考竟。文宣乃立帝于前，以刀环拟胁；召被罚者，临以白刃，求帝之短，咸无所陈，方见解释。后赐帝魏时宫人，醒而忘之，谓帝擅取，遂以刀环乱筑，因此致困。皇太后日夜啼泣。文宣不知所为。先是禁王晞，乃舍之，令侍帝。《晞传》云：文宣昏逸，常山王数谏，帝疑王假辞于晞，欲加大辟。王私谓晞曰："博士，明日当作一条事，为欲相活，亦图自全，宜深体勿怪。"乃于众中杖晞二十。帝寻发怒，闻晞得杖，以故不杀，髡钳鞭配甲坊。居三年，王又因谏争，大被殴挞，闭口不食。太后极忧之。帝谓左右曰："傥小儿死，奈我老母何？"于是每问王疾。谓曰："努力强食，当以王晞还汝。"乃释晞令往。后王承间苦谏，遂至忤旨。帝使力士反接，拔白刃注颈，骂曰："小子何知？欲以吏才非我。是谁教汝？"催遣捶楚，乱杖抶数十。会醉卧得解，盖常山当文宣之世，实已屡濒于危，特以太后故得免耳。十年（559），陈永定三年。十月，文宣死于晋阳。太子殷立，是为废帝。尚书令杨愔，与左仆射平秦王归彦、侍中燕子献、黄门侍郎郑子默，名颐。同受遗诏辅政。愔在文宣朝，称为贤相，史称自天保五年以后，维持匡救，实有赖焉。尚太原长公主。归彦，文宣诛高德政，金宝财货，悉以赐之，盖亦颇得宠信。子献，尚阳翟长公主。子默，文宣为太原公时，为东阁祭酒。与宋钦道特相友爱。钦道为文宣大将军主簿。后令在东宫教太子习事。钦道文法吏，不甚谙识古今，而子默以文学见知，有疑事必询焉。二人幸于两宫，虽诸王大臣，莫不敬惮，盖又与废帝关系较深者也。并以二王威望先重，咸有猜忌之心。初在晋阳，以大行在殡，天子谅暗，议令常山王在东馆。欲奏之事，皆先谘决。二旬而止。仍欲以常山王随梓宫至邺，留长广王镇晋阳。执政复生疑贰，而王又俱从至于邺。子献立计，欲处太皇太后于北宫，武明后。政归皇太后。文宣后李氏。自天保八年以来，爵赏多滥，愔先自表解其开封王，诸叨窃恩荣者，皆从黜免，由是嬖宠失职之徒，尽归心二叔。归彦初虽同德，寻以疏忌之迹，尽告两王。《归彦传》云：济南自晋阳之邺，杨愔宣敕，留从驾五千兵于西中，阴备非常，至邺数日，归彦乃知之，由是阴怨杨、燕。杨、燕等欲去二王，问计归彦，归彦诈喜，请共元海量之，元海亦口许心违，驰告长广。元海者，上洛王思宗子，思宗，神武从子也。可朱浑天和道元季弟。尚东平公主。时为领军大将军。又每云："若不诛二王，少主无自安之理。"钦道面奏帝，称："二叔威权既重，宜速去之"。帝不许，曰："可与令公共详其事。"愔等议出二王为刺史，以帝仁慈，恐不可所奏，乃通启皇太后，具述安危。宫人李昌仪者，胡三省曰：昌仪盖亦内职，而《北史·后妃传》无之，盖太后女官之名。高仲密之妻，坐仲密事入宫，太后以昌仪宗情，甚相昵爱，以启示之，昌仪密启太皇太后。愔等又议不可令二王俱出，乃奏以长广王为大司马、并州刺史，常山王为太师、录尚书事。及二王拜职，于尚书省大会百僚，愔等并将同赴，子默止之，不听。长广旦伏家僮数十人于录尚书后室，仍与席上勋贵数人相知，并与数勋胄约：“行酒至愔等，我各劝双杯，彼必致辞。我一曰捉酒，二曰捉酒，三曰何不捉？尔辈即捉。”及宴，如之。于是愔及天和、钦道皆被拳杖乱殴击，头面血流。各十人持之。子献素多力，头又少发，排众走出省门。斛律光逐而擒之。使执子默于尚药局。《孝昭纪》云：帝戎服，与平原王段韶、平秦王高归彦、领军刘洪徽入自云龙门。于中书省前遇散骑常侍郑子默，又执之。二叔率高归彦、贺拔仁、斛律金拥愔等唐突入云龙门。见都督叱利骚，招之，不进，使骑杀之。开府成休宁拒门，归彦喻之，乃得入。《孝昭纪》：帝至东阁门，都督成休宁抽刃呵帝，帝令高归彦喻之，休宁厉声大呼不从。归彦既为领军，素为兵士所服，悉皆弛杖，休宁乃叹息而罢。《归彦传》云：孝昭将入云龙门，都督成休宁列仗拒而不纳，归彦喻之，然后得入。进而柏阁、永巷，亦如之。送愔等于御前。长广王及归彦在朱华门外。太皇太后临昭阳殿，太后及帝侧立。常山王以砖叩头，进而言曰：“臣与陛下，骨肉相连。杨遵彦等欲擅朝权，威福自己。王公以还，皆重足屏气，共相唇齿，以成乱阶。若不早图，必为宗社之害。臣与湛等为国事重；贺拔仁、斛律金等惜献皇帝基业；共执遵彦等领入宫。未敢刑戮。专辄之失，罪合万死。”帝时默然。领军刘桃枝之徒陛卫，叩刀仰视，帝不睨之。太皇太后令却仗，不肯。又厉声曰：“奴辈即今头落，”乃却。《孝昭纪》：时庭中及两廊下卫士二千余人，皆被甲待诏。武卫娥永乐，武力绝伦，又被文宣重遇，抚刃思效。废帝性吃讷，兼仓卒不知所言；太皇太后又为皇太后誓言帝无异志，惟去逼而已；高归彦敕劳卫士解严，永乐乃纳刀而泣。帝乃令归彦引侍卫之士向华林园，以京畿军入守门阁，斩娥永乐于园。与《杨愔传》不同，当以《孝昭纪》为确，观永乐被害，桃枝安然无患可知。《武成纪》帝既与孝昭谋诛诸执政，迁太傅，录尚书事，领京畿大都督，正使之守御门阁也。乃让帝曰：“此等怀逆，欲杀我二儿，次及我，尔何纵之？”帝犹不能言。太皇太后怒且悲。王公皆泣。太皇太后又曰：“岂可使我母子受汉老妪斟酌？”太后拜谢。常山王叩头不止。太皇太后谓帝曰：“何不安慰尔叔？”帝乃曰：“天子亦不敢与叔惜，岂敢惜此汉辈？但愿乞儿性命，儿自下殿去，此等任叔父处分。”遂皆斩之。长广王以子默昔谮己，作诏书，故先拔其舌，截其手焉。以上据《杨愔传》。时废帝乾明元年（560）二月也。即孝昭帝皇建元年，陈文帝天嘉元年。以赵彦深代总机务。彦深者，幼孤贫，司马子如用为尚书令史。后荐诸神武，为大丞相功曹参军，专掌机密。历文襄、文宣之世。以温柔谨慎称。盖委蛇自保之流，故能历武成、后主之世而无患。杨愔固非端人，至彦深，则每况愈下矣。后主时，赵郡王俨作乱，见下节。率京畿军士三千余人屯千秋门。广宁、安德二王广宁王孝珩，文襄第二子。安德王延宗，文襄第五子。适从西来，欲助成其事，曰："何不入？"中常侍刘辟疆曰："人少。"安德王顾众而言曰："孝昭帝杀杨遵彦，止八十人，今乃数千，何言人少？"孝昭杀杨遵彦止八十人，未知信否，然时二王非有兵权，徒党必不能多；勋胄特以利合，或则年少好事，岂能为之力战？陛卫之士，自足御之，而废帝吃讷不能发言，遂使二王幸而获济矣。《废帝纪》云：文宣登凤台，召太子使手刃囚，太子恻然有难色，再三不断其首。文宣怒，亲以马鞭撞太子三下。由是气悸语吃，精神时复昏扰。然则教之杀人者，适所以使之见杀于人也。亦可哀矣。

杨愔等既死，于是以常山王演为大丞相、都督中外诸军、录尚书事，长广王湛为太傅、录尚书、京畿大都督。演寻如晋阳。有诏：军国大政，咸谘决焉。八月，太皇太后令废帝为济南王。演即位于晋阳，是为孝昭皇帝。

孝昭之诛杨愔等，谓长广王湛曰："事成，以尔为皇太弟。"及践阼，乃使湛在邺主兵，立子百年为皇太子。湛甚不平。时留济南于邺，除领军库狄伏连为幽州刺史，以斛律丰乐光弟，名美。为领军，以分湛之权。湛留伏连，不听丰乐视事。乃与河阳王孝瑜伪猎，谋于野，暗乃归。孝瑜，文襄长子。本传云：孝瑜养于神武宫中，与武成同年相爱，将诛杨愔等，孝瑜豫其谋。及武成即位，礼遇特隆。《孝昭纪》云：帝以尊亲而见猜斥，乃与长广王期猎，谋之于野，疑即与武成谋之传误也。既而太史奏言："北城有天子气。"孝昭以为济南应之，使平秦王归彦之邺，迎济南赴并州。时高元海以散骑常侍留邺典机密，湛先谘焉，并问自安之计。元海说梁孝王惧诛入关事。请以数骑入晋阳，先见太后求哀，后见主上，请去兵权，以死为限，求不干朝政，必保泰山之安，此上策也。若不然，当且表云：威权大重，恐取谤众口，请青、齐二州刺史，沉静自居，必不招物议，此中策也。更问下策。曰："发言即恐族诛。"逼之。答曰："济南世嫡，主上假太后令而夺之，孝昭即位，武明后复为太后，文宣后降居昭信宫，称昭信太后。今集文武，示以此敕，执丰乐，斩归彦，尊济南，号令天下，以顺讨逆，此万世一时也。"湛大悦，狐疑竟未能用，乃令数百骑送济南于晋阳。既至，孝昭杀之。时皇建二年（561）九月也。陈天嘉二年。十一月，孝昭死，征湛入即位，是为世祖武成皇帝。

孝昭之篡也，高归彦以司空兼尚书令。孝昭死，归彦迎武成于邺，进位太傅，领司徒。武成以前翻覆之迹，渐忌之。河清元年（562），陈天嘉三年。二月，出为冀州刺史。至州，不自安，谋逆。望车驾入晋阳，乘虚入邺。为其郎中令吕思礼所告。诏段诏袭之。城破，归彦单骑北走，至交津，《水经注》：白马河入衡漳之口，在武隧县南。武隧，汉县，后汉曰武遂，北齐省，在今河北武强县东北。见获，锁送邺，并子孙十五人皆弃市。明年，河清二年，陈天嘉四年。高元海亦被捶马鞭六十，出为兖州。先是已杀文宣次子太原王绍德。及是，复杀河南王孝瑜，及其弟河间王孝琬。孝琬弟延宗，亦被捶几死。绍德之死，《后妃传》谓由武成淫其母，生女，绍德慍，母惭，杀其女，即昭信皇后也。《传》云：武成践阼，逼后淫乱，云："若不许，我当杀尔儿。"后惧，从之。后有娠，绍德至阁，不得见，慍曰："儿岂不知邪？姊姊腹大，故不见儿。"后闻之，大惭，由是生女不举。帝横刀诟曰："尔杀我女，我何不杀尔儿？"对后前筑杀绍德。后大哭。帝愈怒，裸后乱挝挞之。号天不已。盛以绢囊，流血淋漉，投诸渠水，良久乃苏。犊车载送妙胜尼寺。后性爱佛法，因此为尼。《南阳王绰传》云：绰兄弟皆呼父为兄兄，嫡母为家家，乳母为姊姊，妇为妹妹。本传谓系修旧怨，《传》云：武成因怒李后，骂绍德曰："尔父打我时，竟不来救。"以刀环筑杀之。其说两岐，盖特以其为废帝母弟而杀之；至孝瑜之见杀，则其故自与归彦、元海之见忌同也。《孝瑜传》云：武成尝使和士开与胡后对坐握槊，孝瑜谏曰："皇后天下之母，不可与臣下接手。"帝深纳之。后又言赵郡王父死非命，不可亲。由是叡及士开皆侧目。士开密告其奢僭。叡又言："山东惟闻河南王，不闻有陛下。"帝由是忌之。尔朱御女，名摩女，本事太后，孝瑜先与之通，后因太子婚夜，孝瑜窃与之言。武成大怒。顿饮其酒三十七杯，使娄子彦载以出，鸩之于车。至西华门，烦热躁闷，投水而绝。赵郡王叡，琛子。琛，神武弟，以乱后庭，因杖而毙。武成后通和士开，可信与否，尚在疑似之间，观下节自见，谓孝瑜因谏后与士开握槊而招怨，更不足信矣。孝琬，文襄第三子。《传》云：突厥与周师入太原，武成将避之而东，孝琬叩马谏，请委赵郡王部分之，必整齐，帝从其言。孝琬免胄将出，帝使追还。孝琬以文襄世嫡，骄矜自负。河南王之死，诸王在宫内，莫敢举声，惟孝琬大哭而出。又怨执政，为草人而射之。和士开与祖珽谮之云："草人拟圣躬也。又前突厥至州，孝琬脱兜鍪抵地，云岂是老姬？须着此？此言属大家也。"初魏世谣言："河南种谷河北生，白杨树头金鸡鸣。"珽以说曰："河南河北，河间也。金鸡鸣，孝琬将建金鸡而大赦。"帝颇惑之。时孝琬得佛牙，置于第内，夜有神光照室，玄都法顺请以奏闻，不从。帝闻，使搜之，得镇库稍幡数百。帝闻之，以为反状。讯其诸姬。有陈氏者，无宠，诬对曰："孝琬画作陛下形哭之。"然实是文襄像，孝琬时时对之泣。帝怒，使武卫赫连辅玄倒鞭挝之。孝琬呼阿叔。帝怒曰："谁是尔叔？敢唤我作叔？"孝琬曰："神武皇帝嫡孙，文襄皇帝嫡子，魏孝静皇帝外孙，何为不得唤作叔也？"帝愈怒，折其两胫而死。案，文襄第二子广宁王孝珩，第四子兰陵王长恭，一名孝瓘，武成世皆无患；第五子安德王延宗，虽被挺几死，亦获保全；而孝琬独见杀者，盖由其以文襄世嫡自负，故为武成所忌也。《延宗传》云：河间死，延宗哭之泪赤。又为草人以像武成，鞭而讯之，曰："何故杀我兄？"奴告之。武成覆卧延宗于地，马鞭挞之二百，几死。其明年，河清三年，陈天嘉五年。遂杀孝昭太子乐陵王百年。《百年传》云：河清三年，五月，白虹围日再重，又横贯而不达；赤星见，帝以盆水承星影而盖之，一夜盆自破；欲以百年厌之。会博陵人贾德胄教百年书，百年尝作数敕字，德胄封以奏。帝乃发怒，使召百年。百年被召，自知不免，割带玦留与妃斛律氏。见帝于玄都苑凉风堂。使百年书敕字，验与德胄所奏相似。遣左右乱捶击之。又令人曳百年绕堂，且走且打，所过处血皆遍地。气息将尽，曰："乞命，愿与阿叔作奴？"遂斩之。弃诸池，池水尽赤。于后园亲看埋之。妃把玦哀号，不肯食，月余亦死。玦犹在手，拳不可开。时年十四。其父光自擘之，乃开。《孝昭纪》云：初帝与济南约不相害。及舆驾在晋阳，武成镇邺，望气者云邺城有天子气，帝尝恐济南复兴，乃密行鸩毒。济南不从，乃扼而杀之。后颇愧悔。初苦内热，频进汤散。时有尚书令史，姓赵，于邺城见文宣从杨愔、燕子献等西行，言相与复仇。帝在晋阳，与毛夫人亦见焉。遂渐危笃。备禳厌之事。诸厉方出屋梁，骑栋上，歌呼自若，了无惧容。时有天狗下，乃于其所讲武以厌之。有兔惊马，帝坠而绝肋。太后视疾，问济南所在者三。帝不对。太后怒曰："杀之邪？不用吾言，死其宜矣。"临终之际，惟扶服床枕，叩头求哀。遣使诏追长广王入纂大统，手书云："宜将吾妻子，置一好处，勿学前人也。"《百年传》亦云：帝临崩，遗诏传位于武成，并有手书，其末曰："百年无罪，汝可以乐处置之，勿学前人。"说虽荒诞，谓孝昭杀济南而悔，及其临死属武成之语则或真，亦可哀矣。《废帝纪》云：初文宣命邢邵制帝名殷，字正道，帝从而尤之曰："殷家弟及，正字一止，吾身后儿不得也。"邵惧，请改焉。文宣不许，曰："天也。"因谓孝昭帝曰："夺时但夺，慎勿杀也。"与史纪孝昭属武成之语颇相类，此则殊不足信。大抵帝王必有所私昵之人，丧败之后，私昵为之不平，又感激私恩，乃造作此等言语，以见其能前知，流俗无识，则亦相与传之云尔。其实富贵中人，大多神识昏瞀，不能悬鉴未来，亦且不暇豫虑后事也。是岁，又杀神武第四子平阳靖翼王淹。《淹传》云：河清三年，薨于晋阳，或云以鸩终。神武第五子彭城景思王浟，车驾临幸常留邺，是岁，二月，群盗田子礼等谋劫浟为主，不从，遇害。

因宗室之间猜忌甚深，遂有传位太子之举。武成后胡氏，生子纬，以河清元年（562）立为太子。次子曰东平王俨。《祖珽传》云：皇后爱少子，愿以为嗣。武成以后主体正居长，难于移易。珽私于和士开曰："君之宠幸，振古无二，宫车一日晚驾，欲何以克终？"士开因求策焉。珽曰："宜说主上云：襄、宣、昭帝子俱不得立，今宜命皇太子早践大位，以定君臣之分。若事成，中宫、少主皆德君，此万全计也。君此且微说，令主上粗解，斑当自外论之。"士开许诺。因有彗星出，太史奏云除旧布新之征，斑于是上书，帝从之。河清四年，即后主天统元年，陈天嘉六年。四月，传位于纬，是为后主，时年十岁。案，武成时年二十有九，何至虑及其将死？则《斑传》之言，不足信也。帝盖亦自有此意？其不肯废长立幼亦以此？然君臣之位，又岂可以虚名定哉？

第四节　武成后主荒淫

神武诸子，孝昭才性，似为最优。《本纪》云：帝聪敏有识度。深沉能断，不可窥测。自居台省，留心政术。闲明簿领，吏所不逮。及正位宸居，弥所刻厉。轻徭薄赋，勤恤人隐。内无私宠，外收人物。日昃临朝，务知人之善恶。每访问左右，冀获直言。曾问舍人裴泽在外议论得失。泽率尔对曰："陛下聪明至公，自可远侔古昔，而有识之士，咸言伤细，帝王之度，颇为未弘。"帝笑曰："诚如卿言。朕初临万机，虑不周悉，故致尔耳。此事安可久行？恐后又嫌疏漏。"泽因被宠遇。其乐闻过如此。雄断有谋。于时国富兵强，将雪神武遗恨，意在顿驾平阳，为进取之策，参看下节。远图不遂，惜哉！说虽过情，然其视文襄、文宣为优，则必不诬矣。至武成而大坏。

《恩幸传》云：高祖、世宗，情存庶政，文武任寄，多桢干之臣，惟郭秀小人，有累明德。秀事高祖，为尚书右丞。天保五年（554）之后，虽罔念作狂，所幸之徒，惟左右驱驰，内外褒狎，其朝廷之事，一不与闻。大宁之后，奸佞寖繁，盛业鸿基，以兹颠覆。《后主纪》云："武成爱狎庸竖，委以朝权；帷薄之间，淫侈过度；灭亡之兆，其在斯乎？后主以中庸之姿，怀易染之性。永言先训，教匪义方。始自襁褓，至于传位，隔以正人，闭其善道。养德所履，异乎春诵夏弦。过庭所闻，莫非不轨不物。辅之以中宫奶媪，属之以丽色淫声。纵轡绁之娱，恣朋淫之好。语曰：从恶若崩。盖言其易。"然则后主之荒淫，亦不翅武成为之也。武成诚亡齐之罪魁矣。武成、后主之世，嬖幸极多，其乱政最甚者，实为和士开、穆提婆、高阿那肱、韩长鸾等数人。士开，初为武成开府参军，甚相亲狎。文宣知其轻薄，责以戏狎过度，徙长城。后武成复请为京畿士曹参军。及践阼，累除侍中，又除右仆射。武成寝疾，士开入侍医药。武成谓其有伊、霍之才，殷勤属以后事。临崩，握士开之手曰："勿负我也。"仍绝于其手。士开虽小人，然不能谓其无才。《齐书·佞幸传》谓其说世祖云："自古帝王，尽为灰烬，尧、舜、桀、纣，竟复何异？陛下宜及少壮，恣意作乐，纵横行之，即是一日快活敌千年；国事分付大臣，何虑不办？无为自勤苦也。"世祖大悦。又谓寿阳陷没，后主使于黎阳临河筑城戍，曰："急时且守此，作龟兹国子。更可怜人生如寄，惟当行乐，何因愁为？"此乃其时士大夫见解如此，乃傅会为此说耳。自古荒淫之人，皆惟溺其事，安论其理邪？武成好握槊，士开善于此戏，以此得幸。《胡后传》又谓士开每与后握槊，因此与后奸通云。案，观下文所述，后之见禁，实以赵王俨之故，则史所叙后淫乱之迹，不必尽信。穆提婆，本姓骆，后其母陆令萱佞媚穆昭仪，养之为女，见下。乃改姓穆氏。令萱以配入掖庭。后主襁褓之中，令其鞠养，谓之干阿奶。遂大为胡后所昵爱。令萱奸巧多机辩，取媚百端。宫掖之中，独擅威福。天统初，奏引提婆，入侍后主。朝夕左右，大被亲狎。高阿那肱，父市贵，从高祖起义，那肱为库典，从征讨，以功勤，擢为武卫将军。妙于骑射，便辟善事人。每宴射之次，大为世祖所爱重。又谄悦和士开，尤相褒狎，士开每为之言，弥见亲待。韩凤，字长鸾。有膂力，善骑射。稍迁都督。后主居东宫，世祖简都督二十人，送令侍卫，凤在其数，数唤共戏云。此外又有宦官、神武时，宦者惟阁内驱使，不被恩遇。历天保、皇建之朝，亦不至宠幸，但渐有职任。武成时，有至仪同、食干者，而邓长颙任参宰相，干豫朝权。又有陈得信，亦参时宰。与长颙并开府、封王。后主朝，多授开府，罕止仪同，亦有加光禄大夫，金章紫绶者。多带侍中、中常侍，此二职乃至数十人。史称其"败政虐民，古今未有"，"一戏之赏，动逾巨万；丘山之积，贪贪无厌"焉。苍头、高祖时有陈山提、盖丰乐、刘桃枝等。天保、太宁之朝，渐以贵盛。至武平时，皆以开府封王。其不及武平者，则追赠王爵。又有何海及子洪珍皆为王，尤为亲要。洪珍侮弄权势，鬻狱卖官。胡小儿，史丑多之徒胡小儿等数十，咸能舞工歌，亦至仪同、开府、封王。眼鼻深险，排突朝贵，尤为人士之所疾恶。及以音乐、沈过儿，官至开府、仪同。王长通，年十四五，便假节通州刺史。使鬼等见幸者，时又有开府薛荣宗，常自云能使鬼。及周兵之逼，言于后主曰："臣已发遣斛律明月，将大兵在前去。"帝信之。经古冢，荣宗谓舍人元行恭："是谁冢？"行恭戏之曰："林宗冢。"复问："林宗是谁？"行恭曰："郭元贞父。"荣宗前奏曰："臣向见郭林宗从冢出，着大帽吉莫靴，捶马鞭，问臣：我阿贞来否？"是时群妄多类此。以上据《北齐书》及《北史·佞幸传》。皆盛于武成之朝，而诒诸后主者也。武成传位元子，名号虽殊，政犹己出，及其身，朝局尚无大变动，至武成死而波澜迭作矣。

武成死于天统四年（568）十二月。陈废帝光大二年。时年三十二。黄门侍郎胡长粲，武成皇后从兄。领军娄定远，昭子。录尚书赵彦深，左仆射和士开、高文遥，即元文遥赐姓。领军綦连猛、高阿那肱，右仆射唐邕同知朝政，时人号为八贵。武成之死也，和士开秘丧三日不发。黄门侍郎冯子琮，其妻，胡皇后之妹也。《子琮传》云：子琮素知和士开忌赵郡王叡及娄定远，恐其矫遗诏，出叡外任，叡时为太尉，录尚书事。夺定远禁卫之权，乃谓士开曰："但令在内贵臣，一无改易，王公已下，必无异望。"乃发丧。文遥以子琮太后妹夫，恐其奖成太后干政，说赵郡王及士开出之，拜郑州刺史。郑州，治颍阴，见第十三章第八节。至州未几，太后为齐安王纳子琮长女为妃，齐安王廓，武成第四子。子琮因请假赴邺，遂授吏部尚书，俄迁右仆射，乃摄选。观此，知武成甫死，太后与赵郡王业已互相龃龉矣。明年，天统五年，陈宣帝太建元年。正月，杀定州刺史博陵王济。济，神武第十二子也。其传云：天统五年，在州语人云："计次第亦应到我。"后主闻之，阴使人杀之。案，是时神武第十子任城王潜尚存，济安得作此语？济之死，必别有其故可知矣。至二月而赵郡王之变作。《和士开传》云：叡与娄定远等谋出士开，引诸贵人，共为计策。《北史》云：仍引任城、冯翊二王及段韶、安吐根，共为计策。冯翊王润，神武第十四子也。安吐根，安息胡人。曾祖入魏，家于酒泉。吐根，魏末充使蠕蠕。天平初，蠕蠕使至晋阳。吐根密启本蕃情状，神武得为之备。神武以其忠款，厚加赏赉。其后与蠕蠕和亲，结成婚媾，皆吐根为行人也。在其本蕃，为人所谮，投奔神武。属太后筋朝贵于前殿，叡面陈士开罪失。太后曰："先帝在时，王等何不道？今日欲欺孤寡邪？但饮酒，勿多言。"叡辞色愈厉。或曰：《北史》作"安吐根继进曰"。"不出士开，朝野不定。"叡等或投冠于地，或拂衣而起，言辞咆勃，无所不至。明日，叡等共诣云龙门，令文遥入奏。太后不听。段韶呼胡长粲传言："太后曰：梓宫在殡，事大匆促，欲王等更思量。"赵郡王等遂并拜谢，更无余言。《北史》云：长粲复命，太后谓曰："成妹母子家计者，兄之力也。"厚赐叡等而罢之。太后及后主召见问士开。士开曰：先帝群官之中，待臣最重。陛下谅暗始尔，大臣皆有觊觎心。若出臣，正是翦陛下羽翼。宜谓叡等曰：令士开为州，待过山陵，然后发遣。《北史》作"宜谓叡等云：文遥与臣，同是任用，岂得一去一留？并可以为州，且依旧出纳，待过山陵，然后发遣"。叡等谓臣真出，必心喜之。"后主及太后然之，告叡等如士开旨。以士开为兖州刺史。《北史》多文遥为西兖州刺史句。山陵毕，叡等促士开就路。士开载美女、珠帘，及条诸宝玩，诣定远谢。定远喜，谓士开曰："欲得还入不？"士开曰："在内久，常不自安，今得出，实称本意，不愿更入，但乞王保护，长作大州刺史。今日远出，愿得一辞觐二宫。"定远许之。士开由是得见太后及后主。进说曰："观朝贵意，势欲以陛下为乾明，济南年号。臣出之后，必有大变。"因恸哭。帝及太后皆泣。问计将安出？士开曰："臣已得入，复何所虑？正须数行诏书耳。"于是诏出定远为青州刺史；责叡以不臣之罪，召入而杀之。《叡传》云：入见太后，出至永巷，遇兵被执，送华林园，于雀离佛院令刘桃枝拉而杀之。时年三十六。复除士开侍中、尚书、右仆射。定远归士开所遗，加以余珍赂之。武平元年（570），陈宣帝太建二年。封淮阳王。除尚书令，录尚书事，复本官，悉得如故。观此传所言，叡不臣之迹，较然甚明。段韶、娄定远，特劫于势无可如何，初非与之为党，亦显而易见。士开借定远之力乃得入见，可见叡之跋扈。当日者，与谓齐之社稷，与叡共安危，毋宁谓太后、后主，与士开同利害，曷怪武成临终，殷勤托付哉？《叡传》所言叡之邪正，适与此传反，其不足信亦明矣。

文遥、定远既出，唐邕专典外兵，参看第八节。綦连猛、高阿那肱别总武任，惟胡长粲常在左右，兼宣诏令。从幸晋阳，后主富于春秋，庶事皆归长粲。胡长仁者，武成皇后长兄也。言于后，发其阴私，请出为州，后主不得已，从焉。长仁初以内戚，历位尚书左仆射，尚书令。武成崩，参豫朝政，封陇东郡王。左丞郦孝裕、郎中陆仁惠、卢元亮，厚相结托，人号为三佞。孝裕劝其求进。和士开深疾之。于是奏除孝裕为章武郡守，章武，见第八章第五节。元亮为淮南郡守，淮南郡，治寿春。仁惠为幽州长史。孝裕又说长仁曰："王阳卧疾，和士开必来，因而杀之，入见太后，不过百日失官，便代其处。"士开知其谋，更徙孝裕为北营州建德郡守。建德，后魏郡，未详今地。长仁每干执事，求为领军。将相文武，抑而不许，以本官摄选。长仁意犹未尽。天统五年（569），陈太建元年。从驾自并还邺。夜发滏口，见第十二章第四节。帝以夜漏尚早，停于路旁。长仁后来，谓是从行诸贵，遂遣门客程牙驰骑呼问。帝遣中尚食陈德信问是何人，牙不答而走。帝命左右追射之，既而捉获。令壮士扑之，决马鞭二百。牙一宿便死。士开因此，遂令德信列长仁倚亲骄豪，无畏惮。据《北史·长仁传》。《北齐书》云"后长仁倚亲骄豪，无畏惮。"则以德信之弹文为事实矣。由是除齐州刺史。齐州，见第十二章第三节。及辞，于昭阳列仗引见，长仁不敢发语，惟泣涕横流。到任，启求暂归，所司不为奏。怨愤，谋令人刺士开。其弟告之。士开密与祖孝征珽字。议之。孝征引汉文帝杀薄昭故事，于是敕遣张固、刘桃枝驰驿诣齐州，责长仁谋害宰辅，遂赐死。案，长仁亲太后兄，而其死也，太后不能庇，恐其罪状，亦不止于欲谋杀士开矣。《祖珽传》：珽以言禅事，拜秘书监，加仪同三司，大被亲宠。既见重二宫，因志于宰相。先与黄门侍郎刘逖友善，乃疏赵彦深、和士开罪状，令逖奏之。逖惧不敢通，其事颇泄。彦深等先诣帝自陈。武成。帝大怒，鞭二百，配甲坊。寻徙于光州。见第十二章第三节。为深坑置诸内，桎梏不离其身。夜中以芜青子烛熏眼，因此失明。武成崩，后主忆之，就除海州刺史。东魏改青州为海州。治龙沮，见第九章第五节。是时陆令萱外干朝政，其子穆提婆爱幸，珽乃遗陆媪弟悉达书。和士开亦以珽能决大事，欲以为谋主，故弃除旧怨，虚心待之。与陆媪言于帝。珽由是入为银青光禄大夫、秘书监，加开府仪同三司。盖时士开势亦甚危，故明知珽之倾险，而亦欲引以自助也，然卒不免于赵郡王之祸。

赵郡王俨，在武成时，已拜开府、侍中、中书监、京畿大都督、领军大将军，领御史中丞，迁大司徒、尚书令、大将军、录尚书事、大司马。帝幸并州，俨常居守。《传》云：帝每称曰："此黠儿也，当有所成。"以后主为劣，有废立意。此与《和士开传》谓胡后欲立俨，而武成以后主体正居长，难于移易者又不同，足见史说多不尽信。和士开、骆提婆忌之。武平二年（571），陈太建三年。出俨居北宫，五日一朝，不得复每日见太后。每日，《北史》作无时。四月，诏除太保，余官悉解。犹带中丞，督京畿。以北城有武库，欲移俨于外，然后夺其兵权。治书侍御史王子宜，与俨左右开府高舍洛，中常侍刘辟疆说俨曰："殿下被疏，正由士开间构。何可出北宫，入百姓丛中也？"俨谓侍中冯子琮曰："士开罪重，儿欲杀之。"子琮心欲废帝而立俨，因赞成其事。俨乃令子宜表弹士开罪，请付禁推。子琮杂以他文书奏之，后主不审省而可之。俨诳领军库狄伏连曰："奉敕令领军收士开。"伏连以谘子琮，且请覆奏。子琮曰："琅邪王受敕，何须重奏？"伏连信之。伏五十人于神虎门外，诘旦，执士开送御史。俨使冯永洛就台斩之。俨徒本意，惟杀士开，及是，因逼俨曰："事既然，不可中止。"俨遂率京畿军士三千余人，屯千秋门。后主急召斛律光。光入见后主于永巷。帝率宿卫者步骑四百授甲将出战。光曰："小儿辈弄兵，与交手即乱。至尊宜自至千秋门，琅邪必不敢动。"皮景和亦以为然。景和时为领军将军。后主从之。光步道使人走出曰："大家来。"俨徒骇散。帝驻马桥上呼之。俨犹立不进。光就谓曰："天子弟杀一汉，何所苦？"执其手，强引以前。帝拔俨带刀环乱筑辫头，良久，乃释之。收伏连及高舍洛、王子宜、刘辟疆、都督翟显贵于后园，帝亲射之而后斩。皆支解，暴之都街下。文武职吏，尽欲杀之。光以皆勋贵子弟，恐人心不安；赵彦深亦云：《春秋》责帅；于是罪之各有差。自是太后处俨于宫内，食必自尝之。陆令萱说帝；何洪珍与和士开素善，亦请杀之；未决，以食舆密迎祖珽问之。珽称周公诛管叔，季友鸩庆父，帝纳其言。以俨之晋阳。九月下旬，帝启太后曰："明日欲与仁威出猎，仁威，俨字。须早出早还。"是夜四更，帝召俨，使刘桃枝杀之。时年十四。有遗腹四男，皆幽死。《北史·冯子琮传》云：和士开居要日久，子琮旧所附托，中虽阻异，其后还相弥缝。时内外除授，多由士开奏拟，子琮既恃内戚，兼带选曹，自擅权宠，颇生间隙。时陆媪势震天下，太后与之结为姊妹，而和士开于太后有丑声，子琮欲阴杀陆媪及士开，因废帝而立琅邪王俨。以谋告俨，俨许之。乃矫诏杀士开。及俨见执，言子琮教己。太后怒，又使执子琮，遣右卫大将军侯吕芬就内省以弓弦绞杀之。此与《俨传》谓俨徒本意惟欲杀士开者绝异。《胡后传》

言：后自武成崩后，数出诣佛寺，又与沙门昙献通。乃置百僧于内殿，托以听讲，日夜与昙献寝处。以献为昭玄统。帝闻太后不谨而未之信。后朝太后，见二少尼，悦而召之，乃男子也。于是昙献事亦发。皆伏法。帝自晋阳奉太后还邺，至紫陌，见第一节。卒遇大风雪，舍人魏僧伽明风角，奏言即时当有暴逆事。帝诈云邺中有急，弯弓缠稍，驰入南城。令邓长颙幽太后北宫。仍有敕：内外诸亲，一不得与太后相见。久之，帝迎复太后。太后初闻使者至，大惊，虑有不测。每太后设食，帝亦不敢尝。周使元伟来聘，作《述行赋》，叙郑庄公克段而迁姜氏，文虽不工，当时深以为愧。然则冯子琮之死，究出太后意？抑其逆谋竟与太后相连？又不可知矣。要之，和士开虽小人，然当时倾侧冒利之徒，其不知利害，罔顾大局，恐尚皆出士开下也。《封隆之传》：隆之弟子孝琰，为通直散骑常侍，以本官兼尚书左丞，其所弹射，多承意旨。有僧尼以他事诉竞者，辞引昙献，上令有司推劾，孝琰案致极法，由是正授左丞，仍令奏门下事。

赵王既死，南阳王绰遂见杀。《绰传》云：绰实武成长子，以五月五日辰时生，至午时，后主乃生，武成以绰母李夫人非正嫡，故贬为第二，其见忌宜矣。绰时为定州刺史。《绰传》言其好微行，游猎无度，恣情强暴，云学文宣伯为人。后主闻之，诏锁赴行在所。至而宥之。问在州何者最乐？对曰："多取蝎，将蛆混看极乐。"后主即夜索蝎一斗。比晓，得三二升。置诸浴斛，使人裸卧斛中，号叫宛转。帝与绰临观，喜噱不已。谓绰曰："如此乐事，何不早驰驿奏闻？"绰由是大为后主宠，拜大将军，朝夕同戏。韩长鸾闻之，除绰齐州刺史。将发，长鸾令绰亲信诬告其反。奏云："此犯国法，不可赦。"后主不忍显戮，使宠胡何猥萨后园与绰相扑，扼杀之。其说非实，显而易见。武成第四子齐安王廓，《传》云：性长者，无过行，其为人盖无足忌，故免于患。第五子北平王贞，武成行幸，总管留台事积年。阿那肱承旨，令冯士干劾系于狱，夺其留后之权。第六子高平王仁英，第七子淮南王仁光，位清都尹。次河西王仁几，次乐平王仁邕，次颍川王仁俭，次安乐王仁雅，次丹阳王仁直，次东海王仁谦。皆养于北宫。琅邪死后，诸王守禁弥切。武平末年，仁邕以下，始得出外。供给俭薄，取充而已。

赵王俨之变，所以戡定甚易，盖颇有赖于斛律光，然未几，光亦遭族诛之惨，立乱朝者，诚无以自全哉！光父金，先世本朔州敕勒部人。高祖侯倍利，道武时率户内附。父那瑰，为领民酋长。金初从破六韩拔陵，后诣云州降。后魏正光中，改朔州为云州。稍南出，为杜洛周所破，与兄平脱身归尔朱荣。后从神武为将。金老寿。光，神武时久刺晋州，后移朔州，乾明后刺并州。弟羡，字丰乐，久刺幽州。《北齐书·光传》侈陈光之功绩，几于为齐之长城，其实所争者不过汾州、宜阳间之小戍，且亦无大克捷，读第六节自见，《光传》盖阿私斛律氏者之所为，不足信也。光之所以见忌者，徒以仍世贵显，男尚公主，女为皇后，又兄弟并膺边任故耳。武平二年（571），陈太建六年。周人围宜阳，光赴之，还军未至邺，敕令便放兵散。光以为军人多有功勋，未得慰劳，乃密通表请使宣旨，军仍且进。朝廷发使迟留，军还将至紫陌，光仍驻营待使。帝心甚恶之。急令舍人追光入见，然后宣劳散兵。拜光左丞相。光忿祖珽。穆提婆求娶光庶女，不许。帝赐提婆晋阳之田，光言于朝曰："此田神武以来，常种禾饲马数千匹，以拟寇难，今赐提婆，无乃阙军务也？"由是祖、穆积怨。周将韦孝宽忌光，乃作谣言，令间谍漏其文于邺。祖珽因续之，令小儿歌之于路。提婆闻之，以告其母。遂相与协谋，以谣言启帝，曰："斛律累世大将；明月声震关西；明月，光字。丰乐威行突厥；女为皇后，男尚公主，谣言甚可畏也。"帝以问韩长鸾，长鸾以为不可，事寝。祖珽又见帝请间。惟何洪珍在侧。帝曰："前得公启，即欲施行，长鸾以为无此理。"珽未对，洪珍进曰："若本无意则可，既有此意，而不决行，万一泄露，如何？"帝曰："洪珍言是也。"犹豫未决。会丞相府佐封士让密启云："光前西讨还，敕令放兵散，光令军逼帝京，将行不轨，事不果而止。家藏弩甲，奴僮千数；每遣使丰乐、武都处，武都，光长子，见下。阴谋往来，若不早图，恐事不可测。"启云军逼帝京，会帝所疑忆。谓何洪珍云："人心亦大圣，我前疑其欲反，果然。"帝性至怯愞，恐即变发，令洪珍驰召祖珽告之。又恐追光不从命。珽因云："正尔召之，恐终不肯入。宜遣使赐其一骏马，云明日将往东山游观，王可乘此马同行。光必来奉谢，因引入执之。"帝如其言。顷之，引入凉风堂，刘桃枝自后拉而杀之。于是下诏称光谋反，今已伏法，其余家口，并不须问。寻而发诏尽灭其族。敕使中领军贺拔伏恩等十余人驿捕羡。遣领军大将军鲜于桃枝、洛州行台仆射独孤永业便发定州骑卒续进，仍以永业代羡。伏恩等至，羡出见，遂执之，死于长史听事。光四子：长武都，梁、兖二州刺史，遣使于州斩之。次须达，先卒。次世雄，次恒伽，并赐死。少子钟，年数岁，获免。羡之死，及其五子世达、世迁、世辨、世酋、伏护，余年十五以下者宥之。案，光虽再世为将，兄弟又并握兵，然自乾明以来，中朝政变迭乘，光皆若不闻者；亦不闻有人与之相结，光女为乐陵王妃，死状甚惨，光亦无怨怼意；其不足忌可知，而后主畏忌之如是，可见其度量之不广矣。

斛律光以武平三年（572）陈太建四年。七月死，八月，其女为皇后者遂废。拜右昭仪胡氏为皇后，长仁女也。十月，又拜弘德夫人穆氏为左皇后。十二月，废胡后为庶人。明年，武平四年，陈太建五年。二月，拜穆氏为皇后。《后妃传》云：穆氏名邪利，本斛律后从婢也。母名钦霄，本穆子伦婢也，转入侍中宋钦道家，奸私而生后，莫知氏族。或云后即钦道女子也。钦道伏诛，因此入宫。有幸于后主。陆太姬知其宠，养以为女。《佞幸传》云：穆后立，令萱号曰太姬，此即齐朝母氏之位号也，则此时尚未有太姬之号。武平元年六月，生皇子恒。虑皇后斛律氏怀恨，先令母养之，立为皇太子。陆以国姓之重，穆、陆相对，又奏赐姓穆氏。斛律后废，陆媪欲以穆夫人代之，太后不许。祖孝征请立胡昭仪。其后陆媪于太后前作色而言曰："何物亲侄女？作如此语言。"太后问有何言？曰："不可道。"固问之，乃曰："语大家云：太后多行非法，不可以训。"太后大怒，唤后出，立剃其发，送令还家。案，太后见幽，不知此时已迎复不？即已迎复，与后主猜忌甚深，安能立剃后发，即送回家？其不足信可知。《北史·穆提婆传》曰：令萱，自太后已下，皆受其指麾。斛律皇后之废也，太后欲以胡昭仪正位后宫，力不能遂，乃卑辞厚礼，以求令萱，说较《后妃传》为近理。《祖珽传》云：和士开死后，仍说陆媪出赵彦深，以珽为侍中。在晋阳，通密启请诛琅邪王。其计既行，渐被任遇。太后之被幽也，珽欲以陆媪为太后，撰魏太后故事，为太姬言之。太姬亦称珽为国师、国宝。由是拜尚书左仆射。斛律光甚恶之。常谓诸将云："边境消息，处分兵马，赵令尝与吾等参论之，盲人掌机密以来，全不共我辈语，正恐误他国家事。"珽颇闻其言，因其女皇后无宠，以谣言闻上。令其妻兄郑道盖奏之。珽又附陆媪，求为领军。后主许之。诏须覆奏，取侍中斛律孝卿署名。孝卿密告高元海。元海语侯吕芬、穆提婆云："孝征汉儿，两眼又不见物，岂合作领军也？"明旦，面奏具陈珽不合之状。并书珽与广宁王孝珩交结，无大臣体。珽亦求面见。帝令引入。珽自分疏。并云："与元海素相嫌，必是元海谮臣。"帝弱颜，不能讳，曰："然。"珽列元海共司农卿尹子华、太府少卿李叔元、平准令张叔略等结朋树党。遂除子华仁州刺史，仁州，梁置，后入魏。治赤坎城，在今安徽灵璧县东南。叔元襄城太守，襄城，见第三章第四节。叔略南营州录事参军。魏孝昌中，营州陷，永熙二年（533），置南营州，治英雄城，在今河北徐水县西南。陆媪又唱和之，复除元海郑州刺史。珽自是专主机衡，总知骑兵外兵事。委任之重，群臣莫比。《元海传》云：河清二年（563），元海为和士开所谮，被捶马鞭六十，出为兖州刺史。元海后妻，陆太姬甥也，故寻被追任使。武平中，与祖珽共执朝政。元海多以太姬密语告珽。珽求领军，元海不可，珽乃以其所告报太姬。太姬怒，出元海为郑州刺史。《珽传》又云：自和士开执事以来，政体隳坏，珽推崇高望，官人称职，内外称美。复欲增损政务，沙汰人物。始奏罢京畿府，并于领军。案，此事在武平二年十月，正琅邪王俨死后，盖因俨以此作乱故也。事连百姓，皆归郡县。宿卫、都督等，号位从旧。官名、文武章服，并依故事。又欲黜诸阉竖及群小辈，推诚延士，为致治之方。陆媪、穆提婆议颇同异。珽乃讽御史中丞丽伯律，令劾主书王子冲纳贿，知其事连穆提婆，欲使赃罪相及，望因此坐，并及陆媪。犹恐后主溺于近习，欲因后党为援，请以皇后兄胡君瑜为侍中、中领军，又征君瑜兄梁州刺史君璧，欲以为御史中丞。陆媪闻而怀怒，百方排毁。即出君瑜为金紫光禄大夫，解中领军，君璧还镇梁州。皇后之废，颇亦由此。王子冲释而不问。斑日益以疏。又诸宦者更共谮毁之。后主问诸太姬。闵默不对。三问，乃下床曰："老婢合死。本见和士开道孝征多才博学，言为善人，故举之。比来看之，极是罪过。人实难知，老婢合死。"后主令韩长鸾检案，得其诈出敕受赐十余事。以前与其重誓，不杀，遂解斑侍中、仆射，出为北徐州刺史。斑求见后主。韩长鸾积嫌于斑，遣人推出柏阁。斑固求见面，坐不肯行。长鸾乃令军士曳牵而出，立斑于朝堂，大加诮责。上道后，令追还，解其开府、仪同、郡公，直为刺史。观此，知胡、穆之兴替，实祖斑与陆令萱、穆提婆母子之争耳。祖斑小人，安得忽有整顿政事之想？盖居机衡之地者，无论如何邪曲，其所为，终必有为群小所不便之处，故韩长鸾及诸阉宦，群起而攻之，此乃势所不免，而非斑之能出身犯难也。斑虽无行，究系士人，斑败，穆提婆遂为尚书左仆射；高阿那肱录尚书，后且进位丞相；韩长鸾为领军大将军；共处衡轴，朝局益不可问矣。段韶之弟孝言，为东部尚书，抽擢之徒，非贿则旧。祖斑执政，将废赵彦深，引为助。又托韩长鸾，共构祖斑之短。及斑出，除尚书右仆射，仍掌选举。恣情用舍，请谒大行。富商大贾，多被铨擢。所用人士，咸是倾险放纵之流。寻迁左仆射，特进，侍中如故。

是时王师来讨，江、淮失陷，见第七节。于是兰陵王长恭见杀，武平四年（573）五月。盖忌之也。无几，又有崔季舒等见杀之事。十月。季舒时待诏文林馆，监撰《御览》。《后主纪》：武平三年（572），二月，敕撰《玄洲苑御览》，后改名《圣寿堂御览》。八月，《圣寿堂御览》成，敕付史阁。后改名《修文殿御览》。季舒素好图籍，暮年转更精勤，实已无意于政事。祖斑受委，奏季舒总监内作。斑被出，韩长鸾以为斑党，亦欲出之。属后主将适晋阳，季舒与张雕虎议，张雕虎从《本纪》。《本传》作张雕，《北史》作张雕武，皆避唐讳也。以为寿春被围，大军出拒，信使往还，须禀节度；兼道路小人，或相惊恐，云大驾向并，畏避南寇；若不启谏，必动人情。遂与从驾文官连名进谏。时贵臣赵彦深、唐邕、段孝言等，初亦同心，临时疑贰。季舒与争，未决。长鸾遂奏云："汉儿文官，连名总署，声云谏止向并，其实未必不反，宜加诛戮。"帝即召已署表官人集含章殿。以季舒、张雕虎、侍中。刘逖、封孝琰、皆散骑常侍。裴泽、郭遵等皆黄门侍郎。为首，并斩之殿庭。长鸾令弃其尸于漳水。自外同署，将加鞭挞，赵彦深执谏获免。季舒等家属男女徙北边，妻、女、子妇配奚官，小男下蚕室，没入资产。张雕虎者，见《齐书·儒林传》中。尝入授后主经书。后主甚重之，以为侍读，与张景仁并被尊遇。其《传》云：胡人何洪珍，有宠于后主，欲得通婚朝士，以景仁在内，官位稍高，遂为其兄子娶景仁第二息子瑜之女。因此表里，恩遇日隆。雕以景仁宗室，自托于洪珍。倾心相礼，情好日密。公私之事，雕尝为其指南。时穆提婆、韩长鸾与洪珍同侍帷幄，知雕为洪珍谋主，甚忌恶之。洪珍又奏雕兼国史。寻除侍中，加开府，奏度支事。大被委任，言多见从。特敕奏事不趋，呼为博士。雕自以出于微贱，致位大臣，厉精在公，有匪躬之节。论议抑扬，无所回避。宫掖不急之费，大存减省。左右纵恣之徒，必加禁约。数讥切宠要，献替帷扆。上亦深倚杖之。方委以朝政。雕便以澄清为己任，意气甚高。长鸾等虑其干政不已，阴图之。刘逖见《文苑传》，云：初逖与祖珽以文义相待，结雷、陈之契。又为弟俊聘珽之女。珽之将免赵彦深等也，先以造逖，仍付密契，令其奏闻。彦深等颇知之，先自申理。珽由此疑逖告其所为。及珽被出，逖遂遣弟离婚，其轻交易绝如此。然则季舒等之见杀，其中又有赵彦深、祖珽之争焉，真匪夷所思矣。张雕虎亦非正士，而为韩长鸾所疾，其故，正与祖珽之见疾同，要而言之，则不容有政治耳。

武平五年（574），陈太建六年。二月，南安王思好反。思好本浩氏子，上洛王思宗元海之父。养以为弟。累迁朔州刺史，甚得边朔人心。《传》云：后主时，研骨光弁奉使至州，思好迎之甚谨，光弁倨敖，思好衔恨，遂反。帝闻之，使唐邕、莫多娄敬显、刘桃枝、中领军库狄士连驰之晋阳，帝敕兵续进。思好兵败，投水死。其麾下二千人，桃枝围之，且杀且招，终不降以至尽。此岂似徒有憾于研骨光弁者耶？北齐是时，即无外患，内乱亦必作，然外患既迫，内乱且欲起而不及矣。

《后主本纪》总述当时荒淫之状云：帝言语涩呐，无志度。不喜见朝士。自非宠私昵狎，未尝交语。性懦不堪，人视者即有忿责。其奏事者，虽三公、令、录，莫得仰视，皆略陈大旨，惊走而出。每灾异、寇盗、水旱，亦不贬损，惟诸处设斋，以此为修德。雅信巫觋，解祷无方。盛为无愁之曲，帝自弹胡琵琶而唱之，侍和之者以百数。人间谓之无愁天子。尝出见群厉，尽杀之。或剥人面皮而视之。任陆令萱、和士开、高阿那肱、穆提婆、韩长鸾等宰制天下，陈德信、邓长颙、何洪珍参预机权。各引亲党，超居非次。官由财进，狱以赂成。其所以乱政害人，难以备载。诸官奴婢、阉人、商人、胡户、杂户、歌舞人、见鬼人滥得富贵者将万数，庶姓封王者百数，不复可纪。开府千余，仪同无数，领军一时二十。连判文书，各作依字，不具姓名，莫知谁也。诸贵宠祖祢追赠官，岁一进，位极乃止，宫掖婢皆封郡君。宫女宝衣玉食者，五百余人。一裙直万匹，镜台直千金。竞为变巧，朝衣夕弊。《穆后传》云：武成时，为胡后造真珠裙袴，所费不可称计，被火所烧。后主既立穆皇后，复为营之。属周武遭太后丧，诏侍中薛孤、康买等为吊使，又遣商胡赍锦采三万匹，与吊使同往，欲市真珠，为皇后造七宝车。周人不与交易。然而竟造焉。颜之推《观我生赋注》云："武成奢侈，后宫御者数百人，食于水陆贡献珍异，至乃厌饱。裈衣悉罗缬锦绣珍玉织成，五百一段。尔后宫掖遂为旧事。"故曰：后主之侈靡，其原实自武成开之也。承武成之奢丽，以为帝王当然。乃更增益宫苑。造偃武修文台。其嫔嫱诸宫中，起镜殿、宝殿、玳瑁殿。丹青雕刻，妙极当时。又于晋阳起十二院，壮丽逾于邺下。所爱不恒，数毁而又复。夜则以火照作，寒则以汤为泥，百工困穷，无时休息。凿晋阳西山为大佛像，一夜然油万盆，光照宫内。又为胡昭仪起大慈寺。未成，改为穆皇后大宝林寺。穷极工巧。运石填泉，劳费亿计。人牛死者，不可胜纪。《文襄六王传》云：初文襄于邺东起山池游观，时俗眩之。孝瑜遂于第作水堂、龙舟，植幡稍于舟上。数集诸弟，宴射为乐。武成幸其第，见而悦之，故盛兴后园之玩。于是贵贱慕教，处处兴造。则后主之侈于宫室，亦自武成启之也。御马则藉以毡罽，食物有十余种。将合牝牡，则设青庐、具牢馔而亲观之。狗则饲以粱肉。马及鹰、犬，乃有仪同、郡君之号。犬于马上设褥以抱之。斗鸡亦号开府。犬、马、鸡、鹰，多食县干。鹰之入养者，稍割犬肉以饲之，至数日乃死。又于华林园立贫穷村舍，帝自弊衣为乞食儿。又为穷儿之市，躬自交易。尝筑西鄙诸城，使人衣黑衣为羌兵鼓噪陵之，亲率内参临拒。或实弯弓射人。自晋阳东巡，单马驰骛，衣解发散而归。又好不急之务。曾一夜索蝎，及旦得三升。特爱非时之物，取求火急，皆须朝征夕办。当势者因之，贷一而责十焉。赋敛日重，徭役日繁。人力既殚，帑藏空竭，乃赐诸佞幸卖官。或得郡两三，或得县六七。各分州郡。下逮乡官，亦多降中者。故有敕用州主簿，敕用郡功曹。于是州县职司，多出富商大贾。竞为贪纵，人不聊生。爰自邺都，及诸州郡，所在征税，百端俱起。凡此诸役，皆渐于武成，至帝而增广焉。然未尝有帷薄淫秽，惟此事颇优于武成云。案，后主虽荒淫，不甚暴虐，谓其尽杀群厉，剥人面皮，似近于诬。一夜索蝎，与《南阳王传》所言，似即一事，其说之不足信，前已辨之矣。后主受病之根，在于承武成而以为帝王当然一语，故曰诒谋之不臧也。

第五节　周篡西魏

从来北狄入中国者，其能否有成，恒视其能否通知中国之情形。以此言之，则尔朱荣不如高欢，高欢又不如宇文泰。欢之任其子澄以绳抑勋贵，特因诸勋贵纵恣太甚，纲纪荡然，不得不如是耳，非真能留意政事也，而泰则颇知治体。

泰之平侯莫陈悦也，周惠达归之。惠达初从贺拔岳。泰任以后事。营造戎仗，储积食粮，简阅士马，时甚赖焉。赵青雀之叛，辅魏太子出渭桥以御之者，即惠达也。时惠达辅魏太子居守，总留台事。史称自关右草创，礼乐阙然，惠达与礼官损益旧章，仪轨稍备，其人盖亦粗知治制。为大行台仆射，荐行台郎中苏绰于泰。泰与语，悦之。即拜大行台左丞，参典机密。后又授大行台度支尚书，领著作，兼司农卿。辅泰凡十二年。自大统元年（535）至十二年，即自梁大同元年至中大同元年。史称绰之见泰，指陈帝王之道，兼述申、韩之要。指陈帝王之道，不过门面语，兼述申、韩之要，则实为当时求治之方，盖为治本不能废督责，而当文武官吏竞为贪虐之乱世为尤要也。绰始制文案程序，朱出墨入；及计账、户籍之法。又减官员，置二长。并置屯田，以资军国。又为六条诏书，奏施行之。一治心身，二敦教化，三尽地利，四擢贤良，五恤狱讼，六均赋役。牧、守、令长，非通六条及计账者，不得居官。饬吏治以恤民生，可谓得为治之要矣。泰于绰，实能推心委任。凡所荐达，皆至大官。泰或出游，常豫署空纸以授绰，须有处分，随事施行，及还，启之而已。泰又欲放《周官》改官制，命绰专掌其事。未几而绰卒，令卢辩成之。辩亦累世以儒学名者也。泰又立府兵之制，以整军戎。建国之规模粗备。

西魏文帝，以大统十七年（551）死。梁简文帝大宝二年。太子钦立，是为废帝。废帝二年（553），梁元帝承圣二年，废帝不建年号。尚书元烈谋杀宇文泰，事泄而死。废帝仍欲谋泰。时泰诸子皆幼，犹子章武公导、中山公护，复东西作镇，故惟托意诸婿，以为心膂。李远子基，李弼子晖，于谨子翼，俱为武卫将军，分掌禁旅，故密谋遂泄。据《周书·李远传》。案，泰长子毓，即明帝，当魏恭帝元年（554），年已二十一，不为甚幼，盖其人本无能为，故泰不得不以后事属宇文护也。泰使尉迟纲典禁旅，密为之备。纲者，迥之弟。其父俟兜，娶泰姊昌乐长公主。迥与纲少孤，依托舅氏。明年，泰废帝，立齐王廓，宝炬第四子。是为恭帝。仍以纲为中领军，总宿卫。是年，泰死，梁敬帝之太平元年（556）也。泰长子宁都郡公毓，其妻，独孤信之女也。次子曰宋献公震，前卒。第三子略阳郡公觉，母魏孝武帝妹，立为世子。《周书·李远传》云：太祖嫡嗣未建，明帝居长，已有成德，孝闵处嫡，年尚幼冲，乃召群公谓之曰："孤欲立嫡，恐大司马有疑。"大司马即独孤信，明帝敬后父也。众皆默，未有言者。远曰："夫立子以嫡不以长，《礼经》明义，略阳公为世子，公何所疑？若以信为嫌，请即斩信。"便拔刀而起。太祖亦起曰："何事至此？"信又自陈说。远乃止。于是群公并从远议。出外，拜谢信曰："临大事不得不尔。"信亦谢远曰："今日赖公，决此大议。"案，信在诸将中不为特异，太祖何至惮之？疑传之非其实也。泰长兄邵惠公颢，与卫可孤战死。次兄曰杞简公连，与其父俱死定州。三兄曰莒庄公洛生，为尔朱荣所杀。参看第十二章第九节。颢长子什肥，连子光宝，洛生子菩提，皆为齐神武所害。颢次子导，凤从泰征伐，死魏恭帝元年。导弟护，泰初以诸子并幼，委以家务，故泰死，宇文氏之实权集于护。《周书·于谨传》曰："太祖崩，孝闵帝尚幼，中山公护虽受顾命，《护传》云：太祖西巡，至牵屯山，遇疾，驰驿召护。护至泾州见太祖，而太祖疾已绵笃。"谓护曰："吾形容若此，必是不济。诸子幼小，寇贼未宁。天下之事，属之于汝。宜勉力以成吾志。"护涕泣奉命。行至云阳而太祖崩。护秘之，至长安，乃发丧。牵屯山，见第六章第六节。泾州，见第十一章第四节。云阳，见第三章第五节。而名位素下，群公各图执政，莫相率服。护深忧之。密访于谨。谨曰："凤蒙丞相殊眷，情深骨肉，今日之事，必以死争之。若对众定策，公必不得辞让。"明日，群公会议。谨曰："昔帝室倾危，人图问鼎，丞相志任匡救，投袂荷戈，故得国祚中兴，群生遂性。今上天降祸，奄弃群寮。嗣子虽幼，而中山公亲则犹子，兼受顾托，军国之事，理须归之。"辞色抗厉，众皆悚动。护曰："此是家事，素虽庸昧，何敢有辞？"谨既太祖等夷，护每申礼敬，至是，谨乃趋而言曰："公若统理军国，谨等便有所依。"遂再拜。群公迫于谨，亦再拜。因是众议始定。观此，便知泰死后宇文氏急于图篡之故，盖不篡则魏相之位，人人可以居之，不徒若护之名位素下者，不能久据，即宇文氏亦且濒于危；既篡则天泽之分定，而护亦居亲贤之地，不复以名位素下为嫌矣。于是泰既葬，护使人讽魏恭帝，恭帝遂禅位于觉，是为周孝闵皇帝。

然众究不可以虚名劫也，于是赵贵、独孤信之谋起焉。《贵传》云：孝闵帝即位，晋公护摄政，贵自以元勋佐命，每怀怏怏，有不平之色，乃与信谋杀护。及期，贵欲发，信止之。寻为开府宇文盛所告，被诛。信以同谋坐免。居无几，晋公护又欲杀之，以其名望素重，不欲显其罪，逼令自尽于家。时闵帝元年（557）二月也。陈武帝永定元年，闵帝亦不建年号。及九月而闵帝亦废。《纪》云：帝性刚果，见晋公护执政，深忌之。司会李植、军司马孙恒，以先朝佐命，入侍左右，亦疾护之专。乃与宫伯乙弗凤、贺拔提等潜谋，请帝诛护。帝然之。又引宫伯张光洛同谋。光洛密白护。护乃出植为梁州刺史，恒为潼州刺史。潼州，今四川绵阳县。凤等遂不自安。更奏帝，将召群公入，因此诛护。光洛又白之。时小司马尉迟纲统宿卫兵，护乃召纲，共谋废立。令纲入殿中，诈呼凤等论事。既至，以次执送护第，并诛之。纲乃罢散禁兵。帝方悟无左右。独在内殿，令宫人持兵自守。护又遣大司马贺兰祥逼帝逊位，遂幽于旧邸。月余日，以弑崩。时年十六。植、恒等亦遇害。观闵帝欲召群公而诛护，则知是时朝贵之不服护者仍多矣。李植者，远之子，护并逼远令自杀。植弟叔谐、叔谦、叔让亦死。惟基以主婿，又为季父穆所请得免。远兄贤，亦坐除名。贺兰祥者，父初真，尚太祖姊建安长公主，祥年十一而孤，长于舅氏。与护中表，少相亲爱，军国之事，护皆与祥参谋。亦尉迟纲之流也。时与纲俱掌禁旅，递直殿省者，尚有蔡祐。祐父事太祖。闵帝谋害护，祐常泣谏，不从。盖时闵帝尚在幼冲，欲图摇动护，实非易也。闵帝既废，护乃迎太祖长子毓而立之，是为世宗明皇帝。明年，建元武成。陈永定三年（559）。正月，护上表归政。许之。军国大政，尚委于护。帝性聪睿，有识量，护深惮之。有李安者，本以鼎俎得幸于护，稍被升擢，至膳部下大夫。二年（560），陈帝天嘉元年。四月，护密令安因进食加以毒药弑帝。于是迎立太祖弟四子鲁公邕，是为高祖武皇帝。百官总己，以听于护。

自太祖为丞相，立左右十二军，总督相府。太祖崩后，皆受护处分。凡所征发，非护书不行。护第屯兵禁卫，盛于宫阙。事无巨细，皆先断后闻。保定元年（561），陈天嘉二年。以护为都督中外诸军事。令五府总于天官。二年，陈天嘉三年。侯莫陈崇从高祖幸原州，高祖夜还，京师窃怪其故。崇谓所亲曰："吾昔闻卜筮者言：晋公今年不利，车驾今忽夜还，不过是晋公死耳。"于是众皆传之。有发其事者。高祖召诸公卿于大德殿责崇。崇惶恐谢罪。其夜，护遣使将兵就崇宅逼令自杀。《崇传》云："初魏孝庄帝以尔朱荣有翊戴之功，拜荣柱国大将军，位在丞相上。荣败后，此官遂废。大统三年（537），梁大同三年。魏文帝复以太祖建中兴之业，始命为之。其后功参佐命，望实俱重者，亦居此职。自大统十六年，梁大宝元年。以前，任者凡有八人。太祖位总百揆，督中外军。魏广陵王欣，元氏懿戚，从容禁闱而已。欣，献文子广陵王羽之子。此外六人，各督二大将军，分掌禁旅，当爪牙御侮之寄。当时荣盛，莫与为比。故今之言门阀者，咸推八柱国家云。"六人者，李虎、李弼、独孤信、赵贵、于谨及崇也，而为护所杀者三焉。初太祖创业，即与突厥和亲，谋为掎角，共图高氏。是年，乃遣杨忠与突厥东伐。期后年更举。先是护母阎姬与皇第四姑，及诸戚属并没在齐，皆被幽系。护居宰相之后，每遣间使寻求，莫知音息。至是并许还朝。四年，陈天嘉五年。皇姑先至，护母亦寻还。周为之大赦。护与母睽隔多年，一旦聚集，凡所资奉，穷极华盛。每四时伏腊，高祖率诸亲戚，行家人之礼，称觞上寿。荣贵之极，振古未闻。是年，突厥复率众赴期。护以齐氏初送国亲，未欲即事征讨，复虑失信蕃夷，更生边患，不得已，遂请东征。护性无戎略，此行又非本心，遂至败绩。周与突厥伐齐之事，详见下节。天和二年（567），陈废帝光大元年。护母薨。寻有诏起令视事。高祖以护暴慢，密与卫王直图之。七年，诛护后改元建德。陈宣帝太建四年。三月十八日，护自同州还。魏华州，西魏改为同州，见第十二章第二节。帝御文安殿见护讫，引护入含仁殿朝太后。帝以玉珽自后击之。护踣于地。又令宦者何泉以御刀斩之。泉惶惧，斫不能伤。时卫王直先匿于户内，乃出斩之。初帝欲图护，王轨、宇文神举、宇文孝伯颇豫其谋，参看第十五章第一节。是日轨等并在外，更无知者。杀护讫，乃召宫伯长生览等告之。即令收护诸子及党与，于殿中杀之。李安亦豫焉。齐王宪白帝曰："李安出自皂隶，所典惟庖厨而已。既不预时政，未足加戮。"高祖曰："公不知耳，世宗之崩，安所为也。"护世子训，为蒲州刺史，蒲州，周置，今山西永济县。征赴京师，至同州，赐死。昌城公深使突厥，遣赍玺书就杀之。《于翼传》言：翼迁大将军，总中外宿卫兵事，晋公护以帝委翼腹心，内怀猜忌，转为小司徒，拜柱国，虽外示崇重，实疏斥之。武帝之图护，盖未尝用一兵；并王轨等数人，临事亦无所闻；可谓藏之深而发之卒矣。卫王直，太祖第四子，帝母弟也。太祖第五子齐王宪，才武。世宗时为益州刺史，后为雍州牧，数与齐人战。护雅相亲委，赏罚之际，皆得豫焉。护诛，以宪为大冢宰，实夺其权也。直请为大司马，帝以为大司徒。建德三年（574），陈太建六年。帝幸云阳宫，直在京师举兵反。袭肃章门。宫门。司武尉迟运纲子。时辅太子居守。闭门拒守。直不得入，遁走。追至荆州，获之，免为庶人，囚于别宫。寻诛之，及其子十人。宇文护虽跋扈，亦不可谓无才。《周书·护传论》曰："太祖崩殂，诸子冲幼，群公怀等夷之志，天下有去就之心，卒能变魏为周，俾危获乂者，护之力也。"太祖诸子，较长者无才，有才者多幼，微护，宇文氏之为宇文氏，盖有不可知者矣。其居相位时，政事亦似未大坏。《传》言护"凡所委任，皆非其人；兼诸子贪残，僚属纵逸，恃护威势，莫不蠹政害民"，或死后加罪之辞也。至周武帝之为人，则性极雄武。《周书·本纪》云："帝沉毅有智谋。初以晋公护专权，常自晦迹，人莫测其深浅。及诛护之后，始亲万机。克己厉精，听览不怠。用法严整，多所罪杀。号令恳恻，惟属意于政。群下畏服，莫不肃然。性既明察，少于恩惠。凡布怀立行，皆欲逾越古人。身衣布衣，寝布被，无金宝之饰。诸宫殿华绮者，皆撤毁之，改为土阶数尺，不施栌栱。其雕文、刻镂、锦绣、纂组，一皆禁断。后宫嫔御，不过十余人。劳谦接下，自强不息。以海内未康，锐情教习。校兵阅武，步行山谷，履涉勤苦，皆人所不堪。平齐之役，见军士有跣行者，亲脱靴以赐之。每宴会将士，必自执杯劝酒，或手付赐物。至于征伐之处，躬在行阵。性又果决，能断大事。故能得士卒死力，以弱制强。破齐之后，遂欲穷兵极武，平突厥，定江南，一二年间，必使天下一统，此其志也。"帝之为人，盖极宜于用兵。周之政治，本较齐为修饬，而帝以雄武乘齐人之昏乱，遂成吞并之势矣。

第六节　周齐兵事

当高欢、宇文泰之世，东西仍岁战争，而彼此地丑德齐，莫能相尚。及文宣篡魏，宇文泰遂以其年东伐。盖以有辞可借，姑出兵以尝之也。是岁，九月，泰发长安。时连雨，自秋及冬，诸军马驴多死。十一月，至陕城。见第六章第一节。于弘农北造桥济河。弘农，见第二章第二节。文宣亲戎，次于城东。晋阳城东。泰闻其军容严盛，自蒲坂还。蒲坂，见第三章第四节。河南自洛阳，河北自平阳以东，皆入于齐。尔后八年，西魏用兵于南，取蜀，陷江陵；齐则用兵于柔然、突厥、奚、契丹；魏、齐初无甚争战，盖彼此皆知敌之无衅可乘也。陈敬帝太平元年（556），齐天保七年，魏恭帝三年。宇文泰死。《北齐书·文宣纪》云："尝于东山游燕，以关、陇未平，投杯震怒，召魏收于御前，立为诏书，宣示远近，将事西伐。是岁，周文帝殂，西人震恐，常为度陇之计。"此乃侈辞。沙苑之战，神武尚致丧败，况西魏此时，立国已久，根基已固邪？文宣盖亦明知其事之难，故兵竟不出也。明年，陈武帝永定元年（557），齐天保八年，周闵帝元年。周闵帝篡魏。又明年，陈永定二年，齐天保九年，周明帝元年。三月，齐北豫州刺史司马消难降于周。北豫州，治虎牢，见第十一章第四节。消难，子如子也。尚神武女。在州不能廉洁，为御史所劾。又与公主情好不睦，主潜诉之。文宣在并，驿召上党王涣，涣斩使者东奔，朝士私相谓曰："上党亡叛，似赴成皋，若与司马北豫州连谋，必为国患。"言达文宣，文宣颇疑之。消难惧，故降周。周使达奚武、杨忠拔之以归。此亦徒得一齐之叛臣耳。又明年，陈永定三年，齐天保十年，周明帝武成元年。齐文宣死，孝昭立，《纪》谓其意在顿驾平阳，为进取之计。按《北齐书·卢叔武传》云：叔武，《北史》作叔彪，实名叔虎，避唐讳。肃宗即位，召为太子中庶子，问以世事。叔武劝讨关西，曰："强者所以制弱，富者所以兼贫。大齐比之关西，强弱不同，贫富有异，而戎马不息，未能吞并，此失于不用强富也。轻兵野战，胜负难必，是胡骑之法，非深谋远算，万全之术也。宜立重镇于平阳，与彼蒲州相对。蒲州，见上节。深沟高垒，运粮积甲，筑城戍以属之。彼若闭关不出，则取其黄河以东。长安穷蹙，自然困死。如彼出兵，非十万以上，不为我敌。所供粮食，皆出关内。我兵士相代，年别一番；谷食丰饶，运送不绝。彼来求战，我不应之；彼若退军，即乘其弊。自长安以西，民疏城远，敌兵来往，实有艰难，与我相持，农作且废，不过三年，彼自破矣。"帝深纳之。又愿自居平阳，成此谋略。令元文遥与叔武参谋，撰《平西策》一卷。未几，帝崩，事遂寝。此《本纪》之言所由来也。案，关、陇户口，或较少于东方；然西魏之地，本逾函谷，扼三鸦，攻守之计，非但蒲津一路；况周是时，已取全蜀，并襄阳，兵饷所资，又岂必专恃关、陇？则叔虎之言，亦失之夸矣。然使孝昭在位，虽不足言兼并，或可与周相抗，孝昭死而武成荒淫，志不在敌，至后主昏乱弥甚，于是东西构兵，只有东略之师，更无西入之计矣。

陈文帝天嘉二年（561），齐武成之太宁元年，而周武帝之保定元年也。周于玉壁置勋州，玉壁，见第十二章第十节。以韦孝宽为刺史。案，东魏及齐，国都在邺，其兵马重镇，则在晋阳。自潼关东出，取洛阳，渡河北上，以摇动邺与晋阳较难，而自蒲津渡河东出较易；自东方西入，欲图摇动长安者亦然。故神武之攻西魏，始终重在汾北；周武帝亦卒出此而后成功；而此时齐孝昭欲顿驾平阳，周亦注重于此一路之防守也。四年，齐河清二年，周保定三年。九月，周杨忠率骑一万，与突厥伐齐。十二月，复遣达奚武率骑三万出平阳以应忠。武成自邺赴救。明年，陈天嘉四年，齐河清三年，周保定四年。正月，杨忠至晋阳，战，大败。齐段韶追之，出塞而还。《周书·杨忠传》云：朝议将与突厥伐齐，公卿咸曰："非十万不可。"忠独曰："师克在和，不在众，万骑足矣。"与《本纪》言忠率骑一万相合；而《齐书·本纪》言：忠率突厥阿史那木可汗等二十余万人；《段韶传》言突厥从北结阵而前，东距汾河，西被风谷；山名，在太原西，接交城县界。则周兵寡而突厥颇众。然《韶传》又言：周人以步卒为先锋，从西山而下；而《杨忠传》谓突厥引上西山不肯战；则突厥此役，实未与于战事，故杨忠以寡弱而败也。《北齐书·武成纪》言：突厥自恒州分为三道，杀掠吏人；恒州，见第十一章第二节。《周书·杨忠传》言：突厥纵兵大掠，自晋阳至栾城，后汉县，晋省，魏复置，北齐又废，在今山西栾城县北。七百余里，人畜无遗；则周虽丧败，而齐之受创亦深矣。齐使斛律光御达奚武。武闻杨忠败，亦还。武成归宇文护之母以通好，已见上节。突厥复率众赴期，护不欲行，又恐失信突厥，或生边患，不得已，征二十四军及左右厢散隶，暨秦、陇、蜀之兵，诸蕃国之众，凡二十万，十月，复东征。至潼关，遣尉迟迥以精兵十万为先锋。权景宣率山南之兵出豫州，县瓠。杨檦出轵关。太行八陉之一，在今河南济源县西北。护连营渐进，屯军弘农。尉迟迥围洛阳。十二月，与齐救兵战于邙山，见第七章第七节。大败。《周书·宇文护传》云：护本令堰断河阳，见第十一章第二节。遏其救兵，然后同攻洛阳。诸将以为齐兵必不敢出，惟斥候而已。值连日阴雾，齐骑直前。围洛之军，一时溃散。惟尉迟迥率数十骑捍敌，齐公宪又督邙山诸将拒之，乃得全军而返。《齐炀王宪传》云：晋公护东伐，以尉迟迥为先锋，围洛阳。宪与达奚武、王雄等军于邙山。自余诸军，各分守险要。齐兵数万，奄至军后。诸军恇怯，并各退散。惟宪与王雄、达奚武拒之，而雄为齐人所毙，三军震惧。《达奚武传》言：至夜收军，宪欲待明更战，武欲还，固争未决。武曰："洛阳军散，人情骇动，若不因夜速还，明日欲归不得。武在军旅久矣，粗见形势，大王少年未经事，岂可将数营士众，一旦弃之乎？"宪从之，乃全军而返。《齐书·段韶传》云：尉迟迥等袭洛阳，诏遣兰陵王长恭、大将军斛律光击之。军于邙山之下，逗留未进。世祖召谓曰："今欲遣王赴洛阳之围，但突厥在北，复须镇御，王谓如何？"韶曰："北狄侵边，事等疥癣，西羌窥边，便是膏肓之病，请奉诏南行。"世祖曰："朕意亦尔。"乃令韶督精骑一千，发自晋阳。五日便济河。韶旦将帐下二百骑，与诸军共登邙阪，聊观周军形势。至大和谷，邙山谷名。便值周军。即遣驰告诸营，追集兵马。乃与诸将结阵以待之。韶为左军，兰陵王为中军，斛律光为右军。周人仍以步人在前，上山逆战。韶以彼徒我骑，且却且引，待其力弊，乃下马击之。短兵始交，周人大溃。其中军所当者，亦一时瓦解，投坠溪谷而死者甚众。洛城之围，亦即奔遁。尽弃营幕。从邙山至谷水，三十里中，军资器物，弥满川泽。综观诸传之文，周军当日，实以斥候不明而败，谓其未断河阳之路，尚属恕辞。何者？长恭与光，至邙山已久，并非仓卒奄至也。至已久而逗留不进，必待段韶迫之，然后能战，则齐之将帅，亦并无勇气，而周竟丧败如此，谓其同于儿戏，亦不为过矣。此实由元戎威令不行，诸将治军不肃，有以致之，《宇文护传》谓其性无戎略，信哉！时权景宣已降豫州，闻败，亦弃之。杨㯹以战败降齐。杨忠出沃野，见第十二章第三节。应接突厥，闻护退，亦还。周与突厥无能为如此，而武成一遭侵伐，即急还护母以言和；《段韶传》言：宇文护因边境移书，请还其母，并通邻好。世祖遣黄门徐世荣乘传赍周书问韶。韶以"护外托为相，其实王也，既为母请和，不遣一介之使，申其情理，乃据移书，即送其母，恐示之弱。如臣管见，且外许之，待后放之未晚。"不听。《周书·护传》言：护报阎姬书后，齐朝不即发遣，更令与护书，要护重报，往返再三，而母竟不至，朝议以其失信，令有司移齐，移书未送而母至，则齐终据护私书而还其母也。亦可见武成求和之亟矣。邙山捷后，亦不闻乘胜更有经略；其无能为，实更甚矣。陈废帝光大二年（568），齐后主天统四年，周天和三年。两国遂通和。是岁，武成死。宣帝太建元年（569），齐天统五年，周天和四年。周盗杀孔城防主，以其地入齐，孔城，后魏新城郡治，在今河南洛阳县南。两国衅端复起。齐兰陵王长恭、斛律光，周齐王宪等互争宜阳及汾北之城戍。宜阳，见第三章第三节。至三年齐武平二年，周天和六年。四月，而周陈公纯等取宜阳，六月，齐段韶取汾州。见第十二章第三节。然初无与于胜负之大计；而此数年中，两国使命，亦仍相往来；则特疆场上衅而已，《周》《齐》两书诸列传，侈陈战绩，乃邀功、夸敌之辞，不足信也。是岁，九月，段韶卒。明年，陈太建四年，齐武平三年，周建德元年。三月，周杀宇文护。六月，齐杀斛律光。《周书·于翼传》曰：先是与齐、陈二境，各修边防，虽通聘好，而每岁交兵，然一彼一此，不能有所克获。高祖既亲万机，将图东讨，诏边城镇并益储偫，加戍卒。二国闻之，亦增修守御。翼谏曰："宇文护专制之日，兴兵至洛，不战而败，所丧实多。数十年委积，一朝糜散。虽为护无制胜之策，亦由敌人有备故也。且疆埸相侵，互有胜败，徒损兵储，非策之上者。不若解边严，减戍防，继好息民，以待来者。彼必喜于通和，懈而少备，然后出其不意，一举而山东可图。若犹习前踪，恐非荡定之计。"帝纳之。于是周、齐之争，内急而外缓，而齐人是时，荒纵已甚，敌皆能识其情，而陈人经略之师起矣。

第七节　陈取淮南

华皎之乱，陈与梁、周启衅。太建二年（570），周天和五年。章昭达复伐梁。时萧岿与周军，大蓄舟舰于青泥中。昭达遣偏将钱道戢、程文季袭之，焚其舟舰。周军于峡下南岸筑垒，峡，谓西陵峡。名曰安蜀城。于江上横列大索，编苇为桥，以渡军粮。昭达命军士为长戟，施于楼船之上，仰割其索。索断粮绝。因纵兵以攻其城，降之。岿告急于周襄州总管卫公直。襄州，见第十二章第十节。直令赵誾、李迁哲救之，并受江陵总管陆腾节度。迁哲守江陵外城，程文季与雷道勤夜袭入之。迁哲不能抗。陆腾遣甲士出击，道勤中流矢死，文季仅以身免。昭达又决龙川宁朔堤，引水灌城。《水经注》：纪南城西南有赤坂冈，冈下有渎水，东北流入城，又东北出城，西南注于龙陂。陂在灵溪东。纪南、灵溪，皆见第七章第三节。迁哲塞北堤以止水。腾率将士战于西堤，陈兵不利。昭达乃还。周武帝使杜杲来，论保境息民之意。宣帝许之，使命复通。三年，齐武平二年，周天和六年。帝遣使如齐谋伐周。齐人弗许。四年，齐武平三年，周建德元年。杜杲复来。帝使谓之曰："若欲合从图齐，当以樊、邓见与，方可表信。"杲答曰："合从图齐，岂惟敝邑之利？必须城镇，宜待得之于齐，先索汉南，使臣不敢闻命。"是岁，华皎朝于周。至襄阳，谓卫公直曰："梁主既失江南诸郡，人少国贫，望借数州，以裨梁国。"直然之，遣使言状。武帝许之。以基、平、郢三州归于岿。基州，西魏置，在今湖北钟祥县南。平州，周置，今湖北当阳县。郢州，西魏置，在今湖北荆门县北。盖周之意，始终在翼梁以敌陈也。是时周无衅可乘，而齐政荒乱，宣帝乃舍西而图东。

太建五年（573），齐武平四年。三月，分命众军北伐。以吴明彻都督征讨诸军事，出秦郡。见第十三章第三节。黄法氍出历阳。齐遣其历阳王步骑来援，于小岘筑城。法氍遣樊毅御之大岘，大破其军。大小岘，见第九章第二节。吴明彻至秦郡，克其水栅。初王琳之归齐也，齐孝昭帝遣琳出合肥，鸠集义故，更图进取。琳乃缮舰，分遣招募。淮南伧楚，皆愿戮力。陈合州刺史裴景晖，琳兄珉之婿也，请以私属，道引齐师。孝昭委琳与行台右丞卢潜率兵应赴。沉吟不决。景晖惧事泄，挺身归齐。孝昭令琳镇寿阳。其部下将帅，悉听以行。乃除琳扬州刺史。琳水陆戒严，将观衅而动。属陈氏结好于齐，齐乃使琳更听后图。琳在寿阳，与行台尚书卢潜不协，更相是非。被召还邺，武成置而不问。及是，敕领军将军尉破胡等出援秦州，令琳共为经略。《北齐书·源文宗传》云：赵彦深密访文宗。文宗，贺曾孙，名彪，《齐书》《北史》皆称其字，疑实名虎，以避唐讳改也。文宗曾为泾、秦二州刺史，知江、淮间事，故彦深访之。文宗曰：“朝廷精兵，必不肯多付诸将，数千已下，复不得与吴、楚争锋，命将出军，反为彼饵。尉破胡人品，王之所知。进既不得，退又未可，败绩之事，匪伊朝夕。国家待遇淮南，得失同于蒿箭。如文宗计者：不过专委王琳，淮南招募三四万人，风俗相通，能得死力。兼令旧将，淮北捉兵，足堪固守。且琳之于昙顼，不肯北面事之明矣。窃谓计之上者：若不推赤心于琳，别遣余人掣肘，更成速祸，弥不可为。”彦深叹曰：“弟此良图，足为制胜千里。但口舌争来十日，已不见从。时事至此，安可尽言？”因相顾流涕。案，王琳一人，岂有足御陈大军之理？盖齐人是时，已决弃淮南，特以琳委之于陈，胜则为意外之捷，不胜则于齐无所损耳。所以决弃淮南者，以一与陈连兵，则恐周人乘衅而至，其精兵之不肯多付诸将者以此。然则陈宣大举，亦系乘周、齐之衅而动。此固兵机宜然，然克捷之后，遂忘其本来，而自谓兵力足恃则误矣。此其所以旋败于周邪？琳背父母之邦而投戎狄，而敌人乃更令其代己受祸。为汉奸者，亦可以憬然悟矣。琳进战，大败，单马突围仅免。还至彭城，后主令便赴寿阳，并许召募。明彻既破破胡，遂降秦郡，五月。进兵仁州，见第四节。六月。至于峡口。见第六章第四节。七月。进围寿阳，堰肥水以灌其城。时魏皮景和等屯于淮南，竟不赴救。十月，城陷，琳被执，明彻斩之。皮景和等遁去。此盖源文宗所谓淮南得失，同之蒿箭，但令旧将固守淮北者，乃齐人是时已定之策，非必景和等之弩怯也。史称琳有忠义之节，已辩于前。又称其“轻财爱士，得士卒之心”。其败也，“吴明彻欲全之，而其下将领多琳故吏，争来致请，并相资给，明彻由此忌之，故及于难”。又言“琳被执，百姓泣而从之，明彻恐其为变，杀之，哭者声如雷。有一叟，以酒脯来，号酹尽哀，收其血，怀之而去。田夫野老，知与不知，莫不为之歔欷流泣。观其诚信感物，虽李将军之恂恂善诱，殆无以加焉”。此真所谓淫辞。夫琳，不过一轻侠之徒。其在建业，既因恃功为暴，虽王僧辩之宽纵，亦不能舍之。张载之见害也，陆纳等抽其肠，系诸马脚，使绕而走，肠尽气绝，又脔割，备五刑而斩之。琳之徒党，所为如是，曾是百姓，冒死以从此等人，而为之流泣乎？王僧辩之子颙，随琳入齐，为竟陵郡守。竟陵，见第三章第九节。闻琳死，乃出郡城南，登高冢上号哭，一恸而绝。汉奸末路，亦可悲矣。时黄法氍亦克历阳，五月。进取合州。六月。诸军所向克捷，淮南之地尽复。于是南豫州还治历阳，先治宣城。豫州还治寿阳，而于黄城置司州。明彻进攻彭城。七年，齐武平六年。九月，大败齐师于吕梁。见第九章第五节。时周人攻齐之师，亦已起矣。

第八节　周灭北齐

陈取淮南，齐人所以视同蒿箭者，以备周也，然亦因此而更启周人之轻视。《周书·韦孝宽传》云：武帝志在平齐，孝宽上疏陈三策。其第一策曰："臣在边积年，颇见间隙。不因际会，难以成功。是以往岁出军，徒有劳费。长淮以南，旧为沃土，陈氏以破亡余烬，犹能一举平之，齐人历年赴救，丧败而返。内离外叛，力尽计穷。《传》不云乎：'仇有衅焉，不可失也。'今大军若出轵关，见第六节。方轨而进；兼与陈氏，共为椅角；并令广州义旅，出自三鵶；广州，见第十三章第一节。三鵶，见第十二章第十节。又募山南骁锐，沿河而下；复遣北山稽胡，北山，谓稽胡所据之山，在长安之北。绝其并、晋之路；凡此诸军，仍命各募关、河以外劲勇之士，厚其爵赏，使为前驱；岳动川移，雷骇电激，百道俱进，并趋虏廷，必当望旗奔溃，所向摧殄。一戎大定，实在此机。"其第二策曰："若国家更为后图，未即大举，宜与陈人，分其兵势。三鵶以北，万春以南，胡三省曰：《新唐志》：武德五年（622），析龙门置万春县，盖以旧地名名县也。案，万春，今山西河津县。广事屯田，豫为贮积；募其骁悍，立为部伍。彼既东南有敌，戎马相持，我出奇兵，破其疆场。彼若兴师赴援，我则坚壁清野，待其去远，还复出师。常以边外之师，引其腹心之众。我无宿舂之费，彼有奔命之劳。一二年中，必自离叛。然后乘间电扫，事等摧枯。"其第三策曰："大周土宇，跨据关、河，南清江、汉，西兼巴、蜀，塞表无虞，河右底定，惟彼赵、魏，独为榛梗。今若更存遵养，且复相时，臣谓宜还崇邻好，申其盟约。安人和众，通商惠工。蓄锐震威，观衅而动。斯则长策远驭，坐自兼并也。"此三策，洵为当时进取之良图。周武帝气锐才雄，遂取其第一策。

齐氏政治虽乱，兵力凤强，非一举摧破其大军，终难期廓清底定，故周武攻取之方，乃在攻其所必救，以致其一战。建德四年（575），齐武平六年，陈太建七年也。七月，武帝召大将军已上于大德殿，告以出师方略，曰："今欲数道出兵，水陆兼进。北拒太行之路，东扼黎阳之险。黎阳，见第五章第三节。若攻拔河阴，汉平阴县，三国魏改曰河阴，在今河南孟津县东。兖、豫则驰檄可定。然后养锐享士，以待其至。但得一战，则破之必矣。王公以为何如？"群臣咸称善。于是部分诸军。使齐王宪以二万人出黎阳，于翼以二万人出陈、汝，侯莫陈芮以一万人守太行，李穆以三万人守河阳。又使杨坚以舟师三万，自渭入河。而自率众六万，直指河阴。八月，攻其大城，克之。进攻子城，未克。闰月，齐大丞相高阿那肱自晋阳御之，师次河阳。九月，周师还。齐王宪、李穆、于翼降拔三十余城，皆弃不守。水师亦焚舟而退。是役也，周武帝谓有疾，故退师，恐系托辞。或谓以浅攻尝之，亦未必然。以予观之，似以河阴距长安较远，应接非易，恐战或不捷，复为邙山之续，故宁知几而退也。明年，周建德五年，陈太建八年。十月，武帝谓群臣曰："前入贼境，备见敌情。观彼行师，殆同儿戏。晋州本高欢所起，控扼要重，今往攻之，彼必来援。吾严军以待，击之必克。然后乘破竹之势，鼓行而东。足以穷其窟穴，混同文轨。"诸将多不愿行。帝曰："若有沮吾军者，当以军法裁之。"遂复总戎东伐，分兵守诸要害。癸亥，自攻晋州。壬申，克之。以梁士彦为刺史，留精兵一万守之。时齐主猎于祁连池，即天池，山名，在今山西宁武县西南。闻之，乃还晋阳，自将来救。十一月，己卯，周主班师，留齐王宪为后拒。是日，齐主至晋州。宪亦引军度汾。齐师遂围晋州。癸巳，周主至长安。丁酉，复东伐。十二月，戊申，至晋州。庚戌，战于城南，齐师大败。《周书·文帝纪》曰：初齐攻晋州，恐王师卒至，于城南穿堑，自乔山属于汾水。帝率诸军八万人置阵，东西二十余里。齐主亦于堑北列阵。申后，齐人填堑南引。帝大喜，勒诸军击之。齐人便退。齐主与其麾下数十骑走还并州。齐众大溃。军资甲仗，数百里间，委弃山积。《齐书·高阿那肱传》曰：周师逼平阳，后主于天池校猎，晋州频遣驰奏，从旦至午，驿马三至。肱曰："大家正作乐，何急奏闻？"至暮，使更至，云平阳城已陷，贼方至，乃奏知。明早，旦即欲引，淑妃又请更合一围。及军赴晋州，令肱率前军先进，仍留节度诸军。后主谓肱曰："战是邪？不战是邪？"肱曰："勿战，却守高梁桥。"在今山西临汾县北。安吐根曰："一把贼，马上刺取，掷汾河中。"帝意未决。诸内参曰："彼亦天子，我亦天子，彼尚能远来，我何为守堑示弱？"帝曰："此言是也。"于是渐进。后主从穆提婆观战，东偏颇有退者，提婆怖曰："大家去，大家去。"帝以淑妃奔高梁。开府奚长乐谏曰："半进半退，战之常体。今兵众齐整，未有伤败，陛下舍此安之？御马一动，人情惊乱，且速还安慰之。"武卫张常山自后至，亦曰："军寻收回，甚整顿。围城兵亦不动。至尊宜回。不信臣言，乞将内参往视。"帝将从之。提婆引帝肘曰:"此言难信。"帝遂北驰。《北史·冯淑妃传》曰:淑妃名小怜,大穆后从婢也。穆后爱衰,以五月五日进之,号曰续命。慧黠,能弹琵琶,工歌舞,后主惑之。晋州告亟,帝将还,淑妃请更杀一围,帝从其言。及帝至晋州,城已欲没矣。作地道攻之,城陷十余步。将士乘势欲入。帝救且止,召淑妃共观之。淑妃妆点,不获时至。周人以木拒塞城,遂不下。旧俗相传:晋州城西石上有圣人迹,淑妃欲往观之。帝恐弩矢及桥,故抽攻城木造远桥。监作舍人以不速成受罚。帝与淑妃渡桥,桥坏,至夜乃还。称妃有功勋,将立为左皇后,即令使驰取袆翟等皇后服御,仍与之并骑观战。东偏少却,淑妃怖曰:"军败矣。"帝遂以淑妃奔还。至洪洞戍,在今山西洪洞县北。淑妃方以粉镜自玩,后声乱唱贼至,于是复走。内参自晋阳以皇后衣至,帝为按辔,命淑妃着之,然后去。其言颇类平话,未必尽信。综全局而观之,齐师不能坚战,自为致败之由,然其大失,尚不在此。周人是时,欲诱齐师一战之策,仍与去年无异,特所攻者近而少,则兵力益得厚集,且应援较易,决战更有把握耳。《隋书·赵煚传》:武帝出兵巩、洛,欲收齐河南之地。煚谏曰:"河南洛阳,四面受敌,纵得之不可以守。请从河北直指太原,倾其巢穴,可一举以定。"帝不从,师竟无功。《宇文敬传》:武帝将出兵河、洛以伐齐,敬进策曰:"齐氏建国,于今累叶,虽曰无道,藩屏之寄,尚有其人。今之用兵,须择其地。河阳冲要,精兵所聚,尽力攻围,恐难得志。如臣所见,彼汾之曲,戍小山平,攻之易拔,用武之地,莫过于此。愿陛下详之。"帝不纳,师竟无功。《鲍宏传》:帝尝问宏取齐之策。宏对曰:"先皇往日,出师洛阳,彼有其备,每不克捷。如臣计者,进兵汾、潞,直指晋阳,出其不虞,斯为上策。"帝从之。此等庸有事后附会之谈,然攻平阳胜于攻洛阳,则无足惑,以其道里近而地势亦较平坦也。周人既厚集其力而来,齐人自亦宜厚集其力以待之。平阳虽云重镇,必难当周举国之师,则救之宜如沃焦捧漏。乃周师既发七日,齐主尚猎于天池;周师以己酉发,齐主以丙辰猎于天池。又七日,周主已至晋州,齐主乃以其日还晋阳;又七日,乃自晋阳南下,庚午。则发二日而晋州已陷矣。此误于赴救之太迟也。周人是时,盖以晋州委齐,诱使攻城,以敝其力。故不特周主引还,即齐王宪亦渡汾不战。晋州若陷,所失不过梁士彦万人,不下而齐力已敝,则决战之机至矣。为齐人计者:度能速下晋州而所伤不多,则宜攻之,不则当别思方略。乃遂引兵急攻,此则为周人所致矣。而攻之又不能下。齐人以己卯至,即攻城,至庚戌战,凡三十二日。顿兵坚城,主反为客,锐气已堕,故周武度其可破,引兵再来。是时之计,盖以高阿那肱不战而却守高梁桥之说为较得,此又所以挫周人新锐之气也。乃后主又不能用,则不战而先自败矣。故曰:战不能坚,尚其失之小焉者也。战之明日,辛亥。周武帝至晋州,仍率诸军追齐主。诸将固请还师。帝曰:"纵敌患生,卿等若疑,朕将独往。"诸将乃不敢言。武帝盖度齐之不能整，而亦使之不及整也。高阿那肱守高壁，岭名，在今山西灵石县东南。望风退散，周师遂至并州。

齐师之败也，后主弃军先还。后三日，入晋阳。癸丑。谓朝臣曰："周师甚盛，若何？"群臣咸曰："一得一失，自古皆然。宜停百赋，安慰朝野。收拾遗兵，背城死战，以存社稷。"帝意犹豫，欲向北朔州。乃留安德王延宗、广宁王孝珩等守晋阳。若晋阳不守，即欲奔突厥。群臣皆曰不可。帝不从。密遣送皇太后、皇太子于北朔州。丙辰，帝幸城南军劳将士。其夜，欲遁。诸将不从。丁巳，穆提婆降周。陆令萱自杀。诏除安德王延宗为相国，委以备御。延宗流涕受命。帝乃夜斩五龙门而出，欲幸突厥。从官多散。领军梅胜郎叩马谏，乃回之邺。在并将卒咸请于延宗曰："王若不作天子，诸人实不能出死力。"延宗不得已，即皇帝位。《北齐书·唐邕传》曰：周师来寇，丞相高阿那肱率兵赴援，邕配割不甚允，因此有隙。肱谮之。遣侍中斛律孝卿宣旨责让，留身禁止。寻释之。车驾将幸晋阳，敕孝卿总知骑兵、度支，事多自决，不相谘禀。邕自霸朝以来，常典枢要，历事六帝，恩遇甚重，一旦为孝卿所轻，负气郁怏，形于辞色。帝平阳败后，狼狈还邺都，邕惧那肱谮之，恨孝卿轻己，遂留晋阳，与莫多娄敬显等宗树安德王为帝。信宿城陷，邕遂降周。然则当日立延宗者，亦未必皆无私意。然以大体言之，则失望于后主，而欲别图拥戴以拒敌者必多也。邕初为高祖直外兵曹，擢为世宗大将军府参军。世宗崩，事出仓卒，显祖部分将士，镇压四方，夜中召邕支配，造次便了。显祖甚重之。显祖频年出塞，邕必陪从，专掌兵机。识悟闲明，承变敏速。自督将以还，军吏以上，劳效由绪，无不谙练。每有顾问，占对如响。或于御前简阅，虽三五千人，邕多不执文簿，暗唱官位姓名，未尝缪误。凡是九州军士，四方勇募，强弱多少，番代往还，及器械精粗，粮储虚实，精心勤事，莫不谙知。史所言者如此，虽或过情，其为本兵长才，则决无疑义，乃以高阿那肱之私憾，斛律孝卿之骄纵而失之，用人如此，此亦齐之所以速亡欤？众闻之，不召而至者相属。延宗倾覆府藏，及后宫美女，以赐将士。籍没内参千余家。见士卒，皆亲执手，陈辞自称名，流涕呜咽。众争为死。周军围晋阳，望之如黑云四合。庚申，延宗拥兵四万出城。周武帝率诸将合战。齐军退。帝乘胜逐北，际昏，率千余骑入东门。诏诸军绕城置阵。至夜，延宗与莫多娄敬显自门入，夹击之。延宗本命敬显拒城南，亲当周主于城北。城中军却，人相蹂践，大为延宗所败，死伤略尽。齐人欲闭门，以阃下积尸，扉不得合。帝从数骑，崎岖危险，仅得出门。时四更也。齐人既胜，皆入坊饮酒，延宗不复能整。诘旦，周武帝还攻东门，克之。又入南门。延宗战，力屈，走至城北，于民家见擒。晋阳遂陷。以上兼采《周书·武帝纪》及《齐书·延宗传》。《延宗传》曰：周武帝出城，饥甚，欲为遁逸计。齐王宪及柱国王谊谏，以为去必不免。延宗叛将段畅，亦盛言城内空虚。周武帝乃驻马鸣角收兵，俄顷复振。案，是时，周、齐兵力，相去悬殊，齐人仅一小捷，何益于事？周人所失，不过入城之千人耳，其绕城置陈之兵自在也，武帝何遽欲走？又何至走即不免？果其奔溃者众，又岂俄顷所能振邪？后十三日，癸酉。武帝率军趋邺。

后主以延宗出战之日入邺。后四日，甲子。皇太后从北道至。引文武一品已上入朱雀门，赐酒食，给笔纸，问以御周之方。群臣各异议，帝莫知所从。《广宁王孝珩传》曰：后主自晋州败奔邺，诏王公议于含光殿。孝珩以"大敌既深，事借机变。宜使任城王领幽州道兵入土门，扬声趋并州；独孤永业领洛州兵趋潼关，扬声趋长安；臣请领京畿兵出滏口，鼓行逆战。敌闻南北有兵，自然溃散"。又请出宫人、珍宝，以赐将士。帝不能用。案，是时周师方锐，断非虚声所能慑之使退；齐锐气已堕，孝珩逆战，亦必不能胜也。又引高元海等议，依大统故事，以明年陈太建九年（577），周建德六年。正月朔，传位于太子恒，是为幼主。时年八岁。周军续至。人皆汹惧，无有斗心。朝士出降，昼夜相属。清河王岳之子劢奏后主曰："今所翻叛，多是贵人，至于卒伍，犹未离贰。请追五品已上家属，置之三台，因胁之曰：若战不捷，即退焚台。此曹顾惜妻子，必当力战。且王师频北，贼徒轻我，背城一决，理必破之。"后主不能用。于是黄门侍郎颜之推、中书侍郎薛道衡、侍中陈德信等劝后主往河外募兵，更为经略。若不济，南投陈国。从之。《之推传》曰：帝窘急，计无所从。之推因宦者侍中邓长颙进奔陈之策。仍劝募吴士千余人，以为左右，取青、徐路，共投陈国。帝甚纳之。以告丞相高阿那肱等。肱不愿入陈，乃云："吴士难信，不须募之。"劝帝送珍宝、累重向青州，且守三齐之地，若不可保，徐浮海南度。丁丑，太皇太后、太上皇后主。先趋济州。见第十二章第九节。癸亥，幼主又自邺东走。壬辰，周武帝至邺。癸巳，围之。遂入邺。遣尉迟勤率骑二千追后主。后主以乙亥渡河，入济州。其日，幼主禅位于任城王湝。为任城诏，尊后主为无上皇，幼主为守国天王。留太皇太后于济州，遣高阿那肱留守。太上皇并皇后携幼主走青州。韩长鸾、邓长颙等数十人从。太上皇既至青州，即为入陈之计。而高阿那肱召周军，约生致齐主。屡使人告："贼军在远，已令人烧断桥路。"太上所以停缓。《肱传》：后主自晋州北驰，有军士告称肱遣臣招引西军，今故闻奏。后主令侍中斛律孝卿检校。孝卿云：此人妄语。还至晋阳，肱腹心告肱谋反，又以为妄，斩之。乃颠沛还邺。侍卫逃散，惟肱及内官数十骑从行。后主走渡太行，令肱以数千人投齐州，仍遣觇候。每奏云：周兵未至，且在青州集兵，未须南行。及周将军尉迟迥至关，肱遂降。时人皆云肱表款周武，必仰生致齐主，故不速报兵至，使后主被擒。然则谓肱约降而卖后主，特时人测度之辞。肱虽不忠，此说似属诬蔑；谓其在晋州时即有叛意，尤必无之理也。周军奄至青州，太上窘急，将逊于陈，与长鸾、淑妃等十数骑至青州南邓村，为尉迟勤所获。送邺。

任城王湝，时为瀛州刺史，瀛州，见第十一章第四节。后主奔邺，加大丞相。安德王称尊号，使修启于湝，湝执送邺。幼主禅位，令斛律孝卿送禅文及玺绂，不达。此从《湝传》。《后主纪》云：孝卿以之归周，《周书·武帝纪》则云：被执送邺。初幼主即位，以广宁王孝珩为太宰，孝珩与呼延族、莫多娄敬显、尉相愿同谋，期正旦五日，孝珩于千秋门斩高阿那肱，相愿在内以禁兵应之，相愿时为领军。族与敬显自游豫园勒兵出，废后主而立孝珩。既而阿那肱从别宅取便路入宫，事不果。乃求出拒西军。肱及韩长鸾恐其为变，出为沧州刺史。见第十二章第三节。至州，以五千人会任城王于信都。见第十一章第四节。召募，得四万余人。周遣齐王宪、杨坚讨之。战败，湝、孝珩俱被擒。周武帝以湝已下大小三十王归长安。孝珩以十月卒。是月，周诬后主与穆提婆等谋反，与湝、延宗等数十人无少长皆赐死。惟高平王仁英以清狂，安乐王仁雅以瘖疾获免。俱徙蜀。神武子孙，存者一二而已。时惟文宣第三子范阳王绍义及齐疏属高宝宁能拒周。

绍义，后主奔邺，以为尚书令、定州刺史。定州，见第十一章第二节。周武帝克并州，以封辅相为北朔州总管。北朔州，齐之重镇，诸勇士多聚焉。前卒长赵穆，司马王当万等谋执辅相，迎任城王于瀛州。事不果，便迎绍义。绍义至马邑，辅相及其属韩阿各奴等数十人皆齐叛臣。及肆州以北城戍二百八十余从辅相者，皆反为齐。肆州，见第十一章第二节。绍义与灵州刺史袁洪猛引兵南出，灵州，见第十二章第三节。欲取并州。至新兴，见第二章第二节。而肆州已为周守。前队二仪同以所部降周。周兵击显州，后魏置，在今山西孝义县西。执刺史陆琼。又攻陷诸城。绍义还保北朔。周将宇文神举军逼马邑，绍义遣杜明达拒之，大败。绍义曰："有死而已，不能降人。"遂奔突厥。众三千家，令之曰："欲还者任意。"于是哭拜别者大半。突厥他钵可汗谓文宣为英雄天子，以绍义重跸似之，甚见爱重。凡齐人在北者，悉隶绍义。高宝宁，《齐书·本传》云：代人也，不知其所从来。《北史》同，而其《阴寿传》及《周书·文帝纪》则皆云宝宁为齐之疏属。武平末，为营州刺史，镇黄龙。周师将至邺，幽州行台潘子晃征黄龙兵，保宁率骁锐并契丹、靺鞨万余骑将赴救，至北平，后魏郡，今河北卢龙县。知子晃已发蓟，见第四章第二节。又闻邺都不守，便归营州。周武帝遣使招慰，不受，而上表绍义劝进。绍义遂即皇帝位。署宝宁为丞相，以赵穆为天水王。他钵闻宝宁得平州，亦招诸部各举兵南向，云共立范阳王作齐帝，为其报仇。周武帝大集兵于云阳，将亲北伐，遇疾暴崩。绍义闻之，以为天赞己，范阳人卢昌期亦叛周，表迎绍义。范阳，见第四章第二节。俄为宇文神举攻灭。保宁引绍义集夷夏兵数万骑来救。至潞河，神举已屠范阳，绍义乃回，入突厥，宝宁还据黄龙。周人购之于他钵，又使贺若义往说之。他钵伪与绍义猎于南境，使义执之。流于蜀，死蜀中。宝宁至隋世，尚与突厥合兵为寇。开皇三年（583），陈后主至德元年。幽州总管阴寿出塞击之。宝宁弃城奔碛北。寿班师，留开府成道昂镇之。宝宁寻引契丹、勿吉之众来攻。寿患之，以重赏购之，又遣人阴间其所亲任者。宝宁走契丹，为其麾下所杀。北边平。

第九节　陈失淮南

甚哉，陈宣帝之不度德、不量力也，闻齐亡而遽欲进取淮北也。周之攻齐也，凡四阅月而齐亡，建德五年（576）十月，至六年正月入邺。而陈之攻齐也，则历二年而仅得淮南之地耳。自太建五年（573）三月至七年二月。且周之攻齐也，是存亡生死之争也，而陈之攻齐，则齐迄视淮南如蒿箭。陈之与周，强弱见矣。不争之于齐未亡之日，而争之于齐既亡之后乎？陈果欲复淮北，则齐师败于晋州之后，即当亟起与周分功。齐必不能分兵捍御，淮北之地，唾手可得。进取山东，后主可以卵翼，借其名以抚用任城、广宁、范阳、高宝宁等，周虽强，必不能取之如拉枯朽也。太建七年九月，陈已有吕梁之捷，此后一年余，周、齐之争方剧，陈竟熟视若无睹，至齐地已定，周人之锐气方新，乃忽欲进取淮北，是诚何心哉？于时蔡景历谏，以为"师老将骄，不宜过穷远略"。毛喜亦谏，以为"淮左新平，边民未乂，周氏始吞齐国，难与争锋，岂以敝卒疲兵，复加深入？且弃舟楫之工，践车骑之地，去长就短，非吴人所便。不若安民保境，寝兵复约，然后广募英奇，顺时而动"。帝皆不听。且以景历为沮众，出为豫章内史。未行，为飞章所劾，以在省之月，臧污狼藉，免官、削爵土，徙居会稽。盖度出兵之举，弗顺者必多，故以是威众也。史官论之曰："李克以为吴之先亡，由数战数胜，数战则民疲，数胜则主骄，以骄主驭疲民，未有不亡者也。"岂不信哉！

太建九年（577），周建德六年。以吴明彻为大都督，北伐。十月，军至吕梁。周徐州总管梁士彦拒战，明彻频破之。士彦守城不敢复出。明彻仍遏清水，以灌其城。环列舟舰于城下，攻之甚急。周以王轨为行军总管救之。轨轻行，自清水入淮口。横流竖木，以铁锁贯车轮，遏断船路，欲密决其堰。诸将闻之，甚恐。议欲破堰拔军，以舫载马。马主裴子烈曰："若决堰下船，船必倾倒，不如前遣马出，于事为允。"适会明彻苦背疾甚笃，知事不济，遂从之。乃遣萧摩诃率马军数千前还。明彻仍自决其堰，乘水势以退军。及至清口，水势渐微，舟舰并不得渡。众军皆溃。明彻穷蹙就执。时太建十年二月也。周宣政元年。寻以忧愤遘疾，卒于长安。时年六十七。明彻之败，实不得谓非人谋之不臧也。《陈书·萧摩诃传》：摩诃谓明彻曰："闻王轨始断下流，其两头筑城，今尚未立。公若见遣击之，彼必不敢相拒。水路未断，贼势不坚。彼城若立，吾属且为虏矣。"明彻奋髯曰："搴旗陷阵，将军事也；长算远略，老夫事也。"摩诃失色而退。一旬之间，周兵益至。摩诃又请曰："今求战不得，进退无路，潜军突围，未足为耻。愿公引步卒乘马舆徐行，摩诃领铁骑数千，驱驰前后，必当使公安达京邑。"明彻曰："弟之此计，乃良图也。然步军既多，吾为总督，必须身居其后，相率兼行，弟马军宜须在前，不可迟缓。"摩诃因率马军夜发。先是周军长围既合，又于要路下伏数重。摩诃选精骑八十，率先冲突，自后众骑继焉。比旦，达淮南。明彻兵力，不为不厚，任王轨断其下流，且合长围，而不出兵力争，殊不可解。《周书·王轨传》言：是役惟萧摩诃以二千骑先走得免，则摩诃之能突围不虚。长围既合，尚能突走，况于筑城未立之际乎？明彻固拒其请，何哉？无他，骄耳。明彻本非将才，迹其生平用兵，败多胜少，况于是时，衰迟不振，陈宣用之，实为失策。《陈书·徐陵传》云：废帝即位，高宗入辅，谋黜异志者，引陵豫其谋。太建元年，除尚书右仆射。二年，迁左仆射。陵抗表推周弘正、王劢等。高宗苦属之。陵乃奉诏。及朝议北伐，高宗曰："朕意已决，卿可举元帅。"众议以中权将军淳于量位重，共署推之。陵独曰："不然。吴明彻家在淮左，悉彼风俗，将略人才，当今亦无过者。"于是争论，累日不能决。都官尚书裴忌曰："臣同徐仆射。"陵应声曰："非但明彻良将，裴忌即良副也。"是日，诏明彻为大都督，令忌监军事，遂克淮南数十州之地。高宗因置酒举杯属陵曰："赏卿知人。"夫徐陵非知兵之人，其举明彻，岂有真知灼见？当时盈廷争论，至于累日不决，必有深知其不可者，高宗顾违众而用之，岂以篡立之际，陵与明彻，皆尝与谋，故其言易入邪？决策如彼，用人如此，不败何待？

明彻既败，乃分命众军以备周。淳于量为大都督，总水陆诸军事；孙玚都督荆、郢水陆诸军事；樊毅都督清口上至荆山缘淮众军；清口，泗水入淮之口。荆山，在今安徽怀远县西南。任忠都督寿阳、新蔡、霍州等众军。霍州，治濡县，在今安徽霍山县北。樊毅遣军渡淮北，对清口筑城。霖雨，城坏，自拔而还。是岁，六月，周武帝死，宣帝立。十二月，周以滕王逌为行军元帅，南伐。明年，陈太建十一年（579），周大象元年。正月，杀王轨，停南伐诸军。九月，复以韦孝宽为行军元帅，率杞国公亮及梁士彦南伐。然仍遣杜杲来使。盖周在是时，亦无意于大举也。陈复遣淳于量、樊毅、任忠等拒之，皆无功。豫州、寿阳。霍州相继陷。南北兖、南兖治广陵，北兖治淮阴。晋三州，晋州，治怀宁。及盱眙、见第三章第九节。山阳、见第五章第六节。阳平、在今江苏宝应县西。马头、见第八章第七节。秦、见第十三章第三节。历阳、见第三章第九节。沛、治石梁,在今安徽天长县东北。北谯、今安徽全椒县。南梁等九郡,胡三省曰:南梁,自《宋志》有之,不知其实土。梁冯道根行南梁太守,戍阜陵,盖自是为实土。案,阜陵,见第三章第九节。并自拔还京师。谯、涡阳。北徐州又陷。淮南之地,遂尽没于周矣。

第十五章　南北统一

第一节　隋文帝代周

　　周武帝之生平，颇与后周世宗相似。武帝之灭齐，犹世宗之破北汉也；其破陈，取淮南，犹世宗之破南唐也；破陈而即伐突厥，犹世宗之破南唐而即伐契丹也；而其北伐遇疾，赍志身死，国祚旋移，二者亦无不相类。史事不能相同也，而其相类至于如此，岂不异哉。

　　武帝宣政元年（578），陈宣帝之太建十年也，五月，北伐突厥。至云阳，遇疾。六月，还京。其夜，死于途。参看第十四章第八节。时年三十六。太子赟立，是为宣帝。武帝生平所最信任者，为宇文孝伯。孝伯，安化县公深之子，深，文帝族子也。孝伯与高祖同日生，太祖甚爱之，养于第内。及长，又与高祖同学。高祖即位，欲引置左右，托言与孝伯同业受经，思相启发，由是晋公护弗之猜也，得入为右侍上士。恒侍左右，出入卧内。朝之机务，皆得与焉。次则王轨及宇文神举。神举，文帝族子。诛宇文护之际，惟三人者颇得与焉。而尉迟运平卫剌王之乱，总宿卫军事，亦称帝之信臣。武帝寝疾，驿召孝伯赴行在所。帝执其手曰："吾自量必无济理，以后事付君。"是夜，授司卫上大夫，总宿卫兵马事。又令驰驿入京镇守，以备非常。而尉迟运总侍卫兵还京师。宣帝之为皇太子，武帝尝使巡西土，因讨吐谷挥。轨与孝伯并从。《轨传》云：军中进止，皆委轨等，帝仰成而已。时宫尹郑译、王端等并得幸。帝在军中，颇有失德，译等皆与焉。军还，轨等言之于高祖。高祖大怒，乃挞帝，除译等名，仍加捶楚。后轨与孝伯等屡言宣帝之短，神举亦颇与焉。《神举传》。而轨言之最切。《周书》诸人列传，谓皆由宣帝多过失，《隋书·郑译传》则谓轨欲立武帝第三子秦王赟，未知事究如何，要之，诸人当武帝时，皆有权势，其见忌于宣帝，自有其由；王轨等之死，亦是一疑案。《轨传》云：轨尝与小内史贺若弼言："皇太子必不克负荷。"弼深以为然，劝轨言之。轨后因侍坐，乃谓高祖曰："皇太子仁孝无闻，复多凉德，恐不了陛下家事。愚臣短暗，不足以论是非，陛下恒以贺若弼有文武奇才，识度宏远，而弼比每对臣，深以此事为虑。"高祖召弼问之。弼乃诡对曰："皇太子养德春宫，未闻有过，未审陛下何从得闻此言？"既退，轨诮弼曰："平生言论，无所不道，今者对扬，何得乃尔翻覆？"弼曰："此公之过也。皇太子国之储副，岂易攸言？事有蹉跌，便至灭门之祸。本谓公密陈臧否，何得遂至昌言？"轨默然。久之，乃曰："吾专心国家，遂不存私计。向者对众，良实非宜。"后轨因内宴上寿，又将高祖须曰："可爱好老公，但恨后嗣弱耳。"高祖深以为然。但汉王次长，又不才，此外诸子并幼，故不能用其说。《孝伯传》：孝伯为东宫左宫正，白高祖曰："皇太子四海所属，而德声未闻。臣忝宫官，实当其责。且春秋尚少，志业未成。请妙选正人，为其师友，调护圣质，犹望日就月将，如或不然，悔无及矣。"帝曰："正人岂复过君？"于是以尉迟运为右宫正，孝伯仍为左宫正。寻拜宗师中大夫。及吐谷浑入寇，诏皇太子征之，军中之事，多决于孝伯。俄授京兆尹，入为左宫伯，转右宫伯。尝因侍坐，帝问之曰："我儿比来，渐长进不？"答曰："皇太子比惧天威，更无罪失。"及王轨因内宴将帝须，言太子之不善，帝罢酒，责孝伯曰："公常语我云太子无过，今轨有此言，公为诳矣。"孝伯再拜曰："臣闻父子之际，人所难言。臣知陛下不能割情忍爱，遂尔结舌。"帝知其意，默然。久之，乃曰："朕已委公矣，公其勉之。"《隋书·贺若弼传》谓弼知太子不可动摇，故诡辞以对，与《孝伯传》不能割情忍爱之说合，则《轨传》谓高祖深以轨言为然者不雠矣。孝伯虽言太子之失，而其辞甚婉。《尉迟运传》云：运为宫正，数进谏，帝不能纳，反疏忌之。时运又与王轨、宇文孝伯等皆为高祖所亲待，轨屡言帝失于高祖，帝谓运与其事，愈更衔之，是运实未尝言帝之失。《神举传》亦不过谓其颇与焉而已。乐运以强直称，其《传》云高祖尝幸同州，召运赴行在所。既至，谓曰："卿来日见太子不？"运曰："臣来日奉辞。"高祖曰："卿言太子何如人？"运曰："中人也。"时齐王宪以下，并在帝侧，高祖顾谓宪等曰："百官佞我，皆云太子聪明睿知，惟运独云中人，方验运之忠直耳。"因问运中人之状。运对曰："班固以齐桓公为中人，管仲相之则霸，竖貂辅之则乱，谓可与为善，亦可与为恶也。"高祖曰："我知之矣。"遂妙选宫官以匡弼之。运之言，亦不过如宇文孝伯耳。然则始终力言太子之不善者，王轨一人而已。《宣帝纪》云：帝惮高祖威严，矫情修饰，以是过恶遂不外闻，与孝伯太子比惧天威，更无罪失之说合，则宣帝在武帝世，实无大过恶。宣帝为武帝长子，次汉王赞，次秦王贽，《轨传》云武帝以汉王不才，故不能用其说，而《隋书·郑译传》谓轨欲立秦王，其说亦隐相符合，然则轨之力毁太子，又恶知其意果何在邪？《译传》云：轨每劝帝废太子而立秦王，由是太子恒不自安。其后诏太子西征吐谷浑，太子乃阴谓译曰："秦王上爱子也，乌丸轨上信臣也，今吾此行，得毋扶苏之事乎？"译曰："愿殿下勉著仁孝，毋失子道而已，勿为他虑。"太子然之。既破贼，译以功最，赐爵开国子，邑三百户。后坐褻狎皇太子，帝大怒，除名为民。太子复召之，译戏狎如初。因言于太子曰："殿下何时可得据天下？"太子悦而益昵之。夫译以功最受赏，则谓军中之事，皆由轨及宇文孝伯者为不雠矣。何时得据天下之言，又何其与勉著仁孝之语大不相类也？而齐王宪，自武帝之世，即专征伐，见猜疑，参看第十四章第五节。《宪传》云：宪自以威名日重，潜思屏退。及高祖欲亲征北蕃，乃辞以疾。高祖变色曰："汝若惮行，谁为吾使？"宪惧曰："臣陪奉銮舆，诚为本愿，但身婴疹疾，不堪领兵。"帝许之。果宪欲屏退，抑帝不欲其领兵，亦不可知也。其不能见容于宣帝，自更不待言矣。帝即位未逾月，即杀宪。《宪传》云：高祖未葬，诸王在内治服，司卫长孙览总兵辅政，而诸王有异志，奏令开府于智察其动静。及高祖山陵还，诸王归第，帝又命智就宅候宪。因是告宪有谋。帝乃遣小冢宰宇文孝伯诏宪：晚共诸王俱至殿门。宪独被引进。帝先伏壮士于别室，执而缢之。宪六子：贵，先宪卒。质、賨、贡、乾禧、乾洽，并与宪俱被诛。《孝伯传》云：帝忌齐王宪，意欲除之，谓孝伯曰："公能为朕图齐王，当以其官位相授。"孝伯叩头曰："先帝遗诏，不许滥诛骨肉，齐王陛下之叔父，戚近功高，社稷重臣，栋梁所寄。陛下若妄加刑戮，微臣又顺旨曲从，则臣为不忠之臣，陛下为不孝之子也。"帝不怿，因渐疏之，乃与于智、王端、郑译等密图其事。后令智告宪谋递，遣孝伯召宪入，遂诛之。孝伯既不肯害宪矣，何以召宪时必遣孝伯？孝伯又何以肯承命召宪？岂真全不知帝之将杀之邪？明年，宣帝大成元年（579）。及传位，改元大象。陈宣帝太建十一年。二月，又杀王轨。神举时为并州总管，使人鸩诸马邑。又赐宇文孝伯死。尉迟运求外出，为秦州总管，亦以忧死。《孝伯传》曰：帝诛轨，尉迟运惧，私谓孝伯曰："吾徒必不免祸，为之奈何？"孝伯对曰："今堂上有老母，地下有武帝，为人臣子，知欲何之？且委质事人，本徇名义，谏而不入，将焉逃死？足下若为身计，宜且远之。"于是各行其志。运出为秦州总管。《运传》云：运至州，犹惧不免，大象元年（579），二月，遂以忧薨于州。

　　宣帝，史以为无道之主，然其人初非大恶，特武帝束之太严，《纪》云：帝之在东宫也，高祖虑其不堪承嗣，遇之甚严。朝见进止，与诸臣无异。虽隆寒盛暑，亦不得休息。性既嗜酒，高祖遂禁醪醴不许至东宫。帝每有过，辄加棰朴。尝谓之曰：“古来太子，被废者几人？余儿岂不堪立邪？”于是遣东宫官属录帝言语动作，每月奏闻。此等如束湿薪之教，往往一纵弛即不可收拾。而实未亲正人，又年少无学识，其举动遂多可笑耳。《纪》言其每对臣下，自称为天。以五色土涂所御天德殿，各随方色。又于后宫与皇后等列坐，用宗庙礼器樽彝珪瓒之属以饮食。此等皆孩稚所为耳。史所谓佟君者，亦有二科：其一惟务行乐，他无所知。一则颇欲有所兴作，厘正制度。然生长深宫，不知世务。所兴所革，皆徒眩耳目，不切实际。非惟无益，反致劳民伤财。二者之治害或惟均，然原其本心，固不可同日而语。汉武帝即属于后一类，参看《秦汉史》第五章第二节。周宣帝亦其伦也。《本纪》言帝于国典朝仪，率情变改；又云：后宫位号，莫能详录，可见其所改之多。变改必不能专于后宫，史不能详记耳。又言其每召侍臣论议，惟欲兴造变革；又云：未尝言及治政，盖意在创制立法，而不重目前之务也。王莽以为制定则天下自平，与公卿旦夕论议，不省狱讼，亦系此等见解。此等人往往阔于事情，然谓其规模不弘远，不可得也。即可见其欲兴作，厘正制度。其所行者，亦不得谓无善政。如即位之岁，即遣大使巡察诸州。又诏制九条，宣下州郡，一曰：决狱科罪，皆准律文。二曰：母族绝服外者听昏。三曰：以杖决罚，悉令依法。四曰：郡县当境贼盗不擒获者，并仰录奏。五曰：孝子顺孙，义夫节妇，表其门闾。才堪任用者，即宜申荐。六曰：或昔经驱使，名位未达；或沉沦蓬荜，文武可施；宜并采访，具以名奏。七曰：伪齐七品以上，已敕收用，八品以下，爰及流外，若欲入仕，皆听豫选，降二等授官。八曰：州举高才博学者为秀才，郡举经明行修者为孝廉，上州上郡岁一人，下州下郡三岁一人。九曰：年七十以上，依式授官。鳏寡困乏，不能自存者，并加禀恤。此即苏绰制六条诏书之意。明年，正月，受朝于露门，帝服通天冠，绛纱袍，群臣皆服汉、魏衣冠，一洗代北之俗。胡三省《通鉴注》曰：以此知周之君臣，前此盖胡服也。又明年，大象二年（580），陈太建十二年。二月，幸露门学，行释奠之礼。三月，追封孔子为邹国公，立后承袭。别于京师置庙，以时祭享。皆可见其能留意于文教：此盖自文帝以来，即喜言创制改革，故帝亦习染焉而不自知也。然其亡谓且有害之事亦甚多。即位之明年，二月，即传位于太子衍。后更名阐。自称天元皇帝。所居称天台。冕二十有四旒。车服、旗鼓，皆以二十四为节。皇帝衍称正阳宫。衍时年七岁耳。帝耽酗于后宫，或旬日不出。公卿、近臣请事者，皆附奄官奏之。初诏营邺宫。大象元年，二月，停之，而发山东诸州兵，增一月功为四十五日役，起洛阳宫。常役四万人，迄于晏驾。史言帝所居宫殿帷帐，皆饰以金玉珠宝，光华炫耀，极丽穷奢，及营洛阳宫，虽未成毕，其规模壮丽，逾于汉、魏远矣。为太子时，立妃杨氏，隋文帝之女也。即位后立为皇后。传位后，改称天元太皇后。是年四月，立妃朱氏为天元帝后。朱氏，静帝所生母也，吴人。坐事没入东宫。年长于帝十余岁，疏贱无宠，以静帝故，特尊崇之。帝所宠元氏，魏宗室晟之女。陈氏，高氏隶山提之女。陈山提，见第十四章第四节。《北史》云尔朱氏之隶，误。西阳公温，杞国公亮之子也。妻尉迟氏，迥之孙女，有容色。以宗妇例入朝，帝逼而幸之。亮方为行军总管伐陈，闻之惧，因谋反。还至豫州，夜将数百骑袭行军元帅韦孝宽营，为孝宽所击斩。帝即诛温，追尉迟氏入宫，立为妃。七月，取法于后妃四星，改称朱氏为天皇后，立元氏为天右皇后，陈氏为天左皇后。明年，二月，又取五帝及土数惟五之义，以杨后为天元太皇后，朱后为天太皇后，陈氏为天中太皇后，元氏为天右太皇后，而立尉迟氏为天左大皇后焉。尝遣使简京兆及诸州士民之女，以充后宫。事在大象元年五月，见《本纪》。又诏仪同以上女，不许辄嫁。致贵贱同怨，声溢朝野。乐运所陈帝八失之一，见《运传》。帝好出游。即位之年八月，幸同州。见第十四章第五节。十月乃还。明年，正月，东巡狩。三月乃还。八月，幸同州。十一月，幸温汤。又幸同州。十二月，幸洛阳。帝亲御驿马，日行三百里。四皇后及文武侍卫数百人，并乘驿以从。仍令四后方驾齐驱。或有先后，便加谴责。人马顿仆相属。又明年，三月，行幸同州。增候正前驱戒道为三百六十重。自应门至于赤岸泽，在长安北。数十里间，幡旗相蔽，鼓乐俱作。又令虎贲持钺马上称警跸，以至于同州。四月，幸中山祈雨。中山，亦作仲山，在云阳西。至咸阳宫，雨降，还宫。令京城士女于衢巷作音乐迎候。其后游戏无恒，出入不饰，羽仪仗卫，晨出暮还，陪侍之官，皆不堪命。武帝时尝断佛、道二教，经像悉毁。大象元年，初复佛像及天尊像。十月，帝与二像俱南面而坐，大陈杂戏，令京城士民纵观。十二月，御正武殿，集百官及宫人、内外命妇，大列伎乐。又纵胡人乞寒，用水浇沃为戏。散乐杂戏，鱼龙烂漫之伎，常在目前。好令京城少年为妇人服饰，入殿歌舞，与后宫观之，以为戏乐。京兆郡丞乐运，舆榇诣朝堂，言帝八失，有云："都下之民，徭赋稍重。必是军国之要，不敢惮劳，岂容朝夕征求，惟供鱼龙烂漫，士民从役，只为俳优角抵？纷纷不已，财力俱竭，业业相顾，无复聊生。"则其游戏举动，治害于人民甚烈矣。游戏无节如此，度支自不免竭蹶。大象二年，正月，乃税入市者人一钱。此盖史纪其征敛之至苛者，其为史所不载者，又不少矣。

乐运之陈帝八失也，帝大怒，将戮之。内史元岩绐帝曰："乐运知书奏必死，所以不顾身命者，欲取后世之名。陛下若杀之，乃成其名也。"帝然之，因而获免。翌日，帝颇感悟，召运谓之曰："朕昨夜思卿所奏，实是忠臣。先皇明圣，卿数有规谏，朕既昏暗，卿复能如此。"乃赐御食以赏之。则帝亦不尽拒谏。《颜之仪传》云：周祖初建储宫，盛选师傅，以之仪为侍读。太子后征吐谷浑，在军有过行，郑译等并以不能匡弼坐谴，惟之仪以累谏获赏。即拜小宫尹。宣帝即位，迁御正中大夫。帝后刑政乖僻，昏纵日甚，之仪犯颜骤谏。虽不见纳，终亦不止。深为帝所忌。然以恩旧，每优容之。及帝杀王轨，之仪固谏，帝怒，欲并致之法。后以其谅直无私，乃舍之。案，帝于之仪，任之甚重，见下。谓其欲致之法，恐亦莫须有之辞也。斛斯徵者，高祖以其治经有师法，令教授皇子。帝时为鲁公，与诸皇子等咸服青衿，行束脩之礼。及即位，迁大宗伯。上疏极谏，帝不纳。郑译因潜之。遂下徵狱。狱卒张元哀之，以佩刀穿狱墙出之。此虽酷暴，然徵因遇赦获免，亦未闻帝之更事追求也。然帝之用刑确不详，而又偏于严酷。初高祖作《刑书要制》，用法严重。及帝即位，以海内初平，恐物情未附，乃除之。大象元年（579），八月，大醮于正武殿，又告天而行焉。乐运初以帝数行赦宥，上疏极谏，及其陈帝八失，则云："变故易常，乃为政之大忌；严刑酷罚，非致治之弘规。若罚无定刑，则天下皆惧；政无常法，则民无适从。岂有削严刑之诏，未及半祀，便即追改，更严前制？今宿卫之官，有一人夜不直者，罪至削除，因而逃亡者，遂便籍没，此则大逆之罪，与十杖同科，虽为法愈严，恐人情转散。请遵轻典，并依大律，则亿兆之民，手足有所措矣。"《本纪》言：帝摈斥近臣，多所猜忌。常遣左右，伺察群臣。动止所为，莫不钞录。小有乖违，辄加其罪。自公卿已下，皆被楚挞。其间诛戮、黜免，不可胜言。每笞棰人，皆以百二十为度，名曰天杖。宫人内职亦如之。后妃嫔御，虽被宠嬖，亦多被杖背。于是内外恐惧，人不自安。皆求苟免，莫有固志。重足累息，以逮于终。盖帝之为人，凡事皆任情而动，又承武帝酷法之后，遂致有斯弊耳。

鲜卑立国，本无深根固柢之道，周武帝虽云英武，亦仅能致一时之富强耳，故嗣子不令，国祚即随之倾覆焉。大象二年（580），五月，宣帝死。帝之即位也，以郑译为内史下大夫，委以朝政。俄迁内史上大夫。译颇专擅。帝幸东京，译擅取宫材，自营私第，坐是复除名为民。刘昉数言于帝，帝复召之，顾待如初。刘昉者，武帝时以功臣子入侍皇太子，及帝嗣位，以技佞见狎，出入宫掖，宠冠一时。授大都督，迁小御正，与御正中大夫颜之仪并见亲信。译与杨坚有同学之旧，昉亦素知坚。宣帝不念，召昉及之仪俱入卧内，属以后事。昉遂与译谋，引坚辅政。《周书·颜之仪传》云：宣帝崩，刘昉、郑译等矫遗诏，以隋文帝为丞相，之仪知非帝旨，拒而弗从。昉等草诏署记，逼之仪连署。之仪厉声谓昉等曰："主上升遐，嗣子冲幼，阿衡之任，宜在宗英。方今贤戚之内，赵王最长，以亲以德，合膺重寄。公等备受朝恩，当思尽忠报国，奈何一旦，欲以神器假人？之仪有死而已，不能诬罔先帝。"昉等知不可屈，乃代之仪署而行之。案，隋文帝在周世，既无大权，亦无重望，之仪安知其将篡？《传》所载之仪之言，必非实录。《隋书·郑译传》谓之仪与宦者谋，引大将军宇文仲辅政，仲已至御坐，译知之，遽率开府杨惠及刘昉、皇甫绩、韦孝宽外孙。为宫尹中士。卫剌王作乱，城门已闭，百僚多有遁者，绩闻难赴之。于玄武门遇皇太子。太子下楼，执绩手，悲喜交集。武帝闻而嘉之。迁小宫尹。宣政初，拜畿伯下大夫。累转御正下大夫。柳裘俱入，柳裘本仕梁。梁元帝为魏军所逼，遣裘请和于魏。俄而江陵陷，遂入关中。时为御饰大夫。宣帝不念，留侍禁中。仲与之仪见译等，愕然，逡巡欲出，高祖因执之，则更东野人之言矣。《隋书·高祖纪》：宣帝即位，以后父，征拜上柱国、大司马。大象初，迁太后丞、右司武。俄转大前疑。每巡幸，恒委居守。位望益隆，帝颇以为忌。帝有四幸姬，并为皇后，诸家争宠，数相毁潜。帝每忿怒，谓后曰："必族灭尔家。"因召高祖，命左右曰："若色动即杀之。"高祖既至，容色自若，乃止。大象二年，五月，以高祖为扬州总管。将发，暴有足疾，不果行。《郑译传》云：高祖为宣帝所忌，情不自安。尝在永巷，私于译曰："久愿出藩，公所悉也。敢布心腹，少留意焉。"译曰："以公德望，天下归心。欲求多福，岂敢忘也？谨即言之。"时将遣译南征。译请元帅。帝曰："卿意如何？"译对曰："若定江东，自非懿戚重臣，无以镇抚。可令隋公行。且为寿阳总管，以督军事。"帝从之。乃下诏，以高祖为扬州总管，译发兵俱会寿阳以伐陈。谓高祖为宣帝所忌，全系事后附会之谈，实则当日伐陈，尚系以郑译为主，高祖但以宿将懿戚，与之偕行耳。《李德林传》云：郑译、刘昉，初矫诏召高祖受顾命，辅少主，总知内外兵马事。诸卫既奉敕，并受高祖节度。译、昉议欲授高祖冢宰，译自摄大司马，昉又求小冢宰。高祖私问德林曰："欲何以见处？"德林曰："即宜作大丞相，假黄钺，都督内外诸军事。不尔，无以压众心。"及发丧，便即依此。以译为相府长史，带内史上大夫，昉但为丞相府司马。译、昉由是不平。观此，便知译、昉所以引高祖之故，而亦知高祖所以克成大业之由。盖译、昉之意，原欲与高祖比肩共揽朝权，而不意高祖究系武人，兵权既入其手，遂抑译、昉为僚属也。此译、昉之所以不终。抑高祖位望素轻，当日安知其将篡？此又尉迟迥等之起，韦孝宽等之所以为高祖尽力欤？彼固以为扶翼周朝，不以为助成高祖之篡夺。抑尉迟迥等之起兵，未尝非觊觎权势，亦未必知高祖之将篡，而志在扶翼周朝也。及迥等既败，则高祖之权势坐成，而其篡夺，转莫之能御矣。此乃事势邂逅使然，即高祖，亦未必自知其成大业如此之易也。自来篡夺之业，必资深望重，大权久在掌握而后克成，而高祖独以资浅望轻获济，此又得国者之一变局矣。

高祖之骤获大权，实得武人拥戴之力。《隋书·卢贲传》：贲辑司武上士，时高祖为大司武，贲知高祖非常人，深自推结。及高祖初被顾托，群情未一，乃引贲置于左右。高祖将之东第，百官皆不知所去，高祖潜令贲部伍仗卫，因召公卿谓曰："欲求富贵者，当相随来。"往往偶语，欲有去就。贲严兵而至，众莫敢动。出崇阳门至东宫，门者拒不纳。贲谕之，不去。瞋目叱之，门者遂却。既而高祖得入。贲恒典宿卫。当日之情形，实类陈兵劫迫，此周之宗戚，所以束手而不敢动也。观此，而知周宣帝之废尉迟运为自诒伊戚矣。东宫即正阳宫也，时以为丞相府，而静帝入居天台。汉王赞为右大丞相，高祖为左大丞相。百官总己，以听于左大丞相。《刘昉传》云：时汉王赞居禁中，每与高祖同帐而坐。昉饰美妓进于赞，赞甚悦之。昉因说赞曰："大王先帝之弟，时望所归。孺子幼冲，岂堪大事？今先帝初崩，群情尚扰，王且归第，待事宁之后，入为天子，此万全之计也。"赞时年未弱冠，性识庸下，闻昉之说，以为信然，遂从之。其说未知信否，然赞即居禁中，亦未必能与高祖相持也。于是京城之大权，尽归于高祖矣。

时尉迟迥为相州总管。高祖令迥子惇赍诏书以会葬征迥，以韦孝宽代之。迥留惇举兵。迥弟子勤，时为青州总管，亦从迥。众数十万。荥州刺史宇文胄、荥州，魏之北豫州，见第十一章第四节。胄，什肥子，见下。申州刺史李惠，申州，江左之司州，后魏之郢州也，见第十一章第四节。东楚州刺史费也利进、东魏东楚州，治宿豫，后周改泗州，盖史以旧名称之。东潼州刺史曹惠达，《五代志》：下邳郡夏丘县，梁置潼州，盖时尚未废。夏丘，汉县，今安徽泗县。各据州以应迥。高祖以韦孝宽为元帅讨之。惇率众十万入武陟。今河南武陟县。为孝宽所败。孝宽乘胜进至邺。迥与子惇、祐等悉其卒十三万陈于城南。勤率众五万，自青州来赴，以三千骑先至。战，又败。迥自杀。勤、惇、祐东走，并追获之。郧州总管司马消难郧州，周置，今湖北安陆县。闻迥不受代，举兵应迥。使其子泳质于陈以求援。高祖命襄州总管王谊讨之。襄州，见第十二章第十节。消难奔陈。王谦者，雄之子，时为益州总管，亦举兵。隆州刺史阿史那瑰为画三策，梁南梁州，西魏改曰隆州，今四川阆中县。曰："亲率精锐，直指散关，见第八章第五节。上策也。出兵梁、汉，以顾天下，中策也。坐守剑南，发兵自卫，下策也。"谦参用其中、下二策，遣兵镇始州。西魏置，今四川剑阁县。高祖以梁睿为行军元帅讨之。益州刺史达奚惎，总管长史乙弗虔等攻利州，西魏置，今四川广元县。闻睿至，众溃。密使诣睿，请为内应以赎罪。谦不知，并令守成都。睿兵奄至，谦自率众迎战，又以愃、虔之子为左右军。行数十里，军皆叛。谦以二十骑奔新都。汉县，今四川新都县。县令王宝斩之。愃、虔以成都降。高祖以其首谋，斩之。阿史那瑰亦诛。皆七月中事也。尉迟迥时已衰暮；王谦徒藉父勋，本无筹略，司马消难则一反复之徒耳；《消难传》云：性贪淫，轻于去就，故世之言反覆者，皆引消难云。韦孝宽时亦年老无奢望，孝宽平迥后即死，时年七十二。且事出仓卒，诸镇即怀异志，亦不及合谋；而高祖所以驾驭之者，亦颇得其宜；此其戡定之所以易也。《隋书·李德林传》：韦孝宽为沁水泛涨，兵未得渡，长史李询上密启云：大将梁士彦、宇文忻崔弘度并受尉迟迥饷金，军中慅慅，人情大异。高祖得询启，深以为忧。与郑译议，欲代此三人，德林独进计曰："公与诸将，并是国家贵臣，未相伏驭，以挟令之威使之耳。安知后所遣者能尽腹心，前所遣者独致乖异？又取金之事，虚实难明。即令换易，彼将惧罪。恐其逃逸，便须禁锢。然则郧公以下，必有惊疑之意。且临敌代将，自古所难。如愚所见：但遣公一腹心，明于智略，为诸将旧来所信服者，速至军所，观其情伪，纵有异志，必不敢动。"丞相大悟，即令高颎驰驿往军所，为诸将节度，竟成大功。《柳裘传》云：尉迥作乱，天下骚动，并州总管李穆，颇怀犹豫，高祖令裘往喻之，穆遂归心高祖。《周书·穆传》云：尉迟迥举兵，穆子荣欲应之，穆弗听。时迥子谊为朔州刺史，穆执送京师。此等皆隋事成败之关键。

周文帝子十三人：长明帝。次宋献公震，前卒。次闵帝。次武帝。次卫剌王直，以谋乱并子十人被诛；次齐炀王宪，与子并为宣帝所杀；已见前。次赵僭王招。次谯孝王俭。次陈惑王纯。次越野王盛。次代奰王达。次冀康公通。次滕闻王逌。俭与通亦前卒。赵、陈、越、代、滕五王，大象元年（579）五月，各之国。宣帝疾，追入朝。《隋书·高祖纪》曰：周氏诸王在藩者，高祖恐其生变，以赵王招将嫁女于突厥为辞征之。比至，帝已死。五王与明帝长子毕剌王贤谋作乱。高祖执贤斩之，并其子弘义、恭道、树娘等。寝赵王等之罪。因诏五王剑履上殿，入朝不趋，用安其心。九月，赵王伏甲以宴高祖，《周书·招传》云：招邀隋文帝至第，饮于寝室；《隋书·元胄传》亦云：招要高祖就第；其说当是。《高祖纪》云：高祖赍酒肴造赵王第，欲观所为。恐非。为高祖从者元胄所觉，获免。胄，魏昭成帝六代孙。齐王宪引致左右，数从征伐，官至大将军。高祖初被召入，将受顾托，先呼胄，次命陶澄，并委以腹心。恒宿卧内。及为丞相，每典军在禁中。又引弟威俱入侍卫。于是诛招及盛，并招子员、贯、乾铣、乾铃、乾鉴，盛子忱、悰、恢、愐、忻。十月，复诛纯及其子谦、让、议。十一月，诛达及其子执、转，逌及其子祐、裕、礼、禧。而俭之子乾恽，毕剌王之弟酆王贞及其子德文，宋王寔，出后宋献公。闵帝子纪厉王康之子湜，康，武帝世为利州刺史，有异谋，赐死。宣帝弟汉王赞并其子道德、道智、道义，秦王贽并其子靖智、靖仁，曹王允，道王充，蔡王兑，荆王元，静帝弟郧王衎，从《本纪》。《传》作衍，则与静帝初名同矣。郢王术亦皆被杀。于是宇文泰之子孙尽矣。泰三兄，惟邵惠公颢有后。颢长子什肥，为齐神武所害；第三子护，武帝时与诸子皆被诛；亦已见前。什肥被害时，子胄，以年幼下蚕室。天和中，与齐通好，始得归。举兵应尉迟迥，战败被杀。颢次子导，有五子：曰广、亮、翼、椿、众。广、翼皆前死。亮，宣帝时以反诛，子明、温皆坐诛。温出后翼。广子洽、椿、众，椿子道宗、本仁、邻武、子礼、献，众子仲和、孰伦，亦皆被杀。惟德帝从父兄仲之孙洛，静帝死后，封介国公，为隋国宾云。周于元氏子孙，无所诛戮，见《周书·元伟传》。且待之颇宽，《周书·明帝纪》：闵帝元年（557），十二月，诏元氏子女，自坐赵贵等事以来，所有没入为官口者，悉宜放免。而高祖于宇文氏肆意屠翦，读史者多议其非，然宇文氏代魏时，元氏已无能为，而隋高祖执权时，宇文氏生心者颇众，势亦有所不得已也。《廿二史札记》云：隋文灭陈，不惟陈后主得善终，凡陈氏子孙，自岳阳王叔慎以抗拒被杀外，其余无一被害者，皆配往陇右及河西诸州，各给田业以处之。同一灭国也，于宇文氏则殄灭之，于陈则悉保全之，盖隋之篡周，与宇文有不两立之势，至取陈则基业已固，陈之子孙，又皆孱弱不足虑，故不复肆毒也。

内外之敌皆除，隋高祖遂以陈太建十二年（580）二月代周。周静帝旋见杀。隋室之先，史云弘农华阴人，华阴，见第三章第三节。汉太尉震之后，此不足信。高祖六世祖元寿，仕魏，为武川镇司马，因家焉，盖亦代北之族。然高祖时胡运既迄，文化大变，高祖所为，皆以汉人自居，不复能以胡人目之，五胡乱华之局，至此终矣。

第二节　陈后主荒淫

甚哉，积习之不易变也！荒淫、猜忌，为江左不振之大原，陈武帝崛起岭峤，豁达大度，今古罕俦，且能以恭俭自厉；至文帝，尚能守其遗风；《高祖纪》言：升大麓之日，居阿衡之任，恒崇宽政，爱育为本。有须调发军储，皆出于事不可息。加以俭素自率，常膳不过数品。私飨曲宴，皆瓦器蚌盘；肴核庶羞，裁令充足而已；不为虚费。初平侯景，及立绍泰，子女玉帛，皆班将士。其充闱房者，衣不重采，饰无金翠。歌钟女乐，不列乎前。及乎践祚，弥厉恭俭。《世祖纪》云：世祖起自艰难，知百姓疾苦。国家资用，务从俭约。常所调敛，事不获已者，必咨嗟改色，若在诸身。主者奏决，妙识真伪，下不容奸，人知自厉矣。一夜内刺闱取外事分判者，前后相续。每鸡人伺漏，传更签于殿中，乃敕送者："必投签于阶石之上，令铿然有声。"云："吾虽眠，亦令惊觉也。"始终梗概，若此者多焉。《后妃传》云：世祖性恭俭，嫔嫱多阙。庶几积习可以渐变矣。乃至后主，卒仍以此败，岂不哀哉！

太建十四年（582），正月，陈宣帝崩。太子叔宝立，是为后主。宣帝次子始兴王叔陵，性强梁。尝刺江、湘二州，又为扬州，皆极暴横。宣帝初不之知，后虽稍知之，然素爱叔陵，责让而已，不能绳之以法也。第四子长沙王叔坚，亦桀黠凶虐。与叔陵俱招聚宾客，各争权宠，甚不平。文帝第五子新安王伯固，性轻率。与叔陵共谋不轨。宣帝弗豫，叔坚、叔陵等并从后主侍疾。叔陵阴有异志。乃令典药吏曰："切药刀甚钝，可砺之。"及宣帝崩，仓卒之际，又命其左右于外取剑。左右弗悟，乃取朝服所佩木剑以进。叔陵怒。叔坚在侧闻之，疑有变，伺其所为。及翼日小敛，后主哀顿俯服，叔陵袖剉药刀趋进，斫后主中项。后主闷绝于地。又斫太后数下。宣帝后柳氏。后主乳媪吴氏乐安君。时在太后侧，自后掣其肘。后主因得起。叔陵仍持后主衣，后主自奋得免。叔坚手扼叔陵，夺去其刀。仍牵就柱，以其褶袖缚之。时吴媪已扶后主避贼。叔坚求后主所在，将受命焉。叔陵因奋袖得脱。此据《叔陵传》。《叔坚传》云：叔坚自后扼叔陵，擒之，并夺其刀，将杀之。问后主曰："即尽之，为待邪？"后主不能应。叔陵旧多力，须臾，自奋得脱。突走出云龙门，驰车还东府，放囚以充战士。又遣人往新林，追其所部兵马。仍自被甲，着白布帽，登城西门，招募百姓。召诸王将帅，莫有应者，惟伯固闻而赴之。伯固时为扬州刺史。是时众军并缘江防守，台内空虚。叔坚乃白太后，使太子舍人司马申以后主命召萧摩诃，令讨之。摩诃时为右卫将军。叔陵聚兵仅千人，自知不济，遂入内，沉其妃沈氏及宠姜七人于井，率人马数百，自小航渡，秦淮上航，当东府门。欲趋新林，以舟舰入北。为台军所邀，与伯固皆被杀。叔陵诸子，即日并赐死。一场叛乱，不过自寅至巳而已，真儿戏也。

叔陵既平，叔坚以功进号骠骑将军，为扬州刺史。寻迁司空，将军、刺史如故。时后主患创，不能视事，政无大小，悉委叔坚决之，于是势倾朝廷。叔坚因肆骄纵，事多不法。后主由是疏而忌之。至德元年（583），出为江州刺史。未发，又以为骠骑将军，重为司空，实欲去其权势。叔坚不自安，稍怨望，乃为左道厌魅，以求福助。其年冬，有人上书告其事。案验并实。此据《陈书·本传》。《南史》云：阴令人造其厌魅，又令人上书告其事，案验令实。后主召叔坚，囚于西省，将杀之。其夜，令近侍宣敕，数之以罪。叔坚对曰："臣之本心，非有他故，但欲求亲媚耳。臣既犯天宪，罪当万死。臣死之日，必见叔陵，愿宣明诏，责于九泉之下。"后主感其前功，乃赦之。

司马申以功除太子左卫率，兼中书通事舍人，迁右卫将军。申历事三帝，内掌机密，颇作威福。性忍害，好飞书潜毁，朝之端士，遍罹其殃。性又果敢。善应对，能候人主颜色。有忤己者，必以微言潜之，附己者因机进之。是以朝廷内外，皆从风而靡。初宣帝委政于毛喜。喜数有谏争，事并见从。自吴明彻败后，帝深悔不用其言，谓袁宪曰："一不用喜计，遂令至此。"由是益见亲重。喜乃言无回避。时后主为皇太子，好酒，每共亲幸人为长夜之宴，喜尝言之宣帝，后主遂衔之。即位后，稍见疏远。及被始兴王伤，创愈置酒，引江总以下，展乐赋诗。醉酣而命喜。于时山陵初毕，未及逾年，喜见之不怿。欲谏而后主已醉。乃详为心疾，升阶，仆于阶下，移出省中。后主醒乃疑之。谓江总曰："我悔召毛喜。知其无疾，但欲阻我欢宴，非我所为耳。"乃与申谋曰："此人负气，我欲将乞鄱阳兄弟，鄱阳王伯山，文帝第三子。听其报仇，可乎？"对曰："终不为官用，愿如圣旨。"傅縡争之曰："若许报仇，欲置先皇何地？"后主乃曰："当乞一小郡，勿令见人事耳。"乃以喜为永嘉内史。傅縡者，亦为中书舍人。性木强，不持检操。负才使气，陵侮人物，朝士多衔之。会施文庆、沈客卿以便佞亲幸，专制衡轴，而縡益疏。文庆等因共潜縡受高丽使金。后主收縡下狱。縡素刚，因愤恚，于狱中上书。略云："陛下顷来，酒色过度。小人在侧，宦竖弄权。恶忠直若仇雠，视生民如草芥。后宫曳绮绣，厩马余菽粟。百姓流离，僵尸蔽野。货赂公行，帑藏损耗。神怒民怨，众叛亲离。恐东南王气，自斯而尽。"书奏，后主大怒。顷之，意稍解，遣使谓縡曰："我欲赦卿，卿能改过不？"縡对曰："臣心如面，臣面可改，则臣心可改。"后主益怒。令宦者李善度穷治其事，遂赐死狱中。时又有章华者，亦以不得志，祯明初上书极谏。书奏，后主大怒，即日命斩之。施文庆者，家本吏门，至文庆，好学，颇涉书史。后主之在东宫，文庆事焉。及即位，擢为中书舍人，大被亲幸。自太建以来，吏道疏简，百司弛纵，文庆尽其力用，无所纵舍，分官联事，莫不振惧。又引沈客卿、阳惠朗、徐哲、暨惠景等，云有吏能。后主信之。然并不达大体，督责苛碎，聚敛无厌。王公大人，咸共疾之。后主益以文庆为能，尤亲重内外众事，无不任委。客卿，至德初为中书舍人，兼步兵校尉，掌金帛局。旧制：军人、士人，二品清官，并无关市之税。后主盛修宫室，穷极耳目，府库空虚，有所兴造，恒苦不给。客卿每立异端；惟以刻削百姓为事。奏请不问士庶，并责关市之估，而又增重其旧。于是以阳慧朗为大市令，暨慧景为尚书金仓都令史。二人家本小吏，考校簿领，毫厘不差。纠谪严急，百姓嗟怨。而客卿居舍人，总以督之。每岁所入，过于常格数十倍。后主大悦。寻加客卿散骑常侍、左卫将军，舍人如故。惠朗、慧景奉朝请。祯明三年（589），客卿遂与文庆俱掌机密。案，为治之道，必不能废督责，而督责之术，惟无朋党者为能施之。南朝君主，好言吏事，好用寒人，实不能谓为无理。其为史所深诋者，则史籍皆出于士大夫之手，正所谓朋党之论也。然以此求致治则可，以此事聚敛而中人主之欲，则为民贼矣。不龟手之药一也，或以封，或不免于洴澼絖，则其所以用之者异也，夫恶可以不审？况乎出于文法之外，而使之参与大计哉？抑督责之家，每戒主劳而臣逸，谓不可躬亲细务，而遗其大者远者耳，非谓自求逸豫也。若其自求逸豫，则为有天下而不恣睢，命之曰桎梏之邪说。南朝君主，多好吏事而不治，病正坐此，而后主亦然。以江总为尚书令，不持政务，日与后主游宴后庭。共陈暄、孔范、王瑗等十余人，当时谓之狎客。国政日颓，纲纪不立。有言者，辄以罪斥之。于是危亡迫于眉睫而不自知矣。而其时女谒尤盛。

后主皇后沈氏，贤而无宠，而宠张贵妃及龚、孔二贵嫔。后无子，孙姬生子胤。姬因产卒，后哀而养之，以为己子。时后主年长，未有胤嗣，宣帝因命以为嫡孙。太建五年（573）。后主即位，立为皇太子。后卒废之而立张贵妃之子深焉。祯明二年（588）。据《袁宪传》，太子颇不率典训，然后主之废之，则初不以此。后主第八子会稽王庄，性严酷，数岁，左右有不如意，辄劙刺其面，或加烧爇，以母张贵妃有宠，后主甚爱之。《陈书·后妃传》述后主之恶德云：魏徵考览记书，参详故老，云：后主初即位，以始兴王叔陵之乱，被伤卧于承香阁下，时诸姬并不得进，惟张贵妃侍焉。至德二年（584），乃于光照殿前起临春、结绮、望仙三阁。阁高数丈，并数十间。其窗牖、壁带、悬楣、栏、槛之类，并以沉檀香木为之。又饰以金玉，间以珠翠。外施珠帘，内有宝床、宝帐。其服玩之属，瑰奇珍丽，近古所未有。每微风暂至，香闻数里；朝日初照，光映后庭。其下积石为山，引水为池；植以奇树，杂以花药。后主自居临春阁，张贵妃居结绮阁，龚、孔二贵嫔居望仙阁，并复道交相往来。又有王、李二贵人，张、薛二淑媛，袁昭仪、何婕好、江修容等七人，并有宠，递代以游其上。以官人有文学者袁大舍等为女学士。后主每引宾客，对贵妃等游宴，则使诸贵人及女学士与狎客共赋新诗，互相赠答。采其尤艳丽者，以为曲词。被以新声，选宫女有容色者以千百数，令习而歌之，分部迭进，持以相乐。其曲有《玉树后庭花》《临春乐》等，大指所归，皆美张贵妃、孔贵嫔之容色也。张贵妃才辩强记，善候人主颜色。是时后主怠于政事，百司启奏，并因宦者蔡脱儿、李善度进请。后主置张贵妃于膝上共决之。李、蔡所不能记者，贵妃并为条疏，无所遗脱。《南史》此下又云：因参访外事。人间有一言一事，贵妃必先知白之。由是益加宠异，冠绝后庭。而后宫之家，不遵法度，有挂于理者，但求哀于贵妃，贵妃则令李、蔡先启其事，而后从容为言之。大臣有不从者，亦因而谮之。所言无不听。于是张、孔之势，熏灼四方。《南史》此下云：内外宗族多被引用。大臣、执政，亦从风而靡。阉宦、便佞之徒，内外交结。贿赂公行，赏罚无章，纲纪瞀乱矣。术家所坊，同床其一，后主引张贵妃共决事，方自谓有裨治理，而恶知其弊之至于此哉？

第三节　隋并梁陈

自周灭北齐之后，北方吞并之形势已成，隋文帝篡立之初，内忧未弭，故与陈仍敦邻好。然开皇元年（581），陈太建十三年。三月，以贺若弼为楚州总管，镇广陵；此据《隋书·本纪》。《弼传》楚州作吴州。韩擒虎为庐州总管，镇庐江；见第三章第九节。已稍为用兵之备矣。司马消难之来降也，陈以樊毅督沔、汉诸军事，使任忠趋历阳，宜阳侯慧纪高祖从孙。为前军都督，趋南兖州。诸军并无甚功绩。惟樊毅等据甑山，镇名，消难以之来降，在今湖北汉川县南。周罗睺攻陷胡墅。见第十三章第二节。太建十四年（582），隋开皇二年。九月，隋以长孙览、元景山为行军元帅，来伐。仍命高颎节度诸军。景山出汉口，甑山守将弃城遁。明年，陈后主至德元年（583），隋开皇三年。陈遣使请和于隋，归隋胡墅。高颎乃以礼不伐丧，奏请班师。盖隋是时之志，仅在复消难叛时所失之地而已。

至德三年（585），隋开皇五年。梁主萧岿死，伪谥孝明皇帝，庙号世宗。子琮嗣。初尉迟迥等起兵，岿将帅皆密请兴师，与迥等为连衡之势，进可以尽节周氏，退可以席卷山南。岿以为不可。《隋书·柳庄传》：庄仕后梁，为鸿胪卿。高祖辅政，萧岿令庄奉书入关。时三方构难，高祖惧岿有异志，庄还，执手使申意于梁主。庄言于岿曰："尉迥虽曰旧将，昏耄已甚；消难、王谦，常人之下者；非有匡合之才。况山东、庸、蜀，从化日近，周室之恩未洽。在朝将相，多为身计，竞效节于杨氏。以臣料之，迥等终当覆灭，隋公必移周国。未若保境息民，以观其变。"岿深以为然。众议遂止。未几，消难奔陈，迥及谦相次就戮。岿谓庄曰："近者若从众人之言，社稷已不守矣。"

案，高祖初辅政时，未必有篡周之势，说已见第一节。庄之说，乃事后附会之谈，不待深辨。梁欲尽节于周，本无此理；即谓欲尽节，在当时，亦岂易辨高祖与尉迟迥等之顺逆邪？然使迥等而成，必不能责萧岿之不协力；岿即与之协力，亦未必能遂据山南；迥等而败，则祸不旋踵矣。利害明白，中智所知，又岂待庄之决策也。开皇二年（582），隋文帝纳岿女为晋王妃；晋王广，即炀帝。又欲以其子炀尚兰陵公主；由是罢江陵总管，岿专制其国。及琮立，复置总管以监之。后二岁，陈祯明元年（587），隋开皇七年。隋征琮入朝，遣崔弘度将兵戍之。军至都州，见第十四章第九节。琮叔父岩及弟巚等虑居民奔陈。宜黄侯慧纪时为荆州刺史，以兵迎之。隋遂废梁国。先是隋已以杨素为信州总管，今四川奉节县。及梁亡，而顺流之势成矣。

祯明二年（588），隋开皇八年也。十月，隋置淮南行台于寿春，以晋王广为尚书令。旋命晋王广、秦王俊、文帝第三子。清河公杨素并为行军元帅以伐陈。于是晋王广出六合，秦王俊出襄阳，杨素出信州，荆州刺史刘仁恩出江陵，王世积出蕲春，汉县，北齐以为齐昌郡，见第十三章第四节。韩擒虎出庐江，贺若弼出吴州，燕荣出东海。东魏海州，隋改为东海郡，今江苏东海县。合总管九十，兵五十一万八千，皆受晋王节度。

萧岩、萧瓛之至也，后主忌之，远散其众，以岩为东扬州，瓛为吴州刺史。使领军任忠出守吴兴，欲以襟带二州。使南平王嶷镇江州，永嘉王彦镇南徐州。皆后主子。寻诏二王赴明年元会，命缘江诸防船舰，悉从二王还都，为威势以示梁人之来者。由是江中无一斗船。上流诸州兵，皆阻杨素军，不得至。然都下甲士，尚十余万人。及闻隋军临江，后主曰：“王气在此，齐兵三度来，周军再度至，无不摧没，虏今来者必自散。”《南史·施文庆传》曰：时湘州刺史晋熙王叔文高宗第十二子。在职既久，大得人和，后主以其据有上流，阴忌之。自度素与群臣少恩，恐不为用，无所任者，乃擢文庆为都督、湘州刺史，配以精兵，欲令西上。仍征叔文还朝。文庆深喜其事，然惧居外后执事者持己短长，因进沈客卿以自代。尚书仆射袁宪、骠骑将军萧摩诃及文武群臣共议，请于京口、采石各置兵五千；并出金翅二百，缘江上下；以为防备。文庆恐无兵从己，废其述职；而客卿又利文庆之任，己得专权；俱言于朝曰：“必有论议，不假面陈，但作文启，即为通奏。”宪等以为然。二人赍启入白后主，曰：“此是常事，边城将帅，足以当之，若出人船，必恐惊扰。”及隋军临江，间谍数至，宪等殷勤奏请，至于再三。文庆曰：“元会将逼，南郊之日，太子多从，今若出兵，事便废阙。”后主曰：“今且出兵，若北边无事，因以水军从郊，何为不可？”又对曰：“如此，则声闻邻境，便谓国弱。”后又以货动江总。总内为之游说。后主重违其意，而迫群官之请，乃令付外详议。又抑宪等。由是未决而隋师济江。《孔范传》云：时孔贵人极爱幸，范与结为兄妹，宠遇优渥，言听计从，朝廷公卿咸畏。范因骄矜，以为文武才能举朝莫及，从容白后主曰："外间诸将，起自行伍，匹夫敌耳，深见远虑，岂其所知？"后主以问施文庆。文庆畏范，益以为然。自是将帅微有过失，即夺其兵，分配文吏。隋师将济江，群官请为备防，文庆沮坏之，后主未决，范奏曰："长江天堑，古来限隔，虏军岂能飞渡？边将欲作功劳，妄言事急。臣自恨位卑，虏若能来，定作太尉公矣。"或妄言北军马死。范曰："此是我马，何因死去？"后主笑以为然，故不深备。案，史所言施文庆、沈客卿罪状，皆近深文周内。二人者盖文法之吏。凡文法吏，往往不知大局，即遇非常之事，亦以寻常公务视之，此等人吾数见不鲜矣。谓孔范自负才能，亦非其实。如范者，岂知以才能自负？徒知取媚而已。文法之吏，狃于故常；谐臣媚子，惟知谐媚；承当时上下相猜之习，惟求中于时主之心，大兵压境，灭亡在即，而仍无所委任，无所措置，此则当时朝局之真相。故曰：猜忌与荒淫，同为江左灭亡之大原因也。谐臣媚子，惟知谐媚，即国亡家破，彼亦漠然无所动于其中，此真隋文帝所谓全无心肝者。文法之吏，似愈于彼矣，然狃于故常，罔知大局，虽国事由彼而败坏，彼尚以为世运如此，吾之所为固未尝误也。野老早知今日事，朝臣犹护昔年非，处存亡绝续之交，而以国事付诸此等人之手，诚使旁观者不胜其叹息矣。

祯明三年（589），隋开皇九年。正月，乙丑朔，贺若弼自广陵济京口。韩擒虎趣横江济采石，自南道将会弼军。丙寅，采石戍主徐子建驰启告变。丁卯，召公卿入议军旅。以萧摩诃、樊毅、鲁广达并为都督。遣南豫州刺史樊猛帅舟师出白下。散骑常侍皋文奏将兵镇南豫州。庚午，贺若弼攻陷南徐州。辛未，韩擒虎又陷南豫州。时樊猛第六子巡摄行州事，及家口并见执。猛与左卫将军蒋元逊、南康嗣王方泰领水军于白下游奕，以御隋六合兵。隋行军元帅长史高颎溯流当之。猛及元逊并降。方泰所部将士离散，乃弃船走。方泰，昙朗子。文奏败还。隋军南北道并进。辛巳，贺若弼进据钟山。见第四章第三节。初弼镇广陵，后主以萧摩诃为南徐州刺史，委以备御之任。是年元会，征摩诃还朝，弼乘虚济江袭京口。摩诃请兵逆战。后主不许。及弼进军钟山，摩诃又请曰："贺若弼悬军深入，声援犹远；且其营垒未坚，人情惶惧；出兵掩袭，必大克之。"后主又不许。任忠入赴，后主召摩诃以下于内殿定议。忠执议曰："客贵速战，主贵持重，宜且益兵坚守宫城，遣水军分向南豫州及京口，断寇粮道。待春水长，上江周罗睺等众军，必沿流赴援。此良计也。"而众议不同。任蛮奴请不战而已渡江攻其大军。司马消难言于后主曰："弼若登高举烽，与韩擒虎相应，鼓声交震，人情必离。请急遣兵北据蒋山，见第六章第四节。南断淮水。质其妻子，重其赏赐。陛下以精兵万人，守城莫出。不过十日，食尽，二将之头，可致阙下。"孔范冀欲立功，志在于战，案，此说亦未必实。范在此时，不过束手无策，乃姑徇后主之意请战而已。乃曰："司马消难狼子野心，任蛮奴淮南伧士，语并不可信。"事遂不行。隋军既逼，蛮奴又欲为持久计。范又奏请作一决："当为官勒石燕然。"后主从之。案，隋当是时，兵力固较任约、徐嗣徽等为厚，而陈是时兵力，亦远厚于武帝时。武帝之御任约、徐嗣徽，其得策，全在断其后路，而陈此时乃徒为孤注一掷之计，其轻亦甚矣。轻为用兵之大忌，此陈之所以速亡也。甲申，后主遣众军与贺若弼合战。中领军鲁广达陈兵白土冈，见第十三章第五节。居众军之南偏，与弼旗鼓相对。任忠次之。樊毅、孔范又次之。萧摩诃最居北。众军南北亘二十里，首尾进退，各不相知。广达躬擐甲胄，手执枹鼓，率厉敢死，冒刃而前。隋军退走。逐北至营，杀伤甚众。如是者数四。弼分军趣北。孔范出战，兵交而走。诸将支离，陈犹未合，骑卒溃散，驻之弗止。萧摩诃无所用力，为隋军所执。后同汉王谅反，见杀。弼乘胜至乐游苑。见第九章第八节。广达犹督散兵力战，不能拒。弼进攻宫城，烧北掖门。广达督余兵苦战，斩获数十百人。会日暮，乃解甲，面台再拜恸哭，谓众曰："我身不能救国，负罪深矣。"士卒皆涕泣歔欷。于是就执。入隋，遘疾不治卒。是时韩擒虎自新林至石子冈。在今江宁县南。任忠驰入台见后主言败状。启云："陛下惟当具舟楫，就上流众军，臣以死奉卫。"后主信之，敕忠出部分。忠辞云："臣处分讫，即当奉迎。"后主令宫人装束以待忠，久望不至。忠乃率数骑往石子冈降韩擒虎。仍引擒虎经朱雀航趣宫城。自南掖门入。台城遂陷。后主闻兵至，自投于井。及夜，为隋军所执。丙戌，晋王广入据京城。三月，己巳，后主与王公、百司，发自建业，入于长安。隋仁寿四年（604），十一月，薨于洛阳。隋师之至也，宗室王侯在都者百余人。后主恐其为变，乃并召入，令屯朝堂，使豫章王叔英宣帝第三子。总督之，而又阴为之备。及六军败绩，相率出降。因从后主入关。至长安，隋文帝并配于陇西及河西诸州，各给田业以处之。大业二年（606），炀帝以后主第六女女嫿为贵人，绝爱幸，因召陈氏子弟尽还京师，随才叙用，由是并为守宰，遍于天下焉。《陈书·世祖九王传》。

隋师之济江也，荆州刺史宜黄侯慧纪率将士三万，船舰千余，沿江而下，欲趣台城。遣南康太守吕肃将兵据巫峡，《南史·慧纪传》。案，巫峡恐系西陵峡之误。杨素击之。肃力战，久之乃败。慧纪至汉口，为隋秦王俊所拒，不得进。闻肃败，尽烧公安之储，公安，见第十三章第八节，时为荆州治。伪引兵东下。时晋熙王叔文自湘州还朝，因推为盟主，而叔文已请降于隋矣。

水军都督周罗睺，与郢州刺史荀法尚守江夏。见第三章第四节，时为郢州治。晋王广遣使以慧纪子正业来谕，又使樊猛喻罗睺，上流城戍悉解甲。慧纪及巴州刺史毕宝巴州，治巴陵，今湖南岳阳县。乃恸哭俱降。罗睺亦降。王世积以舟师自蕲水趣九江。与陈将纪瑱战于蕲口，蕲水入江之口。破之。建业平，世积乃移书告谕。陈江州司马黄偓弃城走。南川守将并诣世积降。杨素兵下荆门，山名，在今湖北宜都县西北，与江北岸虎牙山相对。别遣庞晖略地，南至湘州。刺史岳阳王叔慎，宣帝第十六子。与助防遂兴侯正理诈降，缚晖斩之。招合士众，数日之中，兵至五千人。衡阳太守樊通，衡阳，见第五章第七节。武州刺史邬居业武州，今湖南常德县。皆请赴难。隋遣薛胄为湘州刺史，闻庞晖死，请益兵。隋遣行军总管刘仁恩救之。未至，薛胄兵次鹅羊山，未详。叔慎遣正理及樊通等拒之。战，自旦至于日昃，隋兵迭息迭战，正理兵少不敌，于是大败。胄乘胜入城，擒叔慎。时邬居业来赴，刘仁恩亦至。战，居业又败。仁恩房叔慎、正理、居业及其党与十余人，秦王斩之汉口。叔慎时年十八。初后主除王勇为东衡州刺史，《南史》作王猛，云本名勇。清子。清为新野、东阳二郡太守，文帝攻杜龛，龛告难于清，清引兵援之。欧阳頠初同清，中更改异，杀清而归陈武帝。猛终文帝世，不听音乐，疏食布衣，以丧礼自处，宣帝立，乃求位。见《王淮之传》。领始兴内史，与广州刺史陈方庆共取马靖，事见第十三章第八节。祯明二年（588），徙镇广州。未之镇，而隋师济江。勇遣高州刺史戴智烈迎方庆，欲令承制，总督征讨诸军事。是时隋行军总管韦洸帅兵度岭，宣文帝敕云：“若岭南平定，留勇与丰州刺史郑万顷且依旧职。”丰州，见第十三章第八节。方庆闻之，恐勇卖己，乃率兵以拒智烈。智烈与战，败之。斩方庆于广州，虏其妻子。勇又令其将王仲宣、曾孝武迎西衡州刺史衡阳王伯信。文帝第七子。伯信惧，奔清远。汉县，梁置郡，今广东清远县。孝武追杀之。时韦洸兵已上岭。郑万顷初居周，深被隋文帝知遇，万顷随司马消难奔陈。乃率州兵拒勇，遣使由间道降于隋军。而陈将徐璒，以南康拒守，南康，见第七章第五节。韦洸至岭下，逡巡不敢进。初高凉洗氏，高凉，高州治，见第十三章第三节。世为南越首领。罗州刺史冯融，治石龙郡，在今广东化县东北。为其子高凉太守宝聘其女为妻。融本北燕苗裔。大父业，以三百人浮海归宋，留于新会。宋郡，今广东新会县。自业及融，三世为守牧。他乡羁旅，号令不行。夫人诚约本宗，使从民礼。自此政令有序，人莫敢违。李迁仕据大皋口，遣召宝，夫人止宝勿往，而自袭破其将杜迁虏，与陈武帝会于赣石。事见第十三章第三节。及宝卒，岭表大乱，夫人怀集百越，新州晏然。欧阳纥反，夫人发兵拒境，帅百越迎章昭达。时夫人子仆为石龙太守，诏册夫人为石龙太夫人。

至德中，仆卒。陈亡，岭南未有所附，数郡共奉夫人，号为圣母，保境安民。晋王广遣陈后主遗夫人书，谕以国亡，令其归化。夫人遣其孙魂迎韦洸入广州。王勇计无所出，乃降。萧璟、萧岩拥兵拒守。隋行军总管宇文述讨之。燕荣以舟师自海至。陈永新侯君范，自晋陵奔璟。晋陵，见第四章第三节。璟战败，彼执。岩、君范降。送长安斩之。南方悉平。

第十六章　晋南北朝四裔情形

第一节　东方诸国

中国文化之传播，莫盛于东方，东方诸国，能承受中国之文化者，莫如貉族；《先秦史》及《秦汉史》已言之。貉族之立国北方者曰夫余，使夫余而能日益昌大，则白山、黑水之区，可早成文明之域，惜乎塞北苦寒，崎岖于鲜卑、靺鞨之间，至竟不能自立；尔后貉族之展布，日趋于东南；而辽东、西已北之地，为鲜卑、靺鞨所据，遂与漠南北游牧之民，同为侵掠之族矣。近人撰《东北史纲》，谓此一转变，关系之大，不让中央亚细亚自印度日耳曼人之手转入突厥人之手，诚不诬也。

公孙康因夫余介居句丽、鲜卑之间，妻以宗女，已见《秦汉史》第十二章第十节。此时之夫余，形势盖已颇危殆，然中国之声威，未尽失坠，为蕃国者，究不敢明目张胆，互相吞并也。及晋初而形势又恶。《晋书·夫余传》云：武帝时，频来朝贡。太康六年（285），为慕容廆所袭破，其王依虑自杀，《廆载记》云：廆夷其国城，驱万余人而归。子弟走保沃沮。今朝鲜咸镜道之地，详见《秦汉史》第九章第七节。帝为下诏曰："夫余王世守忠孝，为恶虏所灭，甚愍念之。若其遗类足以复国者，当为之方计，使得存立。"有司奏护东夷校尉鲜于婴不救夫余，失于机略。诏免婴，以何龛代之。明年，夫余后王依罗遣诣龛，求率见人，还复旧国。仍请救。龛上列，遣督邮贾沈以兵送之。廆又要之于路。沈与战，大败之。廆众退，罗得复国。《廆载记》云：龛遣沈迎立依虑之子为王，廆遣其将孙丁率骑邀之，沈力战斩丁，遂复夫余之国。尔后每为廆掠其种人，卖于中国。帝愍之。又发诏以官物赎还。下司、冀二州，禁市夫余之口。《隋书·高丽传》谓朱蒙曾孙莫来并夫余，《北史》同，其说殊误。莫来尚在宫之前，读《秦汉史》第九章第七节，其误立见。《魏书·句丽传》但云莫来征夫余，夫余大败，遂统属焉；《周书》亦但云莫来击夫余而臣之；其说盖是。然亦一时之事，非谓自此以后，夫余遂永为句丽之臣属也。不然，宫犯玄菟时，夫余王又何缘遣子与州郡并力邪？《晋书·慕容皝载记》：永和三年（347），皝遣其世子俊与恪率骑万七千东袭夫余，克之，虏其王及部众五万余口以还，亦见《恪传》。案，慕容氏是时用兵，盖专务俘略以益其众，故其所虏至于如是之多，参观其伐句丽时之俘略可见。经一次见侵，则人众寡弱一次，此夫余之所以卒难复振。夫余距辽东、西近，又其地平夷，无险可扼，而句丽则反之，此又夫余之所以难于自全，句丽之克避凶锋，终至昌大也。是其国当晋穆帝之世，犹自有王也。《慕容暐载记》：苻坚攻邺，散骑侍郎徐蔚率扶余、高句丽及上党质子五百余人，夜开城门，以纳坚军，是其国当海西公之世，仍与句丽比肩而事燕也。《魏书·高宗纪》：太安三年（457），十二月，于阗、夫余等五十余国各遣朝献。太安三年，为宋孝武帝大明三年，则其国至宋世仍能自达于中原。然所居似已非故地。《魏书·高句丽传》：世祖时，遣员外散骑侍郎李敖使其国。敖至其所居平壤城，访其方事。云其地北至旧夫余。《豆莫娄传》云：在勿吉国北千里，旧北夫余也。在室韦之东，东至于海，方二千里。下文述其法俗，全与前史《夫余传》同，其为夫余遗种无疑。《唐书》云：达末娄，自言北夫余之裔，高丽灭其国，遗人度那河，因居之。达末娄即豆莫娄，那河，今嫩江也。句丽疆域，南北不过千余里，亦李敖所说。似不能至此。则所谓旧夫余者，必在靺鞨之南或在今图们江流域。若后汉以来之夫余，则在句丽之西北而不在其北，且句丽境界，亦不能至此。疑夫余自遭破败，分为两支：一北走，居靺鞨之北，是为豆莫娄；一南出，居句丽、靺鞨之间，其后又经丧败，乃并此而失之，则此所谓旧夫余之地也。南出之夫余，失此旧夫余之地后，播迁何处，今难质言，但知其地仍产黄金。何者？《高句丽传》又云：正始中，世宗于东堂引见其使芮悉弗，芮悉弗进曰："高丽系诚天极，累叶纯诚，地产土毛，无愆王贡。但黄金出自夫余，珂则涉罗所产，今夫余为勿吉所逐，涉罗为百济所并，国王臣云，惟继绝之义，悉迁于境内。二品所以不登王府，实两贼是为。"案，句丽当世祖时，岁致黄金二百斤，白银四百斤。高祖时贡献倍前，赏赐亦稍加焉。黄金之阙贡，当在世宗之朝。则夫余当是时，又经一破败，并其既失旧夫余后所居之地而失之，而为句丽封内之寓公矣。其祭祀绝于何时不可考。《北史》言豆莫娄、地豆干、乌洛侯等国，历齐、周及隋，朝贡遂绝，则豆莫娄虽唐世犹存，亦必式微已甚矣。东国史籍，自句丽、百济以前悉亡佚，今所谓古史者，类皆出于后人之附会，不尽可据。据其说：则夫余国王有曰解夫娄者，用其相阿兰弗之言，迁于加叶原，是为东夫余。其族人解慕漱，代主旧国，是为北夫余。中国史所述夫余之事，彼皆以为北夫余之事。而所谓东夫余者，则以齐明帝建武元年（494），为靺鞨所逐，降于句丽。据朝鲜金于霖《韩国小史》。核以中国史籍，说亦不相矛盾，但夫余国王，似应氏夫余而不应氏解耳。观百济出于夫余，而以夫余为氏可见。

夫余虽敝，貊族之移殖于南者，则日益昌大，则句丽、百济是也。《魏书》述句丽缘起，已见《秦汉史》第九章第七节。《魏书》又云：朱蒙在夫余时，妻怀孕，朱蒙逃后生一子，字始闾谐。及长，知朱蒙为国王，即与母亡而归之。名之曰闾达，委之国事。朱蒙死，闾达代立。闾达死，子如栗代立。如栗死，子莫来代立。后汉时之句丽王宫，《魏书》谓为莫来裔孙，而不能详其世数。清光绪七年（1881），辽东怀仁县今日桓仁。发见《高句丽永乐大王碑》，称句丽之始祖为邹牟王，即朱蒙音转；新罗僧无亟所作《东事古记》，亦称朱蒙为邹牟。称朱蒙之子为儒留王，则音与始闾谐及闾达皆不合。然碑为称颂功德之作，亦不必其所言者较中国史籍为可信也。宫及其子遂成、孙伯固、曾孙伊夷模、玄孙位宫之事，已见《秦汉史》第九章第七节，第十二章第十节。《魏书》云：位宫玄孙乙弗利，利子钊。《梁书》云：钊频寇辽东，慕容廆不能制。据《晋书·廆载记》：平州刺史东夷校尉崔毖，尝结高句丽及宇文、段国等，谋灭廆而分其地。大兴初，三国伐廆，攻棘城。见第三章第八节。廆行反间之策，二国疑宇文同于廆，引归，宇文悉独官遂败绩。崔毖亦奔句丽。然其明年，句丽复寇辽东。又《石季龙载记》：季龙谋伐昌黎，见第二章第二节。尝以船三百艘运谷三十万斛诣高句丽。俱可见句丽之日渐强大，而足为慕容氏之患。然句丽究系小部，崎岖山谷之间，故其势尚不足与大举之鲜卑敌。廆之世，使其庶长子翰镇辽东。见《翰传》。廆死，子皝嗣，翰奔段辽，皝母弟仁，又据辽东以叛，故皝不能逞志于句丽。已而皝袭仁，杀之；翰亦复归，皝乃以咸康七年（341）伐句丽。率劲卒四万，入自南陕，使翰及子垂为前锋。又遣长史王寓等勒众万五千，从北置而进。南陕、北置，盖从辽东趋木底、丸都之南北两道，今难确指。钊谓皝军从北路遣其弟武，统精锐五万距北置，躬率将卒，以防南陕。翰与钊战于木底，见第六章第八节。大败之。乘胜遂入丸都。句丽都城，在今辽宁辑安县境。钊单马而遁。皝掘钊父利墓，载其尸，并其母、妻、珍宝，掠男女五万余口，《皝载记》载其记室参军封裕谏皝之辞曰："句丽、百济，及宇文、段部之人，皆兵势所徙，非如中国慕义而至，咸有思归之心。今户垂十万，狭凑都城，恐方将为国家之患。宜分其兄弟、宗属，徙于西境诸城，抚之以恩，检之以法，使不得散在居人，知国之虚实。"合前慕容廆虏夫余人之事观之，可见慕容氏是时用兵，极重俘掠人口。焚其宫室，毁丸都而归。明年，钊遣使称臣于皝，贡其方物。乃归其父尸，而使慕容恪镇辽东。见《恪传》。钊于是沦为慕容氏之臣属矣。《慕容俊载记》：俊僭位后，高句丽王钊遣使谢恩，责其方物，俊以钊为营州诸军事、征东大将军、营州刺史，封乐浪公，王如故。钊后为百济所杀。《魏书·高句丽传》。事见下。自钊以后，句丽与晋及拓跋魏，皆无交涉，故其世次史亦不详。据东史，则钊称故国原王，殁于晋简文帝咸安元年（371）。子小兽林王丘夫立，殁于孝武帝太元九年（384）。弟故国壤王伊连立，殁于太元十五年。子广开土王谈德立，即所谓永乐大王也。燕之亡也，慕容评奔句丽，郭庆追至辽海，句丽缚评送之，《符坚载记》。此事尚在钊之世。其后符洛谋叛，征兵于鲜卑、乌丸、高句丽、百济，及薛罗、休忍等，诸国不从，亦见《坚载记》，事在太元五年。则在小兽林王之世矣。自前燕入中原，辽东守御之力稍薄，句丽之势，盖至此而稍张；至符秦亡而益盛。《晋书·慕容垂载记》：高句丽寇辽东，垂平北慕容佐遣司马郝景救之，为所败，辽东、玄菟遂没。建节将军徐岩叛，据令支，见第五章第二节。慕容农攻克之，斩岩兄弟。进伐高句丽，复辽东、玄菟二郡。此事据《北史》在太元十年。然据《慕容熙载记》：高句丽寇燕郡，未详。杀掠百余人，熙伐高句丽，以符氏从，为冲车地道，以攻辽东，不能下。又与符氏袭契丹，惮其众，将还，符氏弗听，遂弃其辎重，轻袭高句丽。周行三千余里，士马疲冻，死者属路。攻木底城，不克而还。此二事，《通鉴》系诸义熙元（405）、二年，则不及二十年，而辽东复陷矣。《冯跋载记》有辽东太守务银提，以谋外叛见杀，《通鉴》系义熙十一年，冯氏未闻用兵于东方，其时之辽东，恐系侨置或遥领，未必仍在故地也。《北史·句丽传》：慕容垂死，子宝立，以句丽王安为平州牧，封辽东、带方二国王。安始置长史、司马、参军官。后略有辽东郡，不言其年代。《韩国小史》：辽东之陷，在隆安元年（397），至元兴元年（402），又陷平州，皆在广开土王之世。王殁于义熙八年。东史叙事已不足据，纪年更无论也。钊之曾孙琏，始复见于中国史。据东史，为广开土王之子。《魏书》云：琏以太和十五年（491）死，齐武帝永明九年。年百余岁，故东史称为长寿王焉。子云立，东史文明咨王罗云。天监十七年（518）卒。子安立，东史大安藏王兴安。普通七年（526）卒。子延立，东史安原王宝延，云系安藏王之弟。太清二年（548）卒。子成立。东史阳原王平成。成卒，东史在永定三年（559）。子汤立，东史平原王阳成。而南北朝之世遂终。自琏至汤，皆兼通贡于南北朝，受封爵。然魏太武帝诏琏送冯弘，琏不听。后文明太后以显祖六宫未备，敕琏荐其女，琏始称女已出嫁，求以弟女应旨，及遣送币，则又称女死，魏遣使切责之，云若女审死者，听更选宗淑，琏虽云当奉诏，会显祖死，事遂止，设显祖不死，亦未必其女之果至也。云之立，高祖诏其遣世子入朝，云亦惟遣其从叔升于随使诣阙而已，诏严责之，终亦不闻其至也。而宋太祖欲北讨，诏琏送马，琏即献马八百匹。盖句丽之于虏，特畏其无道，不得不姑与周旋，于中国，则心悦诚服者也，此则不可以力致者也。

半岛诸国，嗣受中国之文化者，在晋、南北朝之世，似当以百济为嫡乳。高句丽虽系出夫余，然以高为氏，似系夫余之支庶，百济以夫余为氏，则似系夫余之正支也。《周书·百济传》云：王姓夫余氏。《北史》作余氏，即夫余氏之略称。如其王余映、余毗等，余皆其氏也。句丽名城曰沟娄，见《三国志·本传》，北沃沮一名置沟娄，盖犹言置城。句丽二字，疑仍系沟娄异译，高句丽亦犹言高氏城耳。百济开国神话，见于《隋书》。《隋书》云：百济之先，出自高丽国。《北史》作出自索离国。索疑橐之误；说见《秦汉史》第九章第七节。其国王有一侍婢，忽怀孕，王欲杀之。《北史》：其王出行，其侍儿于后妊娠，王还欲杀之。婢云："有物状如鸡子，来感于我，故有娠也。"《北史》：侍儿曰："前见天上有气，如大鸡子来降感，故有娠。"王舍之。后遂生一男。弃之厕溷，久而不死。《北史》：王置之豕牢，豕以口气嘘之，不死，后徙于马阑，亦如之。以为神，命养之。名曰东明。及长，高丽王忌之。《北史》：及长，善射，王忌其猛，复欲杀之。东明惧，逃至淹水，夫余人共奉之。《北史》：东明乃奔走，南至淹滞水，以弓击水，鱼鳖皆为桥，东明乘之得度，至夫余而王焉。东明之后，有仇台者，笃于仁信，始立其国于带方故地。带方，汉县，公孙康以为郡，在今朝鲜锦江流域，详见《秦汉史》第十二章第十节。汉辽东太守公孙度以女妻之，渐以昌盛，《北史》无此四字。为东夷强国。初以百家济海，《北史》无海字。因号百济。与夫余、句丽开国传说略同，盖系貊族所共。然云夫余人共奉之，则所君者仍系夫余人，与自夫余出走，而为他族之大长者异矣。云初以百家济海，则其播迁至带方旧壤，实系浮海而来，此语自为仇台之事，乃史实而非神话也。东明传说，乃貊族之所共，仇台则诚百济始祖，故百济岁四祠之，见《周书》本传。《隋书》以百家济海之语，《北史》删一海字，出入甚大，作史之不可轻于增删如此。案，《晋书》尚只有《三韩传》。其《马韩传》云：武帝太康元年（280）、二年，其王频遣使入贡方物。七年、八年、十年又频至。太熙元年（290），诣东夷校尉何龛上献。咸宁三年（277），复来。明年，又请内附。《辰韩传》云：太康元年，其王遣使献方物。二年，复来朝贡。七年，又来。弁辰十二国，属于辰韩，故不能径通于中国。盖皆以马韩及辰韩之名自通，则百济、新罗之大，必在武帝以后也。新罗出于辰韩，辰韩前史言为秦人避役者，见《秦汉史》第九章第七节。然至晋、南北朝之世，则似新罗之中国人反少，而百济反多。《梁书·百济传》云：今言语、服章，略与高丽同，行不张拱，拜不申足则异。《魏书·句丽传》云：立则反拱，拜曳一脚，行步如走。《隋书》云：拜则曳一脚，立各反拱，行必摇手。

拜申足，即满洲人之打跹，乃夷俗，而百济无之。《梁书》又云：呼帽曰冠，襦曰复衫，袴曰裈，其言参诸夏，亦秦韩之遗俗云。而新罗则冠曰遗子礼，襦曰尉解，袴曰柯半，靴曰洗其；拜及行与高丽相类。亦见《梁书》本传。则秦韩遗俗，不在新罗，顾在百济矣。观史所载三国法俗，文化程度，似以百济为最高。百济法俗，《北史》言之最详。其官制较之句丽，即远近于中国。婚娶之礼，略同华俗。其王每以四仲月祭天及五帝之神；都下有方，分为五部，部有五巷，士庶居焉；亦中国法也。俗重骑射，兼爱文史，秀异者颇解属文。新罗则《梁书》本传言其无文字，刻木为信，语言且待百济而后通也。日本之文化，据彼国史籍，受诸百济者，亦较句丽、新罗为多，其以是欤？

《宋书·百济传》云：本与高丽俱在辽东之东千余里，其后高丽略有辽东，百济略有辽西。百济所治，谓之晋平郡晋平县。《梁书》云：晋世句丽既略有辽东，百济亦据有辽西、晋平二郡地矣。自置百济郡。《宋书》云：义熙十二年（416），以百济王余映为使持节都督百济诸军事、镇东将军、百济王。百济二字，盖即据其自置之郡也。百济是时之都，应在辽西。《周书》云：百济治固麻城；《隋书》云：其都曰居拔城，则其迁归半岛后之所居也。自带方故地遵陆而至辽西非易；且句丽未必容其越境；疑其略有辽西，亦浮海而至也。据《梁书》，则晋太元中，其王须，已遣使献生口。余映之后余毗，于宋元嘉七年（430），复修贡职。毗死，子庆立。《宋书》。庆死，子牟都立。都死，子牟大立。天监元年（502），进号。寻为高句丽所破，衰弱者累年，迁居南韩地。普通二年（521），王余隆始复遣使奉表，称累破句丽，今始与通好。《梁书》云：百济更为强国，然辽西之地，则似未能恢复也。《魏书·百济传》云：延兴二年（472），宋泰豫元年。其王余庆始遣使上表，云："臣与高句丽，源出夫余。先世之时，笃崇旧款。其祖钊，轻废旧好。亲率士众，陵践臣境。臣祖须，整旅电迈，应机驰击，矢石暂交，枭斩钊首。自尔已来，莫敢南顾。自冯氏数终，余烬奔窜，丑类渐盛，遂见陵逼。构怨连祸，三十余载。财殚力竭，转自孱蹙。若天慈曲矜，远及无外，速遣一将，来救臣国。当奉送鄙女，执帚后宫，并遣子弟，牧圉外厩；尺壤匹夫，不敢自有。"又云："今琏有罪，国自鱼肉，大臣强族，戮杀无已，罪盈恶积，民庶崩离，是灭亡之期，假手之秋也。且冯族士马，有鸟畜之恋；乐浪诸郡，怀首丘之心。天威一举，有征无战。臣虽不敏，志效毕力，当率所统，承风响应。"又云："去庚辰年后，庚辰当系宋元嘉十七年，即魏太平真君元年。臣西界小石山北国海中见尸十余，并得衣器、鞍勒。视之非高丽之物。后闻乃是王人，来降臣国，长蛇隔路，以沉于海。今上所得鞍一，以为实验。"显祖遣使者邵安与其使俱还。诏曰："前所遣使，浮海以抚荒外之国，从来积年，往而不返，存亡达否，未能审悉。卿所送鞍，比校旧乘，非中国之物。不可以疑似之事，生必然之过。"又曰："高丽称藩先朝，共职日久，于彼虽有自昔之衅，于国未有犯令之愆。卿使命始通，便求致伐，寻讨事会，理亦未周。故往年遣礼等至平壤，余礼，百济使。欲验其由状。然高丽奏请频烦，辞理俱诣，行人不能抑其请，司法无以成其责，故听礼等还。若今复违旨，则过咎益露，后虽自陈，无所逃罪，然后兴师讨之，于义为得。"又诏琏护送安等。安等至高句丽，琏称昔与余庆有仇，不令东过。安等于是皆还。案，余庆表有"投舫波阻，搜径玄津"之语，则其使本自海至。乃下诏切责之。五年，宋元徽三年。使安等从东莱浮海东莱，见第三章第四节。赐余庆玺书。至海滨，遇风飘荡，竟不达而返。案，自延兴二年上溯三十六年，为宋文帝元嘉十三年，魏太武帝太延二年。冯弘实以其岁走句丽。百济之事势，盖自此逐渐紧急。观此，知句丽不肯送冯弘于魏，又不肯听其归宋，盖欲留其众以为用也。冯氏在十六国中兵力不为强盛，然句丽一得其众，百济之事势，即形紧急，则知是时半岛诸国之兵力，远非中国之敌，此其所以自慕容氏以前，累为辽东所弱欤？《永乐大王碑》言：王以丙申之岁伐百济，取城五十八，部落七百。己亥之岁，百济违誓，与倭连和，新罗请救。庚子，王以步骑五万救新罗，倭退。移师伐百济，取质而归。丙申为晋孝武帝太元二十一年（396），己亥为安帝隆安三年（399），庚子为其四年，又在冯弘亡前四十载。钊之用兵于百济，当在其见败于慕容氏之后，慕容皝之入丸都，下距太元二十一年，凡五十四年。丽、济之构衅，可谓旧矣。《隋书》称钊为昭烈帝，似系其国之私谥。观此，知其人好黩武，虽始丧师于北，继且殒命于南，亦必自有其功烈，故能窃帝号以自娱，而其国人亦被之以大名也。《梁书》：隆以普通五年死，复诏其子明袭其爵号。《北史》云：齐受禅，其王隆亦通使焉，齐受禅上距普通五年二十有六载，疏矣。或传写误邪？隆之后为昌，尝通使于陈，天嘉三年（562），光大元年（567），太建九年（577），至德二年（584），皆见《纪》。亦通使于齐、周。见《北史》本传。

《梁书·新罗传》云：新罗者，其先本辰韩种也。辰韩始有六国，后稍分为十二，新罗则其一也。魏时曰新卢，宋时曰新罗，或曰斯罗。其国小，不能自通使聘。普通二年（521），王名慕泰，始使随百济奉献方物。《隋书》则云：新罗居汉时乐浪之地，或称斯罗。魏将毋丘俭讨高句丽，奔沃沮，其后复归故国，留者遂为新罗焉。故其人杂有华夏、高丽、百济之属。兼有沃沮、不耐、韩、秽之地，其王本百济人，自海逃入新罗，遂王其国。传祚至金真平，开皇十四年（594），遣使贡方物。又云：其先附庸于百济，后因百济征高丽，高丽人不堪戎役，相率归之，遂致强盛。因袭百济，附庸于迦罗国。《北史》说同

《梁书》，又列《隋书》之说于后为或说。案，沃沮为今朝鲜咸镜道，乐浪为平安南道、黄海道、京畿道之地，辰韩则庆尚地道，详见《秦汉史》第五章第四节，第九章第七节。疆域既各不相干。《梁书》之王名募泰，《南史》作姓募名泰，当有所据。《陈书·本纪》：太建二年（570）、三年、十年，新罗并遣使贡方物，不言其王之姓名。《北齐书》武平三年（572），亦但云遣使朝贡，而河清四年（565），《纪》载以其国王金真兴为乐浪郡公、新罗王，与《隋书》王氏金者相合。金之与募，亦各不相干。又剧《梁》《隋》二书，一则君民皆属辰韩，一则民杂华夏、句丽、百济、沃沮、韩、秽，而君为百济人，亦若风马牛之不相及。迦罗当即《齐书》之加罗，云：三韩种也。建元元年（479），国王荷知使来献。三韩在半岛中，势较微末，未必能拓土而北。加罗既能自通于上国，盖其中之佼佼者，故新罗曾附庸焉。则新罗与今庆尚道之地有交涉矣。窃疑《梁书》所谓新罗，与《隋书》所谓新罗，本非一国。新罗本辰韩十二国之一，其王氏募，在梁普通二年至齐河清四年，即陈天嘉六年之间，凡四十四年。自百济浮海逃入乐浪故地之金氏，拓上而南，兼并其国，而代募氏为王。《梁书》只知募氏时事，《隋书》又不知有募氏，夺去中间一节，故其说龃龉而不可通也。东史云：辰韩有二种：一曰辰韩本种，一曰秦韩，是为杨山、高墟、大树、珍支、加利、明活六村，今庆州之地也。新罗始祖曰赫居世。其生也，蒙胞衣而出，其状似瓠，方言呼瓠为朴，故以朴为姓。年十三，高墟部长与诸部推尊之，赫居世乃即王位。卒，子南解立。南解子曰儒理，婿曰昔脱解。南解遗命：继嗣之际，于朴、昔二姓中，择年长者立之。于是二姓迭承王位。第十一世王曰助贲，婿曰金仇道。助贲卒，弟沾解立。沾解传位于仇道之子味邹，而复归于助贲之子儒理。儒理传其弟子基临。基临传昔氏之族讫解。讫解传味邹兄子奈勿。自此新罗王位，遂永归于金氏。《隋书》之金真平，东史称为金平王，名伯净，为新罗第二十六王。《北史》云：新罗传世三十至真平，说差相近，或不尽无据。然即有据，亦必居乐浪故地金氏之世系，以之牵合于辰韩则误矣。岂金氏之于朴氏，实如莒之于郦，非以力取邪？迦罗，东史作驾洛，云：少昊金天氏之裔八人，自中国之莒县见第六章第八节。之辰韩之西，人称其地曰八莒，今之星洲也。其后有名首露者，弁韩九干立为君。干尊称。案，此说出金海《金氏谱》。金氏又有恼窒朱日者，别开国曰大加耶，今高灵。或曰任那。说出崔致远《释利贞传》。或曰：驾洛之始，有兄弟六人，皆美好长大，众推其兄为驾洛之主，余五人则分为大、小、阿罗、古宁、碧珍五加耶焉。小加耶，今固城。阿罗加耶、古宁加耶，皆今咸安。碧珍加耶，今星洲。此说出新罗僧无亟《东事古记》。首露神圣，在位凡百五十八年，乃死。自后汉光武帝建武十八年（42）至献帝建安四年（199）。其后传九世，合首露十世。至梁中大通四年（532），乃降于新罗。加耶则尝为日本所据。彼国史有所谓神功皇后者，即《秦汉史》第九章第七节拟为我国史之卑弥呼者也。据彼国史，尝渡海伐新罗，新罗降，得金帛八十艘。其后日本遂定任那之地，置府驻兵。据朝鲜史籍，则陈文帝天嘉三年（562），大加耶为新罗所灭，日本所置府亦毁。以上所述朝鲜事，亦据金于霖《韩国小史》。《永乐太王碑》亦载王援新罗却倭人之事，则朝鲜、日本史籍所载，不尽子虚，可知是时三韩、日本，隔海相对，日本之势，较之三韩为少强也。

日本在晋、南北朝之世，与中国交涉颇繁。卑弥呼、壹与之事，已见《秦汉史》第十二章第十节。《晋书·倭传》云：宣帝之平公孙氏也，其女王遣使至带方朝见，其后贡聘不绝。及文帝作相，又数至。泰始初，遣使重译入贡。《晋帝纪》：魏正始元年（504），东倭重译纳贡。《武帝纪》：泰始二年（266），倭人来献方物。《梁书·倭传》云：其后复立男王。其事在于何时，则不可考矣。《南史·倭传》云：晋安帝时，有倭王赞，遣使朝贡。《晋书·本纪》在义熙九年（413），云高句丽、倭国及西南夷铜头大帅并献方物。《宋书·倭传》云：高祖永初二年（421），诏曰："倭赞万里修贡，远诚宜甄，可赐除授"，而不言所除授者为何。元嘉中，赞死，弟珍立。遣使贡献。自称使持节，都督倭、百济、新罗、任那、秦韩、慕韩即马韩。六国诸军事，安东大将军。表求除正。诏除安东将军、倭国王。二十年，倭国王济遣使贡献。复以为安东将军、倭国王。二十八年，乃加使持节、都督倭、新罗、任那、加罗、秦韩、慕韩六国诸军事。济死，世子兴遣使贡献。世祖大明六年（462），诏除安东将军、倭国王。兴死，子武立。自称使持节、都督倭、百济、新罗、任那、加罗、秦韩、慕韩七国诸军事、安东大将军、倭国王。顺帝昇明二年（478），遣使上表曰："封国偏远，作藩于外。自昔祖祢，躬擐甲胄，跋涉山川，不遑宁处。东征毛人，五十五国；西服东夷，六十六国；渡平海北，九十五国；王道融泰，廓土遐畿，累叶朝宗，不愆于岁。臣虽下愚，忝胤先绪。驱率所统，归崇天极。道径百济，装治船舫。而句骊无道，图欲见吞。掠抄边隶，虔刘不已。每致稽滞，以失良风。虽曰进路，或通或否。臣亡考济，实忿寇仇，壅塞天路。控弦百万，义声感激。方欲大举，奄丧父兄，使垂成之功，不获一篑。居在谅暗，不动兵甲，是以偃息，未捷至今。欲练甲治兵，申父兄之志。义士虎贲，文武效功，白刃交前，亦所不顾。若以帝德覆载，摧此强敌，克靖方难，无替前功。窃自假开府、仪同三司，其余咸假受，以劝忠节。"诏除武使持节、都督倭、新罗、任那、加罗、秦韩、慕韩六国诸军事、安东大将军、倭王。《宋书·本纪》：元嘉七年（430）、十五年、二十年，大明四年，昇明元年，皆书倭国王遣使献方物。齐建元元年（479），进号为镇东大将军。梁高祖即位，进号征东将军。

《纪》在天监元年（502）。案，观倭武表辞，可知是时句丽为倭强敌。倭人自假所督诸国，中国除百济外，皆如其所请与之，又可见是时中国视百济与倭相等夷，余则皆下于倭也。黄公度《日本国志·邻交志》曰："源光国作《大日本史》，青山延光作《纪事本末》，皆谓通使实始于隋，而于《魏志》《汉书》所叙朝贡、封拜，概置弗道。揣其意，盖因推古以降，稍习文学，略识国体，观于世子草书，自称天皇；表仁争礼，不宣帝诏；其不肯屈膝称臣，始于是时，断自隋、唐，所以著其不臣也。彼谓推古以前，国家并未遣使，汉史所述，殆出于九州国造任那守帅之所为。余考委奴国印，出于国造，是则然矣。《魏志》《汉书》所谓女皇卑弥呼，非神功皇后而谁？武帝灭朝鲜而此通倭使，神功攻新罗而彼受魏诏，其因高丽为乡道，情事确凿，无可疑者。神功既已上表贡物，岂容遽停使节？且自应神已还，求缝织于吴，求《论语》、《千文》、佛像、经典于百济，岂有上国朝廷，反吝一介往来之理？宋顺帝时，倭王上表，称东征毛人，五十五国；西服众夷，六十六国；渡平海北，九十五国；谓有国造、守帅，能为此语者乎？惟《宋》《齐》《梁》诸书所云倭王，考之倭史，名字、年代，皆不相符，然日本于推古时始用甲子，始有纪载，东西辽远，年代舛异，译音辗转，名字乖午，此之不同，亦无足怪。按，此自黄氏时之见解，由今言之，日本、朝鲜、安南等之古史，皆冯借中国史籍，附会而成，治此诸史者，反当以中国史为据，理极易明，不待更说也。日本人每讳言臣我，而中土好自夸大，辄视为属国。余谓中古之时，人文草昧，礼制简质，其时瞻仰中华，如在天上，慕汉大而受封，固事之常，不必讳也。隋、唐通使，往多来少，中国未尝待以邻礼，而《新、旧唐书》，不载一表，其不愿称臣、称藩，以小朝廷自处，已可想见。五代以后，通使遂希。而自元兵遇飓，倭寇扰边以来，虽足利义满，称臣于明，树碑镇国，赐服封王，而不知乃其将军，实为窃号。神宗之封秀吉，至于裂冠毁冕，掷书于地，此又奚足夸也？史家旧习，尊己侮人，索虏、岛夷，互相嘲骂。中国列日本于《东夷传》，日本史亦列隋、唐为《元蕃传》；中国称为倭王，彼亦书隋主、唐主，譬之乡邻交骂，于事何益？"此论可谓极其持平，足以破拘墟狭隘之见矣。《北史·倭传》云："居于耶摩堆，则《魏志》所谓邪马台者也。"亦可见与我往还者，确为其共主也。

第二节　南方诸异族之同化

内地诸异族之同化，为晋、南北朝之世之一大事，第一章已言之。此等异族之同化，固由汉族入山，与之杂居，亦由地方丧乱，旷土增多，诸蛮族逐渐出居平地。当政事素乱、防务空虚之日，自不免苦其扰害，然易一端而论之，则同化之功，正因之而加速，长江流域之全辟，实深有赖于兹，史事利害，繁赜难明，固不容偏执一端也。

曷言乎斯时之开拓，深有赖于诸异族之出居平地也？大抵当九州鼎沸，群龙无首之日，海内之扰乱必甚，可谓几无一片干净土，若犹有一政府，则暴政虽曰亟行，疆场虽曰多故，较之群龙无首之世，终必有间。故后汉之末，华人相率入山者，至晋、南北朝之世，则又相率而出焉。其出也，不徒一身，必有稍已同化之蛮民，与之偕出，势也。又不徒在其附近之地，而必分播于较远之区。何哉？丧乱之后，旷土增多，迁徙者必追踪而往，一也。新居不必安靖，甫奠居者或又将转徙，二也。如是，故其为数滋繁，而所至亦颇远。《宋书》分蛮为荆雍州蛮及豫州蛮。《齐书》则云：布荆、湘、雍、郢、司五州界。《魏书》云：在江、淮之间。依托险阻，部落滋蔓，布于数州。东连寿春，西通上洛，北接汝、颍，往往有焉。其地实苞今湖南、湖北、江西、安徽、河南、陕西六省。《宋书》以荆雍州蛮为盘瓠后，豫州蛮为廪君后；《魏书》亦云：蛮之种类，盖盘瓠之后。夫盘瓠、廪君，皆不过一小部落，安能散布至于如是之广？《齐书》云：蛮言语不一；又言其俗或椎髻，或剪发；即可见其种类之多。然观其一出山即可列为编户，又可见其中汉人实不少；即本为蛮族，其同化于汉，亦必已甚深。《三国·魏志·四裔传注》引《魏略·西戎传》，谓氐人多知中国语，由与中国错居故也，其自还种落间，则自氐语，《齐书》谓蛮言语不一，当亦如是，非遂不知华语也。

《宋书·荆雍州蛮传》云：结党连群，动有数百千人，州郡力弱，则起为盗贼。《豫州蛮传》云：历世为盗贼，北接淮、汝，南极江、汉，地方数千里。《齐书》云：蛮俗善弩射，皆暴悍，好寇贼。《魏书》云：魏氏之时，不甚为患。至晋之末，稍以繁昌，渐为寇暴。自刘、石乱后，诸蛮无所忌惮，故其族类，渐得北迁；陆浑以南，满于山谷；宛、洛萧条，略为丘墟矣。观此诸语，一似华夏与诸蛮，日在争战之中者，其实不然。《宋书·荆雍州蛮传》云：蛮民顺附者，一户输谷数斛，其余无杂调，而宋民赋役严苦，贫者不复堪命，多逃亡入蛮。蛮无徭役，强者又不供赋税。然则蛮人之扰乱，仍是中国贫民，铤而走险耳。当两国相争之时，彼此咸借蛮以为用。平时则资其捍蔽，战时则用为前驱。又或使其扰乱敌后，阻塞道路。蛮族之桀黠者，遂得叛服于二国之间焉。《北齐书·元景安传》言：景安除豫州刺史。管内蛮多华少，景安被以威恩，咸得宁辑。招慰生蛮，输租赋者数万户。豫州中原之地，而至于蛮多华少者，干戈数动，则民卒流亡，惟蛮人依据险阻，又质直，能耐劳苦，不虑危难，故其荡析离居，转不如汉人之甚也。土满者岂曰能有其土？疆埸之控扼，不能谓其无成劳矣。即内争之际，亦有引以为助者。而战败之士，亡命之徒，又或借为逋逃之薮。史所记者，本以兵事为多，遂觉杀伐之气，满于纸上矣。然其同化，实仍在平和中逐渐致之。综观晋、南北朝之世，所谓诸蛮，大烦征讨者，不过三役：一为宋文帝、孝武世之于沔中蛮及西阳蛮。沔中蛮，亦曰缘沔蛮，即雍州蛮。元嘉七年（430），刘道产为雍州刺史，诸蛮悉出，缘沔而居。十九年，道产卒，群蛮大动，朱修之讨之失利，沈庆之乃讨破之。二十二年，孝武帝为雍州，庆之又随之西上，率柳元景、宗悫等，前往讨击。汉西阳县，本在今河南光山县境，晋世为蛮所据，乃于今湖北黄冈县西立西阳郡。元嘉末，为亡命司马黑石等所诓动，自淮、汝至于江、沔，咸罹其患。孝武时为江州刺史，与沈庆之往讨之，会元凶弑逆，旋师起义，至孝建四年（457），庆之乃复往讨定，事见《宋书》诸人本传。二周文帝之于峡中蛮。详见《周书·蛮传》。三魏明帝之末，三鸦蛮人，大肆扰乱，明帝至欲亲征，后卒未果，而遣临淮王彧讨之彧。事在孝昌元年（525），见《纪》。前二役诚用兵力戡定，后一役仍不过徒有其名，此外则皆州郡及理蛮之官，晋武帝于荆州置南蛮校尉，雍州置宁蛮校尉，皆治襄阳。江左省。寻置南蛮校尉，治江陵。孝武帝又置宁蛮校尉，以授鲁宗之。宋世祖罢南蛮，而宁蛮如故。事见第九章第二节。武帝又置南夷校尉，治宁州，江左改曰镇蛮校尉，见《宋书·百官志》。广州西南二江，川源深远，别置督护，专征讨之任，见《齐书·州郡志》。此等皆理蛮之官也。随宜讨伐而已。诸蛮既与汉人习狎，抚之者自以能行德化为上。《梁书·良吏传》：孙谦擢为巴东、建平二郡太守。郡居三峡，恒以威力镇之。谦将述职，敕募千人自随。谦曰："蛮夷不宾，盖待之失节耳，何烦兵役，以为国费。"固辞不受。至郡，布恩惠之化，蛮、獠怀之。又《文学传》：臧严，历监义阳、武宁郡。累任皆蛮左，前郡守常选武人，以兵镇之。严独以数门生单车入境，群蛮悦服，遂绝寇盗。此皆治蛮不必用兵力之证也。然能如是者卒鲜，往往滥施讨伐；而其行军且极残酷。《宋书·夷蛮传》曰：自元嘉将半，寇盗弥广，于是命将出师，恣行诛讨。自江、汉以北，庐江以南，搜山荡谷，穷兵黩武。系颈囚俘，盖以数百万计。至于孩年、耋齿，执讯所遗，将卒申好杀之愤，干戈穷酸惨之用，虽云积怨，为报已甚。按，俘虏之多，盖利其可输税租，服力役，甚且没为奴婢耳。亦有无所利而肆情诛杀者，如陈显达为益州刺史，使责大度村獠租赕，獠帅杀其使，显达分部诸将，声言出猎，夜袭之，男女无少长皆斩，此则所谓申好杀之愤者也。此实将帅之贪功徼利，谓蛮非讨伐不可，固不其然。抑虽如是，真能深入其阻者，亦卒鲜也。当时诸蛮之出山，固有胁以兵力者；又有由于俘获，迫令迁移者；然其慕化内徙，或酋长身来归顺者，亦属不少。慕化内徙，即同齐民。酉长内附，往往设置郡县，即以其人为守令，多有仍行世袭之制者，然数世之后，终必别简人以代之，此亦无形之改土归流也。《隋书·南蛮传》云："南蛮杂类，与华人错居，曰蜒，曰獽，曰俚，曰僚，曰㐌，俱无君长；既同于齐民，则无复君长耳，非本无君长也。随山洞而居，古所谓百越是也。浸以微弱，稍属于中国，皆列为郡县，同之齐人，不复详载。"可见晋、南北朝之世所谓蛮者，至隋、唐时，多已泯然无迹矣。使其言语风俗，判然与我不同，岂能泯然于一旦？可见民族早已同化，觉其不同者，特时势之不安谧，激之使然耳。然则民族之同化，实皆社会自为之，政治之所能为力者甚鲜也。

梁、益二州情形，则较荆、雍、豫州为恶。以荆、雍、豫州，汉末以来，丧乱较烈，华人之入山者较多，梁、益二州则不然；观此二州无所谓山越，史间言山獠亦甚希可知。又荆、雍、豫州，去大川及平地近，其人之出山较易，梁、益地势较险，夷人自深山而出者，仍依山并谷故也。《魏书》云："自汉中达于邛、莋，川洞之间，所在皆有。"獠即今所谓犵狫，见《秦汉史》第九章第四节。虽处山谷，其初本来自海滨，《魏书》言其"能卧水底，持刀刺鱼"。又曰："报怨相攻击，必杀而食之。俗畏鬼神，尤尚淫祀。所杀之人，美须髯者，必剥其面皮，笼之于竹，及燥，号之曰鬼，鼓舞杞之，以求福利。至有卖其昆季妻孥尽，乃自卖以供祭者。"此缘海之马来人，即古所谓越族者食人之俗也。详见《先秦史》。因所居深阻，罕与华人交接，故其旧俗沿袭尚多，而其文明程度亦较低焉。《魏书》云："种类甚多，散居山谷。略无氏族之别。又无名字，所生男女，惟以长幼次第呼之，其丈夫称阿蓂、阿段，妇人称阿夷、阿等之类，皆语之次第称谓也。依树积木，以居其上，名曰干阑。干阑大小，随其家口之数。往往推一长者为王，亦不能远相统摄。父死则子继，若中国之贵族也。獠王各有鼓角一双，使其子弟自吹击之。好相杀害，多不敢远行。性同禽兽，至于忿怒，父子不相避，惟手有兵刃者先杀之。若杀其父，走避，求得一狗，以谢其母，母得狗，不复嫌恨。若报怨相攻，必杀而食之。平常劫掠，卖取猪狗而已。亲戚比邻，指授相卖。被卖者号哭不服，逃窜避之。乃将买人捕逐，指若亡叛，获便缚之。但经被缚者，即服为贱隶，不敢称良矣。亡失儿女，一哭便止，不复追思。惟执盾持矛，不识弓矢。"案，干阑之名，与后印度诸国同，亦可见其初居海滨也。《魏书》云："李势之时，诸獠始出，攻破郡县，为益州大患。桓温破蜀之后，力不能制；又蜀人东流，山险之地多空，獠遂挟山傍谷。此谓华人所居山谷之地，獠自深山迁此。与夏人参居者，颇输租赋。在深山者，仍不为编户。萧衍梁、益二州，岁岁伐獠，以自裨润，公私颇借为利。"夏侯始迁之叛也，魏以邢峦为梁、益二州刺史，颇得獠和。后以羊祉、元恒、元子真为梁州，傅竖眼为益州。竖眼颇得物情。祉性酷虐，恒、子真并无德绩，诸獠苦之。魏以梁、益二州，统摄险远，又立巴州，以统诸獠，《魏书·地形志》：巴州郡县阙。《隋书·地理志》：清化郡，旧置巴州，今四川巴中县。以巴酋严始欣为刺史。又立隆城镇，盖因梁之隆城郡，在今四川仪陇县北。所绾獠二十万户。隆城所统，谓之北獠，岁输租布，又与外人交通贸易。巴州生獠，并皆不顺，其诸头王，每于时节，谒见刺史而已。孝昌初，诸獠以始欣贪暴，相率反叛，攻围巴州。时魏子建为山南行台，勉谕之，乃得散罢。始欣虑获罪谴，谋来附，而其族子恺为隆城镇将，归心于魏。魏子建启以镇为南梁州，以恺为刺史。发使执始欣，因于南郑。遇子建见代，傅竖眼为行台，竖眼久病，其子敬绍，纳始欣重贿，使得还州，始欣乃起众攻恺屠灭之，据城南叛。梁将萧玩，率众援接，为魏梁、益二州兵所破斩。魏攻陷巴州，执始欣，然梁州未久即入梁。其后梁、益皆陷于周。《周书》云："每岁命随近州镇，出兵讨之，获其口以充贱隶，谓之压獠。后有商旅往来者，亦资以为货。公私逮于民庶之家，有獠口者多矣。"其虐，亦无以异于梁也。又云："其种类滋蔓，保据岩壑，依林走险，若履平地，虽屡加兵，弗可穷讨。性又无知，殆同禽兽。诸夷之中，最难以道义招怀者也。"可见其同化，远较豫、荆、雍州蛮为后矣。

交、广、宁三州，情形较梁、益二州为尤恶。案，此三州，西通缅甸，东苞东京湾为内海，实为中国向南拓展之枢机，惜距中原较远，民族拓展之力，一时有所不及，而政事尤欠清明，遂至越南之地，终于分裂以去，而自云南西南出之路，亦未能尽力经营也。中国之稍知注意于交土，似自后汉中叶以来。《晋书·地理志》云：顺帝永和九年（141），交趾太守周敞交趾，今越南河内。求立为州，朝议不许，即拜敞为交趾刺史。建安八年（203），张津为刺史，士燮为交趾太守，共表立为州，乃拜津为交州牧。十五年，移治番禺。《三国·吴志·孙策传注》引《江表传》，谓策欲杀于吉，诸将连名陈乞，策曰："昔南阳张津，为交州刺史，舍前圣典训，废汉家法律，常着绛帕头，鼓琴烧香，读邪俗道书，云以助化，卒为南夷所杀。此甚无益，诸君但未悟耳。"又引虞喜《志林》：喜推考桓王之薨，在建安五年（200）四月四日，是时曹、袁相攻，未有胜负，夏侯元让与石威则书，袁绍破后也，书云："授孙贲以长沙，业张津以零、桂。"此为桓王于前亡，张津于后死，不得相让譬言津之死意矣。裴松之案："太康八年（287），广州大中正王范上《交广二州春秋》，建安六年，张津犹为交州牧，《江表传》之虚，如《志林》所云。"此云津拜交州在建安八年，又与《交广春秋》不合。案，当时任疆寄者，多自刺史进为州牧，津盖本为交趾刺史，至八年乃进为牧也。桓王引津死事，以譬将吏，自为虚辞，古人轻事重言，此等处多不审谛，不足深较也。《宋书·州郡志》云：交州刺史，本治龙编，见第七章第五节。汉献帝建安八年，改曰交州，治苍梧广信县，广信，汉县，为苍梧郡治，隋时改县曰苍梧，今广西苍梧县。十六年，徙治南海番禺县。州甫立而治所即内移，可见中朝威柄之失坠矣。观下引《薛综疏》，津或因欲与刘表争，以致无暇顾及交土也。是时交土实权，乃入于士燮之手。《三国·吴志》：燮苍梧广信人。其先本鲁国汶阳人，汶阳，汉县，在今山东宁阳县东北。王莽之乱，避地交州，六世至燮。燮父赐，桓帝时为日南太守。日南，今越南义安。燮为交趾太守。交州刺史朱符为夷贼所杀，州郡扰乱，燮乃表弟壹领合浦太守，合浦，见第十三章第三节。次弟䵋领九真太守，九真，今越南清华。䵋弟武领南海太守。兄弟并为列郡，雄长一州。偏在万里，威尊无上。武先病殁。朱符死后，汉遣张津为交州刺史。津后为其将区景所杀。而荆州牧刘表，遣零陵赖恭代津。零陵，见第三章第六节。是时苍梧太守史璜死，表又遣吴巨代之，与恭俱至。汉闻张津死，赐燮玺书曰："交州绝域，南带江海，上恩不宣，下义壅隔。知逆贼刘表，又遣赖恭，窥看南土。今以燮为绥南中郎将，董督七郡，领交趾太守如故。"后巨与恭相失，举兵逐恭。恭走还零陵。建安十五年，孙权遣步骘为交州刺史。建安七年，权尝表朱治为九真太守，见《治传》。骘到，燮率兄弟奉承节度。而吴巨怀异心。骘斩之。据《骘传》事在建安十六年。燮又诱导益州豪姓雍闿等，率郡人民，使遥内附。益州，汉郡，蜀汉改曰建宁，在今四川晋宁县东。权益嘉之。燮在郡四十余岁，黄武五年（226），魏文帝黄初七年。年九十卒。权以交趾县远，乃分合浦以北为广州，吕岱为刺史，交趾以南为交州，戴良为刺史。又遣陈时代燮为交趾太守。岱留南海，良与时俱前。行到合浦，而燮子徽，自署交趾太守，发宗兵拒良。时以徽领九真太守，见《吕岱传》。宗即寰，寰乃夷人所出赋税之名，用为种族之名，实借字耳。《三国志》多作宗。以上据《士燮传》。吕岱督兵三千人浮海，与良共讨平之。杀徽兄弟六人，见《士燮传》。于是除广州，复为交州如故。《吕岱传》。交、广之分，交州业已还治龙编，《宋书·州郡志》。至是，则复举七郡之地，通以龙编为控制之所矣，可谓内地威柄之一振也。黄龙三年（231），魏明帝太和五年。以南土清定，召岱还。竹邑薛综，竹邑，后汉县，属沛郡，在今安徽宿县北。少依族人，避地交州。孙权除为合浦、交趾太守。岱之讨伐，综与俱行。及是，上疏曰："昔帝舜南巡，卒于苍梧，秦置桂林、南海、象郡，然则四国之内属也，有自来矣。案，汉武帝平南越，以其地为儋耳、珠崖、南海、苍梧、郁林、合浦、交趾、九真、日南九郡。昭帝时罢儋耳。元帝时又罢珠崖。孙权之分交、广，以南海、苍梧、郁林三郡为广州，交趾、日南、九真、合浦四郡为交州，见《晋书·地理志》。此云四国，指交趾、日南、九真、合浦也。秦赵佗起番禺，怀服百越之君，珠官之南是也。孙权黄武七年，改合浦为珠官郡。汉武帝诛吕嘉，开九郡，设交趾刺史以镇监之。山川长远，习俗不齐。言语同异，重译乃通。民如禽兽，长幼无别。椎髻徒跣，贯头左衽。长吏之设，虽有若无。自斯以来，颇徙中国罪人，杂居其间。稍使学书，粗知言语。使驿往来，观见礼化。及后锡光为交趾，任延为九真太守，乃教其耕犁，使之冠履，为设媒官，始知聘娶，建立学校，导之经义。由此以降，四百余年，颇有似类。参看《秦汉史》第九章第六节。自臣昔客，始至之时，珠崖今广东琼山县。除州县，嫁娶皆须八月引户，人民集会之时，男女自相可适，乃为夫妻，父母不能止。交趾糜泠、九真都庞二县，皆在今安南境。皆兄死弟妻其嫂，世以此为俗，长吏恣听，不能禁制。日南郡男女裸体，不以为羞。由此言之，可谓虫豸，有靦面目耳。然而土广人众，阻险毒害。易以为乱，难使从治。县官羁縻，示令威服。田户租赋，裁取供办。贵致远珍，名珠、香药、象牙、玳瑁、珊瑚、琉璃、鹦鹉、翡翠、孔雀奇物，充备宝玩，不必仰其赋入，以益中国也。然在九甸之外，长吏之选，类不精核。汉时法宽，多自放恣，故数反违法。珠崖之废，起于长吏，睹其好发，髡取为髲。及臣所见：南海黄盖，为日南太守，下车以供设不丰，挝杀主簿，仍见驱逐。九真太守儋萌，为妻父周京作主人，并请大吏。酒酣作乐，功曹番歆，起舞属京，京不肯起，歆犹迫强，萌忿杖歆，亡于郡内。歆弟苗，帅众攻府，毒矢射萌，萌至物故。交趾太守士燮，遣兵致讨，卒不能克。又故刺史会稽朱符，多以乡人虞褒、刘彦之徒，分作长吏。侵虐百姓，强赋于民。黄鱼一枚，收稻一斛。百姓怨叛。山贼并出，攻州突郡。符走入海，流离丧亡。次得南阳张津，与荆州牧刘表为隙，兵弱敌强，岁岁兴军，诸将厌患，去留自在，津小检摄，威武不足，为所陵侮，遂至杀没。后得零陵赖恭，先辈仁谨，不晓时事。表又遣长沙吴巨为苍梧太守，巨武夫轻悍，不为恭服，所取相怨，恨逐出恭，求步骘。是时津故将夷廖、钱博之徒尚多，骘以次锄治，纲纪适定，会仍召出。吕岱既至，有士氏之变，越军南征。平讨之日，改置长吏，章明王纲。威加万里，大小承风。由此言之，绥边抚裔，实有其人。牧伯之任，既宜清能，荒流之表，祸福尤甚。今日交州，虽名粗定，尚有高凉宿贼。高凉，见第十五章第三节。其南海、苍梧、郁林、珠官四郡界未绥，郁林，今广西贵县。依作寇盗，专为亡叛逋逃之薮。若岱不复南，新刺史宜得精密检摄八郡，高凉郡，汉末吴所分置，并前所言七郡为八郡。方略智计，能稍稍以治高凉者，假其威宠，借之形势，责其成效，庶几补复。如但中人，近守常法，无奇数异术者，则群恶日滋，久远成害。故国之安危，在于所任，不可不察也。"读此疏，可略知交、广民生、吏治之情形矣。赤乌二年（239），魏明帝景初三年。十月，将军蒋秘，南讨夷贼，所领都督廖式，杀临贺太守严纲等，与弟潜共攻零陵、桂阳，汉郡，今湖南郴县。及摇动交州、苍梧、郁林诸郡，众数万人。《孙权传》。吕岱时在武昌，自表辄行。孙权遣使追拜岱交州牧，及遣诸将唐咨等络绎相继。攻讨一年，破之，斩式等。《吕岱传》。十一年，魏齐王芳正始九年。交趾、九真夷贼攻役城邑，交部骚动。以陆胤为交州刺史、安南校尉。胤入南界，喻以恩信，务崇招纳，交域清泰。至孙休永安元年（258）魏高贵乡公甘露三年。乃征还。《胤传》。五年，魏常道乡公景元三年。休使察战到交趾调孔雀、大猪。注：察战，吴官号。案，其人姓名，似即《晋书·本纪》之邓句，《陶璜传》之邓苟，见下。先是交趾太守孙谞，科郡上手工千余人送建业，察战至，恐复见取，郡吏吕兴等，因此扇动兵民，招诱诸夷，杀谞。使使如魏请太守及兵。《休传》。《晋书·陶璜传》云：谞贪暴，为百姓所患，会察战邓苟至，擅调孔雀三千头送秣陵，兴杀谞及苟，及郡内附。七年，八月后为孙皓元兴元年。魏常道乡公咸熙元年。吴复分交州置广州。《孙休传》。仍统南海、苍梧、郁林三郡，见《晋志》。九月，魏以吕兴为使持节都督交州诸军事。诏曰："孙休遣使邓句敕交趾太守锁送其民，发以为兵。吴将吕兴，因民心忿怒，又承王师平定巴蜀，即纠合豪杰，诛除句等。驱逐太守长吏，抚和吏民，以待国命。九真、日南，亦齐心响应，与兴协同。兴移书日南州郡，开示大计。兵临合浦，告以祸福。遣都尉唐谱等诣进乘县，因南中都督护军霍弋上表自陈。"案，蜀以李恢为建宁太守，遥领交州刺史，晋平蜀，亦以弋遥领交州，见《晋书·地理志》。策命未至，兴为下人所杀。《魏志·本纪》。然是岁，魏所置交趾太守之郡。《孙皓传》。案，《华核传》：宝鼎二年（267），核上疏言交州诸郡，国之南土，交趾、九真二郡已没，日南孤危，存亡难保，则其时日南尚属吴。然《晋书·武帝纪》：泰始五年（269），五月，曲赦交趾、九真、日南三岁刑，则日南亦属晋矣。孙皓宝鼎三年，晋武帝泰始四年。遣交州刺史刘俊、前部督修则等入击交趾。为晋毛炅等所破，皆死。兵散还合浦。《皓传》。《晋书·武帝纪》：泰始四年，十月，吴将顾容寇郁林，太守毛炅大破之，斩其交州刺史刘俊，将军修则。《陶璜传》：吕兴为功曹李统所杀，帝更以建宁爨谷为交趾太守。谷又死，更遣巴西马融代之。融病卒。南中监军霍弋又遣犍为杨稷代融。与将军毛炅、九真太守董元等自蜀出交趾。破吴军于古城，斩大都督修则、交州刺史刘俊。建衡元年（269），晋泰始五年。十一月，遣监军虞汜、威南将军薛珝、苍梧太守陶璜由荆州；监军李勖、督军徐存从建安海道；建安，见第八章第一节。皆就合浦击交趾。二年，晋泰始六年。春，李勖以建安道不通利，杀导将冯斐，引军还。四月，勖及徐存家属皆伏诛。三年，晋泰始七年。汜、璜破交趾，擒杀晋所置守将，九真、日南皆还属。《孙皓传》。《晋书·本纪》：四月，九真太守董元为吴将虞汜所攻，军败，死之。七月，吴将陶璜等围交趾，太守杨稷与郁林太守毛炅，及日南等三郡降于吴。案，谓稷、旻降吴者，说出《汉晋春秋》。《华阳国志》则云：稷至合浦欧血死，旻不屈，为吴所杀。见《三国志·孙皓传注》。《晋书·陶璜传》兼采二说。又云：旻密谋袭璜。事觉，被诛。吴因用璜为交州刺史。九真郡功曹李祚保郡，璜遣攻之，逾时乃拔。皓以璜为交州牧。武平、九德、新昌，九德，吴分九真郡立。破交趾后，又分交趾为新昌郡。诸将破扶严夷，置武平郡。皆在今越南境。土地阻险，夷獠劲悍，历世不宾，璜征讨，开置三郡及九真属国三十余县。征璜为武昌都督，以合浦太守修允代之。交土人请留璜以千数，于是遣还。《晋书·璜传》。天纪三年（279），晋武帝咸宁五年。夏，修允转桂林太守，疾病，住广州，先遣部曲督郭马将五百兵至郡，安抚诸夷。允死，兵当分给，马等累世旧军，不乐离别；皓时又科实广州户口；马与部曲将何典、王族、吴述、殷兴等，因此恐动兵民，会聚人众，攻杀广州督虞授。马自号都督交、广二州诸军事，兴广州刺史，述南海太守。典攻苍梧，族攻始兴。见第三章第九节。八月，以滕修领广州牧，率万人从东道讨马。与族遇于始兴，未得前。皓又遣徐陵督陶濬璜弟。将七千人从西道。命交州牧陶璜部伍所领，及合浦、郁林诸郡兵，当与东西军共击马。陶濬至武昌，闻北军大出，停驻不前。《孙皓传》。滕修赴难，至巴丘，见第十三章第六节。而皓已降，乃还，与广州刺史闾丰、苍梧太守王毅各送印绶。诏以修为广州牧，委以南方事。修在南积年，为边夷所附。太康九年（288），卒。《晋书·修传》。皓既降晋，手书遣璜息融敕璜归顺。诏复本职。晋减州郡兵，璜上言曰："交土荒裔，斗绝一方，或重译而言，连山带海。又南郡去州，海行千有余里，外距林邑，才七百里，夷帅范熊，世为逋寇，自称为王，数攻百姓。且连接扶南，种类猥多，朋党相倚，负险不宾。往隶吴时，数作寇逆，攻破郡县，杀害长吏。臣以尫弩，昔为故国所采，偏戍在南，十有余年。虽前后征讨，翦其魁桀，深山僻穴，尚有逋窜。又臣所统之卒，本七千余人，南土温湿，多有气毒；加累年征讨，死亡减耗；其见在者，二千四百二十人。今四海混同，无思不服，当卷甲消刃，礼乐是务，而此州之人，识义者寡，厌其安乐，好为祸乱。又广州南岸，周旋六千余里，不宾属者，乃五万余户。及桂林不羁之辈，复当万户。至于服从官役，才五千余家。二州唇齿，惟兵是镇。又宁州兴古，见下。接据上流，去交趾郡千六百里，水陆并通，互相维卫。州兵未宜约损，以示单虚。"又以合浦郡土地硗确，无有田农，百姓惟以采珠为业，商贾去来，以珠货米，而吴时珠禁甚严，虑百姓私散好珠，禁绝来去，人以饥困。又所调猥多，限每不充。今请上珠三分输二，次者输一，粗者蠲除。自十月讫二月，非采上珠之时，听商旅往来如旧。并从之。璜在南三十年，威恩著于殊俗。及卒，朝廷以员外散骑常侍吾彦代璜。《彦传》：在镇二十余年，威恩宣著，南州宁静。彦卒，又以员外散骑常侍顾秘代彦。秘众父，见《众传》。秘卒，州人逼秘子参领州事。参寻卒。参弟寿求领州，州人不听，固求之，遂领州。寿乃杀长史胡肇等。又将杀帐下督梁硕。硕走得免，起兵讨寿，擒之。付寿母，令鸩杀之。硕乃迎璜子苍梧太守威领刺史。在职甚得百姓心。三年卒。璜父基，吴交州刺史。威弟淑，子绥，后并为交州。自基至绥四世，为交州者五人。《璜传》。威，《晋书·忠义王谅传》作咸，云：新昌太守梁硕，专威交土，迎立陶咸为刺史。咸卒，王敦以王机为刺史。硕发兵距机，自领交趾太守。乃迎前刺史修则子湛行州事。敦以谅为交州刺史。谅既到境，湛退还九真。广州刺史陶侃遣人诱湛来诣谅，谅斩之。硕率众围谅于龙编。以上《谅传》。太宁元年（323），五月，龙编陷，谅死之。六月，陶侃遣参军高宝攻硕，斩之。《本纪》。参看第三章第九节。太元五年（380），十月，初九真太守李逊，父子勇壮有权力，威制交土。闻刺史滕逊之当至，分遣二子，断遏水陆津要。杜瑗者，朱䳒人，汉朱戴县，《晋志》作朱䳒，在今河内东南。本属京兆，祖元为宁浦太守，宁浦，晋郡，今广西横县西南。遂居交趾。瑗仕州府，为日南、九德、交趾太守。是时为交趾太守。收众斩逊，州境获宁。逊之居州十余年及北还，以瑗为交州刺史。参看下节。义熙六年（410），年八十四卒。府州纲佐，共推瑗第五子慧度行州府事。辞不就。七年，除交州刺史。诏书未至，卢循袭破合浦，径向交州。李逊子奕、脱等；引诸俚帅，众五六千人，受循节度。慧度与弟交趾太守慧期，九真太守章民讨破之。循中箭赴水死。斩李脱等。慧度俭约质素；为政纤密，有如治家；由是威惠沾洽，奸盗不起。宋少帝景平元年（423），卒。以慧度子弘文为刺史。亦以宽和得众。太祖元嘉四年（427），以廷尉王徽为交州刺史。弘文就征。会得重疾，行到广州，卒。《宋书·慧度传》。二十年，以檀和之为刺史。二十三年，伐林邑，破之，事见下节。《齐书·南夷传》云：泰始初，刺史张牧卒，交趾人李长仁杀牧北来部曲，《宋书·徐爰传》云：悉诛北来流寓，无或免者。爰时徙交州，长仁素闻爰名，爰又以智计诳诱，乃得无患。据交州叛。数年，病死。从弟叔献嗣事，号令未行，遣使求刺史。宋朝以南海太守沈焕为交州刺史，以叔献为焕宁远司马、武平、新昌二郡太守。叔献得朝命，人情服从，遂发兵守险，不纳焕。焕停郁林，病卒。太祖建元元年（479），仍以叔献为交州刺史，就安慰之。案，《宋书·本纪》：泰始四年（468），三月，以孙奉伯为交州刺史。交州人李长仁据州叛。妖贼攻广州，杀刺史羊南，陈伯绍讨平之。八月，以刘勃为交州刺史。五年，七月，以陈伯绍为交州刺史。七年，二月，置百梁、在今广东合浦县东。桄苏、在合浦东北。永宁、在今广东阳江县境。安昌、在合浦北。富昌、未详。南流郡，今广西郁林县。又分广、交州三郡广之临漳，交之合浦、宋寿。立越州。《齐志》：镇临漳。案，临漳，宋郡，在今合浦东北。盖孙奉伯、刘勃、陈伯绍皆未能之镇，故立越州以规交土也。《齐书·太祖纪》：即位后遣使分行四方，以交、宁道远不遣使。《刘善明传》：善明表陈时事，以为"交州险夐，要荒之表，宋末政苛，遂至怨叛，今大化创始，宜怀以恩德，未应远劳将士，摇动边氓。且彼土所出，惟有珠宝，实非圣朝所须之急，讨伐之事，谓宜且停"。盖太祖本意在息民，又时交州惟有珠宝，太祖性俭，非其所重，故遂以姑息处之也。《南夷传》又云：叔献受命。既而断割外国，贡献寡少。世祖欲讨之。永明元年（483），以司农刘楷为交州刺史，发南康、庐陵、始兴郡兵征交州。南康，见第七章第五节。庐陵，见第三章第九节。叔献间道自湘川还朝。六年，以始兴太守房法乘代楷。法乘至镇，属病不理事。好读书。长史伏登之因此擅权，改易将吏。录事房季文白之。法乘大怒，系登之于狱。十余日，登之厚赂法乘妹夫崔景叔得出。将部曲袭执法乘。启法乘心疾动，不任亲事。世祖仍以登之为交州刺史。盖终不免于姑息矣。梁武帝天监四年（505），二月，交州刺史李凯据州反，长史李畟讨平之。十五年，交州刺史李畟斩州反者阮宗孝，传首京师。普通四年（523），六月，分交州置爱州。治九真。皆见《本纪》。大同七年（541），先是武林侯萧谘为交州刺史，以衰刻失众心。土人李贲连结数州豪杰，同时反，攻谘。谘输赂，得还越州。台遣高州刺史孙囧、新州刺史卢子雄将兵击之。兼采《梁、陈书·本纪》。高州治高凉，见第十五章第三节。新州梁置，今广东新兴县。时春草已生，瘴疠方起，子雄请待秋讨之。广州刺史新渝侯萧映不听，谘又促之。时谘亦至广州。子雄等不得已，遂行。至合浦，死者十六七。众并惮役溃散，禁之不可，乃引其余兵退还。谘启子雄及囧与贼交通，逗留不进。武帝敕于广州赐死。《陈书·杜僧明传》。子雄弟子略，与囧子侄及其主帅杜天合、杜僧明共举兵，执南江督护沈颙，进寇广州。《陈书·武帝纪》。其事详见《杜僧明传》。陈高祖时为西江督护，讨平之。时又遣越州刺史陈侯、罗州刺史宁巨、安州刺史李智、爱州刺史阮汉同征贲。罗州，见第十五章第三节。安州，未详。九年，四月，林邑王破德州，治九德。攻贲。贲将范脩破走之。十年，正月，贲于交趾窃位号，署置百官。《梁书·本纪》。诏陈高祖为交州司马，领武平太守，与刺史杨瞟南讨。十一年，六月，军至交州，破贲。中大同元年（546），四月，克交趾嘉宁城。贲窜入獠洞。屈獠斩贲，传首京师。《陈书·高祖纪》在太清元年（547），《梁书·本纪》在二年三月，盖贲死于元年，《纪》于其传首至京之日书之。贲兄天宝，遁入九真。与劫帅李绍隆收余兵二万，杀德州刺史陈文戒，进围爱州。高祖仍率众讨平之。越南国史，称贲为前李氏。谓其七世祖为中国人，徙居太平。以大同十年自立，国号万春，年号天德。贲死后，天宝自立为桃郎王。有赵光复者，亦于太清三年，自立为越王。敬帝绍泰元年（555），天宝死，无子，诸臣共立其族人李佛子。陈宣帝太建二年（570），袭擒赵光复。至隋文帝仁寿三年（603）降隋。据冯承钧译迦节《越南世系》，在《史地丛考续编》中，商务印书馆本。案，李佛子之降，事见《隋书·本纪》及《刘方传》。越南古史，原系依附中国史籍而成，其不足据，与朝鲜、日本之古史正同也。陈世交、广之域，欧阳氏实擅大权，欧阳颁为广州刺史，及其子纥之事已见前。颁弟盛为交州刺史。纥之平，交趾夷獠，往往相聚为寇抄，阮卓奉使招慰，交趾多金翠珠贝珍怪之产，前后奉使者皆致之，惟卓挺身而还，衣装无他，时论咸服其廉焉。以上所言，为交、广缘海之地，为文明及财富所萃，政权亦托于是。大抵能树威德者，皆久居其地之豪族，单车孤往，则形同羁旅，即使清能，亦多无以善其后，而贪暴者更无论矣。此其所以势同割据，五代后卒至分裂而去也。至远海之区，则启辟尤廑。《齐书·州郡志》言：广州"民户不多，而俚、獠猥杂，皆楼居山险，不肯宾服"。越州"俚、獠丛居，隐伏岩障，寇盗不宾，略无编户。元徽二年（474），以陈伯绍为刺史，始立州镇，穿山为城门，威服俚、獠。土有瘴气杀人。汉世，交州刺史每暑月辄避处高，今交土调和，越瘴独甚。刺史尝事戎马，惟以战伐为务"。此可见广州之启辟，不如交州，越州又落广州之后。盖其文化皆自海道传来，交州眹出海中，故其启辟较易也。

琼州一岛，汉武帝时，置儋耳、今广东儋县。珠崖二郡，昭帝时罢儋耳，元帝时又罢珠崖，已见《秦汉史》第五章第十六节。孙权欲取夷洲及珠崖，陆逊、全琮皆谏，详见第五节。然赤乌五年（242），卒遣将军聂权、校尉陆凯以兵三万讨珠崖、儋耳。《三国·吴志·权传》。是岁，遂置珠崖郡。晋平吴，省入合浦。宋文帝元嘉八年（431），又立珠崖。《南夷传》云：世祖大明中，合浦大帅陈檀归顺。四年（460），檀表乞官军征讨未附。乃以檀为高兴太守，罗州治。遣前朱提太守费沈，龙骧将军武期率众南伐，并通朱崖道。并无功。辄杀檀而返。沈下狱死。则亦仅等诸羁縻而已。

宁州之地，距中原窵远，与交、广无异，而又无海路可通，故其闭塞尤甚。自两汉开辟之后，迄于南北朝，惟蜀汉之世，颇能控制之，则以其相距较近；又蜀土褊狭，军资国用，势不能不有借于此；故能尽力经营也。晋世宁州之地，后汉时分越嶲、见第十三章第四节。益州、牂牁、今贵州平越县。永昌今云南保山县。四郡，而以庲降为控扼之所。《三国·蜀志·李恢传注》云：臣松之讯之蜀人，云庲降地名，去蜀二千余里。时未有宁州，号为南中，立此职以总摄之。晋泰始中，始分为宁州。案，《马忠传》言：初建宁郡杀太守正昂，缚太守张裔于吴，故都督常住平夷县，至忠乃移治味县，似庲降都督本治益州也。

平夷，今云南曲靖县。雍闿之乱，杀太守正昂。蜀以张裔为太守，闿又执之，送于吴。吴遥置闿为永昌太守，《三国·蜀志·吕凯传》。而以刘璋子阐为益州刺史，处交、益界首。诸葛亮平南中，阐还吴，为御史中丞，见《蜀志·二牧传》。越嶲夷王高定，牂牁太守朱褒亦叛。惟永昌五官掾功曹吕凯，与丞王伉闭境拒闿。诸葛亮欲自征之。长史王连谏：以为不毛之地，疫疠之乡，不宜以一国之望，冒险而行。亮为留连久之。建兴三年（225），三月，卒自行。时李恢为庲降都督，领交州刺史，住平夷。亮由越嶲，恢案道向建宁。诸县大相纠合，围恢军于昆明。未详。恢绐以官军粮尽，欲引还，乘其怠出击，大破之。追奔逐北，南至槃江，谢钟英《三国疆域志补注》云：即今南盘江。东接牂牁，与亮声势相连。时亮发在道，而雍闿为高定部曲所杀。亮至南，改益州为建宁，分建宁、永昌置云南，治弄栋，今云南姚安县。建宁、牂牁置兴古。治温，今云南罗平县。表吕凯为云南太守，会为叛夷所害，子祥嗣。王伉为永昌太守。军还，南夷复叛，杀害守将。李恢身往扑讨，锄尽恶类，徙其豪帅于成都。赋其叟、濮耕牛、战马、金、银、犀革，充继军资，于时费用不乏。案，《诸葛亮传》称亮南征之功，亦曰"军资所出，国以富饶"，可见当时之用兵，固欲绝后顾之忧，实亦利其赋入也。七年，以交州属吴，解恢刺史，更领建宁太守。九年，张翼为庲降都督。持法严，不得殊俗之欢心。十一年，耆帅刘胄作乱。翼讨之，不克。以马忠代之，乃讨斩胄。移治味县。越嶲叟夷数反，杀太守龚禄、焦璜，是后太守不敢之郡。只住安定县，去郡八百余里。安定治所未详。除张嶷为太守。嶷诱以恩信，讨其不服。在官三年，徙还故郡。定莋、在今四川盐源县南。台登、在今四川冕宁县东。卑水在今四川会理县东北。三县，旧出盐、铁及漆，夷徼久自锢食，嶷率所领夺取，署长吏焉。郡有旧道，经旄牛中旄牛，汉县，在今四川汉源县南。至成都，既平且近，绝已百余年，更由安上，既险且远。安上，谢钟英云：当在峨边、越嶲间。亦获开通，复古亭驿。嶷在郡十五年，至延熙十七年（254）乃还。永昌郡夷獠不宾，以霍弋领太守，率偏军讨之，斩其豪帅，郡界宁静。弋后领建宁太守，统南郡事。蜀亡降魏，仍拜南中都督，委以本任，使救吕兴，事已见前。案，马谡攻心之论，诸葛亮七纵七擒之说，古今侈为美谈，《三国·蜀志·马谡传注》引《襄阳记》曰：亮征南中，谡送之数十里。亮曰："虽共谋之历年，今可更惠良规。"谡对曰："南中恃其险阻，不服久矣。虽今日破之，明日复反耳。今公方倾国北伐，以事强贼，彼知官势内虚，其叛亦速。若殄尽遗类，以除后患，既非仁者之情，且又不可仓卒也。夫用兵之道，攻心为上，攻城为下；心战为上，兵战为下；愿公服其心而已。"亮纳其策，赦孟获以服南方，故终亮之世，南方不敢复反。《亮传注》引《汉晋春秋》曰：亮在南中，所在战捷，闻孟获为夷汉所服，募生致之。既得，使观于营陈之间，问曰："此军何如？"获对曰："向者不知虚实，故败。今蒙赐观看营陈，若只如此，即定易胜耳。"亮笑，纵使更战。七纵七擒，而亮犹遣获。获止不去，曰："公天威也，南人不复反矣。"遂至滇池。南中平，皆即其渠帅而用之。或以谏亮。亮曰："若留外人，则当留兵，兵留则无所食，一不易也。加夷新伤破，父兄死丧，留外人而无兵者，必成祸患，二不易也。又夷累有废杀之罪，自嫌衅重，若留外人，终不相信，三不易也。今吾欲使不留兵，不运粮，而纲纪粗定，夷汉粗安故耳。"粗安、粗定四字，最可注意，所能期望者，原不过如此也。其实反旆未几，叛旗复举，重烦讨伐，又历多年，知志在赋取者，终非如厚往薄来之可以无猜也。邓艾入阴平，或以为南中七郡，阻险斗绝，易以自守，宜可奔南。谯周言："若至南方，外当拒敌，内供服御，费用张广，他无所取，耗损诸夷必甚，甚必速叛。"事乃已。晋既定蜀，泰始七年（271），建为宁州。太康三年（282），废宁入益，置南夷校尉以护之。《三国·蜀志·霍峻传注》引《汉晋春秋》：弋之孙彪，为晋越巂太守；《吕凯传注》引《蜀世谱》：凯子祥，为晋南夷校尉；祥子及孙，世守永昌；又《马忠传注》：子修，修弟恢，恢子义，皆为晋建宁太守；盖皆用旧人以抚之，故获相安。惠帝太安二年（303），复立宁州。巴氏乱作，声教始隔。永嘉元年（307），南夷校尉李毅卒，宁州遂陷。治中毛孟求刺史于京都，诏以李逊为之。逊仍据州与李雄相拒。逊死，州人立其子坚。陶侃使尹奉代之。至成帝咸和八年（333），乃为李寿所陷，已见第三章第六节。咸康二年（336），广州刺史邓岳，遣督护王随击夜郎，晋郡，今贵州石阡县西南。新昌太守陶协击兴古，并克之。加督宁州。五年，岳又伐蜀，建宁人孟彦执李寿将霍彪以降。寿遣李奕攻牂牁，太守谢恕固守，奕粮尽引还。后八岁，李氏灭，宁州还属晋朝。苻坚陷益州，《载记》言西南夷邛、笮、夜郎等皆归之，盖尝致其献见，然坚实未能有其地也。宋世萧惠开督益、宁，大明八年（464）。《传》言其欲收牂牁、越巂，以为内地，绥讨蛮、濮，开地征租，然有志而未逮。梁世武陵王纪居蜀，史言其南开宁州、越巂，故能殖其财用，已见第十三章第四节，此亦意在赋敛而已。其时徐文盛为宁州，《传》云：州在僻远，所管群蛮，不识教义，贪欲财贿，劫篡相寻，前后刺史莫能制。文盛推心抚慰，示以威德，夷獠感之，风俗遂改。当时自边徼举兵勤王者，实惟文盛与陈高祖二人，其人盖亦异才，惜乎未竟其用也。《齐书·州郡志》云：宁州道远土瘠，蛮夷众多，齐民甚少。诸爨氏强族，恃远擅命，故数有土反之虞。盖客籍官于宁能举其职亦少，故其后地遂为两爨所擅焉。

第三节　林邑建国

秦、汉之开南越，所至之地，不为不远，然其地陆路阻塞，交通皆借海道，其南境，海道距印度近而距中国已开发之地远，故越三四百年，其地之民族，遂有承袭印度之文化而谋自立者，林邑是也。《晋书·林邑传》曰：林邑国，本汉时象林县，则马援铸柱之处也。汉象林县，在今越南之广南。其地有茶荞古城，考古者云即林邑之都，见鄂卢梭《占城史料补遗》，在《西域南海史地考证译丛续编》中，商务印书馆本。《水经·温水注》云：建武十九年（43），马援树两铜柱于象林南界，与西屠国分，汉之南疆也。土人以其流寓，号曰马流，世称汉子孙也。又云：秦徙余民，染同夷俗，日南旧风，变易俱尽。盖其地华人甚少，故渐为夷所同化。后汉末，功曹姓区，有子曰连，《梁书》作达，《水经注》作逵。杀令，自立为王。子孙相承。《水经注》云：自区逵以后，国无文史，失其年代，世数难详。其后王无嗣，外孙《梁书》作外甥，《隋书》作其甥。范熊代立。熊死，子逸立。自孙权以来，不朝中国。至武帝太康中，始来贡献。咸康二年（336），《梁书》《南史》作三年。范逸死，奴文篡位。文，日南西卷县夷帅范椎奴也。《齐》《梁书》《南史》皆作范稚。西卷县，在今越南承天府附近。尝牧牛涧中，获二鲤鱼，化成铁，用以为刀。刀成，乃对大石郐而祝之曰："鲤鱼变化，冶成双刀，石郐破者，是有神灵。"进斫之，石即瓦解。文知其神，乃怀之。随商贾往来，《梁书》《南史》云：范稚常使之商贾。见上国制度。至林邑，遂教逸作宫室、城邑及器械。《梁书》《南史》作及兵车器械。逸甚爱信之，使为将。文乃潜逸诸子，或徙或奔。及逸死，无嗣，文遂自立为王。《梁书》《南史》云：文伪于邻国迎王子；置毒于浆中而杀之，遂胁国人自立。于是乃攻大岐界、小岐界、式仆、徐狼、屈都、乾鲁、扶单等诸国，并之。《梁书》云：举兵攻旁小国，皆吞灭之。有众四五万人。近世治南洋史者，谓林邑即唐之环王，五代后之占城，在我虽有异名，在彼则迄以占婆自号，《唐书》：环王，亦名占婆。《西域记》名摩诃瞻波。《南海寄归内法传》作占波。未尝有所谓林邑者。冯承钧译马司培罗《占婆史序》。商务印书馆本。案，《太平寰宇记》卷百七十六。云：林邑国，本秦象郡林邑县地，汉为象林县，属日南郡，而《水经注》述林邑事，有"后去象林、林邑之号"之文，则占婆建国之初，实曾以中国县名，为其国号也。《三国·吴志·吕岱传》，谓岱既定交州，遣从事南宣国化，徼外扶南、林邑、明堂诸王各遣使奉贡，则《晋书》谓自孙权以来，不朝中国者实非；或其所谓中国，乃指汉、魏而言也。《后汉书·南蛮传》：和帝永元十二年（100），四月，日南象林县蛮夷二千余人，寇掠百姓，燔烧官寺。郡县发兵讨击，斩其渠率，余众乃降。于是置象林将兵长史，以防其患。顺帝永和二年（137），日南象林徼外蛮夷区怜等数千人攻象林县，烧城寺，杀长吏。交趾刺史樊演发交趾、九真二郡兵万余人救之。兵士惮远役，遂反。攻其府。会侍御史贾昌使在日南，即与州郡并力讨之，不利。遂为所攻围。明年，用李固议，拜祝良为九真太守，张乔为交趾刺史，乃讨平之。后张津为区景所杀，事见上节。然则象林徼外蛮夷，为患已久，而区氏为象林魁桀，故终至杀令而自立也。占婆古碑，尚有存者。马司培罗谓考诸碑文，占婆有史以来第一王为释利魔罗 çri Mara，或即区连云。见《占婆史》第二章。范为中国姓，抑系译音，近人多有异说。伯希和云：占婆碑文，国王名号，无一与范字相类者；马司培罗谓范为 Varnan 对音；详见费郎《叶调斯调与爪哇》，在《西域南海史地考证译丛续编》中。其言似亦有理，然究不能谓中国史所载林邑诸王，必见于占波碑文中也。予谓范文之知识，尚系得诸中国，则自此以前，以中国人入占波作大长，于势甚顺。范熊、范文，不必论其种姓如何，视为中国民族，固无不可也。

陶璜言范熊世为逋寇，则林邑之为边患，由来已久，及范文立而愈烈。《晋书·林邑传》言：文遣使通表入贡，其书皆胡字，此与《本纪》所书咸康六年（340）十月，林邑献驯象，当即一事。后七年而兵端启。《传》云：永和三年（347），文率其众，攻害日南。陷太守夏侯览。杀五六千人。余奔九真。以览尸祭天。铲平西卷县城。遂据日南。告交州刺史朱蕃，《梁书》作朱藩。求以日南北鄙横山为界。初徼外诸国，尝赍宝物，自海路来货贿，而交州刺史、日南太守多贪利侵侮，十折二三。至刺史姜壮时，《梁书》《南史》皆作姜庄。使韩戢领日南太守，戢估较大半，又伐船调椇，声云征伐，由是诸国恚愤。且林邑少田，贪日南之地。戢死，继以谢擢，《梁书》作谢稚。侵刻如初。及览至郡，《梁书》云：台遣览为太守。酖荒于酒，政教愈乱，故被破灭。既而文还林邑。是岁，朱蕃使督护刘雄戍于日南，文复攻陷之。四年，文又袭九真，害士庶十八九。明年，征西督护滕畯率交、广之兵伐文于卢容，县名，当在承天府之南。为文所败，退次九真。其年，文死，子佛嗣。升平末。广州刺史滕含率众伐之。佛惧，请降。含与盟而还。含，修之孙，见《修传》。《梁书·林邑传》云：文杀夏侯览，留日南三年，乃还林邑。朱蕃后遣刘雄戍日南，文复屠灭之。进寇九德，残害吏民。遣使告蕃：愿以日南北境横山为界。蕃不许。又遣督护陶缓、李衢讨之。文归林邑。寻复屯日南。五年（349），文死，子佛立。犹屯日南。桓温遣督护滕畯、九真太守灌邃帅交、广兵讨之。佛婴城固守。邃令畯盛兵于前，邃率劲卒七百人自后逾垒而入。佛众惊溃奔走。邃追至林邑。佛乃请降。留日南三年句，乃总其前后而言之，自永和三年至五年。此处所谓乃还林邑，与下文之文归林邑，正是一事。然云寻复屯日南；又云文死，子佛立，犹屯日南；则自永和三年之后，林邑之兵，实迄未赏去日南矣。惟范文初还，刘雄未败时尝暂复，此时文实尚未据日南也。滕畯之兵，《晋书》在范文时言其败，而《梁书》在范佛时言其胜者，《水经注》言：永和五年，桓温遣督护滕畯，率交、广兵伐范文于旧日南之卢容县，为文所败，退次九真，更治兵。文被创死，子佛代立。七年，畯与交州刺史杨平复进。军寿泠浦。在区粟城之南。区粟城，《水经注》云：即西卷县。入顿郎湖。在四会浦口之西。四会浦口，今顺安海。讨佛于日南故治。佛蚁聚，连垒五十余里。畯、平破之。佛逃窜山薮，遣大帅面缚，请罪军门。遣武士陈延劳佛，与盟而还。则畯征林邑，实经再驾，始败终胜，范文既以创死，则初役亦不得谓全败。《晋书》漏书其后一役，《梁书》又漏书其前一役也。《本纪》：永和九年，三月，交州刺史阮敷讨佛于日南，破其五十余垒。《梁书·传》云：升平初，复为寇暴，刺史温放之讨破之。放之，峤子。《晋书·峤传》云：放之以贫求为交州，朝廷许之。既至南海，甚有威惠。将征林邑，交趾太守杜宝，别驾阮朗并不从，放之以其沮众，诛之。勒兵而进。遂破林邑而还。《水经注》事在升平二年（358），云水陆累战，佛保城自守，重求请服，听之。《本纪》：三年，十二月，放之又讨林邑参离、耽潦，盖林邑属夷。并降之。此数事《晋书·传》亦漏书。《传》又云：至孝武宁康中，遣使贡献。至义熙中，每岁又来寇日南、九真、九德诸郡，杀伤甚众。交州遂致虚弱，而林邑亦用疲弊。佛死，子胡达立，上疏贡黄金盘碗及金钲等物。一似佛死胡达立，在义熙之后者，其误殊甚。《杜慧度传》：慧度父瑗，平李逊之乱，交州刺史滕逊之乃得至州，已见上节。《传》又云：逊之在前十余年，与林邑累相攻伐。逊之将北还，林邑王范胡达攻破日南、九德、九真三郡，遂围州城。时逊之去已远。瑗与第三子爱之，悉力固守。多设权策，累战，大破之。追讨于九真、日南，连捷。故胡达走还林邑。乃以瑗为交州刺史。义熙六年（410），年八十四，卒。李逊之叛，事在太元五年（380）十月，其见杀在六年七月，逊之到官，必在六七年间，在州十余年，约当太元之末，佛死而胡达继，必在升平二年至太元末年之间。《梁书·传》云：安帝隆安三年（399），佛孙须达，复寇日南，执太守炅源。又进寇九德，执太守曹炳。交趾太守杜瑗遣都督邓逸等击破之。即以瑗为刺史。则隆安三年，林邑王位，又嬗于须达矣。《晋书·本纪》：太元七年，三月，林邑范熊献方物，此时在位者为佛为胡达不可知，要不得更有范熊，疑熊乃号而非名也。《梁书·传》又云：义熙三年（407），须达复寇日南，杀长史。瑗遣海逻督护阮斐讨破之，斩获甚众。九年，须达复寇九真。行郡事杜慧期慧度弟。与战，斩其息交龙王甄知，及其将范健等。生俘须达息那能，及虏获百余人。《本纪》：是年三月，林邑范湖达寇九真，交州刺史杜慧度斩之，湖达盖即甄知，亦号而非名也。《梁书·传》云：自瑗卒后，林邑无岁不寇日南、九德诸郡，杀荡甚多。交州遂致虚弱。《杜慧度传》云：高祖践阼之岁，慧度率文武万人，南讨林邑。所杀过半。前后被钞略，悉得还本。林邑乞降。是役盖亦一大举，然兵端仍不戢。《宋书·林邑传》云：高祖永初二年（421），林邑王范阳迈遣使贡献，即加除授。太祖元嘉初，侵暴日南、九德诸郡。八年，又遣楼船百余寇九德，入四会浦口。交州刺史阮弥之，遣队主相道生三千人赴讨。攻区粟城，不克而还。林邑欲伐交州，借兵于扶南，扶南不从。十年，阳迈遣使上表献方物，求领交州。诏答以道远，不许。十二、十五、十六、十八年，频遣贡献，而寇盗不已。所贡亦陋薄。太祖忿其违慢。二十三年，使交州刺史檀和之伐之。遣太尉振武将军宗悫受和之节度。和之遣府司马萧景宪为军锋，悫仍领景宪军副。向区粟城，克之。乘胜进讨，即克林邑。阳迈父子，并挺身奔逃。所获珍异，皆是未名之宝。此役之后，林邑寇盗遂息，或谓中国之兵威，有以慑之，核其实，亦未必然。《齐书·林邑传》云：永初二年，林邑王范杨迈，初产，母梦人以金席藉之，光色奇丽，中国谓紫磨金，夷人谓之杨迈，故以为名。杨迈死，子咄立，篡其父，复改名杨迈。下叙檀和之征林邑事。其下云：杨迈子孙相传为王，未有位号。夷人范当根纯攻夺其国，篡立为王。永明九年（491），遣使贡献金簟等物。诏可持节都督缘海诸军事、安南将军、林邑王。范杨迈子孙范诸农，率种人攻当根纯，复得本国。十年，以诸农为持节都督缘海诸军事、安南将军、林邑王。永泰元年（498），诸农入朝，海中遭风溺死。以其子文款为假节、都督缘海诸军事、林邑王。《梁书》则云：须达死，子敌真立。其弟敌铠，携母出奔。敌真追恨不能容其母、弟，舍国而之天竺，传位于其甥。国相藏驎固谏，不从。其甥既立，而杀藏驎。藏驎子又攻杀之，而立敌铠同母异父之弟曰文敌。文敌后为扶南王子当根纯所杀。大臣范诸农，平其乱而自立为王。诸农死，子阳迈立。宋永初二年，遣使贡献，以阳迈为林邑王。阳迈死，子咄立。篡其父，复曰阳迈。下乃叙元嘉以来侵暴，及檀和之讨伐之事。案，自义熙九年至永初二年，其间仅八年，似未能容敌真、敌铠、藏驎、文敌、范当根纯、范诸农之争夺相杀，及诸农后两世之传袭。永明九年、十年之除授，明有当根纯及诸农之名，必不致误。《齐书·扶南传》：永明二年，其王阇邪跋摩上表曰："臣有奴名鸠酬罗，委臣逸走，别在余处，构结凶逆。遂破林邑，仍自立为王。伏愿遣军，讨伐凶逆。臣亦自效微诚，助朝廷翦扑。若欲别立余人为彼王者，伏听敕旨。脱未欲灼然兴兵伐林邑者，伏愿特赐敕在所，随宜以少军助臣，乘天之威，珍灭小贼。"此所谓鸠酬罗，与当根纯当即一人。一云奴，一云王子者，或奴而见养为子；或实奴而诈称王子；或又讳子叛父，称之为奴也。然则《梁书》此段叙述必误。阳迈本号而非名，《占婆史》云：阳迈 yan mah，意言金王也。故人人可以之自称也。《齐书》死于永初二年之杨迈，似即须达；《梁书》范诸农之子阳迈，则即《齐书》之文款也。林邑在宋、齐之际，盖内既有衅，外又遭扶南贼子之侵寇，故无暇陵犯边邑矣。《梁书》又云：孝武建元、当作孝建。大明中，林邑王范神成，累遣长史，奉表贡献。明帝泰豫元年（472），又遣使献方物。齐永明中，范文赞累遣使贡献。神成、文赞，似即敌真、文敌。二人皆须达之子，而未受封拜，故《齐书》云阳迈子孙相传为王，未有位号也。阇邪跋摩之表在永明二年，则当根纯之篡夺林邑，必尚在其前，永明中文赞似不容累使贡献，或国都虽见夺于当根纯，范文之子孙，仍能据一隅自守，诸农乃借之而起，亦如后世新、旧阮之事邪？《梁书》又云：天监九年（510），文赞子天凯奉献白猴。诏以为持节都督缘海诸军事、林邑王。十三年，天凯累遣使献方物，俄而病死，子弼�邪跋摩立，奉表贡献。普通七年（526），王高式胜铠遣使献方物。中大通二年（530），行林邑王高式律陁罗跋摩遣使贡献。诏皆以为持节督缘海诸军事、绥南将军、林邑王。文赞果即文敌，则天凯非以子继父乃继文款之后，要仍为范文之子孙，弼毼跋摩之名，忽易而为侏离之语，云系文赞之子，或不可信。当时史籍，于四裔世次多误，参看第七节吐谷浑、第八节高昌等可见。自此以后，林邑诸王名号皆然。疑其国更有变故，而为史所不详。王林邑者，自中国民族易而为印度民族，或即在斯时也。林邑之自立，实由占婆民族，受印度文化之濡染，程度稍高，不忍官吏之贪暴而叛去。《晋书·林邑传》云：人皆裸露徒跣，以黑色为美；《隋书传》云：其人深目高鼻，发拳色黑；可见其民纯系马来人。其文化：如居处为阁，名曰干阑，门户皆北向；男女皆以横幅吉贝绕要以下，谓之干漫，亦曰都缦；不设刑法，有罪者使象蹋杀之；《梁书》本传。自系马来旧俗。然谓师君为婆罗门；《齐书》本传。其大姓亦号婆罗门；《宋书》本传。女嫁者由婆罗门率婿与妇，握手相付；《齐书》。其王着法服，加璎珞，如佛像之饰；事乾尼道，铸金、银人像，大十围；檀和之销其金人，得黄金数十万斤。《宋书》。人皆奉佛；文字同于天竺；《隋书》本传。则纯为来自印度之文化矣。种族既不相同，文化又复岐异，为之大长之范氏，即果系中国人，其不能持久，亦其宜也，况益以官吏之贪暴乎？既服于我之民族，复叛而去，论者恒以为可惜。然政治之管辖，仅一时之事，惟社会合同而化，乃可以长治久安。苟其不然，兵力虽强，政令虽酷，终不能永远束缚也。文化本所以谋乐利，我之文化，果优于彼，彼自乐从。若其不然，安能强人以从我？文化既不相同，安能禁人之谋自立？若谓彼借我之力而稍开化，转图叛我，实为孤恩。则我之启发彼，果为我欤？抑为彼也？此世所谓先进之民族，不应不抚心自问者也。果以大公无我为心，则人自不知求自立而至于知求自立，正见我牖启之功，以先知先觉自任者，正当欣然而笑耳。

第四节　海南诸国

《梁书·海南传》云：海南诸国，大抵在交州南及西南大海洲上。相去近者三五千里，远者二三万里。其西与西域诸国接。汉元鼎中，遣伏波将军路博德开百越，置日南郡，其徼外诸国，自武帝以来皆朝贡。后汉桓帝世，大秦、天竺，皆由此道遣使贡献。及吴孙权时，遣宣化从事朱应，中郎康泰通焉。其所经及传闻，则有百数十国。因立记传。晋代通中国者盖鲜，故不载史官。及宋、齐，至者十有余国，始为之传。自梁革运，其奉正朔，修贡职，航海岁至，逾于前代矣。今采其风俗粗著者，缀为《海南传》云。案，史官记载之多少，由于诸国修贡职者之多少，诸国修贡职者之多少，特其与朝廷交际之多少，民间航海之盛衰，则初不系乎此也。《传》以林邑居首，今以其本为中国郡县，别为一节，其余诸国，则著之于此。

海南诸国，扶南为大。扶南，今柬埔寨也。《晋书·扶南传》云：西去林邑三千余里，在海大湾中。《齐书》云：在日南之南大海西蛮中，蛮盖弯之误。《梁书》云：在日南郡之南海西大湾中，去日南可七千里，在林邑西南三千余里。乍观之，极似指令之泰国，故中外史家，多有以泰国释之者，然非也。法艾莫捏《扶南考》曰："凡中国史家所载扶南事述，证之柬埔寨，全相吻合，然从未有一端合于暹罗者。"艾莫涅《扶南考》，在《国闻译证》第一册中，开明书店本。记扶南事者，以《梁书》为详。其《传》云：扶南国俗本裸，文身被发，不制衣裳。以女人为王，号曰柳叶。《晋书》作叶柳。年少壮健，有似男子。其南有徼国，《齐书》作激国，《南史》同。《晋书》但云外国人。有事鬼神者字混填。《晋书》作混溃。梦神赐之弓，乘贾人舶入海。混填晨起，即诣庙。于神树下得弓。便依梦乘船入海。遂入扶南外邑。《晋书》云：梦神赐之弓，又教乘舶入海。混溃旦诣神祠得弓，遂随贾入泛海至扶南外邑。《齐书》云：梦神赐弓二张。柳叶人众见舶至，欲取之。混填即张弓射其舶，穿度一面，矢及侍者。《齐书》云：贯船一面，通中人。柳叶大惧，举众降。混填乃教柳叶穿布贯头，形不复露。遂治其国。伯希和《越南半岛中国史文》引《吴时外国传》曰：扶南之先，女人为主，名柳叶。有摸跌国人，字混慎，好事神，一心不懈。神感至意。夜梦人赐神弓一张，教载贾人舶入海。混慎晨入庙，于神树下得弓，便载大船入海。神回风令至扶南。柳叶欲劫取之。混慎举神弓而射焉，贯船通渡。柳叶惧伏。混慎遂王扶南。此文见《太平御览》卷三百四十七。伯希和云：《吴时外国传》，即康泰《行记》之一名。柳叶似非译音。若云译意，柬埔寨无柳树，何来柳叶？恐是椰叶之误。明陈继儒《珍珠船》云：诃陵以柳花为酒，柳花酒必是已见唐人记载之椰子花酒。设女王实名椰叶，则可推想扶南亦有一椰树部落，与古占城同矣。混慎，他书作填或滇，康泰元文似作填，此为 Kaundinya 之汉译无疑也。摸跌不见他书，必有误。《御览》又引康泰《扶南土俗》多条，大半在第七百八十七卷中。有一条，言混填初载贾人大舶入海之国名乌文国，其元名似系 Uman 或 Umun，然亦无考。一条云：横跌国，在优钹之东南。又云：优钹国在天竺之东南，可五千里。城郭、珍玩、谣俗，与天竺同。横跌、摸跌，字形相类，明是一国。以古来译例求之，元名似系摸跌。此处所云天竺，设指全印度，则其东南五千里之优钹，应在恒河以东。摸跋在优跋东南，似当求之马来半岛东岸。乌文亦在此处。惟未将康泰《行记》一切残文及他可助考证文字详考，不能尽废在印度东岸之说也。伯希和此篇，在冯承钧《西域南海史地考证译丛》中。占婆古有二大部落：一曰槟榔，在宾童龙，一曰椰子，在其北，见冯译《占婆史》第一章。纳柳叶为妻。生子，分王七邑。其后王混盘况，以诈力间诸邑，令相疑阻，因举兵攻并之。乃遣子孙，分治诸邑，号曰小王。盘况年九十余乃死。立中子盘盘。以国事委其大将范蔓。盘盘立三年死。国人共举蔓为王。蔓勇健，有权略。复以兵威攻伐旁国，咸服属之。自号扶南大王。乃治作大船，穷涨海，费郎云：即东起琼州，西至麻六甲海峡之中国海，见所著《苏门答剌古国考·苏门答剌史草》篇。冯承钧译，商务印书馆本。攻屈都昆、九稚、典孙等十余国，开地五六千里。次当伐金邻国，伯希和《扶南考》云：屈都昆之名，他处未见，仅见屈都乾、都昆、都军等。屈都乾见《齐书·林邑传》及《太平御览》卷七百九十。《水经注》卷三十六引《林邑记》，省称屈都。此处之屈都昆，应即都昆。《通典》卷百八十八，《御览》卷八百八十八，有边斗一云斑斗，都昆一云都军，拘利一云九离，比嵩四国。云：并隋时闻焉。扶南度金邻大湾，南行三千里，有此四国。都昆，应在马来半岛。九稚，盖九离之讹，亦即《御览》卷七百九十之句稚。典孙，即顿逊。金邻，《御览》七百九十引《异物志》云：一名金陈，去扶南可二千余里。又引《外国传》云：从扶南西去金陈二千余里。《水经注》卷一引竺芝《扶南记》云：林阳国，陆地距金邻国二千里。《御览》卷七百八十七引康泰《扶南土俗》云：扶南之西南，有林阳国，去扶南七千里。又引《南州异物志》云：林阳，在扶南西七千余里。义净《南海寄归内法传》，亦有金邻之名，日本僧人注解，谓即此传之金洲，则为梵文之 Suvarnadvipa，今之Palembang 矣。伯希和此篇，亦冯承钧译，在《史地丛考续编》中。蔓遇疾，遣太子金生代行。蔓姊子旃，时为二千人将，因篡蔓自立。遣人诈金生而杀之。蔓死时，有乳下儿，名长，在民间。至年二十，乃结国中壮士袭杀旃。旃大将范寻，又杀长而自立。吴时，遣中郎将康泰、宣化从事朱应使于寻国。国人犹裸，惟妇人着贯头。泰、应谓曰："国中实佳，但人亵露可怪耳。"寻始令国内男子着横幅。横幅，今干缦也。案，《三国·吴志·孙权传》：赤乌六年（243），十二月，扶南王范旃遣使献乐人及方物，《吕岱传》言扶南奉贡，已见上节。岱之召还，在黄龙三年（231），则扶南入贡，应在黄龙三年以前。惟史家叙事，不能皆具年月，《岱传》或系要其终而言之，则扶南初入贡，或即在此年，亦未可知也。则范旃篡立，略当吴大帝之时。其先须容一老寿之盘况及盘盘三年；自此上溯，必尚有数世；则混填年代，必不得甚近。扶南之建国，尚当在林邑之先也。《晋书·扶南传》云：武帝泰始初，遣使贡献。太康中，又频来。《武帝纪》：泰始四年（468），扶南、林邑各遣使来献。此后书其至者，为太康六年（285）、七年、八年。《梁书》云：晋武帝太康中，寻始遣使贡献，误。穆帝升平初，复有竺旃檀称王，遣使贡驯象。帝以殊方异兽，恐为人患，诏还之。此事《纪》在升平元年（357），竺旃檀作天竺旃檀，竺盖天竺之省称也。其后《纪》于太元十四年（389），又书其来献方物，而不言其王为何人。《梁书》亦叙竺旃檀贡驯象事，下云：其后主憍陈如，本天竺婆罗门也。有神语曰：应王扶南。憍陈如心悦。南至盘盘。见下。扶南人闻之，举国欣戴，迎而立焉。复改制度，用天竺法。按，竺旃檀当是印度人，当其时，天竺治法，必已颇行于扶南矣，特至憍陈如而更盛耳。《梁书》又云：《憍陈如死，后王持梨陁跋摩，宋文帝世，奉表献方物。"《宋书·夷蛮传》云：元嘉十一（434）、十二、十五年，国王持黎跋摩遣使奉献。《齐书·南夷传》云：宋末，扶南王姓侨陈如，名阇邪跋摩，遣商货至广州。天竺道人那伽仙附载欲归国。遭风至林邑，掠其财物皆尽。那伽仙间道得达扶南。案，此叙事即系据其表辞。永明二年（484），阇邪跋摩遣那伽仙上表，已见上节。梁天监二年（503），跋摩复遣使送珊瑚佛像，并献方物。诏以为安南将军、扶南王。十年、十三年，跋摩累遣使贡献。其年死。庶子留陁跋摩杀其嫡弟自立。其后十六年、十八年、普通元年（520）、中大通二年（530）、大同元年（535）、五年，又遣使来，皆见本传。陈高祖永定三年（559），宣帝太建四年（572），后主祯明二年（588），皆使献方物,见《本纪》。艾莫涅《扶南考》,谓中国于四裔,同时或时极相近者,多以异名称之,层见叠出。使能名号归一,国数必可大减。彼谓《文献通考》纪狼牙修事云:立国以来,四百余年。后嗣衰弱。王族有贤者,国人归之。王闻,乃加囚执。其锁无故自断。王以为神,不敢害。逐出境。遂奔天竺。天竺妻以长女。俄而狼牙修王死,大臣迎还为王。二十余年死。子婆加达多立。天监十四年,遣使阿撒多奉表。案,此亦《梁书·海南传》之文。狼牙修即扶南,贤王即憍陈如,此说似太早计。彼又谓憍陈如之印度名曰甘婆(Kambu),从大自在天神(Śiva)处得一妇,即柬埔寨梵文碑之班罗(Perá)。因此,古代传说,其国名甘婆地(Pays de Kambu),教徒名甘婆阇(Kambu-jas)。意即系出甘婆之人。此为其五世纪时之名,后遂以甘白智名国云。甘白智,柬埔寨古名。憍陈如登位后,号持留陁跋摩(Śrutavarman),意即圣经之保卫者。柬埔寨列王,皆以跋摩(Varman)字为尊号结尾,自此王启之也。持梨陁跋摩(Śresthavarman)意为善人与婆罗门教士之保护者。后代碑文,称其居持梨陁补罗(Śresthapura),意即婆罗门城。留陁跋摩(Rudravarman)自附于憍陈如之女之统系,必持梨陁跋摩之戚属而非其子。碑刻中亦颂扬其功烈云。

《梁书·扶南传》云:其南界三千余里有顿逊国。在海崎上。地方千里。城去海十里。有五王,并羁属扶南。艾莫涅云:史莱格(Schlegel)谓即今答纳萨利或旦那赛林,是也,惟南境当展至麻六甲半岛。顿逊之东界通交州,其西界接天竺、安息。徼外诸国,往还交市。所以然者,顿逊回入海中千余里,涨海无崖岸,船舶未曾得径过也。其市东西交会,日有万余人。珍物宝货,无所不有。顿逊之外,大海洲中,又有毗骞国。去扶南八千里。艾莫涅曰:即白古。言距扶南八千里者,自扶南之毗骞,当绕行麻六甲半岛全部也。伯希和云:此国似在 Iraouaddy 江及印度洋缘岸。传其王身长丈二,头长三尺,自古来不死,莫知其年。王神圣,国人善恶及将来事,王皆知之,是以无敢欺者。南方号曰长颈王。《南史·刘杳传》:沈约云:"何承天纂文奇博,其载张仲师及长颈王事,此何所出?"杳曰:"仲师长尺二寸,惟出《论衡》;长颈是毗骞王,朱建安《扶南以南记》云:古来至今不死。"约即取二书寻检,一如杳言。朱建安《扶南以南记》,即朱应《扶南异物志》也。国俗有室屋、衣服,啖粳米。其人言语,小异扶南。艾莫涅曰:此犹言猛种(Mons)或白古种(Pégouans)言语,与吉蔑族(Khmers)言语相似也,至今日始知其确。国法刑罪人,并于王前啖其肉。国内不受估客,有往者亦杀而啖之,是以商旅不敢至。王常楼居,不血食,不事鬼神。其子孙生死如常人,惟王不死。扶南王数遣使与书相报答。王亦能作天竺书。书可三千言,说其宿命所由，与佛经相似，并论善事。又传扶南东界即大涨海。海中有大洲。洲上有诸薄国。国东有马五洲。复东行涨海千余里，有自然火洲。其上有树生火中。洲左近人，剥取其皮，纺绩作布。极得数尺，以为手巾。与焦麻无异，而色微青黑。若小垢污，则投火中，复更精洁。或作灯炷，用之不知尽。案，此即火浣布，乃石绵所制，昔人不知其故，自然火洲，盖上有火山，因附会而为此说也。《苏门答剌古国考》云：《通典》卷百十八，《御览》卷七百八十八，有国名杜薄。在扶南东涨海中，直渡海数十日而至。伯希和以为社薄之讹。社薄，古音读如 Jabak，为阇婆迦（Jāvaka）、阇婆格（Zābag）之对音。印度《罗摩延书》（Rāmāyana）有耶婆洲（Yavadvipa）、耶婆（Yava）之名，昔人释为爪哇，然中有七国庄严，黄金为饰之语，南海西部诸洲，有金矿者惟一苏门答剌。苏门答剌昔名耶婆，转为阇婆，又转为阇婆迦，诸薄古音读若 Cubak，应亦为阇婆迦之讹译，则亦应在苏门答剌矣。凡此诸国，殆皆因扶南而传闻者也。其自宋至陈，来朝贡者：有诃罗陀、元嘉七年（430）来献。史载其表辞。王名坚铠。所遣二人，一名毗纽，一名婆田。呵罗单国，元嘉七年亦来献，无表文及王与使者之名。十年奉表，王名毗沙跋摩。后为子所篡夺。十三年，又上表求买铠仗、袍袄及马，所遣使者，亦名毗纽。颇疑诃罗陀、呵罗单实一国，而史误析为二也。呵罗单、元嘉七年、十年、十三年来。后又一来。二十六年，与婆皇、婆达同被除授。二十九年又来。治阇婆洲。《本纪》纪其十一年、十四年来，而无十三年来之事。十年有阇婆洲来，疑亦即呵罗单，而史误析之也。婆皇、元嘉二十八年，孝建三年（456），大明三年（459）、八年，泰始二年（466）来。《纪》载其元嘉十九、二十六年来，孝建之来在二年。婆达、元嘉二十六年来，二十八年再来。《纪》十二年来，而二十八年只一来。阇婆婆达、元嘉十二年来。《纪》作阇婆娑达，《南史》作阇婆达。盘盘、元嘉、孝建、大明中，大通元年（527）、四年来。四年《南史》作六年。陈宣帝太建四年（572），后主至德二年（584）来，见《纪》。《唐书》：盘盘，北与环王，南与狼牙修接。艾莫涅云：今之槃直（Padjai〔Phonthiet〕）、邦利（Panri）、邦朗（Panrang）诸谷道，皆从盘盘一名，变化而来。丹丹、中大通二年（530）、大同元年（535）来。陈宣帝太建四年来，十三年来，后主至德二年来。见《纪》。干陁利、宋孝武世，梁天监元年（502）、十七年，普通元年（520）来。陈文帝天嘉十年（569）来，见《纪》。此国或云在爪哇，或云在苏门答剌。艾莫涅云：即后之赤土，居湄南江下游，今泰国之地也。狼牙修、天监十四年来。《纪》又载其普通四年、中大通三年来。陈废帝光大元年（567）来，见《纪》。婆利、天监十六年、普通三年来，艾莫涅云：即安南古著作

家所记之 Balsi，为扶南之别名。其遣使之年，皆与扶南同。《传》云：王姓
憍陈如，自古未通中国，问其先及年数，不能记焉，而言白净王夫人即其国
女也。艾莫涅云：白净王夫人即柳叶，案，此似近武断。投和，《陈书·后主
纪》：至德元年十二月，头和国来，当即此。冯承钧云：此国在湄南江流域。
大抵在今马来半岛、苏门答剌、爪哇之境。诸国人皆黑色，中国谓之昆仑，
入奴籍者颇多。《晋书·孝武文李太后传》：为宫人，在织坊中，形长而色
黑，宫人皆谓之昆仑，此以黑色者为昆仑也。《宋书·王玄谟传》：孝武宠一
昆仑奴子，常在左右，令以杖击群臣，此以昆仑为奴之证。然用昆仑为奴者，
初不必帝王之家，故唐人小说，多有所谓昆仑奴者。《齐书·王琨传》：父怿
不慧，侍婢生琨，名为昆仑，盖几于以奴视之矣。《南史·孔范传》：后主多
出金帛，募人立功，范素于武士不接，莫有至者，惟负贩轻薄多从之；高丽、
百济、昆仑诸夷并受督。当时外人流入中国为奴者固多，时又习以奴从军也。
马来人肤色虽黑，其骨格仍有类白种人者，则亦谓之胡。《宋书·邓琬传》，
刘胡以颜面黝黑似胡，故以为名是也。近人《唐人用黑奴考》云：今日欧洲
各国，通称黑人曰尼刻罗（Negro）。此字出于西班牙。非洲黑人，种类甚多。
所谓尼刻罗者，居于赤道线，北至撒哈拉，西至几内亚缘岸，东至阿比西尼
亚。自古贩卖黑奴者，以几内亚缘岸为大市。今几内亚海岸缘非洲热带，有
黑人曰刻罗（Kroo），或称刻弄门（Krumen）。西班牙所谓尼革罗，其原盖出
于此。本专称一种，后乃为泛称耳。唐人诗"生下昆仑儿"，昆字读入声，
犹麒麟儿之麒读入声也。然其文明程度，并不甚低。如扶南初虽裸体，然此
乃因其地气候炎热，无须乎衣，非不能制衣也。《晋书》言其性质直，不为
寇盗，以耕种为务，则已进于耕农矣。又言其好雕文刻镂，亦有书记、府库。
《齐书》云：伐木起屋。国王居重阁。以木栅为城。海边生大箬叶，长八九
尺，编其叶以覆屋。人民亦为阁居。为船八九丈，广栽六七尺，头尾似鱼。
则其营造之技，亦不可谓拙。以善造船，故能航海。《齐书·荀伯玉传》言：
张景真度丝锦与昆仑营货。《北齐书·魏收传》：收以托附陈使封孝琰，牒令
其门客与行，遇昆仑舶得奇货，罪当死，以赎论。可见是时，昆仑人在海道
经商亦颇盛也。大抵皆得诸印度者也。《宋》《梁书》所载各国表文，多可见
其信佛。毗骞王能作天竺书，已见前。《晋书·扶南传》云：文字有类于胡，
即非天竺文，亦必出于天竺文者也。那伽仙之来也，言其国俗事摩醯首罗天
神，神常降于摩耽山。《梁书·扶南传》云：俗事天神，天神以铜为像，二
面者四手，四面者八手，手各有所持，或小儿，或鸟兽，或日月，即是物也。
此亦天竺人所奉事。《摩醯首罗》，名见阿育王经。此时交州既多丧乱，官吏
又习于侵刻，故来广州者渐多，《齐书·扶南传》云："不便战，常为林邑所

侵暴，不得与交州通，故其使罕至。"扶南未必自陆道通交州，此所侵击者亦海舶也。诃罗陁坚铠之表曰："臣国先时，人众殷盛，不为诸国，所见陵迫。今转衰弱，邻国竞侵。伏愿圣主，远垂覆护；并市易往返，不为禁闭。若见哀念，愿时遣还，令此诸国，不见轻侮，亦令大王，名声普闻。扶危救弱，正是今日。今遣二人，是臣同心，有所宣启，诚实可信，愿敕广州，时遣舶还，不令所在，有所陵夺。"其渴望通商，而又厚有望于广州可见。朝贡之盛，亦未必不由于此也。

斯时南海之航业，盖以印度为最盛，故其与中国之往还亦渐烦。《梁书》云：汉和帝时，天竺数遣使贡献。后西域反叛，遂绝。至桓帝延熹二年（159）、四年，频从日南徼外来献。魏、晋世绝不复通。惟吴时，扶南王范旃，遣亲人苏物使其国。从扶南发投拘利口，循海大湾正西北入，历海边数国，可一年余，到天竺江口，此当指恒河。逆水行七千里乃至焉。天竺王惊曰："海滨极远，犹有此人？"即呼令观视国内。仍差陈宋等二人，以月支马四匹报旃，遣物等还。积四年方至。其时吴遣中郎康泰使扶南，及见陈宋等，具问天竺土俗，云："佛道所兴国也。左右嘉维舍卫、叶波等十六大国，去天竺或二三千里，共尊奉之，以为在天地之中也。"天监初，其王屈多，遣长史竺罗达奉表献琉璃唾壶、杂香、吉贝等物。《本纪》：中天竺，天监二年（503）来，盖即此国。又有北天竺，天监三年来。《陈书·纪》：宣帝太建四年（572），天竺来。案，《宋书》载天竺迦毗梨国国王月爱，元嘉五年（428），遣使奉表，亦见《本纪》。其表辞，与屈多之表，几于全同，明系一国。迦毗黎与嘉维舍卫，皆即《佛国记》所谓迦维罗卫。其城东五十里为佛生处。吕澂《印度佛教史略》曰："释迦族住处，在罗泊提河（Rapti）东北，面积约三百二十方里。卢呬尼河（Rohini）今 Kohāna 河。贯其间，遂分十家，各为一小城主。河西北劫比罗伐窣覩（Kapilavastu）最强，即释尊家也。劫比罗伐窣覩，在今毕拍罗婆（Piprâva）。西历千八百九十八年一月，佩毗（W. C. Peppé）于尼波罗（Nepal）南境，北纬二十七度三十七分，东经八十三度八分之地，掘得一石匮。中藏石瓶、石函等物。有一瓶，纳于铁、水晶等层叠之函内，以黄金华叶安置佛骨。观其名，则佛陀世尊舍利之函，而释迦族所供养者也。石匮所在，正当法显所指之迦比罗卫，劫比罗伐窣覩之俗称。因得定佛之生地焉。"然则中国与佛国之交通，由来旧矣。《宋书》于迦毗黎国之下，又载苏摩黎、元嘉十八年来。斤陁利、孝建二年（455）来。婆黎元徽元年（473）来。三国，似以为属于天竺者，然斤陁利似即干陁利；婆黎《本纪》作婆利，恐即一国，冯承钧云："婆利一作薄利，即今爪哇东之 Bali 岛，则皆非印度之地也。"冯说见《苏门答剌古国考·附录》。师子国，今锡兰。晋义熙初，宋元嘉六年、此据

《梁书》。《宋书》云元嘉五年，《南史》同。十二年，梁大通元年（527）皆来贡。

汉桓帝时，大秦遣使自日南徼外通中国，已见《秦汉史》第九章第四节。《梁书》云：汉世惟一通焉。其国人行贾，往往至扶南、日南、交趾。其南徼诸国人，少有到大秦者。孙权黄武五年（226），有大秦贾人字秦论，来到交趾。交趾太守吴邈遣送诣权。权问方土谣俗，论具以事对。时诸葛恪讨丹阳，获黝、歙短人，黝、歙，见第十三章第三节，第九章第六节。论见之，曰："大秦希见此人。"权以男女各十人，差吏会稽刘咸送论。咸于道物故。论乃径还本国。自此至南北朝末，史迄未更记大秦之来，盖其人仅至交趾，不诣扬郡，故其事迹无传于后也。

第五节　海道交通

凡物，有可欲，则人从而求之。《宋书·夷蛮传》曰："晋氏南移，河、陇夐隔，戎夷梗路，外域天断。若夫大秦、天竺，迥出西溟，二汉衔投，特艰斯路，而商货所资，或出交部。泛海陵波，因风远至。山琛水宝，由兹自出。通犀、翠羽之珍，蛇珠、火布之异，千名万品，并世主之所虚心。故舟舶继路，商使交属。太祖以南琛不至，远名师旅。此可见宋文帝之征林邑，不尽因其侵掠边境也。泉浦之捷，威震沧溟，未名之宝，入充府实。"《齐书·东南夷传》亦曰："南夷杂种，分屿建国，四方珍怪，莫此为先。藏山隐海，瑰宝溢目，商舶远届，委输南州，故交、广富实，牣积王府。"然则不徒彼求通商贾、利赐与而来，即时主亦未尝不甘心焉，欲益财用而充玩好矣。此其往还之所以盛欤？然当时海路所通，初不止此。

《三国·吴志·孙权传》：黄龙二年（230），遣将军卫温、诸葛直将甲士万人，浮海求夷洲及亶洲。亶洲在海中。长老传言：秦始皇帝遣方士徐福，将童男、童女数千人，入海求蓬莱神山及仙药，止此洲不还，世相承有数万家。其上人民，时有至会稽货市；会稽东县人，亦有遭风流移至亶洲者。所在绝远，卒不可得至，但得夷洲数千人还。《陆逊传》云：权欲遣偏师取夷洲及珠崖，皆以谘逊。逊上疏曰："臣愚以为四海未定，当须民力，以济时务。今兵兴历年，见众损减，陛下忧劳圣虑，忘寝与食，将远事夷洲，以定大事，臣反覆思惟，未见其利。万里袭取，风波难测。民易水土，必致疾疫。今驱见众，经涉不毛，欲益更损，欲利反害。又珠崖绝险，民犹禽兽，得其民不足济事，无其兵不足亏众。今江东见众，自足图事，但当畜力而后动耳。昔桓王创基，兵不一旅，而开大业；陛下承运，拓定江表。臣闻治乱讨逆，须兵为威；农桑衣食，民之本业；而干戈未戢，民有饥寒，臣愚以为宜养育士民，宽其租赋；众克在和，义以劝勇，则河、渭可平，九有一统矣。”权遂征夷洲，得不补失。《全琮传》曰：权将图珠崖及夷洲，皆先问琮。琮曰："以圣朝之威，何向而不克？然殊方异域，隔绝瘴海，水土气毒，自古有之，兵入民出，必生疾病，转相污染，往者惧不能反。所获何可多致？猥亏江岸之兵，以冀万一之利，愚臣犹所不安。"权不听。军行经岁，士众疾疫，死者十有八九，权深悔之。是则，权之劳师，志在益众，二洲必非绝远，且必多有华人可知。《后汉书·东夷传》，述夷洲、亶洲事，略同《权传》，盖所本者同。惟末云"所在绝远，不可往来"则误。又《后书》亶作澶，乃因其在海中而加水旁耳。亶、澶之音，当与掸同，乃民族之名，与暹、蜀、寰、叟等，说见《秦汉史》第九章第四节。又云："会稽海外有东鳀人，分为二十余国"，此疑在今舟山群岛中。《注》引沈莹《临海水土志》曰："夷洲在临海东南，去郡二千里。土地无霜雪，草木不死。四面是山溪。人皆髡发穿耳，女人不穿耳。土地饶沃，既生五谷，又多鱼肉。有犬，尾短如麕尾状。此夷舅姑子妇，卧息共一大床，略不相避。地有铜铁，惟用鹿格为矛以战斗，摩砺青石以作弓矢。取生鱼肉，杂贮大瓦器，以盐卤之，历月余日乃啖食之，以为上肴也。"述其风俗、物产甚悉，且有乡方、道里可稽，可见民间必多往来。亶洲人能时至会稽，所在亦必非绝远，但将卒惮劳，不能至耳。沈莹述夷洲居民，全为夷族，而二将所掠，即得数千人，珠崖曾为郡县者可知，陆逊之言，必非其实，此孙权所以甘心焉而后卒复立为郡也。然则吴朝遣将，虽云无功，人民之移殖海外者，则不少矣。世多以徐福不归为止于日本，此特以日本与所谓三神山者，差堪比拟，而姑妄言之；日本纪伊国有徐福祠，熊野山有徐福墓，亦其欲自托于我时之附会；观孙权欲取夷洲、亶洲事，便知其诬。何者？吴时日本，与南方尚无往来，权既志在益众，使长老传言，其地果与日本相近，必不肯劳师远征也。《淮南王书》亦载徐福事；吴中父老，又有止于澶洲之说，且其说得诸其人之来货市者，非尽无稽；则徐福所将之众，或竟在会稽、临海之表，未可知也，特难凿指为今何地耳。将来设在海岛中掘得古迹，亦未必其终不可知也。《隋书·倭传》：炀帝遣文林郎斐清使于其国。度百济。行至竹岛，南望耽罗国。耽，《北史》作耽，今济州岛。经都斯麻国，迥在大海。又东至一支国。今壹岐。又东至竹斯国。又东至秦王国。其人同于华夏，以为夷洲，疑不能明也。此自亿测，不足为据，然当时华人有移植于日本之地者，则又可见矣。故知海路所通，史之所志，实十不及一也。

东北海路，所至亦不为不远，但非自吴往耳。《梁书·倭传》云：其南有侏儒国，人长三四尺。又南有黑齿国、裸国，去倭四千余里，船行可一年。又西南万里有海人，身黑眼白，裸而丑，其肉美，行者或射而食之。案，此说亦系旧闻。《三国志·倭传》云：女王国东渡海千余里，复有国，皆倭种。《后汉书》云：自女王国东，渡海千余里至拘奴国，虽皆倭种，而不属女王。又有侏儒国，在其南，人长三四尺，去女王四千余里。《后书》云：自女王国南四千余里至朱儒国。又有裸国、黑齿国，复在其东南，船行一年可至。《后书》云：自朱儒东南行船，一年，至裸国、黑齿国。此《梁书》所本也。然如《国志》之说，侏儒在倭东之国之南，不得径云在倭南；裸国、黑齿国，更在侏儒之东南，更不得云在倭南；《梁书》之措辞，为不审矣。侏儒之种，中国自古有之，上节所述黝、歙短人，即其一事。唐世道州尚有矮民，以之充贡，阳城为州，乃奏免之，事见《唐书·城传》。白居易《新乐府》，亦有一章咏其事。希勒格《中国史籍中未详诸国考证》，冯承钧译，商务印书馆本。谓此种人散布于鄂霍次克海、日本海缘岸，如黑龙江流域、朝鲜、日本北海道、千岛、堪察加、库页等地皆是。《三国·魏志·韩传》云：又有州胡，在马韩之西海中大岛上。济州。其人差短小。言语不与韩同。皆髡头如鲜卑。但衣韦。好养牛及猪。其衣有上无下。《后书》说同，而辞较略。希勒格引司特莱（Steller）《北堪察加游记》，谓千岛列岛之国后岛，土人仅衣海鸟皮所制上衣，与此相符。又米耳尼（S. Milne）于日本亚洲协会记录中，记占守岛之民，亦谓其上衣为鸟皮所制，下服则仰给于过往船舶，盖犹其遗俗云。案，近岁有在圣劳伦斯发见千五百年前短人之村落者，其遗物皆与西伯利亚缘海居民同。而据最近所发见，则琼州列岛中，尚有此等短人。民国二十五年十一月二十五日，《上海大美晚报》译《大陆报》，谓有中国人三，与一海关英员，乘快艇入海。遥见一小洲，即赴之，登岸游览。未数武，即有短人迎面而来。短人见生人，即以信号告其同侪。顷刻间，短人集者数百。其人最长者不及三尺。皆嗜酒。岛中乏盐，然有一种植物，可取盐汁。人极和善。日用所须，皆能自给云。知古者僬侥、靖人等记载，为不诬矣。黑齿盖南海之民，有涅齿之俗者。裸国则热带中人，固多如是。此等国盖皆在今北太平洋中。记载者虽未尝身至其地，然既有此传闻，则必有曾至其地者无疑。然东行海路之所极，尚不止此。

《梁书·东夷传》云：文身国，在倭东北七千余里。人体有文如兽。其额上有三文，文直者贵，文小者贱。土俗欢乐。物丰而贱。行客不赍粮。有屋宇，无城郭。其王所居，饰以金银珍丽。绕屋为堑，广一丈，实以水银，雨则流于水银之上。市用珍宝。犯轻罪者则鞭杖，犯死罪则置猛兽食之，有枉则猛兽避而不食，经宿则赦之。大汉国，在文身国东五千余里。无兵戈，不攻战。风俗并与文身国同，而言语异。扶桑国者：齐永元元年（499），其国有沙门慧深，来至荆州，说云：扶桑在大汉国东二万余里，地在中国之东。其土多扶桑木，故以为名。扶桑叶似桐，而初生如笋，国人食之。实如梨而赤。绩其皮为布，以为衣，亦以为绵。作板屋，无城郭。有文字，以扶桑皮为纸。无兵甲，不攻战。其国法有南北狱。若犯轻者入南狱，重罪者入北狱。有赦则赦南狱，不赦北狱。在北狱者，男女相配，生男八岁为奴，生女九岁为婢，犯罪之身，至死不出。贵人有罪，国乃大会，坐罪人于坑，对之宴食，分诀若死别焉。以灰绕之，其一重则一身屏退，二重则及子孙，三重则及七世。名国王为乙祁。贵人，第一者为大对卢，第二者为小对卢，第三者为纳咄沙。国王行有鼓角导从。其衣色随年改易，甲乙年青，丙丁年赤，戊己年黄，庚辛年白，壬癸年黑。有牛，角甚长，以角载物，至胜二十斛。车有马车、牛车、鹿车。国人养鹿，如中国畜牛，以乳为酪。为桑梨，经年不坏。多蒲桃。其地无铁，有铜，不贵金银。市无租估。其婚姻：婿往女家门外作屋，晨夕洒扫。经年而女不悦，即驱之。相悦，乃成婚。婚礼大抵与中国同。亲丧，七日不食；祖父母丧，五日不食；兄弟、伯叔、姑姊妹，三日不食。设灵为神像，朝夕拜奠。不制衰绖。嗣王立，三年不视国事。其俗旧无佛法，宋大明二年（458），罽宾国有比丘五人，游行至其国，流通佛法经像，教令出家，风俗遂改。慧深又云：扶桑东千余里有女国。容貌端正，色甚洁白。身体有毛，发长委地。至二三月，竞入水，则妊娠，六七月产子。女人胸前无乳。项后生毛，根白，毛中有汁，以乳子。一百日能行，三四年则成人矣。见人惊避，偏畏丈夫。食咸草，如禽兽。咸草叶似邪蒿，而气香、味咸。天监六年（507），有晋安人晋安，见第十三章第七节。渡海，为风所飘，至一岛。登岸，有人居止。女则如中国，而言语不可晓。男则人声而狗头，其声如吠。其食有小豆。其衣如布。筑土为墙，其形圆，其户如窦云。文身、大汉、扶桑三国，以乡方、道里核之，其必在今美洲无疑。顾仍有创异说者。《中国史乘中未详诸国考证》，以文身为千岛群岛中之得抚岛，大汉为堪察加，扶桑为库页岛。其论扶桑木即楮；蒲桃为玫瑰果；长角载重之牛为驯鹿；南北狱为虾夷之法；以及居室之制婚丧之礼，皆可见之于库页、堪察加及虾夷；说似甚辩。然谓扶桑在大汉东二万余里之大汉；乃《唐书》斛薛条下之大汉，地在今列那河及叶尼塞河流域，则未谙中国文史义例，乃外人读中国书隔膜处，其说必不可通。旧史之道里、乡方，固不审谛，史家亦自言之，《宋书·夷蛮传》云："南夷、西南夷，大抵在交州之南及西南，居大海中洲上。相去或三五千里，远者二三万里。乘舶举帆，道里不可详知。外国诸夷，虽言里数，非定实也。"案，史籍所载道里，有得之经行之人者，有得诸传闻之辞者。得诸传闻者，其辞或近实，或夸侈、讹缪，其信否不能一律，要在探其原而审核之，不能一笔抹杀，视作豪无根据之谈也。得诸经行之人者，其言大抵近实，惟古里较今里小，又所言者皆人行之道，非天空鸟迹，故乍观之恒觉其夸侈耳。近今西洋史家治中国史者，亦多谓此等记载，并无大差。其折算之法，大致平地五里合一英里，山地六里合一英里。然其误亦有所极，必不能大缪不然，至于如此也。文身、大汉，盖皆古之越族。扶桑则对卢之名，婿屋之俗，皆同句骊；《三国·魏志·高句丽传》：其置官，有对卢则不置沛者，有沛者则不置对卢。其俗作婚姻，女家作小屋于大屋后，名婿屋。婿暮至女家户外，自名跪拜，乞得就女宿。如是者再三，女父母乃听。使就小屋中宿。旁顿钱帛。至生子已长大，乃将妇归家。嗣王立三年不亲政事，尤为殷代谅暗遗制；必貉族之东迁者无疑。文身、大汉、扶桑之法俗、物产，虽可见诸今之千岛、堪察加、库页，不能谓今千岛、堪察加、库页之法俗、物产，不能见诸古之美洲也。希勒格又论："所谓女国者，实海兽而非人。海熊、海狗等产乳海滨，此入水则妊娠之说所由来也。此种海兽，无乳房，乳头有四，两两隐布于下腹厚毛之中，此胸前无乳之说所由来也。海师除五月十五至六月十五日交尾、产子之时，见人即避，则偏畏丈夫之说所由来也。所食咸草为海带。声如狗吠，欧洲游历之人及治博物之学者亦云然。项后生毛，似指虾夷。食菽而土户如窭，则堪察加人如是。慧深此所言者，非得诸亲历，而闻诸虾夷，故实事与神话相杂云。"其说颇为精审。然必实指其地为千岛，则亦有可商。今所见诸一地之事物，不能谓自古已来，必限于此一地也。居无城郭，市无租估，行不赍粮，国无攻战，未之逮也，而有志焉，读之能无穆然罂然于大道之行之世乎？古女国非一。《三国·魏志·沃沮传》云：王顾别遣追讨宫，尽其东界。问其耆老："海东复有人不？"耆老言："国人尝乘船捕鱼，遭风见吹，数十日，东得一岛。上有人，言语不相晓。其俗尝以七月取童女沉海。"又言："有一国，亦在海中，纯女无男。"又说："得一布衣，从海中浮出，其身如中国人衣，其两袖长三丈。"又得一破船，随波出在海岸边，有一人，项中复有面，生得之，与语不相通，不食而死。其域皆在沃沮东大海中。《后汉书》云：又说海中有女国，无男人。或传其国有神井，窥之辄生子云。希勒格《扶桑国考证》云："两袖长三丈，或三尺之误。虾夷衣袖甚长。"其《女人国考证》云："神井窥之辄生子，盖矿泉可治不孕之传讹，此俗日本及欧洲皆有之。"其说良是。惟谓两袖长三丈为三尺之讹，似尚未审。三丈固侈言之，然三尺则不足异矣。

移殖西半球者，固以越、貉二族为最早，然中国人之至西半球，亦远在哥伦布之前。章太炎《法显发见西半球说》云：近法兰西《蒙陁穆跌轮报》言：始发见亚美利加洲者，非哥伦布而为支那人。自来考历史者，皆见近不见远，徒以高名归哥氏。案，纪元四百五十八年，支那有佛教僧五众，自东亚海岸直行六千五百海里而上陆。其主僧称法显。纪元五百二年，公其行记于世，今已传译至欧洲。据其所述，上陆地确即今墨西哥。今考墨西哥文化，尚有支那文物、制度之蜕形。见有婆罗门装饰，又有大佛像等，不知何年制造。今案所谓行记者，则《佛国记》。其发见美洲之迹，当在东归失路时。录其元文如下：弘始二年，岁在己亥，与慧景、道整、慧应、慧嵬等同契至天竺寻求戒律。初发长安，六年到中印国。停经六年，到师子国。同行分披，或留或亡。即载商人大舶上，可有二百余人。得好信风东下。三日，便值大风，舶漏水入。商人大怖。命在须臾。如是大风，昼夜十三日，到一岛边。潮退之后，见船漏处，即补塞之。于是复前。大海弥漫无边，不识东西，惟望日月、星宿而进。若阴雨时，为逐风去，亦无所准。当夜暗时，但见大浪相搏，晃若火色。商人荒遽，不知那向。海深无底，又无下石住处。至天晴已，乃知东西，还复望正而进。若值伏石，则无活路。如是九十许日，乃到一国，名耶婆提。其国外道、婆罗门兴盛，佛法不足言。停此国五月日，复随他商人大舶上，亦二百许人。赍五十日粮。以四月十六日发。东北行趣广州。一月余日，夜鼓二时，遇黑风暴雨。于时天多连阴，海师相望僻误，遂经七十余日。即便西北行求岸。昼夜十二日，到长广郡界牢山南岸。得好水菜，知是汉地。或言未至广州，或言已过，莫知所定。即乘小舶入浦觅人。得两猎人，即将归，令法显译语问之。答言此青州长广郡界，统属晋家。是岁甲寅，晋义熙十二年（416）矣。案，师子国即今锡兰，本欲自锡兰东归广州，乃反为风所播，东向耶婆提国。耶婆提者，以今对音拟之，即南美耶科陁尔国（Ecuador），直墨西哥南，而东滨太平洋。科音作婆者，六代人婆、和两音多相溷，如婆薮槃豆一译作和修槃头是。耶婆提正音耶和提，明即耶科陁尔矣。世传墨西哥旧为大国，幅员至广，耶科陁尔在当时，为墨西哥属地无疑。所以知耶婆提必在美洲，非南洋郡岛者，自师子国还向广州，为期不过四十六日。据《唐书·地理志》：广州东南海行，二百里至屯门山。乃帆风西行。二日至九州石。又南，二日至象石。又西南，二日行，至占大劳山。山在环王国东二百里海中。又南行，二日至陵山。又一日行，至门毒国。又一日行，至古笪国。又半日行，至奔陁浪洲。又两日行，到军突弄山。又五日，至海硖，蕃人谓之质。东行，四五日至呵陵国。又西出硖，三日至葛葛僧祇国。四五日行，至胜邓洲。又西五日行，至婆露国。又六日行，至婆国伽蓝洲。又北，四日行，至师子国。法显失道，商舶赍五十日粮，盖仍依师子、广州水程为准。是则由师子国至广州，最迟不过五十日也。今据法显所述：遭大风，昼夜十三日，始至一岛，又九十日而至耶婆提国，合前三日计之，已得一百六十日，是东行倍程可知。况南洋与师子国间，涂次悉有洲岛，往往相属。当时帆船，皆旁海岸而行，未有直放大洋者。今言海深无底，不可下石，而九十日中，又不见驶海岛屿，明陷入太平洋中，非南洋群岛。逮至耶婆提国，犹不知为西半球地，复向东北取道，又行百余日，始折而西。夫自美洲东行又百许日，则还绕大西洋而归矣。当时海师，不了地体浑圆，惟向东方求径，还绕泰西，行进既久，乃轶青州海岸之东，始向西北折行，十二日方达牢山南岸，是显非特发见美洲，又旋绕地球一匝也。不然，由师子国至广州，程途只五十日，而东行一百六日，乃至耶婆提国，复由耶婆提国东行一百余日，始达中国近海，是为期已二百余日，不应迂回至此。由此知《蒙陁穆跌轮报》所说可信。哥伦布以求印度妄而得此，法显以返自印度妄而得此，亦异世同情哉！然据《佛国记》，耶婆提国已先有婆罗门，特无佛法，则法显以前，必有印度人遇风漂播至此者，故婆罗门教得传其地，特所谓大佛像者，或法显停留五月时所遗耳。又观美洲山脉，横贯南北者，在北美曰落迦（Rocky Mountains），至南美则曰昂底斯（Andes）。落迦本印度称山之语，如补陁落迦咀落迦、弹多落迦、羯地落迦是也。落迦义本为见，引伸则为世界。落迦冈底斯为西藏大山，即葱岭所自起，以绵亘万里得名。美之山脉，莫长于昂底斯，正与葱岭等。明昂底斯亦即冈底斯之音转。斯皆以梵语命山，益明婆罗门尝先至美洲，特以姓名不著，而尸其名者独在法显，斯可为梵土前哲悲，亦为汉土尊宿幸矣。《太炎文录别录》二。长广，见第四章第三节。章氏之说如此，信否难遽质言，然墨西哥、秘鲁等美洲古文明之国，发见中国人像、佛像、寺庙、宅舍遗迹，及他古物者，实非一次。华人之至美洲在哥伦布之先，实无足疑，特不知较印度人先后何如耳。又无论中国人印度人至美洲先后如何，必皆在貉族之后，即一二人先之，成群移殖，亦必落其后。亦似无足疑也。近人笔记云：《梁书》扶桑国，近西人诺哀曼（Neumann）推度其地，谓即墨西哥，未知确否。特墨西哥建国甚早，与闽、粤缘海诸地同纬线，在齐、梁时，亦非不可与中华交通。《梁书》言扶桑叶似桐，初生如笋，绩其皮为布，以为衣，亦以为绵，其文字以扶桑皮为纸。今考墨西哥特产，植物有摩伽（Maguey），其学名曰 Agave Americane，土人亦名百岁花，谓经百岁始一花。其物多纤维，古墨西哥象形文字，皆书于摩伽叶。此犹印度之贝叶，埃及之巴比利叶。谓摩伽即扶桑，亦近附会。但齐、梁时东行二万余里，果有文物之国，墨西哥外，实无地以当之，此诺哀曼氏所以疑扶桑为墨西哥也。

第六节　北方诸异族之同化

晋、南北朝之世，为我族同化异族最盛之时，无南北一也。世之论者，恒谓南北民族，强弱不同；北方诸族，性质强悍，故能割据土地，篡窃政权；南方诸族，则只能蟠据山谷，窃出为患而已。其实不然。北方地形平坦，利合大群；又政治枢机，列代在北；一遇变乱，异族之桀黠者，自亦能操戈而起。南方则社会之进化较迟，又非政治枢机所在，大局变乱之际，其扰攘远不如北方之烈，异族之未同化者，多自成一区，不与汉人相杂，既有自安之地，何苦厕身变乱之中？此其割据土地，篡窃政权之事，所以绝无而仅有也。然不论何族，好争斗者总只少数，此乃境遇使然，失其本性，其大多数，固皆安居乐业，自谋生理，与世无争者也。明乎此，则知所谓五胡者，看似日以搏噬为事，实亦仅其少数人，其大多数，固仍在平和中同化矣。

五胡之中，入居塞内最早者为匈奴。《晋书·北狄传》云："呼韩邪失国，携率部落，入臣于汉。汉嘉其意，割并州北界以安之。于是匈奴五千余落，入居朔方诸郡，与汉人杂处。其部落，随所居郡县，使宰牧之，与编户大同，而不输贡赋。"此等人多能从事田作，如石勒微时，为邬敬、宁驱力耕是也，见第二章第二节。当时诸胡所以可执卖者，亦以其能事田作也。史又言勒与李阳邻居，岁争麻地，互相殴击。《王恂传》言太原诸郡，以匈奴人为田客，动有百数。此皆入居内地者。刘卫辰请田内地，春来秋去，则近塞者，亦稍事耕农矣。事见第六章第三节。使大局安定，未始不可在平和中同化，无如杨、贾、八王，纷纷构难，于是匈奴之本可安居乐业者，遂亦见牵率而日事斗争矣，史所载屠各、休屠诸种是也。匈奴杂居内地者，晋、南北朝诸史，不复以匈奴称之，而多称其种姓。其中屠各扰乱最烈，盖以其旧为单于，统领诸种故也。其自安生理者，则亦如南方诸蛮，相率为入山必深、入林必密之计。史家为特立一传者，为《周书》之稽胡，余则统称为山胡，其种类亦非寡少也。《稽胡传》曰："稽胡，一曰步落稽。盖匈奴别种，刘元海五部之苗裔也。或云：山戎、赤狄之后。"二说自当以前说为是。若如后说，两汉、三国史家，不得一言不及也。《传》又云："自离石以西，安定以东，方七八百里，居山谷间，种类繁炽。离石，见第三章第四节。安定，见第二章第二节。其俗土著，亦知种田。又与华民错居，其渠帅颇识文字。然语类夷狄，因译乃通。虽分统郡县，列于编户，然轻其徭赋，有异齐民。山谷阻深者，又未尽役属，而凶悍、恃险，数为寇乱。"此等情形，实所谓山胡者之所同，而非稽胡之所独，盖稽胡原不过山胡之一，特以占地较广，种落较繁，史家乃特为之传尔。稽胡酋长，声势最盛者，为魏末之刘蠡升。孝昌中，梁武帝普通六年（525）至大通二年（528）。居云阳谷，在今山西左云县境。自称天子，立年号，署百官。属魏氏政乱，力不能讨，蠡升遂分遣部众，抄掠居民。汾、晋之间，略无宁岁。汾州，见第十二章第三节。晋州，见第十二章第八节。齐神武迁邺，始密图之。伪许以女妻其太子。蠡升信之，遣其子诣邺。神武厚为之礼，缓其婚期。蠡升既恃和亲，不为之备。大统元年，陈文帝天嘉六年（565）。三月，神武潜师袭之。蠡升率轻骑出外征兵，为其北部王所杀。其众复立其第三子南海王为主，率兵拒战。神武击灭之。建德五年（576），陈宣帝太建八年。周高祖败齐师于晋州，乘胜逐北，齐人所弃甲仗，未暇收敛，稽胡乘间窃出，并盗而有之。乃立蠡升孙没铎为主，号圣武皇帝。六年，高祖定东夏，将讨之。议欲穷其巢穴。齐王宪以为种类既多，又山谷阻绝，王师一举，未可尽除，且当翦其魁首，余加慰抚。高祖然之。乃以宪为行军元帅，督赵王招、谯王俭、滕王逌等讨之。招擒没铎。刘蠡升一支之患，盖自此而息。其居河西者，亦稍为周所讨破，皆见《传》。山胡之烦大举者，在魏世有白龙，白龙在西河，魏延和二（433）、三年，即宋元嘉十年、十一年讨灭之，事见《魏书·本纪》及《娥清》《奚眷》《陈建》等传。薛安都亦尝与于是役，见《宋书》本传。在齐世有石楼。石楼，山名，在今山西石楼县东南。《北齐书》云：其山绝险，自魏世所不能至。文宣于天保五年（554），即梁元帝承圣三年讨平之，见《本纪》及《薛循义传》。此皆其特强大者，故重烦兵力而后服，余则皆假以岁月，逐渐同化者也。《魏书·景穆十二王传》：京兆王子推之子遥，肃宗初，迁冀州刺史。冀州，见第十一章第四节。以诸胡先无籍贯，悉令造籍。既设籍，遂欲税之，以充军用。胡人不愿，乃共构遥。《刘洁传》：洁与建宁王崇，于三城胡部中，三城，见第六章第七节。简兵六千，将以戍姑臧。胡不从命，千余人叛走。洁与崇击诛之，虏其男女数千人。《周书·杨忠传》：保定四年（564），陈天嘉五年。命忠出沃野以应突厥。事见第十四章第六节。时军粮少，诸将忧之，忠曰："当权以济事耳。"乃招稽胡诸首领咸会，使王杰盛军容，鸣鼓而至。忠阳怪而问之。杰曰："大冢宰已平洛阳，天子闻银、夏之间，生胡扰乱，使杰就公讨之。"银州，周置，在今陕西米脂县北。夏州，见第十二章第三节。又令突厥使者驰至，告曰："可汗留兵十余万在长城下，故遣问公，若有稽胡不服，欲来共公破之。"坐者皆惧。忠慰喻而遣之。于是诸胡相率归命，馈输填积。此可见胡人皆能从征戍，供赋役，伐胡者之所利，正在此也。齐文宣九锡之命曰："胡人别种，蔓延山谷，酋渠万旅，广袤千里，冯险不共，恣其桀黠，有乐淳风，相携叩款，粟帛之调，王府充积"，其所以招徕之之故，情见乎辞矣。刘蠡升之亡也，《魏书》云获迺逃二万余户，《北史》云胡、魏五万户，则所谓迺逃者，实专指汉人言之。《隋书·侯莫陈颖》传：周武帝时，从滕王逌击龙泉文成叛胡，龙泉，周郡，在今山西隰县北。文成，城名，在今山西吉县北。与豆卢勣分路而进。先是稽胡叛乱，辄略边人为奴婢。至是，诏胡有厌匿良人者诛，籍没其妻子。有人言为胡村所隐，勣将诛之，以颖言而止。然则山胡中汉人实不少，其情形正与山越同，此其所以一出山即能列为编户也。然诛胡虽有利，能入山穷讨者亦少，多恃其自出耳。此观于有能以德意招抚，山民自乐出山者之多而可知也。《周书·韩果传》云：从大军破稽胡于北山。胡地险阻，人迹罕至，果进兵穷讨，散其种落，稽胡惮果劲健，号为着翅人，可见探入穷搜者之少。《韦孝宽传》言：汾州之北，离石之南，悉是生胡，钞掠居人，阻断河路。孝宽深患之，而地入于齐，无方诛翦。乃当要处，置一大城，遣开府姚岳监筑之。云地入于齐，无方诛翦，乃借口之辞，其实即在境内，亦不过如是。《隋书·郭荣传》：宇文护以稽胡数为寇，使荣绥集之，荣于上郡延安筑五城，遏其要路，即其证也。当时诛翦山胡者，杀戮殊惨。如石楼之平，《齐书》云斩首数万级，《北史》云男子自十二以上皆斩，即其一例。然叛乱初不因此而减，可见虐杀之无益。《魏书·尉拨传》：拨为杏城镇将，在任九年，大得民和，山民一千余家，上郡屠各、卢水胡八百余落，尽附为民。合第二节所言刘道产之事观之，可见南北之无异情也。延安，西魏广安县，隋世改曰延安，此盖作史者依当时地名书之。唐时复改曰延长，即今陕西延长县也。杏城，见第三章第八节。故曰：北之山胡，南之山越，名虽殊，其实一也。

氐、羌二族，居处相杂，故其种姓，殆不可分。如仇池本氐地，然当时述仇池事者多连称氐、羌，《魏书·吕罗汉传》云：仇池氐、羌反，其一例也。其散布之区，实较匈奴为广。风尘动荡之际，几于无役不与焉。如大兴四年（321）刘曜攻凉州，张茂参军陈轸谓其精卒寡少，多是氐、羌乌合之众。茂以轸为平虏护军，轸发氐、羌之众击曜，走之。咸和初，张骏遣辛岩等会韩璞攻秦州诸郡，曜遣刘胤拒之。岩谓我拥众数万，借氐、羌之锐，宜速战以灭之，不可以久，久则变生。璞不听。胤闻之，大喜。后璞遣岩分兵运粮，胤遂乘机击破之。其策璞，谓其羌、胡皆叛，不为之用。璞既败，胤遂乘胜济河，攻陷令居，入据振武，河西大震。骏遣皇甫该拒之。会刘曜东讨石生，长安空虚，骏欲袭秦、雍。索珣谏，谓曜虽东征，胤犹守本，虑其凭氐、羌以拒。是凉、赵相争，彼此皆借氐、羌为用也。宋高祖至长安，传弘之于姚泓驰道内缓服戏马，羌、胡观者数千人，并惊惋叹息。奚斤据长安，秦、陇氐、羌，多叛赫连昌诣斤降，昌遂卒无以自立。元嘉二十七年（450）之役，庞季明以秦之冠族，羌人多怀之，求入长安，招徕关、陕。及其有功，四山羌、胡，咸皆请奋。此等事不胜枚举。令居，见第五章第一节。振武，城名，在今甘肃永登县西北。然其山居自力于衣食者，亦不为少。《魏书·刘藻传》言：藻为秦州刺史。秦州，见第十一章第三节。秦人恃险，率多粗暴。或拒课输，或害长吏。目前守宰，率皆依州遥领，不入郡县。藻开示恩信，诛戮豪横，羌、氐惮之。守宰始得居其旧所。《李洪之传》言：洪之为秦、益二州刺史。益州，见第十一章第四节。赤葩渴郎羌，深居山谷，虽相羁縻，王人罕到。洪之芟山为道，广十余步，示以军行之势。乃兴军临其境。山人惊扰。洪之将数十骑至其里间，抚其妻子，问其疾苦，因资遗之。众羌喜悦，求编课调，所入十倍于常。此等虽曰梗化，实皆自安耕凿，内乱不与焉者也。当时官吏务出之者，亦不过利其赋役。《周书·达奚寔传》云：大军伐蜀，以寔行南岐州事，南岐州，见第十二章第九节。兼都军粮。先是山氏生犷，不共赋役，历世羁縻，莫能制御。寔导之以政，氏人感悦，并从赋税。于是大军粮饩，咸取给焉。《赵昶传》云：拜安夷郡守，带长蛇镇将。安夷，见第六章第六节。氏族荒犷，世号难治。昶威怀以礼，莫不悦服。期岁之后，乐从军者千余人。《刘璠传》：璠左迁同和郡守，后魏临洮郡，西魏改曰同和，在今甘肃岷县东北。善于抚御，莅职未期，生羌降附者五百余家。蔡公广时镇陇右，嘉璠善政，及迁镇陕州，后魏置，今河南陕县。欲取璠自随，羌人乐从者七百人，闻者莫不叹异。皆其事也。蜀人居处，本与氏人相杂，当时亦有北迁者，以河东薛氏为大宗，事见第八章第五节。薛永宗之败，蜀人可谓受一大创，然其声势仍不减。尔朱兆召齐神武，神武辞以山蜀未平，尔朱天光入关，仍患蜀贼断路可见。

五胡之中，鲜卑入山者似最少。尉元以彭城戍兵，多是胡人，欲换取南豫州徙民，又以中州鲜卑，增其兵数，见《魏书》本传。《通鉴》言：高欢善调和汉、鲜卑人。语鲜卑则曰："汉民是汝奴，夫为汝耕，妇为汝织，输汝粟帛，令汝温饱，汝何为陵之？"语华人则曰："鲜卑是汝作客，得汝一斛粟，一匹绢，为汝击贼，令汝安宁，汝何为疾之？"梁武帝大同三年（537）。韩陵之战，高昂自领乡人部曲，欢欲参以鲜卑。详见第一章。文宣简六坊之人。每一人必当百人。任其临陈必死，然后取之，谓之百保鲜卑。《隋书·食货志》。《北齐书·文宣纪》但云左右宿卫，置百保军士，《北史》同。然《隋志》又云：简华人之勇力绝伦者，谓之勇夫，以备边要，则宿卫之士，自系简任鲜卑也。皆可见当时斗兵，实以鲜卑为主。即可推想鲜卑人多以从军为务。此盖魏与周、齐酋长皆系鲜卑人使然，然鲜卑之死于锋镝者，亦恐视他胡人为独多矣。

五胡之众，非至南北朝之末，悉行同化也，隋、唐之世，存者实犹多。隋高祖开皇元年（581），尝发稽胡修筑长城。豆卢勣之子毓，为汉王谅主簿，谅反，毓闭城拒之，遣稽胡守堞。《隋书·虞庆则》《宇文庆》《侯莫陈颖》《慕容三藏》诸传，多载其征抚山胡之事。隋末，离石胡刘苗王叛，见《隋书·本纪》大业十年（614）。其子季真、六儿，相继攘窃，至唐初始平。《唐书》有传。唐兵之起也，稽胡五万略宜春，谓宜春苑，在长安南。窦轨讨破之。又有刘迦论者，据雕阴，隋郡，唐改为绥州，今陕西绥德县。与稽胡刘鹞子声势相倚，见《旧唐书·屈突通传》。至太宗取泾阳，隋县，今陕西泾阳县。乃击破之。马三宝从平京师，亦别击破叛胡刘拔真于北山。稽胡大帅刘企成，部落数万，为边害，隐太子讨之，破之鄜州，今陕西鄜县。诈诛六千余人。事在武德三(620)、四年，见《新书·本纪》。企成降梁师都，师都信谗杀之，其下乃多叛来降。时又扬言将增置州县，须有城邑，课群胡执版筑，而阴勒兵执杀之。《新、旧书·隐太子传》。高宗永淳三年（684），绥州城平县人白铁余率步落稽以叛，程务挺讨擒之。据《旧书·务挺传》，《新书》云绥州步落稽白铁余。城平，县名，今陕西清涧县。仆固怀恩上书，尚有鄜、坊稽胡草扰之语，坊州，今陕西中部县。是所谓山胡、稽胡者，唐中叶后，尚未尽同化也。《隋书·地理志》言：汉阳、后魏郡，今甘肃礼县。临洮、宕昌、今甘肃岷县南。武都、今甘肃武都县东南。同昌、今甘肃文县西北。河池、今陕西凤县。顺政、今陕西略阳县。义城、今四川广元县。平武、今四川平武县。汶山今四川茂县。诸郡，皆连杂氐、羌，人尤劲悍，性多质直，是秦、陇间之氐、羌，未同化者尚多也。《豆卢勣传》言：周武帝嗣位，拜邛州刺史，邛州，周置，今四川邛徕县。未之官，渭源烧当羌因饥馑作乱，汉首阳县，西魏改曰渭源，在今甘肃渭源县东北。以勣有才略，转渭州刺史。渭州，见第十二章第七节。《唐书·薛举传》：岷山羌钟利俗，以众三万降。夫烧当与钟，乃羌种姓之甚古者，而至南北朝末唐初犹存。又《隋书·地理志》言：上洛、隋郡，见第三章第五节。弘农，今河南陕县。本与三辅同俗，自汉高发巴、蜀之人定三秦，迁巴之渠帅七姓，居于商、洛之地，由是风俗不改其壤。其人自巴来者，风俗犹同巴郡。见第三章第六节。淅阳、隋郡，今河南淅川县东南。淯阳隋郡，今河南南阳县北。亦颇同其俗云。以商、洛之异俗，溯源于汉初之移民，似失之远，然晋、南北朝之世，所谓河东蜀者，迄未尽化，则可见也。又《旧唐书·吐蕃传》：大历四年（769），九月，以吐蕃侵扰，豫为边备，降敕令郭子仪以上郡、即鄜州。北地、今甘肃宁县。四塞、未详。五原未详。义渠、稽胡、鲜卑杂种步马五万，严会枸邑。今陕西枸邑县。义渠种人，此时尚有存焉者不，事甚可疑，稽胡、鲜卑之未尽化，则统观史迹，不足疑也。同化之全功，亦可谓难竟矣。此等部族，读史者多淡焉若忘，史家亦无复记载，何哉？海内一统，风尘不扰，诸部落皆安居乐业，与华人以平和相处，固无复形迹可见也。然则谓五胡入中国，而中国必为之扰乱者，岂理也哉？

第七节　羌浑诸国

地形平坦之处，交通易而利合大群，故其民之进化速，山岭崎岖之地则反是。匈奴、西羌，同为强悍善战之民族，而其国势强弱不同，由此也。至晋世，乃有漠南游牧之族，移居西羌故地者，时曰吐谷浑。吐谷浑者，慕容廆庶兄。以与廆不协，西附阴山。《宋书》云：奕洛韩有二子：长曰吐谷浑，少曰若洛廆。若洛廆别为慕容氏。浑庶长，廆正嫡。父在时，分七百户与浑。浑与廆二部俱牧马，马斗相伤，廆怒，遣信谓浑曰："先公处分，与兄异部牧马，何不相远，而致斗争相伤？"浑曰："马是畜生，食草饮水，春气发动，所以致斗。斗在于马，而怒及人邪？乖别甚易，今当去汝万里。"于是拥马西行，日移一顿。顿八十里。经数顿，廆悔悟，深自咎责，遣旧父老及长中乙那楼追浑令还。浑曰："我乃祖以来，树德辽右；又卜筮之言：先公有二子，福祚并流子孙；我是卑庶，理无并大，今以马致别，殆天所启。诸君试拥马令东，马若还东，我当相随去。"楼喜，拜曰："处可寒。"虏言处可寒，宋言尔官家也。即使所从二千骑共遮马令回。不盈三百步，欻然悲鸣突走，声若颓山。如是者十余辈，一向一远。楼力屈，又跪曰："可寒，此非复人事。"浑谓其部落曰："我兄弟子孙，并应昌盛。廆当传子及曾孙、玄孙，其间可百余年，我乃玄孙间始当显耳。"于是遂西附阴山。《晋书》记此事，情节同而辞较略。奕洛韩作涉归。《北史》云：涉归，一名奕洛韩。七百户，《魏书》《北史》皆同，《晋书》作一千七百家。吐谷浑开国之事，人事也，而颇带神话性质矣。观此，可知野蛮部族之先祖，稍附会为神者之所由也。属永嘉之乱，度陇而西，据今甘肃、青海、四川三省间地。《晋书》云：其后子孙据有西零以西，甘松之界，极乎白兰数千里。《宋书》云：浑既上陇，出罕开、西零。西零今之西平郡，罕开今枹罕县。自枹罕以东千余里，暨甘松，西至河南，南界昂城、龙涸。自洮水西南极白兰。《齐书》云：其南界龙涸城，去成都千余里。大戍有四：一在清水川，一在赤水，一在浇河，一在吐屈真川，皆子弟所治。其王治慕驾川。《梁书》云：度枹罕，出凉州西南，至赤水而居之。其地则张掖之南，陇西之西。在河之南，故以为号。其界东至叠州，西邻于阗，北接高昌，东北通秦岭，方数千里。案，西零即先零，与罕升皆羌种名。甘松，见第五章第二节。西平，见第二章第二节。枹罕，见第五章第一节。昂城，未详。龙涸，亦作龙鹄，在今四川松潘县。清水川，丁谦《齐书·夷貉传考证》云："即湟水上源博罗克克河，《隋书》作伏罗川。"又云："赤水在青海西，今乌阑乌苏，乌阑译言赤，乌苏译言水。"浇河，见第六章第六节。吐屈真川，《宋书》作屈真川，云有盐池。丁谦云："吐字疑衍。今青海有柴集河，西流入盐池。"《宋书》又云：其国虽随水草，大抵治慕驾州。丁谦云："驾字为贺字之讹。《晋书》作莫何川，今青海东南谟和尔布拉克河。"叠州，周置，在今青海东南境。西北杂种，谓之阿柴虏，或号为野虏。《晋书》之文。《齐书》云："汉建武中，匈奴奴婢亡匿在凉州界杂种数千人，虏名奴婢为赀，一谓之赀虏。"柴、赀似一音之转。《通典》作阿赀虏。吐谷浑年七十二卒。有子六十人，长曰吐延，嗣。性酷忍，为羌酋姜聪所刺。属其将纥拔泥；抚其子叶延，速保白兰。叶延嗣位，史称其颇识书记，《梁书》之文。《魏书》云："颇视书传。"《晋书》云："好问天地造化、帝王年历。"《晋书·吐谷浑传》，缘饰失实最甚，然其言亦必有因，其人盖颇有思想。曰："《礼》云：公孙之子，得以王父字为氏，"遂以吐谷浑为氏焉。卒，长子辟奚嗣。此据《晋书》本传。《宋书》作碎奚，《魏书》同。《晋书·苻坚载记》亦作碎奚。三弟皆专恣，长史钟恶地诛之。据《晋书》。《宋书》云："诸大将共诛之。"辟奚以忧卒。辟奚始受拜于苻坚。为安远将军。卒，子视连立。通聘于乞伏乾归。乾归拜为白兰王。史言视连以父以忧卒，不知政事，不饮酒游田者七年，又载钟恶地谏辞，盖大权仍在恶地之手矣。视连卒，长子视罴嗣。据《晋书》。《魏书》云弟。乞伏乾归拜为都督龙涸以西诸军事、沙州牧、白兰王。《宋书》云："其国西有黄沙，南北一百二十里，东南七十里，不生草木，沙州因此为号。"《魏书》云："部内有黄沙，周回数百里。"胡三省云：黄沙在浇河郡西南一百七十里，见《通鉴》义熙元年（405）《注》。不受。遣众击之。视罴大败，退保白兰。晋、南北朝时四裔封爵，多就所居部族，锡以王号，观此，知吐浑自叶延以后，迄保白兰，视罴盖复图进取，故为乾归所忌也。视罴卒，子树洛干年少，传位于弟乌纥提。一名大孩。性耎弱。耽酒淫色，不恤国事。乞伏乾归之入长安也，乌纥提屡抄其境。乾归怒，率骑讨之。乌纥提大败，亡失万余口。按视罴自言：控弦之士二万。游牧部族，丁男皆能控弦，其数约当口数五之一。观两《汉书》所载南匈奴与西域诸国口数及胜兵人数可见。此等小国及不甚进化之部族，户口之数，恒较翔实也。亡失万余口，则失其众十一矣。乌纥提保于南凉，遂卒于胡国。树洛干立，率所部数千家奔归莫何川。自称大都督、车骑大将军、大单于、吐谷浑王。化行所部，众庶乐业。号为戊寅可汗。沙、涩杂种，莫不归附。《清一统志》云：洮水出涨台山，兼涩川之名，其地亦谓之洮涩。其西接黄河，亦谓之沙涩。乞伏乾归甚忌之。率骑二万，攻之于赤水。树洛干大败。遂降乾归。乾归拜为赤水都护。观乾归此授，知树洛干是时居于赤水也。后屡为乞伏炽磐所败，又保白兰，惭愤发病而卒。剧《晋书》所载：叶延在位二十三年，辟奚二十五年，视连十五年，视罴十一年，乌纥提八年，树洛干九年。《宋书》云："树洛干立，自称车骑将军，义熙初也。"姑以为义熙元年。前此列代年数，以逾年改元之例推之，则叶延元年为晋元帝永昌元年（322），辟奚元年为穆帝永和二年（346），视连元年为简文帝咸安元年（371），视罴元年为孝武帝太元十一年（386），乌纥提元年为安帝隆安元年（397），而树洛干卒于义熙九年。若以当年改元之法计之，则叶延元年为成帝咸和二年（327），辟奚元年为永和五年，视连元年为孝武帝宁康二年（374），视罴元年为其太元十三年，乌纥提元年为隆安二年。案，乞伏乾归之立，在太元十三年，如逾年改元之例所推，则视连不及受其封拜。然则吐谷浑历主，应以当年改元也。树洛干死，《晋书》云：世子拾虔嗣，《宋书》云：弟阿豺立。案，阿豺三传之后，其位仍归于树洛干之子拾寅，见下。或谓拾虔乃拾寅之误，然《魏书·吐谷浑传》，多同《宋书》，盖其所本者同。《魏书》记阿豺临死，召诸子弟告之曰："先公车骑，舍其子虔，以大业属吾，吾岂敢忘先公之举而私于纬代。"则拾虔确有其人，岂其暂立而为阿豺所废邪？谯纵乱蜀，阿豺遣其从子敕来泚拓土至龙涸、平康。平康，周县，属松州，在今四川松潘县西。此据《宋书》本传。案，谯纵亡于义熙九年，正阿豺立之岁，豺盖乘纵之亡而拓土也。《魏书》云：阿豺兼并氐、羌，地方数千里，号为强国。少帝景平中，《本纪》在元年（423）。阿豺遣使上表献方物。诏以为沙州刺史、浇河公。未及拜受，太祖元嘉二年（425），又诏加除命。未至而阿豺死。《魏书》云在元嘉三年，《通鉴》系元嘉元年十月。弟慕璝立。据《宋书》。《魏书》云："乌纥提立，而妻树洛干母，生二子：慕璝、利延。"则慕璝为阿豺同母异父弟，下文又云：兄子慕璝立，盖前史有此异说，而《魏书》杂采之也。慕璝，《宋书·文帝纪》元嘉九年作慕容璝，则慕为慕容之略。吐谷浑之后，亦以慕容为氏，《传》云若洛廆别为慕容氏，非矣。七年，以为沙州刺史、陇西公。九年进为王。慕璝前后屡遣兵击乞伏茂蔓。茂蔓率部落东奔陇右。慕璝据有其地。赫连定为索虏所攻，拥秦户口十余万，西次罕升，欲向凉州。慕璝拒击，大破之，生擒定。拓跋焘使求定，慕璝与之。《魏书·本纪》，事在延和元年（432），宋元嘉九年也。《魏书》云：慕璝招集秦、凉亡业之人，及羌戎、杂夷，众至五六百落。南通蜀汉，北交凉州、赫连，部众转盛。魏封为西秦王。神麚四年（431），宋元嘉八年。元嘉十二年，卒。《魏书》：慕璝卒于太延二年（436），则为十三年。弟慕利延立。《宋书·文帝纪》作慕容延，见元嘉十五、十六年。十六年，改封河南王。魏改封为西平王。《魏书》云："世祖征凉州，慕利延惧，率其部人，西遁沙漠。世祖以慕利延兄有擒赫连定之功，遣使宣喻，乃还。"案，吐谷浑是时，既受封拜于魏，何所猜疑，而欲遁逃？足见虏行师之暴也。《魏书》又云："慕利延兄子纬代，惧慕利延害己，与使者谋，欲归国，慕利延觉而杀之。纬代弟叱力延等八人，逃归京师请兵。世祖拜叱力延归义王，诏晋王伏罗率诸将讨之。慕利延走白兰。事在真君五年（444），即宋元嘉二十一年。后复遣高凉王那等讨之。慕利延遂入于阗。真君六年，宋元嘉二十二年。据《魏书·本纪》，是役擒其世子被囊。杀其王，死者数万人。南征罽宾。遣使通刘义隆求援，献乌丸帽、女国金酒器、胡王金钏等物。义隆赐以牵车。七年，遂还旧土。"《宋书》记此事在元嘉二十七年，云："慕延遣使上表，云若不自固者，欲率部曲入龙涸越嶲门。太祖许以虏至不自立，听入越嶲。"盖慕延得此许，乃敢归国也。慕延之归国，当在元嘉二十八年，魏正平元年。慕延卒，树洛干子拾寅立。始邑于伏罗川。《梁书》云："乃用书契，起城池，筑宫殿。其小王并立宅。"《魏书》云："其居止出入，窃拟王者。"其文明，盖得诸于阗、罽宾邪？宋仍封为河南王，魏亦封为西平王。《魏书》云：后拾寅自恃险远，颇不恭命。高宗时，定阳侯曹安表：拾寅今保白兰，多良牛马，若击之，可以大获。议者咸以先帝再征，竟不能克。今在白兰，不犯王塞，不为人患。若遣使招慰，必求为臣妾，可不劳而定。安曰："臣昔为浇河戍将，与之相近，明其意势。若分军出其左右，拾寅必走南山。谓其所居南方之山。不过十日，牛马草尽，人无所食，众必溃叛，可一举而定也。"从之。诏阳平王新城等出南道，南郡公李惠、给事中公孙拔及安出北道。拾寅走南山。诸军济河追之，多病，引还。魏太安元年（455），宋孝武帝孝建二年也。拾寅，《魏书·本纪》作什寅。显祖复诏上党王长孙观等率州郡兵讨拾寅。军至曼头山，在今青海东北境。胡三省曰："河源郡有曼头城，盖因山得名也。"案，河源，隋炀帝平吐谷浑所置四郡之一。拾寅来逆战。观等纵兵击败之。拾寅宵遁。《纪》在皇兴四年（470），宋明帝泰始六年。于是思悔，复修藩职。遣别驾康盘龙奉表朝贡。显祖幽之，不报其使。拾寅部落大饥，屡寇浇河。诏皮欢喜为前锋，长孙观为大都督以讨之。观等军入拾寅境，刍其秋稼。拾寅窘怖，遣子诣军，表求改过。观等以闻。显祖下诏切责之，征其任子。拾寅遣子斤入侍。《本纪》作费斗斤。此次用兵，事在太和三（479）、四年，齐高帝建元元、二年也。时显祖为太上皇。又《魏书·纪》：太和六年，白兰王吐谷浑翼世以诬罔伏诛，其事他无所见。显祖寻遣斤还。拾寅后复扰掠边人，遣其将良利守洮阳。晋县，后周置郡，今甘肃临潭县。枹罕镇将杨钟葵诣书责之。拾寅表求令洮阳贡其土物。显祖许之。自是岁修职贡。统观魏文成、献文二世之用兵，盖纯出于边将之贪功徼利，屡勤师旅，卒无成功，反蹙洮阳之戍，亦可笑矣。齐高帝建元三年，魏太和五年。拾寅卒，子度易侯立。此从《梁书》，《魏书》同。《齐书》作易度侯。伐宕昌。魏让之。令所掠口累，部送时还。度易侯奉诏。卒，子休留茂立。《齐书》云：永明八年（490），授其爵号。《梁书》作休留代。本传、《本纪》皆同。《本纪》见天监元年（502）。《魏书》无此一世，云度易侯死，子伏连筹立。《梁书》伏连筹作休运筹。案，《周书》言自吐谷浑至伏连筹一十四世，明《魏书》夺此一世。盖休留茂与魏无交涉，魏史遂有此误也。《魏书》云："伏连筹内修职贡，外并戎狄，塞表之中，号为强富。准拟天朝，树置官司，称制诸国，以自夸大。"《梁书》载其表于益州立九层佛寺。又云："其地与益州邻，常通商贾。民慕其利，多往从之。教其书记，为之辞译，稍桀黠矣。"盖又渐染中国之文化矣。伏连筹修洮阳、泥和，胡三省曰：即《水经注》迷和城，洮水径其南，又径洮阳城东。置戍。魏师讨之，二成请降。事在太和十五年，见《纪》。齐武帝永明九年。《魏书》云："终世宗世，至于正光，梁普通元年（520）至五年。牦牛蜀马及西南之珍，无岁不至。后莫折念生反，河西路绝。凉州城人万干菩提等东应念生，囚刺史宋颖。颖密求援于伏连筹。伏连筹亲率大众救之，遂获保全。自尔以后，关徼不通，贡献路绝。"《梁书》伏连筹后，有呵罗真、伏连筹子，大通三年（529）除授。《本纪》中大通元年（529）作阿罗真。佛辅呵罗真子。《本纪》见中大通二年。二世，而《魏书》云"伏连筹死，子夸吕立"，其致误之由，盖亦与其夺休留茂一世同也。《魏书》言夸吕始自号为可汗。居伏俟城，在青海西十五里。地兼鄯善、且末。东西三千里，南北千余里。盖其极盛之时。又云："齐献武王作相，招怀荒远。蠕蠕既附于国，夸吕遣使致敬。献武王征其朝贡。夸吕乃遣使人假道蠕蠕频来。又荐其从妹。静帝纳以为嫔。遣员外散骑常侍傅灵檦使于其国。《文苑·温子昇传》云：《阳夏太守传标使吐谷浑，见其国王床头有书数卷，乃是子昇文也。"则夸吕亦通文墨。夸吕又请婚。乃以济南王匡孙女为广乐公主以妻之。此后朝贡不绝。"其于西魏：大统中，梁大同元年（535）至大宝二年（551）。再遣使献马及牛羊等。然犹寇抄不止，缘边多被其害。废帝二年（553），梁承圣二年。夸吕通使于齐。源州刺史史宁，觇知其还，率轻骑袭之于州西赤泉，获其仆射乞伏触、扳将军翟潘密，商胡二百四十人，驼骡六百头，杂采丝绢以万计。恭帝二年（555），梁绍泰元年，突厥木汗可汗假道凉州袭吐谷浑。周太祖令宁率骑随之。至番禾，番禾，见第七章第八节。后魏置郡，后周废郡置镇。吐浑已觉，奔于南山。木汗将分兵追之，宁说其取树敦、贺真二城，木汗从之。宁入树敦，木汗破贺真。史言树敦是浑旧都，多诸珍藏，木汗亦大获珍宝，盖皆志在剽掠而已。武成初，陈武帝永定三年（559）。贺兰祥攻拔其洮阳、洪和二城，洪和，疑即泥和。置洮州而还。天和初，陈文帝天嘉元年（560）。其龙涸王莫昌率众降，以其地为扶州。建德五年（576），陈宣帝太建八年。其国大乱。高祖诏皇太子征之。军渡青海，至伏俟城。夸吕遁走。虏其余众而还。案，夸吕以隋开皇十一年（591）卒，《隋书》言其在位百年，则此时夸吕年已老。隋世吐谷浑屡有内衅，盖皆其耄荒使然，此时已肇其端矣。《晋书》

云：吐谷浑有城郭而不居，随逐水草，庐帐为屋，以肉酪为粮。《魏书》云：亦知种田。有大麦、粟、豆。北界气候多寒，惟得芜菁、大麦。《齐书》云：多畜，逐水草，无城郭，后稍为宫室，而人民犹以毡庐百子帐为行屋。《梁书》云：有屋宇，杂以百子帐，即毡庐也。盖虽略知稼穑，终以畜牧为主。《晋书》又言其国无常税，调用不给，辄敛富室商人，取足而止，此纯乎羌人之习。其慕效中国，或又取法乎西域，盖皆其王室、贵人所为，不能逮下也。其所重者商贾，所贪者货财。《宋书》谓其"徒以商译往来，故礼同北面，""虽复贡篚岁臻，事惟贾道"，然则《梁书》言其使或岁再三至，或再岁一至，盖正以贾道故，乃为是纷纷然。慕璝曾表魏朝，言"爵秩虽崇，而土不增廓，车骑既饰，而财不周赏"，魏朝令公卿会议，不肯多与，自是贡献颇简；其通齐之使，实与商胡俱；俱可为《宋书》之言作左证。《宋书》又云："金罽毡旄，非用斯急；送迓烦扰，获不如亡。"盖慨乎言之矣。或曰：《齐书·芮芮传》，言中国与之通使，常由河南道抵益州。建元元年，太祖遣王世武拜授拾寅，仍往芮芮，赐书云："想即资遣，使得时达。"永明三年，又遣给事中丘冠先往使，并送芮芮使。其殷勤于河南，盖欲借通芮芮，其欲通芮芮，则所以牵制索虏也。然芮芮牵制索虏，为力几何，江东君臣，不应不知。丘冠先之往使也，得玉长三尺二寸，厚一尺一寸，史家颇艳称之，则天朝士夫，亦曷尝不重异物？冠先后拜授休留茂，并行吊礼，遂不得其死。史云："休留茂逼令先拜，冠先厉色不肯，休留茂耻其国人，执冠先，于绝岩上推堕深谷而死。"吐谷浑非夜郎自大者流，既徒志在赐与，安得争此虚文？然则冠先之死，又恶知其究因何事邪？

吐谷浑为外来之族，故其文明程度稍高，其邻近诸族，则仍多率其榛狉之旧。诸族最近吐浑者为白兰。《周书》云："白兰，羌之别种也。其地东北接吐谷浑，西北至利模徒，南界那鄂。风俗、物产，与宕昌略同。"其与中国通，惟周保定元年（561），陈天嘉二年。曾一遣使献犀甲、铁铠而已。《北史》云："吐谷浑北有乙弗勿敌国。《魏书》作乙弗敌国。国有屈海，周回千余里。众有万落。风俗与吐谷浑同。然不识五谷，惟食鱼及苏子。苏子状若中国枸杞子，或赤或黑。有契翰一部，风俗亦同。白兰山西北，又有可兰国。《魏书》作阿兰国。风俗亦同。目不识五色，耳不闻五声，是夷蛮戎狄中之丑类也。土无所出，直大养群畜，而户落亦可万余。人顽弱，不知斗战。忽见异人，举国便走。性如野兽。体轻工走，逐不可得。"此皆今青海东南境之部族也。利模徒、那鄂，地皆无考。《宋书》云：吐谷浑之地，自甘松及洮水西南极白兰，则白兰当在今松潘县西北四川、青海界上。白兰山盖即其所居之地，则可兰当在青海东南境；乙弗勿敌当在青海北境，南山之南。屈海不易实指。丁谦《魏书·外国传考证》以玉门县东北花海子当之，恐非。玉门乃西域商胡往来孔道，居其地者，断不至不识五谷也。其在川、甘界上者，有宕昌、邓至，程度稍高。《魏书·宕昌传》云："其地东接中华，西通西域，南北数千里。姓别自为部落。酉帅皆有地分，不相统摄。宕昌即其一也。"此苞今川、甘、青海界上之地而总言之。又云："其地自仇池以西，东西千里，廜水以南，南北八百里。地多山阜。人二万余落。"则专指宕昌言之也。《水经注》：羌水径宕昌城，又东南径武阶，武阶今武都县，宕昌在武都西北，即今西固县地。羌水，今白龙江也。此一大区域中之情况，《魏书》总述之曰："俗皆土著，居有屋宇。其屋，织牦牛尾及羖羊毛覆之。国无法令，又无徭赋。惟战伐之时，乃相屯聚，不然，则各事生业，不相往来。皆衣裘褐。牧养牦牛、羊、豕，以供其食。父子、伯叔、兄弟死，即以继母、叔母及嫂、弟妇等为妻。俗无文字，但候草木荣落，记其岁时。三年一相聚，杀牛、羊以祭天。"其进化之迟滞，盖全因其所居之闭塞也。宕昌盖因地近仇池，故开发较早。《魏书》本传曰："有梁懃者，《周书》作梁勒。世为酉帅，得羌豪心，乃自称王焉。懃孙弥忽，世祖初，遣子弥黄奉表求内附。世祖嘉之，遣使拜弥忽为宕昌王，赐弥黄爵甘松侯。弥忽死，孙虎子立。"《北史》作彪子，避唐讳。案，《世祖纪》：太平真君九年（448），宋元嘉二十五年。宕昌羌酉梁瑾慈遣使内附，并贡方物。《宋书·孝武帝纪》：大明元年（457），以梁瑾葱为河州刺史，宕昌王。《梁书》本传作梁瑾忽。《南史》作梁瑾忽。五年，以宕昌王梁唐子为河州刺史。瑾葱、瑾慈，似即弥忽；唐子似即虎子也。《魏书·传》又云："虎子死，弥治立。虎子弟羊子，先奔吐谷浑。吐谷浑遣兵送羊子，欲夺弥治位。弥治遣使请救。世祖诏武都镇将宇文生救之。羊子退走。弥治死，子弥机立。"《宋书·后废帝纪》：元徽四年（476），十月，以宕昌王梁弥机为河、凉二州刺史，此除授，或在其篡立之初也。南朝自此率以河、凉二州刺史、宕昌王授其主，齐武帝永明元年（483），亦以此授弥机。《齐书·武帝纪》：永明三年，以行宕昌王梁弥颉为河、凉二州刺史。本传同。是岁为魏孝文帝太和九年（485）。《魏书·本纪》：七月，遣使拜宕昌王梁弥机兄子弥承为其国王。《穆崇传》：崇玄孙亮，为仇池镇将。时宕昌王梁弥机死，子弥博立。为吐谷浑所逼，来奔仇池。亮以弥机蕃教素著，矜其亡灭；弥博凶悖，氐、羌所弃；弥机兄子弥承，戎民归乐，表请纳之。高祖从焉。于是率骑三万，次于龙涸，击走吐谷浑，立弥承而还。《齐书·本纪》：永明六年，亦以弥承为河州刺史，而不详魏替弥博立弥承之事，然弥颉尝一继位，则《魏书》又不详，疑其为弥博出亡后吐谷浑所立也。十年，魏太和十六年。弥承朝于魏。又使求军仪及伎、杂书于齐。诏军器致之未易；内伎不堪涉远；秘阁图书，例不外出；赐以《五经》集注、论各一部。《梁书·武帝纪》：天监元年（502），宕昌王梁弥颉进号，颉盖頡之误；四年，四月，以行宕昌王梁弥博为河、凉二州刺史宕昌王；本传同。则弥承之后，弥頡、弥博，复相继在位，《齐书》谓"弥頡卒，乃以弥承为王"，疏矣。弥博死，子弥泰立。大同十年（544），复授以父爵位。《周书·宕昌传》云：自弥忽至仚定九世，弥忽、虎子、弥治、弥机、弥承、弥頡、弥博、弥泰、仚定。每修职贡不绝。后见两魏分隔，遂怀背诞。永熙末，梁中大通六年（534）。乃引吐谷浑寇金城。仚定，《文帝纪》作企定，云引吐谷浑寇金城。渭州及南秦州氐、羌连结，所在蜂起。金城，见第二章第二节。渭州，见第十二章第七节。南秦州，见第十二章第三节。大统初，又率其种人入寇。行台赵贵督仪同侯莫陈顺等击破之。仚定惧，称藩请罪。太祖舍之，拜抚军将军。四年，梁大同四年。以仚定为南洮州刺史。后改洮州为岷州，仍以仚定为刺史。七年，梁大同七年。仚定又举兵入寇。独孤信时镇陇右，诏信率众便讨之。军未至而仚定为其下所杀。信进兵破其余党。《信传》亦作企定，云企定子弟收其余众。朝廷方欲招怀殊俗，乃更以其弟弥定为宕昌王。十六年，弥定宗人獠甘袭夺其位。弥定来奔。先是羌酋傍乞铁忽等，因仚定反叛之际，遂拥众据渠林川。《宇文贵传》作渠林川。云纳弥定后，于渠林川置岷州，不知本宕昌地为铁忽所据？抑铁忽平后，岷州移治也？与渭州民郑五丑，扇动诸羌，阻兵逆命。至是，诏大将军宇文贵、豆卢宁，凉州刺史史宁等率兵讨獠甘等，并擒斩之，纳弥定而还。此亦见《宇文贵》《豆卢宁》《史宁》《赵刚》《赵昶传》。保定四年，陈天嘉五年。弥定寇洮州，总管李贤击走之。是岁，弥定又引吐谷浑寇石门戍。甘肃临潭县南有石门山。贤复破之。高祖怒，诏大将军田弘讨灭之。以其地为宕州。见上节。邓至，《魏书》云：白水羌也。世为羌豪。因地名号，自称邓至。其地自亭街以东，平武以西，汶岭以北，宕昌以南。亭街，未详。平武，汉县，在今四川平武县东。汶岭即岷山。《水经注·漾水篇》：白水东南径邓至城南，又东南径阴平故城南，则邓至城在阴平西北。土风、习俗，亦与宕昌同。其王像舒治，遣使内附。高祖拜龙骧将军、邓至王。遣贡不绝。案，其见于《魏书·本纪》者：又有像舒彭。太和十七年，齐永明十一年。遣子旧诣阙朝贡，并求以位授旧。诏许之。世宗永平二年（509），梁天监八年。八月，丁未，邓至国遣使朝献。戊申，以邓至国世子像览蹄为其国王。盖其初立时也。《梁书》亦有传，云：宋文帝时，王象屈耽遣使献马。《齐书》附《宕昌传》，云：建元元年（479），征虏将军西凉州刺史羌王像舒彭进为持节平西将军，后叛降虏。然《武帝纪》：永明元年，二月，以东羌王像舒彭为西凉州刺史，则复来归顺矣。梁天监元年，始封为邓至王。五年，遣使来献。见《纪》及本传。《周书》云：自舒治至檐桁十一世。魏恭帝元年（554），梁承圣三年。檐桁失国来奔。太祖令章武公导率兵送复之。《魏书》云：邓至之西，有赫羊等二十国，时遣使朝贡，朝廷皆授以杂号将军、子男、渠帅之名。《北史》云：赫羊部内，初有一羊，形甚大，色至鲜赤，故因为国名，其说似近附会。又举诸国之名曰：东亭街、大赤水、寒宕、石河、薄陵、下习山、仓骧、覃水，云风俗粗犷，与邓至国不同焉。亦不能备二十之数也。

第八节　西域诸国

两汉之世，中国与西域之交通，可谓极盛，其后虽遭丧乱，往还实迄未尝绝，不过记载有详略而已。晋迁江左，与西域之交通，自不能如建都长安、洛阳时之盛。据有凉州之国，往还虽密，然偏隅割据，运祚短促，记载不详。惟魏据北方较久，故其记载，亦较翔实焉。《魏书·西域传》：《魏书》此卷亡，实皆录自《北史》。世祖时，遣董琬、高明等出使，见下。还，具言凡所经见及传闻旁国，云："西域自汉武时五十余国，后稍相并，至太延中，为十六国。分其地为四域：自葱岭以东，流沙以西为一域；葱岭以西，海曲以东为一域；者舌以南，者舌，今塔什干。月氏以北为一域；两海之间，两海，谓咸海、里海。水泽以南为一域。内诸小渠长，盖以百数？其出西域，本有二道，后更为四：出自玉门，见第六章第六节。渡流沙，西行，二千里至鄯善，在今罗布泊南。为一道；自玉门渡流沙，北行，一千二百里至车师，前部在广安城西，后部在济木萨南。为一道；从莎车西行，莎车，今莎车县。百里至葱岭，西一千三百里至伽倍，故月氏休密翕侯地，见下。为一道；自莎车西南五百里，葱岭西南千三百里，至波路，《西域记》钵露罗，今 Balti。为一道。"案，四域之中，第一为天山南路，第二苞今波斯、阿富汗及印度，海曲之海，指波斯湾。第三指天山北路及咸海以东土耳其斯单，第四谓咸海、里海间地，皆汉世所已通。四道中之第一、第二两道，汉世不之数；第三、第四两道，实即汉世之南道；故其名增于汉，而实减之。然此自指使译所经，民间商旅之往来，未必有异于故也。

四域之中，与中国关系最密者，自为第一域。《魏书》云至太延中为十六国者，盖专指此域言之。惟董琬、高明之还，西域与之俱来者凡十六国，则未知当时天山南路国数果为十六？抑因其来朝之数，姑妄言之？《魏书》记载太荒。见下。实令人不能无疑也。汉、魏之世，诸国互相吞并之事，已见《秦汉史》第十二章第十节。至晋世，天山南路之国，以车师、鄯善、焉耆、今焉耆县。龟兹、今库车县。疏勒、今疏勒县。于阗今和阗县南。为大。

都护之职，自汉衰而废，魏世，以凉州刺史领戊己校尉，护西域，而晋因之，亦见《秦汉史》第十二章第十节。故是时中国与西域之交通，以凉州为关键。张氏割据河西，至骏之世，始有事于西域。时戊己校尉赵贞，不附于骏，骏击擒之。又使其将杨宣出讨。《晋书·焉耆传》云：武帝太康中，其王龙安，遣子入侍。安夫人，狨胡之女。狨胡，未详。姙身十二月，剖胁生子曰会。立为世子。会少而勇桀。安病笃，谓会曰："我尝为龟兹王白山所辱，不忘于心，汝能雪之，乃吾子也。"及会立，袭灭白山。遂据其国，遣子熙归本国为王。会有胆气筹略，遂霸西胡。葱岭以东，莫不率服。然恃勇轻率。尝出宿于外，为龟兹国人罗云所杀。其后张骏遣沙州刺史杨宣前凉沙州，治敦煌。率众疆理西域。宣以部将张植为前锋，所向风靡。军次其国。熙距战，为植所败。率其群下四万人肉袒降于宣。案，《张骏传》言：骏使宣伐龟兹、鄯善，《龟兹传》不载其事，鄯善则无传，《本纪》亦但书骏伐焉耆降之，穆帝永和元年（345）。盖其勤兵力者，惟焉耆为大？《骏传》言：西域诸国献汗血马、火浣布、犎牛、孔雀、巨象及诸珍异二百余品，此等非徒葱岭以东所能致；《石勒载记》言：骏使送高昌、见第六章第二节。于寘、鄯善、大宛使，献其方物；则其与葱岭以西诸国，往还必密。《龟兹传》云惠、怀末，以中国乱，遣使贡方物于张重华，重华不在惠、怀之世，其说必误，疑其间有夺文。然其贡方物于重华，当不虚也。亦可见张氏与西域交通之盛矣。张氏亡，苻坚据有凉州，遣吕光讨定西域，已见第六章第六节。时则鄯善王休密驮、车师前部王弥置为光乡导。光进至焉耆，其王泥流，率其旁国请降。此据《光载记》：《焉耆传》述熙降杨宣事后云："吕光讨西域，复降于光，及光僭位，熙又遣子入侍，"两举熙名，不应皆误，盖泥流其蕃名，熙其汉名也。龟兹王帛纯距光。此亦据《光载记》。《龟兹传》作白纯。光进攻城。帛纯倾国财宝，请救狨胡。狨胡弟呐龙侯将馗率骑二十余万，并引温宿、尉头等国王，合七十余万以救之。温宿、尉头，皆在今乌什县。战于城西，大败之。帛纯收其珍宝而走。王侯降者三十余国。诸国惮光威名，贡款属路。此指龟兹旁国。乃立帛纯弟震为王以安之。桀黠胡王，昔所未宾者，不远万里，皆来归附，上汉所赐节传。此指较远之国。光皆表而易之。坚闻光平西域，以为都督玉门已西诸军事、西域校尉，道绝不通。《坚载记》同。光既平龟兹，有留焉之志。乃大飨文武，博议进止。众咸请还。乃以驼二万余头，《魏书·光传》作二千余头。致外国珍宝及奇伎异戏，殊禽怪兽，千有余品，骏马万余匹而还。上文云："光见其宫室壮丽，命参军段业著《龟兹宫赋》以讥之。胡人奢侈，厚于养生。家有蒲桃酒，或至千斛，经十年不败。士卒沦没酒藏者相继矣。"然则光之欲留，乃溺其繁盛耳。肆掠东归，何殊盗贼？然非独光如此，古来通西域者，盖无不有贪其财宝之意存焉。苻坚初慕汉文，却大宛天马之贡，卒违群臣之谏而用兵，亦如是而已矣。见第六章第四节及第六节。群议以高昌虽在西垂，地居形胜，外接胡虏，易生翻覆，宜命子弟镇之。光乃以子覆为都督玉门已西诸军、西域大都护，镇高昌，命大臣子弟随之。后凉分裂，敦煌为李暠所据，击玉门已西诸城，皆下之。遂屯玉门、阳关，在敦煌西。广田积谷。鄯善、前部王皆遣使贡其方物。沮渠蒙逊灭李氏，鄯善王比龙入朝，西域三十六国，皆称臣贡献。《宋书·氐胡传》之文。案，是时西域，葱岭以东，实无三十六国，若合葱岭以西言之，则又不止此数，此特沿袭旧文，犹言故三十六国之地之诸国耳。《符坚载记》云："吕光讨平西域三十六国，所获珍宝以万万计。"亦此例也。茂虔亡，无讳据鄯善，又袭据高昌，安周又陷车师，已见第七章第八节。至此而割据诸国与西域之关系终矣。

魏通西域，始于太武时。太延元年（435），宋文帝元嘉十二年。五月，遣使二十辈使西域。二年，宋元嘉十三年。八月，又遣使六辈使西域。自是来者颇多。据《本纪》。《西域传》曰：太祖初，经营中原，未暇及于四表。既而西戎之贡不至，有司奏依汉氏故事，请通西域，可以振威德于荒外，又可致奇货于天府。太祖曰：汉氏不保境安人，乃远开西域，使海内虚耗，何利之有？今若通之，前弊复加百姓矣。遂不从。历太宗世，竟不招纳。太延中，魏德益以远闻，西域龟兹、疏勒、乌孙、悦般、渴槃陁、鄯善、焉者、车师、粟特诸国王始遣使来献。世祖以西域汉世虽通，有求则卑辞而来，无欲则骄慢王命，此其自知绝远，大兵不可至故也，若报使往来，终无所益。欲不遣使。有司奏九国不惮遐险，远贡方物，当与其进，安可豫抑后来？乃从之。于是始遣行人王恩生、许纲等西使。恩生出流沙，为蠕蠕所执，竟不果达。又遣散骑侍郎董琬、高明等多赍金帛，出鄯善，招抚九国，厚赐之。初琬等受诏：便道之国，可往赴之。琬过九国，北行至乌孙国，其王得朝廷所赐，拜受甚悦。谓琬曰：传闻破洛那、者舌，皆思魏德，欲称臣致贡，但患其路无由耳。今使君等既到此，可往二国，副其慕仰之诚，琬于是自向破洛那，遣明使者舌。乌孙王为发导译达二国。琬等宣诏慰赐之。已而琬、明东还，乌孙、破洛那之属，遣使与琬俱来贡献者，十有六国。自后相继而来，不间于岁。国使亦数十辈矣。此文之善于涂饰，真可发一大噱。据《本纪》：鄯善之来，在太延元年六月，粟特之来在八月，均在使出之后，世祖岂逆知其将至而欲不报？有司岂逆知其将至，而请勿抑其后来邪？曲笔献媚如此，真可谓秽史矣。沮渠牧犍亡，无讳据敦煌。真君三年（442），宋元嘉十九年。又渡流沙据鄯善，西域为所隔，历年不至。五年，宋元嘉二十一年。无讳卒。六年，宋元嘉二十二年。遣万度归袭鄯善，执其王。以韩拔为西戎校尉、鄯善王以镇之。《西域传》即在是年，《本纪》在九年。事见第七章第八节。《西域传》云：凉州既平，鄯善国以为唇亡齿寒，自然之道也。今武威为魏所灭，次及我也。若通其使人，知我国事，取亡必近。不如绝之，可以支久。乃断塞行路。西域贡献，历年不入。后平鄯善，行人复通。据《本纪》：太延五年，尚有鄯善、龟兹、疏勒、焉耆、粟特、渴槃陀、破洛那、悉居半等遣使朝贡，真君元年至四年，则绝无之，五年三月，乃遣使者四辈使西域，是岁十二月，乃书粟特国遣使朝贡，盖全为无讳所隔也。鄯善是时，国且为武威遗孽所据，岂有因其灭亡，转虑唇亡齿寒之理？真所谓向壁虚造，信口开河者矣。《鄯善传》云："无讳谋渡流沙，遣其弟安周击鄯善。王比龙恐惧欲降。会魏使者自天竺、罽宾还，俱会鄯善，劝比龙拒之。遂与连战。安周不能克，退保东城。后比龙惧，率众西奔且末，其世子乃应安周。鄯善人颇剽劫之，令不得通。"鄯善人颇剽劫之上有夺文，此所剽劫者，非魏通西域则西域朝贡之使，其事初非鄯善人所为，故魏伐鄯善，其王真达出降，魏人仍厚待之也。九年，宋元嘉二十五年。又遣万度归讨焉耆。《传》云：恃地多险，颇剽劫中国使。其王鸠尸卑那奔龟兹。鸠尸卑那，龟兹婿。度归遂讨龟兹，《传》云：其东关城戍，寇窃非一。大获驼马而还。自是西域复通。然西域要害，在于伊吾，见第六章第六节。汉世实恃此以卫凉州，魏世，柔然蟠据西北，形势极逼，乃其重镇不过敦煌。文成太安二年（456），宋孝武帝孝建三年。敦煌镇将尉眷击伊吾，虽克其城，然眷子多侯，仍为镇将，上疏求取伊吾，断蠕蠕通西域之路，高祖善其计，卒不能用。高昌自张轨以来为郡县，至魏世乃自立为国，而受制于柔然。显祖末，柔然攻于阗，于阗遣使求救，魏亦不能出兵。然则魏世守备之规，经略之计，不逮汉朝远矣。《食货志》言：万度归伐焉耆，其王单骑奔龟兹，举国臣民，负钱怀货，一时降款，此乃胁夺其钱货耳。获其奇宝异玩以巨万，驼马、杂畜，不可胜数。《传》云：焉耆为国，斗绝一隅，不乱日久，获其珍奇异玩，殊方谲诡不识之物，橐驼、马、牛、杂畜巨万。度归遂入龟兹，复获其殊方瑰诡之物亿万已上。又言：自魏德既广，西域、东夷，贡其珍物，充于王府，神龟、正光之际，府藏盈溢。虏除货财、玩好之外，岂有所知邪？

高昌之立国于西域，其事颇有关系。《魏书传》云：世祖时，有阚爽者，自为高昌太守。太延中，遣散骑侍郎王恩生等使高昌，为蠕蠕所执。真君中，爽为沮渠无讳所袭，夺据之。无讳死，弟安周代立。和平元年（460），宋孝武帝大明四年。为蠕蠕所并。蠕蠕以阚伯周为高昌王。其称王自此始也。太和初，伯周死，子义成立。岁余，为其兄首归所杀，自立为高昌王。五年（481），齐高帝建元三年。高车王可至罗杀首归兄弟，以敦煌人张孟明为王。后为国人所杀，立马儒为主。以巩顾礼、麴嘉为左右长史。二十一年，齐明帝建武四年。

遣司马王体玄奉表朝贡，请师迎接，求举国内徙。高祖纳之。遣明威将军韩安保率骑千余赴之。至羊棎水，儒遣礼、嘉率步骑一千五百迎安保，去高昌四百里，而安保不至。礼等还高昌，安保亦还伊吾。安保遣韩兴安等十二人使高昌。儒复遣顾礼将其世子义舒迎安保。至白棘城，去高昌百六十里。而高昌旧人，情恋本土，不愿东迁，相与杀儒，而立麹嘉为王。嘉字灵凤，金城榆中人。榆中，汉县，今甘肃榆中县西北。既立，又臣于蠕蠕那盖。顾礼与义舒随安保至洛阳。及蠕蠕主伏图为高车所杀，嘉又臣高车。初前部胡人，悉为高车所徙，入于焉耆，焉耆又为嚈哒所破灭，国人分散，众不自立，请王于嘉。嘉遣第二子为焉耆王以主之。永平元年（508），梁武帝天监十年。嘉遣兄子私署左卫将军、田地太守孝亮朝京师，田地城，汉之柳中，今鲁克沁。仍求内徙，乞军迎援。于是遣龙骧将军孟威发凉州兵三千人迎之。至伊吾，失期而反。于后十余遣使，款诚备至。惟赐优旨，卒不重迎。延昌中，梁天监十一年至十四年。以嘉为持节、平西将军、瓜州刺史、泰临县开国伯，私署王如故。熙平初，梁天监十五年。遣使朝献。诏曰：卿地隔关山，境接荒漠，频请朝援，徙国内迁，虽来诚可嘉，即于理未怙。何者？彼之甿庶，是汉、魏遗黎。自晋氏不纲，因难播越，成家立国，世积已久。恶徙重迁，人怀恋旧。今若动之，恐异同之变，爰在肘腋，不得便如来表。神龟元年（518），梁天监十七年。冬，孝亮复表求援内徙。朝廷不许。嘉又遣使奉表。自以边遐，不习典诰，求借五经、诸史，并请国子助教刘燮以为博士。肃宗许之。嘉死，子坚立。坚，《梁书》作子坚。永熙后乃隔绝。《周书》：大统十四年（548），诏以其世子玄喜为王。恭帝二年（555），又以其田地公茂嗣位。《隋书》云：坚死，子伯雅立。案，《梁书》言麹嘉在位二十四年，自其立之年齐明帝建武四年（497）起计，当卒于梁普通元年（520），下距《隋书》所记大业五年（609）伯雅来朝之岁，凡九十年。嘉先仕马儒，立年不得甚少；嘉非早世，则坚之继位，亦非冲龄；伯雅能入朝于隋，亦必尚未衰眊；其间似不能历九十年之久，必《隋书》误夺也。《梁书》言大同中子坚遣使来献，大同纪元，与西魏之大统恰同，然则坚之死，当在大统十三、四年间，即梁之太清元、二年也。《梁书·高昌传》云：国人言语，与中国略同。有五经、历代史、诸子、集。《周书》云：文字亦同华夏，兼用胡书。有《毛诗》《论语》《孝经》，置学官弟子，以相教授。虽习读之，而皆为胡语。案，《魏书》言其国有八城，皆有华人，盖华人自华言，胡人自胡语也。然《梁书》又言其人面貌类高丽，则实非深目高鼻之族，特久居胡中，习其言语耳。《魏书·于阗传》云："自高昌以西，诸国人等，深目高鼻，惟此一国，貌不甚胡，颇类华夏。"案，汉世西域，胡人虽多，华人亦不少，说见《秦汉史》第五章第四节。据《魏书》此文，似魏、晋以后，华人颇减，胡人稍增，盖其移殖有难易使然。晋、南北朝之世，华人之居西域者，必以高昌、于阗为巨擘矣。《梁书》云：其官有四镇将军及杂号将军、长史、司马、门下校郎、中兵校郎、通事舍人、通事令史、谘议、校尉、主簿，置四十六镇；姻有六礼；《周书》云：其刑法、风俗、婚姻、丧葬，与华夏小异而大同；可见其法俗尚多承中华之旧。惟辫发垂之于背，《梁书》又云：女子头发，辫而不垂，《周书》云：丈夫从胡法，妇人略同华夏，盖指此。实为胡俗。然伯雅朝隋归国，曾下令国中，解辫削衽，虽云竟畏铁勒不敢改，《隋书》本传。其心固未尝忘华夏也。

葱岭以西之地，始擅于大月氏，而后入于嚈哒。《后汉书·大月氏传》曰：初月氏为匈奴所灭，遂迁于大夏，分其国为休密、双靡、贵霜、肸顿、都密，凡五部翕侯。《汉书》：休密治和墨城，双靡治双靡城，贵霜治护澡城，肸顿治薄茅城，高附治高附城。《后书》高附作都密，余同。《魏书》：伽倍，故休密翕侯，都和墨城，在莎车西。折薛莫孙，故双靡翕侯，都双靡城，在伽倍西。钳敦，故贵霜翕侯，都护澡城，在折薛莫孙西。弗敌沙，故肸顿翕侯，都薄茅城，在钳敦西。阎浮，故高附翕侯，都高附城，在弗敌沙南。沙畹《大月氏都城考》云：休密，即唐之护密，今之 Wakhân。双靡，即宋云《行记》之赊弥，玄奘《西域记》之商弥，今之 Tchitral。贵霜，在健驮罗（Gandhara）北境。弗郎克（Franke）云即健驮罗。肸顿，在喀布尔河（Kaboul rond）支流 Pandjshir 河之 Parwân 地方。都密，在喀布尔附近，惟与喀布尔有别。见冯承钧《史地丛考》。白鸟库吉云：休密，即 Sarik-Chaupan。贵霜为 Wakhan 之西部。合二者为 Wakhan，即《魏书》之钵和，《唐书》之镬侃。双靡为 Mastoj。薄茅当作薄第，为 Badaxshan。高附为 Jamgan。见羽溪了谛《西域之佛教》第二章。贺昌群译，商务印书馆本。后百余岁，贵霜翕侯丘就却攻灭四翕侯，自立为王，国号贵霜王。此王字疑涉下"诸国称之皆曰贵霜王"而衍。侵安息，取高附地。又灭濮达、《西域之佛教》第二章云：即乌弋山离，今阿富汗南境及旁遮普之一部。罽宾，克什米尔之西北，今健驮罗地方。悉有其国。丘就却年八十余死，子阎膏珍代为王。复灭天竺，置将一人监领之。月氏自是之后，最为富盛。诸国称之，皆曰贵霜王。汉本其故号，言大月氏云。《三国志·四裔传注》引《魏略·西戎传》曰：罽宾国、大夏国、高附国、天竺国，皆并属大月氏，说与此合。丘就却与阎膏珍之年代，不易确定，要当在后汉安帝以前，以《后书·西域传·序》，自云本于安帝末班勇所记也。西域史籍亦乏，近世治月氏史者，多珍视其泉币。谓丘就却之名，与见于泉币之 Kujula Kadphises 相当；阎膏珍之名，与 Wema Kadphises 相当。此外尚有迦腻色迦（Kaniska）、胡韦色迦（Huviska）、韦苏特婆（Vasudeva）三王。近年在马图剌（Mathura）及山岮（Sââchi），得有刻文，又有韦西斯迦（Vâsishka，Vasashka，Vasushka）之名，或谓其当次迦腻色迦，或胡韦色迦之后，或谓即韦苏特婆。诸王中，迦腻色迦为传布佛教名王，苦心探索其年代者尤多。或谓在丘就却、阎膏珍之前，或谓在其后。或又谓迦腻色迦有二：一在丘就却、阎膏珍之前，一在其后。众说纷纭，莫衷一是。日本羽溪了谛所撰《西域之佛教》第二章第二节，曾撮举其大要，读之可见其概。欲与中国史籍相印合，尚不易豪发无遗憾。要之谓大月氏之兴起，在两汉之际，其强盛迄于晋初，当无大差也。柔然兴，月氏乃稍见侵削。《魏书·大月氏传》云：都卢监氏城。《史记》、《后汉书》作蓝氏城，《汉书》作监氏城，《北史》作胜监氏城，今班勒纥（Balkh）。北与蠕蠕接，数为所侵，西徙都薄罗城。冯承钧译沙畹《西突厥史料》第四篇注云："沙畹原以嚈哒都城为Badhaghis，后又改订为Faizabad，第《北史》有'盖王舍城也'一语，印度境外，有王舍城之号者，祇缚喝罗（Balkh），此亦即大月氏都城薄罗，兹为改正于此。"商务印书馆本。其王寄多罗勇武，遂兴师越大山，南侵北天竺，自乾陁罗以北五国，尽役属之。盖其势初蹙于北，而犹盛张于南焉。及嚈哒兴，月氏复为所蚕食，而其势不可支矣。

《北史》云：康国者，康居之后也。迁徙无常，不恒故地。自汉以来，相承不绝。其王本姓温，月氏人也。旧居祁连山北昭武城，因被匈奴所破，西逾葱岭，遂有其国。《唐书》：一曰萨末鞬，亦曰飒秣建，元魏所谓悉万斤者，今之撒马儿罕也。枝庶分王。故康国左右诸国，并以昭武为姓，示不忘本也。其所举诸国，曰安，《唐书》：安，一曰布豁，又曰捕喝，元魏谓忸密者，今布哈尔。曰钹汗，《唐书》：宁远，本拔汗那，或曰拨汗，元魏时谓破洛那。案，今《魏书》《北史》传文皆夺破字，云洛那国，故大宛国也，都贵山城，在疏勒西北。沙畹云：拔汗那，今之Ferghanah见《西突厥史料》第三篇。白鸟库吉云：汉贵山城，在Khodjend东北约百三十英里之Kâsân，见桑原骘藏《张骞西征考》。杨炼译，商务印书馆本。曰米《唐书》：或曰弥末，又曰弥秣贺。冯承钧云：Maimargh之对音，见所著《新唐书·西域羁縻府州考》，在《史地丛考》中。曰史，《唐书》：或曰佉沙，又曰羯霜那。冯承钧云：今之Shehr-sebz。曰曹，《唐书》有东、西、中曹，云西曹者，隋时曹也，治瑟底痕城。冯承钧云：Ischtikhan之对音。曰何，《唐书》：或曰屈霜你迦，又曰贵霜匿，即康居小王附墨城，永徽时，以其地为贵霜州。冯承钧云：此贵霜为Koschana，非昔贵霜翕侯治地，亦非《唐书·地理志》大汗都督府之附墨州。曰乌那遏，《隋书》云：都乌浒水南。乌浒水，今阿母河。曰穆，《隋书》云：都乌浒水西。曰漕，烈维、沙畹《罽宾考》云：即《大唐西域记》之漕矩吒，在今Ghazni地方。此篇亦在《史地丛考》中。凡九。《唐书》则以康及安、曹、石、或曰柘支，曰柘折，曰赭时。冯承钧曰：今之塔什干。米、何、火寻、或曰货利习弥，又曰过利。冯承钧曰：即 Kharism 之对音。居乌浒水之阳，即今之 Urgeny。戊地、冯承钧曰：即《西域记》之伐地，古之木鹿，今之 Merv。史为昭武九姓，而云康之始为突厥所破。案，昭武，汉县，属张掖。《后书·梁懂传注》云：昭武故城，在张掖西北，其地属今之高台县，乃月氏故地，非康居故地，云康为康居之地可，云康为康居之后则误，且与其王为月氏人之说，自相矛盾矣。月氏西迁，盖自今伊犁河域达妫水之滨，未尝经葱岭，云西逾葱岭亦误。《唐书》觉其不合，改匈奴为突厥，然逮突厥之兴，祁连山北，久无月氏矣。楚固失之，齐亦未为得也。月氏西迁之后，只闻分国为五部翕侯，未闻以枝庶分王各邑。然则昭武诸国之立，乃在月氏西迁又遭破坏之后，无复共主，乃分崩离析而为是诸小国也。或曰：《魏略·西戎传》言："敦煌、西域之南山中，从婼羌西至葱岭西数千里，有月氏余种。"《三国·魏志·四裔传注》引。所谓西逾葱岭者，安知非指此种人言之。案，《后书·羌传》云："湟中月氏胡，其先大月氏之别也。旧在张掖、酒泉地。月氏王为匈奴冒顿所杀，余种分散，西逾葱岭。其羸弱者南入山阻，依诸羌居止。遂与共婚姻。及霍去病破匈奴，取西河地，开湟中，于是月氏来降。与汉人错居。被服、饮食、言语，略与羌同。亦以父名母姓为种。"此文亦必有所本，西逾葱岭，明指月氏初破败时言之，此乃古人措辞不审，不必曲为之讳。湟中月氏胡，特其来降之一小支，其余盖皆在南山羌中。《魏略》下文云："葱茈羌，白马、黄牛羌，各有酋豪，北与诸国接，不知其道里广狭。"然则云自婼羌至于葱岭皆有月氏余种，亦不过约略之辞，盖以月氏与羌同处，乃以羌之所至，即为月氏之所至，其实月氏踪迹，能否西抵葱岭，尚有可疑也。与羌同居之月氏，皆为羌所化。其处境闭塞，故其文明程度甚低。然四塞之区，外兵罕至，故其处境实甚宽闲，从古不闻迁徙。与谓昭武诸国，系此等月氏余种，迁徙而去，似不如谓为月氏西迁之后，更遭破败，乃离析而成此诸国之为得也。

嚈哒，《梁书》谓之滑国，其缘起史甚茫昧。《梁书·滑国传》云：车师之别种也。汉永建元年（126），八滑从班勇击北虏有功，勇上八滑为后部亲汉侯。事见《后书·西域车师传》。自魏、晋以来，不通中国。至天监十五年（516），其王厌带夷栗陀始遣使献方物。普通元年（520），又遣使献黄师子、白貂裘、波斯锦等物。七年，又奉表贡献。元魏之居桑乾，见第四章第二节。滑犹为小国，属芮芮。后稍强大。征其旁国波斯、盘盘、《宋书》芮芮附《索虏传》后，云：其东有樊槃国、赵昌国，渡流沙万里，即此国也。《西突厥史料》云："盘盘南海国名，不应列入西域诸国之间，疑有错简。"误。罽宾、焉耆、龟兹、疏勒、姑墨、今阿克苏县。于阗、句盘疑即渴槃陀，今蒲犁县。等国，开地千余里。案，滑国距车师甚远，果其本居后部，其迁徙而西，安得一无事迹可见?《梁书》又有白题国,云:其先盖匈奴之别种胡也。汉灌婴与匈奴战,斩白题骑一人。今在滑国东,去滑六日行,西极波斯,其可疑亦与滑国同。今案,《裴子野传》云:西北徼外,有白题及滑国,遣使由岷山道入贡。白题入贡,事在普通三年,见本传。此二国历代弗宾,莫知所出。子野曰:"汉颍阴侯斩胡白题将一人,服虔《注》曰:白题胡名也;又汉定远侯击虏,八滑从之,此其后乎?"时人服其博识。然则以滑国为八滑之后,特穿凿附会之谈,作史者据为典要,慎矣。《梁书》又有末国,云:"汉世且末国也,北与丁零,东与白题,西与波斯接。"其地理亦全然不合。丁谦《梁书·夷貉传考证》谓即米国,说颇似之,乃因末字附会为且末,亦裴子野之智也。《滑国传》云:少女子,兄弟共妻。《魏书·嚈哒传》云:其俗兄弟共一妻。夫无兄弟者,其妻戴一角帽,若有兄弟者,依其多少之数,更加角焉。《隋书·挹怛传》略同。《梁书》云:头上刻木为角,长六尺,以金银饰之。一妻多夫之俗,较一夫一妻、一夫多妻为少,苟其有之,必同族也。《嚈哒传》云:大月氏之种类也。《隋书》同。亦曰高车之别种。其原出于塞北,自金山而南。金山,今阿尔泰山。与《梁书》以滑国为八滑之后,同一无据。《通典·边防典》云:按刘瑾《梁典》,滑国姓嚈哒,后裔以姓为国号,转讹又谓之挹怛焉。《注》云:其本原:或云车师之种,或云高车之种,或云大月氏之种。又韦节《西蕃记》云:亲问其国人,并自称挹阗。又按《汉书》:陈汤征郅支,康居副王挹阗钞其后,则此或康居之种类。然传自远国,夷语讹舛,年代绵邈,莫知根实,不可得而辨也。以挹怛为康居之后,正与裴子野之智同。韦节亲闻,说自可据。因此知哒怛二字,音与阗同;於邑双声,于於同字;嚈哒、挹怛,殆于阗之异译也。其王名厌带夷栗陁,厌带盖其姓。《唐书·地理志》:突厥羁縻州葛逻州,以葛逻挹怛部置,盖挹怛余众,属于葛逻者也。《西突厥史料》第四篇云:五世纪中叶,嚈哒居乌浒河域,渐强大,为波斯大敌。四百八十四年,其王Akschounwar,大败波斯,波斯王Pirouz战死。此王在Théophane de Byzance著述中,名Ephthalanos。彼谓嚈哒(Hephthalites)之名,即出此王。《梁书·滑国传》:其王厌带夷栗陁。《唐书》云:嚈哒王姓也,后裔以姓为国。合此三证,知嚈哒之称,惟见于五世纪末年之故。盖以适当Akschounwar战胜之后,此王之姓,不作Hephthal,即作Hethailit也。案,四百八十四年,为齐武帝永明二年(484)。据《梁书·诸夷传》所载:滑国法俗,有类于阗者三焉:王与妻并坐接客,一也。滑女人被裘,于阗妇人皆辫发,衣裘袴,二也。《滑传》云:其跪一拜而止,此事无甚足异,史家未必特著其文,《于阗传》云:其人恭,相见则跪,其跪则一膝至地,疑《滑传》文有讹误,其俗实与于阗同,此非东夷之拜则曳一足,乃古武坐致右宪左之类。三也。又《渴盘陁传》云:风俗与于阗相类，着长身小袖袍、小口袴，而《滑传》亦云：着小袖长身袍。又《高昌传》云：着长身小袖袍、缦裆裤，《武兴传》云：长身小袖袍、小口袴；则此为甘肃南境之通俗，蔓延于南山之北，葱岭之西。《芮芮传》亦云：小袖袍、小口袴、深雍靴。靴为胡俗，小袖袍、小口袴，或受诸高昌等。滑，"言语待河南人译然后通"，《梁书》本传。又云：无文字，以木为契，与旁国通，则使旁国胡为胡书，此亦足证谓其出于车师、高车、月氏等之误，诸国皆久与文明之国接，非复刻木为契者矣。《魏书》云：其语与蠕蠕及高车诸胡不同，又足证其非同族。其来又自岷山道，其故居所在，自略可推测。一妻多夫，易行女系，女系固非即女权，然女权究易昌大，且女子易为族长，因此亦易为国主。《魏书·吐谷浑传》云：北又有女王国，以女为主，人所不知，其传云然，谓女王国在吐谷浑北，显有讹误。或北为误字，或系编次之误，或则传写简错。此条若不在此处，则"北又有"之文，非谓其在吐谷浑之北矣。《北史》云：白兰西南二千五百里，隔大岭，又度四十里海，有女王国，与其《西域传》谓于阗南去女国二千里，《隋书·女国传》谓其在葱岭之南者相符，其地盖在今后藏。此女国在后藏境，而西川之西，尚有一女国，在唐西山八国中。西山八国：曰女，曰诃陵，曰南水，曰白狗，曰逋租，曰弱水，曰清远，曰咄霸。见《唐书·韦皋传》，云皆因皋请入朝。据《旧书·本纪》，事在德宗贞元九年（793），惟云六蛮，无清远、咄霸，盖二国之附在后也。又诃陵作哥邻。《北史》言女国土著，宜桑麻，熟五谷。而《魏书》言嚈哒无城邑，依随水草，以毡为屋，夏迁凉土，冬逐暖处。《梁书》亦云：滑无城郭，毡屋为居，东向开户。盖藏地一妻多夫之族，有耕农，有游牧，游牧者迁徙较易，北出天山南路，先陷于阗，乃越葱岭而西，至于《魏书》所云嚈哒之都拔底延城。巴达克山之异译。谓之滑国者，《唐书·地理志》：大汗都督府，以嚈哒部活路城置，此即《西域记》之活国，Aboulféda 地志云：为吐火罗都城，旧为嚈哒国，《西突厥史料》第三篇。梁武帝时其主盖居焉，而以其名自通，故《梁书》称为滑国也。《梁书》又有周古柯、呵跋檀、胡密丹三国，周古柯，未详。呵跋檀，或云即渴盘陁。胡密丹，即护蜜。云皆滑旁小国。普通元年，使使随滑来献方物，又云：凡滑旁之国，衣服、容貌，皆与滑同，盖其相率俱出者。此国之强盛，盖当南北朝之初。《魏书》言：西域康居、于阗、沙勒、即疏勒。安息，及诸小国三十许，皆役属之。《周书》云：于阗、安息等大小二十余国皆役属之。《朱居波》、沙畹云：今哈尔噶里克（Karghalik），见《西突厥史料》第二篇。《传》云：役属嚈哒。《渴盘陁》、《传》云：附于嚈哒。《钵和》、《传》云：亦为嚈哒所统。赊弥《传》云：亦附嚈哒。《传》言其皆臣附焉。《乾陁传》云：乾陁，即健驼罗。本名业波，为嚈哒所破，因改焉。其王本是敕勒，临国已三世矣，盖嚈哒所树置也。焉耆见破，事已见前。嚈哒又与柔然合从，以攻高车，事见下节。皆可见其威力之广：其破亡在南北朝之末。《周书》云：大统十二年（546），梁武帝中大同元年。遣使献其方物。魏废帝二年（553），梁元帝承圣二年。明帝二年（558），陈武帝永定三年。并遣使来献。后为突厥所破，部落分散，职贡遂绝。其事当在陈文帝之世也。《西突厥史料》第四篇云："突厥既灭蠕蠕，嚈哒失一大外援。波斯王 Khosrou Anouschirwan，欲雪其祖败亡之耻，乃娶突厥可汗女，与盟，共谋嚈哒。陀拔（Tabari）《纪年》云：Sindjibou，为突厥最勇健之可汗，统军最众。败嚈哒而杀其王者，即此人。弥南（Ménandre）《希腊史残卷》，谓 Silziboul 与嚈哒战甫终，即宣告将往击 Avares，事在五百六十二年。又谓五百六十八年，Dizaboul 可汗使告嚈哒已灭。则嚈哒之灭，应在五百六十三至五百六十七年。"案，五百六十三年，乃陈文帝天嘉四年，五百六十七年，则陈废帝光大元年也。嚈哒灭亡之年，东西史籍相合。Silziboul 与 Dizaboul 即系一人，沙畹云：即《隋书》之室点密，见下节。

在《魏书》所云第三、第四两域中，引起轩然大波者，似为匈奴。《魏书·悦般传》云：在乌孙西北，其先，匈奴北单于之部落也，为窦宪所逐。北单于度金微山，西走康居。其羸弱不能去者，住龟兹北。地方数千里，众可二十余万。凉州人犹谓之单于王。其风俗、言语，与高车同，而其人清洁于胡。俗剪发齐眉，以醍醐涂之，昱昱然光泽。日三澡漱，然后饮食。与蠕蠕结好。其王尝将数千人入蠕蠕国，欲与大檀相见。入其界百余里，见其部人不浣衣，不绊发，妇人舌舐器物。王谓其从臣曰："汝曹诳我，入此狗国中。"乃驰还。大檀遣骑追之，不及。自是相仇雠，数相征讨。真君九年（448），宋文帝元嘉二十五年。遣使朝献。并送幻人，称能割人喉脉令断，击人头令骨陷，皆血出，或数升，或盈斗，以草药内其口中，令嚼咽之，须臾血止，养创一月复常，又无瘢痕。世祖疑其虚，乃取死罪囚试之，皆验。云中国诸名山，皆有此草。乃使人受其术而厚遇之。是岁，再遣使朝贡，求与官军东西齐契讨蠕蠕。世祖嘉其意，命中外诸军戒严，以淮南王他为前锋，袭蠕蠕。仍诏有司：以其鼓舞之节，施于乐府。自是每使贡献。案，汉世西北诸国，大者曰康居，曰大宛，曰乌孙，曰奄蔡。《后汉书》无康居传。《晋书》有之，云：在大宛西北，可二千里。与粟弋、伊列邻接。其王居苏薤城。泰始中，其王那鼻遣使上封事，并献方物。苏薤城乃史国之都，为康居小王故地，洪氏钧谓"是昭武之分王，非康居之统主，苏薤在大宛西不及二千里，《晋书》但引《史记》，而不知与己说刺缪"，《元史译文证补·西北古地考康居奄蔡》。其说良是。然则康居旧国已亡。大宛，《晋书·传》云：其国"有大小七十余城。太康六年（285），武帝遣使杨颢拜其王蓝庾为大宛王。卒，其子摩之立，遣使贡汗血马。"似尚为泱泱大风。然自此而后，亦无闻焉。乌孙惟《魏书》有传，云："其国数为蠕蠕所侵，西徙葱岭山中，无城郭，随畜牧，逐水草。"则更微不足数矣。悦般之地，自龟兹之北至乌孙西北，盖苞巴勒哈什湖而抵咸海。自此以西北，亦更无强部。故或谓"《后书》无康居传者，其地已入悦般也。《后书》有粟弋国，又有严国，在奄蔡北，奄蔡，改名阿兰聊国，皆云属康居，即属于匈奴矣。"《三国·魏志·四裔传注》引《魏略》：乌孙、康居，本国无增损也。北乌伊别国，在康居北。又有柳国；又有岩国；又有奄蔡国，一名阿兰；皆与康居同俗。西与大秦，东南与康居接。故时羁属康居，今不属也。说亦可通。《魏书》："粟特国，在葱岭之西，古之奄蔡，一名温那沙，居于大泽，在康居西北，先是匈奴杀其王而有其国，至王忽倪已，三世矣。"此亦一匈奴战胜攻取之迹。然若是者甚寥寥，何也？今案，匈奴是时，兵锋盖深入欧洲，故在亚洲，其可见之战功甚少也。洪氏钧又云：《魏书》以粟特即奄蔡。《后汉书》分粟弋、奄蔡为二，曰粟弋国属康居。《通典》以粟弋即粟特，而亦与奄蔡分为二国。且曰粟弋附庸小国，四百余城。似非一国。《元史类编·西域传》引《十三州志》云：奄蔡、粟特，各有君长，而魏收以为一国，误矣。《汉书·陈汤传》：郅支单于遣使责阖苏、大宛诸国岁遗。师古曰：胡广云：康居北可一千里，有国名奄蔡，一名阖苏，然则阖苏即奄蔡也。《史记正义》引《汉书解诂》曰：奄蔡即阖苏也。名称互岐，诸说不一，折衷考异，爰采西书。当商、周时，古希腊国人已至黑海，行舟互市，筑室建城。秦、汉之时，罗马继之。故亚洲西境部族，播迁欧洲者，惟希腊、罗马古史，具载梗概。今译其书，谓里海以西，黑海以北，先有辛卑尔族居之，盖东方种类，城郭而兼游牧者。厥后有粟特族，越里海北滨，自东而西，夺辛卑尔地。辛卑尔人四散。大半窜于今之德、法、丹、日等地。有众入罗马，为罗马击杀无遗。东汉时，有郭特族人，亦自东来。其王曰亥耳曼。粟特族人败溃不复振。晋时，匈奴西徙。其王曰阿提拉。用兵如神，所向无敌。亥耳曼自杀。其子威尼达尔，率郭特人西窜，召集流亡，别立基业。阿提拉复引而西。战胜攻取，威震欧洲。罗马亦惮之。立国于今马加之地。希腊、罗马、郭特之人，多为其所抚用。与西国使命往来，坛坫称盛。有诗同歌咏，皆古时匈奴文字。罗马史称阿提拉仁民爱物，信赏必罚。在军中，与士卒同甘苦。子女玉帛，一不自私。邻国贡物分颁其下。筵宴使臣以金器皿，而自奉俭约，樽簋以木。将士被服饰金，而己则惟衣皮革。是以遐迩咸服，人乐为用。宋文帝元嘉二十八年（451），阿提拉西侵佛郎克部。罗马大将峨都思，率郭特、佛郎克等众御之。战于沙隆之野，两军死者五十万人。阿提拉败归。南侵罗马，毁数城而去。寻卒，诸子争立，国内乱，遂为罗马所灭。当郭特之未侵粟特也，有部落曰耶仄亦，居里海西，高略斯山北，亦东来族类，而属于粟特。厥后郭特、匈奴，相继攘逐，独耶仄亦部河山四塞，恃险久存。后称阿兰，亦曰阿兰尼；又曰阿思，亦曰阿兰阿思；皆见东罗马书。今案，耶仄亦即汉奄蔡，元阿速。昔时俄罗斯人称阿速曰耶细，为耶仄亦变音。阿速于明后始为俄罗斯所并，享国之久，可谓罕见。奄蔡一国，粟特一国，一为大部，一为附庸，《后汉书》《通典》《十三州志》说合。其曰粟弋者，仅一粟字，嫌切音未足，因增弋字，当作粟弋特而删特字也。其曰阖苏者，阖字为启口时语助之音，西方文字，往往而有。战国时希腊人海洛犍特之书，其言粟特，音如阖苏，故知是也。郭特之名，华书无征，《魏书·粟特传》："匈奴杀其王而有其国，传至王忽倪已三世，稽其时序，似即郭特王亥耳曼自戕之事，而不合者多，难于论定。"案，近哥伦比亚大学教授夏德氏（Hirth），考定忽倪已即 Hernae，实阿提拉少子继为芬王者。忽倪已以文成时通好于魏，文成在位，当西历四百五十二年至四百五十六年，忽倪已之即位，则在四百五十二年也。然则匈奴虽深入欧洲，其于亚洲西北，固未尝不陆奢而水粟矣。特以大体言之，则是时之匈奴，已稍为西胡所同化，非复好斗嗜杀之民族矣。然亚洲西北，固犹为其所羁制。此等情形，盖历晋、南北朝之世，未之有改，直至其末叶突厥兴而始一变也。

西域诸国，见于《魏书》者，除前所述外，尚有且末、都且末城，今且末县。后役属鄯善。蒲山、故皮山。居皮城，今皮山县。后役属于阗。悉居半、故西夜国，一名子合。治呼犍谷，在今叶城县南。权於摩、故乌秅。居乌秅城，今巴达克山。渠沙、居故莎车城，今莎车县。且弥、都天山东于大谷。此汉之西且弥，在今呼图壁河至玛纳斯河间。本役属车师。姑默、居南城，即姑墨，见上。役属龟兹。温宿、居温宿城，见上。役属龟兹。尉头、居尉头城，见上。役属龟兹。者至拔、都者至拔城，在疏勒西。迷密、都迷密城，在者至拔西。悉万斤、都悉万斤城，见上。忸密、都忸密城，在悉万斤西，见上。洛那、即破洛那，见上。伏卢尼、都伏卢尼城，在波斯北。色知显、都色知显城，在悉万斤西北。伽色尼、都伽色尼城，在悉万斤南。薄知、都薄知城，在伽色尼南。牟知、都牟知城，在忸密西南。阿弗大汗、都阿弗大汗城，在忸密西。呼似密、都呼似密城，在阿弗大汗西。案，此国即唐之火寻，见上。诺色波罗、都波罗城，在忸密南。案，此国即唐之那色波，亦曰小史，在伐沙西百五十里。早伽至、都早伽至城，在忸密西。伽不单、都伽不单城，在悉万斤西北。者舌、见上。阿钩羌、在莎车西南。波路、见上。罽宾、都善见城，见上。吐呼罗、沙畹云：在巴达克山。见所著《大月氏都城考》，在《史地丛考》中。副货、东至阿副使且国，西至没谁国，中间相去一千里。南有连山，不知名。北至奇沙国，相去一千五百里。其所在并所接之国均未详。或云：奇沙即佉沙。波知、在钵和西南。钵卢勒。在赊弥东。或通朝贡，或否。其国名多与都城同，盖本一城之主，盛时则能自通中国，衰即隶属于人矣。大秦，《晋书》《魏书》皆有传。《晋书》云：武帝太康中，其王遣使贡献，《魏书》仅袭前史之文，无事迹，盖自太康后无往还。是时安息微而波斯之萨山朝兴。《魏书》云：神龟中，梁武帝天监十七（518）、十八年。遣使上书贡物，自此每使贡献。而安息之名亦仍存，在葱岭西，都蔚搜城。北与康居，西与波斯相接。在大月氏西北。丁谦《魏书·西域传考证》云：“巴而特亡后，尚有一小国，在里海南山中。大食先灭波斯，后灭此国。据此，安息国即《唐书》所谓陀拔斯单。安息本在月氏西南，此国滨近里海，故云在月氏西北。蔚搜城，当是今萨里城。”周天和二年（567），陈废帝光大元年（567）。尝遣使来献。盖陆路之交通，至亚洲西境而极。印度陆路之交通，《魏书》所载，有南天竺国。世宗时，齐东昏侯永元二年（500）至梁武帝天监十四年。其国王婆罗化遣使献骏马、金银，自此每使朝献。南天竺去代三万一千里，次南天竺之下者为叠伏罗，去代三万一千里，其国当亦在印度。世宗时，其国主伏陁末多尝遣使献方物。次叠伏罗之下者为拔豆，去代五万一千里，其相去似太远，岂五万为三万之讹，其国亦在印度欤？在赊弥南之乌苌，即《西域记》之乌仗那，其国在北印，《魏书》不言其有所交通。其西之乾陁，即健陁罗，则为嚈哒所羁制矣。

中国东南面海，西北连陆，北方多游牧民族，惟事侵略，西方则不然，其国多系文明之国，我之文明，能裨益彼者诚不少，彼之文明，能裨益我者亦孔多也。近年英、俄、法、德考古家，在新疆发见古书，有与印度欧罗巴语类者，以其得之之地，名之曰焉耆语、龟兹语，焉耆语行于天山之北，龟兹语行于天山之南，予疑龟兹语为塞种语，焉耆语为乌孙等游牧民族语，已见《秦汉史》第五章第四节。烈维《龟兹语考》云：据迈埃（Meillet）研究，其语特近意大利色特（Italo-Celtes）、斯拉夫（Slaves）、希腊（Héllénes）诸语，实难纳诸一类语言。与印度伊兰语，又不相类。中国初译佛经，在二世纪时，其语，有非印度元文所能对照，必用龟兹语，始能解其音译者，此文亦在《史地丛考》中。此可见西域诸国自有其文化，非尽受之于人，而其有裨于我者为至大也。当时西域诸国文明富厚之情形，读前文所述龟兹、焉耆之事，已可概见。王国维《西胡考》曰：魏、晋以来，草木之名，冠以胡字者，其实皆西域物。予谓不仅此。《续汉书·五行志》曰：“灵帝好胡服、胡帐、胡床、胡坐、胡饭、胡箜篌、胡笛、胡舞，京都贵戚，皆竞为之，此服妖也。”凡一种文明，由贵族传入者，在当时恒为侈靡之事，久之，流衍于民间，则为全群之乐利矣。此等器物、技艺，有益于我者，实亦甚深，参观以下各章可见。西域诸国人入中国者亦甚多。胡本匈奴之名，久之，中国人乃赅以称北方诸民族。在匈奴之东者曰东胡，乌丸、鲜卑之先是也。在匈奴之西者曰西胡，亦曰西域胡。匈奴亦黄种，容貌与中国人同，一同化即不可复别，西胡则为深目高鼻之族，文化虽已交融，容貌不能骤变，魏、晋而后，胡名遂稍为所专。既惟称此种人为胡，则东西之名，可以不立。此说详见予所撰《胡考》。在《燕石札记》中，商务印书馆本。知此，则知西域人入中国者之多，亦知中国与西域关系之密矣。又不特中国，北方之游牧民族，与西胡关系亦深，此事须统观隋、唐以后史实，方能明之，然观第八章第三节及下节，亦可见其端倪也。

第九节　柔然突厥兴亡

魏初与柔然、高车之交涉，已见第八章第三节。《魏书·蠕蠕传》曰：和平五年（464），宋孝武帝大明八年。吐鲁真死，子予成立，号受罗步真可汗，魏言惠也。自称永康元年。率部侵塞，北镇游军，大破其众。北镇，见第八章第三节。皇兴四年（470），宋明帝泰始六年。予成犯塞。车驾北讨。诸将会车驾于女水之滨。丁谦《魏书·外国传补考证》云：女水，今坤都伦河。虏众奔溃。改女水曰武川。延兴五年（475），宋废帝元徽三年。予成求通婚聘。太和时，复以为请。高祖诛之。予成虽岁贡不绝，而款约不著，婚事亦停。九年，齐武帝永明三年。予成死，子豆仑立，号伏古敦可汗，魏言恒也。自称太平元年。

柔然实倚铁勒以为强，故至豆仑之世，铁勒叛而柔然遂中衰。《魏书·高车传》曰：先是副伏罗部为蠕蠕所役属。豆仑之世，蠕蠕乱离，国部分散。副伏罗阿伏至罗与从弟穷奇，俱统高车之众十余万落。太和十一年（487），齐永明五年。豆仑犯塞，阿伏至罗固谏，不从。怒，率所部西叛。至前部西北，自立为王。车师前部，见上节。国人号之曰侯娄匐勒，犹魏言大天子也。穷奇号候倍，犹魏言储主也。二人和穆，分部而立。阿伏至罗居北，穷奇在南。豆仑追讨之，频为阿伏至罗所败，乃引众东徙。十四年，齐永明八年。阿伏至罗遣商胡越者至京师，以二箭奉贡。云："蠕蠕为天子之贼，臣谏之不从，遂叛来至此，而自竖立，当为天子讨除蠕蠕。"高祖未之信也，遣使者于提观虚实。阿伏至罗与穷奇遣使者簿颉随于提来朝。诏员外散骑侍郎可足浑长生复与于提往使。《蠕蠕传》曰：豆仑性残暴好杀。其臣侯医垔、石洛候数以忠言谏之，又劝与国通和，勿侵中国。豆仑怒，诬石洛候谋反，杀之，夷其三族。十六年，齐永明十年。八月，高祖遣阳平王颐、左仆射陆叡并为都督，领军斛律恒等十二将七万骑讨豆仑。部内高车阿伏至罗率众十余万落西走，自立为王。豆仑与叔父那盖为二道追之。豆仑出自浚稽山北而西，汉太初二年（前103），赵破奴出朔方二千余里至浚稽山。汉朔方郡，在今绥远临河县境。那盖出自金山。见上节。豆仑频为阿伏至罗所败，那盖累有胜捷。国人咸以那盖为天所助，欲推为主。那盖不从。众乃杀豆仑母子，以尸示那盖。那盖乃袭位。那盖号候其伏代库者可汗，魏言悦乐也。自称太安元年。是时盖魏与高车协谋，以犄蠕蠕也。《梁书·芮芮传》云：永明中，为丁零所破，更为小国，而南移其居，当在此时。其移居何地，则不可考矣。《魏书》又云：那盖死，子伏图立，号他汗可汗，魏言绪也。自称始平元年。正始三年（506），梁武帝天监三年。伏图遣使纥奚勿六跋朝献，请求通和。世宗不报其使。诏有司敕勿六跋曰："蠕蠕远祖社仑，是大魏叛臣，往者包容，暂时通使，今蠕蠕衰微，有损畴日，大魏之德，方隆周、汉，通和之事，未容相许。著修藩礼，款诚昭著者，当不孤尔也。"永平元年（508），梁天监七年。伏图又遣勿六跋奉函书一封，并献貂裘。世宗不纳，依前喻遣。观此，知魏与柔然，迄用邻敌之礼来往，此时乘其衰弱，乃欲胁以称臣也。然高车旋复为柔然所破。

《高车传》云：穷奇后为嚈哒所杀，虏其子弥俄突等。其众分散，或来奔附，或投蠕蠕。阿伏至罗长子蒸阿伏至罗余妻，谋害阿伏至罗。阿伏至罗杀之。阿伏至罗又残暴，大失众心。众共杀之，立其宗人跋利延为主。岁余，嚈哒伐高车将纳弥俄突。国人杀跋利延迎之。弥俄突既立，复遣使朝贡。世祖诏之曰："蠕蠕、嚈哒、吐谷浑所以交通者，皆路由高昌，犄角相接。今高昌内附，遣使迎引，蠕蠕往来路绝"云云。观此，知魏与高车协谋柔然，柔然又与嚈哒协谋高车也。《高车传》又曰：弥俄突寻与蠕蠕主伏图战于蒲类海北，今巴尔库勒泊，在新疆镇西县西北。为伏图所败。西走三百余里。伏图次于伊吾北山。伊吾，见第六章第六节。先是高昌王麹嘉，表求内徙，世宗遣孟威迎之，至伊吾。蠕蠕见威军，怖而遁走。弥俄突闻其离骇，追击，大破之，杀伏图于蒲类海北，割其发，送于孟威。弥俄突此战，可谓幸胜耳。《蠕蠕传》云：伏图死，子丑奴立，号豆罗伏跋豆伐可汗，魏言彰制也。自称建昌元年。熙平元年（516），梁天监十五年。西征高车，大破之。擒弥俄突，杀之。尽并叛者。国遂强盛。《高车传》云：肃宗初，弥俄突与蠕蠕主丑奴战败被擒，丑奴系其两脚于驽马之上，顿曳杀之，漆其头为饮器。《梁书》云：天监中，始破丁零，复其旧土，在此时也。然丑奴实非拨乱之主，故不久而内难复作。

《蠕蠕传》云：豆仑之死也，伏图纳其妻候吕陵氏，生丑奴、阿那瑰等六人。丑奴立后，忽亡一子，字祖惠。求募不得。副升牟妻是豆浑地万，年二十许，为医巫，假托神鬼，先尝为丑奴所信，出入去来。乃言此儿今在天上，我能呼得。

丑奴母子欣悦。后岁中秋，在大泽中施帐屋，斋洁七日，祈请天神。经一宿，祖惠忽在帐中。自云恒在天上。丑奴母子抱之悲喜。大会国人，号地万为圣女。纳为可贺敦。授夫副升牟爵位，赐牛、马、羊三千头。地万既挟左道，亦有姿色，丑奴甚加重爱，信用其言，乱其国政。如是积岁。祖惠年长，其母问之。祖惠言："我恒在地万家，不曾上天，上天者，地万教也。"其母具以状告丑奴。丑奴言："地万县鉴远事，不可不信，勿用谗言也。"既而地万恐惧，潜祖惠于丑奴，丑奴阴杀之。正光初，梁武帝普通元年（520）。丑奴母遣莫何去汾李具列等绞杀地万。丑奴怒，欲诛具列等。又阿至罗侵丑奴，丑奴击之，军败。还，为母与其大臣所杀。立丑奴弟阿那瑰。立经十日。其族兄俟力发示发率众数万以伐阿那瑰。阿那瑰战败，将弟乞居伐轻骑南走归国。阿那瑰母候吕陵氏及其二弟，寻为示发所杀。案，豆仑之死，国人亦并杀其母，则似柔然之母可贺敦，习于干政，盖浅演之国，法制不立使然。候吕陵氏盖谋立其少子而行弑逆也。《宋书》言芮芮僭称大号，岁时遣使诣京师，与中国抗礼。《朱书·芮芮传》附《索虏传》后。观其自予成以后，每主皆建年号，知其言之不诬。至此，乃以内难故入臣于魏矣。

阿那瑰既至，魏封为朔方郡公、蠕蠕主。阿那瑰乞求兵马，还向本国。诏议之。时朝臣意有同异，或言听还，或言不可。领军元叉为宰相，阿那瑰私以金百斤货之，遂归北。阿那瑰东奔之后，其从父兄俟力发婆罗门率数万人入讨示发，破之。示发奔地豆干，为其下所杀。推婆罗门为主，号弥偶可社句可汗，魏言安静也。二年（521），梁普通二年。二月，肃宗诏旧经蠕蠕使者牒云具仁往喻婆罗门迎阿那瑰之意。婆罗门殊自骄慢，无逊让之心。责具仁礼敬。具仁执节不屈。婆罗门遣大官莫何去汾、俟斤丘升头六人将兵一千，随具仁迎阿那瑰。五月，具仁还镇，论彼事势。阿那瑰虑不敢入，表求还京。会婆罗门为高车所逐，见下。率十部落诣凉州归降。于是蠕蠕数万，相率迎阿那瑰。七月，阿那瑰启云："投化蠕蠕二人到镇，云国土大乱，往往别住，迭相抄掠。乞依前恩，赐给精兵一万，还令督率，送臣碛北，抚定荒人。"九月，蠕蠕后主俟匿伐来奔怀朔镇。见第十二章第三节。阿那瑰兄也。列称规望乞军，并请阿那瑰。十月，录尚书事高阳王雍等奏阿那瑰宜置吐若奚泉，在怀朔镇北。婆罗门宜置西海郡。在敦煌北。魏时盖未能定阿那瑰，故与婆罗门俱就境内安置之也。婆罗门寻与部众谋叛投嚈哒，嚈哒三妻，皆婆罗门妹。州军讨擒之。四年，梁普通四年。阿那瑰众大饥，入塞寇钞。肃宗诏尚书左丞元孚兼行台尚书持节喻之。为其所执。以孚自随，驱掠良口二千，公、私驿马、牛、羊数十万北遁。谢孚放还。诏李崇等率骑十万讨之。出塞三千余里，至瀚海，不及而还。是时之阿那瑰，安能远引；此非崇等规避，即魏史之夸辞也。破六韩拔陵反，诸镇相应，孝昌元年（525），梁普通六年。春，阿那瑰率众讨之，从武川西向沃野，武川、沃野，皆见第十二章第三节。频战克捷。阿那瑰部落既和，士马稍盛，乃号敕连头兵豆伐可汗，魏言把揽也。初弥俄突之死也，其部众悉入嚈哒。经数年，嚈哒听弥俄突弟伊匐还国。伊匐复大破蠕蠕。蠕蠕主婆罗门走投凉州。伊匐后与蠕蠕战，败归。其弟越居杀伊匐自立。天平中，梁中大通六年（534）至大同三年（537）。越居复为蠕蠕所破。伊匐子比适，复杀越居而自立。兴和中，梁大同五年至八年。比适又为蠕蠕所破。自是高车复衰，柔然独雄于漠南北矣。魏氏既乱，所以待柔然者，复异于前。建义初，梁武帝大通二年（528）。孝庄诏阿那瑰赞拜不言名，上书不称臣。东西既分，彼此竞结姻好，柔然寖骄，事已见前。然柔然是时，实已不振，遂为新兴之突厥所灭。

突厥缘起，凡有数说：《周书》云：突厥者，盖匈奴之别种，姓阿史那氏，别为部落。后为邻国所破，尽灭其族。有一儿，年且十岁，兵人见其小，不忍杀之，乃刖其足，弃草泽中。有牝狼，以肉饲之。及长，与狼合，遂有孕焉。彼王闻此儿尚在，重遣杀之。使者见狼在侧，并欲杀狼。狼遂逃于高昌国之北山。山有洞穴，穴内有平壤茂草，周围数百里，四面俱山。狼匿其中，遂生十男。十男长，外托妻孕，其后各有一姓，阿史那即一也。子孙蕃育，渐至数百家。经数世，相与出穴，臣于茹茹。居金山之阳，为茹茹铁工。金山形似兜鍪，其俗谓兜鍪为突厥，遂因以为号焉。此一说也。又云：或云：突厥之先，出于索国。在匈奴之北。其部落大人曰阿谤步。兄弟十七人。其一曰伊质泥师都，狼所生也。阿谤步等性并愚痴，国遂被灭。泥师都既别感异气，能征召风雨。娶二妻，云是夏神、冬神之女也。一孕而生四男：其一变为白鸿。其一国于阿辅水、剑水之间，号为契骨。契骨，即汉之坚昆，唐之黠戛斯。剑水，《唐书》作剑河，即《元史》之谦河，在唐努乌梁海境内，见《元史译文证补·地理志·西北地附录释地下吉利吉思撼合纳谦州益兰州等处》条。其一国于处折水。其一居践斯处折施山，即其大儿也。山上仍有阿谤步种类，并多寒露，大儿为出火温养之，咸得全济，遂共奉大儿为主，号为突厥，即讷都六设也。讷都六有十妻，所生子皆以母族为姓，阿史那是其小妻之子也。讷都六死，十母子内欲择立一人，乃相率于大树下共为约，曰："向树跳跃，能最高者即推立之。"阿史那子年幼，而跳最高，诸子遂奉以为主，号阿贤设。此又一说也。《隋书》则云：突厥之先，平凉杂胡也。平凉，符秦郡，见第六章第三节。后魏徙治鹑阴，在今平凉县西南。后周废。隋复置，治平高，今甘肃固原县。姓阿史那氏。后魏太武灭沮渠氏，阿史那以五百家奔茹茹。世居金山，工于铁作。金山状如兜鍪，俗呼兜鍪为突厥，因以为号。下乃叙其先为邻国所灭，惟余一男，与狼交而生十子，后出穴臣于蠕蠕之事，与《周书》略同。惟云其先国于西海之上，不云为匈奴别种，则《周书》之第一说析为二，而以出穴者为阿贤设，则转与《周书》之第二说相沟通矣。《北史》略同《隋书》，又列《周书》之第二说，是共得三说也。今案，诸说虽异，亦有可相沟通者。大约突厥之先，尝处于一海子之上；其海在高昌之西；其国为邻国所破遁居高昌北山中；出山之后，转徙而至平凉；沮渠氏亡，再奔茹茹；茹茹处之金山；其人工于铁作，故为茹茹所倚重。其国凡有十姓，孑遗一儿，与狼交而生十子之说，为其族之神话；逮居金山，邻近本有契骨诸族，亦自有其神话，二者稍相糅合，于是阿贤设之前，更有所谓讷都六设，而其故国，亦自无名号变而有索国之称矣。以凉州附塞之族，播迁于漠北荒瘠之区，其能抚用其众，稍致盛强，固其所也。

《周书》云：其后曰土门，其后之其字，当指阿贤设言。《隋书》云：有阿贤设者，率部落出于穴中，世臣茹茹。至大叶护，种类渐强。当后魏之末，有伊利可汗云云。《唐书·西突厥传》云：其先讷都陆之孙吐务，号大叶护。长子曰土门伊利可汗。次子曰室点密，一曰瑟帝米。瑟帝米之子曰达头可汗，亦曰步迦可汗，始与东突厥分乌孙故地有之。部落稍盛，始至塞上市缯絮，愿通中国。大统十一年（545），梁武帝大同十一年。太祖遣酒泉胡安诺槃陁使焉。其国皆相庆，曰：“今大国使至，我国将兴也。”十二年，梁中大同元年。土门遂遣使贡方物。时铁勒将伐茹茹，土门率所部邀击，破之，尽降其众五万余落。恃其强盛，乃求婚于茹茹。茹茹主阿那瑰大怒，使人骂辱之曰：“尔是我锻奴，何敢发是言也？”土门亦怒，杀其使者。遂与绝，而求婚于我。太祖许之。十七年，梁简文帝大宝二年。六月，以魏长乐公主妻之。魏废帝元年（552），梁元帝承圣元年。正月，土门发兵击茹茹，大破之于怀荒北。怀荒，见第十二章第三节。阿那瑰自杀。其子庵罗辰奔齐。余众复立阿那瑰叔父邓叔子为主。土门遂自号伊利可汗。土门死，子科罗立，号乙息记可汗。又破叔子于沃野北木赖山。科罗死，弟俟斤立，号木汗可汗。《隋书》云：伊利可汗卒，弟逸可汗立。又破茹茹。病且卒，舍其子摄图，立其弟俟斗，称为木杆可汗。案，俟斗当作俟斤，突厥官号也。《北史》云：乙息记可汗舍其子摄图，立其弟俟斤，是为木杆可汗。乙息记与逸可汗，当即一人。案，他钵死后，摄图继立，以其子雍虞闾性懦，遗令立其弟处罗侯，雍虞闾使迎之，处罗侯曰：“我突厥自木杆可汗以来，多以弟代兄，以庶夺嫡，失先祖之法，不相敬畏，汝当嗣位，我不惮拜汝也。”则弟兄相及，似始木杆，乙息记似以从《周书》作土门子为是。俟斤，一名燕都，性刚暴，务于征伐。乃率兵击邓叔子，灭之。叔子以其余烬来奔。俟斤又西破嚈哒，东走契丹，北并契骨，威服塞外诸国。其地：东自辽海以西，西至西海，万里；南自沙摸以北，北至北海，五六千里，皆属焉。俟斤部众既盛，乃遣使请诛邓叔子等。太祖许之，收叔子以下三千人，付其使者，杀之于青门外。此事据《北史·蠕蠕传》，在西魏恭帝二年（555），齐文宣之天保六年也。梁敬帝绍泰元年（555）。《北史》又云：天保三年（552），阿那瓌为突厥所破，自杀。其太子庵罗辰，及瓌从弟登注俟利，登注子库提，并拥众奔齐。其余众立注次子铁伐为主。四年，齐文宣送登注及子库提还北。铁伐寻为契丹所杀。其国人仍立登注为主。又为大人阿富提等所杀。其国人复立库提为主。是岁，复为突厥所攻，举国奔齐。文宣乃北讨突厥，迎纳蠕蠕，废库提，立庵罗辰为主。致之马邑川。亲追突厥于朔方。突厥请降，许之而还。于是蠕蠕贡献不绝。五年，三月，庵罗辰叛，文宣亲讨，大破之。庵罗辰父子北遁。四月，寇肆州，帝自晋阳讨之，至恒州黄瓜堆，虏散走。五月，帝又北讨。六月，蠕蠕帅部众东徙，将南侵，帝帅轻骑邀击。蠕蠕闻而远遁。六年，又亲讨蠕蠕，至沃野。是后遂无记事，其时恰与邓叔子之死同年，盖柔然自是遂亡矣。其国运，亦可谓与后魏相终始也。齐文宣与柔然之交涉，可参看第十四章第二节。

是时周人之计，盖欲助突厥以倾柔然，齐人则与之相反，欲辅柔然以拒突厥。然柔然卒不可辅，于是突厥强而周、齐二国，复不得不倾心以奉之矣。《周书》云：时与齐人交争，戎车岁动，故每连结之以为外援。初魏恭帝世，俟斤许进女于太祖，契未定而太祖崩。寻而俟斤又以他女许高祖。未及结纳，齐人亦遣求婚。俟斤贪其币厚，将悔之。诏遣凉州刺史杨荐、武伯王庆等往结之。庆等至，谕以信义。俟斤遂绝齐使而定婚焉。仍请举国东伐。其事已见第十四章第六节。杨忠言于高祖曰：“突厥甲兵恶，爵赏轻，首领多而无法令，何谓难制驭？正由比者使人，妄道其强盛，欲令国家厚其使者，身往重取其报。以臣观之，前后使人，皆可斩也。”高祖不纳。周朝是时之畏葸，亦可云甚矣。保定五年（565），陈文帝天嘉六年。诏陈公纯等往逆女。天和二年（567），陈废帝光大元年。陈公纯等至，俟斤复贰于齐。会有风雷变，乃许纯等以后归。俟斤死，弟他钵可汗立。自俟斤以来，其国富强，有陵轹中夏志。朝廷既与和亲，岁给缯、絮、锦采十万段。突厥在京师者，又待以优礼，衣锦食肉者，常以千数。齐人惧其寇掠，亦倾府藏以给之。他钵弥复骄傲，至乃率其徒属曰：“但使我在南两个儿孝顺，何忧无物邪？”齐灭，他钵立高绍义，已见第十四章第八节。周武帝欲讨之，会死，见第十五章第一节。直至隋文帝出，乃加以惩创焉。

第十节　东北诸国

鲜卑之众，当五胡扰乱时，几尽相率而入中国，然仍有遗留于今热河境内者，时曰奚、契丹。《魏书》曰：库莫奚之先，东部宇文之别种也。初为慕容元真所破，遗落者窜匿松漠之间。今热河境内，古有一大松林。白乌库吉云：此松林以巴林部为中心，东北及阿尔沁部、札鲁特部，西南及克什克腾部。案，巴林旗为今林西、林东二县地，阿尔沁为天山设治局地，札鲁特为开鲁县及鲁北设治局地，克什克腾为经棚县地。白乌氏说，见所著《地豆干及霫考》，在《东胡民族考》中，方壮猷译，商务印书馆本。又云：契丹，在库莫奚东，异种同类，俱窜于松漠之间。登国中，大破之。遂逃迸，与奚分背。经数十年，稍滋蔓，有部落于和龙之北数百里。和龙，见第五章第二节。奚：高宗、显祖世，岁致名马、文皮。高祖初，遣使朝贡。太和四年（480），齐高帝建元二年。辄入塞内，辞以畏地豆干钞掠。诏书切责之。二十二年，齐明帝永泰元年。入寇安州，见第十二章第二节。营、见第十一章第四节。燕、幽皆见第十二章第一节。三州兵击走之。后复款附。每求入塞交易。诏曰：“库莫奚去太和二十一年以前，与安、营二州边民参居，交易往来，并无疑贰。至二十二年叛逆以来，遂尔远窜。今虽款附，犹在塞表。不容依先任其交易，事宜限节。交市之日，州遣上佐监之。”自是已后，岁常朝献，至于武定末梁武帝太清三年（549）。不绝。《周书》云：其众分为五部：一曰辱纥主，二曰莫贺弗，三曰契箇，四曰木昆，五曰室得。每部置俟斤一人。有阿会氏，最为豪帅，五部皆受其节度。役属于突厥，而数与契丹相攻。大统五年（539），梁武帝大同五年。遣使献其方物。契丹：《魏书》云：多为寇盗。真君以来，真君元年（440），宋文帝元嘉十七年。岁贡名马。显祖时，使莫弗纥何辰奉献，得班飨于诸国之末。于是悉万丹部、何大何部、伏弗郁部、羽陵部、日连部、匹絜部、黎部、吐六于部等，各以其名马、文皮，入献天府。遂求为常。皆得交市于和龙、密云之间。密云，后魏县，并置郡，今河北密云县。贡献不绝。太和三年，齐高帝建元元年。高句丽窃与蠕蠕谋，欲取地豆干以分之，契丹惧其侵轶，其莫弗贺勿干率其部落车三千乘、万余口，驱徒杂畜，求入内附。止于白狼水东。白狼水，今大凌河。自此岁常朝贡。后告饥，高祖矜之，听其入关市籴。及世宗、肃宗时，恒遣使贡方物。至齐受禅常不绝。齐文宣征之，已见第十四章第二节。案，奚、契丹之处境，颇似汉世之乌丸，故能渐次开化，至唐末遂为名部也。

自奚、契丹而东北，以失韦及勿吉为大宗。《魏书》云：失韦国，《北史》作室韦，云室或作失，《隋》《唐书》皆作室韦。在勿吉北千里。路出和龙。北千余里，入契丹国。又北行十日至啜水。又北行三日，有盖水。《北史》作善水。又北行三日，有犊了山。其山高大，周回三百余里。又北行三日，有大水，名屈利。又北行三日，至刃水。又北行五日，到其国。有大水从北而来，广四里余，名捺水。捺水，旧以嫩江释之。白乌库吉《失韦考》云：啜水，今绰尔河。屈利水，今嫩江。捺水，今黑龙江。失韦在和龙北千余里，又二十七日程，假日行百里，则在今朝阳北三千七百余里，当在今爱珲、海兰泡境。案，《魏书》所述，全程皆北行，如是说则变为东行，古人乡方，纵不审谛，不应大误至此。且此荒漠之境，必不能日行百里。此捺水，即勿吉使者至中国乘船溯难河西上之难河，见下。勿吉使者自难河入大泺河，大泺河今洮儿河，难河明为今嫩江，失韦之地，不过在今黑龙江南境耳。白鸟氏之作，亦在《东胡民族考》中。语与库莫奚、契丹、豆莫娄国同。颇有粟、麦及穄。惟食猪、鱼，养牛、马。俗又无羊。夏则城居，冬逐水草。武定二年（544），梁大同十年。始遣使献其方物。迄武定末，贡使相寻。及齐受禅，亦岁时朝聘。地豆干，在室韦西千余里。白鸟氏《地豆干及霫考》云：此国即唐时之霫，与铁勒十五部之白霫有别。其地北以洮儿河与乌洛侯接；南以西喇木伦连奚契丹；东隔沙陀，与高句丽属地夫余邻；西以兴安岭与柔然接壤。多牛、羊，出名马。无五谷，惟食肉酪。延兴二年（472），宋明帝泰豫元年。八月，遣使朝贡。至于太和六年（482），齐高帝建元四年。贡使不绝。十四年，齐武帝永明八年。频来犯塞，诏阳平王颐击走之。自后时朝京师。迄武定末，贡使不绝。《魏书》本传。及齐受禅，亦来朝贡。《北史》本传。乌洛侯国，在地豆干之北。其国西北有完水，东北流，合于难水。其地小水，皆注于难，东入于海。又西北二十日行，有于己尼大水，所谓北海也。完水、于己尼大水，皆见第三章第八节。世祖真君四年（443），宋元嘉二十年。来朝，称其国西北有国家先世旧墟，已见第三章第八节。其土下湿，多雾气而寒。冬则穿地为室，夏则随原阜畜牧。多豕。有谷、麦。无大君长。部落莫弗，皆世为之。民尚勇，不为奸窃，好猎射。《魏书》本传。此今吉、黑二省西境之情形也。

《晋书》云：肃慎氏，一名挹娄。在不咸山北。去夫余可六十日行。东滨大海，西接寇漫汗国，未详。北极弱水。今松花江。其土界广袤数千里。居深山穷谷。其路险阻，车马不通。夏则巢居，冬则穴处。父子世为君长。无文墨，以言语为约。有马不乘，但以为财产而已。无牛、羊，多畜猪，食其肉，衣其皮，绩毛以为布。无井、灶，作瓦鬲受四五升以食。坐则箕踞。以足挟肉而啖之。得冻肉，坐其上，令暖。土无盐、铁。烧木作灰，灌取汁而食之。俗皆编发。以布作襜，径尺余，以蔽前后。贵壮而贱老，性凶悍，以无忧哀相尚。父母死，男子不哭，哭者谓之不壮。相盗窃，无多少皆杀之，案，此盖谓异部之间。故虽野处而不相犯。有石砮、皮骨之甲。檀弓三尺五寸，楛矢长尺有咫。其国东北有山出石，其利入铁。将取之，必先祈神。周武王时，献其楛矢、石砮。逮于周公辅成王，复遣使入贡。尔后千余年，虽秦、汉之盛，莫之致也。及文帝作相，魏景元末，来贡楛矢、石砮、弓、甲、貂皮之属。魏帝诏归于相府。赐其王傉鸡锦、罽、丝、帛。至武帝元康初，复来贡献。元帝中兴，又诣江左，贡其石砮。至成帝时，通贡于石季龙。事亦见第五章第五节。《宋书·高句丽传》曰：大明三年（459），献肃慎氏楛矢、石砮。《魏书·勿吉传》曰：旧肃慎国也。邑落自有君长，不相统一。其人劲悍，于东夷最强。言语独异。常轻豆莫娄等国，诸国亦患之。自和龙北二百余里，有善玉山。山北行十三日，至祁黎山。又北行七日，至如洛瑰水。水广里余。见第八章第三节。又北行十五日，至大鲁水。即大涑河。又东北行十八日，到其国。国有大水，阔三里余，名速末水。今松花江。其地下湿。筑城穴居。屋形似冢，开口于上，以梯出入。其国无牛，有车马。案，此较诸晋时之有马而不乘，已有进矣。佃则耦耕。车则步推。有粟及麦、穄。俗以人溺洗手面。头插虎、豹尾。善射猎。弓长三尺。箭长尺二寸，以石为镞。常七八月造毒药傅箭镞，射禽兽，中者便死。煮药毒气，亦能杀人。延兴中，宋明帝泰始七年（471）至废帝元徽三年（475）。遣使乙力支朝献。太和初，太和元年（477），宋顺帝昇明元年。又贡马五百匹。乙力支称初发其国，乘船溯难河西上。至大涑河，沉船于水，南出陆行。渡洛孤水。即如洛瑰水。从契丹西界达和龙。自云：其国先破高句丽十落，密共百济谋从水道并力取高句丽，遣乙力支奉使大国，请其可否。诏敕三国同是藩附，宜共和顺，勿相侵扰。乙力支乃还。从其来道，取得本船，泛达其国。九年，齐武帝永明三年（485）。复遣使侯尼支朝献。明年，复入贡。其旁有大莫卢国、覆钟国、莫多回国、库娄国、素和国、具弗伏国、匹黎尔国、拔大何国、郁羽陵国、库伏真国、鲁娄国、羽真侯国，前后各遣使朝献。太和十二年，齐永明六年。勿吉复遣使贡楛矢、方物于京师。迄于正光，梁武帝普通元年（520）至五年。贡使相寻。尔后中国纷扰，颇或不至。兴和二年（540），梁武帝大同六年。六月，遣使石久云等贡方物。至于武定梁大同九年（543）至简文帝大宝二年（551）。不绝。《北史》云：以至于齐，朝贡不绝。案，勿吉，《隋书》作靺鞨，云：其渠帅曰大莫弗瞒咄，靺鞨二字，疑仍瞒咄之异译。明世，满洲人自称其酋长曰满住，明人误为部族之称，满人亦即以为国名，而改其字为满洲，说见日本稻叶君山《清朝全史》及孟森《心史史料》。满住亦即瞒咄，白鸟氏《室韦考》云：乃蒙古语 Bâghatur 义为勇士，勇猛。之转音，突厥语 Batur 之对音。至其民族之名，则自为肃慎，即后世所谓女真。秦、汉之盛莫之致，盖为夫余所隔？故晋世夫余亡而肃慎复通矣。此今吉林省东境之情形也。

　　《晋书》又云：裨离国，在肃慎西北，马行可二百日。领户二万。养云国，去裨离马行又五十日。领户二万。寇莫汗国，去养云国又百日行。领户五万余。一群国，去莫汗又百五十日。计去肃慎五万余里。其风俗、土壤并未详。泰始三年（267），各遣小部献其方物。述此等国之里程，自不免于恢侈，然其国必当在今西伯利亚境内也。又云：至太熙初，复有牟奴国帅逸芝、惟离模卢国帅沙支臣芝、于离末利国帅加牟臣芝、蒲都国帅因末、绳余国帅马路、沙娄国帅钐加，各遣正副使诣东夷校尉何龛归化。此等国并不能知其所在，然其相距当较近也。《三国·魏志·韩传》：弁辰亦十二国，又有诸小别邑，各有渠帅，大者名臣智，臣芝疑与臣智一语；又句丽五族：曰涓奴部、绝奴部、顺奴部、灌奴部、桂娄部，亦与牟奴、沙娄之名相似；则此诸国或丽、韩族类。

第十七章　晋南北朝社会组织

第一节　婚　　制

　　去古渐远，则一切社会制度随社会组织而有变迁。古者贵族之家，皆有妾媵，然其以一人拘多女，实反不如后世富者之甚，故诸侯不再娶之礼，与其一娶九女并存。逮于后世，封建之制既绝，于是继娶之礼兴，而前娶与后继，皆为嫡室矣。陈舒谓："自秦、汉以来，废一娶九女之制，近世无复继室之礼，先妻卒则更娶，苟生加礼，则亡不应贬。"见《晋书·礼志》。《魏律》正杀继母与亲母同，见《晋书·刑法志》。《北史·节义·刘孝翊传》引《令》，为人后者，父母殁并解官，申其心丧，父卒母嫁，为父后者虽不服，亦申心丧，继母嫁不解官，此自因继母非天属之亲，嫁则恩义不存故尔，非其地位与正室有殊也。此自社会渐趋平等使然，然一切制度，不能一变则其余与之俱变，故其彼此之间，转有不能和协者。《颜氏家训·后娶篇》云："江左不讳庶孽，丧室之后，多以妾媵终家事。疥癣蚊虻，或未能免，限以大分，故希斗阋之耻。河北鄙于侧出，不预人流，是以必须重娶，至于三四，《北史·李叔彪传》：孙象，丧妻无子，终竟不娶，论者非之。母年有少于子者。后母之弟，与前妇之兄，衣服、饮食，爰及婚、宦，至于士庶、贵贱之隔，俗以为常。身殁之后，辞讼盈公门，谤辱彰道路。子诬母为妾，弟黜兄为佣；播扬先人之辞迹，暴露祖考之长短；以求直己者，往往而有。"又曰："凡庸之性，后夫多宠前夫之孤，后妻必虐前妻之子。非惟妇人怀嫉妒之情，丈夫有沉惑之辟，亦事势使之然也。前夫之孤，不敢与我子争家，提携鞠养，积习生爱，故宠之。前妻之子，每居己生之上，宦学、婚嫁，莫不为防焉，故虐之。异姓宠则父母被怨，继亲虐则兄弟为仇，家有此者，皆门户之祸也。"盖嫡妾之别，其分自明，至前后妻则贵贱相等，而其子之争斯起矣。此封建之世妻妾之制既更，而承袭之制，不随之而俱变，有以致之也。

继室之礼既废，为妾媵者，可升为正嫡乎？《晋书·武帝纪》：泰始十年（274），诏曰：“嫡庶之别，所以辨上下，明贵贱，而近世以来，多阶内宠，登妃后之职，乱尊卑之序。自今以后，皆不得登用妾媵，以为嫡正。”此非指并后、匹嫡言，乃谓正妻亡殁、离绝，仍不得以妾媵继之也。孙腾妻死，正其妾贾为妻；夏侯道迁不娶正室，惟有庶子数人；自中国人言之，其非礼甚矣。《晋书·后妃传》：元帝简文宣郑太后，嘉平时，群臣希旨，谓应配食元帝。徐邈言：“子孙岂可为祖考立配？崇尊尽礼，由于臣子，故得称太后，祔葬配食，义所不可。”从之。《宋书·臧焘传》：孝武帝追崇庶祖母宣太后，议者或谓宜配食中宫，焘亦以为不可。则虽死后，亦不容侪于嫡室矣。当时诸王之所生母，率缘母以子贵之义，班秩视子为序，故多封为其国太妃。然亦有并此而不得者，魏齐郡王简之子祐，母常氏，孝文帝以纳不以礼，不许为妃是也。宣武以母从子贵，特拜为齐国太妃，此自中国人观之，已为非礼。至北齐高归彦封为平秦王，嫡妃康及所生母王氏并为太妃，则更为礼所不容矣。

二嫡为礼所不许，然时直非常，则有非常之事，即礼、律亦有难言之者。《晋书·礼志》：太康元年（280），东平王楙上言：“王昌父毖，本居长沙，有妻息。汉末使入中国，直吴叛，仕魏为黄门郎，与前妻息生死隔绝，更娶昌母。今江表一统，昌闻前母久丧，当追成服，求平议。”其时议者：谢衡以为“虽有二妻，盖有故而然，不为害于道，宜更相为服”。张悛谓：“《尧典》以厘降二女为文，不殊嫡媵，而传记亦以妃、夫人称之，明不立正后。”盖皆以为无妨于二嫡者也。然二嫡实礼所不许，以其有故而许之，能保无故者之不矫托于有故乎？于是有欲强绝其一者：虞溥谓“未有遭变而二嫡，更娶则绝前之证，故昌父更娶之辰，是前妻义绝之日”。许猛以为地绝。卫恒谓地绝、死绝无异。李胤谓“大义灭亲，毖为黄门侍郎，江南已叛，不得以故妻为妻”。皆欲强求其说者也。然昌母何故当义绝？说不可通。故议者或谓当同之于死而义不绝。地绝亦难质言，且亦难免狡诈者之借口，而刘卞谓“地既通何故追绝之”，于义为尤允矣。然则毖妻未故而地通，又将如何？大义灭亲，说尤牵强。江南叛，非毖之妻叛也。果如所言，有擅土而叛者，则一竟之民，未能自拔者，夫妇皆当离绝乎？虞溥谓毖“妻专一以事夫，夫怀贰以接己，开伪薄之风，伤贞信之义”；卫恒谓“绝前为夺旧与新，为礼、律所不许，人情所不安”；于义实协。然人情非有妃匹，不能久安其处，当求归不得之日，而必责以守信独居，亦事之难行者也。当时又有陈诜者，先娶零陵李繁姊。产四子而遭贼。于贼请活姑命。贼略将李去。诜更娶严氏。生三子。繁后得姊消息，往迎还诜。诜籍注二妻。及李亡，诜疑制服，以事言征西大将军庾亮。府司马王愆期议曰：“诜有老母，不可以莫之养，妻无归期，纳妾可也。李虽没贼，尚有生冀，诜寻求之理不尽，而便娶妻，诚诜之短。其妻非犯七出。临危请活姑命，可谓孝妇矣。议者欲令在没略之中，必全苦操，有陨无二，是望凡人皆为宋伯姬也。"夫社会之于贞节，恒偏责诸女子，李繁姊在贼中，盖已不能全节，而愍期之议犹如此，况王昌之母，未尝失节者乎？愍期又曰："后子不及前母，故无制服之文，然礿祠蒸尝，未有不以前母为母者。亡犹母之，况其存乎？若能下之，则赵姬之义，若云不能，官当有制。先嫡后继，有自来矣。"干宝议愍事云："同产无嫡侧之别，而先生为兄；同爵无等级之差，而先封为长。二妻无贵贱之礼，则宜以先后为秩。今生而同室者寡，死而同庙者众，及其神位，故有上下也。《春秋》贤赵姬遭礼之变而得礼情。朝廷于此，宜导之以赵姬，齐之以诏命，使先妻恢含容之德，后妻崇卑让之道，室人达少长之序，百姓见变礼之中。若此，可以居生，又况于死乎？"说与愍期同，似协于义。刘卞云：愍于南为邦族，于北为羁旅，以此名分言之，前妻为元妃，后妇为继室，于义似不甚安。然赵姬之美，非可责诸人人，使王昌之母，不甘为妾，议者亦无以难也，而可强抑之乎？时又有吴国朱某，娶妻陈氏，生子东伯。入晋，晋赐之妻某氏，生子绥伯。太康中，某已亡，绥伯将母以归邦族，兄弟交爱敬之道，二母笃先后之序；及其终也，二子交相为服；可谓能行宝与愍期之议矣。然虞溥云："伯夷让孤竹，不可以为后王法。"又安丰太守程谅，先已有妻，后又娶，遂立二嫡。前妻亡，后妻子勋疑所服。荀勖议曰："昔乡里郑子群，娶陈司空从妹。后隔吕布之乱，不复相知存亡，更娶乡里蔡氏女。徐州平定，陈氏得还，遂二妃并存。蔡氏之子元衅，为陈氏服嫡母之服，事陈公以从舅之礼。而族兄宗伯，责元衅谓抑其亲。"此亦不能责后妻之子若其亲属，不持此议也。于道为又穷矣。此诚礼律之所难言者也。此亦非礼律之过。有制度则必有所穷。所谓礼律者，亦不过据一时之社会组织，而为之制度耳，原不能通于万变也。故曰："失道而后德，失德而后仁，失仁而后义，失义而后礼；"又曰"礼者，忠信之薄而乱之首"也。

此等非常之事，亦有以法令济其穷者，然终不能餍于人心也。沛国刘仲武，先娶毌丘氏，生子正舒、正则。毌丘俭败，仲武出其妻。娶王氏，生陶。仲武为毌丘氏别舍而不告绝。及毌丘氏卒，正舒求祔葬焉，而陶不许。舒不释服，讼于上下。泣血露骨，衰裳缀落。数十年不得从，以至死亡。此于舒为可哀，于陶不受责也。《贾充传》：充前妻李氏，生二女：褒、裕。褒一名荃，裕一名濬。父丰诛，李氏坐流徙。后娶郭配女。名槐，封广城君。武帝践阼，李以大赦得还。帝特诏充置左右夫人。充母亦敕充迎李氏。郭槐怒，攘袂数充。充乃答诏，托以谦冲，不敢当两夫人盛礼。而荃为齐王攸妃，欲令充遣郭而还其母。时沛国刘含母，及帝舅羽林王虔前妻，皆毌丘俭孙女。此例既多，质之礼官，皆不能决。虽不遣后妻，多异居私通。充自以宰相，为海内准则，乃为李筑室于永年里而不往来。荃、濬每号泣请充，充竟不往。会充当镇关右，公卿供帐祖道，荃、濬惧充遂出，乃排幔出，于坐中叩头流血，向充及群僚陈母应还之意。众以荃王妃，皆惊起而散。充甚愧愕，遣黄门将宫人扶去。既而郭槐女为皇太子妃，帝乃下诏，断如李比皆不得还。充薨，李氏二女欲令其母祔葬，贾后弗之许，及后废，李氏乃得合葬焉。此等法令，随朝局之转移而转移，终非人心之所安也。

晋武帝敕贾充置左右夫人，已为非礼，魏收娶其舅女崔昂之妹，产一女，无子，魏太常刘芳孙女，中书郎崔肇师女，夫家坐事，齐文宣并赐收为妻，时人比之贾充，则更为非礼矣。房主固不足责也。收卒无子，后病甚，恐身后嫡媵不平，乃放二姬。然北人二妻者颇多。陆丽二妻：长杜氏，次张氏。长子定国，杜氏所生。娶河东柳氏，生子安保。后纳范阳卢度世女，生昕之。二室俱为旧族，而嫡妾不分。定国亡后，两子争袭父爵。仆射李冲，有宠于时，与度世子泉，此据《魏书·丽传》，《北史》作伯源，皆避唐讳也。据《魏书·卢玄传》，其人实名渊。婚亲相好，遂左右申助昕之，由是承爵、尚主，职位赫奕。安保沉废贫贱，不免饥寒。李洪之微时，妻张氏，助其经营资产，自贫至贵，多所补益，有男女几十人。洪之后得刘氏，刘芳从妹。《北史》作姊。洪之钦重，而疏薄张氏。为两宅别居，偏厚刘室。由是二妻妒竞，互相讼诅，两宅母子，往来如仇。此则较之遭变更娶，或有君命者，更无以自解矣。魏尚书仆射范阳卢道虔女，为右卫将军郭琼子妇，以琼死罪没官，齐高祖启以赐陈元康为妻，元康乃弃故妇李氏。东平王元匡妾张氏，薛琡初与奸通，后纳以为妇，逐前妻于氏，不切其子，家内怨忿，竟相告列。崔道固兄子僧深，坐兄僧祐与沙门法秀谋反，徙薄骨律镇。后位南青州刺史。元妻房氏，生子伯骥、伯骧。后薄房氏，纳平原杜氏，与俱徙。生四子：伯凤、祖龙、祖螭、祖虬。僧深得还之后，绝房氏，遂与杜氏及四子寓青州。伯骥、伯骧与母房居冀州。虽往来父间，而心存母氏。孝慈之道，顿阻一门。僧深卒，伯骥奔赴，不敢入家，寄哭寺门。祖龙刚躁，与兄伯骥讼嫡庶，并以刀剑自卫，若怨仇焉。此等皆近于薄。魏故事：前妻虽有子，后赐之妻，子皆承嫡；见《魏书·毕众敬传》。又有因尚主而出妻者；如李盖是，见《外戚传》。其政令固有以启之也。

古代婚礼，大抵废坠，如不贺、不举乐，虽尚沿袭其文，而已罕存其实是矣。《晋书·礼志》：穆帝升平元年（357），将纳皇后何氏，太常王彪之，大引经传及诸故事，以定其礼。以娶妇之家，三日不举乐，而咸康群臣贺为失礼，故但依咸宁上礼，不复贺。八年，台符问迎皇后大驾应作鼓吹不？博士胡讷议："临轩仪注阙，无施安鼓吹处所，又无举麾鸣钟之条。"彪之以为："婚礼不乐，鼓吹亦乐之总名，仪注所以无者依婚礼。今宜备设而不作。"时用此议。永和二年（346），纳后，议贺不。王述云："婚是嘉礼。《春秋传》曰：娶者大吉非常吉。又《传》曰：郑子罕如晋贺夫人，邻国犹相贺，况臣下邪？此便应贺，但不在三日内耳。今因庙见成礼而贺，亦是一节也。"彪之议云："婚礼不乐、不贺，《礼》之明文。《传》称子罕如晋贺夫人，既无《经》文，又《传》不云礼也。《礼》取妇三日不举乐，明三日之后自当乐，至于不贺，无三日之断，恐三日之后，故无应贺之礼。"又云："《礼记》所以言贺取妻者，是因就酒食而有庆语也。愚谓无直相贺之礼，而有礼觐共庆会之义，今世所共行。"于时竟不贺。此晋朝典礼，犹守不乐、不贺之故实也。然云礼觐共庆会，其去贺之实几何？《宋书·文五王传》：南平王铄早薨，子敬渊婚，庐江王祎白世祖借伎，世祖答曰："婚礼不举乐，且敬渊等孤苦，倍非宜也。"当时虽为世祖所格，然祎有此借，可见时俗举乐，习为故常。王公如此，况于氓庶？《魏书·高允传》：允言"前朝屡发明诏，禁诸婚娶不得作乐，而俗不革变。今诸王纳室，皆乐部给伎，而独禁细民，此一异也"。《周书·崔猷传》云：时婚姻礼废，嫁娶之辰，多举音乐。可见南北皆然矣。徐孝嗣云："三加废于王庶，六礼限于天朝。"《齐书·礼志》。信矣。违礼之失，大抵在于奢侈，致嫁娶不能及时。当时政令，深以蕃民为急，于此屡加督劝，然亦文具而已。《宋书·周朗传》：朗上书曰："女子十五不嫁，家人坐之。特雄可以聘妻妾，大布可以事舅姑。若待足而行，则有司加纠。凡宫中女隶，必择不复字者。庶家内役，皆令各有所妃。要使天下不得有终独之生，无子之老。"此欲蕃民者之议论也。《晋书·武帝纪》：泰始九年（273），十月，制女年十七父母不嫁者，使长吏配之。《齐书·海陵王纪》：延兴元年（494）十月，诏曰："督劝婚嫁，宜严更申明；必使禽币以时，摽梅息怨。"《魏书·高祖纪》：太和二十年（496），七月，诏"男女失时者，以礼会之"。《世宗纪》：正始元年（504），六月，诏："男女怨旷，务令媾会。"《肃宗纪》：正光二年（521），七月，诏："男女怨旷，务令会偶"。《周书·武帝纪》：建德三年（574），正月，诏："自今已后，男年十五，女年十三已上，爰及鳏寡，所在军民，以时嫁娶。务从节俭，勿为财币稽留"。此蕃民之政令也。官为妃合，惟间施诸军士，每致诒害间阎。此固虐民以奉军，非真能行蕃民之政也。武定三年（545），齐神武请释芒山俘桎梏，配以民间寡妇。天保七年（556），十月，发山东寡妇二千六百人，以配军士。有夫而滥夺者，五分之一。皆见《北齐书·本纪》。《北史·本纪》，五分之一作十二三。又天保六年（555），三月，发寡妇以配军士。史传所载婚嫁之年颇早，梁武帝纳丁贵嫔，时年十四。《魏书·高允传》：允言"今诸王十五，便赐妻别居，然所配者或长少差舛，或罪人掖廷。往年及今，频有检劾，诚是诸王过酒致责，迹其元起，亦由色衰相弃，致此纷纭。"盖既求满淫欲，又欲急求子嗣，故不得娶女之年长者也。孝文将为废太子恂娶冯诞女，以其年幼，先为聘刘长文、郑懿女为左右孺子，则其一证。时恂年十三四。帝欲使旦出省经传，食后还内，晡时复出，日夕而罢。崔光言："血气未定，戒之在色。太子幼年涉学，不宜于正昼之时，舍书御内。又非所以安柔弱之体，固永年之命。"帝以为然，乃不令恂昼入内。此已为有节限者。若齐乐陵王百年死时，妃年不过十四；琅邪王俨死时年十四，已有遗腹四男矣，或尚有女，为史所不载者也。尚主者年亦多小：如梁张缵，年十一，尚高祖女富阳公主。魏穆绍，年十一，尚琅邪长公主。齐文襄十二，尚魏孝静帝妹冯翊长公主。又神武为武成聘柔然太子庵罗辰女，武成时仅八岁。此等固或别有原由，不可以常格论，然贵族之习于早婚，则亦因此可见矣。其非王公贵人，则杜有道妻严氏，皮京妻龙氏，出适年皆十三，见《晋书·列女传》。史映周妻出适年十七；魏溥、董景起之死，妻年皆十六；张洪部之死，妻年十七；见《魏书·列女传》。宇文护母与护书，言"吾十九入汝家"，则多系贵族。不则民间为子娶妇，利其勤劳，且为颇迟者矣。

冀早育，乃求女之年长者，参观下文可知也。

孤贫不立之士，则有三十不婚如颜延之者矣。财产私有之世，女子若货物然，皆聚于多财之家，固事之无可如何者也。

职是故，当时之世家大族，虽高自位置，陵蔑庶姓，而贪其财利，与结婚姻者仍甚多。《北齐害·封述传》：述为息娶陇西李士元女，大输财聘。及将成礼，犹竞悬违。述忽取供养像对士元打像为誓。士元笑曰："封公何处常得应急像，须誓便用？"一息娶范阳卢庄之女，述又经府诉云："送骡乃嫌脚跛，平田则云咸薄，铜器又嫌古废。"史以此讥述之吝啬，实则卢、李二家之求取，正因此而可知。此诚颜之推所谓"卖女纳财，买妇输绢，比量父祖，计较锱铢，责多还少，市井无异"者矣。《颜氏家训·治家篇》。嫁女既欲得财，娶妻自望送赠。"为子取妇，恨其生赀不足，倚作舅姑之尊，毒口加诬，不识忌讳"，《归心篇》。又曷足怪乎？《抱朴子·弭讼篇》，载其姑子刘士由之论，谓"末世举不修义，许而弗与，讼阋秽辱，烦塞官曹。今可使诸争婚者，未及同牢，皆听义绝，而倍还酒礼，归其币帛。其尝已再离者，一倍裨聘；其三绝者，再倍裨聘"。已则谓"责裨聘倍，贫者所惮，后所许者，或能富殖，助其裨聘，必所甘心，先家拱默，不得有言，血刃之祸，于是将起"。欲使"女氏受聘，即日报板，使时人署姓名于别板，必十人已上，以备远行及死亡。又令女之父兄若伯叔，答婿家书，必手书一纸。若有变悔而证据明者，女氏父母兄弟，皆加刑罚罪"。当时变悔者之多可见。《晋书·刑法志》述贾充等定律云："崇嫁娶之要，一以下聘为正，不理私约。"盖亦以其纷纭变幻，不可胜理也。梁武帝时，富阳满璋之，为息觅婚。东海王源，嫁女与之。璋之下钱五万，以为聘礼。源先丧妇，又以所聘余直纳妾。中丞沈约奏弹之云："自宋氏失御，礼教凋衰，衣冠之族，日失其序。姻娅沦杂，闾计厮庶；贩鬻祖曾，以为贾道；明目腆颜，曾无愧畏。若夫盛德之胤，世业可怀；栾、郤之家，前徽未远；既壮而室，窃资莫非皂隶；结褵以行，箕帚咸失其所；志士闻而伤心，耆老为之叹息。"可见贵族之贪利结婚，与庶民无异矣。

古代婚姻自由之风，斯时尚未尽泯。《晋书·王濬传》云：濬美姿貌。州郡辟河东从事。刺史燕国徐邈，有女才淑，择夫未嫁。邈乃大会佐吏，令女于内观之。女指濬告母，邈遂妻之。隋开皇初，乐平公主周宣帝后，隋文长女。有女娥英，妙择婚对。敕贵公子弟集弘圣宫，日以百数。公主选取李敏。贤孙，见《北史·贤传》。可见自魏至隋，匹对皆许男女自择。贾充有女，通于韩寿，即以妻之；魏太原长公主寡居，与裴询私奸，肃宗仍诏询尚焉；亦顺本人之意，非如后世谓女重从一，虽曰奸通，亦不容改适也。《晋书·潘岳传》云：岳美姿仪，少时常挟弹出洛阳道，妇人遇之者，皆连手萦绕，投之以果，遂满载而归，亦可见当时妇女之自由也。惟婚姻由父母主持者究多，故指腹为婚等事，南北朝之世，亦时有所见焉。《梁书·韦放传》：放与吴郡张率，皆有侧室怀孕，因指为婚姻。其后各产男女，未及成长而率亡。遗嗣孤弱，放尝赡恤之。及为北徐州，有贵族请姻者。放曰："吾不失信于故友。"乃以息岐娶率女，又以女适率子。时称放能笃旧。《魏书·王慧龙传》：子宝兴。尚书卢遐妻，崔浩女也。初宝兴母及遐妻俱孕。浩谓曰："汝等将来所生，皆我之自出，可指腹为亲。"

离婚尚颇容易。张稷长女楚琼，适会稽孔氏，无子归宗，是无子即可去也。刘瓛妻王氏，椓壁挂履，土落瓛母孔氏床上，孔氏不悦，瓛即出其妻。孙谦从兄灵庆，尝病寄于谦，谦出行，还问起居，灵庆曰："向饮冷热不调，即时犹渴。"谦退，遣其妻。此等似失之轻易，然与其强合，无宁听其离绝之为愈。《宋书·王微传》：微弟僧谦卒，微以书告其灵曰："弟由来意谓妇人虽无子，不宜践二庭，此风若行，便可家有孝妇。"此乃欲束缚妇人，使不得去，则不敢不尽其孝敬，乃压制之加深，非能体念妇女也。然无子即去，在当时尚颇通行，则亦由此可见。《陈书·徐陵传》：陵第三弟孝克，事所生母陈氏，尽就养之道。梁末，侯景寇乱，京邑大饥，饿死者十八九，孝克养母，饘粥不能给。妻东莞臧氏，领军盾之女也，甚有容色。孝克乃谓之曰："今饥荒如此，供养交阙，欲嫁卿与富人，望彼此俱济，于卿意如何？"臧氏弗之许也。时有孔景行者，为侯景将，富于财。孝克密因媒者陈意。景行多从左右，逼而迎之。臧涕泣而去。所得谷帛，悉以供养。孝克又剃发为沙门，改名法整，兼乞食以充给焉；臧亦深念旧盟，数致馈饷；故不乏绝。后景行战死，臧伺孝克于途中，累日乃见。谓曰："往日之事，非为相负。今既得脱，当归供养。"孝克默然无答。于是归俗，更为夫妻。学道之人，举动自异流俗，然亦可见当时视妇女名节，尚不甚重也。

改嫁实为恒事。后妃、公主，改嫁者亦甚多，魏孝武帝后，改适彭城王勰之孙韶，见《北史·献文六王传》。孝静帝后改适杨愔。齐孝昭后元氏，齐亡入周氏宫中，隋文帝作相，乃放还山东。后主后斛律氏，齐亡，嫁为开府元仁妻。胡氏后亦改嫁，皆见《北史·后妃传》。齐琅邪王俨妃，李祖钦女也，俨死，谥为楚恭哀帝，以慰太后，后进为楚帝后，齐亡亦改嫁，见《北齐书》本传。齐文襄长子河间王孝瑜之母，本魏颖川王斌之妃，为文襄所纳。文宣以永安王浚妃配刘郁捷，上党王涣妻配冯永洛，皆高氏奴，此固由乱命，亦不闻其抗节不屈也。公主中如魏陈留长公主，本刘昶子妇，改适王肃，又冯翊长公主嫠居，孝武以之归周文。而民间无论矣。改嫁有出自愿者，《南史·徐孝嗣传》：父被害，孝嗣在孕，母年少，欲更嫁，不愿有子，自床投地者无算，又以捣衣杵舂其腰，并服堕胎药，胎更坚，及生，故小字遗奴。亦有为亲族所迫者，《齐书·孝义传》：晋陵吴康之妻赵氏，少时夫亡，家欲更嫁，誓死不贰。义兴蒋俊之妻黄氏，夫亡不重嫁，逼之，欲赴水自杀，乃止。此逼迫之出于夫家者也。又韩灵敏兄灵珍亡，无子，妻胡氏，守节不嫁，虑家人夺其志，未尝告归。《北史·列女传》：巨鹿魏溥妻房氏，慕容垂贵乡太守房湛女也。年十六而溥卒。及将大敛，房氏操刀割左耳，投之棺中。姑刘氏辍哭谓曰："新妇何至于此？"对曰："新妇少年，不幸早寡，实虑父母，未量至情，觊持此自誓耳。"于时子缉生未十旬，鞠养于后房之内，未尝出门。缉年十二，房父母仍存，于是归宁。父兄尚有异议。缉窃闻之，启其母。房命驾，绐云他行，因而遂归。其家弗之知也，行数十里，方觉。兄弟来追，房哀叹而不返。其执意如此。又：荥阳刀思遵妻，鲁氏女也。始笄，为思遵所聘，未逾月而思遵亡。其家矜其少寡，许嫁已定。鲁闻之，以死自誓。父母不达其志，遂经郡诉，称刀氏客护寡女，不使归宁。鲁乃与老姑徒步诣司徒府自告情状，此逼迫之出于母家者也。盖终不免有因以为利之意也。以不再醮而见旌表者，亦时有之。刀思遵妻，普泰初有司闻奏，诏依式标榜，是旌表有式也。《齐书·孝义传》：吴翼之母丁氏，丁长子妇王氏，守寡执志不再醮，州郡上言，诏表门闾，蠲租税。《南史·孝义传》：霸城王整之姊，嫁为卫敬瑜妻，年十六而敬瑜亡，父母舅姑，咸欲嫁之，誓而不许，乃截耳置盘中为誓，乃止。西昌侯藻嘉其美节，起楼于门，题曰贞义卫妇之闾。又表于台。《梁书·止足传》：顾宪之除豫章太守。有贞妇万晞者，少孀居，无子，事舅姑尤孝。父母欲夺而嫁之，誓死不许。宪之赐以束帛，表其节义。《魏书·高祖纪》太和九年（485），八月，诏：《自太和六年已来，买定、冀、幽、相四州饥民良口者，尽还所亲。虽聘为妻妾，遇之非礼，情不乐者亦离之"。此与后汉光武、明帝诏饥民遭乱为贼所略，或依托人为下妻，边人遭患为内郡人妻者，得以恣去颇相似见《秦汉史》第十四章第一节。政令固应尔也。

同姓不婚，古本论姓而不论氏，然至后世，则古义渐亡，以姓氏之别已亡故也。《晋书·刘颂传》：颂嫁女临淮陈矫，矫本刘氏子，与颂近亲，出养于姑，改姓陈氏，中正刘友讥之。颂曰："舜后姚、虞、陈、田，本同根系，而世皆为婚，礼、律不禁，今与此同义，为婚可也。"友欲列上，为陈骞所止，故得不劾。姚、虞、陈、田为婚，为古义所不许，而礼、律不之禁者，以世皆仅知尚存之氏，而不能溯已亡之姓，禁之势有不行也。《刘聪载记》：聪后呼延氏死，将纳其太保刘殷女，其弟义固谏。聪更访之于太宰刘延年、太傅刘景。景等皆曰："臣常闻太保自云周刘康公之后，与圣氏本原既殊，纳之为允。"聪大悦。使其兼大鸿胪李弘拜殷二女为左右贵嫔。又纳殷女孙四人为贵人。谓弘曰："太保于朕，实自不同，卿意安乎？"弘曰："太保胤自有周，与圣原实别。陛下正以姓同为恨耳。且魏司空东莱王基，当世大儒，岂不达礼乎？为子纳司空太原王沈女，以其姓同而源异故也。"聪大悦，赐弘黄金六十斤，曰："卿当以此意谕吾子弟辈。"刘景、李弘之意，庸或以取媚于聪，其言则是也。然义以此为疑，而聪亦不能不以为恨，可见流俗讥评之所在矣。魏初不禁同姓婚，至太和七年（483），乃诏禁之。见《纪》。《北史·长孙绍远传》曰：出为河州刺史。河右戎落，向化日近，同姓婚姻，因以成俗。绍远导之以礼，大革弊风。河州，见第十二章第三节。玩因以成俗一语，当时同姓为婚者，实不仅戎落为然，盖戎多华少之地，华人亦稍化于戎矣。然此等处实不多，其俗亦不能持久也。亲族禁婚，本当兼论母系。魏文帝大统九年（543），尝禁中、外及从母姊妹为婚。周武帝建德六年（577），亦诏自今以后，悉不得娶母同姓以为妻妾。其已定未成者，即令改聘。然宣帝即位，诏制九条，宣下州郡，二曰母族绝服外者听婚，则其制之不能行审矣。盖恒情于父母统系，恒只能论其一也。

姬妾之数，大抵富贵者为多。宋胡藩有庶子六十人。南郡王义宣后房千余，尼媪数百，男女三十人。梁鄱阳王恢有男女百人。魏咸阳王禧姬妾数十，犹欲远有简聘。奚斤有数十妇，子男二十余人。齐神武既纳建明皇后，小尔朱。又纳孝庄皇后彭城太妃。及魏广平王妃。冯翊太妃。高阳太妃游氏，父京之，为相州长史，神武克邺，欲纳之，京之不许，遂牵曳取之，京之寻死，皆见《北史·后妃传》。可见是时贵人之暴横矣。然土豪之纵恣者亦不乏。《北史·李迁哲传》云：迁哲累叶雄豪，为乡里所服。迁哲安康人，安康，见第十二章第六节。性复华侈，能厚自奉养。妾媵至有百数，男女六十九人。缘汉千余里间，第宅相次，姬媵之有子者，分处其中，各有僮仆、侍婢，阍人守护。迁哲每鸣箛侍从，往来其间，纵酒欢燕，尽生平之乐。子孙参见，忘其年名者，披簿以审之。此其豪纵，恐尚有过于王公也。贺琛之言曰："歌姬舞女，本有品制。二八之锡，良待和戎。今无等秩，虽复庶贱微人，皆盛姬姜。务在贪污，争饰罗绮。"可见富人之纵恣，亦不下于朝贵矣。亦有欲为立限节者，如齐永明中，制诸王年未三十，不得畜妾；《南史·齐高帝诸子传》。又敕位未登黄门郎，不得畜女伎《齐书·王晏传》。是也。然此等法令之不能行，则显而易见矣。伎本与妾有别，然畜伎者既务宣淫，其下渔自无节限。《魏书·高聪传》云：聪有伎十余人，有子无子，皆注籍为妾，以悦其情，可见伎妾之别，特其名焉而已。当时贵族，多以伎妾回相赠遗，见第十二章第五节。又有鬻卖以为利者：《隋书·李谔传》：谔见礼教凋敝，公卿薨亡，其爱妾侍婢，子孙辄嫁卖之，遂成风俗，上书曰："如闻朝臣之内，有父祖亡后，日月未久，子孙无赖，便分其妻妾，《北史》作伎妾。嫁卖取财。有一于此，实损风化。妾虽微贱，亲承衣履，服斩三年，古今通式。岂容遽褫衰绖，强傅铅华，泣辞灵几之前，送付他人之室？凡在见者，犹致伤心，况乎人子，能堪斯忍？复有朝廷重臣，位望通贵，平生交旧，情若弟兄，及其亡殁，杳同行路，朝闻其死，夕规其妾，方便求聘，以得为限，无廉耻之心，弃友朋之义。"云云。上览而嘉之。五品已上妻妾不得改醮，始于此也。案，此事在开皇十六年（596），《纪》云："诏九品已上妻，五品已上妾，夫亡不得改嫁。"谔陈子孙嫁卖，朋旧规取之非，诏乃禁及再嫁，可谓答非所问矣。案，《梁书·高祖三王传》：南康简王绩子义理，生十旬而简王薨，至三岁而能言。见内人分散，涕泣相送，义理问其故。或曰："此简王宫人，丧毕去耳。"义理便号泣，悲不自胜。诸宫人见之，莫不伤感，为之停者三人焉。然则丧终而伎妾分散，实为当时通法，而北朝子孙嫁卖，友朋规取，皆在其人方死之初，此其所以为人所嫉恶也。李元护弟静，兄亡未敛，便剥夺诸伎服玩及余财物，与鬻卖取利者，可谓正同。然如高聪病，不欲他人得其妾，并令烧指吞炭，出家为尼，其不法，实更甚于规取及嫁卖者矣。

广罗姬妾以纵淫欲者，贵人也，而限止贵人，使之不得畜妾纵淫者，亦贵人女。比而观之，真使人叹淫之与妒，皆为贵族所独擅矣。魏临淮王谭之曾孙孝友，以通于政理称，尝奏表曰："古诸侯娶九女，士有一妻二妾。《晋令》诸主置妾八人，郡公侯六人。《官品令》：第一、第二品有四妾，第三、第四有三妾，第五、第六有二妾，第八有一妾。而圣朝将相，多尚公主；王侯亦娶后族；故无妾媵，习以为常。妇人多幸，生逢今世，举朝略是无妾，天下殆皆一妻。

设令人强志广娶，则家道离索，身事违遭，内外亲知，共相嗤怪。凡今之人，通无准节。父母嫁女，则教之以妒；姑姊逢迎，必相劝以忌。持制夫为妇德，以能妒为女工。自云不受人欺，畏他笑我。王公犹自一心，已下何敢二意？夫妒忌之心生，则妻妾之礼废；妻妾之礼废，则奸淫之兆兴；斯臣之所以毒恨者也。请以王公第一品娶八，通妻以备九女，二品备七，三品、四品备五，五品、六品，则一妻二妾。限以一周，悉令充数。若不充数，及待妾非礼，使妻加捶挞，免所居官。其妻无子而不娶妾，斯则自绝，无以血食祖父，请科不孝之罪，离遣其妻。"案，《魏书·皇后传》言："昭成之前，世崇俭质，妃嫱嫔御，率多阙焉，惟以次第为称。"盖鲜卑本止一妻，故无嫡庶之别。酋长如此，岂况凡民？尚公主、娶后族者，其数不能甚众，而孝友言举朝略是无妾，有娶者即共相嗤笑，至于家道离索，身事违遭，便可见其俗本无妾。颜之推言北人妻死，必须重娶，盖以此也。娶妾既非旧俗，有行之者，其妻之父母、姑姊，自必教之以妒，劝之以忌矣。淫乱之生，由于饱暖逸居而无教。世家巨室，与民隔绝，内淫易而外淫较难，故当时贵人之家，若累世同居之义门，帷薄往往不修。贵家淫乱者：如宋始安王休仁之妃殷氏，因疾召祖翻视脉，遂与之通。荀伯玉姊当嫁，明日应行，今夕随人逃去。魏北海王详，蒸于安定王燮之妃高氏。孝静帝姑博陵长公主，女为元景献妻，祖珽以货物致之，与诸狎游者递寝。大族内乱者：如袁翻为飑死后，飑弟昇，通于其妻，翻惭恚，为之发病，昇终不止。李元护子会顽骏，其妻，南阳太守清河房伯玉女也，甚有姿色。会不答之。房乃通于其弟机。因会饮醉杀之。机与房遂如夫妇。积十余年，房氏色衰，乃更婚娶。卢元明妻郑氏，与元明兄子士启淫污，元明不能离绝。卢氏同居共财，自祖至孙，家内百口。自渊兄弟亡，渊子道将卒后，家风衰损，子孙多非法，帷薄淫秽，为论者所鄙。《毕众敬传》云："诸毕当朝，不乏荣贵，但帷薄不修，为时所鄙。"《郑羲传》云："自灵太后豫政，淫风稍行，及元义擅权，公为奸秽，自此素族名家，遂多乱杂，法官不加纠治，婚宦无贬于世，有识者咸叹息矣。"其实此时不过舆论纠谪稍宽，其秽乱，未必始于此时也。巨族家风，亦有修饬者，如羊烈闺门修饰，为世所称，一门女不再醮是也，然此等恐甚寡，且亦不足尚也。秽乱之甚者，如北之抱嶷，南之临贺王正德，至于易室而奸，见第十一章第一节，第十二章第五节。此与不娶妾何与？而孝友欲以置妾塞奸淫，可谓扬汤止沸矣。《宋书·后妃列传》曰：宋世诸主，莫不严妒。太宗每疾之。湖孰令袁滔妻以妒忌赐死。使近臣虞通之撰《妒妇记》。江湛孙敩，当尚世祖女，上乃使人为敩作表让婚，曰："自晋氏以来，配尚王姬者，虽累经美胄，亟有名才，至如王敦慑气，桓温敛威，真长阳愚以求免，子敬灸足以违诏，王偃无仲都之质，而裸露于北阶，何瑀阙龙工之姿，而投躯于深井，谢庄殆自同于蒙室，殷冲几不免于强锄，数人者非无才意，而势屈于崇贵，事隔于闻览，吞悲茹气，无所逃诉。制勒甚于仆隶，防闲过于婢妾。往来出入，人理之常，当宾待客，朋友之义，而令扫辙息驾，无阀门之期，废筵抽席，绝接对之理，非惟交友离异，乃亦兄弟疏阔。第令受酒肉之赐，制以动静，监子荷钱帛之私，节其言笑。姆奶争媚，相劝以严，妮媪竞争，相诣以急。第令必凡庸下材，监子皆葭萌愚竖，议举止则未闲是非，听言语则谬于虚实。姆姅敢恃耆旧，惟赞妒忌，妮媪自唱多知，务检口舌。其间又有应答问讯，卜筮师母。乃至残余饮食，诘辩与谁，衣被故敝，必责头领。又出入之宜，繁省难衷，或进不获前，或入不听出，不入则嫌于欲疏，求出则疑有别意，召必以三晡为期，遣必以日出为限，夕不见晚魄，朝不识曙星，至于夜步月而弄琴，昼拱袂而披卷，一生之内，与此长乖。又声影裁闻，则少婢奔进，裾袂向夕，则老丑丛来。左右整刷，以疑宠见嫌，宾客未冠，以少容致斥。礼则有列媵，象则有贯鱼，本无慢嫡之嫌，岂有轻妇之诮？况今义绝旁私，虔恭正匹？而每事必言无仪适，设辞辄言轻易我。又窃闻诸主聚集，惟论夫族，缓不足为急者法，急则可为缓者师，更相扇诱，本其恒意，不可贷借，固实常辞。虽曰家事，有甚王宪，发口所言，恒同科律。王藻虽复强很，颇经学涉，戏笑之事，遂为冤魂；褚暧忧愤，用致夭绝；伤理害义，难以具闻。夫螽斯之德，实致克昌，专妒之行，有妨繁衍，是以尚主之门，往往绝嗣，驸马之身，通离衅咎。"云云。太宗以此表遍示诸主。《齐书·刘休传》云：明帝憎妇人妒，尚书右丞劳彦远以善棋见亲，妇妒伤其面，帝曰："我为卿治之，何如？"彦远率尔应曰："听圣旨。"其夕，遂赐药杀其妻。休妻王氏亦妒。帝闻之，赐休妾，敕与王氏二十杖，令休于宅后开小店，使王氏亲卖扫帚、皂荚以辱之。此等刑罚，并为失衷，然大势所趋，卒亦非一二失衷之刑赏所能挽也。当时尚主者固多罹祸，而主之还罹其祸者亦多，所谓其何能淑，载胥及溺而已。尚主而罹祸者：如张琼之子欣，尚魏平阳公主，与主情好不笃，遂为孝武所害。其两受其弊者：如刘昶之子辉，尚魏兰陵长公主，世宗第二姊也。辉尝私幸主侍婢有身，主笞杀之，剖其孕子，节解，以草装实婢腹，裸以示辉。辉遂忿憾，疏薄公主。公主姊因入听讲，言其故于灵太后。太后敕清河王怿穷其事。怿与高阳王雍、广平王怀奏其不和之状，无可为夫妇之理，请离婚。太后从之。公主在宫周岁，高阳王及刘腾等为言，听复旧义。太后流涕送公主，诫令谨慎。正光初，辉又私淫张、陈二氏女，公主更不检恶。主姑陈留公主共相扇奖，遂与辉复致忿争。辉推堕主床，手脚殴蹋，主遂伤胎。辉惧罪逃逸。灵太后召清河王怿决其事。二家女髡笞付宫，兄弟皆坐鞭刑，徙配敦煌为兵。公主因伤致薨。太后亲临恸哭。出葬城西，亲送数里，尽哀而还。谓侍中崔光曰："向哭所以过哀者？追念公主为辉顿辱非一，乃不关言，能为隐忍，古今宁有此？此所以痛之。"后执辉，幽于司州，将加死刑，会赦得免。又卢度世孙道虔，尚高祖女济南长公主，公主骄淫，声秽遐迩，先无疹患，仓卒暴薨，时云道虔所害。世宗秘其丑恶，不苦穷治。后灵太后追主薨事，乃黜道虔为民，终身不仕。崔暹子达拏，尚齐文襄女乐安公主。文宣问主："达拏于汝何如？"答云："甚相敬，惟阿家憎儿。"文宣令宫人召达拏母入而杀之，投漳水。齐灭，达拏杀主以复仇。此皆祸之至酷者。南朝究系礼义之邦，故其惨酷不如北朝之甚。然如赵伦之之孙倩，尚宋文帝第四女海盐公主，主甚爱重倩，而倩因言戏，以手击主，事上闻，帝怒，离婚，倩父伯符惭惧，遂发病卒。梁武帝与殷叡少故旧，以女永兴公主妻其子钧。钧形貌短小，为主所憎。每被召入，先满壁为殷叡字，钧辄流涕以出，主命婢束而反之。钧不胜怒，而言于帝。帝以犀如意击主，碎于背，然犹恨钧。诚所谓人莫知其子之恶矣。江敩表辞，固由授意，然如晋荀崧子美，将尚寻阳公主，远遁去，监司追之，不获已乃出；又如宋高祖第五女新安公主，先适太原王景深，离绝，当适王景文，景文固辞以疾；则惧而逃之者，实非无人也。司马消难之叛，固由其反覆无常，而与公主情好不睦，为主所诉，亦为其原因之一，其为祸不亦博乎？

饱暖思淫欲，事理之常，故当时贵家妇女，亦多淫恣。其公然行之者，宋废帝为山阴公主置面首左右三十人，已见第九章第三节。读史者以为异闻，然据《南史·后妃传》：郁林王尝为文安王皇后置男左右三十人，则行之者实不仅主一人也。面首者，年少貌美之意。《齐书·恩幸传》：茹法亮选白衣左右八十人，皆面首富室是也。

嫡庶兄弟之相争，祸实更甚于前后妻之子。如卢度世以庶兄弟欲相危害，遂戒绝妾孽是也。见第八章第六节。为妾者多出贱族，然较高之门第，亦时有之。《晋书·列女传》：周𫖮母李氏，字络秀，淮南人也。少时在室，𫖮父浚为安东将军，求为妾。其父兄不许。络秀曰："门户殄瘁，何惜一女？若连姻贵族，将来庶有大益矣。"父兄许之。遂生𫖮及嵩、谟。𫖮等既长，络秀谓之曰："我屈节为汝家作妾，门户计耳。汝不与我家为亲亲者，吾亦何惜余年？"𫖮等从命。由此李氏为方雅之族。《后妃传》：简文宣郑太后，河南荥阳人，世为冠族。后少孤，无兄弟，惟姊妹四人。后最长，先适渤海田氏，生一男而寡。元帝为丞相，敬后先崩，纳为琅邪王贵人，甚有宠。后虽贵幸，而恒有忧色。帝问其故。对曰："妾有妹，中者已适长沙王褒，余二妹未有所适，恐姊为人妾，无复求者。"帝因从容谓刘隗曰："郑氏二妹，卿可为求佳对，使不失旧。"隗举其从子佣娶第三者，以小者适汉中李氏，皆得旧门。李与郑固非贱族也。然出于贱隶者究多。《齐书·孔稚珪传》：兄仲智妾李氏，骄妒无礼，稚珪白太守王敬则杀之。盖律杀奴婢，不过先以白官，见《秦汉史》第十四章第二节。妾与婢无异，故其杀之之易如是也。妾既多出贱族，庶生之子，自不易与嫡出者并，故贱视庶孽及遇庶兄弟无礼之事，史屡见之。《晋书·王沈传》：子浚，母赵氏妇，良家女也，贫贱，出入沈家，遂生浚。沈初不齿之。年十五，沈薨，无子，亲戚共立浚为嗣。《魏书·崔道固传》：道固贱出，嫡母兄攸之、目连等轻侮之。父辑谓攸之曰："此儿姿识如此，或能兴人门户，汝等何以轻之？"攸之等遇之弥薄，略无兄弟之礼。时刘义隆子骏为徐、兖二州刺史，将辟他州民为从事，辑乃资给道固，令其南仕。既至彭城，骏以为从事。青州刺史新除过彭城，骏谓之曰："崔道固人身如此，岂可为寒士至老乎？而世人以其偏庶，便相陵侮，可为叹息。"《北齐书·高乾传》：从兄永乐子长命贱出，年二十余，始被收举。《魏收传》：收有贱生弟仲固，先未齿录，及崔㥄将加弹劾，收因此怖惧。《北史·李诉传》：诉母贱，为诸兄所轻。《高允传》：始神麚中，允与从叔济俱被征。济子遵贱出，其兄矫等常欺侮之。及父亡，不令在丧位。遵遂驰赴平城归允。允为作计，乃为遵父举哀，以遵为丧主。京邑无不吊集，朝贵咸识之。徐归奔赴。免丧后为营宦路。遵感成益之恩，事允如诸父。此等事未易枚举。褚渊庶生，其母，宋高祖第五女吴郡宣公主也，以渊有才，表为嫡嗣，此等事不易多觏矣。

《颜氏家训·治家篇》云："江东妇女，略无交游。婚姻之家，或十数年未相识，惟以信命赠遗致殷勤焉。邺下风俗，专以妇持门户。争讼曲直，造请逢迎，车乘填街衢，绮罗盈府寺，代子求官，为夫诉屈，此乃恒、代之遗风乎？南间贫素，皆事外饰，车乘衣服，必贵齐整，家人妻子，不免饥寒。河北人事，多由内政，绮罗金翠，不可废阙，羸马悴奴，仅充而已。唱和之礼，或尔汝之。"又曰："河北妇人，织纴组紃之事，黼黻、锦绣、绮罗之工，大优于江东也。"乍观之，似北方妇女，生利之力，较强于南，故其地位亦优于南者。然《抱朴子·疾谬篇》云："今俗妇女，休其蚕织之业，废其玄纮之务，不绩其麻，士也婆娑。舍中馈之事，修周旋之好，更相从诣，之适亲戚。承星举火，不已于行。多将侍从，晔晔盈路。婢使吏卒，错杂如市，寻道褻谑，可憎可恶。或宿于他门，或冒夜而返。游戏佛寺，观视渔畋。登高临水，出境庆吊。开车褰帏，周章城邑。杯觞路酌，弦歌行奏。转相高尚，习非成俗。"其所言，与颜氏适相反，则颜氏所云，恐非恒、代之遗风，实京、洛之弊俗也。参观第十八章第三节自明。至于僻陋阻塞之区，则葛屦履霜之风特甚。《隋书·地理志》述豫章之俗云："其君子善居室，小人勤耕稼。衣冠之人，多有数妇，暴面市廛，竞分铢以给其夫。及举孝廉，更要富者。前妻虽有积年之勤，子女盈室，犹见放逐，以避后人。"又言其地"一年蚕四五熟，勤于纺绩，有夜浣纱而旦成布者,俗呼为鸡鸣布"。勤劳如此,而其见弃遗如彼,"非以贫而为奴,乃以为奴而贫",信矣!《南史·蔡廓传》:廓孙樽,为吴兴太守。初樽在临海,百姓杨元孙,以婢采兰,贴与同里黄权,约生子酬乳哺直。权死后,元孙就权妻吴赎婢母子五人。吴背约不还。元孙诉樽,判还本主。吴能为巫,出入樽内,以金钏赂樽妾,遂改判与之。元孙挝登闻鼓讼之,为有司所劾。当时民间之于妇女,利其作力之情形可见矣。

贵人之家,虽多畜女伎,然民间妇女为倡伎者,亦非无之,而贵人亦时遨游于其间。《隋书·地理志》言:"齐郡俗好教饰子女。淫哇之音,能使骨腾肉飞,倾诡人目。俗云齐倡,本出此也。"《北齐书·祖珽传》云:珽丰于财产,又自解弹琵琶,能为新曲。招城市年少,歌舞为娱。游集诸倡家。与陈元康、穆子容、任胄、元士亮等为声色之游,即是物矣。

《晋书·五行志》云:"自咸宁太康之后,男宠大兴,甚于女色,士大夫莫不尚之,天下相放效,或至夫妇离绝,怨旷妒忌者。"《宋书·五行志》同。其事之见于史者:苻坚与慕容冲,已见第六章第四节。《石季龙载记》:勒为聘将军郭荣妹,季龙惑优僮郑樱桃,杀郭氏。更纳清河崔氏女,樱桃又潜而杀之。《北史·卢鲁元传》:少子内,给侍东宫,景穆深昵之,常与卧起,同衣食。正平初,宫臣伏诛,太武以鲁元故,惟杀内而厚抚其兄弟。此皆房主,不足责。然如辛德源,士大夫也,而史称裴让之特相爱好,兼有龙阳之重。亦见《北史》。《宋书·谢方明传》:子惠连,先爱会稽郡吏杜德灵,及居父忧,赠以五言诗十余首,文行于世,坐被徙废塞,不豫荣伍。尚书殷景仁爱其才,因言次白太祖:"臣小儿时便见世中有此文,而论者云是谢惠连,其实非也。"太祖曰:"若如此,便应通之。"似其见讥徒以居忧作诗者。然《宗室传》:长沙景王子义宗,元嘉八年(431),坐门生杜德灵放横打人,还第内藏,义宗隐蔽之免官。德灵雅有姿色,为义宗所爱宠,本会稽郡吏,谢方明为郡,子惠连爱幸之,为之赋诗十余首,《乘流归渚篇》是也。则惠连见讥之深,其故自别有在矣。《南史·王僧达传》:族子确,少美姿容,僧达与之相款。确叔父休,为永嘉太守,当将确之郡,僧达欲逼留之。确知其意,避不往。僧达潜于所住屋后作大坑,欲诱确来别杀埋之。从弟僧虔知其谋,禁呵乃止。又《梁宗室传》:长沙宣武王弟子韶,为幼童,庾信爱之,有断袖之欢。衣食所资,皆信所给。遇客,韶亦为信传酒。后为郢州,信西上江陵,途经江夏,韶接信甚薄。坐青油幕中,引信入宴。坐信别榻,有自矜色。信稍不堪。因酒酣,乃径上韶床,践蹋肴馔。直视韶面,谓曰:"官今日形容,大异近日。"时宾客满坐,韶甚惭耻。读之俱令人骇笑。此亦当时贵族堕落,不可救药之一端也。

第二节　族　　制

聚族而居，范围之大小，必视生计情势以为衡。自氏族散为家族，其势日趋于分，读《先秦史》第十二章第二节，《秦汉史》第十三章第二节，可见其概。晋、南北朝之世，社会情势，实与前无异。惟其时去古较近，各地方强宗巨家，尚有存者；又直丧乱之际，移徙者多与亲族相偕，初至异邦，与当地之人，未能融洽，或仍聚族而居；于是家族之大者，往往有之。此就全国言之，实为特异之象；又昔时之人，狃于成见，不知社会贵化除畛域，而以亲族互相依倚为美谈，政令既加以褒扬，舆论又群相称道；史家自必勤于记录。读者不察，遂谓其时社会情形，与今迥异矣。其实以中国之大，历朝史籍所占年代之长，有此区区，正如凤毛麟角耳。大家族不见记载者，自亦有之，且其数必不少，然即具记之，在全社会中，亦必仍微不足道，则理有可信者也。

《北史·韦孝宽传》：孝宽欲筑城汾北，画地形具陈其状，宇文护谓使人曰："韦公子孙虽多，数不满百，遣谁固守？"事遂不行，可见子孙百人，在当时犹以为少。《周·法尚传》：法尚为顺州刺史，司马消难作乱，遣兵攻围之，法尚弃城走，虏其母弟及家累三百人。法尚在当时，未闻为著名大族，而其家累至于三百，可见其时士大夫家口之众矣。此等家口，并不以后世所谓同姓为限。《晋书·朱伺传》：杜曾遣说伺云："马隽等感卿恩，尽以君家内外百口付隽，隽已尽心收视，卿可来迎。"《祖约传》：石勒诈约，并其亲属中外百余人悉灭之。《宋书·沈庆之传》：庆之有园舍在娄湖，一夜移子孙徙居之。又移亲戚中表于娄湖，列门同闬。《自序》言：沈林子赏赐重叠，皆散于亲故，家无余财，中表孤贫悉归焉。《魏书·袁翻传》：父宣，为沈文秀府主簿，随文秀入国，刘昶每提引之，言是其外祖淑之近亲。又《高祐传》：孙谅，造亲表谱录四十余卷，自五世已下，内外曲尽，览者服其博记。盖古代亲亲，原不限于父族；如九族之制是也，详见《先秦史》。又其两姓恒交婚，而又继之以世；故夫之父母，与母之兄弟，父之姊妹同称，详见《先秦史》。故中表之情为尤亲。次则从母之子，自亦为母族中之最亲者。自此展转推之，其范围自有甚广者矣。《魏书·卢玄传》：无盐房崇吉母傅氏，度世玄子。继外祖母兄之子妇也。兖州刺史申纂妻贾氏，崇吉之姑女也。皆亡破军途，老病憔悴。度世推计中表，致其供恤。每觐见傅氏，跪问起居。随时奉送衣被、食物。亦存振贾氏，供其服、膳。青州既陷，诸崔堕落，多所收赎。及渊、昶等，皆度世子。并循父风。远亲疏族，叙为尊行长者，莫不崇拜致敬。闺门之礼，为世所称。其一事也。沈充之败也，亡失道，误入故将吴儒家。儒欲杀之。充曰："尔以大义存我，我宗族必厚报汝。若必杀我，汝族灭矣。"儒遂杀之。充子劲，竟灭吴氏。劲固强果，然其能复仇，必得其宗族之助，则可推知。宋明帝之杀王景文也，手诏曰："与卿周旋，欲全卿门户，故有此处分。"景文门生焦度忿怒，发酒覆地，曰："大丈夫安能坐受死？州中文武，可数百人，足以一奋。"景文曰："知卿至心。若见念者，为我百口计。"王奂之见收也，子彪议闭门拒命，长史殷叡，奂女婿也，谏曰："百世门户，宜思后计，孰与仰药自全？"董峦讨益州，为魏所执，并其子景曜。魏以峦为越骑校尉，景曜为员外郎。峦谋南叛，坐徙朔州。孝文南寇，召峦从军。军次鲁阳，峦单骑南走。至境首，北向哭呼景曜云："吾百口在彼，事理须还，不得顾汝一子也。"《魏书·田益宗传》。当时亲族关系之密如此，故苟有刑诛，必致波及。孝文之南寇也，董景曜亦被召，至洛阳，密陈其父必当南叛，及峦南走，仍锁诣魏主所，数而斩之。袁瑾之死也，并其宗族数十人。魏孝武入关，以韦子粲为南汾州，城陷不能死难，阖门百口，悉在西魏，多致诛灭。盖聚族既众，则其为力强，虑以怨毒、不自安之情，或致反侧，故其措置如此。晋、南北朝之世，刑法酷滥，实由此也。是时之迁徙者，亦多率族而行。如黄泓率宗族归慕容廆；《晋书·艺术传》。张昌之乱，王伛、吕蕤，密将宗室奔汝南；樊毅随叔父文皎援台，文皎战死，毅将宗族子弟赴江陵皆是。魏孝庄帝徙河北，执杨侃手曰："卿尊卑百口，若随朕行，所累处大，卿可还洛，寄之后图。"侃曰："宁可以臣微族，顿废君臣之义？"固求陪从。及帝图尔朱荣，侃豫其谋。尔朱兆入洛，侃时休沐，遂得潜窜，归于华阴。普泰初，天光在关西，遣侃子妇父韦义远招慰之，立盟许恕其罪。侃从兄昱，侃，播子。昱，播弟椿之子。令侃出应。"假其食言，不过一人身殒，冀全百口。"侃遂赴之，为天光所害。元颢入洛，昱出镇荥阳，见擒。又椿弟顺，顺子仲宣，兄子保，弟子遁，并在河北，为颢嫌疑。以椿家世显重，恐失人望，未及加罪。时人助其忧怖。或劝椿携家避祸。椿曰："吾内外百口，何处逃窜？正当坐任运耳。"当时亲族、中外，互相依倚如此，此族诛之刑，所由足累其心与？

《魏书·源子恭传》云：萧衍亡人许周，自称为衍给事黄门侍郎，朝士翕然，咸共信待。子恭奏其"履历清华，名位高达，计其家累，应在不轻，今者归化，何其孤迥？设使当时匆遽，不得携将，及其来后，家资产业，应见簿敛；尊卑口累，亦当从法；而周兄弟怡然，曾无忧虑"。以是为怪，可见当时巨家，多历显宦，有厚产矣。《晋书·文苑传》：应贞，汝南南顿人，魏侍中璩之子也。自汉至魏，世以文章显。轩冕相袭，为郡盛族。此以门第显者也。《习凿齿传》云：宗族富盛，世为乡豪，此以财力雄者也。职是故，其人在地方，多有声势。使能教养其民，原未尝不足为善。《北史·李灵传》：孙显甫，豪侠知名。集诸李数千家，于殷州西山开李鱼川，方五六十里居之，显甫为其宗主。是其力足以养民也。又《李士谦传》：李氏宗党豪盛，每春秋二社，必高会极宴，无不沉醉喧乱。尝集士谦所，盛馔盈前，而先为设黍。谓群从曰："孔子称黍为五谷之长，荀卿亦云：食先黍、稷，古人所尚，宁可违乎？"少长肃然，无敢弛惰。退而相谓曰："既见君子，方觉吾徒之不德也。"是其力足以教民也。无如世禄之家，鲜克由礼，能善导其民者少，而恃势武断乡曲者多。如卞悛以门盛轻邻诡，相视如仇，诡后为中丞，卒奏陷卞氏，见《晋书·卞壶传》。而当风尘涱洞之时，尤易启其轻狡之念。张轨割据河右，晋昌张越，凉州大族、密图代之。又有贾摹者，宴之妻弟，亦凉州大姓，势倾西土。时有谣曰："手莫头，图凉州。"其居心可想。张茂诱而杀之，于是豪右屏迹，威行凉域。此虽未成割据之业，而实有割据之心者也。薛氏之在河东，羁旅之族也，然犹同姓三千家，宋高祖不得不用为太守，房亦不得不用为都统，见第八章第五节。此则无割据之名，而有割据之实者也。苏峻之乱，临平人范明，率宗党五百人，合诸军讨其将张健。见《晋书·顾众传》。宋景平中，富阳孙氏，聚合门宗，谋为逆乱。见《宋书·褚叔度传》。义康之徙也，胡藩子诞世、茂世，率群从二百余人，攻破郡县谋奉之。见第八章第一节。刘弥之青州强姓，门族甚多，故其宗从，能相合率以拒沈文秀。见第九章第五节。侯景之乱，沈众表梁武帝，称家世所隶义故部曲，并在吴兴，求还召募以讨贼。武帝许之。及景围台城，众率宗族及义附五千人入援。王广攻毛兴于枹罕，兴遣卫平率其宗人千七百袭败之。后枹罕诸氏，以平年老，不可以成事业，议废之，而惮其宗强，连日不决。有咙青者，挺身而起，乃获废平而推苻登。见《晋书·苻丕载记》。郝温举义于杏城，盖鲜率宗族为虏讨之。《魏书·世祖纪》太平真君六年（445）。独孤信东伐，赵肃率宗人为之乡道。魏孝武西迁，猗氏樊、王二姓举兵，为东魏所诛。《周书·儒林·樊深传》。此等虽顺逆不同，而其隐若敌国则一。南北疆场，一彼一此，亦多有此等豪族，参与其间，非尽恃兵力也。又有保险劫掠，行同盗贼者。《宋书·朱龄石传》：迁武康令。丧乱之际，武康人姚系祖，招聚亡命，专为劫盗。所居险阻，郡县畏惮不能讨。龄石至县，伪与亲厚，召为参军。系祖恃其兄弟徒党强盛，谓龄石必不敢图己，乃出应召。龄石潜结腹心，知其居止途径。乃要系祖宴会，叱左右斩之。率五人驰至其家，掩其不备。悉斩系祖兄弟，杀数十人。自是一郡得平。《魏书·李仲琁传》：为弘农太守。先是宫、牛二姓，阻险为害。仲琁示以威惠，并即归伏。《薛辨传》：河北郡带山河路多盗贼。有韩、马两姓，各二千余家，恃强冯险，最为狡害。劫掠道路，侵暴乡闾。《酷吏传》：灵丘罗思祖，宗门豪溢，家处险隘，多止亡命，与之为劫。显祖怒之，戮其家。思祖宗党，相率寇盗。《北史·宋隐传》：弟子世良，拜清河太守。郡东南有曲堤，成公一姓，阻而居之，群盗多萃于此。人为之语曰："宁度东吴会稽，不历成公曲堤。"世良施八条之制，盗奔他堤。此等皆地方之大害。梁、陈间诸割据者，亦不过此等人中之佼佼者耳，读第十三章第六、七、八节可知也。

然此等巨族，究为特异之象，以大势论之，则仍日趋于分。《晋书·刑法志》言：魏世制法，"除异子之科，使父子无异财也"。《宋书·周朗传》：朗上书言："今士大夫之家，父母在而兄弟异计，十室而七矣；庶人父子殊产，亦八家而五矣。甚者危亡不相知，饥寒不相恤。又嫉谤谗害，不可称数。宜明其禁，以革其风。"可见时人疾恶分异之烈。然参考史事，则宗族之能同居者实少。兄弟白首不分异，业已侈为美谈；《北史·甄琛传》：与弟僧林，誓以同居没齿。《山伟传》：伟弟少亡，伟抚家训孤，同居二十余载，恩义甚笃。《周书·崔谦传》：与弟谌特相友爱。虽复年事并高，名位各重，所有资产，皆无私焉。《寇俊传》：兄祖训、祖礼及俊，并有志行，闺门雍睦，白首同居。观此等亦侈为美谈，知当时兄弟同居者已少。群从同居者更寡；《晋书·忠义传》：嵇绍与从子含等五人共居，抚恤如所同生。《魏书·韩麒麟传》：孙子熙，少孤，为叔显宗所抚养。及显宗卒，子伯华又幼，子熙友爱，等于同生。长犹共居，车马资财，随其费用，未尝见于颜色。《北史·辛绍先传》：孙少雍，妻王氏，有德义。少雍与从弟怀仁，兄弟同居。怀仁等事之甚谨。闺门礼让，人无闲焉。又《寇俊传》：笃于仁义。期功之中，有孤幼者，衣食丰约，并与之同。其更广于此者，则真如凤毛麟角矣。宗族百口，累世同居者，多见诸史《孝义》《节义》等传。此外如《晋书·儒林传》：氾毓，奕世儒素，敦睦九族。客居青州，逮毓七世，时人号其"儿无常父，衣无常主"。《北史·许彦传》：曾孙子恂，闺门雍睦，三世同居。《周书·辛威传》：家门友义，五世同居。而好生分及不能相恤之事则甚多。《南史·袁粲传》：粲幼孤，祖哀之，名之曰愍孙。伯叔并当世荣显，而愍孙饥寒不足。《魏书·裴伯茂传》：伯茂先出后其伯仲规，与兄景融别居，景融贫窘，伯茂了无振恤，殆同行路。此犹在平时，其在流离颠沛之中者：《李宝传》：李氏自初入魏，人位兼举，因冲宠遇，遂为当世盛门。而仁义吉凶，情义浅薄。期功之服，殆无惨容。相视窘迫，不加拯济。此犹曰李氏入魏，即蒙恩宠也。韦子粲阖门诛灭，入魏获存者，惟子粲与弟道谐二人，而粲富贵之后，遂捐弃道谐，令其异居。所得廪禄，略不相及。当时于此等事，不惟舆论群相责难，即法律亦或加以惩处。如《魏书·岛夷传》言：萧鸾宣德太仆刘朗之，游击将军刘瓛之，坐不赡给兄子，使其随母他嫁，免官禁锢是也。然究何益哉？生分之俗，南方较北方为甚。《魏书·裴叔业传》云：叔业兄子子植，虽自州送禄奉母及赡诸弟，而各别资财，同居异爨，一门数灶，盖亦染江南之俗也，是其证。《晋书·隐逸传》：陶潜与子书曰："虽不同生，当思四海皆弟兄之义。鲍叔、敬仲，分财无猜，归生、伍举，班荆道旧，遂能以败为成，因丧立功。他人尚尔，况共父之人哉。"可见其强相维系，懔乎若朽索之驭六马矣。《南史·蔡兴宗传》：父廓，罢豫章郡还，起二宅。先成东宅，以与兄轨。轨罢长沙郡还，送钱五十万，以禅宅直。兴宗年十一，白母曰："一家由来，丰俭必共，今日宅直，不宜受也。"母悦而从焉。轨深有愧色。谓其子淡曰："我年六十，行事不及十岁小儿。"此事不足见时人之能共丰俭，正足见其习于分异耳。然谓北方能不分异者，亦非其实。杨昱第六叔早丧，有一男六女。及终丧，妻元氏请别居。昱父椿，集亲姻泣谓曰："我弟不幸早终。今男未婚，女未嫁，何便求别居？"不听。崔挺三世同居，门有礼让，于后频值饥年，亦卒分析。义门如此，况在恒人？《北史·薛慎传》：保定初，出为湖州刺史。蛮族婚娶之后，父母虽在，即与别居。慎乃亲自诱导，示以孝慈。并遣守令，各喻所部。有数户蛮，别居数年，遂还侍养；及行得果膳，归奉父母。慎以其从善之速，具以状闻。有诏蠲其赋役。于是风化大行，有同华俗。又《儒林·乐逊传》：授湖州刺史。人多蛮左，未习儒风。蛮俗生子长大，多与父母异居。逊每加劝导，多革前弊。当时蛮左，实多华人，具见第十六章第二、第六节。此盖仕宦之家，亲族多互相依倚，平民之多田产者，亦能聚族而居，其贫苦者则不然，非关华夷之异也。《隋书·食货志》言：山东承齐俗，避役惰游者十六七。四方疲人，或诈老诈小，规免租赋。高祖令州县大索、貌阅。户口不实者，正长远配。而又开相纠之科。大功已下，兼令析籍，各为户头，以防容隐。既狃于成见而责其合，又利其赋役而迫之分，狐埋狐撸，谓之何哉？其以敦睦称者，又或别有所为。《晋书·儒林传》：范隆生而父亡。年四岁，又丧母。单孤无缌功之亲。疏族范广，愍而养之。迎归教书。为立祠堂。隆奉广如父。《周书·薛憕传》：河东汾阴人也。曾祖弘敞，值赫连之乱，率宗人避地襄阳。孝昌中，杖策还洛阳。先是憕从祖真度，与族祖安都，拥徐、兖归魏。其子怀俊，见憕，甚相亲善。《北史·独孤信传》：子罗，为高氏所囚，及信为宇文护所诛，罗始见释。寓居中山，孤贫无以自给。齐将独孤永业，以宗族故，哀之，为买田宅，遗以资畜。此等似乎甚厚。然《宋书·王懿传》言：北土重同姓，并谓之骨肉。有远来相投者，莫不竭力营赡。若不至者，以为不义，不为乡里所容。懿闻王愉在江南，是太原人，乃往依之，愉礼之甚薄。则其相周恤，特迫于人言耳，非出本心也。《北史·胡叟传》：卒，无子，无家人营主凶事。胡始昌迎殡之于家，葬于墓次，即令弟继之袭其爵。叟与始昌虽宗室，性气殊诡不相附。其存，往来甚简。及亡而收恤甚厚。议者以为非敦哀疏宗，或缘求利品秩也。可谓肺肝如见矣。刘昶令袁宣与其府谘议参军袁济为宗，宣时孤寒，甚相依附。及翻兄弟官显，与济子洸、演，遂各陵竞。洸等乃经公府以相排斥。以利合者，固无以善其终也。然后知社会演进之大势，终不可逆也。语曰："求忠臣必于孝子之门。"此由古所谓忠臣者，多尽力于一人一姓，而古所谓国者，本与家同物，特大小有殊而已。至于后世，则国之与家，性质大异。尽忠于国者，非当异族冯陵之际，以国家为民族之藩卫，视君主为主权之表征；则廑己饥己溺之怀，思得政权以遂其拯民于涂炭之志。若此者，知识既高，愿力亦大，岂仅尽心于一小抟体者之所知？不宁惟是，小抟体之利害，往往与大抟体不相容。顾虑身家之念重，尽忠君国之义自轻。赵氏翼尝讥："江左高门大族，雍容令仆，裙屐相高。与时推迁，自保家世。朝市革易，而我之门第如故。"《廿二史札记》"江左世族无功臣"条。所以致此，虽其道多端，然家室之累，实其大者。然则即以忠君旧义论，笃于宗族者，亦未必遂可托孤寄命矣。不宁惟是，行以中庸为贵，而流俗之所称美者，则大抵非行庸德、谨庸言之徒。吾尝见居丧尽礼，有过恒人，而性情乖戾，为乡里所患苦者矣。高宗，殷之贤王也。《记》称之曰："继世即位，而子良于丧，当此之时，殷衰而复兴，礼废而复起。"然实杀孝己。与宠姜女而替太伯之古公，溺骊姬而杀申生之晋献正相类。此中消息，殊耐寻思。特非方内之士所敢道耳。《魏书·裴叔业传》：叔业孙谭，粗险好杀。然孝事诸叔，尽于子道，国禄岁入，每以分赡，世以此称之。古今人情，固不甚相远也。

凡大族，能历时稍久者，必自有其法度。《陈书·王玚传》云：玚兄弟三十余人，居家笃睦。每岁时馈遗，遍及近亲。敦诱诸弟，并禀其规训。《魏书·卢玄传》言：玄子度世，及孙渊、昶，并循父风。父母亡后，同居共财。自祖至孙，家内百口。在洛时有饥年，无以自赡，然尊卑怡穆，丰俭同之。亲从昆弟，常旦省谒诸父，出坐别室，至暮乃入。《崔挺传》言：挺三世同居，门有礼让。挺有子六人，长曰孝芬，弟孝暐等奉之，尽恭顺之礼。一钱尺帛，不入私房。吉凶有须，聚对分给。诸妇亦相亲爱，有无共之。始挺与弟振同居，振亡之后，孝芬等承奉叔母李氏，若事所生。旦夕温清，出入启觐。家事巨细，一以谘决。每兄弟出行，有获财物，尺寸已上，皆内李氏之库。四时分赉，李自裁之。如此者二十余岁。《杨播传》言：播家世纯厚，并敦义让。昆季相事，有若父子。播刚毅，椿、津并播弟。恭谦。兄弟旦则聚于厅堂，终日相对，未曾入内。有一美味，不集不食。厅堂间往往帏幔隔障，为寝息之所。时就休偃，还共谈笑。椿、津年过六十，并登台鼎，而津尝旦暮参问。子侄罗列阶下。椿不命坐，津不敢坐。椿每近出，或日斜不至，津不先饭。椿还然后共食。食则津亲授匙箸，味皆先尝。椿命食，然后食。一家之内，男女百口，缌服同爨，庭无闲言。魏世已来，惟有卢渊及播昆季，当世莫逮焉。《节义传》言：李几"七世共居同财。家有二十二房，一百九十八口。长幼济济，风礼著闻。至于作役，卑幼竞进"。夫抟结多人，不可无法，家国之理一也。此等法度，实此等巨家之所以能持久也。然果足尚乎？子弟率教之谨，最为拘墟之士所艳称。然如是，则身居其间者，将绝少自由，于才性之发扬，所损实巨。而身家之念大重，则尽忠于国家、民族、社会之念自轻，前已言之矣。即以一家论，亦未必终为其利。何者？此等大族，抟结之始，必以生计之互相依倚为之因。此盖一时事势使然。久之，事势改变，大族生利之力虽强，终不如一切与全社会相依，而更扩其分工协力之范围为得计矣。此其所以终于离析欤？卢氏自渊亡后，家风衰损，已见上节。崔氏频遭饥年，家遂分析，说亦见前。庄帝还宫，杨椿频乞归老，临行诫子孙曰："吾兄弟若在家，必同盘而食，若有近行不至，必待其还。如闻汝等，兄弟时有别斋独食，此又不如吾等一世也。"可见其家法亦寖寖不能维持矣。

凡权势之家，据权势愈久，则其自私而思保守之愈甚。历代帝王之家，所谓敦宗睦族者，原其朔，则不过如是而已。《魏书·景穆十二王传》：京兆王推之子遥，大功昆弟，皆是恭宗之孙，至肃宗而本服绝，故除遥等属籍。遥表曰："《律》云议亲者，非惟当世之属亲，历谓先帝之五世。谨寻斯旨，将以广帝宗，重磐石。先皇所以变革事条，为此别制者，太和之季，方有意于吴、蜀，经始之费，虑深在初，割减之起，当出暂时也。古人有言：百足之虫，至死不僵，以其辅己者众。大宗一分，则天子属籍，不过十数人而已。在汉，诸王之子，不限多少，皆列土而封，谓之曰侯。至于魏、晋，莫不广胙河山，称之曰公。臣去皇上，虽是五世之遥，于先帝，便是天子之孙。今朝廷犹在谅密之中，便议此事，实用未安。"诏付尚书博议。令任城王澄、左仆射元晖奏同遥表。灵太后不从。据此，拓跋氏之待宗室，实较汉、魏以来为薄，一由其互相猜忌，一亦由其演进本浅，故其自私，转不如中国之甚也。亦可见一切弊政，皆由积渐而致矣。

小史之职既废，谱牒之作，只为私家之事，自晋以降，国家乃复起而干与之，则以其时严士庶之别故也。《晋书·挚虞传》曰：虞以汉以来丧乱，谱牒多亡失，虽其子孙，不能言其先祖，撰《族姓昭穆》十卷，上疏进之，以为足以备物致用，广多闻之益。此为谱学之权舆。《齐书·文学传》：贾渊，祖弼之，世传谱学。竟陵王子良使撰《见客谱》。先是谱学未有名家。弼之广集百氏谱记，专心治业。晋太元中，朝廷给弼之令史、书吏，撰定缮写藏秘阁，仍迁左民曹。《南史》作"及左户曹"。民作户，避唐讳。渊父及渊，三世传学。凡十八州士族谱，合百帙，七百余卷，该究精悉，当世莫比。永明中，卫军王俭，抄次百家谱，与渊参怀撰定。渊撰《氏族要状》及《人名书》，并行于世。《南史·王僧孺传》：知撰谱事。先是尚书令沈约，以为"晋咸和初苏峻作乱，文籍无遗。后起咸和二年（327），以至于宋，所书并皆详实。并在下省左户曹前厢，谓之晋籍，有东西二库。此籍既并精详，实可宝惜，位宦高卑，皆可依案。宋元嘉二十七年（450），始以七条征发。既立此科，人奸互起。伪状巧籍，岁月滋广。以至于齐，患其不实。于是东堂校籍，置郎、令史以掌之。竞行奸货，以新换故。昨日卑细，今日便成士流。宋、齐二代，士庶不分，杂役减阙，职由于此。窃以晋籍所余，宜加宝爱"。参看第三节。武帝以是留意谱籍，州郡多罹其罪。因诏僧孺改定百家谱。始晋太元中，员外散骑侍郎平阳贾弼，即弼之。笃好簿状。乃广集众家，大搜群族。所撰十八州，一百一十六郡，合七百一十二卷。凡诸大品，略无遗阙。藏在秘阁，副在左户。及弼子太宰参军匦之，匦之子长水校尉深，即渊，《南史》本传书其字曰希镜，此处则改为深。《唐书·儒学·柳冲传》云：希镜传子执，执更作《姓氏英贤》一百篇。又著《百家谱》，广两王所记。执传其孙冠，冠撰《梁国亲王太子序亲谱》四篇。世传其业。太保王弘，领军将军刘湛，并好其书。弘日对千客，不犯一人之讳。湛为通曹，始撰百家，以助铨序，而伤于寡略。齐卫将军王俭，复加去取，得繁省之衷。僧孺之撰，通范阳张等九族，以代雁门解等九姓。其东南诸族，别为一部，不在百家之数焉。《集十八州谱》七百一十卷，《百家谱集抄》十五卷，《东南谱集抄》十卷，并行于世。是南方谱学，实以贾氏为名家，其后官私撰述，并承其余绪也。梁、陈二代，通谱学者，亦有其人。《梁书·徐勉传》：勉居选官时，该综百氏，皆为避讳。《傅昭传》：博极古今，尤善人物。魏、晋以来官宦簿伐，姻通内外，举而论之，无所遗失。《陈书·陆琼传》：迁吏部尚书，详练谱牒。"后魏迁洛，有八氏十姓，咸出帝族；又有三十六族，则诸国之从魏者；九十二姓，世为部落大人；并为河南洛阳人。《周书·文帝纪》：魏恭帝元年（554），魏氏之初，统国三十六，大姓九十九，后多绝灭。至是，以诸将功高者为三十六国后，次功者为九十九姓后。所统军人，亦改从其姓。其中国士人，则第其门阀，有四海大姓，郡姓，州姓，县姓。及周太祖入关，诸姓子孙有功者，并令为其宗长。仍撰谱录，记其所承。又以关内诸州，为其本望。"《隋书·经籍志》。北魏宗室及诸臣，亦有通谱学者。《北史·景穆十二王传》：济阴王小新成曾孙晖业，撰魏藩王家世，号为《辨宗录》，四十卷，行于世。《宋隐传》：弟子世良，撰《宋氏别录》十卷。周武帝敕鲍宏修皇室谱一部。《隋书·经籍志》史部谱系门，著录四十一部三百六十卷；通计亡书，则五十三部一千二百八十卷云。《齐书·王晏传》：武帝欲以高宗代晏领选，手敕问之。晏启曰："鸾清干有余，然不谙百氏，恐不可居此职。"上乃止。《北史·魏收传》：收撰《魏书》。杨愔谓曰："此谓不刊之书，传之万古。但恨论及诸家，枝叶亲姻，过为繁碎，与旧史体例不同耳。"收曰："往因中原丧乱，人士谱牒，遗逸略尽，是以具书其枝派，望公观过知仁。"可见当时视此之重已。

然时虽致谨于族姓，而自诬其祖者仍多，此又大势所趋，无可如何者也。刘延孙于宋室，本非同宗，而孝武与之合族，见第九章第二节。此执政柄者之自乱其例也。《晋书·惠羊皇后传》：贾后既废，孙秀议立后，后外祖孙旂，与秀合族，又诸子自结于秀，故以太安元年（302），立为皇后。《南史·周弘正传》：台城陷，弘正谄附王伟，又与周石珍合族，此趋炎附势之为也。《齐书·贾渊传》：渊迁长水校尉。荒伧人王泰宝，买袭琅邪谱。尚书令王晏，以启高宗。渊坐被收，当极法。子栖长谢罪，稽颡流血，朝廷哀之，乃得免罪。此以财货诱引者也。《晋书·石苞传》：苞曾孙朴，没于胡，石勒以与朴同姓，俱出河北，引为宗室，特加优宠。《北齐书·高隆之传》：本姓徐氏，云出自高平金乡。父干，为姑婿高氏所养，因从其姓。隆之后有参议之功，高祖命为从弟，仍云渤海蓚人。此异族之攀援也。侯景僭位，以汉司徒侯霸为始祖，晋征士侯瑾为七世祖。李贤，自云陇西成纪人，汉骑都尉陵之后。陵没匈奴，子孙因居北狄。后随魏南迁，复归汧陇。窦炽，自云扶风平陵人，汉大鸿胪章十一世孙。章子统，灵帝时为雁门太守，避窦武之难，亡奔匈奴，遂为部落大人。后魏南徙，子孙因家于代，赐姓纥豆陵氏。当时此等诬辞，盖又不知凡几矣。读《唐书·宰相世系表》，尚有可见者。元魏入中国，赐姓命氏，其事不一。其后改易，多有与中国同者。详见《魏书·官氏志》。而赐姓又多。赐姓魏、周、齐皆有之，而周尤盛。甚有如令狐整，宗人二百余户，并列属籍者。女子亦有赐姓者，高祖及齐王宪之在襁褓，以避忌不利居宫中，太祖令于李贤家处之，六载乃还宫，因赐贤妻吴姓宇文氏，养为侄女是也。静帝大象元年（579），诏诸改姓者悉令复旧，然不复者必多矣。华之与夷，盖混淆不可辨矣。然同是圆颅方趾之伦，优劣本无区别；又凡诸民族，血统孰不混淆？此固不足计也。当时之人，皆非以异姓为后，即法律亦所不许，见下。然随所养而改姓者仍多。如高隆之之父即是。《陈书》：高祖宣皇后章氏，本姓钮，父景明，为章氏所养，因改焉。周文育，本姓项氏，为寿昌浦口戍主周荟所养。纪少瑜，本姓吴，养于纪氏，因而命族。又独孤永业，本姓刘，母改适独孤，永业随母，为独孤家所养，遂从其姓，皆其事也。父母之恩，本不在生而在养，此又不足怪也。北族之养子弟，则非因其幼小无依，而特为臣主之间，以恩相结，盖由不知君臣有朋友之谊，而惟知有亲族关系使然，又与中国之养子殊科矣。《北史·齐宗室诸王传》：上洛王思宗弟思好，本浩氏子也，思宗养以为弟。又《蔡祐传》：周文帝谓祐曰："吾今以尔为子，尔其父事我。"《张䂮传》：隋文帝谓曰："卿可为朕儿，朕为卿父。"又《宇文述传》："性贪鄙，知人有珍异物，必求取。富商大贾，及陇右诸胡子弟，皆接以恩意，呼之为儿。由是竞加馈遗，珍宝累积。"又有赵行枢者，本太常乐户，家财亿计，述谓为儿，受其略遗。此为认义子者之又一变格，然亦北族之俗，有以作之俑也。

《晋书·贾充传》云：充妇广城君郭槐，性妒忌。充子黎民，年三岁，乳母抱之当闶，黎民见充入，喜笑，充就而抚之，槐望见谓充私乳母，即鞭杀之，黎民恋念，发病而死。后又生男，过期，复为乳母所抱，充以手麾其头，郭疑乳母，又杀之，儿亦思慕而死。充遂无胤嗣。及薨，槐辄以外孙韩谧为黎民子，奉充后。郎中令韩咸，中尉曹轸谏，不从。咸等上书求改立嗣，事寝不报。槐遂表陈：是充遗意。帝乃诏曰："周之公旦，汉之萧何，或豫建元子，或封爵元妃，盖尊显勋庸，不同常例。太宰素取外孙韩谧为世子黎民后。吾退而断之，外孙骨肉至近，推恩计情，合于人心。其以谧为鲁公世孙，以嗣其国。自非功如太宰，始封无后如太宰，所取必以己自出如太宰，皆不得以为比。"及下礼官议充谧，博士秦秀，援莒人灭鄫之文，谓"充绝父祖之血食，开朝廷之祸门，谥法，昏乱纪度曰荒，请谥荒公"，不从。《秀传》。案，贾充固非正人，《晋书》所载之辞，则亦多诬蔑。三岁过期之儿，安知恋念乳母而死？即日知之，而二子之死，其事若一，理可通乎？莒人灭鄫，虽曰《春秋》之义，然时异势殊，宁可拘执。当时议者，亦借此以攻充耳，意初不在礼律，此参观第三章第一节而可知者也。然其事至烦武帝特下诏书，亦可见旧习入人之深矣。又古之为人后者，仅主其祭祀，而非利其财产。《宋书·谢弘微传》：《从叔峻，司空琰第二子也，无后，以弘微为嗣。"义熙初，袭峻爵建昌县侯。弘微家素贫俭，而所继丰泰。惟受书数千卷，国吏数人而已。遗财禄秩，一不关豫。八年（412），混以刘毅党见诛。妻晋陵公主，改适琅邪王练。公主虽执意不行，而诏与谢氏离绝。公主以混家事，委之弘微。混仍世宰辅，一门两封，田业十余处，僮仆千人。惟有二女，年并数岁。弘微经纪生业，事若在公。一钱尺帛，出入皆有文簿。高祖受命，晋陵公主降为东乡郡君。以混得罪前代，东乡君节义可嘉，听还谢氏。自混亡至是九载，而室宇修整，仓库充盈；门徒业使，不异平日；田畴垦辟，有加于旧。元嘉九年（432），东乡君薨，资财巨万，园宅十余所；又会稽、吴兴、琅邪诸处，太傅安，司空琰时事业，奴僮犹有数百人。公私咸谓室内资财，宜归二女，田宅僮仆，应属弘微。弘微一无所取，自以私禄营葬。案，琰，安子，峻、混皆琰之子。弘微，安弟万之孙。案，议者谓田宅僮仆，应属弘微者？盖谓此与封爵相联，乃古圭田之例，然弘微并此而不取，则可见继其宗祧者，原不必袭其财产。《梁书·阮孝绪传》：孝绪七岁出后从伯胤之，胤之母周氏卒，有遗财百余万，应归孝绪，孝绪一无所纳，尽以归胤之姊琅邪王晏之母，此则又非亲生女之比矣。《晋书·殷仲堪传》言：仲堪以异姓相养，礼、律所不许，子孙继亲族无后者，惟令主其烝尝，不听别籍以避役，此又见按诸礼、律，承嗣本与财产无关，足以告后世之与为人后而有所冀者矣。

第三节 户口增减

中国历代，史所记户口之数，多寡悬殊，晋、南北朝之世，则其寡少殊甚。《晋书·地理志》云：太康元年（280）平吴，大凡户百四十五万九千八百四十，口一千六百一十六万三千八百六十三。《隋书·地理志》云：太康时，户二百六十余万。此后无总数可考。桓温尝言："户口凋寡，不当汉之一郡。"则东晋之世，民户之寡少可知。《南史·本纪》言：梁元帝时，人户著籍，不盈三万，详见第十三章第四节。其寡少尤为可骇。《隋书·地理志》言：陈世户数，为六十万。《北史·隋本纪》：陈国平，户五十万，口二百万。《隋书·本纪》无。盖昔人好举成数，其户数，当在五十、六十万之间也。北朝以正光以前为全盛，其数倍于晋之太康。孝昌以后，耗减且将大半。《魏书·地形志》。元孝友当魏末，谓"计见管之户，应二万余族"，族二百家，是有二百万户也。《周书·武帝纪》：关东平，得户三百三十万二千五百二十八，口二千万六千六百八十六。《隋志》载北齐户数本之，而谓隋世户数，为八百九十万七千五百四十六，口数为四千六百一十一万九千九百五十六云。僭伪诸国，户口之数可考者：《苻坚载记》，谓坚灭前燕，入邺宫，阅其名籍，户二百四十五万八千九百六十九，口九百九十八万七千九百三十五。《慕容垂载记》，载翟钊所统七郡户数为三万八千，慕容永所统新旧八郡户数为七万六千八百。此外皆无所见。案，乱离分裂之世，户口之数，自当少于统一全盛之时。然据当时记载，仅山阴一县，户数即已三万；《宋书·顾觊之》及《良吏·江秉之传》。其课户为二万，见《齐书·顾宪之传》。魏孝静帝迁邺，户四十万，狼狈就道；《北齐书·神武纪》。陈国虽褊小，岂有仅二十倍于山阴；魏末虽丧乱，岂有仅五倍于邺都之理？其非实数，显而易见。盖史之所记，原不过当时占著之数，非以为生齿之实也。然以考生齿之数虽不足，以考人民占籍之情形，则有可见者矣。

著籍之数，何以寡少？其原因盖有多端。《晋书·武帝纪》，载帝平吴，得户五十二万三千，吏三万三千，兵二十五万，男女口二百三十万，则吏之与兵，皆在民户之外。《慕容宝载记》：宝嗣伪位，遵垂遗令，校阅户口，罢诸军营，分属郡县。《宋书·州郡志》：南彭城蕃县、薛县，皆义旗初免军户所立。《刘粹传》：弟道济，为益州刺史，蜀土侨旧，翕然并反，道济惶惧，免吴兵三十六营，以为平民，分立宋兴、宋宁二郡。《隋书·食货志》：周武帝建德二年

（573），改军士为侍官，募百姓充之，除其县籍。《高祖纪》：开皇十年（590），五月，乙未，诏曰："魏末丧乱，寓县瓜分，役车岁动，未遑休息，兵士军人，权置坊府。南征北伐，居处无定。家无完堵，地罕苍桑。恒为流寓之人，竟无乡里之号。朕甚愍之。凡是军人，可悉属州县。垦田帐籍，一与民同。"遂罢山东、河南及北方缘边新置军府。是晋、南北朝之世，有兵籍者，多在民户之外也。《南史·郭祖深传》：祖深以为"都下佛寺，五百余所，僧尼十余万。所在郡县，不可胜言。道人又有白徒，尼则皆畜养女，皆不贯人籍。天下户口，几亡其半"。《魏书·释老志》言：太和十年（486），有司奏前被敕：以勒籍之初，愚民侥幸，假称入道，以避输课，其无籍僧尼，罢遣还俗。又沙门统昙曜奏：平齐户宋明帝失淮北，虏徙青、齐民于平城，置平齐郡以居之，其民谓之平齐户，见第九章第五节。及诸民，有能岁输谷六十斛入僧曹者，即为僧祇户。又请民犯重罪及官奴为佛图户，以供诸寺扫洒。此等盖亦如僧尼之不贯民籍矣。《阉宦·仇洛齐传》言：魏初禁网疏阔，民户隐匿漏脱者多。东州既平，绫罗户民乐葵，因是请采漏户，供为纶绵。自后逃户占为细茧、罗谷者非一。于是杂、营户帅，遍于天下。不属守宰，发赋轻易。民多私附。户口错乱，不可检括。洛齐奏议罢之，一属郡县。《隋书·刑法志》言：自魏、晋相承，死罪重者，妻子皆以补兵。魏虏西凉之人，没入名为隶户。魏武入关，隶户皆在东魏。后齐因之，仍供厮役。建德六年齐平后，武帝欲施轻典于新国，乃诏凡诸杂户，悉放为百姓。事亦见《周书·本纪》。《魏书·世祖纪》：真君五年（444），北部民杀衡阳公莫孤，率五千余落北走，追击于漠南，杀其渠帅，余徙居冀、定、相三州为营户。《高祖纪》：延兴元年（471），沃野、统万二镇敕勒叛，诏源贺追击，至枹罕，灭之，徙其遗迸于冀、定、相三州为营户。二年，连川敕勒谋叛，徙配青、徐、齐、兖四州为营户。此等亦皆不贯民籍者。《梁书·武帝纪》：天监十七年（518），八月，诏以兵驲、奴婢，男年登六十，女年登五十，免为平民。《南史》作男年六十六，女年六十，免为编户。则奴婢亦在编户之外。《魏书·景穆十二王传》：京兆王子推之子遥，迁冀州刺史。以诸胡先无籍贯，悉令造籍，遂欲税之，为胡所构，则诸胡又莫非漏籍之人也。无籍及不属州县者既多，民户自见其少。然此等为数，究属有限，其大使民户减少者，则人民之漏籍，豪强之隐占也。

漏籍之弊，南北皆然。《晋书·庾冰传》：冰为扬州刺史，隐实户口，料出无名万余人，以充军实。《陈书·文学·褚玠传》：除山阴令。县民张次的、王休达等，与诸猾吏贿赂通奸，全丁大户，类多隐没。玠乃锁次的等，具状启台。高宗手敕慰劳，并遣使助玠搜括，所出军民八百余户。《魏书·韩茂传》：显祖以五州民户殷多，编籍不实，五州，据上文观之，当为冀、定、相、青、东青。

诏茂子均检括，出十余万户。足见其数之多。诸漏籍之人，有竟不占著者，《隋书·食货志》言"江左无贯之人，不乐州县编户者，谓之浮浪人"是也。有隐蔽于大户之中者，虞玩之谓"抱子并居，竟不编户"；《魏书·李冲传》言：旧无三长，惟立宗主督护民多隐冒，五十、三十家，方为一户是也。齐建元二年（480）诏曰："黄籍民之大纪，国之理端。自顷氓俗巧伪，为日已久。至乃窃注爵位，盗易年月，增损三状，贸袭万端。或户存而文书已绝，或人在而反托死叛。停私而云隶役，身强而称六疾。编户齐家，少不如此。"《齐书·虞玩之传》。《魏书·昭成子孙传》：元晖上书，言"国之资储，惟藉河北。饥馑积年，户口逃散。生长奸诈，因生隐藏。出缩老小，妄注死失。收人租调，割人于己。人困于下，官损于上"。近世论户籍者，或谓"饥时散振，平时服役之书，必不足用，更须重造，可见编审之无谓"，此言实不获自承其户籍之不实。《魏书·高祖纪》：太和十一年（487），七月，诏"年谷不登，听民出关就食，遣使者造籍，分遣去留"。九月，又诏曰："去夏以岁旱民饥，须遣就食，旧籍杂乱，难可分简，故依局割民，阅户造籍，欲令去留得实，振贷平均。乃者以来，犹有饿死衢路，无人收识。良由本部不明，籍贯未实，廪恤不周，以至于此。"是其振饥册籍，亦临时编造，而又不能善其事也。又近世所谓编审者，初非阅实户口，只是量度一州县赋役，合取丁钱多少，摊派之于有田之家耳。所谓丁随粮行也。一条鞭之法行后，举国皆渐行此法，故其生齿虽盛，而户口不增。清圣祖诏盛世滋生人丁，永不加赋，正窥破此中消息也。《北史·李义深传》：弟幼廉，为瀛州长史。齐神武行经冀部，总合河北六州文籍，商榷户口增损。亲自部分。多在马上，征责文簿。幼廉应机立成，恒先期会。为诸州准的。版籍苟实，何容以意增损？其所谓增损者，盖亦随赋役为盈虚耳。又编审之难，在于官不能亲历闾阎；又不能令民抱子携妻，赴公堂而听点。而《齐书·顾宪之传》，宪之谓"比众局检校，首尾寻续，横相质累者，亦复不少。一人被摄，十人相追；一绪裁萌，千孽互起；蚕事弛而农业废，贱取庸而贵举责；应公赡私，日不暇给"。则凡近世之弊，南北朝时，已皆有之矣。《隋书·食货志》述北齐文宣时事云：旧制未娶者输半床租调，阳翟一郡，户至数万，籍多无妻。版籍不实之情形，真可发一大噱。

《晋书·食货志》：武帝泰始五年（269），正月，敕戒郡国计吏：豪势不得侵役寡弱，私相置名。《高阳王睦传》：武帝受禅，封中山王。咸宁三年（277），睦使募徙国内八县，受逋逃、私占，及变易姓名，诈冒复除者七百余户。有司奏事在赦前应原。诏不许，贬为县侯。可见豪强隐蔽，晋初其弊已甚。东渡之际，百姓遭难流移，多芘大姓为客。时不能正，乃定给客之制。然仍有不可检实者。见《齐书·州郡志》南兖州。《隋书·食货志》云：都下人多为诸王公贵人左右、佃客、典计、衣食客之类，皆无课役。客皆注家籍。案，给客之数，随官爵大小为差，详见《志》。此为法之所许，然违法隐占者实多。《陈书·宣帝纪》：太建二年（570），诏籍有巧隐，并王公百司辄受民为程荫，解还本属，即其事也。又有擅募部曲，及逼人为左右者。参看第十二章第五节所引郭祖深之言。《陈书·始兴王叔陵传》：迁湘州刺史，潇、湘以南，皆逼为左右。闾里殆无遗者。其中脱有逃窜，辄杀其妻子。其暴横如此。《慕容德载记》：其尚书韩诨上疏，言"百姓因秦、晋之弊，迭相荫冒。或百室合户，或千丁共籍。依托城社，不避熏烧。宜隐实黎民，正其编贯"。德纳之。遣慕容镇率骑三千，缘边严防，备百姓逃窜，而以诨为行台尚书，巡郡县隐实。得荫户五万八千，其数亦可谓多矣。《山涛传》：涛孙遐，为余姚令。时江左初基，法禁宽弛，豪族多挟藏户口，以为私附。遐绳以峻法。到县八旬，出口万余。诸豪强莫不切齿。遂陷其罪。遐与会稽内史何充笺："乞留百日，穷鞫逋逃，退而就罪，无恨也。"充申理不能得，竟坐免官。可见整顿之不易矣。

流亡之多，亦使户籍大损。《宋书》美元嘉之治曰："家给人足，即事虽难，转死沟渠，于时可免"，亦不过美其民不流亡而已。详见第九章第七节。《晋书·王彪之传》，称彪之为会稽内史，居郡八年，亡户归者三万余口，可见流亡者之多。《齐书·柳世隆传》：尚书符罪状沈攸之曰："窜叛入境，辄加拥护；逋亡出界，必遣穷追。"是行暴政者既迫民使流亡，又开他境之民之流亡也。历代开亡叛自首之途者甚多，《宋书·武帝纪》：永初元年（420），八月，开亡叛。赦限内首出，蠲租布二年。先有资状，黄籍犹存者，听复本注。孝武帝大明二年（458）、五年，明帝泰始二年（466），皆有原赦逃亡之诏，见《纪》。梁武帝时，诏令尤烦，见第十二章第五节。然实惠未必逮下。《魏书·韩茂传》言：魏因河外未宾，民多去就，权立东青州，为招怀之本，新附之民，咸受优复，旧人奸逃者，多往投焉，是宽政亦有流弊也。然能行宽政者究少，大抵皆严于追捕。《晋书·王羲之传》：羲之遗谢安书曰："自军兴以来，征役、充运，死亡、叛散，不返者众。虚耗至此，补代循常。所在凋困，莫知所出。上命所差，上道多叛，则吏及叛者，席卷同去。又有常制，辄令其家及同伍课捕。课捕不擒，家及同伍，寻复亡叛。"《宋书·羊玄保传》言：刘式之为宣城，立吏民亡叛制。一人不擒，符伍里吏，送州作部。若获者赏位二阶。《南史·郭祖深传》言："梁兴以来，发人征役，号为三五。及投募将客，主将无恩，存恤失理，多有物故，辄刺叛亡。或有身殒战场，而名在叛目。监符下讨，称为逋叛。录质家丁；合家又叛，则取同籍；同籍又叛，则取比伍；比伍又叛，则望村而取；一人有犯，则合村皆空。"其虐可谓甚矣。

《宋书·州郡志》曰："《晋书》济岷郡，魏平蜀，徙蜀豪将家于济河，故立此郡，安帝义熙中土断，并济南。"此即侨郡。盖古之为治，习于属人，侨居之民，与当地之民，不易浃治，故特立郡县以抚安之也。五胡之乱，迁移者既多，侨州郡县遂盛，而其有害政理，亦缘之而甚焉。范宁陈其弊曰："圣主作制，籍无黄白之别。昔中原丧乱，流寓江左，庶有旋反之期，故许其挟注本郡。自尔渐久，人安其业，丘陇坟柏，皆已成行，虽无本邦之名，而有安土之实。今宜正其封疆，以土断人户，明考课之科，修闾伍之法。难者必曰：人各有桑梓，俗自有南北。一朝属户，长为人隶，君子则有土风之慨，小人则怀下役之虑。斯诚并兼者之所执，而非通理者之笃论也。古者失地之君，犹臣所寓之主；列国之臣，亦有违适之礼。且今普天之人，原其氏出，皆随世迁移，何至于今，而独不可？凡荒郡之人，星居东西，远者千余，近者数百，而举召役调，皆相资须，期会差遣，辄致严坐。今荒小郡县，皆宜并合。不满五千户，不得为郡；不满千户，不得为县。"读此而当时新徙之民，狃于自私，规避政役之情形可见矣。散居为当时侨人大弊。《齐书·州郡志》：南兖州，永明元年（483），刺史柳世隆奏："尚书符下土断条格，并省侨郡县。凡诸流寓，本无定憩。十家五落，各自星处。一县之民，散在州境，西至淮畔，东届海隅。今专罢侨邦，不省荒邑，杂居舛止，与先不异，虽为区断，无革游滥。谓应同省，随界并帖。若乡屯里聚，二三百家，井甸可修，区域易分者，则别详立。"于是济阴郡六县，下邳郡四县，淮阳郡三县，东莞郡四县，以散居无实土，官无廨舍，寄止民村，及州治立见省，民户帖属。《隋书·食货志》曰：元帝寓居江左，百姓之自拔南奔者，并谓之侨人，皆取旧壤之名，侨立郡县，往往散居，无有土著。欲图治理，自非严行土断不可。其事始于晋成帝之咸康七年（341）。《本纪》："实编户，王公已下皆正，土断白籍。"胡三省《通鉴注》曰："时王公庶人，多自北来，侨寓江左，今皆以土著为断，著之白籍。白籍者，户口版籍。宋、齐以下有黄籍。"案，既云土断白籍，则晋时已有黄籍矣，观范宁之言，尤为晓然。胡氏之意，盖谓晋世虽有此政，宋、齐以下，仍有黄籍也。至哀帝兴宁二年（364）复行之，谓之庚戌制。《本纪》："三月，庚戌朔，大阅户人，严法禁，称为庚戌制。"彭城穆王之玄孙玄，以匿五户，为桓温所表，收付廷尉，可见其行法之严。然至末造，其法复坏。《宋书·武帝纪》：帝于义熙九年（413）表论之曰："在汉西京，大迁田、景之族，以实关中，即以三辅为乡间，不复系之于齐、楚。自永嘉播越，爰托淮海，朝有匡复之算，民殷思本之心，经略之图，日不暇给，是以宁民绥治，犹有未遑。及至大司马桓温，以民无定本，伤治为深，庚戌土断，以一其业。于时财阜国丰，实由于此。自兹迄今，弥历年载，画一之制，渐用颓弛。杂居流寓，闾伍弗修。王化所以未纯，民瘼所以犹在。自非改调解张，无以济治。请准庚戌土断之科。"于是依界土断。惟徐、兖、青三州居晋陵者，不在断例。诸流寓郡县，多被并省。其后孝武帝大明元年（457），土断雍州诸侨郡县。时王玄谟为雍州刺史，民不便之。柳元景弟僧景为新安太守，恃元景之势，至欲发兵以讨玄谟，赖玄谟处之以静，得以无事。亦可见恶直丑正者之实繁有徒矣。废帝元徽元年（473），八月，诏曰："圣武造运，道一闳区，诒长世之规，申土断之制。而夷险相因，盈晦递袭，岁馑凋流，戎役惰敝，违乡寓境，渐至繁积。宜式遵鸿轨，以为永宪。"可见宋初之制，至是已渐隳坏矣。《齐书·吕安国传》：建元二年（480），虏寇边，上遣安国出司州，安集民户。诏曰："郢、司之间，流杂繁广，宜并加区判，定其隶属"，此亦土断之意。梁武帝天监元年（502），四月，土断南徐州诸侨郡县。陈文帝天嘉元年（560），七月，诏曰："自顷丧乱，编户播迁，言念余黎，良可哀惕。其亡乡失土，逐食流移者，今年内随其适乐，来岁不问侨旧，悉令著籍，同土断之例。"《魏书·张普惠传》：除东豫州刺史。淮南九戍、十三郡，犹因萧衍前弊，别郡异县之民，错杂居止。普惠乃依次括比，省减郡县。上表陈状。诏许之。综观诸文，则土断之政，终南北朝之世未息，终亦未能弊绝风清，盖以其时内乱外患，迄未宁静也。《陈书·宣帝纪》：太建十一年（579），三月，诏"淮北义人率户口归国者，建其本属旧名，置立郡县，即隶近州，赋给田宅，晚订一无所豫"。此与公违土断者何异？以是为宽恤之政，土断之所以难行者可知矣。《魏书·太祖纪》：天赐元年（404），初限县户不满百罢之，而甄琛当世宗时，仍表言边外小县，所领不满百户，可见北朝亦有斯患。《隋书·杨尚希传》：尚希于隋初上表曰："当今郡县，倍多于古。或地无百里，数县并置；或户不满千，二郡分领。具僚以众，资费日多，吏卒又倍，租调岁减。清干良才，百分无二，动须数万，如何可觅？"请"存要去闲，并小为大"。文帝鉴而嘉之，遂罢天下诸郡。盖侨州郡县之弊，至是始除，亦以其时海内宁一故也。

籍分黄白，而弊窦随之。《齐书·虞玩之传》：玩之承建元二年（480）之诏，上表曰："宋元嘉二十七年（450）八条取人，孝建元年（454）书籍，众巧之所始也。元嘉中，故光禄大夫傅隆，年出七十，犹自书籍，躬加隐校。古之共治天下，惟良二千石。今欲求治取正，其在勤明令长。凡受籍县，不加检合，但封送州。州检得实，方却归县。吏贪其赂，民肆其奸。奸弥深而却弥多，赂愈厚而答愈缓。自泰始三年（467）至元徽四年（476），扬州等九郡四号黄籍，共却七万一千余户。于今十一年矣，而所正者犹未四万。神州奥区，尚或如此，江、湘诸郡，倍不可念。愚谓宜以元嘉二十七年籍为正。民惰法既久。今建元元年书籍，宜更立明科，一听自悔。迷而不反，依制必戮。使官长审自检校。必令明洗，然后上州。永以为正。若有虚昧，州县同咎。今户口多少，不减元嘉，而版籍顿阙，良亦有以。自孝建已来，入勋者众。其中操干戈卫社稷者，三分殆无一焉。勋簿所领，而诈注辞籍，浮游世要，非官长所拘录，复为不少。寻苏峻平后，庾亮就温峤求勋簿，而峤不与，以为陶侃所上，多非实录。物之怀私，无世不有，宋末落纽，此巧尤多。又将位既众，举恤为禄，实润甚微，而人领数万。如此二条，天下合役之身，已据其大半矣。又有改注籍状，诈人仕流，昔为人役者，今反役人。又生不长发，便谓为道，填街溢巷，是处皆然。或抱子并居，竟不编户。迁徙往来，公违土断。属役无满，流亡不归。宁丧终身。疾病长卧。法令必行，自然竞反。"云云。上省表纳之。乃别置校籍官，置令史，限人一日得数巧，以防懈怠。于是货赂因缘。籍注虽正，犹强推却，以充程限。至世祖永明八年（490），谪巧者戍缘淮各十年。百姓怨望。世祖乃诏："既往之愆，不足追咎。自宋昇明以前，皆听改注。其有谪役边疆，各许还本。此后有犯，严加翦治。"永明六年，唐寓之之乱，实因检籍而作，事见第十章第四节。梁武帝时，王僧孺言晋籍宜加宝爱，武帝因诏僧孺改定《百家谱》，已见上节。案，役籍既与户籍并为一谈，士人又得特邀宽典，势自不能无弊。《魏书·孙绍传》，延昌中，绍表言："中正卖望于下里，主案舞笔于上台，使门齐身等，而泾、渭奄殊，类应同役，而苦乐悬异。"《北齐书·高隆之传》：自军国多事，冒名窃官者，不可胜数。隆之奏请检括，获五万余人。而群小喧嚣，隆之惧而止。可见南北情弊，如出一辙也。特有黄白籍之别，俾得所藉手，则其弊更甚耳。

　　魏初惟立宗主督护，民多隐冒，已见前。李冲创三长之制上之。五家立邻长，五邻立里长，五里立党长。文明太后览而称善，引见公卿议之。或以为不可。或谓事属有益。惟有事之月，校比民户，民必劳怨。请过今秋，至冬闲月。冲曰："若不因调时，百姓徒知立长校户之勤，未见均徭省赋之益，心必生怨。宜及课调之月，令知赋税之均。"于是遂立三长。史称公私便之。盖前此隐漏虽多，利仍在于苞荫者也。此事在太和十年（486）。先是延兴三年（473），九月，诏遣使者十人，循行州郡，检括户口。其有仍隐不出，州郡县户主，并论如律。此所谓户主者，盖即《李冲传》所谓宗主，督责虽勤，收效盖寡。及太和十四年，十二月，诏依准丘井之式，遣使与州郡宣行条制。隐口漏丁，即听附实。若朋附豪势，陵抑孤弱，罪有常刑。此时必责成三长，其收效当较弘。魏之户口，获倍于太康，盖在此时也。丧乱以后，隐匿遂多，一切之政复作。孝静帝武定二年（544），孙腾、高隆之为括户大使，凡获逃户六十余万，侨居者各勒还本属，史称租调之入有加焉。见《魏书·本纪》及《隋书·食货志》。《北齐书·循吏传》：宋世良为殿中侍御史，诣河北括户，大获浮惰。还，孝庄劳之曰："知卿所括，得十倍于本帐，若官人皆如此用心，便是更出一天下也。"可见其数之众矣。周行《刑书要制》，正长隐五户及十丁已上，皆至死刑，《北史·周本纪》建德六年（577），《隋书·食货志》。李冲所创之制，亦徒便于作茧丝耳。

　　著籍之少，固非必生齿之减，然谓是时户口不凋耗，则又不可得，此观于其时嫁娶者之减，自残及生子不举者之多而可知也。《晋书·五行志》云：义熙中，东阳人莫氏，生女不养，埋之数日，于土中啼，取养遂活。此犹曰：世俗重男轻女，故有生女不养之事也。然《王濬传》言：濬除巴郡太守，郡边吴境，兵士苦役，生男多不养，则亦不以女为限矣。《范宁传》：宁上疏曰："古之使人，岁不过三日，今之劳扰，殆无三日休停。至有残形、翦发，要求复除；生儿不复举养；鳏寡不敢妻娶。"《刘毅传》：毅转江州都督，表言："江州以一隅之地，当逆顺之冲。自桓玄以来，驱蹙残败，至乃男不被养，女无匹对。"《宋书·周朗传》：朗上书曰："自华夷争杀，戎夏竞威，破国则积尸竟邑，屠将则覆军满野，海内遗生，盖不余半？重以急政严刑，天灾岁疫。贫者但供吏，死者弗望蕣。鳏居有不愿娶。生子每不敢举。又戍淹徭久，妻老嗣绝。及淫奔所孕，皆复不收。是杀人者日有数途，生人者岁无一理。不知复百年间，将尽以草木为世邪？"《良吏传》：徐豁为始兴太守，言"郡大田武吏，年满十六，便课米六十斛；十五以下至十三，课米三十斛；一户内随丁多少，悉皆输米。且十三岁儿，未堪田作：或是单迥，无相兼通；年及应输，便自逃逸。或乃断截支体，产子不养。户口岁减，实此之由"。《齐书·竟陵王子良传》：子良启言：其时之民，"有畏失严期，自残躯命；亦有斩绝手足，以避徭役；生育弗起，殆为恒事"。可谓惊心动魄矣。《晋书·列女传》：郑休妻石氏。休前妻女既幼，又休父布临终，有庶子沈生，命弃之。石氏曰："奈何使舅之胤不存乎？"遂养沈及前妻女。力不兼举，九年之中，三不举子。《宋书·孝义传》：郭世道，家贫无产业，庸力以养继母。妇生一男，夫妻共议曰："勤身供养，力犹不足，若养此男，则所费者大。"乃垂泣瘗之。又：严世期，会稽山阴人也。同里张迈三人，妻各产子，时岁饥俭，虑不相存，欲弃不举。世期闻之，驰往拯救。分食解衣，以赡其乏。三子并得成长。此犹闾阎贫苦之家。至如《颜氏家训·治家篇》云："太公曰：养女太多，一费也。陈蕃云：盗不过五女之门。女之为累，亦以深矣。然天生烝民，先人传体，其如之何？世人多不举女，贼行骨肉，岂当如此，而望福于天乎？吾有疏亲，家饶妓媵。诞育将及，便遣阍竖守之。体有不安，窥窗倚户。若生女者，辄持将去。母随号泣，莫敢救之。"此则淫佚之夫，徒以欲保财产之故，而亦忍行杀害，可谓天理所不容矣。然亦可见其时行此者之多，故习以成俗也。《南史·刘怀肃传》言：宋武帝产而皇妣殂，孝皇帝贫薄，无由得乳人，议欲不举。帝从母生怀敬未期，乃断怀敬乳而自养帝。怀肃,武帝从母兄,怀敬,怀肃弟。乌乎! 如可赎兮,人百其身,历来弃而不举之子,安知其中无宋武帝之俦哉?"法有禁杀子之科,设早娶之令"。周朗之言。历代政府,留意于此者亦多,早娶之令,可参看第一节。禁杀子或加惠于其父母者:如《王濬传》言:濬因巴郡生男多不养,乃严其科条;宽徭课;其产育者,皆与休复;所全活者数千人。《齐书·武帝纪》:永明七年(489),诏曰:"今产子不育,虽炳常禁,比闻所在,犹或有之。宜节以严威,敦以惠泽。主者寻旧制,详量附定。蠲恤之宜,务存优厚。"《南史》云:申明不举子之科,若有产子者,复其父。《齐书·明帝纪》:建武四年(497),正月,诏民产子者,蠲其父母调役一年,又赐米十斛。新婚蠲夫役一年。《南史·任昉传》:出为宜兴太守。时产子者不举。昉乃严其制,罪同杀人;孕者供其资费;济者千家。《北史·邢邵传》:除中书令。旧格制生两男者赏羊五口,不然则绢十匹。仆射崔暹奏绝之。邵曰:"此格不宜辄断。勾践以区区之越,赏法:生三男者给乳母,况以天下之大,而绝此条?舜藏金于山,不以为乏。今藏之于民,复何所损!"诏从之。皆其事也。然此岂法令所能挽哉?

第四节　人民移徙

两汉之世,移民之政颇详。虽其行之之善否,未知如何,然国家于土满、人满之间,时思加以调剂;且欲以是振起风俗;树立边防;则彰彰然也。晋、南北朝之世,此等用意,几于不可复见。移民之举,非计疆场之利,则为镇压之图而已。

当时行军,多事俘掠。有以外夷而掠中国者,如石虎使夔安等略汉东,拥七千余家,迁于幽、冀是也。《晋书·成帝纪》咸康五年(339)。《石季龙载记》作七万户,盖侈辞。有以外夷而略外夷者,如慕容皝伐宇文归,徙其部人五万余落于昌黎;石虎伐段辽,迁其户二万余于雍、司、兖、豫是也。皆见《载记》。不惟外夷,即中国人之用兵,亦往往如是,如邵续攻石勒之渤海,虏三千余人;见《勒载记》。桓温败姚襄,徙其余众三千余家于江、汉之间,《穆帝纪》永和十二年(356)。攻苻健,健芟苗清野,军粮不足,乃收三千余口而还是也。《温传》。当时割据之国,初兴之时,多务俘掠,或则逼徙其民,以益其众,慕容氏、拓跋氏、沮渠氏、秃发氏尤甚,读《晋书·载记》及《魏书·本纪》自见。如有率众归之者,自亦为其所乐受,如司马楚之、刁雍、寇赞等之附魏皆是。《周书·司马裔传》:太祖令山东诸将,能率众入关者,并加重赏,裔领户千室先至,太祖欲遂以封之,可见其招徕之亟矣。

勇于战斗之民，及地方豪右，亦为割据者所欲徙。刘曜时，上郡氐、羌十余万落保险不下，大酋虚除权渠自号秦王，游子远降之，徙其部落二十余万口于长安。及讨杨韬，又迁陇右万余户。平陈安，则徙秦州大姓杨、姜诸族二千余户于长安。后赵灭前赵，徙关东流人、秦、雍大族九千余人于襄国。皆见《刘曜载记》。《石勒载记》：勒灭前赵，徙氐、羌十五万落于司、冀。先是石勒已徙平原乌丸三万余户于襄国。其攻靳准，又迁巴帅及诸羌、羯十余万落于司州。秦州休屠王羌反，徙其夷豪五千余户于雍州。石虎破石生，徙雍、秦华戎十余万户于关东。慕容恪克广固，徙鲜卑、胡、羯三千余户于蓟。苻坚灭慕容暐，徙鲜卑四万余户于长安。又徙关东豪杰及诸杂夷十万户于关中，处乌丸杂类于冯翊、北地，丁零翟斌于新安。齐神武虏纥豆陵伊利，迁其部落于河东。周文帝破曹泥，迁其豪帅于咸阳。大统十二年（546），宇文仲和反，独孤信讨擒之，迁其民六千余家于长安。东梁州平，亦迁其豪帅于雍州。皆其荦荦大者也。此等异族，大抵勤事生产，不如汉人，而颇乐于战斗，故欲逼迁之以绝后患，然则华人之习于战斗者，自亦为其所欲徙，故周建德六年（577），有移并州军人四万户于关中之举焉。地方豪右，恒反复于疆场之际，一彼一此之间，亦为割据者之所忌。在一地方有势力者，易地则无能为，故当时于降户，有移之甚远者，如魏徙鲁阳叛蛮于幽、并诸州是也。见《魏书·李柔传》。然此等举措，多无以善其后。如梁定州刺史田超秀附魏，魏恐致边役，未许，会超秀死，其部曲相率附魏，魏徙之六镇、秦、陇，遂致所在反叛，《魏书·蛮传》。其一事已。

移民以实都邑若形要之地者亦有之。刘曜之移民于长安，石勒之移民于襄国，即兼有此意者也。李寿以郊甸未实，都邑空虚，工匠械器，事未充盈，乃徙旁郡户三丁已上，以实成都。宋文帝元嘉二十六年（449），诏曰："京口皇基旧乡，地兼蓄重，宜令殷阜，式崇形望。可募诸州乐移者数千家，官给以田、宅，并蠲复。"此皆专为充实地方起见。并有因此而出于俘掠者，如《魏书·世祖纪》：太平真君六年（445），使永昌王仁、高凉王那南掠淮、泗以北，徙青、徐之民，以实河北是也。《崔浩传》：世祖搜于河西，诏浩诣行在所议军事。浩表曰："昔平凉州，臣恩以为北贼未平，征役不息，可不徙其民。案，前世故事，计之长者。若迁民人，则土地空虚，虽有镇戍，适可御边而已，至于大举，军资必乏。陛下以事阔远，竟不施用。如臣愚意，犹如前议。募徙豪强大家，充实凉土，军举之日，东西齐势，此计之得者。"浩为乃心华夏之人，其为虏画策，庸或别有深意，见第八章第六节。然其理自不诬。魏人于西域，守御之规，不逮前世远甚；而其于柔然，终不能一大创之者，亦以其根据实在西北，而魏凉州兵力太弱故也。参看第十六章第八、第九节。延兴中，尚书以敦煌介远西北，寇贼路冲，虑或不固，欲移就凉州，赖韩秀力争乃罢。使行尚书之议，则西北守御之规弥隘矣。此亦误于初平凉州时逼迁其民之故。反观之，移民以实形要之地，其利自明。然晋、南北朝之世，能行此而收其利者，则绝未之见也。河南之不可复，实误于淮南之不能充实，即其大者，自东晋以来，弊皆如此。

《晋书·宣帝纪》：魏正始七年（246），吴寇沮中，夷夏万余家避寇北渡沔。帝以沔南近贼，若百姓奔还，必复致寇，宜权留之。曹爽不从。贼果袭破沮中，所失万计。有民而不能卫，则反为敌资，此兵争之世，缘边之所以多旷土也。《宋书·州郡志》论淮南云：三国时，江、淮为战争之地，其间不居者各数百里。此诸县并在江北淮南，虚其地无复民户。吴平，民各还本，故复立焉。其后中原乱，胡寇屡南侵，淮南民多南渡。成帝初，苏峻、祖约为乱于江、淮，胡寇又大至，民南渡江者转多，乃于江南侨立淮南郡及诸县。此最可见兵争而缘边旷废之情形也。于是有度不能守而豫弃之者，《晋书·五行志》：孝武帝太元五年（380），大水，去年氐贼攻没襄阳，又向广陵，于是逼徙江、淮民，悉令南渡，三州失业，道殣相望，即其事也。何承天以青、兖旧民，冀州新附，在界首者，为寇之资，欲悉徙之泰山以南，参看第八章第七节。姚苌僭即帝位，徙安定五千余户于长安，又以安定地狭，且逼苻登，使姚硕德镇之，而徙安定千余家于阴密，亦此意也。然此等迁徙，无以善其后者多。秃发傉檀伐沮渠蒙逊而败，又为赫连勃勃所破，虑东西寇至，乃徙三百里内百姓，入于姑臧，遂召屠各成七儿之叛；宋武帝征姚泓，姚绍言于泓曰："豫州、安定孤远，卒难救卫，宜迁诸镇户，内实京畿，可得精兵十万。"泓以疑忌姚恢，未用其策，见第七章第七节。然即用之，亦未必能作困兽之斗也。有虽丧其地而仍欲迁其民者，如刘琨徙陉北五县之民，而以其地界鲜卑；陈亡淮南，而徙三州、九郡之民是也。亦有地经残破，不复可守，而为移民之计者，如宋元嘉二十八年（451）徙彭城流民于瓜步，淮西流民于姑孰是也。此等皆随军事为进退，不足语于移民之计也。

徙户虽云颠沛，亦必薄有资财，移徙之间，多致丧失，此人民之所以视迁徙为畏途也。《晋书·秃发傉檀载记》：傉檀伐沮渠蒙逊，掠五千余户而归。其将屈右进曰："徙户资财，盈溢衢路，宜倍道还师，早度峻险。"卫尉伊力延曰："彼徒我骑，势不相及。若倍道还师，必捐弃资财，示人以弱。"俄而昏雾风雨，蒙逊军大至，傉檀败绩而还。骑步势不相及，而傉檀卒致败绩者，以徙户为资财所累，不能速行也。然即使徐行，安然而返，亦未必能一无所损。故徙户多困穷。李平崇从弟。表宣武，言代人之迁洛者，"资产罄于迁移，牛畜毙于辇运，陵大行之险，历长津之难，辛勤备经，得达京阙，富者犹损大半，贫者可以意知"，则其明证。《魏书·高允传》：显祖平青、齐，徙其族望于代。时诸士人，流移远至，率皆饥寒。徙人之中，多允姻媾，皆徒步造门。允散财竭产，以相赡振；慰问周至；无不感其仁厚。傅永为崔道固城局参军，与道固俱降，入为平齐百姓。父母并老，饥寒十数年。赖其强于人事，戮力佣丐，得以存立。此其幸而获济者。其不能自强，又莫相振恤，以至流离死亡者，盖不知凡几矣！故移民极易召变。慕容麟说慕容德曰："魏虽拔中山，势不久留，不过驱掠而返。人不乐徙，理自生变。然后振威以援之，魏则内外受敌，可一举而取。"其后魏果致仇儒之变，见第八章第六节。惜乎燕势太弱，无以乘之，使其少能自振，因惮迁之民，以徛思归之众，魏未必能遂有赵、魏也。《北史·崔宏传》：明元以郡国豪右，为人蠹害，优诏征之。人多恋本，而长吏逼迁。轻薄少年，因相扇动，所在聚结。西河、建兴，盗贼并起，守宰讨之不能禁。帝引宏及安同、叔孙建、元屈等问焉。宏欲大赦以纾之。屈曰："不如先诛首恶，赦其党类。"宏曰："王者临天下，以安人为本，何顾小曲直也。"明元从之。使从元屈之议，其乱恐非一时所能定也。

《魏书·崔玄伯传》言：道武还代京，亲登山顶，抚慰新民。适遇玄伯，扶母登岭，赐以牛米。因诏诸徙人不能自进者，给以车牛。此等事特出偶然，况其口惠而实不至？而督促之人，却有极暴虐者，如略阳王羯儿与永昌王健讨秃发保周，徙张掖数百家于武威，与诸将私自没入是也。《魏书·道武七王传》。又《周观传》：真君初，诏观讨秃发保周，徙其民百家，将置于京师，至武威，辄与诸将私分。流移之民，往往为旧民所轻侮，杜弢、邢杲，皆以是致叛，然亦有新民转苦旧民者，如《魏书·娥清传》言：徙何民散居三州，颇为民害，诏青徙之平城是也。当时之于人民，一徙之后，或继之以再徙，如姚兴徙新平、安定新户六千于蒲坂；吕光徙西海郡人于诸郡，以其相扇动，复徙之于西河是也。孝静帝之迁邺，徙邺旧人西径百里，以居新迁之民，是又因移新民而累及旧人矣。移民之烦扰如此，民安得不视为畏途哉？《晋书·石季龙载记》：镇远王擢，表雍、秦二州望族，自东徙以来，遂在戍役之例，既衣冠华胄，宜蒙优免。从之。自是皇甫、胡、梁、韦、杜、牛、辛十有七姓，蠲其兵贯，一同旧族；随才铨叙；思欲分还桑梓者听之。其非此等，不得为例。《魏书·世祖纪》：太延元年（435），二月，诏长安及平凉民徙在京师，其孤老不能自存者，听还乡里。《刘昺传》：世祖平凉州，士民东迁，昺闻其名，拜乐平王从事中郎。世祖诏诸年七十已上，听留本乡，一子扶养。昺时老矣，在姑臧岁余，思乡而返。至凉州西四百里韭谷窟，遇疾而卒。以听还乡里为惠，可知新民之不安。史嵩谓秃发利鹿孤曰："今不以绥宁为先，惟以徙户为务，安土重迁，故有离叛。"当时如是者，正不止利鹿孤一人。迁徙者既久而不安，故压力一弛，即相率遁归本土，此冉闵之所以亡，蒲洪、姚弋仲，亦此等思归戎落之大酋耳。参看第五章第三节。《宋书·天文志》：永和七年（351），刘显杀石祇及诸胡帅，中土大乱，戎、晋十万数，各还旧土，互相侵略，及病疫死亡，能达者十二三。

新旧侨民，既难浃洽，则绥抚之者，不得不设侨州、郡、县。宋南徐州备有徐、兖、幽、冀、青、并、扬七州郡邑，《宋书·州郡志》。则其一例。不独华人，即于戎落，亦或如是。《魏书·昭成子孙传》：道武时，休屠郁原等叛，寿鸠之子素讨之，徙千余家于涿鹿之阳，立平原郡以处之，是其事也。侨州、郡、县之置，实为政理之害，已见上节。

移多就寡，实为移民之首务，此所以调剂土满与人满也，然能行之者绝少。《宋书·孔靖传》：子灵符，大明初入为丹阳尹。山阴县土境褊狭，民多田少，灵符表徙无资之家于余姚、鄞、鄮三县界，垦起湖田。上使公卿博议。公卿多不以为然。上违议从其徙民，并成良业。移多就寡，有成效者，恐惟此而已。封裕之谏慕容皝也，曰："九州之人，塞表殊类，襁负万里，流人之多旧士，十倍有余，人殷地狭，无田者十四。"其窘困之情可想。魏初徙民，多给田业。天兴元年（398），二月，诏给内徙民耕牛，计口授田；永兴五年（413），七月，奚斤等破越勤倍泥部落，徙二万家于大宁，计口授田则其事。盖代北地广人希，故能如是。然鲜卑实昧于政理，恐亦未必能善其事也。《隋书·食货志》言：北齐天保八年（557），议徙冀、定、瀛无田之人于范阳宽乡，而百姓惊扰。土满人满之不易调剂，由来旧矣。

官家移民，虽多无以善其后，然士大夫则仍有能为之率将者。《晋书·徐邈传》：东莞姑幕人也。祖澄之，为州治中，属永嘉之乱，与乡人臧环等，率子弟并闾里士庶千余家南渡江，家于京口。《祖逖传》云：京师大乱，逖率亲党数百家，避地淮、泗。以所乘车马，载同行老疾，躬自徒步。药物衣粮，与众共之。又多权略。是以少长咸宗之，推为行主。郗鉴之寝疾也，上疏曰："臣所统错杂，率多北人。或逼迁徙，或是新附。百姓怀土，皆有归本之心。臣宣国恩，示以好恶，处与田宅，渐得少安。闻臣疾笃，众情骇动。若当北渡，必启寇心。"因荐蔡谟为徐州刺史，兄子迈为兖州刺史。逖与鉴之能保土立功，其故盖可思矣。《孝友·庾衮传》云：明穆皇后伯父也。诸父并贵盛，惟父独守贫约。衮躬亲稼穑，以给供养。齐王冏之唱义也，张弘等肆掠于阳翟，衮乃率其同族及庶姓，保于禹山。是时百姓安宁，未知战守之事。衮曰："孔子云：不教而战，是为弃之。"乃集群士而谋曰："古人有言，千人聚而不以一人为主，不散则乱矣，将若之何？"众曰："善。今日之事，非君而谁？"衮乃誓之曰："无恃险，无怙乱，无暴邻，无抽屋，无樵采人所植，无谋非德，无犯非义。戮力一心，同恤危难。"众咸从之。于是峻险陒，杜蹊径，修壁坞，树藩障，考功庸，计丈尺，均劳逸，通有无，缮完器备，量力任能，物应其宜。使邑推其长，里推其贤而身率之。分数既明，号令不二。及贼至，衮乃勒部曲，整行伍，皆持满而勿发。贼挑战，晏然不动，且辞焉。贼服其慎而畏其整，是以皆退。如是者三。及囧归于京师，逾年不朝。衮曰："晋室卑矣，寇难方兴。"乃携其妻子适林虑山。比及期年，而林虑之人归之，咸曰庾贤。及石勒攻林虑，父老谋曰："此有大头山，九州之绝险也，上有古人遗迹，可共保之。"惠帝迁于长安，衮乃相与登于大头山，而田于其下。年谷未熟，食木实，饵石蕊，同保安之。及将收获，命子怵与之下山，中途目眩瞀，坠崖而卒。此传称美，庸或过当，然其人必田畴、管宁之伦，则可信矣。当时山泽之主，堡坞之雄，此等人必不少也。官亦有能率民以徙者：柳庆五世祖恭，仕后赵为河东郡守，以秦、赵丧乱，率民南徙，居于汝、颍之间；高翼为渤海太守，率合境徙于河、济之间是其事。

播迁之众，能犯波涛，移殖海外者，亦颇有之。《晋书·庾翼传》言：时东土多赋役，百姓乃从海道入广州。刺史邓岳，大开鼓铸，诸夷因此知造兵器。翼表陈："夷人常伺隙，若知造铸之利，将不可禁。"此自一时之边防言为可虑，自长久之计言之，则夷人之开化，正有借于此等播迁之民矣。《冯跋载记》：河间人褚匡言于跋曰："陛下至德应期，龙飞东夏，旧邦崇族，倾首朝阳，以日为岁。若听臣往迎，致之不远。"跋曰："隔绝殊域，阻回数千，何可致也？"匡曰："章武郡临海，船路甚通，章武，见第八章第五节。出于辽西临渝，不为难也。"跋许之。匡寻与跋从兄买、从弟睹自长乐率五千余户来奔。《陈书·萧允传》：侯景之乱，梁元帝为荆州刺史，朝士多往归之。允弟引曰："诸王力争，祸患方始。今日逃难，未是择君之秋。吾家再世为姑兴郡，遗爱在民，正可南行，以存家门耳。"于是与弟肜及宗亲百余人奔岭表。观此，知当时南至交、广，北至辽东、西，人民之浮海而往者，皆不少也。

第五节　各地方风气

汉世风俗，见于《汉书·地理志》，晋、南北朝风俗，则见于《隋书·地理志》。《隋志》多承《汉志》立论，虽其说不必尽确，然总可见其变迁之大略也。

《隋志》论雍州云：京兆王都所在，隋京兆，治今西京。俗具五方。人物混淆，华戎杂错。去农从商，争朝夕之利；游手为事，竞锥刀之末；贵者崇侈靡，贱者薄仁义；豪强者纵横，贫窭者窘蹙；桴鼓屡惊，盗贼不禁；此乃古今之所同焉。自京城至于外郡，得冯翊、扶风，冯翊，魏时为同州，见第十四章第五节。

扶风，本岐州，见第十一章第四节。是汉之三辅，其风大抵与京师不异。安定、本泾州，见第十一章第四节。北地、本豳州，见第十二章第三节。上郡、本北华州，见第十二章第二节。陇西、本渭州，见第十二章第七节。天水、本秦州，见第十一章第三节。金城，今甘肃皋兰县。于古为六郡之地，其人性犹质直，然尚俭约，习仁义，勤于稼穑，多畜牧，无复寇盗矣。雕阴、今陕西绥德县。延安、魏东夏州，见第十二章第七节。弘化，西魏朔州，见第十一章第二节。连接山胡，性多木强，皆女淫而妇贞，盖俗然也。平凉、本原州，见第十二章第三节。朔方、本夏州，见第十二章第三节。盐川、今宁夏盐池县北。灵武、魏灵州，见第十二章第三节。榆林、今绥远托克托县境。五原，今绥远五原县。地接边荒，多尚武节，亦习俗然焉。河西诸郡，其风颇同，并有金方之气矣。

论梁州云：汉中之人，质朴无文，不甚趋利。性嗜口腹，多事田渔，虽蓬室柴门，食必兼肉。好祀鬼神，尤多忌讳，家人有死，辄离其故宅。崇重道教，犹有张鲁之风焉。傍南山，杂有獠户，富室者颇参夏人为婚，衣服、居处、言语，殆与华不别。西城、今陕西安康县。房陵、今湖北竹山县。清化、本巴州，见第十六章第二节。通川、今四川达县。宕渠，今四川渠县。地皆连接，风俗颇同。汉阳、魏南秦州，见第十二章第三节。临洮、周洮阳郡，后立洮州，见第十六章第七节。宕昌、周宕州，见第十六章第七节。武都、今甘肃武都县东南。同昌、今甘肃文县西北。河池、魏南岐州，见第十二章第九节。顺政、魏东益州，见第十一章第四节。义城、西魏利州，见第十五章第一节。平武、今四川平武县东南。汶山，今四川茂县。皆连杂氐、羌，人尤劲悍，性多质直，皆务于农事，工习猎射，于书计非其长矣。蜀郡、见第三章第六节。临邛、今四川雅安县。眉山、今四川乐山县。隆山、今四川仁寿县。资阳、今四川资中县北。泸川、今四川泸县。巴东、见第三章第六节。遂宁、今四川遂宁县。巴西、西魏隆州，见第十五章第一节。新城、今四川三台县。金山、西魏潼州，见第十四章第五节。普安、西魏始州，见第十五章第一节。犍为、今四川宜宾县西南。越嶲、今西康西昌县。羊牁、今贵州德江县西。黔安，今四川彭水县。得蜀之旧域。其地四塞，山川重阻，水陆所凑，货殖所萃，盖一都之会也。昔刘备资之以成三分之业；自金行丧乱，四海沸腾，李氏据之于前，谯氏依之于后；当梁氏将亡，武陵冯险而取败；后周之末，王谦负固而速祸；故孟门不祀，古人所以诫焉。其风俗大抵与汉中不别。其人敏慧轻急，貌多蒌陋，颇慕文学，时有斐然；多溺于逸乐，少从宦之士，或至耆年白首，不离乡邑。人多工巧，绫锦、雕镂之妙，殆侔于上国。贫家不务储蓄，富家专于趋利。其处家，则女勤作业，而士多自闲。聚会宴饮，尤足意钱之戏。小人薄于情礼，父子率多异居。其边野富人，多规固山泽，以财物雄使夷獠，故轻为奸藏，权倾州县，此亦其旧俗乎？又有獽、狿、蛮、賨，其居处、风俗、衣冠、饮食，颇同于獠，而亦与蜀人相类。

论豫州云：洛阳，其俗尚商贾，机巧成俗，故《汉志》云：周人之失，巧伪趋利，贱义贵财，此亦自古然矣。荥阳今河南郑县。古之郑地，梁郡，见第二章第三节。梁孝王故都，邪辟敖荡，旧传其俗。今则好尚稼穑，重于礼文，其风皆变于古。谯郡、魏南兖州，见第十三章第一节。济阴、今山东曹县西北。襄城、今河南临汝县。颍川、魏郑州，见第十四章第四节。汝南、治县瓽，见第五章第六节。淮阳、今河南淮阳县。汝阴，今安徽阜阳县。其风颇同。南阳见第三章第四节。古帝乡，搢绅所出。自三方鼎立，地处边疆，戎马所萃，失其旧俗。上洛、见第十六章第六节。弘农，见第十六章第六节。本与三辅同俗。自汉高发巴、蜀之人定三秦，迁巴之渠帅七姓，居于商、洛之地，由是风俗不改其壤，其人自巴来者，风俗犹同巴郡。见第三章第六节。淅阳、见第十六章第六节。淯阳，见第十六章第六节。亦颇同其俗云。参看第十六章第六节。

论兖州云：东郡、见第十二章第三节。东平、见第三章第三节。济北、旧济州，治碻磝，见第十二章第九节。武阳、今河北大名县东。平原今山东陵县。等郡，兼得邹、鲁、齐、卫之交。旧传大公、康叔之教，亦有周、孔遗风。其人多好尚儒学，质直怀义，有古之风烈矣。

论冀州云：信都、旧冀州，见第十一章第四节。清河、今河北清河县北。河间、旧瀛州，见第十一章第四节。博陵、旧定州，见第十一章第二节。恒山、周恒州，见第十一章第二节。赵郡、今河北赵县。武安、今河北永年县。襄国，见第四章第二节。其俗颇同。人性多敦厚，务在农桑，好尚儒学，而伤于迟重。前代称幽、冀之士钝如椎，盖取此焉。俗尚气侠，好结朋党。其相赴死生，亦出于仁义。故班《志》述其土风，悲歌慷慨；椎剽掘冢，亦自古之所患焉。前谚云：仕宦不偶遇冀部，实弊此也。魏郡、魏相州，见第八章第二节。邺都所在，浮巧成俗。雕刻之工，特云精妙。士女被服，咸以奢丽相尚。其性所尚习，得京、洛之风矣。语曰：魏郡、清河，天公无奈何。斯皆轻狡所致。汲郡、今河南濬县西南。河内，旧怀州，见第十一章第三节。得殷之故壤。考之旧说，有纣之余教；汲又卫地，习仲由之勇；故汉之官人，得以便宜从事，其多行杀戮，本以此焉。今风俗颇移，皆向于礼矣。长平、旧建州，见第十二章第七节。上党，今山西长治县。多重农桑，性尤朴直，盖少诬诈。河东、周蒲州，见第十四章第五节。绛郡，今山西新绛县。文城、今山西吉县。临汾、旧晋州，见第十二章第八节。龙泉、今山西隰县。西河，今山西临汾县西。土地沃少塉多，以是伤于俭啬。其俗刚强，亦风气然乎？太原山川重复，实一都之会。本虽后齐别都，人物殷阜，然不甚机巧。俗与上党颇同。人性劲悍，习于戎马。离石、见第三章第四节。雁门、今山西代县。马邑、旧朔州，见第十一章第二节。定襄、今山西平鲁县西北。楼烦、今山西静乐县。涿郡、今河北涿县。上谷、今河北易县。渔阳、今河北蓟县。北平、今河北卢龙县。安乐、今河北密云县东北。辽西，旧营州，见第十一章第四节。皆连接边郡，习尚与太原同。故自古言勇侠者，皆推幽、并云。然涿郡、太原，自前代以来，皆多文雅之士，虽俱曰边郡，风教不为比也。

论青州云：在汉之时，俗弥侈泰。织作冰执绮绣纯丽之物，号为冠带衣履天下。始大公以尊贤、尚智为教，故士庶传习其风，莫不矜于功名，依于经术；阔达多智，志度舒缓。其为失也，夸奢朋党，言与行缪。齐郡，旧曰济南，见第十二章第三节。其俗好教饰子女，淫哇之音，能使骨腾肉飞，倾诡人目，俗云齐倡，本出此也。大抵数郡风俗，与古不殊。君子多务农桑，崇尚学业。其归于俭约，则颇变旧风。东莱本胶州，见第十三章第一节。人尤朴鲁，故特少文义。

论徐州曰：其在列国，则楚、宋及鲁之交。考其旧俗，人颇劲悍轻剽；其士子则挟任节气，好尚宾游；此盖楚之风焉。案，此指彭城言。大抵徐、兖同俗，故其余诸郡，皆得齐、鲁之所尚，莫不贱商贾，务稼穑，尊儒慕学，得洙、泗之俗焉。

论扬州云：江都、旧广陵，见第三章第九节。弋阳、今河南光山县。淮南、见第十四章第四节。钟离、见第八章第四节。蕲春、今湖北蕲春县西北。同安、今安徽潜山县。庐江、今安徽合肥县。历阳，见第三章第九节。人性并躁劲，风气果决。包藏祸害，视死如归，战而贵诈，此则其旧风也。自平陈之后，其俗颇变，尚淳质，好俭约，丧纪婚姻，率渐于礼，其俗之敝者，稍愈于古焉。丹阳旧京所在，人物本盛，小人率多商贩，君子资于官禄。市廛列肆，埒于二京。人杂五方，故俗颇相类。京口东通吴会，南接江湖，西连都邑，亦一都会也。其人本并习战，号为天下精兵。俗以五月五日为斗力之戏，各料强弱相敌，事类讲武。宣城、见第三章第九节。毗陵、今江苏武进县。吴郡、见第三章第九节。会稽、见第三章第九节。余杭、今浙江杭县西。东阳，见第五章第六节。其俗亦同。然数郡川泽沃衍，有海陆之饶，珍果所聚，故商贾并凑。其人，君子尚礼，庸庶敦庞，风俗澄清，而道教隆洽，亦其风气所尚也。豫章见第三章第九节。之俗，颇同吴中。其君子善居室，小人勤耕稼。衣冠之人，多有数妇，暴面市廛，竞分铢以给其夫。及举孝廉，更要富者。前妻虽有积年之勤，子女盈室，犹见放逐，以避后人。俗少争讼，而尚歌舞。一年蚕四五熟。勤于纺绩。亦有夜浣纱而旦成布者，俗称为鸡鸣布。新安、今安徽歙县。永嘉、今浙江丽水县东南。建安、今福建闽侯县。遂安、晋新安郡，见第四章第三节。鄱阳、见第四章第三节。九江、今江西九江县。临川、见第七章第一节。庐陵、见第三章第九节。南康、见第七章第五节。宜春，见第十三章第八节。其俗又颇同豫章。而庐陵人庞淳，率多寿考。然此数郡，往往畜蛊，而宜春偏甚。其法：以五月五日聚百种虫，大者至蛇，小者至虱，合置器中，令自相啖，余一种存者留之，蛇则曰蛇蛊，虱则曰虱蛊。行以杀人。因食入人腹内，食其五藏。死则其产移入蛊主之家。三年不杀他人，则畜者自钟其弊。累世子孙，相传不绝，亦有随女子嫁焉。干宝谓之为鬼，其实非也。自侯景乱后，蛊家多绝，既无主人，故飞游道路之中则殒焉。自岭以南二十余郡，大抵土地下湿，皆多瘴疠，人尤夭折。南海、交趾，各一都会也，参看第十六章第二节。并所处近海，多犀象、玳瑁、珠玑、奇异珍玮，故商贾至者，多取富焉。其人性并轻悍，易兴逆节。椎结、跣踞，乃其旧风。其俚人则质直尚信，诸蛮则勇敢自立，皆重贿轻死，惟富为雄。巢居崖处，尽力农事。刻木以为符契。言誓则至死不改。父子别业。父贫，乃有质身于子，诸獠皆然。并铸铜为大鼓。初成，悬于庭中，置酒以招同类。来者有豪富子女，则以金银为大钗，执以叩鼓，竟，乃留遗主人，名为铜鼓钗。俗好相杀，多构仇怨，欲相攻则鸣此鼓，到者如云。有鼓者号为都老，群情推服。

　　论荆州云：其风俗、物产，颇同扬州。其人率多劲悍决烈，亦天性然也。南郡、见第三章第九节。夷陵、今湖北宜昌县西北。竟陵、见第三章第九节。沔阳、今湖北沔阳县。沅陵、今湖南沅陵县。清江、今湖北恩施县东。襄阳、见第三章第四节。春陵、魏南荆州，见第十二章第四节。汉东、今湖北钟祥县西北。安陆、今湖北安陆县。永安、今湖北黄冈县西北。义阳、见第八章第七节。九江、江夏今湖北武昌县。诸郡，多杂蛮、左。其与夏人杂居者，则与诸华不别。其僻处山谷者，则言语不通，嗜好、居处全异，颇与巴渝同俗。诸蛮，本其所出，承盘瓠之后。故服章多以班布为饰。其相呼以蛮，则为深忌。自晋氏南迁之后，南郡、襄阳，皆为重镇，四方凑会，故益多衣冠之绪，稍尚礼义、经籍焉。九江襟带所在，江夏、竟陵、安陆，各置名州，为藩镇重寄，人物乃与诸郡不同。大抵荆州率敬鬼，尤重祠祀之事。昔屈原为制《九歌》，盖为此也。屈原以五月望日赴汨罗，土人追至洞庭，不见，湖大船小，莫得济者，乃歌曰：何由得渡湖？因尔鼓棹争归，竞会亭上。习以相传，为竞渡之戏。其迅楫齐驰，棹歌乱响，喧振水陆，观者如云，诸郡率然，而南郡、襄阳尤甚。二郡又有牵钩之戏，云从讲武所出。楚将伐吴，以为教战，流迁不改，习以相传。钩初发动，皆有鼓节，群噪歌谣，振惊远近。俗云以此厌胜，用致丰穰。其事亦传于他郡。梁简文之临雍部，发教禁之，由是颇息。其死丧之纪，虽无被发祖踊，亦知号叫哭泣。始死，即出尸于中庭，不留室内。敛毕，送至山中。以十三年为限。先择吉日，改入小枢，谓之拾骨。拾骨必须女婿。蛮重女婿，故以委之。拾骨者，除肉取骨，弃小取大。当葬之夕，女婿或三数十人，集会于宗长之宅。著芒心接羅，名曰茅绥。各执竹竿，长一丈许，上三四尺许，犹带枝叶。其行伍前却，皆有节奏；歌吟叫呼，亦有章曲。传云：盘瓠初死，置之于树，乃以竹木刺而下之，故相承至今，以为风俗。隐讳其事，谓之刺北斗。既葬设祭，则亲疏咸哭。哭毕，家人既至，但欢饮而归，无复祭哭也。其左人则又不同。无衰服。不复魄。始死，置尸馆舍。邻里少年，各持弓箭，绕尸而歌，以箭扣弓为节。其歌辞说平生乐事，以至终卒，大抵亦犹今之挽歌。歌数十阕，乃衣衾棺敛，送往山林。别为庐舍，安置棺枢。亦有于村侧瘗之，待二三十丧，总葬石窟。长沙郡见第三章第九节。又杂有夷蜒，名曰莫徭。自云其先祖有功，常免徭役，故以为名。其男子但着白布裈、衫，更无巾、袴。其女子青布衫，班布裙，通无鞋屦。婚嫁用铁钴镥为聘财。武陵、今湖南常德县。巴陵、见第三章第九节。零陵、今湖南零陵县。桂阳、今湖南郴县。澧阳、今湖南澧县。衡山、今湖南衡阳县。熙平今广东连县。皆同焉。其丧葬之节，颇同于诸左云。

《隋志》之言如此：综而论之：北方之俗，大体质朴厚重；而河东俭啬，幽、冀椎鲁，齐、鲁文儒，缘边之地，多尚武节，又各因其所处之境而殊；大致尚与《汉志》所言相类，然如邺都为都邑所在；梁郡则菁华已竭，褰裳去之；而其风气亦即随之而异，则又可见风俗之随人事而变迁者为不少矣。以大体言之，北方之文教，可谓颇有增进。六郡无复寇盗；汲郡之桀骜，化为驯良；青州之侈靡，归于节俭；涿郡、太原，亦日习于文雅；皆其验也。江、淮之俗，本称劲悍。自晋室东渡，衣冠之族，为土人所慕效，武风乃渐就衰颓。后世江域之风气，转较河域为弱，盖始于此。然如京口之习兵，荆域之狃于水战，其流风遗烈，盖犹有存焉。《记》曰："季春出火，为焚也。然后简其车赋，而历其卒伍，而君亲誓社，以习军旅。左之右之，坐之起之，以观其习变也。而流示之禽，而盐诸利，以观其不犯命也。求服其志，不贪其得，故以战则克，以祭则受福。"古于生活大有关系之事，必有大祭，聚众既多，则因以习武，牵钩、竞渡，其原皆出于此，云以追屈原等，则附会之谈耳。淮南则因丧乱而习于战斗。《晋书·伏滔传》：滔从桓温伐袁真，至寿阳，以淮南屡叛，著论二篇，名曰《正淮》。其上篇曰："爰自战国，至于晋之中兴，六百有余年，保淮南者九姓，称兵者十一人，皆亡不旋踵，祸溢于世，而终莫戒焉。其俗尚气力而多勇悍；其人习战争而贵诈伪；豪右并兼之门，十室而七；藏甲挟剑之家，比屋而发；然而仁义之化不渐，刑法之令不及，所以屡多亡国也。"以淮南之多叛，归咎于其地之人，可谓因果颠倒矣。《齐书·地理志》：刘毅复镇姑孰，上表曰："西界荒余，密迩寇虏。北垂萧条，土气强犷。民不识义，惟战是习。逋逃不逭，不谋日会。"可见其致此之由。当时南风之强劲，实不在北方之下。使能善用之，夫岂五胡所能格？惜乎政柄迄在北来贵族之手，淫靡胞弱，徒作新亭之对泣也。蜀为沃土，故其民耽于逸乐而颇尚文。其地阻塞，故安土而不乐与外境往来。民不习战而即安，故有割据其地者，其人皆不能抗，然割据者亦不能用其人以有为也。此时代中，汉族与异族，关涉最繁。异族众多之区，汉族亦间染其习尚，如雕阴等郡则是。然以大体言之，固皆异族同化于我，彼之风俗，终不能以久存矣。殊方之俗，至此时始见记载，如竞渡至此始见正史。可见彼我交涉之繁。此等风俗，其后有遂不可见者；如畜蛊之俗，据《隋志》，今江西地方最盛，后世则惟西南诸省有之矣。亦有久存而并为汉人所效法者，如竞渡即其一事。然亦全非故意矣。风气之迁移，必随乎生计。汉族资生之法，较诸异族，演进实深，彼我相遇，彼自不得不舍其旧而从我。自蜀至于豫章，皆女劳而男逸，此盖浅演之世，女事生产，男事战斗，其后干戈日澹，而男女职业，不复转变使然，此亦一种社会组织也，而其后遂不可复见，杜甫《负薪行》咏夔州之俗云："土风坐男使女立，应门当户女出入。十犹八九负薪归，卖薪得钱应供给。"又云："筋力登危集市门，死生射利兼盐井。"则至唐世犹有其风，然虽有存焉者寡矣。而蜀人之处边郡者，且能规固山泽，役使夷獠，可见生计之变迁，彼皆舍其旧而从我矣。资生之法变，则日用行习，一切随之而变，而风气迥殊矣。野蛮社会，人皆讥为野蛮，实则其组织自有法度，相处乃极安和，而文明社会，则适与之相反，风尚迁流，俗亦随之而薄，固其所也。此亦一古今之升降也。特世鲜通方之士，于我之古变为今，则哀之惜之，于彼则庆其自野蛮进于文明，自诩牖启之功，且以是为彼幸，为可笑耳。南北分疆之世，华夷错处之时，际会之区，风气自极错杂，《梁书·太祖五王传》：南平元襄王伟之子恭，除雍州刺史，太宗手令曰："彼士流肮脏，有关辅余风；黔首扞格，但知重剑轻死；降胡惟尚贪惏；边蛮不知敬让。"可以见其一班。一统之后，乃稍归于一焉，亦非一朝一夕之故也。

　　斯时代之大事，尤莫如南北意见之渐见融和。吴亡之后，叛晋者之多，已见第三章第九节。《晋书·周浚传》云：吴之未平也，浚在弋阳，南北为互市，而诸将多相袭夺以为功。吴将蔡敏，守于沔中，其兄珪，为将在秣陵，与敏书曰："古者兵交，使在其间，军国固当举信义以相高，而闻疆埸之上，往往有袭夺互市，甚不可行，弟慎无为小利而忘大备也。"候者得珪书，以呈浚。浚曰："君子也。"及渡江，求珪得之，问其本，曰："汝南人也。"浚戏之曰："吾固疑吴无君子，而卿果吾乡人。"陆玩者，机之从弟，元帝引为丞相参军，时王导初至江左，思结人情，请婚于玩。玩对曰："培塿无松柏，薰莸不同器。玩虽不才，义不能为乱伦之始。"导乃止。玩尝诣导，食酪，因而得疾，与导笺曰："仆虽吴人，几为伧鬼。"王献之尝经吴郡，闻顾辟疆有名园，先不相识，乘平肩舆径入。时辟疆方集宾友，而献之游历既毕，旁若无人。辟疆勃然，数之曰："傲主人，非礼也；以贵骄士，非道也；失是二者，不足齿之伧耳。"便驱出门。献之傲如也，不以屑意。丘灵鞠乌程人。领骁骑将军，灵鞠不乐武位，谓人曰："我应还东掘顾荣冢。江南地方数千里，士子风流，皆出此中，顾荣忽引诸伧辈渡，妨我辈途辙，死有余罪。"《齐书·文学传》。观此数事，当时南北人士相疾之情，实不可谓之不深刻。案，是时北人岐视南人颇甚。《晋书·儒林传》：文立，蜀时游太学，师事谯周。泰始初，拜济阴太守。入为太子中庶子。上表请以诸葛亮、蒋琬、费祎等子孙，流徙中畿，宜见叔用，一以慰巴、蜀之心，其次倾吴人之望。事皆施行。又以立为散骑常侍。是晋之于蜀，颇能收用其人。乃吴亡则大不然。《顾荣传》云：吴平，与陆机兄弟同入洛，时人号为三俊。《薛兼传》云：少与同郡纪瞻、广陵闵鸿、吴郡顾荣、会稽贺循齐名，号为五俊。初入洛，司空张华见而奇之，曰："皆南金也。"此皆南士之宜见收用者也。乃《贺循传》言：循以无援于朝，久不进序。陆机上疏荐循曰："伏见武康令贺循，前烝阳令郭讷，皆出自新邦，朝无知己，居在遐外，志不自营，年时倏忽，而邈无阶绪，州党愚智，所为恨恨。臣等伏思：台郎所以使州州有人，非徒以均分显路，惠及外州而已。诚以庶士殊风，四方异俗，壅隔之害，远国益甚。至于荆、扬二州，户各数十万，今扬州无郎，而荆州江南，乃无一人为京城职者，诚非圣朝待四方之本心。"《顾荣传》：齐王冏召为大司马主簿，荣惧及祸，以情告友人长乐冯熊。熊为荣说冏长史葛旟曰："以顾荣为主簿，所以甄拔才望，委以事机，不复计南北亲疏，欲平海内之心也。"《陆晔传》曰：大兴元年（318），元帝以侍中皆北士，宜兼用南人，晔以清贞著称，遂拜侍中。《齐书·张绪传》：太祖欲用绪为右仆射，以问王俭。俭曰："南士由来，少居此职。"褚渊在坐，启曰："俭年少，或不尽忆，江左用陆玩、顾和，皆南人也。"俭曰："晋氏衰政，不可以为准则。"上乃止。《沈文季传》：世祖谓文季曰："南士无仆射，多历年所。"合第三章第九节所引刘颂、华谭之言观之，可见北人岐视南人之甚。此固由朝士把持权利之私，然南北意见，未尽融和，亦必不能为之曲讳；抑北人之岐视南人，此等成见，或且隐为之祟也。自元帝东渡至陈末，历二百七十年，岁月既深，侨居者渐成土著，而此等意见，寖以消融矣。此亦我民族合同而化之一重要关键也。

异族既已同化，则习焉而忘其初相处之难，遂忘古人提携诱掖之劳，此亦未足知人论世也。今试引二事，以见当时异族风气与汉人相去之远。《齐书·焦度传》曰：南安氐人也。明帝时，补晋熙王燮防阁，随镇夏口。武陵王赞代燮为郢州，度仍留镇。沈攸之大众至夏口，将直下都，度于城楼上肆言辱骂攸之，至自发露形体秽辱之，故攸之怒，改计攻城。后度见朝廷贵戚，说郢城事，发露如初。杨大眼者，武都氐难当之孙也。仕魏，以勇名。《魏书》本传云：大眼妻潘氏，善骑射。战陈游猎之际，大眼令潘戎装，或齐镳战场，或并驱林壑。及至还营，同坐幕下。对诸僚佐，言笑自得。时指之谓人曰："此潘将军也。"大眼有三子：长甑生，次领军，次征南，皆潘氏所生。大眼徙营州，以钟离之败，见第十一章第四节。潘在洛阳，颇有失行。及为中山，永平中，世宗追其前勋，起为试守中山内史。大眼侧生女夫赵延宝言之于大眼。大眼怒，幽潘而杀之。后娶继室元氏。大眼之死也，甄生等问印绶所在。时元始怀孕，自指其腹，谓甄生等曰："开国当我儿袭之，汝等婢子，勿以为望。"甄生深以为恨。及大眼丧将还京，大眼为荆州刺史死。出城东七里，营车而宿。夜二更，甄生等开大眼棺。延宝怪而问之。征南射杀之。元怖，走入水。征南又弯弓射之。甄生曰："天下岂有害母之人？"乃止。遂取大眼尸，令人马上抱之，左右扶掖以叛。奔于襄阳，遂归萧衍。此等举动，自汉人观之，直是匪夷所思，无怪当时暴主如石虎、高洋辈，淫虐出人意外也。使其洗心革面，岂易事哉？

第十八章　晋南北朝社会等级

第一节　门阀之制（上）

魏、晋、南北朝之世，崇尚门阀之风极盛。论其事者，以唐柳芳为最详，今录其辞如下：芳之言曰："氏族者，古史官所记也。昔周小史，定系世，辨昭穆。故古有《世本》，录黄帝以来至春秋时所记诸侯、卿、大夫名号、继统。左丘明传《春秋》，亦言天子建德，因生以赐姓，胙之土，命之氏；诸侯以字为氏，以谥为族；下及三代，官有世功，则有官族，邑亦如之。后世或氏于国，则齐、鲁、秦、吴；氏于谥，则文、武、成、宣；氏于官，则司马、司徒；氏于爵，则王孙、公孙；氏于字，则孟孙、叔孙；氏于官，则东门、北郭；氏于志，则三乌、五鹿；氏于事，则巫、乙、匠、陶；于是受姓命氏，粲然众矣。秦既灭学，公侯子孙，失其本系。汉兴，司马迁父子，乃约《世本》修史记，因周谱明世家，乃知姓氏之所由出。虞、夏、商、周、昆吾、大彭、豕韦、齐桓、晋文，皆同祖也。更王迭霸，多者千祀，少者数十代。先王之封既绝，后嗣蒙其福，犹为强家。汉高帝兴徒步，有天下，命官以贤，诏爵以功；先王公卿之胄，才则用，不才弃之；不辨士与庶族，然则始尚官矣。然犹徙山东豪杰，以实京师。齐诸田，楚屈、景，皆右姓也。其后进拔豪英，论而录之，盖七相、五公之所由兴也。魏氏立九品，置中正，尊世胄，卑寒士，权归右姓已。其州大中正、主簿，郡中正、功曹，皆取著姓士族为之，以定门胄，品藻人物，晋、宋因之，始尚姓已。然其分别贵贱、士庶，不可易也。于时有司选举，必稽谱籍而考其真伪。故官有世胄，谱有世官。贾氏、王氏谱学出焉。由是有谱局，令史职皆具。过江则为侨姓，王、谢、袁、萧为大。东南则为吴姓，朱、张、顾、陆为大。山东则为郡姓，王、崔、卢、李、郑为大。关中亦号郡姓，韦、裴、柳、薛、杨、杜首之。代北则为虏姓，元、长孙、宇文、于、陆、源、窦首之。虏姓者，魏孝文帝迁洛，有八氏、十姓、三十六族、九十二姓。八氏、十姓，出于帝宗属，或诸国从魏者。三十六族、九十二姓，世为部落大人。并号河南洛阳人。郡姓者，以中国士人差第阀阅为之制。凡三世有三公者曰膏粱，有令、仆者曰华腴，尚书、领、护而上者为甲姓，九卿若方伯者为乙姓，散骑常侍、大中大夫者为丙姓，吏部正员郎为丁姓。凡得入者，谓之四姓。又诏代人诸胄，初无族姓，其穆、陆、奚、于，下吏部勿充猥官，得视四姓。北齐因仍，举秀才、州主簿、郡功曹，非四姓不在选。故江左定氏族，凡郡上姓第一则为右姓。太和以郡四姓为右姓。齐浮屠昙刚类例，凡甲门为右姓。周建德氏族，以四海通望为右姓。隋开皇氏族，以上品茂姓，则为右姓。唐贞观《氏族志》，凡第一等，则为右姓。路氏著《姓略》，以盛门为右姓。柳冲《姓族系录》，凡四海望族，则为右姓。不通历代之说，不可与言谱也。今流俗独以崔、卢、李、郑为四姓，加大原王氏号五姓，盖不经也。夫文之弊至于尚官，官之弊至于尚姓，姓之弊至于尚诈。隋承其弊，不知其所以弊，乃反古道，罢乡举，离地著，尊执事之吏。于是乎士无乡里，里无衣冠，人无廉耻，士族乱而庶人僭矣。故善言谱者，系之地望而不惑，质之姓氏而无疑，缀之婚姻而有别。山东之人质，故尚婚娅，其信可与也。江左之人文，故尚人物，其智可与也。关中之人雄，故尚冠冕，其达可与也。代北之人武，故尚贵戚，其泰可与也。及其弊，则尚婚娅者先外族、后本宗，尚人物者进庶孽、退嫡长，尚冠冕者略伉俪、慕荣华，尚贵戚者徇势利、亡礼教。四者俱弊，则失其所尚矣。人无所守，则士族削，士族削，则国从而衰。管仲曰：为国之道，利出一孔者王，二孔者强，三孔者弱，四孔者亡。故冠婚者人道大伦。周、汉之官人，齐其政，一其门，使下知禁，此出一孔也，故王。魏、晋官人，尊中正，立九品，乡有异政，家有竞心，此出二孔也，故强。江左、代北，诸姓纷乱不一，其要无归，此出三孔也，故弱。隋氏官人，以吏道治天下，人之行不本乡党，政烦于上，人乱于下，此出四孔也，故亡。唐承隋乱，宜救之以忠。忠厚则乡党之行修；乡党之行修，则人物之道长；人物之道长，则冠冕之绪崇；冠冕之绪崇，则教化之风美；乃可与古参矣。"《唐书·儒学·柳冲传》。据其所说，魏、晋已后士庶之别，实原于古封建之世。封建之世，士庶之别，本自厘然，秦并六国，父兄有天下，子弟为匹夫，其等级业已夷灭。汉高祖起徒步，有天下，亦未尝复张其焰。然此特法律如是。古士庶之别，在民间实不得遽泯；而强宗大家，尤为人所尊敬，则政令初无如之何。惟习为故常之事，每为论议记载所不及，故后之读史者，遂觉两汉之世，社会平夷无等级耳。东汉季世，九域分崩，如蜩如螗，如沸如羹，士流播迁，皆失其所。凡在一地方习为人所尊敬者，易一地焉则人莫之知，乃不得不高标郡望，以自矜异。亦会其时，五胡云扰，异族纷纷，入据中国，神明之裔，耻胤胄之淆杂，而欲明其所自出者，亦或有之。然其关系，恐尚较本族之中士庶之别为浅。以当时人士，区别士庶之见颇深，而民族之义，则尚未昌明也。此等风气，使无法令以助长之，维持之，亦或不旋踵而灭，而九品中正之制，适起于此时；他法令之区别士庶者，又随之而俱起；则虚声与实利相合，而其势益盛，而其阅时亦益久矣。然社会组织，既与封建之世殊科，区区政令之力，又安能逆之而行？胙土之制既废矣，同出一祖者，已不复能相维相系，安得不尚外族而后本宗？官人必取其才，安能常先嫡长而后庶孽？有权利者必为人所附，安得不崇冠冕，右贵戚；崇冠冕、右贵戚矣，略伉俪慕荣华，徇势利忘礼教之弊，又安得而不作乎？犹欲如封建之世，以士族为国之桢干，民之表率，安可得哉？乔木世臣，自孟子已慨其无有，况于千载之后乎？柳芳之见，亦适成其为柳芳之见而已。晋、南北朝之世，盖古封建遗孽回光返照之时也。

其所以能为是回光返照者，实以其凭借政权之故。政权之凭借，自以选举为大。《魏书·刘昶传》：高祖临光极堂大选，曰："朝因月旦，欲平魏典。夫典者，为国大纲，治民之柄，君能好典则国治，不能则国乱。我国家昔在恒、代，随时制作，非通世之长典，故自夏及秋，亲议条制。或言惟能是寄，不必拘门，朕以为不然。何者？当今之世，仰祖质朴，清浊同流，混齐一等，君子小人，名品无别，此殊为不可。我今八族以上，士人品第有九，九品之外，小人之官，复有七等。苟有其人，可起家为三公，正恐贤才难得，不可止为一人，浑我典制。故今班镜九流，清一朝轨。"《韩麒麟传》载高祖与其子显宗及李冲、李彪等论议，其意亦同。孝文虽渴慕中华，究系虏主，而其言如是，中国人之见解，可以概见。斯时操选举之权，史称其能不偏于贵胄者，固非无人，然因"家世贵显，与物多隔，不能留心寒素"者，《梁书·王暕传》谓暕之语。恐实多矣。贵胄出身既优，《晋书·阎缵传》：国子祭酒邹湛，以缵才堪佐著，荐于秘书监华峤。峤曰："此职闲廪重，贵势多争之，不暇求其才。"遂不能用。《宋书·谢弘微传》：晋世名家，身有国封者，起家多拜员外散骑侍郎。《梁书·张缅传》：秘书郎有四员，宋、齐以来，为甲族起家之选，待次入补，其居职，例数十百日便迁任。《宋书·江智渊传》：元嘉末，除尚书库部郎。时高流官序，不为台郎，智渊门孤援寡，独有此选，意甚不悦，固辞不肯拜。《梁书·王筠传》：除尚书殿中郎。王氏过江以来，未有居郎署者。或劝逡巡不就。筠曰："陆平原东南之美，王文度独步江东，吾将比踪昔人，何所多恨？"乃欣然就职。《北史·穆崇传》：孝文欲以崇玄孙弼为国子助教，弼辞以为屈。帝曰："朕欲敦厉胄子，屈卿先之。白玉投泥，岂能相污？"弼曰："既遇明时，耻沉泥滓。"会司州牧咸阳王禧入，帝曰："朕与卿作州督，举一主簿。"即命弼谒之。因为帝所知。此皆贵胄出身习于优异之事。《梁书·王僧虔传》：迁御史中丞。甲族由来多不居宪台，王氏分支居乌衣者，位宦微减。僧虔为此官，乃曰："此是乌衣诸郎坐处，我亦可试为耳。"是贵胄之中、又有高下也。《齐书·王晏传》：时王俭虽贵而疏，晏既领选权，行台阁，与俭颇不平。俭卒，礼官议谥，上欲依王导，谥为文献。晏启上曰："导乃得此谥，但宋已来不加素族。"则并虚名亦不相假矣。《梁书·文学传》：庾於陵拜太子洗马。旧事：东宫官属，通为清选，洗马掌文翰，尤其清者，近世用人，皆取甲族有才望。时於陵与周舍，并擢充职。高祖曰："官以人而清，岂限以甲族。"时论以为美。可见族望逊者膺清选之难。入官之年又早。《梁书·武帝纪》：上表请立选簿云："且闻中间立格，甲族以二十登仕，后门以过立试吏，此实巨蠹，尤宜刊革。"然天监四年（505）正月朔诏曰："今九流常选，年未三十，不通一经，不得解褐，若有才同甘、颜，勿限年齿。"则其制实未革也。《张缅传》：起家秘书郎，出为淮南太守，时年十八；缅弟缵，起家秘书郎，时年十七；可见贵胄出仕之早。庶族则虽抱异才，执政柄，仍为人所轻视；《晋书·张华传》：声誉益盛，有台辅之望焉，而荀勖自以大族，恃帝恩深，憎疾之，每伺间隙，欲出华外镇。贾谧与后共谋，以华庶族儒雅，有筹略，进无逼上之嫌，退为众望所依，欲倚以朝纲，访以政事。蔡兴宗之位望，不为不高，然义恭诋其"起自庶族"，兴宗亦言："吾庶门平进，与主上甚疏，未容有患。"则当时庶族，虽居高位，握重权，其分望究与贵胄有异也。齐高帝大渐诏曰："吾本布衣素族，念不到此。"而梁王琳谓李膺曰："今天下未平，迁琳岭北，如有不虞，安得琳力？忄官正疑琳耳，琳分望有限，可得与官争为帝乎？"宜矣。《齐书·陈显达传》：自以人微位重，每迁官，常有愧惧之色。有子十余人，诫之曰："我本志不及此、汝等勿以富贵陵人。"谓其子曰："麈尾、扇是王、谢家物，汝不须捉此自随。"可见庶族之自视欿然也。其平流而进者，则内而丞、卿、曹掾，《魏书·张普惠传》：任城王澄嘉赏普惠，临薨启为尚书右丞。尚书诸郎以普惠地寒，不应便居管辖，相与为约，并欲不放上省，纷纭多日乃息。《良吏传》：窦瑗，除大宗正卿，宗室以其寒士，相与轻之。《北史·赵隐传》：齐文襄为尚书令，沙汰诸曹郎，隐以地寒被出。按，隐即彦深，避齐庙讳，以字行。《吕思礼传》：普泰中，司马子如荐为尚书二千石郎中，寻以地寒被出。外而州郡佐吏，《晋书·石苞传》：孙铄，河内怀人也。少为县吏。太守吴奋转以为主簿。铄自微贱登纲纪，时僚大姓，不与铄同坐。奋大怒，遂荐铄为司隶都官从事。《郭奕传》：咸宁初，迁雍州刺史。时亭长李含有俊才，而门寒，为豪族所排，奕用为别驾。含后果有名位，时以奕为知人。《忠义传》：易雄，为州主簿，迁别驾，自以门寒，不宜久处上纲，谢职还家。《宋书·孝义传》：郭世道子原平。会稽重望计及望孝，盛族出身，不减秘、著。蔡兴宗欲举山阴孔仲智长子为望计，原平次息为望孝。仲智会上高门，原平一邦至行，欲以相敌。又：吴逵，太守王韶之擢补功曹史，逵以门寒，固辞不受。《梁书·杨公则传》：湘俗单家以赂求州职，公则至，悉断之，所辟引皆州郡著姓，高祖班下诸州以为法。《北史·贾思伯传》：弟思同，初为青州别驾。清河崔光韶，先为中从事，自恃资地，耻居其下，闻思同还乡，遂便去职。州里人物，为思同恨之。《苏绰传》：为六条诏书，奏施行之。其四擢贤良，曰："今刺史、县令，悉有僚吏，皆佐助之人也。刺史府官，则命于天朝，其州吏以下，并牧守自置。自昔以来，州、郡大夫，但取门资，多不择贤良。"《文苑传》：樊逊，字孝谦。崔暹大会客，大司马襄城王旭时亦在坐，欲命府僚。暹指逊曰："此人学富才高，兼之佳行，可为王参军也。"旭目之曰："岂能就邪？"逊曰："家无荫第，不敢当此。"天保八年（557），减东西二省官，更定选员不过三百，参者二三千人。杨愔言于众曰："后生清俊，莫过卢思道；文章成就，莫过樊孝谦；几案断割，莫过崔成之。"遂以思道兼员外郎，三人并员外将军。孝谦辞曰："门族寒陋，访第必不成，乞补员外司马督。"愔曰："才高不依常例。"特奏用之。案，《梁书·武帝纪》：天监五年正月朔，诏凡诸郡国，旧邦族内无在朝位者，选官搜括，使郡有一人。七年，二月，又诏于州、郡、县置州望、郡宗、乡豪各一人，专掌搜荐。此所搜荐者，亦必多衣冠中人。《齐书·王琨传》：琨出为会稽太守、本州中正。时王俭为宰相，属琨用东海郡迎吏。琨谓信人曰："语郎：三台、五省，皆是郎用人，外方小郡，当乞寒贱，省官何容复夺之？"遂不过其事。当时贵胄之与寒贱，出身之优劣，岂可以道里计邪？亦无不为人所挤排。《魏书·高祖纪》：延兴二年（472），六月，诏曰："顷者州郡选贡，多不以实。今年贡举，尤为猥滥。自今所遣，皆门尽州郡之高，才极乡闾之选。"而韩显宗上言曰："今之州郡贡察，徒有秀孝之名，而无秀孝之实。而朝廷但检其门第，不复弹坐。如此，则可令别贡门望，以叙士人，何假冒秀孝之名也？"可见门尽州郡之高为实语，才极乡闾之选为虚言矣。秀孝察举，虽不限于未仕，究以未仕及仕而未达者为多，其为门望所占如此，寒贱宁复有奋扬之路？梁初钟嵘上言：吏姓寒人，惟当听极门品，不当因军，遂滥清级。陈世，章华以素无阀阅，遭朝臣排抵，除大市令。见《陈书·传绎传》。魏孝文以李彪为秘书令，至特为之下诏。寒族登进之艰可知。若夫执技事上之流，限其所至之途尤酷。魏太和元年（477）诏：户内有工役者，惟止本部丞已下，不得或染清流。已云酷矣，甚至如真君五年（444）之诏：百工技巧、驺卒子息，不听私立学校，违者师身死，主人门诛，并其乡学之途而绝之焉。蒋少游因工艺自达，高允、李冲皆右之。高祖、文明太后谓百官曰："本谓少游作师耳，高允老公乃言其人士。"

少游卒不迁移。张景仁实强毅有为，而史谓其"自仓颉以来，八体取进，一人而已"，讥议之意显然。《颜氏家训·杂艺篇》言：吴郡顾士端父子，彭城刘岳，并妙丹青。士端父子，常被梁元帝所使，每怀羞恨。岳随武陵王入蜀，下牢之败，遂为陆护军画支江寺壁，与诸工巧杂处。向使三贤都不晓画，岂见此耻？又言琴足畅神情，惟不可令有称誉，见役勋贵，处之下坐，以取残杯冷炙之辱。当时士大夫，视曲艺之士，为何如哉？

世业之制破，则职业无复制限，人得尽其才性，以各赴其所长，此实古今之一大变，今之远胜于古者也。乃至南北朝之世，犹有欲行管子四民异居之说者，泥古而不察实，亦足异矣。魏孝文之迁洛也，韩显宗上言曰："伏见洛京之制，居民以官位相从，不依族类。官位非常，有朝荣而夕悴，则衣冠沦于厮竖之邑，臧获腾于膏腴之里。物之颠倒，或至于斯。古之圣王，必令四民异居者，欲其业定而志专，故耳目所习，不督而就，父兄之教，不肃而成。仰惟太祖道武皇帝，创基拨乱，日不暇给，然犹分别士庶，不令杂居，伎作屠沽，各有攸处。但不设科禁，卖买任情，贩贵易贱，错居混杂。假令一处弹筝吹笛，缓舞长歌，一处严师苦训，诵诗称礼，宣令童龀，任意所从，其走赴舞堂者万数，往就学馆者无一，此则伎作不可杂居，士人不宜异处之明验也。朝廷每选举人士，则校其一婚一宦，以为升降，何其密也？至于开伎作宦途，得与膏粱华望，接闾连甍，何其略也？今稽古建极，光宅中原，凡所徙居，皆是公地，分别伎作，在于一言，有何为疑，而阙盛美？"其言所就系于所习，诚与今教育家言教育当改造环境之义合，然百工伎作，何故当限其所至？而人心之不同如其面，又岂易强之以其所不欲，以就世业邪？

当时高门，皆不服役，故籍有黄白之别，已见第十七章第三节。《宋书·宗越传》：本为南阳次门。赵伦之镇襄阳，襄阳多杂姓，伦之使长史范觊之条次氏族，辨其高卑。觊之黜越为役门。元嘉二十四年（447），启太祖求复次门。许之。所谓次门，盖尚克邀免役之宽典者也。兵亦役之一，故军户亦为贱辱，别于论兵制时详之。又刑罚亦因贵贱而异施。《齐书·竟陵王子良传》：子良启曰："夫狱讼惟平，画一在制。虽恩家得罪，必宜申宪，鼎姓诒愆，最合从网。若罚典惟加贱下，辟书必蠲世族，惧非先王立理之宗。"此法同而用之有异者也。《幸臣传》：永明中，敕亲近不得辄有申荐，人士免官，寒人鞭一百。《魏书·源贺传》：贺子怀，景明二年（501），征为尚书左仆射。时有诏以奸吏犯罪，每多逃遁，因眚乃出，并皆释然。自今已后，犯罪不问轻重，藏窜者悉远流。若永避不出，兄弟代役。源奏曰："守宰犯法，逃走者众。禄润既优，尚有兹失。及蒙恩宥，卒然得还。今独苦此等，恐非均一之法。"书奏，门下以成式既班驳奏不许。怀重奏曰："伏寻条制：勋品已下，罪发逃亡，遇恩不宥，仍流妻子。虽欲抑绝奸途，匪为通式。谨案事条：侵官败法，专据流外。岂九品已上，人皆贞白也？其诸州守宰，职任清流，至有贪浊，事发逃窜，而遇恩免罪。勋品已下，独乖斯例。如此，则宽纵上流，法切下吏，育物有差，惠罚不等。"书奏，世宗纳之。此等则立法亦有偏颇矣。

车服之殊，古本用以别贵贱。当时之人，既视士庶等级，判然不同，则其视车服之殊，自亦以为应然之事。《晋书·良吏传》：王宏，太康中，代刘毅为司隶校尉。检察士庶，使车服异制。庶人不得衣紫绛及绮绣锦缋。《齐书·明帝纪》言帝明审有吏才，持法无所借。制御亲幸，臣下肃清。驱使寒人，不得用四幅伞。《梁书·良吏传》：沈瑀起为余姚令。初至，富吏皆鲜衣美服，以自彰别。瑀怒曰："汝等下县吏，何自拟贵人邪？"悉使着芒屩粗布，侍立终日。足有蹉跌，辄相榜棰。史言："瑀微时尝自至此鬻瓦器，为富人所辱，故因以报焉。由是士庶骇怨。然瑀廉白自守，故得遂行其志。"可见当时视此等度制，不以为非，故怨家不得而中之也。张祚禁四品已下不得衣缯帛，庶人不得畜奴婢，乘车马。苻坚时，商人赵掇、丁妃、邹瓮等，皆家累千金。车服之盛，拟则王侯。坚之诸公竞引之，为国国卿。黄门侍郎程宪言于坚。坚于是推检引掇等为国卿者，降其爵。乃下制：非命士以上，不得乘车马于都城百里之内。金银锦绣，工商皂隶妇女，不得服之。犯者弃市。慕容熙之败也，工人李训，窃宝而逃，资至巨万，行货于冯跋吏部尚书马弗勤，弗勤以为方略令。既而失志之士，书之于阙下碑。冯素弗言之于跋。跋虽原马弗勤，而以李训小人，污辱朝士，命东市考竟。则虽偏隅小国，法令且甚峻切矣。

车服既殊，起居动作之间，庶族自不得与贵胄并。《齐书·东昏侯纪》言：帝每四更中，鼓声四出，幡戟横路，百姓喧走相随，士庶莫辨，则其本有辨可知。《梁书·文学传》：王籍以不得志，遂徒行市道，不择交游，则当时士大夫徒行者甚少。杨晫以陶侃州里，与同乘见顾荣，而人讥其与小人共载，宜矣。《宋书·后妃传》：路淑媛，孝武帝母。弟子琼之，宅与太常王僧达并门。常盛车服卫从造僧达，僧达不为之礼。《南史·僧达传》云：琼之，太后兄庆之孙。僧达将猎，已改服，琼之就坐，僧达了不与语，谓曰："身昔门下驺人路庆之者，是君何亲？"遂焚琼之所坐床。琼之以诉太后。太后大怒，欲罪僧达。上曰："琼之年少，自不宜轻造诣，王僧达贵公子，岂可以此事加罪？"又《张邵传》：子敷。中书舍人狄当、狄当作秋。《蔡兴宗传》《陆慧晓传》《恩幸传叙》皆作秋。《广韵·秋字注》："又姓，宋中书舍人秋当。"周赳，并管要务，以敷同省名家，欲诣之，赳曰："彼恐不相容接，不如勿往。"当曰："吾等并已员外郎矣，何忧不得共坐？"敷先设二床，去壁三四尺。二客就席，敷呼左右曰："移我床远客。"赳等失色而去。其自标遇如此。又《蔡兴宗传》：被征还都。

时右军将军王道隆，任参内政，权重一时。蹑履到前，不敢就席。良久方去，竟不呼坐。元嘉初，中书舍人秋当诣太子詹事王昙首不敢坐。其后中书舍人王弘，《南史》作中书舍人弘兴宗，盖传写之误，观下文言"弘还"与《宋书》同可知。为太祖所爱遇，上谓曰："卿欲作士人，得就王球坐，乃当判耳。殷、刘并杂，无所益也。若往诣球，可称旨就席。"球举扇曰："君不得尔。"弘还，依事启闻。帝曰："我便无如此何。"五十年中，有此三事。此八字，《南史》作"至是兴宗复尔"六字。《南史·江敩传》：中书舍人纪僧真，幸于武帝，稍历军校，容表有士风。谓帝曰："臣小人，出自本县武吏，邀逢圣时，阶荣至此；为儿婚得荀昭光女；即时无复所须，惟就陛下乞作士大夫。"帝曰："由江敩、谢瀹，我不得措此意，可自诣之。"僧真承旨诣敩。登榻坐定，敩便命左右曰："移吾床让客。"僧真丧气而退。告武帝曰："士大夫固非天子所命。"时人重敩风格，不为权幸降意。此数事相类，庸有附会之谈，然当时必有此等事，则可知也。纪僧真等犹曰佞人，案，《南史·江敩传》言：僧真容表有士风，《齐书幸臣传》亦云：僧真容貌言吐，雅有士风，世祖尝目送之，笑曰："人生何必计门户？纪僧真，堂堂贵人所不及。"则其人亦必非无可取也。徐爰则被服儒雅，乃宋文帝命王球及殷景仁与之相知，球辞曰："士庶区别，国之章也，臣不敢奉诏。"上改容谢焉。然则学问文章，举非所尚，而惟门第之崇矣。《晋书·列女传》：王浑妻钟氏，字琰，颍川人，魏太傅繇曾孙也。浑弟湛妻郝氏，亦有德行。琰虽贵门，与郝雅相亲重。郝不以贱下琰，琰不以贵陵郝，时人称钟夫人之礼、郝夫人之法云。《魏书·公孙表传》：初表与渤海封恺友善。后为子求恺从女，恺不许，表甚衔之。及封氏为司马国璠所逮，大宗以旧族欲原之，表固证其罪，乃诛封氏。表第二子轨，终得娶于封氏。生二子：斌、叡。轨弟质第二子遒。遒、叡为从父兄弟，而叡才器小优；又封氏之甥，崔氏之婿，遒母雁门李氏，地望县隔。钜鹿太守祖季真，多识北方人物。每云："士大夫当须好婚亲。二公孙同堂兄弟耳，吉凶会集，便有士庶之异。"势利之见，存于骨肉之间，异哉！

《晋书·郗鉴传》：鉴陷于陈午，邑人张实，先求交于鉴，鉴不许，及是，实于午营来省鉴疾，既而卿鉴。鉴曰："相与邦壤，义不及通，何可怙乱至此？"实大惭而退。《齐书·王僧虔传》：徙为会稽太守。中书舍人阮佃夫，家在会稽，请假东归。客劝僧虔，以佃夫要幸，宜加礼接。僧虔曰："我立身有素，岂能曲意此辈？彼若见恶，当拂衣去耳。"佃夫言于宋明帝，使御史中丞孙夐奏僧虔前莅吴兴，多有谬命，又听民何系先等一百十家为旧门，委州检削，坐免官。《南史·袁粲传》：大明七年（463），皇太子冠。上临宴东宫，与颜师伯、柳元景、沈庆之等并樗蒲。愍孙劝师伯酒，粲少孤，祖哀之，名之曰愍孙。

师伯不饮。憨孙因相裁辱，曰："不能与佞人周旋。"师伯见宠于上，上常嫌憨孙以寒素陵之，因此发怒，曰："袁濯儿不逢朕，粲父名濯。员外郎未可得也，而敢寒士遇物。"将手刃之。命引下席。憨孙色不变。沈、柳并起谢，久之得释。此等事史并以为美谈，实亦客气用事耳。《朱异传》：异轻敖朝贤，不避贵戚。人或诲之。异曰："我寒士也，遭逢以至今日。诸贵皆恃枯骨见轻，我下之则为蔑尤甚，我是以先之。"实亦恃枯骨而骄人者，有以自取之也。宋武帝微时，王愉不为礼，及得志，愉合家见诛，见《魏书·王慧龙传》。又《南史·庾悦传》：累迁建威将军、江州刺史。初刘毅家在京口，酷贫。尝与乡曲士大夫往东堂共射。时悦为司徒右长史，与府州僚佐出东堂。毅已先至，遣与悦相闻曰："身并贫踬，营一游甚难，君如意人，无处不可为适，岂不能以此堂见让？"悦素豪，径前，不答毅。时众人并避，惟毅留射如故。悦厨馔甚盛，不以及毅。毅既不去，悦甚不欢。毅又相闻曰："身今年未得子鹅，岂能以残炙见惠？"悦又不答。至是，毅表解悦都督、将军官，以刺史移镇豫章。以亲将赵恢领千兵守寻阳。建威府文武三千人，悉入毅将府。深相挫辱。悦不得志，疽发背，到豫章，少日卒。毅之挫折悦，庸或以非己党，欲去其权，然当时贵人，任意而行，贾怨寒士，自所不免也。

欲使族姓贵贱，恒久不变，则必婚姻不通而后可。故当时士庶之族，通婚颇难。《陈书·儒林传》：王元规，太原晋阳人。八岁而孤。兄弟三人，随母依舅氏往临海郡。时年十二。郡土豪刘瑱者，资财巨万，欲以女妻之。元规母以其兄弟幼弱，欲结强援。元规泣请曰："姻不失亲，古人所重，岂得苟安异壤，辄婚非类？"母感其言而止。《魏书·崔辩传》：孙巨伦，有姊明惠，有德行，因眇一目，内外亲族，莫有求者。其家议欲下嫁之。巨伦姑，赵国李叔胤之妻，闻而悲感，曰："吾兄盛德，不幸早世，岂令此女，屈事卑族？"乃为子翼纳之。时人叹其义。观此二事，可知当时贵胄，不肯苟婚庶姓。《宋书·褚叔度传》，谓诸尚公主者并因世胄，不必皆有才能。魏孝文帝以诸王婚多猥滥，为咸阳王禧聘陇西李辅女，河南王干聘代郡穆明乐女，广陵王羽聘荥阳郑平城女，颖川王雍聘范阳卢神宝女，始平王勰聘陇西李冲女，北海王详聘荥阳郑懿女。北齐世宗谓赵郡王叡曰："我为尔娶郑述祖女，门阀甚高，汝何所嫌，而精神不乐？"《崔悛传》：悛一门婚嫁，皆是衣冠之美，吉凶仪范，为当时所称。娄太后为博陵王纳悛妹为妃，敕中使曰："好作法用，勿使崔家笑人。"观此诸事，可知当时帝王之家，求婚望族之切。然《梁书·王峻传》：峻子琮，为国子生，尚始兴王女繁昌县主，不惠，为学生所嗤，遂离婚。峻谢王。王曰："此是上意，仆极不愿如此。"峻曰："臣太祖是谢仁祖外孙，亦不借殿下姻构为门户。"则望族之于王室，转不以获居肺腑为荣矣。门望较下之家，尤以结婚望族为至幸。《北史·孙搴传》：世寒贱。神武赐妻韦氏，既士人子女，又兼色貌，时人荣之。又《陈元康传》：左卫将军郭琼以罪死，子妇，范阳卢道虔女也，没官，神武启以赐元康为妻，元康地寒，时以为殊赏。求之不得，则以为大怨。如前述公孙表之于封氏，即其一事。《北史·崔逞传》：逞六世孙叔义，父休，为青州刺史，放盗魁令出其党，遂以为门客，在洛阳，与叔义兄叔仁铸钱。事发，合家逃逸，叔义见执。时城阳王徽为司州牧，临淮王彧以非其身罪，数为致言，徽以求婚不得，遂停赦书而杀之。又《崔悛传》：悛为齐文襄所禁，谓邢子才曰："卿知我属意大丘不？"子才出，告悛子瞻曰："尊公正应欲结姻于陈元康。瞻有女，乃许妻元康子。"元康为言于文襄，乃舍之。此又以许婚而见德者也。甚有视为盛衰荣辱所关，出死力以争之者。《北史·房谟传》：谟与子结婚卢氏。谟卒后，卢氏将改适他姓。有平阳廉景孙者，少厉志节，以明经举郡孝廉，为谟所重，至是讼之台、府，不为理。乃持绳诣神庙前，北面大呼曰："房谟清吏，忠事高祖，及其死也，妻子见陵，神而有知，当助申之，今引决诉于地下。"便以绳自经于树。卫士见之，救解送所司。朝廷哀其至诚，命女归房族。观此，而知当时士庶之间，限隔之峻也。至于百工厮养之徒与士民通婚，则法本为之厉禁矣。《魏书·高宗纪》：和平四年（463）十二月，制皇族、师傅、王公侯伯，及士民之家，不得与百工技巧卑姓为婚，犯者加罪。高祖太和元年（477）五月，以百姓习常，仍不肃改，著之律令，永为定准，犯者以违制论。十七年九月，诏厮养户不得与庶士婚。有文武之才，积劳应进者，同庶族例听之。然贪财而与卑姓婚者仍多，见第十七章第一节。乃知社会演进之大势，卒不可逆也。

冢中枯骨，与人生荣辱升沉，关系之密如此，谱牒自不免于诬。《南史·齐本纪》云："据齐、梁纪录，并云出自萧何，又编御史大夫望之，以为先祖之次。案，何及望之，于汉俱为勋德，而望之本传，不有此言，齐典所书，便乖实录。近秘书监颜师古，博考经籍，注解《汉书》，已正其非，今随而改削云。"《南史》之言如此，而《齐书·本纪》，自萧何至高帝之父，凡二十三世，皆有官位、名讳，其诬亦可谓甚矣。《陈书·高祖纪》云："其本甚微，自云汉大丘长寔之后也。"亦为不信之辞。梁武请立选簿表曰："谱牒讹误，诈伪多绪，人物雅俗，莫肯留心，是以冒袭良家，即成冠族，妄修边幅，便为雅士。"言之可谓深切矣。乃其谓俞药曰："俞氏无先贤，宜改姓喻。"见《南史·陈庆之传》。又何其习于诬罔，恬不为怪也？

门寒者虽或骤贵，仍不免见轻于人。《宋书·袁湛传》：朱龄石伐蜀，使袁豹为檄文曰："蕞尔谯纵，编户黔首。"《南史·张缵传》：大同五年（539），武帝诏曰："缵外氏英华，朝中领袖，司空已后，名冠范阳，可尚书仆射。"缵本寒门，以外戚显重，高自拟论，而诏有司空、范阳之言，深用为恨。以朱异草诏，与异不平。又《到溉传》：溉掌吏部尚书，时何敬容以令参选，事有不允，溉辄相执。敬容谓人曰："到溉尚有余臭，遂学作贵人。"溉祖彦之，初以担粪自给，故世以为讥云。皆其事也。然亦有世实显贵，妄为人所挤排者。《晋书·杨佺期传》云：弘农华阴人，汉太尉震之后也。佺期沉勇果劲，而兄广及弟思平等，皆强犷粗暴。自云门户承藉，江表莫比。有以其门第比王珣者，犹恚恨。而时人以其晚过江，婚宦失类，每排抑之。恒慷慨切齿，欲因事际，以逞其志。《桓玄传》云：佺期为人骄悍，常自谓承藉华胄，江表莫比，而玄每以寒士裁之，佺期甚憾。《宋书·杜骥传》：骥高祖预。曾祖耽，避难河西，因仕张氏。苻坚平凉州，父、祖始还关中。兄坦，高祖征长安，席卷随从南还。晚度北人，朝廷恒以伧燕遇之，虽复人才可施，每为清途所隔。坦以此慨然。尝与太祖言及史籍。上曰："金日磾忠孝淳深，汉朝莫及，恨今世无复如此辈人。"坦曰："日磾之美，诚如圣诏，假使生乎今世，养马不暇，岂办见知？"上变色曰："卿何量朝廷之薄也？"坦曰："请以臣言之。臣本中华高族。亡曾祖因晋氏丧乱，播迁凉土，世叶相承，不殒其旧。直以南度不早，便以荒伧赐隔。日磾胡人，身为牧圉，便超入内侍，齿列名贤。圣躬虽复拔才，臣恐未必能也。"上默然。《梁书·羊侃传》：中大通四年（532），诏随太尉元法僧北讨。侃曰："北人虽谓臣为吴，南人已呼臣为虏。今与法僧同行，还是群类相逐。非止有乖素心，亦使匈奴轻汉。"《魏书·李元护传》：辽东襄平人。八世祖胤，晋司徒、广陆侯。胤子顺、璠，及孙沉、智，皆有名宦。沈孙根，慕容宝中书监。根子后智等，随慕容德南渡河，居青州。数世无名位，三齐豪门多轻之。世族既以把持权利为事，自不免于互相挤排，故位宦深沉，虽冯家世，亦借人事也。荀伯子通率好为杂语，敖游闾里，遂失清途。白建虽无他才伎，而勤于在公，以温柔自处。与唐邕俱以典执兵马，致位卿相。诸子幼弱，俱为州郡主簿。男婚女嫁，皆得胜流。平恒三子，并不率父业，好酒自弃。恒常忿其世衰，不为营事婚宦，故仕聘碎浊，不得及其门流。其明验矣。

门第优劣，亦有兼论名德者。《南史·王彧传》：彧曾孙克，仕侯景，景败，克迎候王僧辩。僧辩问克曰："劳事夷狄之君。"又诮之曰："王氏百世卿族，便是一朝而坠。"《北史·郑羲传》言："自灵太后豫政，淫风稍行；及元叉擅权，公为奸秽；自此素族名家，遂多乱杂，法官不加纠正，婚宦无贬于时，有识者咸以叹息矣。"则其本有纠贬可知。此似较专论位宦者为优，然庸流无识，所纠贬者，亦多琐琐末节，无当于出处大节也。《北齐书·羊烈传》：烈家传素业，闺门修饰，为世所称。一门女不再醮。天统中，与尚书毕义云争为兖州大中正。义云盛称门阀，云："我累世本州刺史，卿世为我家故吏。"烈答云："卿自毕轨被诛以还，寂无人物。近日刺史，皆是疆场之上，彼此而得，何足为言？岂若我汉之河南尹，晋之大传，名德、学行，百代传美；且男清女贞，足以相冠；自外多可称也？"盖讥义云之帷薄焉，窥观女贞，又何关于德业邪？

士庶利权，相去既远，故欲清厘之者，每以招怨。《晋书·慕容宝载记》言：宝以垂遗令，校阅户口。罢诸军营，分属郡县。定士族旧籍，明其官仪。而法峻政严，上下离德，百姓思乱者，十室而九焉。《宋书·沈怀文传》言：孝武坏诸郡士族，以充将吏。并不服役，至悉逃亡。加以严罚不能禁。乃改用军法，得便斩之。莫不奔窜山湖，聚为盗贼。《魏书·道武七王传》：元法僧为益州刺史。素无治干，加以贪虐。杀戮自任，威怒无恒。王、贾诸姓，州内人士，法僧皆召为卒伍，无所假纵。于是合境皆反。民之多幸，国之不幸，固也，然政令本已非平，而更加之以操切，又曷怪怨叛之起邪？

第二节 门阀之制（下）

语曰："国于天地，必有与立。"晋、南北朝之世，所谓世族者，既居于率将之地，则国家之盛衰强弱，恒必由之。乃其人率多偈瘝莫能振拔，遂致神州陆沉，久而不复矣。《诗》曰："其何能淑？载胥及溺。"此则可为痛哭流涕者也。

此辈之见讥于世者，首为其不事事。《梁书》载姚察之论曰："魏正始及晋之中朝，时俗尚于玄虚，贵为放诞。尚书丞、郎以上，簿领文案，不复经怀，皆成于令史。逮乎江左，此道弥扇。惟卞壶以台阁之务，颇欲综经。阮孚谓之曰：卿尝无闲暇，不乃劳乎？《晋书·壶传》云：壶干实当官，以褒贬为己任。勤于吏事。欲轨正督世，不肯苟同时好。然性不弘裕，才不副意，故为诸名士所少，而无卓尔优誉。明帝深器之。于诸大臣，而最任职。阮孚每谓之曰："卿恒无闲泰，常如含瓦石，不亦劳乎？"壶曰："诸君以道德恢弘，风流相尚，执鄙吝者，非壶而谁？"时贵游子弟，多慕王澄、谢鲲为达。壶厉色于朝曰："悖礼伤教，罪莫斯甚。中朝倾覆，实由于此。"欲奏推之。王导、庾亮不从，乃止。然而闻者莫不折节。宋世王敬弘，身居端右，未尝省牒。敬弘名裕之，名与宋武帝讳同，故以字行。元嘉三年（426），为尚书仆射。关署文案，初不省读。尝豫听讼，上问疑狱，敬弘不对。上变色，问左右："何故不以讯牒副仆射？"敬弘曰："臣乃得讯牒，读之正自不解。"上甚不悦。虽加礼敬，亦不以时务及之。见《南史》本传。风流相尚，其流遂远。望白署空，是称清贵；恪勤匪懈，终滞鄙俗。是使朝经废于上，职事隳于下。小人道长，抑此之由。呜呼！伤风败俗，曾莫之悟。永嘉不竞，戎马生郊，宜其然矣。"《何敬容传论》。《陈书·后主纪论》曰："自魏正始、晋中朝以来，贵臣虽有识治者，皆以文学相处，罕关庶务。朝章大典，方参议焉。文案簿领，咸委小吏。浸以成俗。迄至于陈，后主因循，未遑改革。故施文庆、沈客卿之徒，专掌军国要务。奸黠左道，以衰刻为功。自取身荣，不存国计。是以朝经隳废，祸生邻国。"案，当时论者，率以政事之败坏，归咎于人主之好用小人，实仍是士族偏私之见。此辈实不可谓无才；抑贵胄既不事事，人主虽欲不用此辈，亦不可得也。参看下引《颜氏家训》自明。是时流风所扇，虽英君、哲相，亦不能免。《南史·郑鲜之传》云：宋武帝少事戎旅，不经涉学。及为宰相，颇慕风流。时或谈论，人皆依违不敢难。鲜之难必切至，未尝宽假。与帝言，要须帝理屈，然后置之。是虽雄才如宋武，亦未能免俗也。《宋书·袁粲传》云：粲与齐王、褚渊、刘秉入直，平决万机，时谓之四贵。粲闲默寡言，不肯当事。主书每往咨决，或高咏对之。宅宇平素，器物取给。好饮酒，善吟讽。独酌园庭，以此自适。居负南郭，时杖策独游。素寡往来，门无杂客。及受遗当权，四方辐凑，闲居高外，一无所接。谈客文士，所见不过一两人。疏率如此，此粲之所以败也。甚至武人亦沿其流。《宋书·沈演之传》：家世为将，而演之折节好学，读《老子》日百遍，以义理业尚知名。《自序》：沈林子所著，有《论老子》一百二十一首。杜慧度以勋业名，《传》亦云其颇好庄、老。甚至如崔慧景，称兵内向，而顿法轮寺，对客高谈，卒以致败。习俗之误人，可谓深矣。朝士旷职者，多见容恕。《晋书·阮孚传》：避乱渡江，元帝以为安东参军，蓬发饮酒，不以王务婴心。时帝既用申、韩以救世，而孚之徒未能弃也，虽然，不以事任处之。转丞相从事中郎，终日酣纵，恒为有司所按，帝每优容之。《南史·王裕之传》：宋武帝以为道规谘议参军。时府主簿宋协，亦有高趣。道规并以事外相期。其孙延之，在江州，独处斋内，未尝出户，吏人罕得见焉。延之子纶之，为安成王记室参军，偃仰召会，退居僚末。司徒袁粲闻而叹曰："格外之官，便今日为重。"贵游居此位者，遂以不掌文记为高，自纶之始也。可谓世有佚德矣。《王球传》：彭城王义康谓刘湛曰："王敬弘、王球之属，竟何所堪？施为自富贵，复那可解。"殷景仁卒，球除尚书仆射。素有脚疾，多病还家，朝直甚少。录尚书江夏王义恭谓尚书何尚之曰："当今乏才，群下宜加戮力，而王球放恣如此，宜以法纠之。"尚之曰："球有素尚，加又多疾，公应以淡退求之，不可以文案责也。"义恭又面启文帝曰："王球诚有素誉，颇以物外自许，端任要切，或非所长。"帝曰："诚知如此，要是时望所归。昔周伯仁终日饮酒而居此任，盖所以崇素德也。"遂见优容。《张率传》：为扬州别驾。率虽历居职务，未尝留心簿领。及为别驾，奏事，梁武帝览牒，问之，并无对，但云事在牒中。帝不悦。然亦不闻其有所惩也。即有愿治之主，或加屏弃；《南史·明山宾传》：诏使公卿举士。左卫将军江祏上书荐山宾才堪理剧。齐明帝不重学，谓祏曰："闻山宾谈书不辍，何堪官邪？"遂不用。又《恩幸传》：齐武帝常云："学士辈不堪经国，惟大读书耳。经国一刘系宗足矣。沈约、王融数百人，于事何用。"持正之士，深致讥评；《梁书·何敬容传》：大宗频于玄圃，自讲《老》《庄》二书。学士吴孜，时寄詹事府，每日入听。敬容谓孜曰："昔晋代丧乱，颇由祖尚玄虚，胡贼殄覆中夏。今东宫复袭此，殆非人事，其将为戎乎？"《侯景传》：陶弘景尝为诗曰："夷甫任散诞，平叔坐谈空，不意昭阳殿，化作单于宫。"卒不能挽滔滔之俗也。当时衣冠中人，亦闲有明于政务，勤于职事者。如《宋书·王淮之传》云：曾祖彪之，尚书令。彪之博闻多识，练悉朝仪，自是家世相传，并谙江左旧事，缄之青箱，世人谓之王氏青箱学。淮之究识旧仪，问无不对。时彭城王义康录尚书事，每叹曰："何须高论玄虚？正得如王淮之两三人，天下便治矣。"然寡乏风味，不为时流所重。撰《仪注》，朝廷至今遵用之。《梁书·周舍传》云：虽居职屡徙，而常留省内，罕得休下。国史、诏诰、仪体、法律、军旅谋谟，皆兼掌之。日夜侍上，豫机密，二十余年，未尝离左右。《何敬容传》云：敬容久处台阁，详悉旧事；且聪明识治，勤于簿领，诘朝理事，日旰不休。自晋、宋以来，宰相皆文义自逸，敬容独勤庶务，为世所嗤鄙。时萧琛子巡者，颇有轻薄才，因制卦名离合等诗以嘲之，敬容处之如初，亦不屑也。然此等人甚少矣。魏寇之动也，梁元帝犹于龙光殿述《老子》义，敌兵至襄阳，乃停讲，旋复续讲，百僚戎服以听。置祸福死生于度外，时人庸或以为高致，然膺民社之重者，其成败利钝，实非徒一身死生祸福之所关，而其轻心掉之，至于如此，尚何言哉？王衍之死也，顾而言曰："吾曹虽不如古人，向若不祖尚浮虚，戮力以匡天下，犹可不至今日。"桓温曰："神州陆沉，百年丘墟，王夷甫诸人，不得不任其责。"信矣。此等弊风，前人每蔽其罪于清谈，而溯其原于正始。《日知录》云：魏明帝殂，少帝即位，改元正始，凡九年。其十年，则太傅司马懿杀大将军曹爽，而魏之大权移矣。三国鼎立，至此垂三十年。一时名士风流，盛于雒下。乃其弃经典而尚《老》《庄》，蔑礼法而崇放达，视其主之颠危，若路人然，即此诸贤为之唱也。自此以后，竞相祖述。如《晋书》言王敦见卫玠，谓长史谢鲲曰："不意永嘉之末，复闻正始之音。"沙门支遁，以清谈著名，于时莫不崇敬，以为造微之功，足参诸正始。《宋书》言羊玄保二子，太祖赐名曰咸、曰粲。谓玄保曰："欲令卿二子有林下正始余风。"王微与何偃书曰："卿少陶玄风，淹雅修畅，自是正始中人。"《南齐书》

言袁粲言于帝曰:"臣观张绪,有正始遗风。"《南史》言何尚之谓王球,正始之风尚在。其为后人企慕如此。然而《晋书·儒林传序》云:"摈阙里之典经,习正始之余论,指礼法为流俗,目纵诞以清高。"此则虚名虽被于时流,笃论未忘乎学者。是以讲明六艺,郑、王为集汉之终,演说《老》《庄》,王、何为开晋之始。以至国亡于上,教沦于下,羌戎互僭,君臣屡易,非林下诸贤之咎而谁咎哉?其实正始诸贤,初非无意于天下者,读《秦汉史》所述,已可见之。谈玄亦学问之事,初不必其废事;即晋世所谓名士者,亦或废事或不废事,初非一染玄风,即遗俗务也。如《晋书·羊曼传》曰:"曼任达颓纵,好饮酒。温峤、庾亮、阮放、桓彝,同志友善,并为中兴名士。时州里称阮放为宏伯,郗鉴为方伯,胡毋辅之为达伯,卞壶为裁伯,蔡谟为朗伯,阮孚为诞伯,刘绥为委伯,而曼为䫒伯,凡八人,号兖州八伯,盖拟古之八隽也。"此中温峤、庾亮、桓彝、郗鉴、卞壶、蔡谟,并功名志节之士也。故以晋、南北朝士大夫风俗之恶,蔽罪于清谈,溯原于正始,非笃论也。晋、南北朝士大夫风俗之恶,实当溯其原于千载以前。盖自隆古之世,治人者与治于人者,等级既分,治人者遂日益纵恣淫佚,而其居心亦日益险诈卑鄙,其体魄遂日以委靡不振,终至于灭亡而后已。此乃一等级之将即消亡,固非一人一事之咎,亦非一朝一夕之故也。

晋、南北朝之世,士大夫之恶德,盖有多端。言之深切著明者,莫如葛洪。洪固有心人,其所著之《抱朴子》,《内篇》虽惑溺神仙,《外篇》则实足与王符之《潜夫论》并称也。今试略引其言,以见其时所谓贵胄者之情形焉。其恶德之最浅而易见者,时曰淫酗。《酒诫篇》述其弊曰:"贞良者流华督之顾眄,怯懦者效庆忌之蕃捷,迟重者蓬转而波扰,整肃者鹿踊而鱼跃。或奔车走马,赴坑谷而不惮;或登危蹋颓,虽堕坠而不觉。或肆忿于器物,或酗醟于妻子。加桎酷于臣仆,用剡锋于六畜,炽火烈于室庐,掊宝玩于渊流,迁威怒于路人,加暴害于士友。亵严主以夷戮,犯凶人而受困。白刃抽而忘思难之虑,棓杖奋而罔顾前后。构漉血之仇,招大辟之祸。以少陵长,则乡党不相重责矣。辱人父兄,则子弟将推刃矣。发人所讳,则壮士不能堪矣。计数深刻,则醒者不能恕矣。其为祸败,不可胜载。"此等情形,设见于今日,宁非极下等无教化之人所为乎?今之论者,每谓"中国人之酒德,远胜于欧、美",然此实后世之事,若稽诸古昔,则知其淫酗实与欧、美人同,此篇亦可为其证也。此犹可诿曰酒实为之也,而其醒时之悖戾,亦有不减于醉时者。《疾谬篇》曰:"嘲戏之谈,或及祖考,或逮妇女。往者必务其深焉。报者恐其不重焉。利口者扶强而党势。辩给者借铢以刺戮。以不应者为拙劣,以先止者为负败。乃有使酒之客,及于难侵之性,不能堪之,拂衣拔棘,手足相及。丑言加于所尊。欢心变而成仇。

绝交坏身，构隙致祸。"此其忿不思难，亦何异于醉客乎？夫行检之不修，实由其居心之不逊。《疾谬篇》又曰："或因变故，佻窃荣贵；或赖高援，翻飞拔萃；于是气陵云物，步高视远。顾瞻否滞失群之士，虽实英异，忽焉若草。或倾枕而延宾，或称疾以距客。欲令人士立门以成林，车骑填噎于闾巷。"更有"不治清德以取敬，而杖气力以求畏。其入众也，则亭立不坐，争处端上，作色谐声，逐人自安。其不得意，恚对不退。其行出入也，窄逼之地，耻于分途，振策长驱，推人于险，有不即避，更加摋顿"。此非子舆氏所谓横逆之来，与禽兽奚择者乎？《刺骄篇》曰："生乎世贵之门，居乎热烈之势，率多不与骄期而骄自来矣。亦有出自卑碎，由微而著。便自轩昂，视人犹芥。或曲宴集，管弦嘈杂，后宾填门，不复接引。或于同造之中，偏有所见。复未必全得也，直以求之差勤，苟苴继到，壶榼不旷耳。"内贪婪而外悖慢，其恶德为何如哉？其夷居则不务德业，惟事游荡。《疾谬篇》曰："盛务惟在樗蒲弹棋。所论极于声色之间。举口不逾绮襦纨袴之侧。游步不去势利酒客之门。不闻清谈论道之言，专以丑辞嘲弄为先。"《交际篇》自言："诸戏弄之事，弹棋、博、弈，皆所恶见；飞轻走迅，游猎遨览，咸所不为；殊不喜嘲亵"，则"亲交辽远"矣。至其党类聚集，则《疾谬篇》又言之曰："其相见也，不复叙离阔，问安否。宾则入门而呼奴，主则望客而唤狗。其或不尔，不成亲至，弃之不与为党。及好会则狐蹲牛饮，争食竞割，横拨森摺，无复廉耻。以同此者为泰，以不尔者为劣。终日无及义之言，彻夜无箴规之益。"甚有如《刺骄篇》所言"或乱项科头，或裸袒蹲夷，或濯脚于稠众，或溲便于人前"者。其游遨也，则《疾谬篇》言之曰："携手连袂，以遨以集。入他堂室，观人妇女。指玷修短，平论美丑。或有不通主人，便共突前，犯门折关，逾垠穿隙，有似抄劫之至也。其或妾媵，藏避不及，至搜索隐僻，就而引曳。落拓之子，无骨鲠而好随俗者，以通此者为亲密，拒此者为不恭。于是要呼愦杂，入室视妻；促膝狭室，交杯咫尺；弦歌淫冶之曲，以挑文君之心；载号载呶，戏谑丑亵，穷鄙极黩。"又有"戏妇之法"："于稠众之中，亲属之前，问以丑言，责以慢对。其为鄙黩，不可忍论。"乃"或蹙以楚挞，或系脚倒悬，酒客酳醠，不知限齐，至有伤于血流，踒折支体者。"此则直当归诸司败，威之齐斧矣。而其时之妇女，亦市也婆娑，习非成俗，已见第十七章第一节。观于此，然后知宋孝武之狎侮，齐文宣之淫酗，宋、齐诸荒主之四出游走，梁世诸王、贵游之扰害人民，以及历朝佞幸之臣之权势熏灼，货贿丰盈，皆非一时之失政，一人之失德，而实为其时贵族社会之通病也。吾故曰：此实自隆古以来，所谓治者阶级，积其纵恣淫欲，将趋于灭亡之候也。

或曰：无礼无义之徒，贵游之中，何世蔑有？安得以此诬当时之名士乎？

则试与观当时之所谓名士者，其居心之忌刻，参看第四章第四节论王羲之，第九章第六节论宋明帝。交友之势利，《晋书·郗超传》：王献之兄弟，自超未亡，见愔常蹑履问讯，甚修舅甥之礼。及超死，见愔慢怠。展而候之，命席便迁延辞避。愔每慨然曰："使嘉宾不死，鼠子敢尔邪？"接物之狂敖，《梁书·刘孝绰传》：孝绰少有盛名，而仗气负才，多所陵忽。有不合意，极言诋訾。领军臧盾，太府卿沈僧杲等，并被时遇，孝绰尤轻之。每于朝集会同，处公卿间，无所与语，反呼驺卒访道途闲事，由此多忤于物。案，南北朝时，狂敖之甚者，无过于谢灵运与王僧达，可参看《宋书》本传。立身之无礼，而且无行，《晋书·胡母辅之传》：性嗜酒任纵，不拘小节。子谦之，才学不及父，而傲纵过之。至酣醉，常呼其父字，辅之亦不以介意。辅之正酣饮，谦之窥而厉声白："彦国年老，不得为尔，将令我尻背东壁？"辅之欢笑，呼入与共饮。《毕卓传》：卓少希放达，为胡母辅之所知。大兴末，为吏部郎，常饮酒废职。比舍郎酿熟，卓因醉，夜至其瓮间盗饮之。为掌酒者所缚。明旦，视之，乃毕吏部也。遽释其缚。卓遂引主人宴于瓮侧，致醉而去。此无礼也。《谢鲲传》：邻家高氏女有美色，鲲尝挑之，女投梭，折其两齿。时人为之语曰："任达不已，幼舆折齿。"鲲闻之，傲然长啸，曰："犹不废我啸歌。"则无行矣。《南史·张融传》：永明二年（484），总明观讲，敕朝臣集听。融扶入就榻，私索酒饮之。难问既毕，乃长叹曰："呜呼！仲尼独何人哉？"为御史中丞到㧑所奏，免官。《文学传》：谢几卿，性通脱，会意便行，不拘朝宪。尝豫乐游宴，不得醉而还，因诣道边酒垆，停车褰幔，与车前三驺对饮。时观者如堵，几卿处之自若。后以在省署夜着犊鼻裈，与门生登阁道饮酒酣呼，为有司纠奏，坐免官。此皆无礼之尤。徐孝绰与到洽友善，同游东宫。孝绰自以才优于洽，每于宴坐，嗤鄙其文。洽衔之。及孝绰为廷尉正，携妾入官府，其母犹停私宅。洽寻为御史中丞，遣令史案其事，遂劾奏之，云"携少妹于华省，弃老母于下宅。"高祖为隐其恶，改妹为姝。坐免官。孝绰诸弟，时随藩皆在荆、雍，乃与书，论共洽不平者十事，其辞皆鄙。到氏又写别本，封呈东宫。昭明太子命焚之，不开视也。孝绰所携，果妾，高祖当究到洽之诬，不得但改妹为姝。鄙辞累及十事，凡鄙之所羞言，况于士君子邪？此真无行之尤矣。果有以异于乡之所云者乎？为此者果何人哉？《抱朴子·疾谬篇》又曰："敢为此者，非必笃顽也。率冠盖之后，势援之门。素颇力行善事，以窃虚名。名既粗立，本情便放。或假财色以交权豪，或因时运以佻荣位，或以婚姻而连贵戚，或弄毁誉以合威柄。器盈志溢，态发病出。党成交广，志通步高，清论所不能制，绳墨所不能弹，遂成鹰头之蝇、庙垣之鼠"矣。其下于此者，《刺骄篇》云："既辱天官，又移染庸民。后生晚出，见其或以泾清之资，或佻窃虚名，而躬自为之，便谓立身当世，莫此为美。"乃转为其所污染者耳。夫显为名者，未有不阴为利者也。《交际篇》谓此辈"能令壤虫群飞，斥鷃戾天。手捉刀尺。口为祸福"。《刺骄篇》云："所惠则得多，属托则常听。所欲则必副。言论则见饶。有患则见救。所论荐则骞驴蒙龙骏之价。所中伤则孝已受商臣之谈。"此"小人之赴之"，所以"若决积水于万仞之高堤，而放烈火于云、梦之枯草"也。参观第二章第一节所引干宝、潘尼之言，而其所由来，可以思过半矣。

葛氏推原此等弊风，以为皆起于东汉。其所辞严义正、首致其诛者乃为最负高名之郭林宗。《正郭篇》曰："此人有机辩风姿，又巧自抗遇而善用；且好事者为之羽翼，延其声誉于四方，故能见推慕于乱世。所言所褒，则重于千金。游涉所经，则贤愚波荡。盖欲立朝则世已大乱，欲潜伏则闷而不堪。或跃则畏祸害，确乎则非所安。"故其"言行相伐，口称静退，心希荣利"。其"名称重于当世，美谈盛于既没"，则"其所得者世共传闻，所失者莫之有识"。"逋逃不仕也，则方之巢、许；废职待客也，则比之周公；养徒避役者，则拟之仲尼；弃亲依豪者，则同之游、夏"，使"世眩名实，大乱滋甚"。"朱家、郭解之乱世，曾不若是也。"葛氏之言如此，可谓禹鼎象物，魑魅魍魉，无所逃其形矣。《刺骄篇》又总论之曰："汉末诸无行，自相品藻次第。群骄慢敖不入道检者，为都魁雄伯，四通八达。背叛礼教，而纵肆邪辟。诐毁真正，中伤非党。口习丑言，身行弊事。凡所云为，使人不忍论也。"此则汉世之所谓名士者，何一能免于葛氏之讥乎？吾曹试一按往史，《三国·吴志·诸葛恪传》云："恪父瑾，面长似驴。孙权大会群臣，使人牵一驴入，长检其面，题曰诸葛子瑜。恪跪曰：'乞请笔益两字。'因听与笔。恪续其下曰之驴。举坐欢笑，乃以驴赐恪。"权"命恪行酒，至张昭前。昭先有酒色，不肯饮，曰：'此非养老之礼也。'权曰：'卿其能令张公辞屈，乃当饮之耳。'恪难昭曰：'昔师尚父九十，秉旄仗钺，犹未告老也。今军旅之事，将军在后，酒食之事，将军在先，何谓不养老也？'昭卒无辞，遂为尽爵"。后蜀使至，群臣并会，权谓使曰："此诸葛恪，雅好骑乘，还告丞相，为致好马。"恪因下谢。权曰："马未至而谢，何也？"恪对曰："夫蜀者陛下之外厩，今有恩诏，马必至也，安敢不谢？"魏晋、南北朝使人，每好以口舌争胜，实为无礼之尤。魏孝文使卢昶、王清石聘于齐，谓清石曰："凡使人以和为贵，勿迭相矜，见于辞色，失将命之体。"其所见，反出于中国君若臣之上也，亦可愧矣。《蜀志·周群传》：蜀郡张裕，先主与刘璋会涪时，为璋从事，侍坐。其人饶须，先主嘲之曰："昔吾居涿县，特多毛姓。东西南北，皆诸毛也。涿令称曰：诸毛绕涿居乎？"裕即答曰："昔有作上党潞长，迁为涿令。涿令者去官还家，时人与书，欲署潞则失涿，欲署涿则失潞，乃署曰潞涿君。"先主无须，故裕以此及之。先主尝衔其不逊，后遂以事诛之。此即葛洪所云好相嘲谑，出辞鄙黩之俗也。《魏志·武帝纪》注引《曹瞒传》曰：太祖为人，佻易无威重。时或冠帢帽以见宾客。每与人谈论，戏弄言诵，尽无所隐。及欢悦大笑，至以头没杯案中，肴膳皆沾污巾帻。其轻易如此：此即洪所谓狐蹲牛饮，争食竞割者也。又引孙盛《异同杂语》云：太祖尝私入中常侍张让室，让觉之，乃舞手戟于庭，逾垣而出。此即洪所云犯门折关，逾垝穿隙，有似抄劫者也。《蜀志·庞统传》注引《襄阳记》云：司马德操尝造庞德公，值其渡沔，德操径入其室，呼德公妻子，使速作黍。"徐元直向云：有客当来就我与庞公谭。"其妻子皆罗列，拜于堂下，奔走供设。须臾，德公还，直入相就，不知何者是客也。此即洪所谓入门呼奴，入室视妻者也。有一起于正始之年者乎？即谓起于东京季世，亦非其情，此特吾曹之所知极于此耳。同一事也，誉之者则以为名士风流，疾之者则曰"左衽之所为"，"羌、胡猾夏先著之妖怪"，《抱朴子·刺骄篇》。不博考诸家之记载，验以今日之人情，亦安往而能知史事之真哉？

六朝风俗之敝如此，顾论世之士，犹有称道之者，谓其尊严家讳，矜尚门地，慎重婚姻，区别流品，主持清议，皆非后世所能及也。清杨绳武之论，《日知录·正始》条《集释》引之。矜尚门地，慎重婚姻，区别流品，其不足取，读前所述，已可见之。清议之不足尚，当于述选举之时明之。尊严家讳，为时人所谓守礼之一端。六朝士夫，好讲礼学，亦多能宝其刍狗，其人率多以此自矜，其实乃极可笑。夫礼之所以可贵者，以其为人生之轨范耳。既为人生之轨范，则修之必因乎俗。《秦汉史》第五章第二节，已深明之。在晋世，亦惟葛洪，深明此义，《抱朴子·省烦》之篇，实名论也。其言曰：安上治民，莫善于礼，弥纶人理，诚为曲备，然冠婚饮射，何烦碎之甚邪？人伦虽以有礼为贵，但当足叙等威而表情敬，何在乎升降揖让之繁重，跽拜俯伏之无已邪？往者天下乂安，四方无事，好古官长，时或修之。至乃讲试累月，督以楚挞，昼夜修习，废寝与食。经时学之，一日试之，执卷从事，案文举动，黜谪之罚，又在其间，犹有过误，不得其意，而欲以为生民之常事，至难行也。此墨子所谓累世不能尽其学，当年不能究其事者也。古人询于刍荛，博采童谣，狂夫之言，犹在择焉，墨子之论，不能废也。但其张刑网，开涂径，决人事，备王道，不能曲述耳。至于讥葬厚，刺礼烦，未可弃也。自建安之后，魏之文、武，送终之制，务在俭薄，此则墨子之道，有可行矣。予以为丧乱既平，朝野无为，王者所制，自今作古。可命精学洽闻之士，才任损益，免于居愚者，使删定三礼。割弃不要，次其源流，总合其事，类集以相从。其烦重游说，辞异而理同者，存之不可常行，除之无所伤损，宰可断约，勿令沉隐，复有凝滞。其吉凶器用之物，俎豆觚觯之属，衣冠车服之制，旗章采色之美，宫室尊卑之品，朝飨宾主之仪，祭奠殡葬之变，郊祀禘祫之法，社稷山川之礼，皆可减省，务令俭约。夫约则易从，俭则用少；易从则不烦，用少则费薄；不烦则莅事者无过矣，费薄则调求者无苛矣。拜伏揖让之节，升降盘旋之容，使足叙事，无令小碎。条牒各别，易案用今。五礼混扰，杂饰纷错，枝分叶散，重出互见，更相贯涉。曲儒寻案，犹多所滞。驳难渐广，异同无已。殊理兼说，岁增月长。自非至精，莫不惑闷。治之勤苦，妨费日月，废弃他业。长致章句，多于本书。今若次比、删削，息学者万倍之役，弭诸儒争讼之烦，将来达者观之，当美于今之视周矣。此亦改烧石、去血食之比也。顾其时朝廷之所修，晋、南北朝之世，修礼之盛业，当推梁世之五礼。其事起于齐之永明三年（485），至梁普通五年（524）乃成。六年，徐勉表上之。见《梁书·勉》及《司马褧》《儒林·贺玚》《处士·何胤传》。礼论先有八百卷，何承天删并为三百卷，见《南史·承天传》。士夫之所守，率多违人情而不可行。《颜氏家训·风操篇》云："江左朝臣，子孙初释服，朝见二宫，皆当泣涕，二宫为之改容。颇有肤色充泽无哀感者，梁武薄其为人，多被抑退。"又云："江南饯送，下泣言离。有王子侯，梁武帝弟，出为东郡，与武帝别。帝曰：'我年已老，与汝分张，甚心恻怆。'数行泪下。侯遂密云，赧然而出。坐此被责，飘飖舟渚，一百许日，卒不得去。"又云："江南凡遭重丧，若相知者同在城邑，三日不吊，则绝之，除丧虽相遇，则避之，怨其不己悯也。有故及道遥者，致书可也，无书亦如之。"此等既非人情，于事自亦多碍，不可行也。即以避讳论：闻名心瞿之实不存焉，而以是自矜其知礼，其事已极无谓。乃度责罚之不加，则恣睢而废事；《颜氏家训·风操篇》云："《礼》云：见似目瞿，闻名心瞿。有所感触，恻怆心眼，若在从容平常之地，幸须申其情耳。必不可避，亦当忍之。伯叔、兄弟，酷类先人，可得终身肠断，与之绝邪？又临文不讳，庙中不讳，君所无私讳，盖知闻名须有消息，不必期于颠沛而走也。梁世谢举，闻讳必哭，为世所讥。又臧逢世，臧严之子也。孝元经牧江州，遣往建昌督事。郡县民庶、竞修笺书，朝夕辐凑，几案盈积。书有称严寒者，必对之流涕，不省取记。多废公事，物情怨骇。竟以不办而还。此并过事也。近在扬都，有一士人讳审，而与沈氏交结周厚。沈与其书，名而不姓。此非人情也。"此等皆有碍于事。又云："言及先人，理当感慕，古者之所易，今人之所难。江南事不获已，乃陈文墨；须言阀阅，必以文翰，罕有面论者。北人无何便尔话说，及相访问。如此之事，不可加于人也。人加诸己，则当避之。"此为颜氏所主张，然已不可行矣。《晋书·礼志》：太元十三年（388），召孔安国为侍中，安国表以黄门郎王愉名犯私讳，不得连署求解。有司议云："公义夺私情，王制屈家礼。尚书安众男臣先表中兵曹郎王祐名犯父讳，求解职，明诏爰发，听许换曹，盖是恩出制外耳。而顷者互用瞻式。

源流既启，莫知其极。请一断之。"从之。是矣。然《江统传》：选司以统叔父春为宜春令，统因上疏曰："故事：父祖与官职同名，皆得改选。身名所加，亦施于臣子。佐史系属，朝夕从事，官位之号，发言所称。臣以为身名与官职同者，宜与触父祖名为比。"朝廷从之。《王舒传》：舒父名会。舒授会稽内史，上疏辞以父名。朝议以字同音异，于礼无嫌。舒复陈：音虽异而字同，求换他郡。于是改会字为邻。《梁书·张稷传》：稷父名永，稷为新兴、永宁二郡太守，以郡犯私讳，改永宁为长宁。则因之以废事者，卒不少也。逮富贵之可求，又借之以行诌；《齐书·礼志》：晋武泰始二年（266），有司奏故事皇后讳与帝讳俱下。诏曰："礼：内讳不出宫，近代讳之也。"此已为非礼之礼矣，犹曰皇后之尊也。乃如毛宝子穆之，字宪祖，小字武生，名犯王靖后讳，故行字，后又以桓温母名宪，乃更称小字。虞预本名茂，犯明穆皇后母讳，故改焉。徐爰本名瑗，后以与傅亮父同名，改为爰。荆州人为羊祜讳，屋室皆以门为称，改户曹为辞曹。则诌谀已甚矣。遂至有权势者，亦以此求之于人。桓玄平元显后，讽朝廷发诏为桓温讳。有姓名同者，一皆改之。姚兴班告境内及在朝文武：立名不得犯叔父绪及硕德之名，以彰殊礼。此并非法已甚。《魏书·游肇传》：高肇以肇名与己同，欲令改易，肇以高祖所赐，秉志不许。高肇甚衔之，世宗嘉其刚梗。魏史于高肇，多溢恶之辞，所云或非其实，然亦当时实有此等事，故得肆其诋诬也。行比于宦官宫妾，礼不讳嫌名，二名不偏讳。《颜氏家训·风操篇》云："刘绍、缓、绥兄弟，父名昭，一生不为照字，惟依《尔雅》火旁作召。"是讳嫌名也。古之避讳者，讳其音非讳其义，照岂无昭音乎？是并不达于礼矣。《北齐书·杜弼传》：相府法曹辛子炎谘事，云须取署，子炎读署为树，高祖大怒曰："小人都不知避人家讳。"杖之于前。弼进曰："礼二名不偏讳，子炎之罪，理或可恕。"案，《神武纪》其父名树，盖其字为后来所制，实非单名树也。《颜氏家训》云："江南至今不讳字，河北士人，全不辨之。"《晋书·儒林传》：刘兆，字延世，尝有人着靴骑驴，至兆门外，曰：吾欲见刘延世，门人大怒。更可发笑。而其居心之悖傲、卑鄙，则更甚焉，不亦可羞矣乎？抑礼之非因乎人情者，虽不复足为人生之轨范，然情生文，文亦生情，果为众所共严，犹足维持一时之纲纪，如《秦汉史》第十九章第一节所论《后汉书·儒林传赞》之语，虽诬而实不可谓之诬是。此实当时社会仅存一线之纲维也。乃自魏、晋已还，而此藩篱又毁。《日知录》又云："有亡国，有亡天下。亡国与亡天下奚辨？曰：易姓改号，谓之亡国，仁义充塞，而至于率兽食人，人将相食，谓之亡天下。嵇绍之父，被杀于晋文王，至武帝革命，而山涛荐之入仕。绍时屏居私门，欲辞不就。涛谓之曰：为君思之久矣：天地四时，犹有消息，而况于人乎？一时传诵，以为名言，而不知其败义伤教，至于率天下而无父者也。夫绍之于晋，非其君也。忘其父而事非其君，当其未死三十余年之间，为无父之人，亦已久矣！而荡阴之死，何足以赎其罪乎？自正始以来，而大义之不明，遍于天下。邪正之说，不容两立，何怪其相率臣于刘聪、石勒，观其故主青衣行酒，而不以动其心者乎？"亭林所谓亡国，即今所谓王室之兴亡，其所谓亡天下，则今所谓国家、民族之倾覆也。五胡云扰之时，民族实借国家以自卫，君主则为主权所寄托，而为国家之表征，君臣之义，荡焉如此，国家、民族，安得而不倾覆？本实既拨矣，而以琐琐末节，自矜其知礼，不益可羞矣乎？

当时君臣之义，何以荡焉如是？曰：此贵族争夺相杀必至之符，亦足证吾晋、南北朝士夫风俗之恶，实为其阶级将趋消亡之说也。《齐书·褚渊传论》曰："金、张世族，袁、杨鼎贵，委质服义，皆由汉氏。膏腴见重，事起于斯。魏氏君临，年祚短促。服褐前代，宦成后朝。晋氏登庸，与之后事。名虽魏臣，实为晋有。故主位虽改，臣任如初。自是世禄之盛，习为旧准。羽仪所隆，人怀羡慕。君臣之节，徒致虚名。贵仕素资，皆由门庆。平流进取，坐至公卿。则知殉国之感无因，保家之念宜切。市朝亟革，宠贵方来。陵阙虽殊，顾眄如一，中行、智伯，未有异遇。夫爵禄既轻，有国常选。恩非己独，责人以死，斯固人主之所同谬，世情之过差也。"其于是时世族徒知自保，蔑视节义之原因，言之可谓深切矣。然若深求其原，则尚不止此。夫君臣之义之最高者，彼此皆有拯民于水火之心，奠国于苞桑之念；或为元首，或为股肱，各因其才，以任其职，志事既彼此相同，死生自不相弃背，此义知之者盖罕。寻常所谓忠君者，则古封建之世，视土地人民为私有，为臣者乃受豢于其君，衣食既见解推，礼貌复云优异，乃为是感激意气之私。世变既殊，土地人民非一人一姓所私有，其义终将昌明；而为之君者，亦日益骄淫纵恣，不复能有恩礼于其臣，或且视之如草芥；意气感激之念，复安得存？逐鹿、从龙，同为私利，苟为后义而先利，不夺不餍，固势之所必至也。梁武帝之受禅也，齐和帝之臣颜见远，不食而死。武帝闻之曰："我自应天从人，何豫天下士大夫事，而颜见远乃至于此也？"《梁书·文苑·颜协传》。见远，协之父。不啻明言之矣。丧乱之世，武人秉权，自尤不知忠义之可贵。宋竟陵王诞之叛也，其臣王玙之，五子悉在建业。玙之尝乘城，沈庆之缚其五子，示而招之。许以富贵。玙之曰："吾受主王厚恩，不可以二心。三十之年，未获死所耳，安可以私亲诱之？"五子号叫，于外呼其父。及城平，庆之悉扑杀之。沈攸之在郢州，州从事辄与府录事鞭，攸之免从事官，而更鞭录事五十，谓人曰："州官鞭府职诚非体，要由小人陵侮士大夫。"仓曹参军事边荣，为府录事所辱，攸之为荣鞭杀录事。攸之自江陵下，以荣为留府司马守城。张敬儿将至，人或说之，使诣敬儿降。荣曰："受沈公厚恩，共如此大事，一朝缓急，便改易本心，不能行也。"城败见敬儿，敬儿问曰："边公何不早来？"荣曰："沈公见留守城，而委城求活，所不忍也。本不蕲生，何须见问？"敬儿曰："死何难得？"命斩之。欢笑而去，容无异色。泰山程邕之者，素依随荣。至是，抱持荣曰："与边公周旋，不忍见边公前死，乞见杀。"兵不得行戮，以告敬儿。敬儿曰："求死甚易，何为不许？"先杀邕之，然后及荣。齐始安王遥光之叛也，府佐司马端为掌书记。曹虎谓之曰："君是贼非？"端曰："仆荷始安厚恩，今死甘心。"虎不杀，执送还台。徐世㯹杀之。《梁书·陆襄传》：父闲，为遥光扬州治中。遥光作乱，或劝闲去之。闲曰："吾为人吏，何所逃死？"台军攻陷城，闲见执。将刑，第二子绛求代死，不获，遂以身蔽刃，刑者俱害之。《南史》云：闲被收至杜姥宅，尚书令徐孝嗣启闲不与逆谋，未及报，徐世㯹命杀之。而各忠所事，实有碍于统一，为大君者，又从而摧残之。宋孝建二年（455），改革诸王车服制度，事见第九章第二节。上讽有司增广条目。奏曰："郡县内史、相及封内官长，于其封君，既非在三，罢官则不复追敬，不合称臣，宜止下官而已。"见《宋书·礼志》及《义恭传》。《周书·齐炀王宪传》：开府裴文举，宪之侍读，高祖尝御内殿引见之，谓曰："近代以来，暂经隶属，便即礼若君臣，此乃乱代之权宜，非经国之治术。《诗》云：夙夜匪懈，以事一人，一人者止据天子耳。"积古所传君臣之义，安得不荡焉以尽？《齐书·王延之传》云：宋德既衰，太祖辅政，朝野之情，人怀彼此，延之与尚书令王僧虔，中立无所去就。延之时为左仆射。时人为之语曰：《二王持平，不送不迎。》太祖以此善之。《梁书·谢朏传》：齐高帝进太尉，以朏为长史。高帝方图禅代，思佐命之臣，以朏有重名，深所钦属。论魏、晋故事，因曰："晋革命时事久兆，石苞不早劝晋文，死方恸哭，方之冯异，非知机也。"朏答曰："昔魏臣有劝魏武即帝位者，魏武曰：如有用我，其为周文王乎？晋文世事魏氏，将必身终北面。假使魏早依唐、虞故事，亦当三让弥高。"帝不悦，更引王俭为左长史。以朏为侍中，领秘书监。及齐受禅，朏当日在直，百僚陪位，侍中当解玺。朏阳不知，曰："有何公事？"传诏云："解玺授齐王。"朏曰："齐自应有侍中。"乃引枕卧。传诏惧，乃使称疾，欲取兼人。朏曰："我无疾，何所道？"遂朝服步出东掖门。乃得车，仍还宅。是日，遂以王俭为侍中解玺。既而武帝言于高帝，请诛朏。帝曰："杀之则逆成其名，正应容之度外耳。"遂废于家。后复起。为吴兴太守。明帝谋入嗣位，朝之旧臣，皆引参谋策。朏内图止足，且实避事。弟瀹，时为吏部尚书。朏至郡，致瀹数斛酒。遗书曰："可力饮此，勿豫人事。"《齐书·瀹传》曰：高宗废郁林，引兵入殿，左右惊走报瀹。瀹与客围棋，每下子，辄云其当有意。竟局，乃还斋卧，竟不问外事也。《梁书·王志传》：志领右卫将军。义师至，城内害东昏，百僚署名送其首。志闻而叹曰："冠虽弊，可加足乎？"因取庭中树叶授服之，伪闷不署名。高祖览笺无志署，心嘉之，弗以让也。此曹在当日，已为贤者矣，亦以其时篡夺者率重民望不敢害；又明知此曹无能为，不欲加害；可以沽名，可以避事，而不至于受祸，故相率而为此耳。晋初名士，率计避祸。阮籍之事，已见第一章。《阮孚传》：明帝即位，迁待中，转吏部尚书。及帝疾大渐，温峤入受顾命，过孚要与同行。升车乃告之曰："主上遂大渐，江左危弱，实资群贤，共康世务。卿时望所归，今欲屈卿，同受顾托。"孚不答，固求下车。峤不许。垂至台门，告峤内迫。求暂下，便徒步还家。咸和初，拜丹阳尹。谓所亲曰："今江东虽累世，而年数实浅。主幼时艰，运终百六，而庾亮年少，德信未孚。以吾观之，将兆乱矣。"遂苦求出。除广州刺史，未之镇卒。而阮放亦以其时求为交州，皆为避祸计也。谢鲲为王敦大将军长史，从容讽议，卒岁而已。敦将为逆，谓鲲曰："刘隗奸邪，将危社稷，吾欲除君侧之恶，匡主济时，何如？"对曰："隗诚始祸，然城狐社鼠也。"敦怒曰："君庸才，岂达大理？"出鲲为豫章太守。又留不遣，借其才望，逼与俱下。史称是时朝望被害，皆为其忧，而鲲推理安常，时进正言，亦以其本不当权，不虞见害，非真能持正犯难也。既避实祸，亦惜虚名，心法相传，至南北朝之末而未改。《齐书·孝义传》：乐颐，隆昌末，谓丹阳尹徐孝嗣曰："外传藉藉，似有伊、周之事。君蒙武帝殊常之恩，荷托付之重，恐不得同人此举？人笑褚公，至今齿冷。"孝嗣心甚纳之。当时爱人以德之士，所期望于人者，亦不过如是而已。其乾没图利者，褚渊母与继母，皆为宋公主，王俭之母亦然；二人又皆尚主；而皆"不赖舅氏，遑恤国家"，《梁书·处士·何点传》：褚渊、王俭为宰相，点谓人曰："我作《齐书》赞云：渊既世族，俭亦国华，不赖舅氏，遑恤国家。"江、河日下之势，尚可以堤防止乎？斯时志节之士，所行亦有足称者，《晋书·张轨传》：张掖人吴咏，为护羌校尉马贤所辟。后为太尉庞参掾。参、贤相诬，罪应死，各引咏为证。咏计理无两直，遂自刎而死。参、贤惭悔，自相和释。《宋书·文五王传》：竟陵王诞闭门拒使，参军贺弼固谏。诞怒，抽刃向之，乃止。或劝弼出降。弼曰："公举兵向朝廷，既不可从；荷公厚恩，又义无违背；惟当以死明心耳。"乃服药自杀。然究见危授命，抑亦邂逅至此，尚有难言。朱龄石伯父宪及斌，并为袁真将佐。桓温伐真，真以宪兄弟与温潜通，并杀之。龄石父绰，逃走归温。寿阳平，真已死，绰辄发棺戮尸。温怒，将斩之。弟冲苦请得免。绰事冲如父。及冲薨，绰欧血而死。此乃意气感激之私，无与于君臣之义也。陶侃，庐江太守张夔召为督邮，迁主簿。会州从事之郡，欲有所按。侃闭门部勒诸吏，谓从事曰："若鄱郡有违，自当明宪直绳，不宜相逼。若不以礼，吾能御之。"从事即退。《晋书·忠义传》：王育，太守杜宣命为主簿。俄而宣左迁万年令。杜令王攸诣宣，宣不迎之。攸怒曰："卿往为二千石，吾所敬也，今吾侪耳，何故不见迎？欲以小崔遇我，使我畏死鹬乎？"育执刀叱攸曰："君辱臣死，自昔而然。我府君以非罪黜降，如日月之食耳。小县令敢轻辱吾君，汝谓吾刀钝邪？敢如是乎？"前将杀之。宣惧，跳下抱育，乃止。自此知名。亦侃此事之类也。爨妻有疾，将迎医于数百里。时正寒雪，诸纲纪皆难之。侃独曰："资于事父以事君。小君犹母也，安有父母之疾而不尽心乎？"乃请行。众咸服其义。侃少本巧宦，老非纯臣，此之所为，乃正借以行诣耳。《魏书》所载石文德、河中蒲坂人。真君初，县令黄宣在任丧亡，宣单贫无期亲，文德祖父苗，以家财殡葬，持服三年。奉养宣妻，二十余载。及亡，又衰绖敛祔，率礼无阙。自苗逮文德，刺史、守、令卒官者，制服送之。石祖兴、常山九门人。太守田文彪、县令和真等丧亡，祖兴自出家绢二百余匹，营护丧事。邵洪哲、上谷沮阳人。县令范道荣，先自朐城归款，除县令。道荣乡人徐孔明，妄经公府，讼道荣非勋。道荣坐除名。羁旅孤贫，不能自理。洪哲不胜义愤，遂代道荣诣京师，申明曲直。经历寒暑，不惮劬劳。道荣卒得复雪。北镇反乱，道荣孤单，无所归附，洪哲兄伯川复率乡人来相迎接，送达幽州。以上皆见《节义传》。杜纂，常山九门人。少以清苦自立。时县令齐罗丧亡，无亲属收瘗，纂以私财殡葬。见《良吏传》。皆以齐民，尽忠守令，此则地方豪民，本有以获接官长为荣者；且可借此以立名；亦非中庸之行也。姚泓将赵玄，与晋将毛德祖战败，被创十余，据地大呼。玄司马骞鉴，冒刃抱玄而泣。玄曰："吾创已重，君宜速去。"鉴曰："若将军不济，去将安之？"皆死于陈。《晋书·泓载记》。宋武帝讨司马休之，密书招其录事参军韩延之。延之报书曰："以平西之至德，宁可无授命之臣乎？假天长丧乱，九流浑浊，当与臧洪，游于地下，不复多云。"《宋书·武帝纪》。王僧辩之诛也，所司收僧辩及其子颐尸，于方山同坎埋瘗。许亨以故吏，抗表请葬之。乃与故义徐陵、张种、孔奂等相率以家财营葬。凡七枢，皆改窆焉。王琳传首建康，悬之于市。琳故吏朱瑒，致书徐陵求琳首。仍与开府主簿刘韶慧等持其首还于淮南，权瘗八公山侧。此等虽久要无愧，而昧于民族大义，其愚忠又不足尚也。胡藩参都恢征虏军事。时殷仲堪为荆州刺史，藩外兄罗企生为仲堪参军。藩请假还，过江陵，省企生。仲堪要藩相见。藩因说仲堪曰："桓玄意趣不常，每怏怏于失职。节下崇待大过，非将来之计也。"仲堪色不悦。藩退，谓企生曰："倒戈授人，必至之祸。若不早规去就，后悔无及。"玄自夏口袭仲堪，藩参玄后军军事。仲堪败，企生果以附从及祸。义旗起，玄战败，将出奔，藩于南掖门捉玄马控曰："今羽林射手，犹有八百，皆是义故西人，一旦舍此，欲归可复得乎？"玄直以马鞭指天而已。于是奔散，相失。追及玄于芜湖。桑落之战，藩舰被烧。

义军既迫，不复得西，乃还家。其后复事宋武。盖无所谓公义，亦无所谓私仇，有用之者，则委身焉，败则去之而已。为之君者，不亦难乎？不特此也，袁粲之死也，小儿数岁，乳母将投粲门生狄灵庆，灵庆抱以首。晋安王子懋之败，于琳之劝其僚佐陆超之逃亡，超之不可。王玄邈等以其义，欲将还都。超之门生姓周者，谓杀超之当得赏，乃伺超之坐，自后斩之。魏庄帝之败，城阳王徽走故吏寇弥宅。弥怖徽云：官捕将至，令避他所，而使人于路要害，送尸于尔朱兆。然则私恩亦无一足恃者矣。此无他，上下皆怀利以相接也。国家民族之义未昌，而君臣之义先敝，一时之人心，安得不如泛舟中流，靡知所届乎？

凡物之将腐者，未有虫不生之者也；木之既槁者，未有风不陨焉者也。积古相传之世族，既如朽木粪墙矣，遭值时变，安得不随风而靡？梁、陈之际是也。《颜氏家训·涉务篇》曰："晋朝南渡，优惜士族。故江南冠带，有才干者，擢为令仆以下，尚书郎、中书舍人已上，典掌机要。其余文义之士，多迂诞浮华，不涉世务；纤微过失，又惜行捶楚；所以处于清名，盖护其短也。至于台阁令史、主书、监帅、诸王签省，并晓习吏用，济办时须；纵有小人之态，皆可鞭杖肃督；故多见委使，盖用其长也。人每不自量，举世怨梁武帝父子爱小人而疏士大夫，此亦眼不能见其睫耳。"又曰："梁世士大夫，皆尚褒衣博带，大冠高履。出则车舆，入则扶侍，郊郭之内，无乘马者。周弘正为宣城王所爱，给一车下马，常服御之，举朝以为放达。乃至尚书郎乘马则纠劾之。及侯景之乱，肤脆骨柔，不堪行步；体羸气弱，不耐寒暑；坐死仓卒者，往往而然。"《勉学篇》曰："梁朝全盛之时，贵游子弟，多无学术。至于谚云：上车不落则著作，体中何如则秘书。无不熏衣剃面，傅粉施朱。驾长檐车，跟高齿屐，坐棋子方褥，冯班丝隐囊，列器玩于左右。从容出入，望若神仙。明经求第，则顾人答策。三九公燕，则假手赋诗。当尔之时，亦快士也。及离乱之后，朝市迁革。铨衡选举，非复曩者之亲。当路秉权，不见昔时之党。求诸身而无所得，施之世而无所用。孤独戎马之间，转死沟壑之际。当尔之时，诚驽材也。有学艺者，触地而安。自荒乱已来，诸见俘虏，虽百世小人，知读《论语》《孝经》者，尚为人师；虽千载冠冕，不晓书记者，莫不耕田养马；以此观之，安可不自勉邪？"观此，可知当时世族之无能，而亦可知其丧乱之际颠覆之惨矣。承平之世，既因通婚、通谱而统系稍见混淆；丧乱之际，又以柔靡痴愚，而地位忽焉降落；恃选举以弋高位，则以其无能大甚，而其制度亦卒不得不变；于是一命以上，皆在选举，实权丧而积古沿袭之虚名，亦卒不可久矣。此亦世变必至之势，道之所符，而自然之验邪？

第三节　豪右游侠

从来为地方人民之患者，莫如豪右及游侠，而二者又恒相结。晋南北朝，为纲纪废弛之世，故此二者，为患尤甚焉。豪族有由于阀阅者，如《晋书·刘颂传》，言其为汉广陵厉王之后，世为名族，同郡有雷、蒋、縠、鲁四姓，皆出其下，时人为之语曰："雷、蒋、縠、鲁，刘最为祖"是也。有由于多财者，如《忠义传》言：麹允，金城人，与游氏世为豪族，西州为之语曰："麹与游，牛羊不数头，南开朱门，北望青楼"是也。又有恃当路之权势者，如《梁书·谢朏传》言：朏弟子览，出为吴兴太守，中书舍人黄睦之，家居乌程，子弟专横，前太守皆折节事之是也。《宋书·谢方明传》言：江东民户殷盛，风俗峻刻，强弱相陵。而《蔡兴宗传》言：会稽多诸豪右，不遵王宪；又幸臣近习，参半宫省，封略山湖，妨民害治；王公、妃、主，邸舍相望，挠乱在所，大为民患。子息滋长，督责无穷。《梁书·良吏·沈瑀传》言：余姚大姓虞氏千余家，请谒如市，前后令长莫能绝。县南又有豪族数百家，子弟纵横，递相庇荫，厚自封殖，百姓甚患之。则数者兼有之矣。当时豪族，有从事劫掠与盗贼无异者，如《南史·沈庆之传》言：诸沈为劫首者数十，人士患之，庆之诡为置酒，一时杀之，于是合境肃清，人皆喜悦。《魏书·李安世传》言：广平人李波，宗族强盛，残掠生民。刺史相州。薛道攧亲往讨之，波率其宗族拒战，大破攧军。遂为逋逃之薮，公私成患。百姓为之语曰："李波小妹字雍容，褰裙逐马如卷蓬，左射右射必叠双。妇女尚如此，男子那可逢？"则豪右、游侠，二者殆不可分矣。贵人子亦有为劫者：《晋书·戴渊传》言：渊少好游侠，不拘操行，遇陆机赴洛，船装甚盛，遂与其徒掠之。《北齐书·毕义云传》言：义云少粗侠，家在兖州北境，常劫掠行旅，州里患之。《北史·毕众敬传》言：众敬少好弓马射猎，交结轻果，常于疆境盗掠为业。此尚其小焉者。其大者，如齐之阿伽郎君，《北齐书·阳州公永乐传》：弟长弼，小名阿伽。性粗武。出入城市，好殴击行路。时人皆呼为阿伽郎君。以宗室封广武王。时有天恩道人，至凶暴，横行闾肆。后入长弼党，专以斗为事。文宣并收掩付狱。天恩党十余人皆弃市，长弼鞭一百。寻为南营州刺史。在州无故自惊走，叛亡入突厥，竟不知死所。周之李居士，居士父名昶，在周尚公主，与隋高祖有旧，及受禅，甚见亲礼。居士为太子千牛备身。聚徒任侠，不遵法度。数得罪，上以昶故，每原之。居士转恣，每大言曰："男儿要当辫头反缚籧篨上作獠舞。"取公卿子弟膂力雄健者辄将至家，以车轮括其颈而棒之，殆死。能不屈者，称为壮士，释而与交。党与三百人，其趫捷者号为饿鹘队，武力者号为蓬转队。每韝鹰绁犬，连骑道中，殴击路人，多所侵夺。长安市里无贵贱，见之者皆辟易。至于公卿、妃、主，莫敢与校者。有人告"居士与其徒游长安城，登故未央殿基，南向坐，前后列队，意有不逊。每相约曰：当为一死耳"。又时有人言："居士遣使引突厥令南寇，当于京师应之。"帝谓昶曰："今日之事，当复如何？"昶犹恃旧恩，不自引咎，直答曰："黑白在于至尊。"上大怒，下昶狱，补居士党与治之。居士坐斩，昶赐死于家。见《隋书·列女传》。则其为人患尤甚矣。第十二章第五节所述梁诸王事亦此类，可以参观也。

此等豪暴之徒，徒能恃势倚众，犯法陵民，非能结合徒党，自成一队，如古所谓隐若一敌国者，实侠徒中之下焉者也。其能如此者，亦自有其人。《晋书·王衍传》：衍妻郭氏，贾后之亲，借宫中之势，刚愎贪戾，聚敛无厌，好干豫人事。衍患之而不能禁。时有乡人幽州刺史李阳，京师大侠也，郭氏素惮之。衍谓郭曰："非但我言卿不可，李阳亦谓不可。"郭氏为之小损。李阳之势力可想。此等游侠魁首，遭逢丧乱，往往能挺戈而起，如王弥，史言其"少游侠京师"是也。永和中，张琚据陇东，遣使招司马勋，勋复入长安。初，京兆人杜洪以豪族陵琚，琚以勇侠侮洪。洪知勋惮琚兵强，因说勋曰："不杀张琚，关中非国家有也。"勋乃伪请琚，于坐杀之。琚弟走池阳，合兵攻勋。勋频战不利，乃请和归梁州。《晋书·济南惠王遂传》。侠徒之为重一方可见矣。职是故，有志于建立勋业者，亦多借其人以为用。《晋书·祖逖传》云：逖轻财好侠，慷慨有节尚。每至田舍，辄称兄意，散谷帛以周贫乏。乡党宗族，以是重之。后居丹徒之京口。以社稷倾覆，常怀振复之志。宾客义徒，皆暴杰勇士，逖遇之如子弟。时扬土大饥，此辈多为盗窃，攻剽富室。逖抚慰，问之曰："比复南塘一出不？"或为吏所绳，逖辄拥护救解之。谈者以此少逖，逖自若也。《北齐书·高乾传》：乾父翼，豪侠有风神，为州里所宗敬。乾少时轻侠，数犯公法。长而修改，轻财重义，多所交结。弟昂，初以豪侠立名。为之羽翼者：刘海宝，少轻侠；东方老，少粗犷无赖，结轻险之徒，共为贼盗。又《李元忠传》：元忠家素富，在乡多有出贷求利，元忠焚契免责。其宗人愍，少有大志。年四十，犹不仕州郡，惟招致奸侠，以为徒侣。洛京倾覆，愍率所部西保石门山，潜与刘灵助及高昇兄弟、安州刺史卢曹等同契。助败，愍遂入石门。高祖建义，以书招愍，愍奉书，拥众数千人以赴。又元忠族叔景遗，少雄武，有胆力。好结聚亡命，共为劫盗，乡里每患之。永安末，其兄南巨鹿太守无为，以臧罪为御史所劾，禁于州狱。景遗率左右十余骑，诈称台使，径入州城，劫无为而出之。州军追讨，竟不能制，由是以侠闻。及高祖举义信都，景遗赴军门。高祖素闻其名，接之甚厚，命与元忠举兵于西山。仍与大军俱会，擒刺史尔朱羽生。又《毛遐传》：遐少任侠，弟鸿宾尤轻财好施，遐虽早立，而名出其下。又《外戚传》：李延寔长子彧，任侠交游，轻薄无行。尔朱荣之死，武毅之士皆彧所进。知风尘须洞之际，侠徒之为用，为不少矣。

游侠之大者，其党羽必散布各地，又必彼此互相交通，故道路艰阻之时，行人往还，或借其力。房崇吉之南奔，赖张略之得达，已见第九章第五节。元亨父季海，魏司徒、冯翊王，遇周、齐分隔，遂仕长安。亨时年数岁，与母李氏在洛阳，齐神武禁锢之。亨母，魏司空李冲女也。素有智谋。诈称冻馁，请就食荥阳。齐人以其去关西尚远，老妇弱子，不以为疑，许之。李氏阴托大豪李长寿，携亨及孤侄八人潜行草间，遂得至长安。魏孝庄帝时，盗贼蜂起。清河有五百人西戍，还经南赵郡，以路梗，共投李元忠。奉绢千余匹，元忠惟受一匹，杀五牛以食之。遣奴为导，曰："若逢贼，但道李元忠客。"如言，贼皆舍避。声气之广如此，此周亚夫得剧孟，所以若得一敌国欤？

侠徒之所以为侠，穷其本原，则既不能勤事生产，又不能淡泊自甘，乃不能不犯法以求食而已。捍法非一人所能为，则不得不相要结；欲相要结，则盗亦有道，又不得不互相振赡；此古今一辙者也。《魏书·薛安都传》：少骁勇，善骑射，颇结轻侠，诸兄患之。安都乃求以一身分出，不取片资，兄许之。居于别厩，远近交游者，争有送遗，马牛、衣服、什物，充满其庭。又《裴延俊传》：延俊从孙庆孙，任侠有气。乡曲壮士及好事者，多相依附，抚养咸有恩纪。在郡之日，值岁饥凶，四方游客，常有百余，庆孙自以家财赡之。《冯元兴传》：家素贫约，食客恒数十人，同其饥饱，曾无吝色。《北史·房法寿传》：少好射猎，轻率勇气，结诸群小为劫盗。宗族患之。弱冠，州迎主簿。后以母老，不复应州郡命。常盗杀猪羊以供母。招集勇士，恒有数百。及降虏，虏给以田宅奴婢，亲旧宾客，率同饥饱，坎壈常不丰足。《毛遐传》：世为豪右，资产巨亿，士流贫乏者，多被振赡。故中书郎檀翥、尚书郎公孙范等，常依托之。至于自供，衣食粗敝而已。鸿宾，昆季之中尤轻财好施。尔朱天光自关中还洛，夷夏心所忌者，皆将自随。鸿宾亦领乡中壮武二千人以从。洛中素闻其名，衣冠贫冗者，竞与之交。寻拜西兖州刺史。羁寓倦游之辈，四坐常满。鸿宾资给衣食，与己悉同。私食不足，颇有公费。《周书·韦祐传》：少好游侠。所与交游，皆轻猾亡命。正光末，四方云扰，王公避难者或依之，多得全济。此等皆侠徒之本色，不如是，殆不足为侠也。既如是，安能不取非其有，此其所以终不免为盗跖之居民间者欤！亦有能振施而不为轻侠者：《晋书·隐逸·刘驎之传》云：驎之虽冠冕之族，而信义著于群小。凡厮伍之家，婚娶、葬送，无不躬自造焉。居于阳岐，在官道之侧。人物来往，莫不投之，骥之躬自供给。士君子颇以劳累，更惮过焉。凡人致赠，一无所受。去骥之家百余里，有一孤姥，病将死，叹息谓人曰："谁当埋我？惟有刘长史耳。何由令知？"骥之先闻其有患，故往候之。值其命终，乃身为营棺殡送之。此事甚类侠者之所为，然骥之名列《隐逸》之传，则非为侠者也。其汉郑当时之流乎？盖尚不逮王丹？见《秦汉史》第十四章第三节。然较诸盗跖之居民间者，则自贤矣。

能裁抑豪强者，莫如宋武帝，已见第九章第七节。《晋书·张辅传》：补蓝田令，不为豪强所屈。强弩将军庞宗，西州大姓。护军赵浚，宗妇族也，僮仆放纵，为百姓所患。辅绳之，杀其二奴。又夺宗田二百余顷，以给贫户。一县称之。转山阳令。太尉陈准家僮暴横，辅复击杀之。蔡兴宗守会稽，亦能绳之以法。谢览守吴兴，黄睦之子弟来迎。览逐去其船，杖吏为通者。自是睦之家杜门不出。沈瑀为余姚令，虞氏非讼诉无所通。召县南豪族老者为石头仓监，少者补县僮，皆号泣道路。自是权右屏迹。李安世设方略，诱李波及诸子侄三十余人，斩于邺市，境内肃然。泉企除东雍州刺史。部民杨羊皮，太保椿之从弟，恃托椿势，侵害百姓。守宰多被其陵侮，皆畏而不敢言。企收治之。将加极法。杨氏惭惧，宗族诣阁请恩。自此豪右屏迹，无敢犯法。此皆能不畏强御者。《周书·宇文贵传》：除益州刺史。先是蜀人多劫盗，贵乃召任侠轻健者，署为游军，二十四部，令其督捕，由是颇息。又《韩褒传》：出为北雍州刺史。州带北山，多有盗贼。褒密访之，并豪右所为也。阳不之知，悉召桀黠少年素为乡里所患者，署为主帅。分其地界，有盗发而不获者，以故纵论。诸被署者莫不惶惧，皆首伏曰："前盗发者，并某等为之。"所有徒侣，皆列其姓名。或亡命隐匿者，亦悉言其所在。褒乃取盗名簿藏之。因大榜州门曰："自知行盗者，可急来首，即除其罪。尽今月不首者，显戮其身，籍没妻子，以赏前首者。"旬月之间，诸盗咸悉首尽。褒取名簿勘之，一无差异。并原其罪，许以自新。由是群盗屏息。此亦能以方略除盗者也。然良有司不易得，欲以是绝其根株，难矣。《魏书·太宗纪》：永兴五年（413），诏分遣使者，巡求俊逸。其豪门强族，为州闾所推者，各令诣京师。当随才叙用，以赞庶政。《崔玄伯传》云：太宗以郡国豪右，大为民蠹，乃优诏征之。民多恋本，而长吏逼遣。轻薄少年，因相扇动，所在聚结。西河、建兴，盗贼并起，守宰讨之不能禁。太宗引玄伯及安同、叔孙建、元屈等问曰："今犯者已多，不可悉诛，朕欲大赦以纾之，何如？"屈对曰："民逃不罪，而反赦之，似若有求于下。不如先诛首恶，赦其党类。"玄伯曰："王者治天下，以安民为本，何能顾小曲直也？赦而不改，诛之不晚。"太宗从之。即永兴五年事也。可见普加诛翦之不易矣。《梁书·良吏·何远传》：迁东阳太守。远处职，疾强富如仇雠，视细民如子弟，特为豪右所畏惮。在东阳岁余，复为受罚者所谤，坐免归。《南史·范云传》：为始兴内史。郡多豪猾大姓，二千石有不善者，辄共杀害，不则逐之。边带蛮、俚，尤多盗贼，前内史皆以兵刃自卫。云入境，抚以恩德。罢亭候，商贾露宿。郡中称为神明。迁广州刺史。时江祏姨弟徐艺为曲江令，祏深以托云。有谭俨者，县之豪族，艺鞭之，俨以为耻，至都诉云，云坐征还下狱。然则无论德化刑威，良吏之得行其志，要不易也。

第四节　奴客部曲门生

奴婢有官私之别。官奴婢在平世，皆以罪没入。争战之世，亦兼以俘虏为之。《晋书·孝武帝纪》：太元十四年（389）正月，诏"淮南所获俘虏，付诸作部者，一皆散遣，男女自相配匹，赐百日廪"是也。又以之充军赏，诏又言"其没为军赏者，悉赎出之"是也。终南北朝之世，屠戮丁男，而以老弱妇女充赏者极多。桓温擒袁瑾，瑾所侍养乞活数百人悉坑之，以妻子为赏。桓玄之败也，其宫女及逆党之家子女伎妾，悉为军赏，东及瓯越，北流淮、泗，人有所获。《晋》《宋书·五行志》。陈武帝之破齐军，以赏俘贸酒者，一人裁得一醉。详见第十三章第五节。吕弘之败，吕纂以东苑妇女赏军。弘之妻子，亦为士卒所辱。姚弼攻秃发傉檀，州人王钟等密为内应，傉檀杀五千余人，以妇女为军赏。乐都之溃，傉檀喻其众曰："若归炽磐，便为奴仆矣，岂忍见妻子在他人抱中？"赫连勃勃兄子罗提攻姚兴将姚都于定阳，克之，坑将士四千余人，以女弱为军赏。观此等记载，可见当时以俘虏充赏者之多。宋孝武帝克广陵，悉诛城内男丁，以女口为军赏，论者以为至酷，其实孝武特不应以此施诸本国之民，至以此施诸敌国者，其事初不可一二数也。疆场之间，战阵之际，将帅以抄略自利者亦多。魏济阴王小新成之子丽，为秦州刺史，讨破吕苟儿、陈瞻，枉掠良善七百余人，则其一事。《北史·李崇传》：孝文初，为荆州刺史。边戍掠得齐人者，悉令还之。南人感德，仍送荆州口二百许人。两境交和，无复烽燧之警。《周书·韩褒传》：保定三年（563），出为汾州刺史。先是齐寇数入，民废耕桑。褒伏击之，尽获其众。故事：获生口者并囚送京师。褒奏请放还，以德报怨。有诏许焉。自是抄兵颇息。此等事不易觏矣。

以俘虏作奴婢者，尤莫如索虏之酷。魏初用兵，本为俘掠，已见第十七章第三节。其时以奴隶若隶户为赐者即甚多。后来吞并割据诸国，世祖之攻赫连氏及冯文通，皆以生口班赉，见《魏书·本纪》始光四年（427）正月、五月，神䴥三年（430）十一月，延和元年（432）八月。《高宗纪》：兴安二年（453）十二月，诛河间郇民为贼盗者，男年十五以下为生口，班赐从臣各有差，则不惟施之敌国，亦且施之本国之民；不惟施之反叛，亦且施之盗贼矣。及其入犯中国，亦多如是。《世祖纪》：真君十一年（450）四月，正平元年（451）三月，皆以南伐所获生口为赐。《高祖纪》太和三年（479）六月，五年四月亦然。十八年十二月，诏寿阳、钟离、马头之师，所获男女之口，皆放还南；十九年二月，车驾至钟离，军士擒萧鸾卒三千，帝曰："在君为君，其民何罪？"于是免归；此盖一时之措置。故其后世宗永平元年（508）十二月，肃宗熙平元年（516）三月，孝静帝武定六年（548）正月，即复以悬瓠、硖石、寒山之俘分赐矣，皆见《纪》。段韶破东方白额，显祖以吴口七十为赏，见《北齐书·韶传》。尉迟迥之陷蜀，吏人等各令复业，惟收僮奴及储积，以赏将士，在虏之用兵，实为罕见。盖以蜀地险阻，虑其复叛也。隋文帝可谓恭俭之主。其平陈也，敕有司曰："亡国物我一不以入府。"然犹大陈奴婢、货贿，令王公、文武以射取之。积习之难改，可谓甚矣。事见《隋书·韩擒虎传》。其尤甚者，则为青、兖及江陵二役。慕容白曜陷无盐，即欲尽以其人为军实，以郦范言得免。及青、兖州陷，卒徙其民望于下馆，置平齐郡以居之，其余则悉以为奴婢，分赐百官焉。江陵之陷，于谨选男女为奴婢，驱入长安，小弱者悉杀之，已见第十三章第四节。是役也，谨获赐千口。长孙俭以元谋，亦获赐三百口。谨子翼传云：谨平江陵，以所赐得军实分给诸子，翼一无所取，惟简赏口内名望子弟有士风者，别待遇之。《唐瑾传》云：瑾南伐江陵，以瑾为元帅府长史。江陵既平，衣冠、士伍并没为仆隶。瑾察其才行，有信善者，辄议免之。赖瑾获免者甚众。时论多焉。《隋书·艺术·庾季才传》言：郢都之陷，衣冠士人，多没为贱。季才散所赐物，购求亲故。周文帝问何能若此？季才曰："仆闻魏克襄阳，先昭异度；晋平建业，喜得士衡；伐国求贤，古之道也。今郢都覆败，君信有罪，缙绅何咎，皆为贱隶？鄙人羁旅，不敢献言，诚切哀之，故赎购耳。"太祖乃悟，因出令免梁俘为奴婢者数千口。然则以儒为驱，正不待胡元之入，而后有此酷矣。《周书·武帝纪》：保定五年（565）六月，诏有"江陵人年六十五已上，为官奴婢者，已令放免"之言。建德元年（572）十月，又诏"江陵所获俘虏充官口者，悉免为民"。然至六年十一月，仍有"平江陵之日，良人没为奴婢者，并宜放免"之诏，则其前此之令，未能尽行可知也，亦云酷矣。然沈璞之守盱眙，臧质收散卒千余人向城，众谓璞勿受，而璞叹曰："贼之残害，古今未有，屠剥之刑，众所共见，其中有福者，不过得驱还北国作奴婢耳。"《宋书·自序》。则儒之为驱，已为有幸矣，民族可无武备以自卫哉？

民间私奴，多因贫穷而鬻卖。《晋书·惠帝纪》：元康七年（297），关中饥，米斛万钱，诏骨肉相卖者不禁。《陶回传》：迁吴兴太守，时人饥谷贵，三吴尤甚，诏欲听相鬻卖，以拯一时之急。盖卖买奴婢，法本有禁，凶荒之际，鬻卖者多，禁之既力有所穷，又不能纵而不问，乃为是权宜之计耳。其平时民间鬻卖，不至彰著耳目者，则法之置诸不问久矣。故其事之见于史者颇多。《晋书·忠义传》：王育少孤贫，为人佣牧羊。每过小学，必歔欷流涕。时有暇，即折蒲学书。忘而失羊，为羊主所责。育将鬻己以偿之。同郡许子章，闻而嘉之，代育偿羊。给其衣食，使与子同学。《齐书·孝义传》：公孙僧远，兄姊未婚嫁，乃自卖为之成礼。吴康之妻赵氏，父亡弟幼，值岁饥，母老病笃。赵诣乡里自卖，言辞哀切。乡里怜之，人人分升米相救。遂得免。吴达之，嫂亡无以葬，自卖为十夫客，以营冢椁。从祖弟敬伯夫妻，荒年被掠卖江北，达之有田十亩，货以赎之，与之同财共宅。《南史·孝义传》：朱文济自卖以葬母。《周书·王德传》：子庆，小名公奴。初德丧父，家贫无以葬，乃卖公奴并一女，以营葬事。因遭兵乱，不复相知。及德在平凉，始得之，遂名曰庆。皆其事也。鬻卖之多者，皆在兵荒之时。如《魏书·岛夷传》言：侯景渡江至陷城之后，江南之民，及王侯、妃、主，世胄子弟，为景军人所掠，或自卖鬻，漂流入国者，盖以数十万口？陈宝应因东境饥馑，平民男女并皆自卖，多致玉帛子女是也。详见第十三章第七节。国家亦间有救正之策，如姚兴班命郡国，百姓因荒自卖为奴婢者，悉免为良人是，然其效盖微矣。

鬻卖之外，又有以人为质者，亦谓之贴。《晋书·桓冲传》云：彝亡后，冲兄弟并少，家贫，母患须羊以解，无由得之，温乃以冲为质。羊主甚富，言不欲为质，幸为养买德郎。买德，冲小字也。及冲为江州，出射，羊主于堂边看，冲识之，谓曰："我买德也。"遂厚报之。《宋书·何承天传》言：时有尹嘉者，家贫，母熊，自以身贴钱，为嘉偿责。《齐书·孝义传》：公孙僧远弟亡无以葬，身自贩贴与邻里，供敛送之费。《良政传》：明帝以故宅起湘宫寺。新安太守巢尚之罢郡还见。帝曰："卿至湘宫寺未？我起此寺，是大功德。"虞愿在侧，曰："陛下起此寺，皆是百姓卖儿贴妇钱，佛若有知，当悲哭哀愍，罪高佛图，有何功德？"皆其事也。《齐书·陆澄传》：扬州主簿顾测，以奴就澄弟鲜质钱，鲜死，子晖诬为卖券，合第十七章第一节所述杨元孙以婢贴与黄权之事观之，可知卖与质之别也。

以力胁迫人为奴婢者曰掠。既胁迫之，而又鬻卖之以取利曰掠卖。大者如熊昙朗之缚卖居民，见第十三章第七节。小者如《南史·柳仲礼传》言：其弟敬礼，少以勇烈闻，粗暴无行检，恒略卖人，为百姓所苦是也。亦有身为官吏，而为此不法之事者。如《魏书·酷吏传》：羊祉为秦、梁二州刺史，坐掠人为奴婢，为御史中丞王显所弹免是也。据《魏书·刑法志》：盗律：掠人、掠卖人、和卖人为奴婢者皆死。和卖人法盖不能尽治，掠人及掠卖人，则尚不能置之不问。《北史·高谦之传》：谦之弟道穆，正光中为御史，纠相州刺史李世哲事，大相挫辱，其家恒以为憾。至是，世哲弟神轨，为灵太后深所宠任。会谦之家奴诉良，神轨左右之。人讽尚书，判禁谦之于廷尉。时将赦，神轨乃启灵太后发诏，于狱赐死。此事虽出构陷，然合羊祉之事观之，可见胁迫人为奴婢者，其罪甚重也。然官吏之不法者仍多。元遥为凉州，欲规府人及商胡富人财物。诈一台符，诳诸豪等，云欲加赏。一时屠戮。所有资财、生口，悉没自人。《魏书·景穆十二王传》。邢峦在汉中，因百姓去就，诛灭齐民，籍为奴婢者二百余口。冯熙为州，取人子女为奴婢，有容色者，则幸之为妾。此皆罪不容于死，然法固不能尽治也。因之掠卖人之事颇多。丧乱之际，虽贵胄亦不得免。如晋惠帝、贾皇后女临海公主，洛阳之乱，为人所略，传卖与吴兴钱温是也。温以送女，女遇主甚酷，元帝镇建康，主诣县自言，元帝为诛温及女。亦可慨矣。

　　古之有奴婢者，皆使事生业，故其数可以甚多，说见《秦汉史》第十四章第二节。晋、南北朝之世，犹有此风。石崇之败也，有司簿阅，仓头八百余人。刁协、孙遽，兄弟子侄，并不拘名行，以货殖为务。有田万顷，奴婢数千人。陶淡家累千金，僮客百数。谢混一门两封，田业十余处，僮仆千人。东乡君薨，会稽、吴兴、琅邪诸处，太傅、司空琰时事业，奴僮犹有数百人。详见第十七章第二节。沈庆之奴僮千计。魏咸阳王禧，奴婢千数。高崇家资富厚，僮仆千余。王叡子椿，亦僮仆千余。赵黑及张宗之之后，皆家僮数百。老寿败后，妻常氏收纪家业，稍复其旧，奴婢尚六七百人。北齐娄提，昭之祖。家僮千数，牛马以谷量。周薛善家素富，僮仆数百人。此中除一二豪侈之士，庸或多以之供使令外，如石崇等。使事生业者必多。故奴婢多者田业亦多。《陈书·程灵洗传》言其伎妾无游手，并督之纺绩，伎妾且然，况于奴婢乎？中人之家，则大抵有奴婢一二十人。王僧达请解职，自言"婢仆十余，粗有田入，岁时是课，足继朝昏"；《颜氏家训·止足篇》云："常以为二十口家，奴婢盛多，不可出二十人。良田十顷。堂室才蔽风雨。车马仅代杖策。蓄财数万，以拟吉凶急速。不翅此者，以义散之；不至此者，勿非分求之。"是其证。陶潜与子书曰："恨汝辈稚小，家贫无役，柴水之劳，何时可免？"此则家无仆役者。设有所蓄，亦不过一二人。又不逮中家之业矣。

　　私奴中亦有佳人被抑者。《晋书·熊远传》：远祖翘，尝为石崇仓头，而性廉直有士风，潘岳见而称异，劝崇免之，乃还乡里。《魏书·索敞传》：初敞在州之日，敝，敦煌人，凉州平入魏。与乡人阴世隆文才相友。世隆至京师，被罪徙和龙。届上谷，困不能达，土人徐能抑掠为奴。敝因行至上谷，遇见世隆，语其由状，对泣而去，为诉理得免。是其证也。

《齐书·萧景先传》：景先遇疾，遗言曰："三处田勤作自足供衣食，力少，更随宜买粗猥奴婢充使。"则奴婢之事力作者，初不求其俊巧。然权势之门，不必其皆如是。故《魏书·文苑传》言：温子昇为广阳王渊贱客，在马坊教诸奴子书焉。《北史·恩幸传》言：赵邕以少年端谨，出入李冲家；颇给按摩奔走之役，冲令与诸子游处，人有束带谒冲者，时托之以自通。按摩奔走，盖去奴仆无几？而谒者托以自通，则权势之渐矣。《颜氏家训·风操篇》云："门不停宾，古所贵也。失教之家，阍寺无礼。或以主君寝食嗔怒，拒客未通。江南深以为耻。黄门侍郎裴之礼，号善为士大夫。有如此辈，对宾杖之。其门生、僮仆，接于他人，折旋俯仰，辞色应对，莫不肃敬，与主无别。"中国士大夫之风教，固非虏朝之士所能及也。《魏书·恩幸传》：王仲兴兄可久在徐州，恃仲兴宠势，轻侮司马梁郡太守李长寿，遂至忿诤。可久乃令僮仆邀殴长寿，折其骨。《景穆十二王传》：济阴王小新成之孙诞，为齐州刺史，在州贪暴，家之奴隶，悉迫取良人为妇。则更不法之尤矣。

晋、南北朝之世，僮奴多习武事。盖由时值丧乱，畜奴者多武人，又地方豪右，亦借僮奴以自卫故也。刘伯根之起也，王弥率家僮从之；法秀之乱，兰台御史张求等一百余人，招结奴隶，谋与相应；《魏书·高祖纪》太和五年（481）。则借其力且可以为乱矣。谢灵运因父祖之资，生业甚厚，奴僮既众，义故门生数百。尝自始宁南山伐木开道，直至临海，临海太守王琇惊骇，谓为山贼。灵运非能为乱者，而其声势如此，武人及土豪可知。职是故，当时有奴客者，往往怀不逞之心，而亦易招疑忌。蔡兴宗说沈庆之曰："公门徒义附，并三吴勇士，宅内奴僮，人有数百。"封士让启斛律光曰："家藏弩甲，奴僮千数。"胡灵后欲出张烈为青州，议者以烈家富殖，僮客甚多，虑其怨望，谓不宜出为本州，烈，元义党。宜矣。奴既习武，故亦可以从戎。尉迟迥之叛，梁士彦令家僮梁默等为前锋，而身继之，所当皆破，其著者也。职是故，充兵者或以奴自代，而朝廷亦时发私奴从军。《晋书·何充传》：充入领扬州。先是庾翼悉发江、荆二州编户奴以充兵役，士庶嗷然。充复欲发扬州奴以均其谤。后以中兴时已发三吴，今不宜复发而止。所谓中兴时已发三吴者，《王敦传》言："帝以刘隗为镇北将军，戴若思渊。为征西将军，悉发扬州奴为兵，外以讨胡，实御敦也。"是其事。其后元显又发东土诸郡免奴为客者，号曰乐属，移置京师，以充兵役。《武十三王传》。此等勉强不得已之众，束缚驰骤而用之，夫安得不偾事？《宋书·武帝纪》：永初元年（420）八月，诏"先因军事所发奴僮，各还本主。若死亡及勋劳破免，亦依限还直。"案，为奴者为国驱驰，苟非有功，即须仍还奴籍，安足为劝？而为之主人者，又以丧失财产为虑，主奴皆怨，其众复安可用邪？《魏书·高谦之传》：谦之上疏曰："自正光已来，诸守帅或非其才。多遣亲者，妄称入募，别倩他人引弓格。虚受征官，身不赴陈。惟遣奴客充数而已。"此亦魏之兵力所以不振欤？

兵亦役也。发奴以从军，即责其主出奴以应役也。故亦可发奴以应他役。《晋书·食货志》：咸宁元年（275）十二月，诏曰："出战入耕，虽自古之常，然事力未息，未尝不以战士为念也。今以邺奚官奴婢著新城，代田兵种稻。奴婢各五十人为一屯，屯置司马，使皆如屯田法。"《惠帝本纪》：太安二年（303），张方决千金堨，水碓皆涸，乃发王公奴婢手舂，以给兵廪。《苻坚载记》：坚以关中水旱不时，议依郑、白故事，发其王侯已下及豪望富室僮隶三万人开泾水上源。凿山起堤，通渠引渎，以溉斥卤之田。及暮而成，百姓赖其利。梁武帝大同九年（543）二月，使江州民三十家出奴婢一户，配送司州。此等苟能善用之，似较使从征成为善也。

奴籍之免除，有行之以政令者。每丁丧乱之后，必多旷荡之恩。《晋书·元帝纪》：太兴四年（321），诏曰："昔汉二祖及魏武，皆免良人；武帝时凉州覆败，诸为奴婢，亦皆复籍；此累代成规也。其免中州良人遭难为扬州诸郡僮客者，以备征役。"此举固未尝无利其可充征役之心，然大乱之后，被抑者多，为民生计，势亦不得不尔也。周武帝建德元年（572）八月，诏曰："有刑止刑，以轻代重，罪不及嗣，皆有定科。杂役之徒，独异常宪。一从罪配，百代不免。罚既无穷，刑何以措？凡诸杂户，悉放为百姓。"是年十月，诏江陵所获俘虏充官口者，悉免为民。六年灭齐，诏："自武平三年（572）已来，河南诸州之民，伪齐掠为奴婢者，不问官私，并宜放免。"是年十一月，又诏："自永熙三年（534）七月已来，去年十月已前，东土之民，被抄略在化内为奴婢者；及平江陵之后，良人没为奴婢者；并宜放免。所在附籍，一同民伍。若旧主人犹须共居，听留为部曲及客女。"宣政元年（578）三月，诏："豆卢宁征江南武陵、南平等郡，所有民庶为人奴婢者，悉依江陵放免。"此等行之虽未知如何，以政令论，固为度越前人之举也。至于平时彝典，则为奴婢者，大抵以六十为限，故律、令有妇人六十已上免配之条，《北史·崔仲方传》：仲方从叔昂，从甥李公统，河清元年（562），坐高归彦事诛。依律：妇人年六十已上免配官。时公统母年始五十余，而称六十。公统舅宣宝求吏以免其姊，昂弗知。录尚书彭城王浟发其事，竟坐除名。案，此事亦见《齐宗室诸王传》，云"依令：年出六十，例免入官"。而诏命亦时有免六十已上奴婢之举也。梁武帝天监十七年（518）之诏，已见第十七章第三节。《北齐书·孝昭帝纪》：皇建元年（560）

八月，诏官奴婢年六十已上，免为庶人。《后主纪》：天统四年（568）十二月，诏掖庭、晋阳、中山宫人等，及邺下并州大官官口二处，其年六十已上，及有瘫患者，仰所司简放。政令以外，亦有主人自行释放者，不则当以财赎。间有以人赎者，《魏书·崔光传》：皇兴初，有同郡二人，并被掠为奴婢，后诣光求哀，光乃以二口赎免，是其事。抑勒不许赎者，其罚颇重。《魏书·高宗纪》：和平四年（463）八月，诏曰："前以民遭饥寒，不自存济，有卖鬻男女者，尽仰还其家。或因缘势力，或私行请托，共相通融，不时检校。令良家子息，仍为奴婢。今仰精究，不听其赎，有犯加罪。若仍不检还，听其父兄上诉，以掠人论。"可见其一斑也。然被掠者亦须以财赎。吴达之赎从祖弟，已见前。《梁书·文学传》：刘峻，宋泰始初青州陷魏，峻年八岁，为人所略，至中山，中山富人刘实以束帛赎之，教以书学，亦其事也。

赎法亦通行于国际之间。《南史·刘善明传》：泰始五年（469），魏克青州，善明母在焉，移置代郡。善明少立节行，及累为州郡，颇黩财贿。所得金钱，皆以赎母。及母至，清节方峻。《魏书·张谠传》：初谠妻皇甫氏被掠，赐中官为婢。皇甫遂乃诈痴，不能梳沐。后谠为刘骏冀州长史，以货千余匹，购求皇甫。高宗怪其纳财之多也，引见之。时皇甫年垂六十矣。高宗曰："南人奇好，能重室家之义。此老母复何所任？乃能如此致费也？"案，此可见鲜卑人之思想。《齐书·刘怀珍传》：子灵哲，嫡母崔氏，及兄子景焕，泰始中没虏。灵哲倾私产赎，年不能得。世祖哀之，令北使告虏主，虏主送以还南。《北史·韦孝宽传》：兄子冲，从元定渡江，为陈人所虏，周武帝以币赎还之。复令冲以马千匹使陈，赎开府贺拔华等五十人及元定之柩而还。观此数事，则不论官私奴婢，皆可以财赎，且可公然求之于异国之君，实为国际间明仞之法矣。

《南史·范云传》：云为始兴内史。旧郡界得亡奴婢，悉付作部曲，即货之买银输官。云乃先听为百姓志之，若百日无主，依判送台。卖买奴婢，既为法所不许，奴婢逃者，必其主人遇之不善，此当分别情事，或径放免，或则为赎，乃或因以为利，或则抑还其主，亦酷矣。虏以生口为利，故其酷尤甚。《魏书·崔模传》：附《崔玄伯传》。为刘裕荥阳太守，戍虎牢。神䴥中平滑台，模归降。始模在南，妻张氏有二子：冲智、季柔。模至京师，赐妻金氏，生子幼度。冲智等以父隔远，乃聚货物，间托开境，规赎模归。张氏每谓之曰："汝父性怀，本自无决，必不能来也。"行人遂以财贿至都。当窃模还。模果顾念幼度等，指幼度谓行人曰："吾何忍舍此辈，令坐致刑辱？当为尔取一人，使名位不减于我。"乃授以申谟。谟，刘义隆东郡太守，与朱修之守滑台，神䴥中被执入国，俱得赐妻，生子灵度。申谟闻此，乃弃妻子，走还江外。灵度刑为阉人。

《隋书·艺术传》：万宝常父大通，从梁将王琳归齐，后复谋还江南，事泄伏诛，由是宝常被配为乐户。然则没虏者虽可以财赎，而依常法并不能得，谋叛走者，则又当身死而刑其家累也，可谓无道矣。

中国人或掠外夷为奴婢，如第十六章第二节所言，南北朝皆有伐獠之事是也。《隋书·苏孝慈传》：兄子沙罗，检校益州总管长史。蜀王秀废，吏奏案沙罗云：秀调熟獠令出奴婢，沙罗隐而不奏，则虏掠之外，并有以人为赋者，其无道尤甚矣。《秀传》：秀废为庶人，幽内侍省，不得与妻子相见，令给獠婢二人驱使，盖尚携自蜀中者也。亦有外夷掠外夷之人，而卖诸中国者，如第十六章第一节所言，慕容廆掠夫余种人，卖诸中国是也。《梁书·王僧孺传》：僧孺出为南海太守。郡常有高凉生口；及海舶每岁数至，外国贾人，以通货易；旧时州郡以半价就市，又买而即卖，其利数倍，历政以为常，僧孺并无所取。又《良吏传》：孙谦为巴东、建平二郡太守，掠得生口，皆放还家。《魏书·吕罗汉传》：高祖诏罗汉曰："赤水诸羌居边土，非卿善诱，何以招辑？仰所得口马，表求贡奉，朕嘉乃诚，便敕领纳。其马即付都牧，口以赐卿。"此并缘边之地，以夷口为利之事，已为无道，若其附塞或居塞内者，既经归化，即为中国边氓，而司马腾乃执卖诸胡以为利，则其无道更甚矣。芮芮之亡也，周文既听突厥之请，缚其主已下三千余人付突厥使斩之，又以其中男已下配王公家，茹柔而嗜利，尚复成何政体哉？

中国人为夷虏奴婢者亦多，第六章第六节所言，吕隆时姑臧被困，百姓请出城乞为夷虏奴婢者，日有数百；第十六章第六节引《侯莫陈颖传》言胡村厌匿汉人为奴皆其事。《北史·王慧龙传》：崔浩被诛，卢遐后妻，宝兴慧龙子。从母也，缘坐没官。宝兴亦逃避，未几得出。遐妻时官赐度斤镇高车滑骨。宝兴尽卖货产，自出塞赎之以归。则赎法亦通行于塞外。然丧乱之际，没身异域而不能归者，必甚众矣。

汉世杀奴婢者，不过先以白官，晋、南北朝之世，盖犹有此习，故孔稚珪杀其兄之妾，亦不过先白太守，已见第十七章第一节。然《宋书·沈文秀传》，坐为寻阳王鞭杀私奴免官，加杖一百，则似又不能擅杀也。《魏书·高谦之传》：世无髡黥奴婢。常称俱禀人体，如何残害？然《北史·魏本纪》：文帝大统十三年（547）二月，诏亡奴婢应黥者，止科亡罪。又《房谟传》：前后赐其奴婢，率多免放。神武后赐其生口，多黥面为房字而付之。则黥法尚习为故常也。《晋书·王敦传》言：王恺、石崇，以豪侈相尚。恺常置酒，敦与导俱在坐。有女伎，吹笛小失声韵，恺便殴杀之。一坐改容。敦神色自若。他日，又造恺。恺使美人行酒。以客饮不尽，辄杀之。酒至敦、导所。敦故不肯持，美人悲惧失色，而敦傲然不视。导素不能饮，恐行酒者得罪，遂勉强尽觞。

《崇传》：崇为客作豆粥，咄嗟便办。每冬得韭萍蒜。尝与恺出游，争入洛城，崇牛迅若飞禽，恺绝不能及。恺每以此三事为恨。乃密货崇帐下，问其所以。答云："豆至难煮，豫作熟末，客来但作白粥以投之耳。韭萍蒜是捣韭根，杂以麦苗耳。牛奔不迟，良由御者逐不及反制之，可听蹁辕则驶矣。"于是悉从之，遂争长焉。崇后知之，因杀所告者。《北齐书·卢文伟传》：子宗道，性粗率，重任侠。尝于晋阳置酒，宾游满坐。中书舍人马士达，目其弹箜篌女伎云："手甚纤素。"宗道即以此婢遗士达。士达固辞。宗道便命家人，将解其腕。士达不得已而受之。将赴营州，于督亢陂大集乡人，杀牛聚会。有一旧门生，酒醉，言辞之间，微有疏失，宗道遂令沉之于水。纪纲废弛之世，人命真如草菅也。

部曲缘起，本因军事，见《秦汉史》第十四章第二节。故当丧乱之际，招募孔多，或借之以为乱。遥光之叛，欲用遥欣、遥昌二州部曲。桑偃等谋立昭胄，亦以萧寅有部曲，大事皆以委之。皆见第十章第五节。殷琰无部曲，则受制于杜叔宝。见第九章第四节。刘秉之图齐高帝也，其弟遐为吴郡，潜相影响，齐高密令张瑰取遐。诸张世有豪气，瑰宅中常有父时旧部曲数百。遐召瑰，瑰伪受旨，与叔恕领兵十八人入郡，与防郡队主郭罗云进中斋取遐。遐逾窗而走。瑰部曲顾宪子手斩之，郡内莫敢动者。夏侯夔在豫州七年，有部曲万人，马二千匹，并服习精强，为当时之盛。大同四年（538），卒于州。子譒，少粗险薄行，常停乡里领其父部曲，为州助防。刺史萧渊明引为府长史。渊明彭城战没，复为侯景长史。景反，譒前驱济江，顿兵城西士林馆，破掠邸第及居人富室，子女财贷，尽掠有之。渊明在州有四妾，并有国色。渊明没，并还京第。譒至，破第纳焉。有部曲者之足以为患如此。案，《齐书·萧景先传》：景先北征，军未还，遇疾，遗言"周旋部曲，还都理应分张，其人旧劳勤者，应料理随宜启闻乞恩"，则部曲本不应传袭，而当时多听其子孙有之，此其所以诒祸也。《梁书·处士传》：张孝秀去职归山，居于东林寺，有田数十顷，部曲数百人，率以力田，此等人盖不多也。《齐书·李安民传》言，宋泰始以来，内外频有贼寇，将帅已下，各募部曲，屯聚京师。安民上表陈之，以为自非淮北常备，其外余军，悉皆输遣。若亲近宜立随身者，听限人数，上太祖纳之，诏断众募，固不得不然矣。部曲亦为私属，故亦可以赏赐。《北史·窦炽传》：子荣定，为洛州总管，隋文帝受禅来朝，文帝赐以部曲八十户是其事。其等级较高于奴婢，故奴婢可免为部曲也。部曲之女曰客女。皆见上。

宾客虽云寄食，犹为敌体，说见《秦汉史》第十四章第二节。然其后亦成为部曲之流，敌体之义微矣。晋室东渡之际，百姓遭难流移，多庇大姓为客，时不能正，乃定给客之制，已见第十七章第三节。《隋书·食货志》云：都下人多为诸王公贵人左右、佃客、典计、衣食客之类，皆无课役。官品第一、第二，佃客无过四十户；第三品三十五户；第四品三十户；第五品二十五户；第六品二十户；第七品十五户；第八品十户；第九品五户；其佃谷皆与大家量分。其典计：官品第一、第二置三人；第三、第四置二人；第五、第六及公府参军、殿中监、监军、长史、司马、部曲督、关外侯、材官、议郎已上一人；皆通在佃客数中。官品第六已上，并得衣食客三人；第七、第八二人；第九品及曜辇、迹禽、前驱、由基、强弩司马，羽林郎，殿中冗从武贲，持锥斧武骑、武贲，持钑冗从、武贲，命中武贲、武骑一人。客皆注家籍。此即所谓给客之制，法所许为其私属者也。《晋书·外戚传》云：魏氏给公卿已下租牛客户，数各有差。自后小人惮役，多乐为之。贵势之门，动有百数。又太原诸郡，亦以匈奴、胡人为田客，多者数千。武帝践位，诏禁募客。则客制实起于曹魏之世，晋初尝禁之，其后力不能胜，乃又从而许之也。魏世有僧祇户、佛图户，亦系私属，见第十七章第三节。

　　门生之地位，更高于部曲。其人盖古舍人之类，故亦可以入仕。《齐书·王琨传》：琨转吏部郎。更曹选局，贵要多所属请，琨自公卿下至士大夫，例为用两门生。《南史·陆慧晓传》：慧晓迁吏部郎。尚书令王晏选门生补内外要局，慧晓为用数人而止，晏恨之。《晏传》云：内外要职，并用周旋门义。又云：内外要职，并用门生。《周书·李贤传》：高祖西巡，幸贤第，门生昔经侍奉者，二人授大都督，四人授帅都督，六人别将。则其入仕之途颇捷，时亦颇优；又依附公卿，人多视为荣幸；故富人子弟，亦慕为之，不惟无所利于其主，而且有所献纳焉。《南史·徐湛之传》言：湛之门生千余，皆三吴富人子，资质端美，衣服鲜丽。《梁书·顾协传》：有门生，始来事协，知其廉洁，不敢厚饷，止送钱二千。协发怒，杖二十。因此事者绝于馈遗。又《江革传》：革除武陵王长史、会稽郡丞，行府、州事。革门生故吏，家多在东州，闻革应至，并赍持缘道迎候。革曰："我通不受饷，不容独当故人筐篚。"至镇惟资公费。则其证也。其人既系仕宦之流，故颇能通文墨。《北史·杨愔传》：愔所著诗赋、表奏、书论甚多，诛后散失，门生鸠集，所得者万余言，是其证也。其来也既多由趋炎附势，恣横自所不免。周嵩嫁女，门生断道，斫伤二人，建康左尉赴变，又被斫，刘隗为御史中丞，劾其兄颛，颛坐免官。江敩出为豫章内史，还除大子中庶子，领骁骑将军，未拜，门客通赃利，至烦齐世祖遣使检核。何敬容既废，宾客门生，喧哗如昔。会稽谢郁致书戒之曰："踵君侯之门者，未必皆感惠怀仁，有灌夫、任安之义，乃戒翟公之大署，冀君侯之复用也。"则门生未尝不足为居官之累矣。《齐书·刘怀珍传》云：孝建初，为义恭大司马参军直阁将军。怀珍北州旧姓，门附殷积，启上门生千人充宿卫。孝武大惊。召取青、冀豪家私附，得数千人。土人怨之。此盖其特多者。然如范云之不畜私门生者，士夫中恐不易多觏矣。